E. 1253

3368
3076

RAISON ET GOVVERNE-MENT D'ESTAT, EN DIX LIVRES.

Du Seigneur GIOVANI BOTERO BENESE.

Traduicts sur la quatriesme impression Italienne, plus ample que les autres premieres, la version respondant à son original, colomne, pour colomne, par GABRIEL CHAPPVYS Secretaire, Interprete du Roy: & dediez

A MONSIEVR D'INCARVILLE.

A PARIS,
Chez GVILLAVME CHAVDIERE,
ruë S. Iacques, à l'enseigne du Temps,
& de l'homme Sauuage.

M. D. XCIX. 1599
Auec priuilege du Roy.

A TRES-NOBLE ET
TRES-VERTVEVX
CHARLES DE SALDAIGNE,
Sieur d'Incaruille, Conseiller du
Roy en son Conseil d'Estat &
priué, Intendant & Controlleur
general de ses finances.

MONSIEVR,
Il se void par experience tous les iours, que la condition est miserable de ceux, lesquels demandans la iustice contre leurs debteurs, tombent es mains des chiquaneurs, qui pratiquent auiourd'huy toute sorte de moyens & artifices, par leurs suppositions, saisies, fuites, delais, appellations, renontia-

ã ij

tions, subtilitez & surprinses, pour desguiser ou pallier vne mauuaise cause, & empescher les Iuges de discerner le vray: ce qui seroit aucunement tolerable à quelquespeu consciencieux solliciteurs & procureurs, lesquels (exceptant les bons) cõme les barbiers, ne demandent que playes & bosses, si n'estoit que quelques Aduocats, mais irreligieux aussi & ignorans, forgent, approuuent & escriuent telles chiquaneries. En quoy veritablement ils sont indignes de ce beau tiltre d'Aduocats, qui emporte honneur, & dignité: car les loix nomment les Aduocats, Honoratos, comme l'on peut voir au Code, & Digeste, l. 1. titul. de Officio ciuilium Iud. Leurs salaire est pareillemẽt appellé de ce mot Honorarium, pour l'honneur qu'ils font aux Clients & parties d'entreprendre la defence de leurs causes: semblables aux valeureux

& hardis soldats, qui font bien leur deuoir aux batailles, rencontres, & sieges, en ce que les Aduocats combatent hardiment de la langue, en faueur de cestuy-cy & cestuy-là, comme se voit au Code, l. Aduocati, tit. de Aduocatis diuersor. Iudicior. Ils sont encores nommez, Sacerdotes, au Digeste, tit. de Iustitiâ & jure, parauanture, pource qu'ils ne doiuent auoir moins de soucy de leurs clients, que les Prestres, des ames qui sont sous leur charge. Ascanius Pedianus dit que du temps des Romains, l'Aduocat estoit defini. Un Iurisconsulte, ou Docteur aux loix, qui suggeroit au protecteur, par eux nōmé Patronus, (nom qu'il possede auiourd'huy luy-mesme, bien qu'il y eust lors grande difference Inter Aduocatum & Patronum comme remarque Sigonius, en son liure, De antiquo iure Romanorum) la raison, ou la loy: ou bien qui defendoit l'accusé. Auiourd'huy ce nom s'attribue à tous ceux, qui s'employent à plaider les causes, & donner conseil: charge honorable en soymesme, vtile & necessaire aux parties, & meritoire à ceux qui l'exercent, lors que gracieusement, ils secourent les paures & les pupilles: à raison dequoy l'Hostiense, en sa Somme, prefere la vie des bons Aduocats, à celle de plusieurs Religieux: & Rodericus Docteur aux loix, les honnore bien tant, qu'il dit ces paroles, Iustitia proculdubiò periret, si deesset qui iustitiam allegaret. Nostre Sauueur a prins ce tiltre, en a pratiqué & pratique pour nous tous les iours la charge enuers Dieu son pere & le nostre. Sainct Ambroise a esté onze ans Aduocat à Rome: & aussi l'ont esté sainct Germain, Euesque de Paris, Sainct Lipard, frere de sainct

Leonard, sainct Iuon, de Bretagne, & autres. Et de ce temps, un bon nombre de rares, notables & bons esprits, remplis de pieté, decorent ce noble office, en la supreme Cour de France, & autres lieux. Mais aussi quelques uns en abusent, qui ne se proposent que le gain & le salaire, ou la particuliaire affection, passion & faueur: qui vendent le silence quelquesfois aussi bien que leur langue. Demosthenes demanda un iour à un Comedien, combien il voudroit gangner, pour representer & iouer une Comedie: auquel ayant respondu, un talent: mais (dist Demosthenes) i'ay bien eu dauantage, pour me taire. Plusieurs sont ignorans, & arrogans, sans porter aucun respect aux Iuges, ausquels ils ne daigneroyẽt parler quelquesfois, pour les informer d'un faict: les plus cauillateurs sont les plus gentils & habiles hommes: car tels instructeurs de procez, pour circonuenir la religion & integrité des Iuges, leur cachent le vray, pour faire admettre quelques fois vne nullité, voire faulseté couuerte & paliee. Les Procureurs & Aduocats de telle farine (dit Sidonius) à prendre, sont harpies: à parler pour leurs Cliẽts, statues: à plaider, bestes: à entendre, pierres: à juger, des busches: à mettre le feu, comme l'on dit, aux estouppes, Montgibels: à pardonner, cœurs de diamants, ou de fer: aux amitiez, leopards ; aux faceties, ours: aux tromperies, regnards: en arrogance, taureaux: à consommer leurs Clients, Minotaures. Sont ceux qui prolongent les proces & en empeschẽt la fin, commandez de la passion, qui dressent les oreilles au son de l'or & de l'argent, y portent les yeux d'Argus, les mains de Briareüs, les ongles de Sphinx, qui ont en eux les parjures de

Laomedon, les tromperies d'Ulysses, les trahisons de Sinon, les perfidies des Thraces, & la cruauté des Scythes. Par ce moyen sont miserables les Litigans, qui consomment leurs biens & leurs vies, à suiure leurs conseils. Qu'est autre chose le plaider par ces instruments, sinõ apporter subiect au cœur de souspirer, aux yeux, de l'armoyer: à la langue de se plaindre: à l'esprit d'estre affligé: aux pieds, de n'estre iamais en repos: à tous les membres, de trauailler: & à la bourse, de demeurer vuide? La fin du litigant, est de riche, deuenir pauure: de ioyeux, triste: de libre, serf: de liberal, auare: de pacifique, desesperé & en continuelle inquietude. Aucuns disent que les litigans sont grands pecheurs, mais ils s'abusent, car ils ne pechent en arrogance, cheminans par les rues, tous pensifs, & les yeux baissez & fichez en terre, comme les humbles: ils ne pechent en auarice, pource qu'ils ont tousiours la main à la bourse, & quelques fois n'ont pas le sol, pour les necessitez de leur maison, ny pour leuer quelques escritures: ils ne pechent, en paresse, pource qu'ils sont tousiours en action, & sur pieds, pour aller en la maison ores de l'aduocat, ores du procureur, ores du solliciteur, ores d'vn sergent: Ils ne pechent en gourmandise, car leur cuisine est quelques fois bien maigre, ny en luxure, pource que les trauaux de l'esprit & les continuelles affaires refroidissent assez leur ardeur: de maniere que s'ils estoiët exempts de l'Ire & de l'Enuie, ie les estimeroy Saincts: mais la passion leur faict souuent mesdire des Iuges, & sont fort enuieux: paures gens qui ne voyent que les Iuges ne leur font point de tort, mais ceux qui ont mal instruict leurs procez, & y ont apporté des obscuritez, & difficultez, ou par

negligence, ou expressement, de sorte
que d'vn bon droict, ils ont faict vne
mauuaise cause, les autres, d'vne mauuaise, vne bonne. Qu'ils ne se prennent
donc pas aux Iuges, ny à la Iustice:
car si quelques Iuges ont l'ame cauteri-
see, ils ne sont dignes de ce beau nom.
Iam non iudicant, Sed trucidant.
L'ācien Philosophe Chrysippe depeint
la Iustice en forme d'vne tresbelle, pure
& candide pucelle, d'vn visage graue
& vehement, ayant les yeux estincel-
lans de tresdouces flammes de feu, vne
robe honnorable, le port superbe, qui
ne conuient gueres à sa rare beauté:
monstrant par cete figure, les conformes
parties requises aux Iuges, pour estre
dignes de iouyr des agreables embrasse-
mens d'vne tant douce, tant precieuse
& delicate pucelle: car il fault qu'ils
soyent sans corruption, candides, purs
par leur bonne vie: de visage, graues &

vehements, par leur austerité, jettans des yeux flammes d'vn doux feu, par la clemence, qui doit accompagner la Iustice & equité, vestuz honnorablement, en signe de grandeur & noblesse, auec vn port hault & rare, qui monstre vne tresgraue Majesté. Pour voir cete naïfue Image, il nous fault contempler la face de cete souueraine Cour & Parlement de Paris, duquel les vertueux & tresnobles Senateurs, ont, pour la plus part, les susdictes qualitez: autrement ne seroient en la grace de cete incorruptible pucelle, côme ils sont. Ils ayment Socrates, ils ayment Plato, mais ils ayment encores plus la verité, & n'ont rien plus recommandé que de satisfaire hardiment à leur propre conscience, exempts de toute passion, justes & misericordieux, & depeschans les causes, tant ciuiles, que criminelles, dônans facilement accez & audience à tous ceux qui leur demandent iuſtice, eſtans bien certains qu'ils exercent le iugement non des hommes, mais de Dieu. Et pourtant ils ont en horreur toutes les ſuſdictes chiquaneries, ce qui a faict que n'eſtant meu de la ſotte paſſion des litigans, par l'ire & l'enuie & me confiant, en la ſincere iuſtice de cete tres-iuſte Cour, en vne mienne petite cauſe & inſtance, dont elle eſt ſaiſie, toutes ces croix, afflictions, ſupplices, martyres, tourments, trauerſes, artifices, ſubterfuges, ruzes, nullitez, palliations, couuertures, iniures, calomnies & cruautez, deſquelles depuis quatre ou cinq ans i'ay eſté trauaillé par les chiquaneurs, ne m'ont empeſché d'eſcrire ſelon ma couſtume, à fin de pouuoir ſeruir au public, & ſatisfaire aucunement à la charge, de laquelle il a pleuſt à ſa Maieſté m'honorer. Ie fay donc ſortir dehors ce liure, ſouz voſtre appuy, certifiant que s'il apporte quelque vtilité, vous en estes la cause d'autant que ma plume n'est portee que de l'aile de voz faueurs, & du desir de vous complaire, le reste de mes vieux ans, & contenter la genereuse affection que vous auez aux bonnes lettres, encore que les grandes charges & affaires que vous auez entre les mains pour le seruice de sa Maiesté, ne vous permettent de les gouuerner & cherir si souuët que vous desirez. Vous voyez le beau subiect, qu'aucuns estimeront appartenir à vn Prince: ie l'aduoüe: mais à vn ieune Prince, pour y apprendre à gouuerner ses Estats, & non pas au nostre, qui en peut faire leçon à tous les Princes du monde, & pourtant n'a que faire de ces enseignemens, qui void, cognoist & sçait toute chose par vn tant bon Conseil qu'il a, qui est plein de sens & de prudence requise à tout Prince pour gouuerner vn grand Estat & Empire: auquel l'Empereur Tibere auoit coustume de dōner le nom de grāde beste, pour la difficulté qu'il y a de le bien conduire & manier. Plusieurs & diuers autheurs anciens & modernes ont enseigné tant au long, les manieres de bien gouuerner, & regner, qu'il seroit plus conuenable de les restraindre, qu'āplifier, dira quelqu'vn, & l'ō deuroit deffendre aux basses personnes de parler d'vn si hault subiect, ioinct que la quantité des liures qui appartiennent au Royaume, offence & confond l'esprit des Princes, & est cause, que par les charges infinies qui leur sōt imposees, ils n'adiousteēt beaucoup de foy à tels Escriuains, qui ne sçauēt la pesanteur d'vne telle charge: les Princes auroyēt plus agreable, qu'aucun apres auoir veu tout ce que les anciēs & modernes ont escrit, & apres auoir iustemēt balācé la diuersité des tēps, & des mœurs passées & presentes, vint, d'vn œil discret, à reformer autant facilemēt que briefuemēt, les loix de regner. Ceste peine, dira vn autre, appartient plustost à vn Prince, qu'à vn hōme priué, & comme il a esté dict, que les Republiques seroyēt bien heureuses, où les Philosophes regneroyent, ainsi pourroit on conclurre, que les loix du Royaume & gouuernement fussent parfaictes, si les Rois les escriuoyent, ou si les escriuains & auteurs de telles loix, regnoyent. De faict, il semble que les Prince ayēt raison de se facher cōtre les personnes priuees, lesquelles n'ayans iamais exercé l'empire, ny esprouué comme les loix se rencontrent auec la Prncipauté, veulent par leur legere, precipitee & ignorante plume, les enseigner, sans en estre requis, & sans se souuenir de la sentence de Pyrrhus, lequel voyant

voyant vn homme, qui n'ayant iamais esté à la guerre, s'offroit luy enseigner l'art de bien ordonner vne armee, luy fit responce, qu'il n'auoit besoin d'vn Capitaine, qui n'eust iamais ouy le son de la trompette, & boute-selle. Ce qui me faict cõsiderer que tous les escriuaĩs font acte digne d'eux, quand ils traitẽt & parlent des sciences, esquelles, par la theorique & pratique, ils se sont long temps, exercez: comme Cicero, escriuãt de l'Orateur: Horace, de l'art poëtique: Aristoxene, de la Musique, Ptolomee, de l'Astrologie: & autres de leur particuliere profession: mais qu'vn simple Citoyen s'auance de vouloir enseigner vn Prince, ce luy est presomption & follie. Ie ne blasme pourtant ny Platon, ny les autres, qui par leurs œuures ont institué le Prince: pource qu'ils ont parlé comme Philosophes, ausquels appartient dõner preẽ ceptes politiques & œconomiques, & d'imbuer les esprits d'autruy, des mœurs & vertus, requises au gouuernement d'eux mesmes, des maisons & villes: mais, ie ne feray mal de dire que iamais ne fut, & parauanture ne sera aucun Prince, qui parfaictement ait obserué leurs preceptes: & quand il y en auroit aucun, il ne seroit pourtant vn parfaict Prince, veu qu'auiourd'huy la malice est tant creüe, & sont tellement renuersees les mœurs, & la maniere de viure, que sont requises & necessaires, nouuelles loix, nouuelles considerations & nouueaux partits, & selon la reigle de la loy, les choses qui aduiennent de nouueau, ont besoin de nouueau remede: brief, le Roy seroit estimé peu sage, qui se voudroit tousiours arrester & demeurer és bornes des enseignemens escrits par les Philosophes, pource que selon la diuersité des personnes & circonstances, il doit dignement pratiquer ou plus rigoureuses, ou plus douces manieres de commander: & pourtant l'on peut dire de rechef qu'à ceux lesquels se trouuent en besongne, & ausquels se presentent à toute heure, nouueaux accidents dignes de nouuelles considerations, appartiẽdroit d'escrire les loix de regner, tirees de la source de la theorique & pratique. Et si pour gouuerner vne si grande beste, comme disoit Tibere, il est licite à aucun de noter quelque chose vtile & necessaire au Prince, c'est (cõme i'ay ouy discourir à vn grand personnage) de luy donner à entendre sur toute chose, que toutes les puissances sõt briefues, dangereuses & difficiles: c'est pourquoy l'Espagnol dit, Ser Sennor no es saber, es saber, saberlo ser. Et pour alterer la nature des puissances, & les faire deuenir longues, seures,

& faciles, l'on ne pourroit, à mõ aduis proposer autre meilleur moyẽ que la prudence: par le moyẽ de laquelle, le Prince se rend maistre de deux Royaumes, à sçauoir du Royaume de Saturne, qui est la contemplation, & du Royaume de Iupiter, qui est l'actiõ: de celuy là, recognoissant hũblement par la prudẽce son Estat de Dieu, & luy demandant ayde pour le gouuerner, de maniere que sans y penser, entre en son cœur la vertu de la justice, qui se doit exercer vers Dieu & la Religion: ce faisant, il enflãmera par son exẽple, sa court & ses subiects, à la saincteté & à la deuotion: & cõme le coq desploye premierement les ailes, & d'icelles se bat les flãcs, & puis resueille, par son chant, les hõmes, ainsi s'exerceant premierement es œuures Chrestiẽnes, il inuitera ses subiects à l'imiter: ce qui est vraiment suiure Iesus Christ, lequel premieremẽt a cõmencé à faire,

& puis à enseigner: & pour le regard des subiects, plustost que de les trauailler de charges extraordinaires & excessiues, il se resoudra de se priuer soymesme de beaucoup de commoditez, & fera que de ses villes & Prouinces seront ostees les rapines, suiuāt ce precepte de Pythagoras, que l'on n'eust à nourrir les bestes aux ongles crochues, & pensera aussy à ne faire aucune chose iniuste, contre autre Prince, pour s'agrādir dauātage. Si le serpent ne mangeoit le serpent, il ne deuiendroit dragon: de là s'estime que les Seigneurs moins puissās se fachēt outre mesure, quād ils pēsent à la grandeur des plus grands, & les plus grands se rongent insatiablemēt le cœur, pour aspirer à la monarchie. Pour retourner à la contēplation & prudence, on la peut dire vn habit actif, & en particulier & en acte, en tout cas qui puisse auenir entour le bien ou le mal de

homme. Ceste vertu, selõ l'opiniõ d'un
deuot personnage, est mise entre le bœuf
& l'asne, pource que l'un d'iceux cornu
signifie la trõperie & la malice: l'autre
stupide signifie la sottise, qui sont les extremes de la prudẽce: Et pour ceste cause, nostre Seign. gisant entre ces deux
animaux, nous a enseigné le vertueux
milieu, qui est ne trõper, ny se laisser trõ
per, chose tres-requise à un Roy. Ceste
vertu consiste pareillement à voir loin,
& considerer non seulement les choses
presẽtes, mais aussi les futures. La Prudence est la Royne des vertus, & sans
elle le mõde n'auroit point de forme ny
de gouuernemẽt: & pour acquerir ceste
vertu, la doctrine est necessaire, biẽ que
l'on puisse proposer les exẽples de plusieurs Princes, qui ont esté, pour autre
raison, estimez tresprudẽts, mais nõ pas
pour la doctrine: & autres au cõtraire
ont esté doctes, auec peu de iugemẽt &

prudence. Ce neãtmoins les lettres sont le vray ornemẽt de l'esprit: & le Prince doit s'efforcer de les posseder, en telle excellence que cõme le Soleil, il esteigne par sa splendeur, les rayõs des estoilles, c'est à dire, des hommes priuez. L'intelligence de beaucoup de choses est vtile à tous, mais au Roy est vtile & necessaire: & comme la coronne qu'il a sur la teste faict cognoistre la dignité, & l'empire qu'il a sur nous: ainsi seroit-il besoin qu'il mõstrast, par autres signes notables, qu'il est plus grand que nous: & faudroit qu'il fust plus beau, plus gaillard, plus sçauãt, plus eloquent, plus sage, & plus valeureux que nous, de maniere que l'on luy peust dignemẽt attribuer le tiltre de Roy, & de Dieu terriẽ. Minerue est dicte Deesse de la guerre, pour denoter qu'en la guerre le cõseil & les lettres peuuent beaucoup plus que la force. Et pour ceste cause, le tresdocte, et

tresprudent Roy Alphonse d'Arragon,
enquis quels Conseillers il auoit pres sa
personne, respondit, les liures, qui me
donnent vn fidele conseil de ce que ie
veux. Salomon nous dit que nous deuõs
eslire plustost la doctrine, que l'or: cõme
le nés discerne les choses souëfues et odo-
rantes des fetides: ainsi la sciëce discerne le vray, du faulx. Que si l'on me dit,
que tous ceux là qui ont des lettres ne
sont sages, ce prouerbe vient de la fable
du renard, du loup & du mulet, qui est
assez vulgaire. Le loup & le renard
trouuerent le mulet, & ne l'ayãs iamais
veu, luy demãderent qui il estoit: il respondit qu'il ne se souuenoit pas de son
nõ: mais s'ils sçauoiẽt lire, qu'ils le trou-
ueroyent escrit en son pied droit, de derriere: & l'ayant leué, il monstra les
clouds, qui sembloyent des lettres: Le
renard dist qu'il ne sçauoit pas lire: ie
liray bien, dist le loup: & s'estant ap-

proché du pied, le Mulet le tua incontinent, d'vne visue ruade, & le Renard tout estonné, retourna arriere, disant, Tous ceux qui ont des lettres ne sõt pas sages. De là l'on apprend, qu'entre les lettrez se trouuent des sots, mais le pis est qu'il s'en trouue aussi des meschans, qui ne se seruẽt de leur sçauoir que pour offenser & tromper quelqu'vn. L'on trouue trois manteres de sçauans, de mauuaise nature: Les premiers enseuelissent leur science, semblables à celuy qui cacha le talent que son maistre luy auoit donné: Les seconds renuersent la science, c'est à dire, edifient de paroles, & destruisent par leurs mœurs ou bien disent & ne font, & ressemblent aux cloches, qui appellent le peuple à l'Eglise, & n'y entrent point: Les troisiesmes abusent de la science, & sont ceux qui l'employent pour impugner la verité, & pour supposer quelque fraude. Brief, la doctrine est bonne, mais les meschans la conuertissent en poison, & pourtant se doit rechercher en l'homme plustost la bonne vie, que la doctrine. Nous ne deuons pourchasser de sçauoir plus que les autres, mais de sçauoir mieux: par les lettres, les hõmes ne deuiẽnent pas fols, mais par icelles, les fols deuiennẽt sages: car les causes produisent leurs effects semblables, & non contraires. Et si les lettres apportent de la splendeur à tous, à plus forte raison, aux Princes. Le Pape Iules second disoit que les lettres, és plebees, sont argent: es nobles, or: es Princes, pierres precieuses. Mais à la verité, les grandes affaires d'vn grand Prince, ne luy permettent s'appliquer à l'estude des lettres: i'estime qu'il vault mieux que le Roy, des son enfance, soit nourry & instruict en la crainte de Dieu, que s'il estoit plus sçauant qu'Aristote: ce seul obiect le rendra vertueux

& sage, & il le disposera au moins à se faire lire, ou reciter tous les iours choses qui seruēt & à son salut & à la conseruatiō de l'Estat militaire & ciuil: & par ce moyen, sera induict à receuoir les hōmes de lettres, souz les ailes de sa protection. Enquoy le monde a grāde raison de loüer singulierement François I. Roy de France, duquel le nom sera à iamais glorieux, à cause de l'esprit qu'il a donné aux bōnes lettres quasi mortes & enseuelies lors, en sō Royaume: mettant es Escoles de Paris (autresfois establies par Charlemagne) excellents professeurs en toutes sortes de sciences, que nostre Prince incomparable, nonobstāt les grands desordres des guerres passees, n'a laissé d'entretenir, depuis que par ses armes, & par la grace celeste, il s'est veu recognu de ses subiects. Aussi les doctes plumes, cōme ses gestes heroiques le porteront d'un stile poetique & historique, sur les estoiles, & le rendront immortel à la posterité. Les Princes non seulement doiuent monstrer leur prudence à cognoistre les bons & mauuais euenemens, pour suiure ceux là & fuir ceux cy, mais aussi considerer que Dieu n'a voulu mettre en vn seul toute la sagesse, & par ce moyen, voulās acquerir le bruit de tresprudents, ils doiuent faire election de bōs & vertueux Conseillers, & tesmoignans, par leur exēple au monde, que celuy qui sçait le plus, presume le moins: tousiours ils seront en doute, & ne se fieront iamais en leur propre iugement, de maniere que se despouillans de l'amour d'eux mesmes, ils se remettront au commun aduis de leur Conseil, se resouuenans du prouerbe, Que celuy qui seul se conseil, seul se repent. Les Princes n'ayans la science des loix, il est bien raisonnable qu'ils condescendent à l'opinion de leurs

Senateurs, & de ceux qu'ils ont establys,
pour iuger en leur lieu: ce que ie ne dy
seulemēt pour les Iuges & conseillers de
Iustice, mais aussi pour le regard des
Conseillers d'Estat, & gouuernement
militaire, pource que sans le conseil la
force est inutile: ce que nous cognoissons
par la fable de Vulcan, lequel biē qu'il
fust boiteux & debile, print, en son reth,
le robuste & tres-puissant Mars. Le
Royaume est heureux, au gouuernemēt
duquel se rencontre la bōté du Roy, &
de ses conseillers: mais si d'auenture, il
est defectueux d'vne part, il y a moindre
mal pour les subiects, que le Roy soit
mauuais & ses conseillers bons: car plusieurs bons, facilement inciteront vn
mauuais à biē faire, mais vn bon difficilement detournera plusieurs meschās
de mal faire. Ainsi le sage Roy s'efforcera d'auoir excellents conseillers, c'est à
dire de bonne vie, non flateurs, mais

veritables amys & scruteurs du Prince, prudents, aduisez fideles, secrets, entendans les histoires & les mœurs & manieres aussi bien des estrangers, que de ceux du pays : & pourtant, le Roy les ayant tels, leur doit estre gracieux, leur communiquer ses affaires, & ne resouldre aucune chose sans leur consentement. Et pour ce regard, a esté introduite des Princes cete ancienne coustume, de faire leurs Edicts & ordonnances, soubs le terme plurier, Nous voulōs, Nous ordonnons &c. Il est bien vray que les Princes qui tiennent des Cōseillers seulement pour la pompe, satisferoyent mieux à leur conscience, s'ils disoient, ie veux, i'ordonne & me plaist, cōme faisoit le superbe Xerxes, quād il dist aux Princes d'Asie ses Cōseillers, Ie vous ay icy appellez à fin qu'il ne semble, que ie vueille faire les choses, de ma teste : ce neantmoins ie vous aduise, que vous ayez à m'obeir plustost qu'à me conseiller. il vouloit des Cõseillers, mais il reiettoit le conseil. Voila dõc ce qui est conuenable au Prince pour le gouuernemẽt de la grãde beste cy dessus à sçauoir la prudence cõioincte aux lettres: & pourtant l'on dit, que comme la science priuée de puissance sert à peu, ainsi la puissance priuee de science nuit à plusieurs. Ce qui se cognoist mesmes, par la cõionction des planettes: veu que Iupiter Roy & Saturne Philosophe, n'estans uniz, ne font choses grandes ny stables, & par ce moyẽ estant si rigoureuse la familiarité entre le puissant & le sage, nous appellerõs tresheureux le Roy, (disoit ce grãd hõme d'Estat, discourant de ces choses) qui aura l'une & l'autre conioinctes en soy mesme, de maniere que lon puisse dire qu'en son cœur fasse residence la deité de Pallas, laquelle figurant & representant cete double valeur, possede la sciẽce & porte la lãce

EPISTRE.

Et puis que nostre Prince n'a besoin de ces enseignemens, ayant la prudēce, la doctrine, & vn tres-bō Cōseil, les autres trouueront icy où s'esbatre, & vous en auront de l'obligation, Monsieur, qui soustenez mes labeurs & estes tant pratic & exercé en cete science, que le Roy vous tient à iuste cause, vn des premiers de son Conseil, vous dōne volontiers les grādes charges que vous auez, & meritez vous en acquitāt cōme vous faittes, au grād cōtentemēt de sa Maiesté, & vtilité de son Royaume. Ie prie Dieu, vous cōtinuer ses sainctes graces, & cōformer les volontez de tous à voz louables desirs, & de voz semblables pour voir, apres tāt de tēpestes, reflorir cet Estat en vne perdurable paix, souz l'Empire du plus grād Roy de la terre. Escrit ce xv. iour de Nouembre 1598.

Vostre treshumble & tres-affectionné Seruiteur CHAPPVES.

TAVOLA
delle cose notabili.

A

Bbondanza quanto possa 119.b
Abdala 174.b
Addottione & sua consideratione 257.b
Agatocle si ual della diuersione 204.b
Agria come diffesa 317
Agrippa pacifica la plebe 181
Alberigo da eunio 275.b 313
Alcibiade suo detto 84
Alessandro magno, s'apparenta co' Persiani 156.b honora i soldati morti 195.b vuol esser celebrato da ingegni rari 91.b perche detto Magno 95.a: amazza i parenti 135 si commoue all'arme al suono 257
Alessandro seuero, benefico verso i poueri 249
Auertenza in dar gl'vfficij 82
Alessandro Farnese, suo valore 326

Alfonso d'Alburquerche, sue imprese 339
Alfonso I. Rè di Napoli, sua eloquenza 201 sua riputatione 87
Alfonso II. sua auaritia 211
Amore fondamento di riputatione 182
Amore verso più mogli, debole 247
Amorat Rè de Turchi 165
Andrea Doria 329
Andrea Gritti, suo detto 287
Annibale, sua accortezza, 198. 202. 276. 320. 277. 332.b
Antichità, quanto vaglia 83
Antioco, sua uanità 80.b
Antonino Filosofo 139.b
Antonio Primo 4
Arabi fanno le contrade strette 202
Arato, sua irrisolution 311.b
Ardire, sue parti 84.b
Aristidemo 164
Arme, lor consideratione 278 280

TAVOLA

Artigo II. Rè di Francia, sue imprese 218 252 316
  suo detto 110. b
Arte di fondare, e d'ampliare è l'istessa 4. b
Arti mecaniche 163
Artiglieria 309. b
Asdrubale 316. a
Arsenali 208. b
Assaltare di che importanza 137. b
Astutia 143
Attilio regolo 314
Augusto, sua accortezza 88 116. b 120. b 171. b 299. b 305
Aureliano, sua severità 291
Auriflan. 324. b

B

Baroni, lor consideratione 140. b 141 142
Beatrice da Tenda 257. a
Ben publico 345. a
Beni Ecclesiastici 218. b
Bonifacio Marchese di Toscana 205. a

C

Carlo Magno, sue attioni 113. a 154. b 171. a 172. b 174. a 301. b
Carlo VI. di Francia 128. b
Carlo Martello 130. a
Carlo V. Imp. 86. b 95. a 180. a 183. b 330. a
Casa d'Austria, sua felicità 357. a
Castigliani, lor prodezze, 300. b non hanno scrittori ibid.
Cauallieri di San Giouanni 302. b
Caualleria, sua consideratione 344. b
Cesare, 145. b 148. a 168. b 286. a 318. b 321. a
Childerico 130. a
Chinesi, 38. a 150. a 177. b 226. a 228. a 238. a 264. b
Cimone, sua accortezza. 162. b
Consegli, lor consideratione 80. a
Colonie, lor consideratione, 192 249. b
Constantinopoli, soggetto a peste 247. b
Constantino Magno, sua bontà, 97. b 113. a 249. a
Constantino di Braganza, sua pietà 160. b
Corone militari, 299. b 301. a
Cosmo de Medici 44. a 77. b 203. a 340. b
Christianità più habitata che Turchia perche, 246. b

D

Dario, suo thesoro 211. a
Datami 334. b
Datio di Milano 243. b

Dauid, sua pietà 113. a suo thesoro 211. b gli è vietato l'andar alla guerra. 12 a
Decimatione 307. a
Denaro, neruo della guerra 225. b
Dionisio riprende il figliuolo 7. a
Diuisione indebolisce le forze 130. b
Dominij, lor diuisione 5. b
Dottori, e lor sottigliezza 49. a

E

Eccellenza, sua consideratione 22. a & seq.
Educatione, sua forza, 156. a 164
Elemosina 160. b
Elettori dell'imperio vendono i lor voti. 255. a
Eloquenza 337. a
Esperienza di due sorti 61. a
Esercito perfetto 308. b

F

Fabio Massimo, sua accortezza, 310. a 328. a
Fabriche in villa considerate, 203. b
Fabriche vane 125. a
Fanteria, sua consideratione, 235. b 341. a
Ferrante Cortezze, sua pietà, 111. a
Ferdinado il Catolico 105. b
Ferie latine 157. b

Feudi in Francia, 142. a
Fiandra, sua ricchezza, 242. b
Fortezze, lor consideratione 187. a
Forze in che poste 168. a
Forze terrestri 336. a maritime ibid.
Francesco Rè di Fracia 311. a
Francia perche si mantiene 141. a perche perde Sicilia 152. b si serue de' Nobili nella guerra, 267. a
Fraude di chi male cagione 33. b

G

Gelosie de Prencipi 11. a 133. a
Genouesi, 36. a 67. a
Genserico 198. b
Giorgio Castrioto, 331. b
Giouan d'Austria 298. a
Giudei cacciati di Spagna 231. b
Giudici, lor consideratione 42. b
Giulio Vetere 293. a
Giuoco di soldati Romani 294. b
Giustiniano 128. b
Giustitia, sua consideratione, 26. b
Gran Capitano, sua accortezza, 307. b 334. b
Guerre ciuili, lor natura 205. a

Guglielmo di Normandia 107. a   313. b

H

Hercole combatte con Acheloo.   237. a
Heresie, e lor qualità   65. b
Heretici come s'habbino à trattare   176. b
Historia, sua lode   60. b
Huomini eccellenti, lor autorità   53. a

I

Imperatori che han sostentato Roma, & l'Imperio 16. b   116. b
Imperio d'Oriente, perche rouinato   269 b
Imperio Romano 16. a 270. a
Imprese honorate, lor consideratione   124. a
Impresa di Terrasanta, 260. b
Imprese oue si deue trouar il Prencipe   129. a
Independenza di due sorti   267. b
Industria, sua consideratione   139. b
Infedeli, come s'habbino ad aiutare   160. a
Inglesi, lor vsanze, 177. b 217. b
Italia, 122. a   131. a
Interesse, e sua forza 179. a 68. a

Intertenimenti popolari, lor considerat. 121. b 123. b
Isabella d'Inghilterra, sue arti   199. b
Isabella di Castiglia 325. b

L

Lacedemonij, lor seuerità co' Codardi 9. b costumi in dar gl' vficij 40. a vinti da' Tebani   12. a
Latini perdono l'Imperio d'Oriente perche   155. a
Legge Christiana fauoreuole à Prencipi, 108. b 109. a
Leghe, lor consideratione   258. a
Legione comparata con la falange   282. b
Lettere inutili à soldati 165. a vtili à capi 166. a
Liberalità, sua consideratione,   50. a & seq.
Lingue come si propaghino   157. b
Lisandro, astuto   322. a
Lod. Sforza   87. b
Lodouico   XI.
Lodouico   XII.
Lombardi, perche vsauano il carroccio   324. a
Lorenzo de' Medici, suo valore   200. b

TAVOLA

M

Macedoni 282.b
Macchiauello 112.a
Maggioranza de Prencipi, 23.b
Magistrati, 143.b
Maestri di scuola 159 b
Manegrio d'arme non si dia inuita 145.a
Marchese di Pescara 62.b
Mahometto II. 215.b. 214.b
M. Aurelio 52.a
M. Marcello seuero co' soldati 306.a
Mario, sua disciplina militare 145.b. 313.a. 330.b
Matrimonij, lor consideratione 244.b
Mediocrità atta alla côseruatione 14.b
Mezzani sono i più quieti 143.b
Mercantia d'huomini lodata 254.b
Mercantia non disconuiene à Prencipi 262.a
Milano, suo popolo 248.a
Militia Italiana 283.a
Minaccie arme de chi 79.b
Modo d'assaltar il Turcho 260.a
Moscouiti desertano i lor confini 196.b non escono fuori senza licenza 177.b
Mutationi subitane 71.a

N

Napoli, suo popolo 148.a
Nerone, prodigo 221. b. non sà parlare 58. b. s'aquista nomi di clemente 154.b
Norandino mätenitore della parola 155.b
Numantini, e lor detto. 317. b

O

Olada fortissima, 189.b
Ordinanza d'esserciti, sua consideratione. 282.a
Ottomani come tengano i sudditi in pace. 227.b

P

Pace disarmata debole 68.b
Paolo Emilio, suo detto. 311.b. accuratezza, 93.a
Papirio cursore 310.a
Parentadi 173.b. 256.a.b
Pericle 297.a
Pescennio Nigro, seuero 291.a
Persiani senza fortezze 188. a. lor militia 141.a. 267.a
Personaggi sospetti à Prêcipi di tresorti 135.a
Platone, 135.b. 287.a
Polacchi, lor militia 267.a pigliano Liuonia 253.b
Pompe delle donne 117.b
Pompeo, sua grandezza 145.b

ī iiij

TAVOLA

Popoli, lor qualità secondo i siti, 64.65.66
Portoghesi lor colonie 250.b. si seruono di schiaui 263.b. lor valore 289.b. 338.b
Predicatori 112.a
Premij di due sorti 296.b
Prencipi d'Austria 303.b
Prencipi detti grandi, ò sauij, 93.a.b. debbono saper molto 56.b. esser eloquenti 57.b. capi della lor prudenza 71.a.b. debbono hauer cura della religione 110.a
Prencipi independenti, quali 267.b
Prestezza, sua importanza 74.b
Prudenza, e sua consideratione 56.a

R

Ragion di stato, definita 4.a
Re del Perù, e lor gouerno 125.b
Rè d'Egitto, e lor giustitia 28.b
Rè rouinati con gli erarij pieni 225.a
Rè di Siam 271.a
Religione, sua consideratione 102.b. & seq.
Ricchi, e poueri inetti alle virtù, e leggi 134.a
Riputatione, sua consideratione 20.a. & seq.

Roma 43.b. 230.a 248.a
Romolo, che consentisse à Romani 272.a
Romani, come achettassino i tumulti, 180.a che gente mandassino alle colonie 250.b. come aggrandissero la lor patria 251.b lor accortezza nelle leghe 258.b. lor moltitudine 230.b. nodriscono l'emulatione 308.a
Romori onde naschino. 148.b, 178.b

S

Salomone, suo priego 133.b
Sanità 85.a
Santippe 319.b
Saraceni, e lor legge 65.a
Saul fugge la nouità 82.b
Scipione, 21.a. 88.a. 89.b. 334.a
secretezze 77.a
Seiano 171.b
Selim Primo 138.a. 240.a
Sforza Atendolo 294.a
Siam, 296.a
Siti de Paesi considerati 63.b
Soldani d'Egitto diuidono il Cairo con fosse 175.a. lor militia 263.b
Soldati, come s'habbino à intertenere 294.a
Soldato Romano, suo giuramento 290.b
Sylla rincorra i soldati sma-

riti 335.b
Spagna perche in pace 127.
175. b. perche infeconda
232.a. perche poco habi-
tata eod. b. suoi stati come vniti 242.b
Spagnuoli non arrichiano
89.a
Spese di Caligola 30. a. di
Solomone eod.b
Spoglie opime 300.a
Stato definito 4. a. diuiso
nelle sue specie eod.b
Stati grandi, piccioli, mezani 11.a. comparati tra loro eod. b
Sudditi, e lor qualità 6.a
Sudditi d'acquisto 169.a. infedeli 159. b. indomiti
176.a.b
Suizzeri, lor lega 260.a. lor
militia 168.a. 261.b. 283.
b. 284.b. perche stiano in
pace. 127.b

T

Tarquinio Prisco 157.a
Teodorico Rè de' Got-
ti, 113.b. 122.a
Terrieri inetti alla diffesa
della patria 269.a
Tiberio Imper. sua saldezza
131.b. dissimulatione, 79.

a. thesoro 112. b. vsanza
in dar ufficij 45.b
Topi Palatini 222.b
Tullo Hostilio 334.a
Turchi, lor astutia nel guerreggiare, 73. a. prestezza
214. a. caualleria, 320. a.
moltitudine, 231. a. lor
forze, 267.a. tengono disperse le lor genti 195.b

V

Valente Imper. dà per
schiaui i vagabondi
150.a
Valore, sua consideratione
84. b
Venetia, sua mediocrità 14.a
perche quieta 175.b
Venetiani migliori de' Fiorentini nelle consulte 80.
a. biasmati, e lodati, 70.b.
fanno leghe per necessi-
tà 259.b. rifutano il soccorso de' Turchi 349
Vespasiano 42. b
Vfficiali 40.b
Virtù Rom. manca, 16. b.
115.a.b
Vsura. 34.a

FINE.

Extraict du Priuilege du Roy.

PAR grace & priuilege du Roy, il est permis à Guillaume Chaudiere imprimer, ou faire imprimer, vne ou plusieurs fois le present liure intitulé: *Raison & Gouuernement d'Estat en dix liures, du Sieur Giouãni Boteri Benese, traduits sur la quatriesme edition, &c.* par Gabriel Chappuis Secretaire & Interprete du Roy: & dedié A M. d'Incaruille. Et defenses sont faictes à tous Libraires, Imprimeurs & autres de ce Royaume, d'imprimer, faire imprimer, vendre & distribuer, contrefaire, mesmes le François à parr, le susdict liure, par le temps & espace de neuf ans finis & accomplis, sans le consentement dudict Chaudiere, à peine de cinq cens escus dont la moitié appartiendra au Roy, & l'autre moitié aux pauures, & de confiscation de tous les exemplaires trouuez au contraire de ceux qu'aura imprimé ledit Chaudiere, nonobstant oppositions ou appellations quelconques. D'auantage sa Majesté enioinct, que mettant par bref au commencement ou à la fin d'vn chascun liure, l'extraict dudit priuilege, que cela ayt forme de signification, tout ainsi que si l'original auoit esté particulierement signifié à chascun, & que lesdites lettres leur eussent esté expressément & particulierement monstrées & signifiées. Donné à Paris le 13. iour de Nouembre, mil cinq cens quatre vingts dix-huict. Scellées en cire iaune, & signé
Par le Conseil,

DE LAVEZ.

RAISON ET
GOVVERNEMENT
D'ESTAT, DE IEAN
Botero, Benese.

De la version de G. C. Secretaire interprete du Roy.

LIVRE I.

Auant-propos de l'Autheur.

VESTI anni adietro (Illustrissimo Prencipe) per diuerse occorrenze, parte mie, parte de gli amici, e de' Padroni, mi è conuenuto fare varŷ viaggi, e pratticare, più di quello, ch'io haurei voluto, nelle Corti di Rè e di Prencipi grandi, hor di quà, hor di là da' monti. Doue, trà

Es annees passees (tres-illustre Prince) pour diuerses occurrences & affaires en partie miennes, en partie des amis, & de mes Maistres, m'ha fallu faire plusieurs voyages; & hanter plus que ie n'eusse voulu, les Cours des Rois & des grands Princes, ores deçà, ores delà les monts. Où, entre autres choses q̃ i'ay remarquees, ie me suis fort

GOVVERNEMENT D'ESTAT,

esmerueillé d'ouïr parler tout le iour de la Raison d'Estat ; & alleguer sur telle matiere, ores Nicolas Machiauel, ores Cornelius; celuy-là, pource qu'il donne les Reigles & preceptes qui appartiennent au gouuernemét des peuples : cetuy-cy, pource qu'il exprime viuemét les moyens pratiquez par Tiberius Cesar & pour obtenir, & pour se conseruer en l'Empire de Rome. Or trouay-ie chose digne & conuenable (puis que si souuent ie me trouuois auec des hommes, qui parloient de telle matiere) de faire que i'en sçeusse pareillement dire quelque chose. Ainsi m'estant mis à voir assez legerement & comme en courant, l'vn & l'autre autheur, i'ay trouué en somme que Machiauel fonde la Raison & maniement d'Estat sur le peu de consciences : & l'Empereur Ti-

l'altre cose da me osseruate, mi hà recato somma merauiglia il sentire tutto il dì mentouare Ragione di Stato : et in cotal materia citare hora Nicolò Machiauelli, hora Cornelio Tacito ; quello, perche dà precetti appartenenti al gouerno, et al reggimento de' popoli; questo, perche esprime viuamête l'arti, vsate da Tiberio Cesare, e per conseguire, e per cöseruarsi nell' Imp. di Roma. Mi parue poi cosa degna (giach'io mi trouaua bene spesso trà gente, che di sì fatte cose ragionaua) ch'io ne sapessi anco render qualche conto. Cosi, messomi à dare vna scorsa all'vno, & all altro Autore, trouai, che in somma il Machianelli fonda la Ragione di Stato nella poca conscienza ; e Tiberio Cesare palliaua

bere pallioit sa tyrannie & cruauté, par vne tres-barbare loy de Majesté, & par autres manieres, qui n'eussent esté tolerees des plus viles femmes du monde; moins l'eussent elles peu estre des Romains; Si C. Cassius n'eust esté le dernier des Romains. Ainsi estoy-ie fort esbahy, & trouuois estrãge qu'vn autheur tant impie, et les si mauuaises manieres d'vn tyran, fussent tant estimees, que de les tenir comme pour reigle & pour idee, de ce qui se doit faire au gouuernement des Estats. Mais ce qui me mouuoit non tant à m'esmerueiller qu'à me facher, estoit de voir qu'vne tant barbare maniere de gouuerner fust tellement en credit, qu'impudemment elle s'opposast à la loy de Dieu; iusques à dire, qu'aucunes choses sont licites par la raison d'Estat; autres pour la conscience: chose la plus absurde, deraison-

la tirannia, e la crudeltà sua, con vna barbarissima legge di maestà e cõ altre maniere, che nõ sarebbono state tollerate dalle più vili femine del mõdo, non che dà Romani, se C. Cassio non fosse stato l'vltimo de' Romani. Sì che io mi merauigliaua grandemente, che vn' Autore cosi empio, e le maniere cosi maluagie d'vn tiranno fossero stimate tanto, che si tenessero quasi per norma, e per idea di quel, che si deue fare nell'amministratione, e nel gouerno de gli Stati. Mà quel, che mi moueua nõ tanto à merauiglia, quãto à sdegno, si era il vedere, che cosi barbara maniera di gouerno fosse accreditata in modo, che si cõtraponesse sfacciatamente alla legge di Dio; sino à dire, che alcune cose sono lecite per ragione di

A ij

nable & la plus impie du monde; veu que celuy qui oste à la conscience la iurisdiction vniuerselle de tout ce qui se passe entre les hommes, tant és choses publiques, qu'és particulieres, monstre qu'il n'ha point d'ame ny de Dieu. Les bestes mesmes ont vn instinct naturel, qui les pousse aux choses vtiles, & les retire des nuisibles; & la lumiere de la raison, guidé de la conscience donnee à l'homme pour sçauoir discerner le bien & mal, esclairera elle pas és affaires publiques? S'eclypsera-elle és affaires d'importance? Estant induict, ie ne sçay si ie dois dire de courroux ou de zele, i'ay eu plusieurs fois la volonté d'escrire les corruptions introduites par ceux là, és gouuernemens & conseils des Princes; d'où tous les sçandales nais en l'Eglise de Dieu, & tous les destourbiers de la Chrestienté ont eu leur

Stato, altre per conscienza. Del che nõ si può dir cosa ne più irrationale, ne più empia conciosia che, chi sottrahe alla consciẽza la sua giuridittione vniuersale di tutto ciò, che passa tra gli huomini, sì nelle cose publice, come nelle priuate, mostra che non haue anima, ne Dio. Sino alle bestie hãno vno istinto naturale, che le spinge alle cose vtili, & le ritira dalle nocenoli; & il lume della ragione è il dettame della cõsciẽza, dato all'huomo per saper discernere il bene, e'l male, sarà cieco ne gli affari publici, difettoso ne' casi d'importanza? Spinto io non sò se da sdegno ò da zelo, hò più volte hauuto animo di scriuere delle corruttioni introdotte da costoro ne' gouerni, e ne' cõsigli de' Prẽcipi; onde hanno hauuto origine tutti gli scandali nati nella Chiesa di Dio, e tutti i desturbi della Christianità. Mà il cōsiderar poi, che i discorsi miei, circa le corruttioni, nō hauerebbono credito, ne auttorità, se prima io non dimostrassi le vere, & le reali maniere, che deue tenere un Prēcipe, per diuenir grande, e per gouernare felicemente i suoi popoli: differendo quel primo pensiero ad altro tēpo, mi son mosso à dissegnare almeno il secondo, in questi Libri della Ragion di Stato, ch'io mando à V. Sig. Illustriss. Lo strepito della Corte, e gli obli-ghi della seruitù (oltre la debolezza dell'ingegno mio) fanno, ch'io nō osi di dir d'hauerlo pure in parte colorito, nō che incarnato. Mà desiderando pure, che egli vada per le mani de gli huomini cō

origine. Mais considerant apres, que mes discours, touchant les corruptions, n'auroyēt credit ny authorité, si premierement ie ne demonstrois les vrayes & candides manieres que doit tenir vn Prince, pour deuenir grand, & gouuerner heureusemēt les subiects ; differant ceste premiere pensee à vn autre temps, ie me suis mis au moins à designer le second, en ce liure de la Raison d'Estat. Le bruit de la Court, & l'obligation de seruir (sans parler de la debilité de mon esprit) font que ie n'ose dire luy auoir donné corps, non pas seulement donné en partie, la couleur : mais desirant qu'il soit manié des hommes auec quelque ornement plus grād que celuy qu'il ha receu de moy, i'ay prins la hardiesses de l'hono-

A iij

rer de vostre nom tres-illustre; veu qu'il n'y a Prince, qui ait plus grande cognoissance que vous, des affaires d'Estat, qui s'y delecte plus, & qui les manie, auec plus de sens & iugement. Ie m'asseure que les raisons qui m'ont meu à vous dedier mes petits labeurs, vous induiront aussi à les accepter, & auoir aggreables, par la magnanimité & courtoisie qui vous est propre. La chose basse, qui eust par-auanture retiré vn autre; faict que ie la vous presente, auec plus d'asseurance de vostre faueur: Car c'est à faire à vn grand Prince (imitant la bonté de Dieu, en cela) d'esleuer les choses basses, & d'agrandir les petites, par sa benignité & faueur.

qualche ornaméto magior di quello, che hà riceuuto da me; io hò preso ardire d'honorar lo col chiarissimo nome di V. Sig. Illustriss. conciosia che io non poteuo ritrouar Prencipe, che ò maggior notitia hauesse delle cose di Stato, ò più se ne dilettasse, ò cõ maggior seno e giudicio le maneggiasse e riducesse in atto. Io mi cõfido, che le ragioni, che hanno mosso me ad inuiarle, & à dedicarle, queste mie picciole fatiche, moueranno anche V. Sig. Illust. ad accettarle, & à gradirle con la magnanimità, e cortesia, che è propria di lei. La bassezza della cosa, che hauerebbe forse ritirato altri, fa ch'io l'appresenti à lei, con maggior sicurezza della gratia sua. Conciosia che egli è cosa da Prẽcipe grande (imitando in ciò l'al

tissimo Dio) l'immalzar
le cose basse, e l'aggran
dir le picciole con la be
nignità e col sauor suo.

CHE COSA SIA Ragione di stato.

STATO è vn dominio fermo sopra popoli; e Ragione di Stato è notitia di mezi atti à fondare, conseruare, e ampliare vn Dominio così fatto. Egli è vero, che se bene, assolutamente parlando, ella si stende alle tre parti sudette nondimeno pare, che più strettamente abbracci la conseruatione, che l'altre; e dell'altre più l'ampliatione, che la fondatione: Imperò che la Ragione di Stato suppone il Prencipe, e lo Stato, (quello quasi come artefice, questo come materia) che non suppone, anzi

QVELLE CHOSE est la Raison d'Estat.

STAT est vne ferme domination sur les peuples; & la Raison d'Estat est la cognoissance des moyës propres à fonder, conseruer, & agrandir vne telle domination & Seigneurie. Il est bien vray, pour parler absolument, qu'écore qu'elle s'estéde aux trois susdites parties, il semble ce neantmoins qu'elle embrasse plus estroictement la conseruation que les autres: & des autres l'estendue plus que la fondation: car la Raison d'Estat suppose le Prince & l'estat; le premier cóme ouurier; le secód, comme matiere) qui ne suppose, ains precede du tout la fóda-

A iiij

GOVVERNEMENT D'ESTAT,

tion, & l'amplification en partie. Mais le moyē de fonder & d'agrandir est tout vn, & vne mesme chose: car les commencemens & les milieux sont de mesme nature. Et bien que tout ce qui se faict par les susdites causes soit dict se faire par la raison d'Estat, cela neantmoins se dit plus des choses, qui ne se peuuent reduire à l'ordinaire & commune raison.

la fondatione affatto, l'ampliatione in parte precede. Mà l'arte del fōdare, e dell'ampliare è l'istessa; perche i principij, e i mezi sono della medesima natura. E se bene tutto ciò, che si fa per le sudette cagioni, si dice farsi per Ragione di Stato, non dimeno ciò si dice più di quelle cose, che non si possono ridurre à ragione ordinaria, e cōmune.

Diuision des Seigneuries.

Diuisione de' Dominij.

LEs Seigneuries sōt de plusieurs sortes, anciennes, nouuelles, paunres, riches & d'autres semblables qualitez; mais pour mieux venir à nostre propos, nous disōs, que des Seigneuries aucunes se trouuēt auec superiorité, autres sās superiorité: quelques vnes naturelles, autres d'acquest. J'appelle les Seig-

I Dominij sono di più sorti, antichi, nuoui, poueri, ricchi, e di simili altre qualità: mà, venendo più al proposito nostro, diciamo, che de' Dominij altri sono con superiorità, altri senza; altri naturali, altri d'acquisto. Naturali chiamo quelli, de' quali siamo padroni di volontà de'

LIVRE I.

sudditi, ò espressa, come auuiene nell' eletione delli Re; ò tacita, come accade nelle successioni legitime à gli Stati; e la successione è per ragione manifesta, ò dubbiosa. Di acquisto chiamo quelli, che ò per denari, ò per cosa equiualente si sono comperati, ò con arme acquistati; e con armi s'acquistano ò à viua forza, ò d'accordo; e l'accordo si fa ò à discretione del vincitore, ò à patti; e la qualità loro è tanto peggiore, quanto maggior resistenza vi fù nell'acquisto. Di più, de' Dominij altri sono piccioli, altri grandi, altri mezani; e tali sono non assolutamente, ma in comparatione, e per rispetto de' confinanti. sì che picciolo Dominio è quello, che non si può mantenere da se, ma ha bisogno della

neuries naturelles, que nous possedons par la volonté des subiects, ou expresse; comme il aduient en l'election des Roys: ou tacite, comme l'on void es legitimes successions es Estats: & la succession est par raison manifeste ou douteuse. I'apelle celles la d'acquest que l'on ha achetees ou par argent, ou par autre chose de mesme valeur, ou acquises par les armes. Elles s'acquierent par les armes, ou à viue force, ou par accord: L'accord se fait, ou à discretiō du victorieux, ou auec pache & cōdition; & leur qualité est d'autant pire, que plus grande ha esté la resistēce, en la conqueste. D'auātage, des Seigneuries aucunes sōt petites, autres grandes, autres moyennes: & sont telles nō absolument, mais en comparaison & pour le regard de celles qui sont voisines. De maniere que la Seigneurie est petite, qui ne se peut maintenir de soy, mais ha besoin de la protection, & de l'appuy d'autruy, cóme est la Republique de Rag'use & de Luques: Celle est mediocre, qui ha la force & l'authorité suffisāte de se maintenir, sans le secours d'autruy, comme est la Seigneurie des Venetiés, & le Royaume de Boheme, le Duché de Milan, & la Côté de Flandres. I'appelle les Estats grands, qui ont vn notable aduantage sur leurs voisins, comme est l'Empire du Turc, du Roy de Frāce et du Roy Catholique. Qui plus est, des Seigneuries, aucunes sōt vnies, autres desvnies; I'appelle celles là vnies, desquelles les mēbres se joignēt & se touchent l'vn l'autre: des-vnies, celles desquelles les membres ne se continuent pas, & ne font vn

protettione, e dell' appoggio altrui, come è la Republica di Ragugia, e di Lucca: mediocre è quello, che hà forze, & auttorità sufficienti per mantenersi, senza bisogno dell' altrui soccorso, come è il Dominio de' Signori Venetiani, e'l Regno di Boemia, & il Ducato di Milano, e la Contea di Fiandra: grandi poi chiamo quegli Stati, che hanno notabile auantaggio sopra i vicini, come è l'Imperio del Turco, e del Rè Cattolico. Oltre à ciò, de' Dominij, altri sono vniti, altri disuniti; e vniti chiamo quelli, i cui membri hanno continouanza trà di loro, e si toccano l'vno l'altro: disuniti quelli, i cui membri non fanno corpo cōtinouo, e d'vn pezzo: come è stato l'Imperio de' Genouesi quando erano padroni di Famagosta, e di Tolemaide, di Faglie vecchie, e di Pera, e di Caffa; e quel de' Portoghesi, per gli Stati, c'hanno in Etiopia, in Arabia, & in India, e nel Brasil; e quel del Rè Cattolico.

corps d'vne piece, comme ha esté l'Empire des Geneuois, lors qu'ils estoyent maistres, & Seigneurs de Famagoste, de Ptolemais, des vieilles Faglies, de Pera & de Caffa; & celuy des Portugais, à cause des Estats & Pays, qu'ils possedent en Ethiopie, en Arabie, és Indes, & au Bresil, & celui du Roy catholique.

De' Sudditi.

I Sudditi, senza i quali non può esser Dominio, sono di natura stabili, ò leggieri; piaceuoli, ò fieri; dediti alla mercantia, ò alla militia; della nostra santa Fede, ò di qualche setta: e se di qualche setta, ò infedeli affatto, ò Giudei, ò Scismatici, ò Heretici: e se Heretici, ò Luterani, ò Caluiniani, ò d'altra empietà cosi fatta. e tanto si debbono stimar

Des subiectz.

LEs subiects, sans lesquels ne peut estre la Seigneurie, sont naturellement stables, ou legers, gracieux ou reuesches; addónez à la marchandise, ou à la milice: de nostre Saincte Foy, ou de quelque secte: Et s'ils sont de quelque secte, ou ilz sont du tout infideles, ou Iuiſs, ou Scismatiques, ou heretiques: & s'ils sont heretiques, ou ils sõt Lutheriés, ou Caluinistes, ou de quelque autre semblable impieté: & se doiuent estimer d'autant plus, que plus ils sōt eslongnez & cōtraires à la verité. Dauantage, ou ils sont tous subiects, en vne maniere, & par la mesme raisō et forme de subiectiō, ou par vne autre diuerse; cōme les Arragōnois & les Castillans en Hespagne: les Bourguignons & les Bretons en France.

peggiori, quanto sono di setta più lontana, e più contraria alla verità. Di più, ò sono sudditi tutti ad vn modo, e con la medesima ragione, e forma di soggettione, ò con diuersa come gli Aragonesi, & i Castigliani in Ispagna: i Borgognoni, & i Bertoni in Francia.

Des causes de la ruine des Estats.

Delle cagioni della rouina de gli Stati.

Les œuures de nature defaillēt par deux manieres de causes, car aucunes sōt internes, les autres externes. I'appelle internes & dedās nous, les excez, & les corruptions des premieres qualitez: externes, le fer, le feu, & autres violences. En ceste mesme maniere les Estats tōbent en ruine, pour les causes internes, ou externes: les internes sont l'incapacité

Le opere della natura mancano per due sorti di cause; perche alcune sono intrinseche, altre estrinseche: intrinseche chiamo gli eccessi, e le corruttioni delle prime qualità; estrinseche il ferro, il fuoco, e le altre violenze. Al medesimo modo gli Stati rouinano per cause interne, ò esterne: interne sono, l'incapacità del Pren-

cipe, ò per fanciullez-
za, ò per dapocagine, ò
per scempietà, ò per
perdita di riputatione,
che può accadere in più
maniere. rouina anco
gli Stati intrinseca-
mente la crudeltà co'
sudditi, e la libidine,
che macchia l'honore,
massime d'huomini no-
bili, e generosi; perche
questa cacciò di Roma
li Rè, & i Decemuiri;
introdusse nella Spa-
gna i Mori; e priuò
della Sicilia i Francesi.
Dionigio il vecchio,
hauendo inteso, che suo
figliuolo hauesse ha-
uuto prattica con la
moglie d'vn' honorato
Cittadino, lo riprese
acerbamente, diman-
dandolo se haueua mai
veduto fare vna simil
cosa da lui; e perche il
giouine rispose, se no'l
facesti, fù perche noi
fosti figliuolo di Rè: nè
tù, soggiunse egli, sa-
rai padre di Rè, se

du Prince, ou à cause de
son enfance, ou poursõ
peu d'esprit et simplicité
ou pour la perte de sa re
putation, qui peut aduc-
nir en plusieurs manie-
res. Aussi ruine les Estats
interieurement, la cru-
auté enuers les subiects,
& la luxure, qui souille
l'honneur principalle-
ment des hommes no-
bles & genereux. Ceste
luxure ha chassé les Rois
de Rome & les Decem-
uires: ha introduict les
Maures en Hespagne, &
ha priué les François de
la Sicile. Denys l'ancien
ayant entendu que son
filz auoit eu affaire à la
femme d'vn hõnorable
Citoyen, le reprint ai-
grement, & luy demãda
si iamais il luy auoit veu
faire vne semblable cho-
se. Et pour ce que le ieune homme respondit, Si
vous ne l'auez faict, c'e-
stoit pource que vous
n'estiez pas filz de Roy;
aussi adiousta il, ne seras

tu pere de Roy, Si tu ne changes de maniere de viure. L'on ha couſtume de diſputer & debatre d'où vient que la paillardiſe ruine plus d'Eſtats, que ne fait la cruauté. Il n'eſt pas difficile de rendre raiſon de cela, veu que la cruauté engendre la haine côtre celuy qui en vſe, & la peur de luy: la paillardiſe engédre la haine & le meſpris: de maniere que la cruauté ha la haine qui luy eſt côtraire, & la peur qui la maintient, bien que ce ſoit debilement, pource qu'elle ne dure pas long temps, mais la paillardiſe n'ha aucun appuy, pource que la haine & le meſpris luy ſont contraires. Dauantage la cruauté oſte les forces, ou la vie à celuy qui eſt offenſé: ce que ne faict pas la luxure. Auſſi ſont cauſes internes de la cheute des Eſtats, les enuies, diſſentions, diſcordes, & am-

non muti ſtilo. Si ſuole diſputare, onde proceda, che più Stati rouinano per la libidine de' Prencipi, che per la crudeltà. Non è difficile il render ragione di ciò; conciofiache la crudeltà partoriſce odio contra chi l'vſa, e paura di lui; la libidine genera odio, e diſprezzo; ſi che la crudeltà hà l'odio, che le fa contra, e la paura, che la mantiene, benche debolmente, perche dura poco tempo: ma la libidine non hà appoggio niſſuno; perche e l'odio, e'l diſprezzo le fan contra. Oltre ciò, la crudeltà toglie le forze, ò la vita à chi è offeſo, il che non fa la libidine. Cauſe anche intrinſeche de gli Stati ſono l'inuidie, gare, diſcordie, ambitioni de' grandi; la leggierezza, l'inſtabilità, e'l furore del la moltitudine, e l'inclinatione de' Baroni, e del popolo ad altra Signoria. i Prencipi ambitiosi, e di poco senno, rouinano spesse volte gli Stati loro, con la dispersione delle forze, per volere abbracciar più di quel, che possono stringere; il che si vidde nell'imprese de gli Ateniesi, e de Lacedemoni; ma principalmente di Demetrio Rè de' Macedoni, e di Pirro Re dell' Epiro.

Ma estrinseche cause sono gl'inganni, e la potenza de' nemici. Cosi i Romani rouinarono i Macedoni; i Barbari la grandezza Romana. Ma quali cause sono più pernitiose? senza dubio, che le interne; perche rare volte auuiene, che le forze esterne rouinino vno Stato, che non

bitions des grands, la legereté, l'instabilité & la fureur de la populace, & l'inclination des nobles & du peuple à vn autre Seignr. Les Princes ambitieux et de peu de iugement ruinent souuétesfois leurs Estats, quád ilz viennent à diuiser leurs forces, pour vouloir plus embrasser qu'ils ne peuuét estraindir. Ce qui s'est veu es entreprinses des Atheniés, & des Lacedemoniés: mais principallemét de Demetrius Roy des Macedoniens, & Pirrhus Roy d'Epire.

Mais les causes externes sont les ruses, stratagemes, et la puissáce des ennemys. Ainsi les Romains ruinerent les Macedoniens: les Barbares la grandeur Romaine. Mais quelles causes sont les plus pernicieuses? certainement sont les internes: car il n'aduient gueres que les forces externes ruinent & renuersét

GOVVERNEMENT D'ESTAT,

vn Estat, qui n'ait esté premierement corrōpu par les internes.

habbino prima corrotto l'intrinseche.

De ces deux manieres de causes simples, procede vne autre, qui se peult appeller meslée ou composee, quand les subiects s'accordent auec les ennemys, & ils trahissét ou la patrie ou le Prince.

Di queste due sorti di cause semplici, ne nasce vn'altra, che si può chiamar mista, quando s'accordano i sudditi co' nemici, e li tradiscono ò la patria, ò il Prencipe.

§ *Quelle œuure est plus grande d'agrandir ou de conseruer vn Estat.*

Qual sia opera maggiore, l'aggrandire, ò 'l conseruare vno Stato.

C'EST sans doubte que l'œuure est plus grande de le conseruer pource que les choses humaines naturellemét vōt quasi ores defaillāt, ores croissant, comme la Lune, à laquelle elles sōt subiectes : de maniere que de les tenir arrestees, & quand elles ont prins leur accroissemét, les conseruer en sorte, qu'elles ne diminuent & viennent à cheoir, c'est vne

SEnza dubbio, che maggior opera si è il conseruare : perche le cose humane vanno quasi naturalmēte hora mancando, hora crescendo, à guisa della Luna, à cui sono soggette : onde il tenerle ferme, e quando sono cresciute, sostenerle in maniera tale, che non scemino, e precipitino, è impresa d'vn valor singolare, e quasi sopra huma-

humano, e ne gli acquisti hà gran parte l'occasione, & i disordini de' nemici, e l'opera altrui; ma il mantenere l'acquistato è frutto d'vn eccellente valore. S'acquista con forza, si conserua con sapienza; e la forza è commune à molti, la sapienza è di pochi. In turbas, & discordias pessimo cuique maxima vis: pax, & quies bonis artibus indigent.

Di più, chi acquista, & aggrandisce il Dominio, non trauaglia se non contra le cause esterne. delle rouine de gli Stati: ma chi conserua, hà da fare contra l'esterne, e l'interne in sieme. I Lacedemonij, volendo dimostrare esser maggior cosa il conseruar il suo, che l'acquistar l'altrui, pu-

vne entreprinse d'vne singuliere valeur, & quasi par dessus l'hôme. L'occasion hà vne grãde partie aux acquests, & les desordres des ennemys, & l'œuure d'autruy: mais de maintenir l'acquis est vn fruict de valeur excellẽte: L'ô acquiert par la force; l'on conserue par la sagesse: la force est commune à plusieurs, la sagesse appartient à peu: *In turbis & discordias pessimo cuique maxima vis: pax & quies bonis artibus indigent.* 1. Le plus mechãt hà vne grande force sur les troubles & discordes; la paix & le repos ont affaire des bons arts & moyens.

Dauãtage, celuy qui acquiert & agrandit la Seigneurie, trauaille seulement contre les causes externes de la ruine des Estats; mais celuy qui la conserue, ha affaire contre les externes, & internes ensēble. Les Lacedemoniens voulans demonstrer, qu'il y auoit plus d'hōneur & de vertu de conseruer le sien, que d'acquerir l'autruy, punissoyent ceux là, qui auoyent perdu en la bataille, non l'espee, mais le bouclier : & entre les Alemans, *Scutum reliquisse, præcipuum flagitium: nec aut Sacris adesse, aut cōcilium inire. ignominioso, fas*: c'estoit vn grand crime d'auoir laissé le bouclier; & n'estoit licite à l'ignominieux de se trouuer aux sacrifices, ou d'ētrer au cōseil : Et les Romains appelloyēt Fabius Maximus le bouclier, & Marcus Marcellus l'estoc de la Republique. Et n'y ha point de doute qu'ils faisoyent plus de cas de Fabius que de Marcellus. Et de cet aduis estoit aussi Aristote, qui dit en ses Politiques, que l'œuure principalle du Legislateur n'est pas d'esta-

miuano quegli, che haueſſero perduto nella battaglia, non la ſpada ma lo ſcudo: e trà Germani,

Scutum reliquiſſe præcipuum flagitium; nec aut ſacris adeſſe, aut conciliū inire ignominioſo fas. : *e i Romani chiamauano Fabio Maſſimo ſcudo, e M. Marcello ſtocco della Republica; e non è dubbio, che maggior conto faceuano di Fabio, che di Marcello. e di queſto parere fù anco Ariſtotele, il quale nella Politica dice, la principal opera del legiſlatore non eſſer il conſtituire, e'l formar la Città, ma il prouedere, che ſi poſſa lungamente conſeruar ſal-*

sia. e Teopompo Re di Sparta, hauendo aggiunto alla podestà regia il Senato, ò 'l consiglio de gli Ephori, alla moglie, che 'l tassaua d'hauer diminuito l'Imperio, anzi, rispose egli, sarà tanto maggiore, quanto è piu stabile, e piu fermo. Ma onde auiene (dirà alcuno) che siano molto piu stimati quei, che acquistano, che quei, che conseruano? perche gli effetti di chi aggrandisce l'Imperio sono piu manifesti, e piu popolari; fanno piu strepito, e piu romore; hanno piu d'apparenza, e piu nouità, della quale l'huomo, è oltre modo amico, e vago. onde auiene, che le imprese militari porgono maggior diletto, e merauiglia, che le arti della conseruatione, è della pace; la quale, quanto hà meno

blir & former la Cité, mais de prouuoir qu'elle se puisse long temps cóseruer en son entiere. Et Teopópus Roy de Sparte, ayant ioinct le Senat à la puissance Royalle, ou le cóseil des Ephores, fit response à sa femme, qui le taxoit d'auoir diminué l'Empire, Ains il sera d'autant plus grád, qu'il est plus ferme et plus stable. Mais d'où vient (dira quelqu'vn) que ceux là sont beaucoup plus estimez, qui acquierent, que ceux qui cóseruét? Pource que les effects de celuy qui agrandit l'Empire, sót plus manifestes, & plus populaires : ilz font plus de bruit & de rumeur: ils ót plus d'apparence & plus de nouueauté, de laquelle l'hóme est amoureux outre mesure; & c'est pourquoy les entreprinses militaires dónent plus de plaisir & de merueille que les moyens de la conserua-

B ij

GOVVERNEMENT D'ESTAT,

tion & de la paix, qui demonstre d'autant plus grand iugement & sens en celuy qui la maintiét, que moins elle tient du tumultueux et de ce qui est nouueau. Et comme l'ó void, qu'encores que les riuieres soyent de beaucoup plus nobles, que les torrents ; ce neantmoins s'arresteront beaucoup plus de persónes à regarder vn dágereux torrét, qu'vne tranquille riuiere : ainsi est plus admiré celuy qui acquiert, que celuy qui cóserue. Mais veritablemét, *Difficilius est* (comme dit Florus) *Prouincias obtinere, quàm facere: viribus parantur, iure retinentur*, Il est plus difficile d'obtenir, que de faire les Prouinces : on les acquiert par la force ; on les retient & conserue, par le droict & Iustice.

Quels Empires sont plus durables, les grands, les petits ou les moyens.

del tumultuoso, e del nuouo, tanto acquisce maggior giudutio, e senno di chi la mantiene. e si come, se bene i fiumi sono di gran lunga più nobili, che i torrenti ; nondimeno molte più persone si fermeranno à rimirare vn pericoloso torrente che vn tranquillo fiume : cosi è più ammirato chi acquista, che chi conserua. Ma veramente, difficilius est, (come dice Floro) prouincias obtinere, quàm facere: viribus parantur, iure retinentur.

Quali Imperij siano più durabili, i grandi, i piccioli, ò i mezani.

Egli è cosa certa, che sono più atti à mantenersi i mezani; perche i piccioli per la debolezza loro sono facilmente esposti alle forze, & all'ingiurie de' grandi, che (come gli vccelli di rapina si pascono de' piccioli, & i pesci grossi de' minuti) li diuorano, e s'innalzano con la loro rouina. così Roma s'aggrandì con l'esterminio delle Città vicine; e Filippo Re di Macedonia con l'oppressione delle Republiche della Grecia. Gli Stati grandi mettono in gelosia, & in sospetto i vicini. il che spesse volte gl'induce à collegarsi insieme; e molti vniti fanno quello, che non può far vn solo. ma sono anche molto più sogetti alle cause intrinseche delle rouine; perche con la grandezza crescono le

C'EST chose certaine que les mediocres sont plus propres à se maintenir: car les petis, à cause de leur foiblesse, sont facilement exposez aux forces & aux iniures des grands, lesquelz (cõme les oiseaux de proye se paissét des petis, & les gros poissõs des menuz) les deuorent, & se haulsent de leur ruine. Ainsi Rome s'agrãdit par la ruyne des villes prochaines: & Philippe Roy de Macedoine, par l'oppressiõ des Republiques de la Grece. Les grands Estats mettent les voisins en jalousie & soupçon: ce qui les induit souuentesfois à se lier ensemble: & plusieurs vniz font ce que ne peut faire vn seul: mais ils sont aussi plus subiects aux causes internes des ruines & decadences, pource que par la grandeur, croissent les richesses: & auec celles cy, les vices, le de-

B iij

GOVVERNEMENT D'ESTAT,

bordement, la vaine gloire, la luxure, l'auarice, racine de tout mal: & les Royaumes que la fragilité ha conduit au comble de la grandeur, ont prins fin par l'opulēce. Dauātage, la grādeur porte quand & soy, la confiance de ses forces; & la confiance, la negligence, l'oisiueté, le mespris, & des subiects & des ennemys: de maniere que tels Estats se maintiennent souuentesfois plus par la reputatiō des choses passees, que par la valeur ou fondement present: Et cōme l'Alchimie semble à l'œil estre de l'or, mais perd son credit au parangon; ainsi telles Seigneuries ont grande renōmee & peu de force: &resēblent à certains arbres haults & grāds, mais steriles et sans fruict, & à certains hommes de grāde corpulence, mais de peu d'haleine: ce que

ricchezze; e con queste i vitij, il lusso, la boria, la libidine, l'auaritia, radice d'ogni male; & i Regni, che la frugalità hà condotto al colmo, sono mancati per l'opulenza. Oltre à ciò, la grandezza porta seco confidanza delle sue forze, e la confidanza negligenza, otio, disprezzo e de' sudditi, e de' nemici. sì che simili Stati si mantengono spesse volte più per la riputatione delle cose passate, che per valore, ò per fondamento presente. e sì come l'Alchimia pare oro all'occhio, ma perde il credito al paragone; cosi cotali Dominij hanno gran fama, e poco neruo; simili ad alcuni alberi alti, e grandi, ma voti, e cariosi; & à certi huomini di gran corpo, ma di poca lena. il

che mostra euidente- l'experience monstre e-
mente l'esperienza. uidemment. Ce pen-
Sparta, mentre ch'- dant que Lacedemone
entro i termini pres- s'est maintenuë dedans
critti da Licurgo, si les limites prescripts par
mantenne, fiorì sopra Licurgus, elle ha flory
tutte le Città della sur toutes les villes de la
Grecia, & in valore, Grece, & en valeur &
& in riputatione : ma en reputation : mais de-
dopò che allargò l'Im- puis qu'elle ha estendu
perio, e si soggiogò le son empire, & subiugué
Città della Grecia, & les villes de la Grece, &
i Regni dell'Asia, les Royaumes de l'A-
diede indietro ; per zie, elle est allée en ar-
modo ch'ella, che in- riere : de maniere qu'el-
nanzi Agesilao non le, qui deuant Agesi-
haueua mai veduto il laus, n'auoit iamais veu
fumo, non che l'arme la fumée, pour ne dire
de' nemici, dopò l'ha- les armes des ennemys,
uer debellato gli Ate- apres auoir debellé les
niesi, e dato il guasto Atheniens, & faict le
all' Asia, vidde fug- degast & ses courses en
gire i suoi Cittadini Asie, vid fuir ses citoy-
dinanzi a' Tebani, gen- ens, deuant les The-
te vilissima, e di nissu- bains, peuple tres vil, &
na consideratione. I sans aucune considera-
Romani, hauendo do- tion. Les Romains, a-
mato i Cartaginesi, pres auoir donté les
hanno paura de' Nu- Carthaginois, ont peur
mantini per lo spatio des Numantins, par l'es-
di xiv. anni ; hauendo pace de xiv ans : apres
vinto tanti Rè, sotto- auoir vaincu tant de

B iiij

GOVVERNEMENT D'ESTAT,

Roy soumis tât de Prouinces à l'Empire, sont taillez en pieces, par l'espace de XIV ans, par Viriatus en Hespagne, & par Sertorius Forvssi ou bany, en Lusitanie, & par Spartacus, en Italie, & assiegez partout, & affamez par les Corsaires. La valeur se faict voye par le millieu des difficultez, à la grandeur: Mais quand elle y est venuë, incontinent elle demeure enueloppée des richesses, éneruée des delices, & abbatue des voluptez: elle se maintient en haute mer, au milieu des tempestes & des orages: mais elle se perd & fait naufrage au port. A cete heure là defaillent les genereuses pensées, les haults desseins, & les honnorables entreprinses; & en leur places succedent l'arrogance, l'ambition, l'auarice des Magistrats, l'impertinen-

messo all' Imperio tante Prouincie, sono tagliati à pezzi per ispatio di xiv. anni da Viriato in Ispagna, & da Sertorio fuora uscito nella Lusitania, e da Spartaco in Italia, & assediati per tutto & affamati da Corsali. Il valore apre la strada, per mezo delle difficoltà, alla grandezza; ma, giunto che vi è, resta incontanente inuiluppato dalle ricchezze, sneruato dalle delitie, mortificato dalle voluttà. regge à grauissime tempeste, & à pericolosissime procelle per l'alto mare; ma si perde, e fa naufragio in porto. Mancano all'hora i pensieri generosi, & i disegni eccelsi, e l'imprese honorate; & in luogo loro succedono la superbia, l'arroganza, l'ambitione, l'auaritia de Magistrati, l'im-

LIVRE I.

pertinenza della moltitudine. Non si fauoriscono più i Capitani ma i buffoni; non i Soldati, ma i ciarlatori; non la verità, mà l'adulatione: non si stima più la virtù, ma le ricchezze; non la Giustitia, ma i presenti. La semplicità cede all'inganno, e la bontà alla malitia: sì che crescendo lo Stato, cagionano all'incontro i fondamenti della sua fermezza. e sì come il ferro genera la ruggine, che lo mangia: e i frutti maturi producono di se stessi vermi, che gli guastano; così gli Stati grandi partoriscono certi vitij, che li gettano à poco à poco, e alle volte anco in vn tratto à terra. e tanto basti hauer detto de grandi.	ce de la multitude. L'on ne fauorise plus les Capitaines, mais les boufsons: les Soldats, mais les bateleurs & charlatans; la verité, mais l'adulation: l'on ne fait plus de cas de la vertu, mais des richesses; l'on ne prise la Iustice, mais les presents. La simplicité cedde à la tróperie; la bonté à la malice: de maniere que l'Estat venant à croistre, au cõtraire, tõbent les fondemẽts de sa fermeté: Et cõme le fer engendre la raouille, qui le mange; & les fruicts meurs produisent les vers d'eux mesmes, qui les gastent & corrompent: ainsi les grãds Estats engendrent certains vices, lesquels peu à peu, & aucunesfois tout à coup, les iettent & réuersent par terre: cecy suffise des grãds.
I mediocri sono i più durabili; concio sia che nè per molta de-	Les mediocres sont les plus durables: car au moyen d'vne trop gran-

de foiblesse, ils ne sont pas ainsi exposez à la violence, ny à l'enuie d'autruy, par leur grandeur: & pource que leurs richesses & puissance est moderée, les passions sont aussi moins vehementes, & l'ambition n'ha pas tant d'appuy, ny la luxure tant de subiect, qu'es grādz: & le soupçon des voisins les tient en bride: Et bien que les humeurs s'emouuent & se viennent à troubler, elles s'appaisent aussi & se viennent à rasseoir facilement; comme en fait foy Rome, en laquelle, ce pendant qu'elle ha esté d'vn estat mediocre, les reuoltes duroyent peu, & s'apaisoyēt au bruit dēs guerres estrangeres, sans venir aux batailles sanglantes. Mais depuis que la grandeur de l'empire a ouuert le chemin à l'ambition, depuis que les ennemys ont defail-

bolezza sono così esposti alla violenza, nè per grandezza all'inuidia altrui: e perche le ricchezze, e la potenza è moderata, le passioni sono anco meno vehementi; e l'ambitioni non hà tanto appoggio, nè la libidine tanto fomento, quanto nè grandi; e'l sospetto de' vicini li tiene à freno. e se pure gli humori si muouono, e s'intorbidano, s'acquetano anche, e si tranquillano facilmente. come ne fa fede Roma; nella quale, mentre fù di mediocre stato, poco le riuolte durauano, & al romore delle guerre straniere s'acquetauano; & in ogni modo si sedauano senza sangue. ma dopò che la grandezza dell' Imperio aprì il campo all'ambitione, e le fattioni li radicarono, dopò che i nemici mancarono, e le guerre, e spoglie della Numidia, e de' Cimbri à Mario; della Grecia, e di Mitridate à Silla; della Spagna, e dell' Asia à Pompeo; della Gallia à Cesare acquistarono seguito, e riputatione, e modo di mantenerla: allora non si guerreggiò più con scabelli, e con predelle, come nelle seditioni passate; ma si venne al ferro, & al fuoco; e non si finirono le contentioni, e le guerre, se non con la rouina d'vna delle parti, e dell' Imperio stesso. Cosi veggiamo esser durate molto più alcune potenze mediocri, che le grandissime: di che fanno fede Sparta, Cartagine, ma sopra tutto Venetia, della quale non fù mai dominio, doue la mediocrità hauesse luogo più stabile, e più fermo. Ma se bene la mediocrità è più atta

ly, & les guerres & despouilles de la Numidie & des Cimbres ont acquis à Marius, de la Grece & de Mitridates, à Silla; de l'Espagne & de l'Asie à pompee, de la Gaule, à Cesar, grande suite & reputation & le moyen de la maintenir, à ceste heure là l'on n'ha plus faict la guerre, à coups d'escabelle & demarchepieds, comme es seditions passees, mais l'on est venu au fer & au feu : & n'ont prins fin les contentions & les guerres, qu'auec la ruine d'vne des parties, & de l'empire mesme. Ainsi nous voyons aucunes moyennes puissances auoir duré beaucoup plus que les tresgrandes : dequoy font foy Lacedemone, carthage, mais sur tout Venise, au regard de laquelle iamais n'ha esté aucune Seigneurie, où la mediocrité ait eu lieu plus stable & plus ferme. Mais bien que la mediocrité soit plus propre à la conseruatió d'vne Seigneurie que les exces d'icelle, les mediocres Estats, ce neantmoins ne durent pas lōg temps, pource que les Princes ne s'en contentent, mais de mediocres, ils veulent deuenir grands, ains tresgrands; Et pour ceste cause, sortans des limites de la mediocrité, ils passent aussi les bornes de la seureté; comme il est aduenu aux Venetiens, lesquels ayās voulu embrasser vn peu plus que la mediocrité requiert, en l'entreprinse de Pise, & en la Ligue contre Loys Sforze, se mirent en celle là, en tresgrāds frais, sās aucun profit; & en cete cy, en vn extreme dāger de se perdre. Maissi le Prince cognoissoit bien les limites de la mediocrité, & il s'en contentoit, son Estat seroit tresdurable.

alla conseruatione d'vn Dominio, che gli eccessi d'essa, durano non dimeno poco gli Stati mediocri, perche i Prencipi non se ne contentano, ma di mediocri vogliono diuentar grandi, anzi grandissimi. onde, vscendo fuor de' termini della mediocrità, escono anche fuor de' confini della sicurezza: come auuiene à' Venetiani: i quali, hauendo voluto abbracciar alquanto più di quel, che la mediocrità richiede, nell'impresa di Pisa, e nella Lega contra Ludouico Sforza, in quella si misero in grandissime spese, senza profitto, & in questa in vn estremo pericolo di perdersi. Ma se il Prencipe conoscesse i termini della mediocrità, e se ne contentasse, il suo Imperio sarebbe durabilissimo.

Quali Stati siano più durabili, gli uniti, ò i disuniti.

Quels Estats sont plus durables, les vnis ou les des-vnis.

Gli Stati disuniti ò sono divisi trà sedi tal maniera, che non si possono soccorrere l'vno l'altro, perche hanno in mezo Prencipi potenti, ò nemici, ò sospetti, ò si possono soccorrere, il che si può fare in tre maniere, ò à forza di denari, (il che però sarà di gran difficoltà) ò per buona intelligenza co' Prencipi, per lo cui paese bisogna passare; ò perche essendo tutte le parti di questo Imperio poste su'l mare, si possono facilmente, con forze maritime mantenere. Di più, i membri dell' Imperio disunito ò sono ò tanto deboli, che da sè soli non si possono mantenere, nè difendere da' vicini; ò

Les Estats des-vnis. ou sont diuisez entre eux de telle maniere, qu'ils ne se peuuët secourir l'vn l'autre, pource qu'ils ont entre deux, des Princes puissans, ou ennemys, ou soupçonnez: ou ils se peuuent secourir. Ce qui se peut faire en trois manieres (ou à force d'argët; ce qui sera ce neantmoins fort difficile) ou par vne bonne intelligëce auec les Princes, par le pays desquels il fault passer; ou pource qu'estás toutes les parties de cet empire assises sur la mer, elles se peuuent facilement maintenir, par les forces maritimes. Dauantage, les mëbres d'vn Empire des-vny, sót ou tant foibles, qu'ils ne se peuuent d'eux mesmes seuls maintenir ny defẽdre des voisins : ou si grands, & puissans, qu'ils ont le dessus, ou sont egaux à leurs voisins. Or ie dirois qu'vn Empire grand & vny : certainement est plus asseuré, cõtre les assaults, & l'inuasion des ennemys, pource qu'il est grand & vny, & que l'vnion porte quant & soy, vne plus grande force & seureté: Mais d'autre costé, il est ainsi plus subiect aux causes internes de sa ruine: car la grãdeur porte auec soy la confiance; la confiance, la negligence : & la negligence, le mespris & la perte de la reputation & de l'autorité. La puissance produit les richesses, qui sõt meres des delices; & les delices, de tout vice. C'est pourquoy les Seigneuries defaillent, au comble de leur grandeur. Pource que par l'ac-

cosi grandi, e possenti, che stanno, ò à caualieri, ò al pari de' vicini. Hor io direi, che vn'Imperio grande, e vnito, senza dubio, è più sicuro da gli assalti, & dall' inuasione de' nemici, perche egli è grande, & vnito, e l'vnione porta seco maggior fermezza, e forza. Ma dall' altro canto è più soggietto alle cause intrinseche della sua rouina; perche la grandezza porta seco confidenza, e la confidenza trascuragine, e la trascuragine disprezzo, e perdita di riputatione, e di autorità. La potenza partorisce ricchezze, che sono madri delle delitie, e le delitie d'ogni vitio. e questa è la cagione, per la quale i Dominij mancano nel loro colmo; perche con l'accrescimento della potenza, si scema il va-

LIVRE I. 16

lore; e nell' affluenza delle ricchezze, manca la virtù.

» croiſſement de la puiſ-
» ſance, ſe diminue la va-
» leur; & la vertu defaut
» en l'affluence des ri-
» cheſſes.

L'Imperio Romano fù nel colmo ſuo ſotto Auguſto Ceſare: le delitie, e la libidine cominciò ad opprimere la virtù ſotto Tiberio; e di mano in mano poi ſotto Caligola, e gli altri. rimiſe alquanto le coſe Veſpaſiano co'l ſuo valore; ma le affliſſe co' ſuoi vitij Domitiano. ritornarono nel lor priſtino ſtato con la bontà di Troiano, e di alcuni pochi Imperatori, che ſeguirono: ma dopò andarono di mano in mano traboccando, e precipitando fino all' ultima rouina loro. e ſe poi furno alle volte aiutate, e ſoſtenute in piedi, ciò auuenne, non per valor de' Romani, ma d'imperatori, e Ca-

Soubs l'Empereur Auguſte, l'Empire de Rome fut au fete de ſa grandeur: les delices & la luxure, commencerent à opprimer la vertu ſoubz Tibere; & puis de plus en plus, & ſucceſſiuement, ſoubz Caligula & les autres. Vaſpaſian, par ſa valeur, remit vn peu les choſes: mais Domitiã les rëuerſa, par ſes vices. Elles retournerent en leur premier eſtat, par la bonté de Traian, et d'vn petit nombre d'Empereurs, qui le ſuiuirent: mais depuis elles ſont touſiours allees peu à peu en decadence, iuſques à leur derniere & totalle ruine. Et ſi depuis elles ont eſté aucuneſfois aydees, & ſouſtenues, ſur pieds, cela eſt aduenu, non par la

GOVVERNEMENT D'ESTAT,

valeur des Romains, mais des Empereurs & Capitaines esträgers. Les Empereurs ōt esté Traian, qui estoit Hespagnol; Antonius Pius, Fraçois; Septimius Seuerus, Africain: Allexander, Sirien: Claude, Troyen; Aurelian, de Mese; Paul, Sirmien: Diocletian, de Dalmatie; Galerius, Dacien; Constans, qui fut pere du grand Constantin, Dardanien ou Troyen; Theodose, qui se peut dire restaurateur de l'Empire, Hespagnol. Le semblabie se peut dire des Capitaines, qui se sont monstrez de quelque valeur : desquels Stilcon, Vllin, & Etius estoyent Vandales; Castinus, Scithe: Boniface, de Thrace; Rithimer qui deffit Biurge Roy des Alains, Goth de nation. Et pourtant peut on comprendre que la vertu Romaine estoit eneruée par les delices, & telle-

pitani stränieri, gl'Imperatori furono Traiano, che fù Spagnuolo, Antonino Pio, Francese, Settimio Seuero, Africano, Alessandro Siro, Claudio Dardano, Aureliano Meso, Paolo da Sirmio, Dioclitiano Dalmatino, Galeria Daco, Costante, che fù padre del gran Costantino, Dardano, Theodosio, che si può chiamare ristoratore dell'Imperio, Spagnuolo. Il simile si può dire di quei Capitani, che si mostrarono da qualche valore ; dé quali Stilicone Vllino, & Etio furono Vandali, Castino Scita, Bonifacio Trace, Rithimeri, che ruppe Biurgo Re de gli Alani, Gotto. Onde si comprende, che la virtù Romana era, per le delitie, sneruata, e corrotta di tal maniera, che non poteua reggersi

LIVRE I.

gersi in piede, ne alzaré, senza aiuto strahiero, la testa. E perche il seruitio de' Barbari era pieno d'interessi, e di disegni particolari, e spesse volte di fellonia, e di perfidia, rouinò finalmente affatto: perche vn'Imperio, che non hà valore interno, non può lungamente mantenersi all'incõtro dell'insidie, ò de gli assalti de gli emuli, e de' nemici suoi. cosi la Spagna corrotta in ogni sua parte, venne in xxx. mesi in potere de' Mori, e l'Imperio Constantinopolitano, in pochi anni, fù conculcato da Turchi. oltre à ciò, se in vn Dominio vnito nasce qualche discordia trà Baroni, ò solleuamento trà popoli, ò dissolutezza ne gli vni, e ne gli altri, si diffonde ageuolmente à guisa di peste, ò d'altro male	tellement corrompue, qu'elle ne se pouuoit plus tenir debout, ny leuer la teste, sans l'ayde & support de l'estranger. Et pource que le seruice des estrangers estoit plein d'interests & de desseins particuliers, & souuentesfois de trahison, & de perfidie, en fin, cet Empire s'est du tout ruiné; car vn Empire qui n'ha de la valeur, au dedãs, ne se peut pas long temps maintenir contre les trahisons, ou les assaults & trauerses, de ses emulateurs, & ennemys: Ainsi l'Espagne corrõpue en toutes ses parties, est venue en l'espace de deux ans & demy, en la puissãce des Maures: et l'Empire de Constantinople, en peu d'années, ha esté foulé aux pieds, & enuahy par les Turcs. Dauantage, sî en vn Estat vny, naist quelque discorde entre les Seigneurs, ou

C

souleuemēt des peuples, ou quelque desordre & insolēce ès vns & és autres, elle s'espand aisémēt comme la peste, ou autre mal contagieux, aux parties sinceres, à cause du voisinage des lieux. Et si le Prince est pusillanime & faineant, l'Estat vny s'auilira & se corrōpra encore plus aisémēt que le des-vny, & par cōsequēt, il sera plus foible contre les ennemis. Au contraire l'Estat des-vny est plus foible cōtre les estrāgers que l'vny, pource que la des-vnion, sans autre chose, affoiblit. Et si ces parties sont tāt debiles, que chacune de soy mesme, soit impuissante cōtre les assauts des voisins, ou tellemēt diuisees que l'vne ne puisse secourir l'autre vn tel Estat ne durera guères: mais si elles se peuuēt secourir l'vne l'autre, & chacune est tant grande & puissante, qu'elle ne craigne l'inua-

contagioso, alle parti sincere, per la vicinanza de' luoghi. e se il Prencipe sarà dato alla poltronaria, e da poco, s'inuilirà, e s'infetterà anco più facilmente lo Stato vnito, che'l disunito, e sarà per consequenza più debole contra nemici. All' incontro, il Dominio disunito, egli è più debole contra gli stranieri, che l'vnito; perche la disunione, senz'altro, indebolisce; e se le parti sue saranno tanto inferme, che ciascuna da se sia impotente contra gli assalti de' vicini, ò in tal maniera diuise, che l'vna non possa soccorrer l'altra; così fatto Dominio durerà poco: ma se si potranno soccorrer l'vna l'altra, e ciascuna sarà tanto grande, e gagliarda, che non tema d'inuasione, tal Dominio non si deue stimar meno sta bile, che l'unito: perche, prima potendosi scambieuolmente soccorrere, non si può dire affatto disunito: e se bene di sua natura è più debole, che l'unito, hà però molti vantaggi. conciosia che primieramente non può esser trauagliato tutto ad vn tempo: e ciò tanto meno, quanto vna parte sarà più lõtana dell'altra; perche un Prencipe solo non potrà ciò fare, e molti insieme difficilmẽte si vnirãno. Onde ne segue, che essendo questo Dominio assaltato in vna parte, l'altre, che restaranno quiete, saranno sempre atte a soccorrere le trauagliate; come veggiamo, che Portogallo hà soccorso tante volte lo Stato dell'Indie. Appresso, le discordie de' Baroni, & i solleuamẽti de' popoli, non saranno così vniuersali; per-

sion: vne telle Seigneurie ne se doit estimer moins stable, que l'vnie; cat premieremẽt, se pouuãt secourir de fois en autre, on ne la peut dire du tout des-vnie: & si naturellement elle est plus debile que l'vnie, elle ha ce neãtmoins plusieurs auantages, veu q̃ premierement vn tel Estat ne peut estre trauaillé tout en vn tẽps: & ce d'autant moins, qu'vne partie sera plus eslógnee que l'autre, pource qu'vn Prince seul ne le pourra faire & plusieurs difficilement se ioindrõt ensẽble. Dõt s'ẽsuit, qu'estant ceste Seigneurie assaillie d'vne part, les autres qui demeurẽt paisibles, tousiours serõt propres à secourir celles qui seront trauaillees; cõme nous voyons que Portugal ha secouru tãt de fois l'Estat des Indes. Apres les discordes des Seignrs & souleuemens des peuples ne serõt tant vniuer-

C ij

selles: car les factiõs d'vn lieu ne regnẽt en l'autre, & les parentages, alliances & amitiez ne s'estendent tant auant; & sera facile au Prince, auec la partie fidele, de chastier la rebelle: & les autres corruptions ne s'espendront semblablemẽt ny si tost, par vn Empire des-vny, que par vn vny, ny d'vne si grande force: car la des-vnion interrompt le cours des desordres, & l'eslongnement des lieux met du temps entre deux; & le temps fauorise le legitime Prince & la iustice. Et pource qu'il n'aduiẽt gueres, que les causes externes ruinent vn Estat, que premierement elles n'ayẽt corrompu les internes (*Nulla enim quamuis minima natio potest ab aduersarijs perdeleri, nisi proprijs simultatibus seipsa consumpserit*) Dit Vegetius: Il n'y a nation tant petite soit elle, qui se

che le fattioni di vn luogo non regnano nell' altro: & i parentadi, amicitie, adherenze, clientele non si stendono tanto oltre: e sarà facile al Prencipe, con la parte fedele, castigare la rebelle. e l'altre corruttioni similmente nõ si diffonderanno, ne cosi presto, per vn' Imperio disunito, come per vn vnito, ne con tanto impeto; perche la disunione interrompe il corso de' disordini, e la lontananza de' luoghi mette tempo in mezo, e'l tempo fauorisce il Prencipe legitimo, e la giustitia. e perche rare volte auiene, che le cause esterne rouuano vn Dominio, che nõ habbino prima corrotto le interne, (*Nulla enim quamuis minima natio potest ab aduersarijs perdeleri, nisi proprijs simultatibus se ipsa* consumpserit. dice Vegetio.) Io non stimo meno sicuri, e durabili i Dominij disuniti, con le sudette due conditioni, che gli uniti; & in questo caso è il regno di Spagna. Perche primieramente gli Stati appartenenti a quella Corona, sono di tante forze, che non si sgomentano per ogni romore dell'arme de' vicini: come ne ha fatto fede e Milano, e Fiandra, tentata a tante volte indarno da' Francesi; e così Napoli, e Sicilia. Appresso, se bene sono assai lontani l'vno dall'altro, non si debbono però stimare affatto disuniti. concio sia che, oltre che'l denaro, del quale quella Corona è dovitiosissima, vale assai per tutto sonouniti per mezo del mare; auegnadio, che non è Stato così lõtano che non possa esser soc-

puisse vaincre & debeller par les ennemys, si elle ne se cõsomme premierement par les haynes & dissentions intestines) ie n'estime pas moins asseurez & durables les Estats des-vniz, auec les deux susdictes conditions, que les vnis, & en ce cas est le Royaume d'Hespagne : car premierement les Estats que possede le Roy d'Hespagne, sont de si grandes forces, qu'ils ne se soucient et ne s'estonnent tousiours du bruit des armes de leurs voisins, comme en ha faict foy & Milan & Flãdres, tant de fois tentée & assailie par les François : & ainsi, Naples & Sicile : En apres, bien qu'ils soyent eslõgnez l'vn de l'autre, on ne les doit pourtant estimer du tout des-vniz, veu que outre ce que l'argent, dont ce Roy est tresabondant, ha beaucoup de forces par tout,

C iij

ils sont vniz par le moyen de la mer; & n'y ha Estat tant eslongné, qui ne puisse estre secouru (hors mis la Fládre à cause de l'Angletere qui est entre deux & opposée) par les armees nauales: & les Catelans, Biscains & Portugais sõt si excellés en la marine, que vraiment ils se peuuent dire, maistres de la nauigatiõ. Or les forces naualles en la main de telles nations, fõt que l'Estat et Empire qui semble autremét diuisé & desmembré, se doit estimer vny & quasi continué : & d'autant plus l'est il maintenant que Portugal est conioinct à Castille; lesquelles deux natiõs se departans, l'vne, du Ponent, vers le Leuant, et cete cy vers l'Occidét, se récontrét ensẽble, aux Isle Philipines : & en vn si grãd voiage, elles trouuent par tout des Isles, Royaumes & ports, à leur cõ-

corso (fuor che la Fiandra, per oppositione d'Inghilterra) con l'armate maritime ; & i Catalani, Biscaini, e Portoghesi sono di tãta eccellẽza nella marinezza, che si possono dire veramente padroni della nauigatione. Hor le forze nauali, in mano di sì fatta gente, fanno, che l'Imperio, che altramẽte pare diuiso, e smẽbrato, si debba sti... are vnito, e quasi cõtinuo. tanto più adesso, che si è congiunto Portogallo con Castiglia ; le quali due nationi partendosi, quella da Ponente verso Leuante, & questa verso Ponente, s'incontrano insieme all' Isole Filippine ; & in tanto gran viaggio trouano per tutto isole, regni, e porti à lor cõmãdo : perche sono ò del Dominio, ò di Prẽcipi amici, ò di cliẽti, ò di cõfederati loro.

mádemết, pource qu'ils appartiếnent ou à la Seigneurie, ou aux Princes amys, ou aux clients, ou à leurs confederez.

| De' modi di conseruare. | Des moyens de conseruer vn estat. |

LA conseruatione di vno Stato consiste nella quiete, e pace de' sudditi; e questa è di due sorti, come anco il disturbo, e la guerra. perche ò sei disturbato da' tuoi, ò da stranieri: da' tuoi puoi esser trauagliato in due maniere: perche, ò combattono l'vno contra l'altro e si chiama guerra ciuile; ò contra il Prencipe, e si dice solleuamento, ò ribellione. Hor l'vno, e l'altro inconueniente si schiua con quelle arti, le quali acquistano al Prencipe amore, e riputatione appresso de' sudditi: perche, si come le cose naturali si conser-

LA conseruatiõ d'vn Estat consiste au repos & paix des subiects, & cete cõseruatiõ est de deux sortes, cõme est aussi le trouble & la guerre: car ou tu es troublé par les tiens, ou par les estrãgers: par les tiẽs, tu peus estre trauaillé en deux manieres: car, ou ils cõbatent l'vn contre l'autre, ce qui s'appelle guerre ciuille; ou contre le Prince; ce qui se dit souleuement ou rebellion. Or l'on euite l'vn & l'autre inconuenient, par les moyens qui acquierent au Prince, amour & reputation de la part des subiects: pource que cõme les choses naturelles se conseruẽt par les moyens, auec lesquels elles õt

C iiij

GOVVERNEMENT D'ESTAT,

esté engendrees: ainsi les causes de la conseruation & de la fondatiō des Estats, sont les mesmes. Or es premiers siecles il n'y a point de doute que les hommes furent meuz à creer les Roys, & à donner la Principauté, & le gouuernement d'eux mesmes, à autres, poussez de l'affectiō qu'ils leur portoyent, & de la grande estime & reputation, qui couroit entre eux, de leur valeur. A ceste cause, il fault dire aussi que ces deux choses les tiennent en paix & en obeissance. Mais en l'election du Roy, quelle ha eu plus grande force, la reputation ou l'amour? la reputation, sans doubte; car les peuples ont esté induicts à dōner le gouuernement de la Republique à autres, nō pour leur faire plaisir & faueur; mais pour le bien & salut commun: à ceste

nano con quei mezi, co' quali si sono generate; cosi le cause della conseruatione, e della fondatione de gli Stati, sono l'istesse. Hora, in quei primi secoli, non è dubbio, che gli huomini si mossero a creare li Rè, & a dar il Prencipato, e'l gouerno di se stessi ad altri, mossi dall' affettione, che loro portauano, e dalla suprema stima, (che noi chiamamo riputatione) ch'essi faceuano del lor valore. Onde bisogna dire, che queste due cose anco li tenghino in obedienza, & in pace. Ma quale hebbe maggior forza nell' elettione del Rè, la riputatioue, ò l'amore? senza dubbio, che la riputatione: perche i popoli s'indussero a dar il gouerno della Republica ad altri, non per far piacere, e fauore à quelli, ma per bene, e per salute commune: onde fecero elettione non de' piu gratiosi & amabili, ma di quelli, ne' quali conosceuano eccellenza di valore, e di virtù. Cosi i Romani, ne' tempi pericolosi, cōmetteuano l'imprese non a' giouani fauoriti, e vaghi, ma a' personaggi maturi, e di molta sperienza; à Manly, à Papirij, à Fabij, à Decij, à Camilli, à Pauli, à Scipioni, à Marij. Camillo già odiato, e perciò bandito da' Romani, fù nel bisogno richiamato, e fatto Dittatore. M. Liuio, altre volte condemnato dal popolo, e per ciò stato lungo tempo, per l'ignominia, e disonor riceuuto, lungi da gli occhi de' suoi cittadini, fù nella necessità della Republica (lasciati tanti altri, che con ogni arte d'ambi-

cause ils ont faict election non des plus gracieux & aymables, mais de ceux, esquels ils cognoissoyent vne excellēte valeur & vertu. Ainsi les Romains, es temps dangereux, commettoyent les affaires & entreprinses non pas aux ieunes gens fauorits & beaux, mais aux personnages meurs & de grande experience, à vn Manlius, Papirius, Fabius, Decius, Camille, Paullus, Scipion, Marius, Camille desia hay & pourtant banny par les Romains, fut, au besoin, appellé & faict Dictateur. M. Liuius, autresfois condamné par le peuple, & pourtant à cause de l'ignominie & deshóneur receu, vn long temps eslongné des yeux de ses citoyens, fut en la necessité de la Republique (tant d'autres laissez, qui par tous les moyens propres à l'ambitiō, s'efforçoyent d'acquerir l'amitié & la faueur du peuple) creé Consul, & eſtably General des Romains contre le frere d'Annibal. La reputation appella L. Paulus à l'entreprinſe Macedonique: Marius, à la Cimbrique, Pompeée à la Mitridatique ; Icelle meſme donna à Vaſpaſien, à Traian, à Theodoſe l'Empire de Rome: à Pepin & à Hugue Capet, le Royaume de France : à Godefroy & à quelque autre, celuy de Hieruſalem. Mais quelle eſt la difference entre l'amour & la reputation? Toutes deux ſe fondent ſur la vertu: mais l'amour ſe contente d'vne mediocre vertu: la reputation ne s'arreſte qu'en l'excellence; veu que quand le bien & la perfection d'vn homme excedde l'ordinaire, & arriue à vn certain ſigne eminent, encores qu'il ſoit de ſa

tione ſtudiauano d'acquiſtarſi l'amore, e la gratia del popolo) creato Conſole, e deſtinato Generale cōtra il fratello d'Annibale. La riputatione chiamò L. Paulo all'impreſa Macedonica, Mario alla Cimbrica, Pompeio alla Mitridiatica. la medeſima diede a Veſpaſiano, a Traiano, a Theodoſio l'Imperio di Roma ; a Pipino, & ad Vgone Ciappetta il Regno di Francia; a Gottifredo, & a qualche altro quel di Gieruſalem. Ma qual è la differenza trà l'amore, e la riputatione? ambe due ſi fondano ſu la virtù, ma l'amore ſi contenta d'vna mediocre virtù: la riputatione non ſi ferma, ſe non nell'eccellenza. conciòſia che, quando il bene, e la perfettione d'vn huomo eccede l'ordinario,

& arriua ad vn certo segno eminente, quantunque sia di natura sua amabile, in quanto egli è bene; nondimeno l'amabilità resta quasi souerchiata d'all eccellenza, per la quale, chi n'è dotato, non tanto si ama, quanto si stima. E se questa stima è fondata sù la religione, e pietà, si dice riuerenza; se sù l'arti politiche, e militari, si chiama riputatione. si che le cose atte à far, che vn Prencipe sia nella maniera del suo gouerno amato, sono anco a proposito, per far, che sia riputato, ogni volta che haueranno vna certa quasi diuina eccellenza. Che cosa è più amabile, che la Giustitia? L'eccellenza di questa in Camillo, quando rimandò quel maestro di scuola, che li haueua menato i suoi scolari, gli acqui-

nature, aymable, en tant qu'il est bien, cete amabilité & inclination affectueuse est quasi surpassée de l'excellence, par laquelle, quiconque en est doué; n'est pas tant aymé, que reputé & estimé. Et si ceste estime est fondée sur la religion & pieté, elle est dicte reuerence; Si, sur les arts Politiques, & militaires, on l'appelle reputation: de maniere que les choses propres à faire qu'vn Prince soit aymé en la maniere de sõ gouuernement, sont aussi à propos, pour faire qu'il soit reputé, quand elles auront vne certaine & quasi diuine excellence. Y a il chose plus aymable que la Iustice? L'excellence d'icelle, en Camille, quand il renuoya ce maistre d'Escole, qui luy auoit mené ses escoliers, luy acquit tant de reputation, qu'au moyen d'icelle, il s'ouurit les portes des Falisques, que les armes n'auoyent peu ouurir. Par elle mesme, Fabricius, renuoyant au Roy Pyrrhus, le Medecin traistre, l'emplit de si grande merueille & estonnement, que laissant la pensée & volonté de la guerre, il se tourna du tout, à traiter la paix: y a il chose plus aymable que l'honnesteté? ce neant-moins l'acte tant excellent de P. Scipion, quand il renuoya cete tresbelle jeune femme à son mary, sans luy toucher, ne l'ha rendu tant aymable, qu'admirable. Ceste hônesteté le mit en si grande estime & reputation à l'endroit de tous, que les Hespagnols le tenoyent comme vn Dieu descendu du ciel.

J. Que l'excellence de la vertu est fort necessaire au Prince.

stò tanta riputatione, che con quella s'aprì le porte de' Falisci, che le armi non le haueuano potuto aprire. Con la medesima Fabritio, rimandando al Rè Pirro il Medico traditore, l'empì di tanta marauiglia, e stupore, che lasciando i pensieri di guerra, si volse tutto a trattar di pace. Che cosa è più amabile, che l'honestà? nondimeno quell'atto così eccellente di P. Scipione, quando rimandò quella bellissima giouane intatta al suo sposo, non lo rese tanto amabile, quanto ammirabile; e'l mise in tanta stima, e riputatione appresso tutti, che egli era tenuto da gli Spagnuoli quasi vn Dio disceso dal Cielo.

Quanto sia necessaria l'eccellenza della virtù nel Prencipe.

LIVRE I.

IL fondamento principale d'ogni Stato si è l'obedienza de' sudditi al suo Superiore; e questa si fonda sù l'eminenza della virtù del Prencipe. perche, si come gli elementi, & i corpi, che di essi si compongono, vbbidiscono, senza contrasto, a' mouimenti delle sfere celesti, per la nobiltà della natura loro; e trà i Cieli gl' inferiori seguono il moto de' superiori; cosi i popoli si sottomettono volontieri al Prencipe in cui risplende qualche preminenza di virtù: perche niuno si sdegna d'vbidire, e di star sotto a chi li è superiore; ma bene a chi li è inferiore, ò anche pari.

Nec quéquam iam ferre potest Cæsarve priorem, Pōpeiusve parem.

Ma l'importanza si

LE principal fondement de tout Estat est l'obeïssance des subiects enuers leur superieur: laquelle se fonde sur l'eminence de la vertu du Prince: car comme les elements & les corps, qui en sont cōposez, obeyssent, sans aucun contredit, aux mouuemens des Spheres celestes, pour la noblesse de leur nature: & entre les Cieux, les inferieurs suiuent le mouuement des superieurs: ainsi les peuples volontiers se sōmettent au Prince, auquel reluit quelque preeminence de vertu: personne ne se desdaigne d'obeïr à celuy qui luy est superieur; mais bien l'homme ne veut s'assubiectir à qui luy est inferieur, ou mesmes pareil,

Nec quenquam iam ferre potest Cæsarve priorem.
Pompeius ve parem.

Mais l'importance est que la preeminence du

GOVVERNEMENT D'ESTAT,

Prince ne soit colloquee en choses impertinentes & de nul profit, mais en celles qui esleuent l'esprit & l'entendement, & qui apportent vne certaine grandeur quasi celeste & diuine: & font l'homme vrayment superieur & meilleur que les autres: car, comme dit Titus Liuius, *Vinculum fidei est melioribus parere*: Le lien de la foy est obeyr aux meilleurs: & Denis, *Aeterna naturæ lege receptum est, vt inferiores præstantioribus pareant*: c'est chose receuë par l'eternelle loy de nature, que les inferieurs obeissent au plus excellens: & Anitus respondit grauement aux Ansibariens, *Patienda meliorum imperia*: Il fault obeyr aux meilleurs: & Aristote veult, que par raison naturelle, ceux là soyent Princes, qui surpassent les autres d'esprit & de jugement: &

è, che la maggioranza del Prencipe non sia collocata in cose impertinenti, e di picciolo, e di niffun rileuo; ma in quelle, che inalzano l'animo, e l'ingegno; e che recano vna certa grandezza quasi celeste, e diuina; e fanno l'huomo veramente superiore, e migliore de gli altri. perche, come dice Liuio, Vinculum fidei est melioribus parere; e Dionigio, Aeterna naturæ lege receptum est, vt inferiores prestantioribus pareant: e Anito rispose grauemente a gli Ansibarij, Patienda meliorum imperia. & Aristotele vuole, che quei, ch'auanzano gli altri d'ingegno, e di giudicio, siano, per ragione naturale, Prencipi: e dice, che i nobili s'honorano, perche la nobiltà è una certa virtù della schiatta, e del sangue; & è verisimile, che da' buoni naschino buoni, e da' migliori migliori. e per questo a' tiranni sono più sospetti i buoni, che i mali; et i generosi, che i vili: perche, essendo essi indegni, & incapaci del luogo usurpato alla virtù, hanno ragioneuolmente paura di quei, che ne sono meriteuoli, e degni.

dit que les nobles sont honorez, pource que la noblesse est une certaine vertu de la race & du sang, & est vray semblable, que les bons naissét des bons; & des meilleurs, les meilleurs: & pour cete cause, les tyrás craignent plus les bons que les mauuais, & les genereux que les viles, pource qu'estans indignes & incapables du lieu usurpé â la vertu, à juste cause ils redoutent ceux qui en sont dignes, & qui le meritent.

19. Di due sorti dell' eccellenza della virtù d'un Prencipe.

De deux sortes d'excellence de la vertu d'un Prince.

Hor questa eccellenza è assoluta, ò in parte. assoluta è in quelli, che in tutte, ò in molte virtù eccedono i termini della mediocrità: in parte è di quelli, che in qualche virtù particolare,

OR cete excellence est absolue & parfaicte, ou en partie, parfaicte en ceux lesquels en toutes vertuz ou en plusieurs, excedent les bornes de la mediocrité: en partie, de ceux, lesquels surpassent les au-

GOVVERNEMENT D'ESTAT,

tres, en quelque particuliere vertu, propre à celuy qui gouuerne. Au premier degré, nous pouuons dire auoir esté entre les Empereurs Cōstantin le Grand, Constant, Gratianus, Theodosius I. & II. Iustinus, Iustinianus (s'il n'eust esté Monotelite) Tibere II. le Philosophe Leon, Henry I. Othon I. (s'il ne se fust attribué l'autorité de cóferer les benefices) Othon III. Lotaire II. Sigismōd, Federic III. Entre les Roys de France, Clouis, Chidebert, Clotaire, Charles Martel (bien qu'il n'ait eu tiltre de Roy) Pepin, Charlemagne, Charles le Sage, Robert & Loys VII. Entre les Rois d'Hespagne, ont esté tresglorieux Ricarede, qui ha esté le premier Roy des Gots, Catholique, Pelagius, Alphonse le Catholique, ainsi nommé pour auoir du tout exterminé l'Ar-

propria di chi gouerna gli altri auanzano. Nel primo grado possiamo dire, essere stati, trà gli Imperatori, Constantino Magno, Constante, Gratiano, Theodosio I. e II. Giustino, Giustiniano, (se non fosse stato Monotelita) Tiberio II. Leone il Filosofo, Arrigo I. Otone I. (se non si hauesse importunamente arrogato l'autorità di conferir i beneficij) Oton III. Lotario II. Sigismondo. Federico III. Tra li Rè di Francia Clodoueo, Childeberto, e Clotario, e Carlo Martello, (se ben non hebbe titolo di Rê) e Pipino, e Carlo Magno, e Carlo il sauio, e Roberto e Luigi VII. Tra li Rè di Spagna gloriosissimi sono stati Ricaredo, che fù il primo Rè dé Goti Catolico, Pelagio Alfonso il Catolico, cosi *così detto, per hauer sterpato affatto l'Arrianismo in Ispagna; Alfonso il Casto, Ramiro, Alfonso il Magno, Alfonso VII. Sancio, che fù quasi vn'altro Tito in Ispagna, detto il Deseado, come quello amor del mondo; e l'vno, e l'altro visse, e regnò poco. Alfonso VIII. Giacomo Rè d'Aragona, Ferrante il III. Ferrante detto il Catolico. Tra' Sommi Pontefici di chiarissime virtù furono (dopò S. Siluestro) Giulio I Damaso, Innocentio I. Leone il Magno, Pelagio, Gregorio, & dopò lui Bonifacio IIII. Vitaliano, Adeodato Leone II. Conone, che per la santità della vita fù chiamato l'Angelico, Constantino, Gregorio II. e III. Zaccaria I. Stefano II. Adriano I. Leone*

l'Arrianisme, de l'Espagne; Alphonse le chaste, Ramine, Alphonse le Grand, Alphonse VII. Sancius, qui a esté quasi vn autre Tite en Espagne, appellé le Desiré, comme Tite l'amour du monde: & l'vn & l'autre ha vescu & regné peu de temps: Alphonse VIII. Iacques Roy d'Arragon, Ferrant III. Ferrant dict le Catholique. Entre les Papes de tressingulieres vertuz, ont esté (apres Siluestre) Iules I. Damasus, Innocent I. Leon le Grand, Pelagius, Gregoire, & apres luy Boniface IIII. Vitalianus, Adeotatus, Leon II. Conon, qui pour la sainctété de sa vie, ha esté appellé l'Angelique, Constantin, Gregoire II. & & III. Zacharie I. Estienne II. Adrian I. Leon III. Pascal I. Eugenius II. dict le Pere des paunres Leon IV. Benoist

GOVVERNEMENT D'ESTAT.

III. qui fut faict Pape contre ſa volonté, Nicolas I. faict Pape en ſon abſence, & contre ſa volonté auſſi, Adrian II. Iean IV. Leon IX. lequel eſleu par l'Empereur Henry, entra en la ville de Rome, comme vn homme priué, & y fut canoniquement eſleu par le peuple, Nicolas II. Alexandre II. eſleu en ſó abſence, Gregoire VIII. qui remit ſus pieds la liberté de l'Egliſe, & l'authorité du Siege Apoſtolique, qui auoit eſté parauant opprimée par les Empereurs, Vrbain II. auteur de cete heroique expedition contre les infideles; Paſchal II. eſleu contre ſon vouloir; Gelaſius II. Calixte II. Anaſtagius IV. Alexandre III. d'inuincible conſtance contre les Sciſmes, & l'Empereur Federic; Clement III. & IV. qui ne voulut

III. Paſchale I. Eugenio II. detto Padre de' poueri, Leon IV. Benedetto III. fatto Papa contra ſua voglia, Nicolò I. fatto Pontefice in abſenza, e pur contra ſua voglia, Adriano II Giouanni IV. Leone IX. che eletto dall' Imperatore Arrigo, entrò in Roma, come huomo priuato, e vi fu eletto canonicamente dal popolo; Nicolò II. Aleſſandro II. eletto in ſua abſenza, Gregorio VIII. che rimiſe in piede la libertà della Chieſa, e l'autorità della Sedia Apoſtolica ſtata per innanzi oppreſſa da gli Imperatori; Vrbano II. autore di quella heroica eſpeditione contra gl'infedeli; Paſcale II. eletto contra ſuo volere; Gelaſio II. Caliſto II. Anaſtagio IV. Aleſſandre III. d'inuitta costanza contra gli scismi, e l'Imperator Federico; Clemente III. e IV. che non volle consentire, ch'vn suo nipote hauesse piu d'vna prebenda; Nicolò III chiamato, per l'integrità della vita, e moderatione de' costumi, il composito; Nicolò V. eletto cōtra sua voglia.

consentir qu'vn sien nepueu eust plus d'vne prebende, Nicolas III. appellé le doux & composé, à cause de l'integrité de sa vie, & de la moderation de ses mœurs, Nicolas V. esleu contre son gré.

Quali virtù siano più atte à partorir amore, & riputatione.

Quelles vertuz sont plus propres à engendrer l'amour & la reputation.

MA benche ogni virtù sia atta à recar amore, e riputatione, a chi n'è ornato; nondimeno alcune sono atte all'amore più ch'alla riputatione: altre à rincontro. nella prima classe mettiamo quelle virtù, che sono totalmente volte a beneficare: quale è l'humanità, la cortesia, la clemenza, e le altre,

MAIS bié que toute vertu soit propre à faire aymer & reputer quiconque en est orné; aucunes, ce neantmoins, sont plus propres à l'amour qu'à la reputation: autres, au contraire. Au premier rang nous mettons les vertuz qui sont totalement tournees á bien faire, comme est l'humanité, la courtoisie, la clemence, & les autres que nous pouuons toutes reduire à la Iustice & à la liberalité: Au secõd, nous mettons celles, qui apportent vne certaine grandeur, & force d'esprit & de cœur, propre aux grandes entreprinses, telles que sõt la Force, l'art militaire, la police, la Constance, la vigueur de l'entendemét, la promptitude d'esprit, que nous embrassõ toutes, par les noms de Prudence & de valeur.

che noi possiamo tutte ridurre alla Giustitia, & alla liberalità. nella seconda poniamo quelle, che recano vna certa grandezza, e forza d'animo, e d'ingegno, atta à grandi imprese; quali è la Fortezza, l'arte militare, e la politica, la Costanza, il vigore dell'animo, la prontezza dell'ingegno che noi abbracciamo tutte co'nomi di Prudenza, e di valore.

De la Iustice.

Della Giustitia.

OR le premier moyen de bien faire aux subiects, est de conseruer & asseurer à chacun le sien, par la Iustice. En quoy, certainement, consiste le fondement de la paix, & l'establissement de la concorde des peuples. Louys XII. pomonstroit par signe, & disoit qu'il estoit Roy,

Hora il primo modo, di far bene à sudditi, si è cõseruare, & assicurare ad ogn' vno il suo con la Giustitia. Nel che, senza dubbio, consiste il fundamento della pace, e lo stabilimento della concordia de' popoli. e Lodouico XII. si leuaua la birreta alle

| *forche, dicendo, ch'egli era Rè per mezo della Giustitia.* CHRISTO *Signor nostro, instituendo la sua santa Chiesa, quasi vna ottima Republica, l'vnì, e la formò con la Carità ch'è di tanta forza, e virtù, che iui la giustitia, in vn certo modo non è necessaria, doue essa fiorisce, e regna. Perche la Carità non solamente regola le mani, ma vnisce i cuori; e doue si ritroua tal vnione, non può esser ingiuria, non torto, non materia di giustitia. Ma perche gli huomini sono, per l'ordinario, imperfetti, e la Carità si và continuamente raffreddando; bisogna, per rassettare le città, e per tenere in pace, & in quiete le communanze de gli huomini, che la Giustitia vi pianti il suo seggio, e vi faccia ragione* | par le moyen de la Iustice. Iesus-Christ nostre Seigneur, instituant sa saincte Eglise, comme vne tresbonne Republique, l'vnit & la forma par la Charité, qui est de si grande force & vertu, qu'en vne certaine maniere, la iustice n'est necessaire là où elle regne & florit : car la charité non seulement reigle les mains, mais aussi vnit les cœurs, & où se trouue telle vnion, ne peut estre l'iniure, ny le tort, ny matiere de Iustice. Mais pource que les hommes sont ordinairement imparfaicts, & la Charité continuellement va se refroidissant, il fault, pour bien gouuerner les villes, & tenir en paix & repos les communautez des hommes, que la Iustice y ait lieu, & fasse raison à chacun. Les brigans, & voleurs mesmes ne peuuent viure |

ensemble, sans quelque ombre de si excellente vertu: & les anciens Poëtes ont dict, que Iupiter mesmes ne pourroit gouuerner les peuples, comme il est conuenable, sans l'œuure de la Iustice: & Platon ha intitulé ses liures, qui concernent la police, De la iustice: & n'y ha chose plus propre à vn Roy que de faire iustice. A cete cause, Demetrius Roy des Macedoniens, ayant respondu à vne femme qui demandoit iustice, qu'il n'auoit pas le loisir, ouyt cete memorable response; Delaisse donc aussi d'estre Roy. Et n'y a point de doubte, que les premiers Roys ont esté creez par les peuples, pour l'administration de la iustice: & pourtant les Princes des Iuifs, ausquels les Roys succederent s'appelloyent Iuges: & du commence-

Ne anco gli assassini, & i ladroni possono viuere insieme, senza qualche ombra di sì eccellente virtù: e gli antichi Poeti dissero, che ne anco Gioue potrebbe reggere, come si conuiene, i popoli, senza l'opera della Giustitia: e Platone intitolò i suoi libri, appartenenti alla Politica, della Giustitia: e non è cosa più propria ad vn Rè, che il far ragione. Onde Demetrio Rè de' Macedoni, hauendo risposto ad vna donna, che domandaua giustitia, ch' egli non haueua tempo, sentì quella memorabile risposta Lassa dunque anco d'esser Rè. E non è dubbio che i primi Rè furono creati dalle genti per la amministratione della giustitia: onde i prencipi de' Giudei, à quali poi successero i Rè, s'addimanda-

nano Giudici. e da principio tutte le città della Grecia (come scriue Dionisio) erano sotto i Rè, che decideuano le differenze, e faceuano ragione, conforme alle leggi: e perciò Homero chiamaua i Rè ministratori di ragione. Ma dopò che i Rè conditionati cominciarono à portarsi come assoluti, & ad abusare della lor autorità, vna gran parte della Grecia mutò stato, e forma di gouerno: e con tutto ciò, perche, in alcuni casi, ne i magistrati manteneuano franche le leggi, ne queste erano bastanti a mantenere nella loro riputatione i magistrati, ricorreuano alla podestà regia, ma sotto altro nome; perche i Tessali chiamauano quei, ch'erano in questo supremo magistrato, Archi; i Lacedemony

ment, toutes les villes de la Grece (comme escrit Denys) estoyent soubz les Roys, qui decidoyent les differents, & faisoyent justice, suiuant les loix; & pour cete raison, Homere appelloit les Roys administrateurs de justice. Mais depuis que les Roys conditionnez ont commancé à se porter comme absoluts, & à abuser de leur authorité, vne grande partie de la Grece changea d'estat & maniere de gouuernement: Et ce neantmoins, pource qu'é quelques cas, les Magistrats mesmes ne maintenoyent les loix franches, & qu'icelles n'estoyent suffisantes à maintenir les Magistrats en leur reputation, ils auoyent recours à la puissáce Royale, mais souz autre nom: car s'appelloyent entre les Thessaliens ceux qui estoyent en ce supreme

D iiij

GOVVERNEMENT D'ESTAT,

Magiſtrat, Archi, entre les Lacedemoniens, Armoſtes; entre les Romains, Dictateurs: & depuis ayans auſſi en horreur la Maieſté de Dictateur, ils creerét Pompee ſeul Conſul luy donnant l'autorité extraordinaire de Dictateur; mais le nom ordinaire de Cóſul. Les Roys d'Egypte eſtoyent tant ialoux de la juſtice, qu'ils faiſoyent iurer aux Magiſtrats, que iamais ils n'obeiroyent à leurs cómandemens, s'ils les cognoiſſoyent iniuſtes: & Philippes le Bel Roy de France, deſſendit aux Iuges d'auoir egard aux lettres Royaux, ſi elles n'eſtoyent de juſtice & raiſonnables. On lit de S. Loys, que luy eſtant vne fois demandee grace, pour vn homme condamné à la mort, il l'octroya gracieuſement: mais ␣nt à l'inſtát meſmes, ouuert ſes heures,

Armoſti; i Romani Dittatori, & hauendo anco poi in horrore la maeſtà Dittatoria, creorono Pōpeio ſolo Conſole, dandoli la autorità ſtraordinaria di Dittatore, ma il nome ordinario di Conſole. I Rè d'Egitto erano tāto geloſi della giuſtitia, che faceuano giurare a' magiſtrati, che non obedirebbono mai a' loro commandamenti, ſe li conoſceſſero ingiuſti. e Filippo, il bello, Rè di Francia, prohibì a' Giudici il far conto, ñ il portar riſpetto alle lettere regie, che ſi chiamano di giuſtitia, ſe non le vedeuano ragioneuoli. Di Luigi, il ſanto, ſi legge, che ſēdoli vna volta domādata gratia per vn condennato à morte, egli gliela fece benignamente: ma, hauendo in quello inſtante aperto il ſuo Officio, e incontratoſi

LIVRE I.

in quel versetto, *Fac iudicium, & iustitiam in omni tempore*; gliela riuocò.

pour prier Dieu, il trouua ce verset, *Fac judicium & justitiam in omni tempore*, & incontinent il reuoqua la grace qu'il auoit donnee.

Due parti della Giustitia regia.
Deux parties de la Iustice Royale.

LA giustitia regia ha due parti; l'vna è di quello, che passa trà il Rè, & i sudditi; l'altra di quello, che auiene trà suddito, e suddito.

LA justice Royale ha deux parties l'vne est de ce qui se passe entre le Roy & les subiects: l'autre de ce qui aduient entre le subiect & le subiect.

Della giustitia del Rè cò' sudditi.
De la iustice du Roy auec ses subiects.

I Popoli sono obligati à dare al suo Prencipe tutte quelle forze, che sono necessarie, acciò ch'egli li mantenga in giustitia trà se, e li difenda dalla violenza de i nemici. onde egli, cōtenendosi entro questi confini, non lacererà, e stratiarà i sudditi

LEs peuples sont tenuz bailler à leur Prince, toutes les forces qui sont necessaires, à fin qu'il les maintienne en justice, entre eux & les defende & preserue de la violence des ennemys. A raison dequoy, iceluy se contenant dedans ces limites, ne trauaillera ses subiects de charges & impofts extraordinaires, excessif, & non proportionnez à leurs moyens; & ne permettra que les charges ordinaires & conuenables, soyent rigoureusement exigees, ou accreues, par officiers larrons, & rauiſſans: pource que les peuples chargez par deſſus leurs forces, ou abandonnét le pays, ou ſe tournent contre le Prince, ou ſe donnét aux ennemys. Pour cete cauſe, l'Empereur Tibere respondit à cet Officier, qui luy propoſoit des moyens non accouſtumez de tirer argent, que le bon paſteur ne deuoit pas eſcorcher ſes brebis, mais ſe contenter ſeulement de les tódre. Et ne veux laiſſer de raconter ce qu'eſcrit Polidore Virgile de S. Odoart Roy d'Angleterre, auquel cóme l'ó euſt apporté vne grande ſomme de deniers, auariciuſement e-

con grauezze inſolite, e ſproportionate alle loro facoltà; ne permetterà, che le grauezze ordinarie, e conuenienti ſiano da' miniſtri rapaci acerbamente eſſatte, ò accreſciute: perche i popoli aggrauati ſopra le loro forze, ò deſertano il paeſe; ò ſi riuoltano contra'l Prencipe, ò ſi danno a' nemici. Perciò Tiberio Imperatore riſpoſe a quel miniſtro, che gli proponeua modi inſoliti di cauar denari, Che il buon paſtore nõ doueua ſcorticar le pecore, ma contentarſi della toſatura. E non voglio laſciar di raccontare quel che ſcriue Polidoro Vergilio di S. Odoardo Rè d'Inghilterra; perche, eſſendo recato a queſto Prencipe vna gran ſomma di denari, eſſatta auaramente dà ſuoi miniſtri, egli mi-

rendola, vi vidde se- *der sopra, e gauazzare* *il Demonio: per la qual* *cagione, pieno di spa-* *uento, e d'horrore, com* *mandò incontanente,* *che si restituisse. Ne* *meno si deue guardare* *dallo spendere l'entra-* *te (che non sono altro,* *che sudore, e sangue de'* *Vassali) vanamente;* *perche non è cosa, che* *più affligga, e più tor-* *menti i popoli, ch'l ve-* *der il suo Prencipe git-* *tare impertinentemen-* *te il denaro, ch' essi* *con tanto loro traua-* *glio, e stento, li sommi-* *nistrano per sostegno* *della sua grandezza,* *e per mantenimento* *della republica. E per-* *che la vanità non ha* *fine, ne misura, egli è* *forza, che chi vanamē-* *te spende, caggia in di-* *sordine, e necessità: e* *per vscirne, si riuolga* *alla fraude, all'iniqui-* *tà, & all'assassinamen-*	xigée, par ses Officiers, la regardant, il vid le dia- ble assis dessus: & pour cete cause, plein d'espou- uantement et d'horreur, il commanda inconti- nent, qu'on la rendist. Et ne doit on pas moins se garder de despenser mal les reuenuz, et denier du Prince qui ne sont autre chose que la sueur & le sang des subiects: car il n'ya chose, qui plus af- flige & tourmente les peuples, que de voir leur Prince employer mal l'argent qu'ils luy baillēt auec tant de trauail & de peine, pour le soustien de sa grandeur & manu- tention de la Republi- que. Et pource que la vanité n'ha fin ny mesu- re, il est force quiconque despense vainemēt, tom- be en desordre & neces- sité, & pour en sortir, se tourne à la fraude, à l'ini- quité, & à l'assassiner des innocents. Ainsi Caligu- la ayant, en vn an, con-

GOVVERNEMENT D'ESTAT,

sommé lxvij millions d'escuz que l'Empereur Tibere auoit accumulez en plusieurs années, & auec vne diligence inestimable, luy estant apres defailly le moyen de despenser, s'addonna à la rapine & à toute sorte de cruauté. Salomon aussi despensa en bastimens, en festins & pompes incroyables, vne bonne partie de cent vingt millions, que son pere luy auoit laissé : & bien qu'il ne se soit trouué en necessité, il chargea ce neantmoins tellement le Royaume d'impositions, que ne les pouuant plus supporter, la plus part du peuple se rebella contre son fils Roboam. Aussi appartient à cete partie de la justice la proportionnée distribution des emoluments & honneurs, contrepesant les charges auec le profit, & les allegeant, par le moyen de

to de gl'innocenti. Cosi Caligola, hauendo in vno anno consumato lxvij. millioni di scudi che Tiberio Imperatore haueua in molti anni, e con inestimabile diligenza accumulati, mancandoli poi il modo di spendere, si diede alla rapina, & ad ogni sorte di crudeltà. Solomone anch'egli spese in fabriche di palagi, e di parchi, in feste, & in pompe incredibili, buona parte de' cento e venti millioni, lassátili da suo padre : e se bene esso non si trouò in necessità, nondimeno caricò d'impositioni in tal maniera il Regno, che non le potendo più tolerare, la più parte del popolo si ribellò da suo figliuolo Roboam. Appartiene anco a questa parte della Giustitia la distributione proportionata degli emolumenti, e de *gli honori, contrapesando le grauezze con l'vtilità, & alleggerendo i carichi con l'honoreuolezza. Perche, doue le fatiche, & i seruitij sono riconosciuti, e rimeritati, egli è necessario, che vi alligni la virtù e fiorisca il valore. conciosia che ogni vno desidera, e cerca commodità, e riputatione, (i bassi più la commodità, i grandi la riputatione) e la cercano con quei mezi, ch'essi veggono essere in pregio appo il Prencipe; cioè con la virtù, s'egli si diletta di lei; con l'adulatione, s'egli è vano; con gli sfoggiamenti, s'egli è pomposo; col denaro, s'egli è auaro. Ma non è cosa di più pregiudicio al Rè, che'l dare i gradi, e gli vssitij al fauore, anzi che al merito: perche (oltre che si fa ingiuria alla virtù)*

l'hôneſteté et recognoiſſance: car là où les peines & ſeruices ſont recogneuz & remunerez, il eſt neceſſaire que la vertu y regne, & la valeur y floriſſe, attendu que chacun deſire & cherche la commodité & la reputation (les petits plus la commodité, les grands, la reputation) & la cherchent par les moyens, qu'ils voyent eſtre priſez du Prince; à ſçauoir par la vertu, s'il ſe plaiſt en icelle; par l'adulation, s'il eſt vain; par les habits, s'il eſt pôpeux; par l'argent s'il eſt auare. Mais il n'ya choſe qui porte plus de preiudice au Roy, q̃ de donner les honneurs, grades & Offices à la faueur pluſtoſt qu'au merite: car (oultre ce que l'on fait tort à la vertu) les valeureux voyans que les indignes leur ſont preferez, s'eſtrangent de ſon ſeruice, & bien ſouuent de l'obeissance: & les peuples, qui sont gouuernez de telle maniere de gens, s'estiment mesprisez, & par la haine qu'ils portét à l'Officier, se reuoltent contre le Prince mesme: Et si le Prince, ce nonobstant le veult soustenir, il en perd luymesme son credit & reputation, & se met en vn labyrinthe, duquel malaisemeut peut il sortir, à son honneur. Et n'ya autre moyen, par lequel il puisse conseruer sa reputation, qu'en donnant les magistrats & charges publiques à personnes dignes & capables. Et n'ya pas moins de danger en l'enuieuse distribution de sa grace: car aussi tost que l'on descouure vne desmesurée faueur, l'enuie trauaille tellemét les cœurs mediocres; & l'indignation, les genereux, qu'elle les fait penser à choses estranges: et pour

i valorosi, reggendosi preferir gl'indegni, si alienano dal suo seruitio, e spesse volte anco dall' obedienza; & i popoli, al cui gouerno simil gente è posta, si stimano sprezzati, e si riuoltano, per odio del ministro, cotro al Prencipe stesso: e se il Prencipe lo vuole pure sostenere, ne perde egli medesimo il credito, e la riputatione, e si mette in vn laberinto, onde difficilmēte può cō honor suo vscire. e non ci è altra via, con la quale possa conseruare la sua riputatione, che condare i magistrati, & i carichi à persone capaci, e degne. Ne meno pericolosa è l'inuidiosa distributione della gratia sua; perche tosto che si scuopre vn sproportionato fauore, l'inuidia lauora di tal maniera ne gli animi mediocri, e lo sdegno né generosi, che li fa pensare à cose strane; e per abbassare il fauorito, non si curano di offendere il Rè. il che auuenne in Inghilterra ad Odoardo II. per lo souerchio fauore mostrato ad vn certo Hugo dispensiero: & à Riciardo II. per essersi dato in preda à Roberto Verso, Marchese di Dublin: & in Bertagna al Duca Francesco, per l'immoderata confidenza, ch'egli haueua in Pietro Landoico. conciosia che la nobiltà li congiurò contra, e lo ridusse à necessità di darlo nelle mani quel meschino, che fù fatto morire cō vn laccio alla gola. Et in Napoli i fauori fatti inconsideratamente da Giouanni II. à Pandolfello Alopo, & à Giouanni Caracciolo, furono cagione di tāti suoi trauagli. tanto più

abaisser le fauory, ne se soucient pas d'offenser le Roy. Ce qui aduint en Angleterre à Odoard II. à cause de la grande & extraordinaire faueur, qu'il auoit monstré à vn certain Hugues de sa maison: Et à Richard II. Pour s'estre donné en proye à Robert Verim Marquis de Dublin: & en Bretagne, au Duc François, pour la trop grande confiance, qu'il auoit en Pierre Landoicq; car la noblesse coniura contre luy, & le contraignit de luy mettre entre les mains ce malheureux, que l'on fit mourir, la corde & lacet au col. Et à Naples, les faueurs inconsiderement faictes par Iean II. à Pandolfello Alopo, & à Iean Caracciolo, furent cause de tant de maulx & trauaulx qu'il eut: & d'autant plus, que celuy qui est fauorisé par dessus ce que

son degré & merite ne porte, mal aisément se peut maintenir es bornes de la modestie: à raison dequoy croist l'enuie qu'on luy porte, & par ce moyen, comme l'on dit communément, il met du bois au feu. Et pource qu'il n'ha fondement de merite & de valeur, il est force, que par vne jalousie de sa grandeur, il s'oppose de tout son pouuoir à la vertu, & tienne loin des yeux & de la faueur du Roy, tous ceux qui par leurs fatigues & seruices, la meritent, & qu'il estime la grandeur d'autruy sa depression & decadence. Ainsi, estans les bons excluz, qui est celuy qui ne void que les affaires seront maniées par gens viles, & plus promps de la langue, pour flater, que de la main, pour bien faire? Ainsi seront aduancez aux hôneurs, & aux gouuernemens
les

che vno, che sia fauorito piu, che'l grado, e'l merito suo comporta, difficilmête si può mâtenere ne' termini della modestia. ôde accresce l'inuidia, che gli è portata, & aggiunge (come si suol dire) legna al fuoco. E perche egli nô hà fondamento di merito, e di valore, è forza, che per gelosia della sua grandezza, si opponga con ogni suo potere alla virtù, e tenga lontano da gli occhi e dalla gratia del Rè tutti quei, che per fatiche durate, ò per seruitij fatti, ne sono meriteuoli; e che stimi sua depressione l'altrui grandezza. Così restando esclusi i buoni, chi non vede, che le cose anderanno in mano di gente vile, e più pronta di lingua per adulare, che di mano per ben operare? così saranno promossi a' tribunali,
& a'

& à gouerni persone, che non haueranno l'occhio al seruitio del Prencipe, & al beneficio de' popoli, ma alla sodisfattione, e gratia di colui, che gli hà inalzati. In tanto la Corte si riempie di sette, e'l Regno di zizanie, e gli animi de' Baroni di rancore, e le città di mormorationi.

les personnes, qui n'auront l'œil au seruice du Prince, & au bien public, Mais au contentement & bon plaisir de celuy qui les ha esleuez. Cependant la Court se remplit de dissentions, le Royaume de Zizanie, les cœurs des gentilzhommes & Seigneurs, de haine, & les villes de murmure & mescontentement.

Della giustitia trà suddito, e suddito.

De la Iustice entre le subiect & le subiect.

Spetta, appresso, al Prencipe il procurare, che le cose passino giustamente trà essi sudditi; il che consiste in mantenere il paese, e le città libere dalla violenza, e dalla fraude. la violenza è de' fuorausciti, ladroni, assassini, e d'huomini micidiali, che si debbono e con gagliarde prouisio-

APRES c'est à faire au Prince, de donner ordre, que la justice & raison soit faicte entre les subiects: ce qui consiste à maintenir le pays & les villes libres & exemptes de la violence & de la fraude: la violence est des forbanniz, larrons, assassins, & hommes meurtriers, que l'on doit tenir en bride par la

E

force & la terreur. Car de peu sert, que les armees & les armes ennemyes soient loin, s'il n'y a faulte de ceulx, qui font parauâture pis en la maison. Et bien que la fraude ne fasse tant de bruit, elle n'est pas pourtant, moins dommageable: elle altere les mesures, change les poids, falsifie les testaments, les contracts & les monnoyes, reduit les trafficqs â monopoles, supprime les viures, & fait semblables autres choses, lesquelles en manieres de mines souzterraines, destruisent la concorde & la paix: Ausquelles si le Prince dône ordre, il s'acquerra vne incroyable affection & amour du peuple, duquel estoit appellé le pere, Loys XII. Roy de France, pour le grand soucy qu'il auoit de le defendre & garder de l'oppression & iniure des grands. Mais il n'ya

ni, e con terrore tener à freno: perche poco gioua, che gli esserciti, e le armi nimiche siano lontane, se non manca chi faccia forse peggio in casa. la fraude, se bene non fa tanto romore, non è però di minor danno; altera le misure, cambia i pesi, falsifica i testamenti, i contratti, e le monete, riduce i traffichi à monopolij, sopprime le vettouaglie, e fa simili altre cose, che à guisa di mine sottoterranee, distruggono la concordia, e la pace. alle quali se il Prencipe porrà rimedio, s'acquisterà incredibilmente l'affettione, e l'amore del popolo, del quale fù chiamato Padre Lodouico XII. Rè di Francia, per la cura, che si prendeua, e per la sollicitudine, ch'egli mostraua d'aiutarlo, e di difenderlo dall' oppressione dé grandi. Ma non è cosa, alla quale debba maggiormente attendere, che l'vsura; cenciosia che questa non è altro, che vn ladronecio, anzi cosa assai peggiore. Perche l'vsuraro era condennato da gli antichi (come scriue Catone) s'egli tiraua più di dodici per cēto, nel quadruplo; doue che il ladro non era condennato se non nel doppio. Questa peste ha spesse volte messo in disordine, e condotto à gran pericolo la Republica d'Athene, e la Città di Roma, per l'estrema miseria, nella quale gli vsurari haueuano condotto l'vno, e l'altro popolo. Sanè vetus vrbi fœnebre malum, & seditionum, discordiarumq́; creberrima causa: & ha sforzato più d'vna volta i Rè di Francia à bandire i

LIVRE I.

chose à laquelle il doiue plustost prendre garde qu'à l'vsure, qui n'est que larcin, voire chose beaucoup pire. Car l'vsurier estoit condamné par les anciens au quadruple (comme escrit Caton) s'il tiroit plus de douze pour cent, là où le larron n'estoit cōdamné qu'au double. Ceste peste ha souuentesfois mis en desordre, & conduit en vn grand danger la Republique d'Athenes, & la ville de Rome, pour l'extreme misere, à laquelle les vsuriers auoient reduit l'vn & l'autre peuple : *Sanè vetus vrbi fœnebre malum, & seditionum discordiarumque creberrima causa* : & ha contraint plusieurs fois les Roys de France, de bannir les Banquiers Italiens. Et que sert au Prince de ne laisser par trop charger ses subiects, s'il permet qu'ils soyent consommez et destruits

E ij

par l'auarice des vsu-riers, lesquels sans trauailler, ne faire chose, qui tourne tant soit peu, au profit de la Republique, consomment les biens des particuliers? mais qu'ay-ie dict des particuliers? Les vsures destruisent le fisc & les reuenuz publics: car les daces & gabelles viennent bien, quand la marchandise ha cours, & qu'en entrant & sortant de tes Estats, & passant par jceux, elle paye tribut aux ports de mer, aux passages des riuieres, aux portes des villes, & en autres lieux propres & accoustumez. Or la marchandise ne peut auoir son cours, si l'argét ne s'y employe; & qui est celuy qui ne sache, que ceux qui se veulent enrichir d'vsures, laissans le traffic (pour ce que l'on ne le peut exercer, sans tare ou risque du bien, & le

Banchieri Italiani. E che gioua al Prencipe il non grauare immoderatamēte i vassali, se li lassa consumare dall' auaritia de gli vsurari, che senza trauagliare, ne far cosa, onde ne risulti punto d'vtilità alla Republica, consumano le facoltà de' particolari? ma che hò detto de' particolari? l'vsure sono l'estermi-nio del fisco, e la rouina dell' entrate publiche: perche le gabelle, & i datij allora fruttano assai, quando corre la mercantia reale, ch'entrando, & vscendo da gli Stati tuoi, e per essi caminando, paga tributo a' porti del mare, a' passi de' fiumi, alle porte delle città, & ad altri luoghi opportuni. Hor la mercantia non può hauer il suo corso, se'l denaro non vi s'impiega: e chi non sà, che quei, che vogliono arricchire d'vsure, lasciando il traffico, (perche non si può essercitare senza risico della robba, e stento dell'animo, e del corpo) con vn polizzino, vendendo parte il tempo, parte l'vso della moneta, fanno fruttare il denaro; e cosi s'ingrassano otiosamente dell' altrui? simili à certi vesponi, che non affaticandosi punto, e non valendo nulla, entrano, con tutto ciò, improntamère ne' copili dell'api, e vi diuorano il frutto della loro industria, e fatica. Egli è forza, che à questo modo (perche ad ogni vno piace il guadagno senza trauaglio) si desertino le piazze, si abbandonino le arti, s'intermettano le mercantie : perche l'artegiano lascia la bottega, il contadino l'aratro, e'l nobile vède la sua heredità, e la

trauail de l'esprit & du corps) auec vn petit escrit, vendans partie, le temps, partie l'vsage de la monnoye, font profiter l'argent : & par ce moyen, estans ocieux, s'engraissent du bié d'autruy ? semblables à certaines guepes, lesquelles ne trauaillans point, & ne valians rien, entrent es ruches des abeilles, & y deuorent le fruict de leur industrie & trauail. Il est force qu'en cete maniere (pource que le gain sans peine, plaist à chacun) les places demeurent desertes, les arts & metiers soyent abandonnez, la marchandise cesse : d'autant que l'artisan laisse sa boutique, le laboureur le soc & la charrue, & le gentil-homme vend son heritage, & en fait de l'argent : & le marchand (le metier duquel est de courir incessamment d'vn pays

E iij

en vn autre) deuient ca-
sanier. Ce pendant les
villes perdent ce qu'elles auoyent de beau & de bon: les daces defaillent, les douannes n'apportent aucun fruict, & l'espargne apauurit; de maniere que les peuples reduits à vne extreme misere & desespoir, desirent changement d'Estat. Ainsi l'Asie s'est mise deux fois entre les mains de Mitridates, auec vn tresgrand carnage des Romains, pource qu'en maniere de harpies, ils l'auoyent consommée & destruite, par leurs infinies vsures. Solon s'acquit vne grande louange, en ostant, ou au moins, moderant les vsures, en Athenes: & Lucullus, en Asie; & Cesar en Espagne. La richesse du Prince depend des moyens des particuliers; les moyens & facultez consistent, au bien, & au loy-

mette in denari: el mercatante (il cui mestier è correre indefessamente da vn paese in vn'altro) diuiene casareccio. In tanto le città perdono quanto haueuano di bello, e di buono; i datij mācano, le dogane falliscono, e l'erario impouerisce; & i popoli, ridotti ad estrema miseria, e desperatione, desiderano mutamento di Stato. Cosi l'Asia si diede due volte in mano di Mitridate, con grandissima strage de' Romani; perche con l'vsure loro infinite l'haueuano, a guisa d'Arpie, consumata. Gran lode si acquistò Solone, in torre, ò almeno in moderare l'vsure in Athene; e Lucullo in Asia, e Cesare in Ispagna. La ricchezza del Prencipe dipende dalla facoltà de' particolari; le facoltà consistono nella rob-

ba, e nel traffico reale de' frutti della terra, e dell'industria, entrate, uscite, trasportationi da un luogo ad un' altro, ò del medesimo regno, ò d'altri paesi. l'usuraro, non solamente non fà nissuna di queste cose, ma tirando a se fraudolentemēte il denaro, toglie il modo a gli altri di mercatantare. Habbiamo in Italia due Republiche floridissime, Venetia, e Genoua: di queste, sēza dubbio, che Venetia avanza di gran lunga Genoua, e di stato, e di grandezza. E se ne cercaremo la ragione, trouaremo ciò esser auenuto, perche i Venetiani, attēdendo alla mercantia reale, si sono arricchiti mediocremēte in particolare, ma infinitamēte in commune. All' incontro, i Genouesi, impiegandosi affatto in cambij, hanno

al traffic des fruicts de la terre, & de l'industrie, entrees, yssues, trāsports d'vn lieu en autre, ou du mesme Royaume, ou d'autres pays: tant s'en fault que l'vsurier fasse aucune de ces choses, que tirant à soy frauduleusement l'argent, il oste aux autres, le moyen de traffiquer & exercer la marchandise. Nous auons en Italie deux tresflorissātes Republiques, Venise, & Genes; desquelles, sans doute, Venise surpasse de beaucoup Genes & d'Estat & de grandeur. Si nous en demandons la raison, nous trouuerons que cela est aduenu, pource que les Venetiens s'appliquans loyaument à la marchandise, se sont mediocrement enrichiz en particulier, mais infiniment en commun. Au contraire, ceux de Genes s'estās du tout employez es changes, se

E iiij

sont fort enrichiz en particulier, mais ont extremement apauury les reuenuz publics.

arricchito immoderatamente le facoltà particolari, ma impouerito estremamente l'entrate publiche.

Des ministres & Officiers de la Justice.

De' ministri di Giustitia.

MAis pourcequ'il n'est conuenable au Prince de faire droict, & donner sentence & jugement, il est necessaire qu'il soit prouueu de suffisans officiers, gens de bien, qui fassent justice, en son lieu. Il doit donc vser de double diligéce; d'vne, en l'election; de l'autre, en la conseruatió des officiers. Qu'il fasse election de gens douez de sçauoir, d'experience necessaire, pour la charge qu'il leur veut donner, & de probité; dequoy les Republiques et les sages Princes tousiours ont eu soucy particulier. L'Empereur Alexandre Seuere, deuant

MA, perche non còuiene al Prēcipe il far ragione, e dar sentenza, è necessario, ch'egli si proueda di ministri sofficienti, e da bene, i quali supplicano per lui. Deue dunque vsare due diligenze, l'una nell'eletione, l'altra nella conseruatione de gli vfficiali. Faccia eletione di gēte dotata e di scientia, e di pratica necessaria per lo carico, che vuol dar loro, e di bontà incorrotta: nel che si è sempre vsata dalle Republiche, e da Prencipi saui cura particolare. Alessandro Seuero Imperatore, prima di

mandare nelle prouin-
tie i Gouernatori, ne
publicaua molti giorni
innanzi i nomi; affin-
che, se si fosse scoperto
qualche vitio loro, egli
auuisato, potesse mutar
proposito, e dar l'vffi-
tio ad vn'altro. nel che
mancano grandemen-
te quei Prencipi, che
vendono i magistrati,
cōciosia che questo non
è altro, che collocare
ne' tribunali, non la
Giustitia, ma l'auari-
tia. Quanto bella for-
ma di gouerno propose
Nerone, quando disse,
Nihil in penaribus
suis venale, nihil
ambitioni peruium
Difficil cosa è, che vn
Giudice, che riceue
presente, sia nell'vfficio
suo leale, perche, (come
dice Dio) i presenti
acciecano anco gli huo
mini sauij, quanto me-
no colui, che compra
l'vfficio, e vi entra non
come in vn campo di

que d'enuoyer les Gou-
uerneurs, par les Pro-
uinces, en publioit les
noms, plusieurs iours
deuāt, à fin que si l'on ve
noit à descouurir quel-
que vice d'iceux, il en
fust aduisé, & peust par
ce moyen, changer de
volonté, & donner cete
charge à vn autre. En
quoy faillent grandemēt
les Princes, qui vendent
les Magistrats, veu que
cela n'est autre chose que
colloquer es charges de
judicature, non la Iusti-
ce, mais l'auarice. O la
belle forme de gouuer-
nement, que Neron pro-
posa, quand il dist, *Nihil
in penaribus suis venale;
nihil ambitioni peruium.*
Il est difficile qu'vn juge,
qui reçoit des presents,
soit loyal en son office:
car (comme dit Dieu) les
presents aueuglent mes-
mes les hommes sages:
de combien moins le se-
ra celuy qui achete son
estat, & qui y entre, non

comme en vn champ d'espines & de halliers, mais comme en vn tresfertile & tresabondante possession? Loys XII. Roy de Fráce auoit coustume de dire que ceux là qui achetent les offices vendent apres beaucoup plus cherement par le menu & en detail, ce qu'ils ont acheté en gros, à bon marché: *Nemo enim vnquam* (disoit Pison) *Imperium flagitio quæsitum bonis artibus exercuit.* En somme, celuy qui vẽd les offices, veult les officiers larrons. Aristote blasme les loix de Licurgus, pourcequ'elles veulent que le magistrat (qui se doit donner a l'homme suffisant, encore qu'il ne le vueille) soit recherché de celuy, qui s'en doit iuger digne: qu'eust il dict, là où il ne l'eust veu donner à autre qu'à celuy qui l'achete? Polibius prefere les Romains aux Cartha-

spine, e di roci, ma come in vna fertilissima, & copiosissima possessione? Luigi XII. Rè di Francia soleua dire, che quei, che comprano gli vfficj, vendono poi molto caramente à minuto quel, che hanno comprato à buon mercato in grosso. Nemo enim vnquam (*dicena Pisone*) imperium flagitio quæsitum bonis artibus exercuit. *In somma, chi vende gli vfficj, vuole gli vfficiali ladri. Aristotele biasma le leggi di Licurgo, perche vogliono, che'l magistrato, (che si deue dare all'huomo sofficiente, benche no'l voglia) sia ricercato da colui, che si hà da giudicar degno. c'hauerebbe egli detto, se non l'hauesse visto dare, se non à chi'l comprà? Polibio preferisce i Romani à Cartaginesi,* perche in Cartagine, con doni manifesti si preueniua à gli honori il che in Roma era stimato delitto capitale. onde proponendosi i premij della virtù diuersamente, conueniua anco che le arti, & i mezi di peruenirui, fossero grandemente diuersi, nell' vna, e nell' altra Republica. Ma perche hò detto, che si ricerca ne gli vfficiali pratica delle cose, non voglio lasciar di dire, che i Rè della China danno i magistrati per ordine, cioè, à nouitij i più bassi, e di mano in mano i più alti, acciò che, con l'esperienza di quelli, si faccino scala a questi. Ma questi instituti sono commemorati da noi, nõ per legge, ma per aiuto della diligenza, che si deue vsare nell' elettione de' Magistrati. Perche vn Prencipe sauio potrà

ginois; pource qu'en Carthage, l'on paruenoit aux honneurs & dignitez, par dons manifestes: ce qui estoit estimé vn crime capital, en Rome: à raison dequoy, se proposans les loyers de la vertu diuersement, il failloit aussi que les arts & les moyens d'y paruenir fussent fort differents en l'vne & en l'autre Republique. Mais pource que i'ay dict qu'es Officiers est requise l'experience des choses, je ne veux laisser de dire, que les Roys de la Chine donnent les magistrats par ordre, à sçauoir aux jeunes & apprentiz, les plus bas, & aux experimentez, les plus haults: à fin que par l'experience des vns, les autres trouuent le chemin de monter. Mais nous auons allegué ces institutions, non au lieu de loy, ains pour ayder la diligence, qui se doit pratiquer, en l'ele-

GOVVERNEMENT D'ESTAT,

ction des magistrats. Car vn sage Prince pourra par diuers moyens cognoistre la suffisance & l'integrité des personnes qu'il voudra auancer à l'administration de la justice, & au gouuernemét des peuples : entre lesquels sont les informations de gens de bien, pource que le iugement d'vne personne, qui n'ha aucune passion ny interest en quelque faict, ne peut estre mauuais. Les illustres œuures, & les prouesses quasi heroiques d'aucun, seruent aussi de grand argument d'vne singuliere & haulte vertu; pource que telles œuures procedét d'vne bonté excellente, & obligent l'homme à ne faire chose indigne de la renómée par luy acquise. L'experience sert, faicte en choses graues ; pource que des choses passees se fait vn trespro-bable iugement des fu-

per diuerse vie venire in cognitione della sofficiēza, & integrità delle persone, ch'egli vorrà promouere all'amministratione della giustitia, & al gouerno de' popoli : trà quali sono l'informationi de gli huomini da bene; perche il giuditio d'vna persona, che non ha passione, non interesse, non può esser cattiuo. Sono anco grande argomento d'alta virtù le operationi illustri, e le prodezze quasi heroiche d'alcuno; perche, queste procedono da eccellēte bontà, & obligano l'huomo a non fare cosa indegna della fama acquistata. Gioua l'esperienza fattane in cose graui; perche dalle cose passate si fa probabilissimo giudicio delle future. Gioua la modestia e moderatione dell'animo, che si conosce d'all' vniformità della vita; perche da un'animo ben composto non si possono aspettare se no operationi regolate. Gioua la liberalità, e beneficenza; perche vno, ch'è largo, e benigno del suo, non s'indurrà facilmente a far ingiustitia per altrui. E grande argomento la publica voce e fama, perche rare volte ingãna; & vn tale porrà all' vfficio (oltre la virtu) la riputatione, e'l credito. onde gli Spartani, nel creare de gli Vfficiali, mettenano alcuni pochi in vna stanza presso il comitio doue era ragunato il popolo. Questi cauauano à sorte, & pronuntiauano i nomi de' competitori; e con l'orrecchie attente ascoltauano l'applauso, e la festa, che à ciascun nome si faceua; eleggeuano poi colui, che per questa via s'intendeua esser in

tures. La modestie sert et la moderatiõ du cœur, qui se cognoist par vne mesme maniere & forme de vie, pource que d'vn cœur & esprit bien composé & moderé, ne se peuuent attendre autres operations que bien reiglees. Aussi sert la liberalité & biensfaicts; car vn homme qui est liberal du sien, facilement ne sera induit, à faire iniustice, pour autruy. La voix & renommee publique est vn grand argument, pource qu'elle ne trompe guerres souuent: & vn tel porte à l'office (oultre la vertu) la reputatiõ & le credit. Et pour cete cause, les Lacedemoniens, en la creation de leurs Officiers mettoyent quelques vns, en petit nombre. en vne chambre pres le lieu où le peuple estoit assemblé. Ceux cy tiroyent par sort, & prononçoyent les noms des competiteurs: & prestans attentiuement l'aureille, ils oyoiët l'applaudissemët & feste que l'on faisoit, à chacun nom: & puis ils eslisoyent celuy que l'on entendoit, par ce moyen, estre le mieux voulu de la multitude, pource qu'il n'aduient gueres que celuy qui est approuué par la commune opinion des hommes, ne soit vraiment tel qu'il est estimé. En quoy il fault noter que les paures sont tesmoins de la bonté des personnes, beaucoup plus certains & non corrompuz, que les riches: car les riches sōt plustost poussez par ambition, & par dessein: les paures plus pour le respect de la vertu, & pour le zele du bien public. A ce propos, il me souuient, que lors que le Pape Marcellus fut creé, se retrouuant à Rome vn Iappōnois, qui s'apelloit Bernard, & cheminant

miglior concetto, e consideratione della moltitudine; perche rare volte auuiene, che colui, ch'è approuato dalla commune opinione de gli huomini, non sia veramente tale, quale egli è stimato. Nel che si deue notare, che sono molto più incorrotti testimonij della bontà delle persone i poueri, che i ricchi; perche i ricchi si muouono più per ambitione, e per disegno; i poueri più per rispetto della virtù e per zelo del ben publico. Al qual proposito mi occorre, che ritrouandosi in Roma, quando fu creato Papa Marcello, vn Giapponese, che si chiamaua Bernardo, e caminādo per la città in quel punto della creatione, disse prontamente, che si era fatta buona elettione: domandato onde il sapesse, rispose, perche *i poueri ne fan festa, e ne giubilano. Importa anco qualche cosa l'età (come in ogni altro grado) perche la vehemenza delle passioni rende i giouani inhabili al gouerno d'altri; conciosia che mal potrà reggere altrui, chi non regge se stesso. Gli antichi legislatori non ammetteuano à magistrati, se nò cittadini ricchi, perche stimauano, che i poueri, e bisognosi mal potessero contenersi dall' estorsioni: ma questa è cosa di poca importanza; bisogna, che la bontà interiore, e la conscienza sia quella, che freni l'animo, e la mano; altramente non ci sarà rimedio, che vaglia. Perche, se l'auaritia farà radice nell' animo trasporterà molto più fuòr de' termini il ricco, ch'el pouero; conciosia che, se quello*

par la ville, sur le poinct de la creation, dist prómptement, que l'on auoit faict vne bonne electiõ: Enquis comment il le sçauoit, il fit responce; pource que les pauures en font feste, & s'en resiouissét. L'aage importe aussi de quelque chose (comme en tout autre degré) pource que la vehemence des passions, rend les jeunes gens inhabiles à gouuerner les autres; attédu que celuy ne gouuernera bien les autres, qui ne pourra gouuerner soy-mesme. Les anciens Legislateurs n'admettoyent aux Magistrats que les riches citoyens, pource qu'ils auoyent opinion que les pauures & necessiteux ne se peussent garder & contenir des extorsions: mais c'est chose de peu d'importáce: il fault que la bonté interieure & la conscience soit celle, qui refrene le cœur & la main, autrement, il n'y aura remede qui vaille. Car si l'auarice préd pied & racine au cœur, elle transportera beaucoup plus hors des bornes, le riche que le pauure; veu que si l'vn veult enrichir, l'autre fera tout ce qu'il luy sera possible pour en richir outre mesure; & si la necessité induit le pauure à quelque inconuenient, la conuoitise racine de tout mal induira le riche à vn beaucoup plus grand. Cecy est de plus grande consideration: Si le Iuge ou autre Officier doit estre du pays, ou estranger. Les Iuges esträgers ont esté introduit à Florence, à Luques, à Gennes, & en quelque autre ville d'Italie, à cause des factiōs de ces peuples, diuisez en Guelphes & Gibellins; pource que Florence, apres la mort de Federic II. s'estāt remise en liberté, & les factiōs & guerres

vorrà arrichire, quello farà ogni cosa per trafricchire; e se la necessità indurrà il pouero à qualche inconuenien te, à molto maggiore indurrà il ricco la cupidità, radice d'ogni male. Di maggior consideratione è, se il Giudice, ò altro Vfficiale debba esser del paese, ò forastiero. I Giudici forastieri furono introdotti in Fiorenza, in Luca, in Genoua, e in qualche altra città d'Italia, per le fattioni di quei popoli, diuisi in Guelfi, e Gibellini: perche essendosi Fioreza, dopò la morte di Federico II. rimessa in libertà, e rappacificate alquanto le fattioni, e le guerre ciuili; per torre ogni diffidenza, e mala sodisfattione, che soleua nascere trà le parti nel giudicare, furono eletti due Giudici forastieri, che giudicasdicasserò delle differenze de' cittadini, e l'uno fu chiamato Capitano del popolo, e l'altro Podestà. Nel cittadino vi è questo inconueniente che si lascia facilmente trasportare d'all'interesse de'parenti, e d'altri suoi amoreuoli. Nel forastiero questo, che sentendosi esso debole, cercherà d'appoggiarsi a' principali, acciò che sia mantenuto, e diffeso. Onde mi piacerebbe, che non fosse ne forastiero affatto, nè del luogo, one essercita l'vfficio; ma di qualche altra parte, suddita à noi, doue non regnino le fattioni della città, doue è il tribunale. Marco Aurelio ordinò, che nissuno fosse Gouernatore del suo paese; e Felippo il bello, Rè di Francia, che nissuno fosse Giudice nel paese, doue era nato. Ma, perche non è in-

res ciuiles estás vn peu appaisées, pour oster toute deffiance & mécontentement, qui souloit naistre entre les parties, au jugement, furent esleuz doux Iuges estrangers, pour juger des differéts des citoyés, l'vn desquels fut appellé, Capitaine du peuple; l'autre Podesta Preuost. Au citoyen est cet inconuenient, qu'il se laisse facilemét transporter de l'Interest des parents & d'autres siens amys: En l'estranger cestuy-cy, que se sentant debile, il se vouldra appuyer aux principaulx, à fin qu'il soit maintenu & defendu. Et pourtant voudrois-ie bié, qu'il ne fust estranger du tout, ny du lieu où il exerce l'office: mais de quelque autre part, à nous subiette, où ne regnent les factiós de la ville, en laquelle est le siege de judicature. Marc Aurelle ordonna qu'aucun ne fust gouuerneur

F

GOVVERNEMENT D'ESTAT,

de son pays; & Philippe le Bel Roy de Frāce, que nul ne fust Iuge au pays de sa naissance. Mais pource qu'il n'y ha instrument de plus d'efficace à rēuerser les cœurs & volōtez des hommes & à cōfondre toute occasion de justice, que les femmes, ne sera hors de propos de mettre icy le jugemēt de Seuerus Cecinna. *Ne quem magistratum, cui prouincia obuenisset, vxor comitaretur, non imbecillem tantum, & imparem laboribus sexum, Sed si licentia adsit, sæuum, ambitiosum, potestatis auidum. Cogitarent ipsi quoties repetundarum aliqui arguerentur, plura vxoribus obiectari, his statim adhærescere deterrimum quemque prouincialium, ab ijs negotia suscipi, transigi, duorum egressus coli: duo esse prætoria.*

Quant aux parents & aux amys, il fault ouyr ce qu'ha dict Dagalaiphe à Valentinian, qui consul-

stromento più efficace à suolger gli animi de gli huomini, e à confondere ogni cagione di giustitia, che le donne, non è fuor di proposito, metter quì il giuditio di Seuero Cecinna. Ne quem magistratum, cui prouincia obuenisset, vxor comitaretur, non imbecillem tantùm, & imparem laboribus sexum, sed, si licentià adsit, sæuum, ambitiosum, potestatis auidum. Cogitarent ipsi quoties repetundarum aliqui arguerentur, plura vxoribus obiectari. his statim adhærescere deterrimum quemque prouincialium. ab ijs negotia suscipi, transigi. duorum egressus coli: duo esse prętoria. *Quarto a' parenti, e à gli amici, odasi quel, che* disse Dagalaiso à Valentiniano, che consultaua dell' elettione di vn compagno nell'imperio, Se tu ami i tuoi, hai il fratello, se la Republica, cerca qualcun altro.

toit pour l'election d'vn compagnon en l'Empire: Si tu aymes les tiens, tu has ton frere? Si tu aymes la Republique, cherche quelque autre.

Del' contenere i Magistrati in vfficio.

De contenir les Magistrats en leur deuoir.

MA non basta il far scelta, & vsar ogni cura nell'elettione de Magistrati: bisogna di più vsare ogni cautela, accioche, dopò che saranno promossi, si conseruino incorrotti. perche molti di Colombe diuentano Corui, e d'Agnelli Lupi; e non è cosa, che scuopra meglio l'interior dell'huomo, che il magistrato; perche li dà la possanza in mano e quello è veramente da bene, che può far male, e se ne astiene. Di

Mais il ne suffit pas d'estre soigneux en l'election des Magistrats: il fault bien adviser, à ce qu'estans aduancez aux charges, ils se conseruent en leur integrité, eslongnez de corruptions; car plusieurs, de Colombes, deuiennent Corbeaux, et d'agneaux, Loups: & n'y a chose qui descouure mieux l'interieur de l'homme, que le Magistrat, pource que luy est donnée la puissance en main; & celuy est veritablement homme de bien, qui peut faire

F ij

mal, & ce neantmoins s'en abstient. On lit de Vespasian, qu'il estoit tant diligent & soigneux de reprimer les Iuges de la ville, & les presidents & gouuerneurs des prouinces, que iamais n'en furent ny de plus moderez ny de plus iuste. Or les moyens de s'asseurer de leur integrité sont diuers, le premier est de les salarier, & leur defendre, sur tresgrandes peines, de receuoir presents: Ce que font, par vn singulier moyé les Roys de la Chine, qui prouuoyét les Iuges & de viare, & de demeure, & d'appareil, de seruiteurs & de tout ce qui appartient à leur commodité & honnorable entretien; de maniere qu'il ne leur reste autre pensee, que d'entendre diligemment, de tout leur esprit, à l'administration de la justice, & de la charge à eux commise: ce qui leur est

Vespasiano si legge, che impiegaua tanta diligenza, e sollecitudine in tener à freno gli Vfficiali della città, & i Presidéti delle prouintie, che non furono mai ne i più moderati, ne i più giusti. Hora i modi d'assicurarsi della lor integrità sono diuersi: il primo è il salariarli, & vietar loro, sotto pene grauissime, il riceuer presenti: il che fanno in vn modo singolare li Rè della China, perche proueggono i Giudici e di viatico, e di stanze, apparato, ministri, seruitori, e di tutto ciò, che appartiene alla commodità, & all'honoreuolezza loro: si che ad essi non resta altro pensiero, che d'attendere, con tutto lo spirito, all'amministratione della giustitia, e dell'vfficio commessoli, e si commette loro con tanta seuerità, e strestezza, che non possono salire in tribunale, ne dar vdienza, se non digiuni; se pure si concederà licenza à qualche persona debole, di poter pigliar innanzi vn' elettuario, ò cosa tale, non però mai di ber vino. In Egitto (come scriue Plutarco) nella città di Tebe, erano dedicate le statue de' Giudici senza mani, e 'l Presidente del giudicio con gli occhi fissi in terra. cō che voleuano dinotare, che la giustitia ne per presenti, ò donatiui, ne per intercessioni, ò fauori si aouea corrompere. Importa anco assai, per assicurarsi del buon gouerno della giustitia, che 'l Prencipe non permetta à ministri suoi, per grandi che siano, l'arbitrio, e la facoltà assoluta di far ragione; ma li sottometta, il più che può, alla prescrit-

enioinct auec tant de seuerité, & par vne reigle tant estroite, qu'ils ne peuuent monter au siege, ny donner audience, sinō à jeun: & si l'on permet à quelque personne debile de prendre quelque conserue ou confiture, il ne luy est ce neantmoins jamais permis de boire du vin. En Egypte, (comme escrit Plutarque) en la ville de Thebes, l'on dedioit les statues des Iuges, sans mains, & le president du jugement, auec les yeux fichez en terre. Au moyen dequoy l'on vouloit denoter que la justice ne se deuoit corrompre ny par presents, ou dons, ny par prieres & intercessions, ny par faueurs. Il importe aussi beaucoup, pour s'asseurer du bon gouuernement de la justice, que le Prince ne permette à ses officiers, tant grands soyét ils, l'absolue puissance de faire iustice, mais les sommette, le plus qu'il peut, à la prescription des loix, se reseruant la volonté & arbitre : car il est certain & asseuré des loix, mais non pas de l'arbitre & volonté d'autruy, subiette à diuerses passions : Et quiconque ha l'authoritè libre à iuger, souuent ne pratique la diligence conuenable, en la cognoissance des causes, & en l'intelligence des loix : mais passons oultre. Les Romains se contenoyét par la peur d'estre accusez, pource qu'estant celle ville pleine d'ambicieuse emulation, il n'y auoit aucun tant puissant, qui n'eust son aduersaire, qui cherchoit toute occasion de pouuoir deprimer & abaisser son competiteur : & par ce moyen non seulemét se dechargeoyét les inimitiez & indignations particulieres ; mais aussi estoyent vangez les torts

tione delle leggi, reseruando l'arbitrio per se ; perche delle leggi egli è sicuro, ma non dell'arbitrio altrui, soggetto à varie passioni. e chi hà autorità libera nel giudicare, spesso non v'usa quella diligenza, che si conuiene, nella cognitione della causa, e nell'intelligenza delle leggi. ma passiamo oltre. I Romani erano contenuti dalla paura d'esser accusati: perche essendo quella città piena d'ambitiosa emulatione, nõ era niuno tãto potente, che non hauesse il suo auuersario, che cercaua ogni occasione di poter deprimere, & abbassar il suo competitore, con che non solamẽte si sfogauano gli sdegni particolari, ma si vendicauano anco i torti fatti à popoli. Vagliono anco assai alcune seuerissime dimostrationi contra quelli, che sportano ingiustamente; perche il castigo di vno ne rattiene le migliaia. Cambise Rè de gli Assiri, hauendo trouato in fallo vn suo Giudice chiamato Sisami, lo fece scorticar viuo, e con la pelle coprì il tribunale, su'l quale volse poi che sedesse, e tenesse ragione il figliuolo. di quanta importanza, crediamo, che fosse questo essempio così seuero, e quasi crudele, per far star gli altri sopra di se? Alcuni Prencipi si vagliono de' sindicatori, ò Visitatori, che si chiamino; ma in questo rimedio vi è gran pericolo di corrottione. Per ciò Cosimo Duca di Toscana teneua alcune spie secrete, che interuenendo, come persone fuor di sospetto, à varie cose, informauano lui di tutto ciò, che risapeuano delle attioni de

& iniures faictes aux peuples. Aussi seruent beaucoup quelques seueres reprimendes côtre ceux qui se portent iniustement, pource que le chastiment d'vn en retient vn million. Cambises Roy des Assyriés ayant trouué en faulte vn sien Iuge appellé Sisami, le fit eschorcher vif, & de sa peau couurit le siege de iustice, sur lequel il voulut apres que le fils s'assist pour iuger. De cóbien grande importance pensons nous qu'ait esté cet exemple tant seuere & quasi cruel, pour tenir les autres en bride? Quelques Princes se seruent de sindics ou Visitateurs qu'ils appellent; mais en ce remede y a grád danger de corruption: Pour cete cause Cosme Duc de Toscane auoit quelques secrets espions, lesquels se trouuás à diuerses choses, comme persones hors de soupçon,

F iiij

l'aduertiſſoyent de tout ce qu'ils pouuoyent ſçauoir des actiõs & deportemens des Iuges; moyen que ie trouue meilleur que des Sindics: car vn Sindic eſt facilement corrompu ; deux ne le font mal aiſement; pluſieurs ſont de grand couſt ou au Prince, ou au peuple : il n'eſt pas ainſi des eſpiõs qui ne ſe cognoiſſent, & ne veulent eſtre cogneuz : de maniere que ne ſe pouuans à ce faire, accorder l'vn auec l'autre, ils ne peuuét auſſi tromper le Prince, & sõt de peu de deſpence. Aucuns Princes vont eux meſmes viſiter leurs Eſtats, ouyr les plaintes de leurs ſubiects, cognoiſtre les deportemens des Iuges & autres Officiers, et voir en fin tout ce qui ſe paſſe. Aritpert Roy des Lõbarts, de treſ celebre juſtice, ſe deguiſoit aucuneſfois, & eſpioit dextrement tout ce que gli Vſſitiali. il qual modo mi par migliore, che i Sindici: perche vn Sindico è facilmente corrotto; due non difficilmente ; molti ſono di grauezza, e di ſpeſa, ò al Prencipe, ò al popolo. non coſi le Spie, che non ſi conoſcono, ne vogliono eſſer conoſciute ; e non ſi potendo per ciò accordare l'vna con l'altra, non poſſono ne anco ingannare il Prencipe; e ſono di poca ſpeſa. Alcuni Prencipi vanno eſſi medeſimi viſitando i loro Stati, vdendo le querele de' popoli, conoſcendo gli andamenti de' miniſtri; riuedendo finalmente tutto ciò, che ſi fà. Aritperto Rè de' Lombardi, di celeberrima giuſtitia, ſoleua egli andare alle volte traueſtito, e ſpiare deſtramente tutto ciò, che ſi diceua di male di lui, e de miniſtri ſuoi.

Et in vero, egli è neces-
sario, che i Prencipi ò
ascoltino, ò veggano
essi medesimi le cosa:
perche tutti gli altri
modi sono più, ò manco
corrottibili, come gli
vfficiali stessi. I modi
poi d'ingannare vn
Prencipe, che non si
serue, se non de gli oc-
chi, e dell'orecchie al-
trui, e l'arti di darli ad
intendere il nero per lo
bianco, sono tante, che
non è possibile humana-
mente il difendersi da
tutte. Mi diceua vn
gentil'huomo di gran
pratica nelle Corti,
che, acciò che il Rè ca-
pisse la verità delle co-
se, bisognarebbe, che
egli fosse sordo, per non
esser ingannato con
mille false relationi:
ma che, à rincontro,
stando sopra vn' altis-
sima torre, vedesse ogni
cosa in vno specchio.
ma perche questo non si
può fare, vagliasi delle

l'on disoit mal de luy, &
de ses officiers. Et à la verité, il est necessaire, ou
que les Princes escoutét
ou voyent eux mesmes
ce qui se faict ; pource
que tous les autres moy-
ens sont plus ou moins
corruptibles, comme sót
les Iuges et officiers mesmes. Apres, les moyens
de tromper vn Prince,
qui ne se sert que des
yeux et des aureilles d'au
truy, & les artifices de
luy faire entendre le noir
pour le blanc, sont en si
grád nombre, qu'il n'est
possible, humainement
se defendre ou garder
de tous. Vn gentilhom-
me de grande experien-
ce es Courts, me disoit,
qu'il seroit besoin, à fin
que le Roy comprinst la
verité des choses, fust
sourd, pour n'estre de-
ceu par mille faulx rap-
ports: mais, qu'estant sur
vne treshaulte tour, il
veist, au deuant de luy
toute chose en vn mi-

roir: Et pource que cela ne se peut faire, qu'il se trouue luy mesme, aucunesfois aux audiences, qu'il visite, deguisé, ores vn lieu, ores vn autre: qu'il oye la verité, dextremét des autres. L'Empereur Tibere bien souuent ou assis, ou se promenant, auoit coustume d'aduertir les juges & les aduiser de leur deuoir & de l'obseruation des loix: de la charge de la conscience, & de l'importance des causes, qui se traitoyét. L'Empereur Auguste lisant diuers liures auoit coustume de noter tous les beaux propos, qui concernoyent le bon gouuernemét des peuples, & puis il enuoyoit la copie aux Magistrats, selō qu'il cognoissoit qu'ils en auoyét besoin, par les aduis qu'il en auoit. Loys XII. qui seiournoit le plus souuent à Blois, s'informoit là

spie, intervenga egli medesimo alle volte nel vdienze; visiti trauestita hora vn luogo, hora vn altro; oda, da chi non hauerà rispetto, la verità. Tiberio Cesare ben spesso, ò sedendo, ò passeggiādo soleua auuertire i Giudici, ammonirli, e ricordar loro e l'vfsitio, e l'osseruanza delle leggi; e del carico della conscienza, e dell'importanza delle cause, che si trattauano. Augusto Cesare, leggendo varij libri soleua notare tutti i bei detti, che appartenuano al buon gouerno de' popoli; e poi ne mandaua copia à Magistrati, secondo che conosceua, per l'informationi, ricercare il lor bisogno. Ludouico XII. habitaua in Bles: quiui s'informaua egli di tutti quei, che di passaggio, ò per negotij vi capitauano.

da quelli poi, che li pareua, domandaua de portamenti de' nobili, e de' magistrati, notando in vn libretto ogni cosa e trouando conformità, castigaua all'improuiso il delinquente; e faceua star tutti à segno.

de tous ceux qui passoyent, ou qui y auoyent affaire, des deportemens des nobles & des magistrats, notant toute chose en vn petit liure : & quand il y trouuoit de la conformité, il chastioit, à l'improuueu, le delinquant : & par ce moyen, il faisoit que tous se contenoyét en leur deuoir.

Auertimenti nel far giustitia.

Aduertissement à faire Justice.

Molte sono le cose, che si debbono seruare nel far giustitia : ma diciamone due, più per forma di auertimento, che di precetto. La prima si è, che sia vniforme, e l'altra, che sia spedita. Habbiamo detto di sopra, in che modo il Prencipe possa tener à segno i ministri, ma nō basta, che i ministri tenghino la bilancia dritta, e salda, s'egli la

L'ON doit obseruer beaucoup de choses, à faire justice : mais nous en dirons deux, plustost par forme d'aduertissement, que de precepte. La premiere est qu'elle soit vniforme, & d'vne mesme maniere : & l'autre qu'elle soit promte. Nous auons dict cy dessus cóme le Prince peut tenir en raison les juges: mais il ne suffit pas qu'ils tiennent la balance droicte & ferme, s'il la plie &

destourne impertinemment, en faisant grace à qui merite punition, & donnant la vie & la patrie, à celuy qui est digne de mille morts, ou de mille exil. Il appartient vrayment au Prince de faire grace; pour ce qu'estans les Iuges tenuz de proceder legitimement, il peut seul moderer, & temperer par l'equité, la rigueur & seuerité des loix, mais il ne doit pourtant vser de grace enuers aucun, au prejudice de la justice & de la Republique: car la justice doit estre la reigle de tout gouuernement politic: & pardonner à celuy qui n'ha peché par ignorance ny par vne iuste douleur, n'est pas faire grace, mais commettre iniquité: & quant à la Republique, la principalle fin, pour laquelle les subiects payét les tributs & charges au Prince, est à fin qu'il les maintienne en

piega, e strauolge impertinentemente, col far gratia à chi merita pena, e dar la vita, e la patria à chi è degno di mille morti, à di mille bandi. Il far gratia, appartiene veramente al Prencipe; perche, essendo i Giudici tenuti a proceder legitimamente, egli solo può moderare il rigore, e temperare con l'equità l'asprezza delle leggi. Ma non deue però vsar gratia à chi si sia, con pregiuditio della Giustitia, e della Republica. Non della Giustitia; perche questa deue esser la regola, e la norma d'ogni politico gouerno: e 'l perdonare à colui, il cui delitto non ha scusa d'ignoranza, non di giusto dolore, non è far gratia, ma commetter iniquità. Non della Republica; perche il principal fine per lo quale i popoli

LIVRE I.   47

pagano i tributi, e le grauezze al Prencipe, si è, acciò che egli li mantenga in pace, & en quiete, per mezo della Giustitia. Hor la gratia fatta senza rispetto ò d'equità, ò di publico bene, perturba ogni cosa, e quindi nascono spesse volte le rouine de gli Stati: perche Dio punisce ne' Prencipi i peccati da loro perdonati à gli huomini micidiali, e di mal affare: del che ci possono chiarire gli essempi di Saul, e di Acab. Non voglio lasciar di dire, che non deue ne anco esser facile nel dispensar della qualità della pena. Giouanni di Vega, essendo Vicerè di Sicilia, fù instantemente ricercato, affinche vn de' grandi di quel Regno, condennato à morte per paricidio, fosse fatto morire secretamente.

paix & repos, par le moyen de la justice. Or la grace qui se faict, sans respect ou d'equité ou de bien public, trouble toute chose; & de là procedente souuentesfois les ruines de Estats; pource que Dieu punit, es Princes, les pechez & crimes par eux pardonnez aux hommes meurtriers & de vie abominable: dont nous pouuons nous éclaircir par les exemples de Saül & d'Acab. Ie ne laisseray de dire, qu'il n'est facile aussi d'ordonner la qualité de la peine. Iean de Vega Viceroy de Sicile fut instamment requis & prié, à ce que l'on fist mourir secretement vn des grãds du Royaume, qui auoit esté condamné à la mort, à cause du parricide par luy commis; & à ceste fin furent offerts à ce viceroy trente mille escuz: à quoy il respondit ces memorables paroles, que la justice n'ha point de lieu, si elle ne se fait, en son lieu. L'autre condition est, qu'elle soit pronte: c'est vne chose desirée de tous, et pourtant l'on ne cesse point de presenter requestes & placets aux princes & aux Magistrats, pource qu'à la verité, le prolonger des procez consomme tellement mesmes la partie qui ha le droict, que quand elle ha sentence ou arrests à son proffit, elle n'en sçait aucun gré à la justice, d'autant que les frais & despens aucunesfois surpassét le principal, quelques despens qui se puissent adiuger. I'ay souuenance qu'à Paris, quelqu'vn plaidant pour six escuz de principal, oultre cete somme, obtint contre la partie taxe de soixante escuz de despens. Or estant requise vne si grande despense, pour obte-

(egli erano offerti per ciò trenta mila scudi) al che egli rispose quelle memorabili parole, Che la giustitia non hà luogo, se non si fà al suo luogo. L'altra conditione si è, che sia spedita. Questa è cosa bramata da tutti: per questo non si finisce di presentar supplische, e memoriali à Prencipi, & à Magistrati. perche in vero la prolungatione delle liti, consuma di tal maniera anco la parte, che hà ragione, che quando hà la sentenza in fauore, non ne sà grado nissuno alla giustitia: per che la spesa fatta supera alle volte il capitale. Mi ricordo, che in Parigi, litigãdosi sei scudi di capitale, quel, che perdè la lite, fù, oltre di ciò, condennato in sessanta scudi di spesa. Hor ricercandosi tãta spesa, per ottener gistitia, i poveri la desiderano, e la cercano indarno; e torna lor meglio il cedere la lor ragione, che il litigarla. Hora il modo di far giustitia spedita, e di troncar tante dilattioni, sarebbe cosa degna d'esser messa in cõsulta d'huomini grandi; perche io nõ credo, che sia impossibile. Giulio Cesare, personaggio di tãto valore nelle guerre, non giudicò cosa indegna di se questa consideratione: onde, perche la ragione ciuile era sparsa quà e là, e quasi dissipata, diede carico ad huomini eccellenti di darle forma e di fare vna scelta delle leggi più necessarie, e più vtili. il che fece anche Alarico Rè de' Gotti, per mezo d'Aniano; e Giustiniano Imperatore, per mezo di varij valent'huomini. e Vespasiano pose stu-

nir la iustice, les pauures la desirent, & la cherchent en vain; & mieux leur vault cedder leur droict, que le debatre. Or le moyen de faire pronte & briefue iustice, est de coupper broche à tant de delais, seroit chose digne d'estre mise en consultation de grands personnages, pource que je ne pense qu'elle soit impossible. Iules Cesar, qui estoit tant valeureux aux armes, ne iugea cete cõsideration là indigne de soy: & pourtant, au lieu que le droict ciuil estoit espars cà & là, & quasi dissippé, il donna charge à quelques excellents hommes de luy donner forme, & de faire eslite des loix plus necessaires, & plus vtiles: ce que fit aussi Alaric Roy des Gots: par le moyen d'Anianus; & l'Empereur Iustinian, par le moyen de diuers sçauans hommes. Et Vespasian s'efforça de faire, auec grāde vigilance, que les proces fussent soudainemēt jugez, & choisit & establit quelques excellens personnages, ausquels il donna puissance & authorité de faire vne briefue & sommaire justice: Et Tite son fils, pour le desir qu'il auoit de tronquer & abreger les procez, fit deffense *de eadem re pluribus legibus agi: & quæri de cuiusquam defuncti statu vltra certos ānos.* Et le Roy Catholique escriuit dernierement au Senat de Milan, qu'il seroit fort content s'il se trouuoit aucun, qui luy proposast quelque maniere plus briefue & plus pronte de faire iustice, & mettre fin aux procez, qui estoyent si longs. Les loix sont infinies, mais cela n'importeroit beaucoup, si la subtilité des esprits n'auoit trouué tant de contradictions, au moins apparen-

dio grande in fare, che le liti fossero speditamente decise; e scelse alcuni personaggi eccellenti, a' quali diede autorità di far giustitia sommaria. e Tito, suo figliuolo, per lo desiderio, ch'egli haueua di troncar le liti, vietò *de eadem re pluribus legibus agi; & quæri de cuiusquam defuncti statu vltra certos annos.* e 'l Rè Catolico scrisse vltimamēte al Senato di Milano, che si recarebbe a gran seruitio, se vi fosse alcuno, che li proponesse qualche forma più breue, e più spedita di far giustitia, e d'vltimar le liti. Le leggi sono infinite; ma questo poco importarebbe, se la sottigliezza de gl'ingegni non hauesse trouato tante contraditioni, almeno apparēti, e tante interpretationi hora

hora diuerse, hora contrarie; tante maniere finalmente d'oscurare il vero, e di mettere in controuersia il certo, che la Giustitia non fu mai in peggiore stato. Ma nuoce grandemente la moltitudine de' Dottori, che scriuono continuamente; che se bene sono alle volte di poco giudicio, fanno però numero; e vince, non chi dice meglio, ma chi cita più. e pure la verità non si deue giudicare dall'autorità, ma dalla ragione: nè dal numero delle voci, ma dall'efficacia delle proue. Nella Suedia è imposta pena al Giudice, che ricercato la seconda volta dall'attore à dar sentenza definitiua, la vada differendo. E per impedir le liti, gioua vn ordine antico di quel regno, per il quale non è lecito ad alcuno l'hauer

parentes, & tant d'interpretatiõs, ores diuerses, ores cõtraires; finalemẽt tant de manieres d'obscurcir la verité, & de mettre ce qui est certain en cõtrouerse; car la justice ne fut iamais en pire estat. Mais la multitude des Docteurs est fort nuisible, qui escriuent continuellement; & bien qu'ils soient aucunesfois de peu de jugement, ils font ce neãtmoins nombre: & celuy gaigne non qui dit le mieux, mais qui allegue le plus: & ce neantmoins la verité ne se doit iuger par l'autorité, mais par la raison; ny par le nombre des voix, mais par l'efficace des preuues. En Suede, le Iuge est puny, lequel requis pour la seconde fois par la partie de donner sentẽce difinitiue, la va ce neãtmoins differant. Et pour despecher les proces sert vn ancien ordre de ce Royaume là;

G

GOVVERNEMENT D'ESTAT,

par lequel il n'est licite à aucũ, d'auoir procureur ny aduocat; chacun plaide sa cause & allegue ses raisons: ou (s'il ne le peut faire) le plus proche parent, ou vn tuteur que le Senat luy donne.

Procuratore, ò Auocato: ogni vno dice la sua ragione; ò (s'egli non è atto) il più stretto parente, ò vn tutore datoli dal Senato.

De la Liberalité.

ON fait bien aussi par la liberalité: & ce en deux manieres: l'vne est en deliurant les necesſiteux de la misere: l'autre, en aduanceãt les hõmes dignes & vertueux.

Della Liberalità.

SI fà anche bene con la Liberalità; e ciò in due maniere: l'vna si è il liberare i bisognosi da miseria: l'altra il promouere la virtù.

De deliurer les necessiteux de la misere.

Del liberare i bisognosi della miseria.

IL n'y a œuure ny plus Royalle, ny plus diuine que de secourir les miserables; attédu qu'en l'Escriture, sur toute chose est tres-celebre la misericorde de Dieu, & le soucy qu'il ha des paures & affligez, qu'il

NOn è opera ne più regia, ne più diuina, che'l soccorre i miseri. conciosia che celebratissima sopra ogni altra cosa nella Scrittura si è la misericordia di Dio, e la cura, e protettione, ch'egli si prende de gli afflitti, e de' poueri: e la medesima egli raccomandaſtrettiſſimamente à Prencipi; e non ſi può imaginare coſa più atta, e più efficace, per cōciliare gli animi de' popoli, e per obligarli al ſuo Signore. Gli Hebrei tengono per maſſima, che la limoſina ſia la cōſeruatrice delle famiglie, e la proſperatrice della grandezza loro. Coſi veggiamo, che i più famoſi Prencipi, c'habbia hauuto la Chriſtianità, ſono ſtati liberaliſſimi verſo de' biſognoſi, i Conſtantini, i Carli Magni, i Theodoſij, e gli altri. Tra' quali non voglio laſciare Roberto Rè di Frācia, che con la larghezza delle limoſine ſtabilì il Regno, e la Corona di Francia nella caſa d'Hugo Ciappetta, di cui egli era figliuolo, perche egli nodriua

prend en ſa protection: & recommande treſ-eſtroitement aux Princes de leur eſtre ſecourables: ne ſe pouuant imaginer choſe plus propre, & de plus grande efficace, pour auoir l'amitié des peuples, & pour les obliger à leur Seigneur. Les Hebrieux tiennent pour maxime, que l'aumoſne fait proſ... les familles & les ... ſerue en leur grand... Ainſi nous voyons que les plus fameux Princes qui ayēt eſté en la Chreſtienté, ont eſté treſliberaulx vers les neceſſiteux, comme Conſtantin, Charlemagne, Theodoſe & les autres. Entre leſquels je ne veux laiſſer en arriere, Robert Roy de France, lequel par la largeſſe de ſes biēfaicts, & aumoſnes eſtablit le Royaume & Coronne de France en la maiſō de Hugues Capet duquel il eſtoit le fils; car

G ij

il nourissoit mille pauures, & les accommodoit de cheuaulx, voytures & equipages, pour suiure sa Court & prier Dieu pour luy: & Loys IX. qui ha regné tres-heureusemét l'espace de XLIIII. ans, entretenoit ordinairement cent & vingt pauures; & le Caresme, cent quarante. Et que dirós nous de Loys Duc de Sauoye, tant benin & debonnaire enuers les pauures, & tant liberal à l'endroit des necessiteux, qu'il n'auoit autre plaisir & passetemps, que de nourir les affamez, vestir les nuds, & secourir ceux qui en auoyent besoin? Et bien que la liberalité cóuienne tousiours au Prince, elle est ce neantmoins de plus grande efficace, pour l'effect duquel nous parlons, es calamitez publiques; quand ou la famine, ou la charté, ou la peste, ou le trem-

mille poueri, egli accommodaua anco di vetture, per seguir la sua Corte, e per pregar Dio per lui. e Lodouico IX. che regnò felicissimamēte xliiij. anni mantenena ordinariamente cento, e venti poueri, e la Quaresima, cento, e quaranta. e che diremo di Lodouico Duca di Sauoia, tanto benigno verso i poueri, tanto liberale co' bisognosi, che non conosceua altro passatempo, ch'l pascere gli affamati, e'l vestir i nudi, el dar soccorso à chi n'haueua bisogno? E se bene la liberalità còuiene sempre al Prēcipe, nondimeno ella è di maggior efficacia, per l'effetto, del quale parliamo, nelle publiche calamità; quando, ò la fame, ò la carestia ò la peste, ò il terremoto, ò gli incendij, ò le inondationi, ò le scorverie de' nemici, ò la guerra, ò altro simile accidente ci affligge, e trauaglia. Tito, che fù essempio d'vn Prencipe amabilissimo, e fù perciò chiamato delitia de gli huomini, ne' tempi di peste, ò d'altre calamità, non solamente mostraua sollecitudine di Prencipe, ma anco affetto di Padre verso gli afflitti; li consolaua con lettere, e gli aiutaua effettualmente in tutte quelle maniere, ch'egli poteua. E se le calamità sono tanto grandi, che non ci sia rimedio, deue almeno mostrar dolore; come fece Augusto Cesare, dopò la strage fatta dell' essercito Varianò in Allemagna: e quel Rè de' Giudei, che nell' assedio di Gierusalem, doue la fame fù estrema, si mise vn cilicio in dosso e per placar l'ira di Dio, e per mostrar

blement de terre, ou les embrasemens, ou les inondations, ou les courses & rauages des ennemis, ou les guerres, ou autre semblable accidét nous afflige & trauaille. Tite, qui estoit l'exemple d'vn Prince tres-aimable, lequel l'õ appelloit pour cete cause, les delices des hommes, en temps de peste, ou d'autres calamitez non seulement monstroit le soucy & vigilance de Prince, mais aussi vne affectiõ de Pere enuers les affligez: il les cõsoloit par lettres, & d'effect, les secouroit en toutes les manieres, qu'il pouuoit. Et si les calamitez sont si grandes qu'il n'y ait point de remede, il doit au moins s'en mõstrer desplaisant, comme feit l'Empereur Auguste, apres la deffaicte de l'armée Variane en Alemagne: & le Roy des Iuifz, lequel au siege de Hierusalem, où la famine fut

G iij

extrême, se mit vne haire sur le dos, à fin d'appaiser l'ire de Dieu, & pour se resentir des ennuys & afflictions de ce peuple. Et à la verité les publics desastres sont la propre matiere, & la meilleure occasion qui se puisse presenter à vn Prince, de gaigner les cœurs & volontez des siens. A cete heure là il fault semer la bienueillance, enter l'amour es cœurs des subiects, qui florira & rendra cent pour vn, d'vne vsure tresgrande. Ce qu'il doit faire d'autant plus promptement, que plus le requiert son degré & sa charge. Car la necessité d'vne persōne priuée peut estre secouruë par vn particulier; mais vne commune calamité demande le remede de son Prince: oultre qu'il n'est conuenable, que quand bien vn particullier y voudroit remedier, il permist qu'au-

risentimento de gli affanni della sua gente. Et in vero, i publichi disastri, sono la propria materia, e la miglior occasione, che si possa appresētare ad vn Prēcipe, di guadagnarsi gli animi, & i cuori de' suoi. Allora bisogna sparger i semi della beneuolenza; allora inserire l'amore ne' cuori de' sudditi, che fiorirà poi, e renderà, con larghissima vsura, cento per vno. Il che tanto più prontamente deue egli fare, quāto il grado, che tiene, e l'vfficio suo più il ricerca. perche vn bisogno d'vna persona priuata può da vn particolare esser soccorso; ma vna commune calamità dimanda rimedio dal suo Prēcipe: oltre che non conuiene, che quando bene vn particolare volesse porgerui rimedio, egli si lassi metter il *piede innanzi; perche non è cosa sicura, che vn Commune habbia tanto obligo ad vn'huomo priuato. Il che conoscendo i Romani, ammazzarono e Cassio, e Manlio Capitolino, e i Gracchi. perche costoro, parte con vna larga distributione di formenti, in tempo di estrema carestia, parte con leggi molto fauoreuoli alla moltitudine, si obligauano più di quello, che conueniua allo stato di vn cittadino, il popolo Romano. Ma di grande efficacia è, per accender amore, se'l Prencipe priua se stesso di qualche bene, per nõ grauare, ò affliggere il popolo. Marco Aurelio non volendo grauare straordinariamẽte, per la guerra Marcomanica, le prouintie dell' Imperio, fece publicamente mettere all'incanto i vasi d'oro, e*

cun marchast deuant luy; car ce n'est pas chose asseurée, qu'vn Commun ait tant d'obligation à vn homme priué. Ce que les Romains cognoissans, tuerẽt & Cassius & Manlius Capitolinus & les Gracches, pour ce que ceux là en partie au moyen d'vne grande distribution de bleds, au temps d'vne extreme charté, en partie par des loix fort fauorables à la multitude, s'obligeoyent le peuple de Rome, plus qu'il n'estoit conuenable à l'estat d'vn citoyen. Mais pour enflammer l'amour, est de grande efficace, si le Prince priue soymesme de quelque bien, pour ne charger ou affliger son peuple. Marc Aurele ne voulant à cause de la guerre Marcomanique extraordinairemẽt charger les prouinces de l'Empire, fit publiquement mettre & vendre a

G iiij

l'encant les vases d'or & d'argent, les cristallins mirrins & corinthiens, les perles, pierreries, peintures, l'ornement de son Palais, & tou. ce que ses predecesseurs auoyent assemblé de precieux & de rare; & souſtint cete penible entreprinse, de l'argent qu'il en tira.

d'argento, & i cristalli i murrini, i corintij le perle, le gioie, le pitture, l'apparato del palagio, e quanto di pretioso, e di raro haueuano messo insieme i suoi antecessori; e col denaro, che ne cauò, mantenne quella trauagliosa impresa.

D'aduancer la vertu. 2 | Del promouere la virtù.

LA Liberalité sert non seulement pour tirer le miserable de sa misere, mais aussi pour ayder & aduācer la vertu: car cete maniere de benignité (oultre qu'elle est sās enuie, pource qu'elle se pratique à l'endroit de persōnes qui la meritent) fauorise les esprits, entretient les arts, & fait florir les sciences, & illustre la Religion (ce qui est vn ornement & vne supréme splendeur aux Estats) & dauantage lie

LA Liberalità non solamēte vale per cauare il misero fuor di miseria, ma di più, per aiutare, e per promouere la virtù: perche questa sorte di benignità (oltre che è senza inuidia, perche si vsa con persone meriteuoli) fauorisce gl'ingegni, e tratiene le arti, e fà fiorire le scienze, & illustra la Religione (il che è di supremo ornamento, e splendore a gli Stati) e di più le-

LIVRE I.

ga al suo Prencipe tutto il popolo. conciosia che gli huomini eccellenti ò in lettere, ò in altra cosa, sono quasi capi della moltitudine, che dal giudicio loro dipende. onde restando questi obligati al Rè, per lo fauore, e beneficio, che ne riceuono, obligano seco tutto il rimanente. Cosi tutti i Prêcipi eccellenti hanno fauorito i belli ingegni, e la virtù. Theodosio, per promouere le scienze, e gli studij liberali, fondò, come alcuni vogliono, lo Studio di Bologna, & accrebbe di Dottori, e di stipendij la Scuola di Roma. Giustiniano Imperatore, con tutto, ch'egli fosse illetterato, non che indotto, hebbe però questa prudenza, ch'egli fauorì le lettere e l'arti liberali sommamente. Carlo Magno, Rè di Francia, fù in

tout le peuple à sõ Prince; veu que les excellẽts hommes ou en lettres, ou en autre chose, sont quasi Chefs de la multitude, qui depend de leur jugement. Et pour cete cause, ceux cy demeurans obligez au Roy, pour la faueur, & le bien qu'ils en reçoiuent, obligent quant & eux, tout le reste. Ainsi tous les excellents Princes ont fauorisé les beaux esprits & la vertu. Theodose, pour aduancer les sciences & liberales estudes, fonda, comme aucuns veulent, l'vniuersité de Boulongne ; & accreust de Docteurs & de gages l'Escole de Rome. L'Empereur Iustinian, bien qu'il fust sans lettres & doctrine, eut ce neantmoins cete prudence, qu'il fauorisa les lettres & les arts liberaulx merueilleusement. Charlemagne Roy de France estoit tressingulier en ce

GOVVERNEMENT D'ESTAT,

te partie : & pour cete cause (outre infinies Escholes & Academies des lettres Grecques & Latines, establies quasi par tout) il fonda l'vniuersité de Paris, & de Pauie, restaura celle de Bolongne, resueilla les beaux esprits, par toute industrie, illustra les arts, & excita la vertu : à raison dequoy, de son téps. florissoyent à merueille & la doctrine & les mœurs : par ces moyens, aussi bien que par la valeur des armes, il s'acquit le surnom de Grád. L'Empereur Constantin, encore qu'il fust sans aucune cognoissance de lettres, fauorisoit ce neantmoins affectueusement les sciences, & les hommes sçauans ; & auoit coustume de dire, qu'il se vouloit annoblir plustost par la doctrine, que par l'Empire. Otthon III. se fit, bien qu'il fust jeune, admirer de tout

questa parte singolarissimo ; onde egli (oltre infinite Scuole di lettere Greche, e Latine, instituite quasi per tutto) fondò l'vniuersità di Parigi, e di Pauia, ristorò quella di Bologna ; suegliò con ogni industria i belli ingegni, illustrò l'arti, e destò la virtù : onde à tempi suoi fiorirono à merauiglia e la dottrina, & i costumi. con queste arti non meno, che co'l valore delle armi, s'acquistò egli il sopranome di Magno. Constantino Duca Imperatore, benche fosse senza notitia alcuna di lettere, fauoriua però affettuosamēte le scienze, e gli huomini dotti, e soleua dire, ch'egli desideraua d'ānobilirsi con la dottrina, anzi che con l'Jmperio. Ottone III. si fece, benche giouane, ammirar da tutto 'l mondo, co'l fauor, ch'egli preſtaua alle lettere, e à letterati. e non meno Alfonſo d'Arogona Rè di Napoli, e Mattia Coruino Rè d'Ongheria.

le monde, par la faueur qu'il portoit aux lettres & aux lettrez: cõme auſſi Alphonſe d'Arragon Roy de Naples, & Matthias Coruin Roy d'Hõgrie.

Auertimenti per la Liberalità.

Aduis, touchant la Liberalité.

TRe auuertenze ſi ricercano nel dare. La prima è, che non ſi dia à gl'indegni: perche (oltre che'l dono s'impiega male, dandolo a chi no'l merita) ſi fa torto alle perſone degne, anzi alla virtù. onde auuiene, che i ſudditi, ueggendo il ſuo Principe largo, non che liberale, verſo chi non hà merito niſſuno, diſprezzando la virtù abbracciano ogni altro mezo, per metterſi in gratia di lui, e per arriuare a' premij, che, ſe bene ſono debiti alla ſola virtù, ſi danno però più preſto ad ogni

TRois conſideratiõs et aduis ſont requis, à dóner; la premiere eſt que l'on ne donne aux indignes. car (oultre que le don eſt mal employé, qui eſt faict à celuy qui ne le merite) l'on faict tort aux perſónes qui en ſont dignes, voire meſmes à la vertu. Et pour cete cauſe aduient que les Subiectz voyans leur Prince non ſeulemét liberal, mais large & prodigue vers celuy qui n'ha aucun merite, meſpriſans la vertu, embraſſent & ſuiuent toute autre moyen, pour ſe mettre en ſa grace, & pour paruenir aux recompenſes, & loyers, lesquels se donnent à toute autre chose plustost qu'à la vertu, à laquelle seule ils appartiennent. L'Empereur Basile Macedonié, pource que son predecesseur auoit mal employé les reuenuz & deniers publics, fit crier à son de trõpe que quiconque auroit receu de luy argent en don, eust à le rendre & restituer.

L'autre consideration est que l'on ne dõne pas oultre mesure: pource que cela n'a peut durer long temps, sans que le Prince estende la main où il ne doit, se tournant aux rapines, & deuenant de Roy, vn Tyran. Nerõ donna, en quatorze ans, plus de cinquante millions d'escuz: mais pour pouuoir donner aux flateurs & à telles gens, il assassinoit les gens de bien, & ruinoit les riches & les hommes d'honneur & qualité, pour enrichir de la quenaille; &

altra cosa. Basilio Macedone Imperatore, perche il suo antecessore haueua male impiegato l'entrate, e'l denaro publico, fece andar bando, che chi haueße riceuuto da lui denari in dono, doueße restituirli.

La seconda auuertenza si è, che non si dia immoderatamẽte, perche questo non può durare lungamente, senza che'l Prencipe stenda la mano, doue non deue, e si volga alle rapine, e diuenti di Rè tiranno. Nerone diede in quattordici anni più di cinquanta millioni di scudi; ma per poter dare à gli adulatori, & à simil gente, assasinaua gli huomini da bene, e rouinaua i ricchi, e gli honorati, per arricchire i forsanti, e

LIVRE I.

gli huomini da niente. onde Galba riuocò tutti i doni fatti da lui.

Finalmente deue auuertire, di non dare in vna volta tutto ciò, che vuol dare: ma à poco, à poco; sì perche chi receue, resta legato con la speranza di riceuer d'auantaggio; che riceuendo ogni cosa in vn tratto, si ritira, e si acccommoda con quello: sì perche, sì come la pioggia lenta bagna meglio il terreno, e'l penetra più à dentro; così la Liberalità, vsata a misura, & a ragione, è più efficace e per partorire, e per conseruare la beneuolenza, di chi è beneficiato. Si può disputare, qual cosa conuenga più al Prencipe, il dar moderatamente a molti, ò profusamente a pochi. Senzo dubio il dar moderataméte à molti, e

pour cete cause Galba reuoqua tous les dons qu'il auoit faict.

Finalement le Prince doit aduiser à ne donner, à vne fois tout ce qu'il veut donner, mais peu à peu; tant pource que celuy qui reçoit demeure lié, par l'esperance de receuoir dauantage; au lieu que s'il receuoit tout en vn coup; il se retireroit, & s'accommoderoit de cela; que pource que tout ainsi que la pluye lente baigne mieux la terre, & la penetre plus auant; ainsi la Liberalité pratiquée de mesure, & par raison, est de plus grande efficace, & pour engendrer & pour conseruer la biéueillance de celuy auquel l'on donne. L'on peult bien debatre & disputer quelle chose conuient le mieux au Prince, de donner moderément à plusieurs, ou prodigalement à peu.

GOVVERNEMENT D'ESTAT,

Certainement c'est le donner moderément à plusieurs, ets'il estoit possible, à tous: car la vertu du Prince est d'autant plus grande, qu'elle est plus vniuerselle, & plus semblable au Soleil, qui depart & dispense sa lumiere à tous.

se possibile fosse, a tutti: perche la virtù del Prencipe tanto è maggiore, quanto è più vniuersale: e più simile al Sole, che comparte e dispensa la sua luce à tutti.

RAISON ET GOV-
VERNEMENT D'ESTAT.

LIVRE. II.

Della Prudenza.   De la Prudence.

 Eniamo hora alle cose, ch'aggiungono riputatione; che sono due principalmente, la Prudenza, e'l valore. Questi sono due pilastri, sù i quali si deue fondare ogni gouerno. La Prudenza serue al Prencipe d'occhio, e'l Valore di mano. Senza quella egli sarebbe come cieco; e senza questo impotente, la Prudenza somministra il consiglio, e'l Valore le forze; quella commanda, questo esseguisce;

 Enons maintenant aux choses, qui adioustent la reputation; qui sõt deux principallement: la prudence, & la valeur: deux tresfermes colomnes sur lesquelles se doit fonder tout gouuernement. La Prudence sert au Prince d'œil; & la valeur, de main: sans la Prudence, il seroit comme aueugle; & sans la valeur, impuissant: La Prudence donne le cõseil; & la valeur, les forces: celle là commande; cete cy execute; celle là descouure les dif-

ficultez des entreprinses; cete cy les romps: celle là deseigne; cete cy execute les affaires; celle là affine le jugement, cete cy corrobore le cœur des grands personnages.

quella scorge le difficoltà dell'imprese, questo le rompe; quella dissegna, questo incarna gli affari; quella affina il giuditio, questo corrobora il cuore de' gran personaggi.

Des sciences propres pour affiner la Prudence.

Delle scienze atte ad affinar la Prudenza.

IL n'est conuenable à aucun de sçauoir plus de choses (comme dit Vegece) qu'au Prince, duquel la doctrine peut apporter vtilité & profit à tant de ses subiects; mais particulieremēt luy est non seulement vtile, mais necessaire la cognoissance de toutes les choses, qui regardent les affectiōs & les mœurs (lesquelles sont amplement declarees par les Philosophes moraulx) ou les manieres de gouuernemens (qui sont expliquees par les politiques)

A Niuno conuiene di saper più cose, come dice Vegetio, che al Prencipe, la cui dottrina può essere d'vtilità, e di giouamento à tanti suoi soggetti: mà in particolare gli è necessaria, non che vtile, la notitia di tutte quelle cose, che spettano à gli affetti, e à costumi, (che si dichiarano copiosamente dà Filosofi morali) ò alle maniere de' gouerni (che si esplicano dà politici) perche la morale dà la cognitione rione delle passioni cómuni a tutti; la politica insegna a temperare, ò secondare queste passioni, e gli effetti, che ne seguitano, ne' sudditi, con le regole del ben gouernare. Et perche spetta anco al Prencipe la guerra, deue hauer piena notitia delle cose militari, della qualità d'vn buon Capitano, d'vn buon soldato, del modo di farne scelta, di schierarli, di auualorarli, e delle scienze, che sono quasi ministri dell'arte militari; della Geometria, Architettura, e di tutto ciò, che si appartiene alle mecaniche: nel che fu eccellentissimo Giulio Cesare. Non voglio però, ch'egli attenda à queste cose, come ingegniero, ò artefice; ma come Prencipe; cioè, che n'habbia tanta notitia, che sappia discernere il vero

ques) car la Philosophie morale donne la cognoissance des passions communes à tous: la politique enseigne à temperer ces passions & les effects qui s'en ensuiuét, es subiects, par les reigles de bié gouuerner. Et pource que la guerre appartient aussi au Prince il doit auoir ample cognoissáce des choses militaires, de la qualité d'vn bon Capitaine, d'vn bó Soldat, de la maniere d'en faire élite, de les ráger en bataille, & de les encourager: & des sciences, qui sont quasi seruantes de l'art militaire; de la Geometrie, Architecture, & de tout ce qui appartient aux mecaniques; en quoy Iules Cesar estoit tres-excellent. Ie ne veux pourtát qu'il entéde à ces choses, cómeIngenieur, ou artisan; mais cóme Prince: c'est à dire qu'il en ait tant de cognoissance, qu'il sache

H

discerner le vrai du faux, & le bon, du mauuais : & de plusieurs choses proposées, il sache choisir la meilleure : car ce n'est pas son office de bastir des ponts & machines de guerre, de manier l'artillerie, de deseigner, ou edifier forteresses, ains de se seruir, auec iugement, de ceux qui font profession de toutes ces choses. Mais d'autāt que peu seruent les moyens de la paix ou des armes, sans l'eloquēce qui gouuerne les cœurs, conduit les Republiques & manie les peuples, il doit exceller in icelle. Et pource que l'eloquence ne peut estre de force & d'efficace, sans la cognoissance des choses naturelles, qui seruent de fondement aux artificielles, il sera bon qu'il en ait tant de science, qu'il en puisse iuger & parler pertinemment. Car auoir la cognoissance de

dal falso, e'l buono dal reo; e di molte cose proposte sappia scegliierne la migliore ; Perche l'vfficio suo non è di fabricar ponti, e machine di guerra; non di gittare, ò maneggiare l'artegliarie; non di disegnare, ò edificar fortezze ; ma di seruirsi giudiciosamente di quei, che fanno professione di tutte queste cose. Ma perche poco giouano l'arti della pace, ò dell'armi, senza eloquenza, moderatrice de gli animi, temperatrice delle Republiche, maneggiatrice de' popoli, deue in questa esser eccellente. E perche l'eloquenza nō può esser neruosa, non efficace, non grande, senza cognitione delle materie naturali, che sono fondamento delle artificiali ; sarà bene, ch'egli intenda tanto, che ne possa far giudicio, e

LIVRE II.

Perche l'auer notitia della dispositione del mondo, dell'ordine della natura, de' mouimenti de' cieli, delle qualità de' corpi semplici, e composti, della generatione, e corruttione delle cose, dell' essenza dell'anima, delle potenze sue, delle proprietà dell' herbe, piante, pietre, minerali, de gli affetti, e quasi costumi de gli animali, della produttione de' misti imperfetti, pioggia, nebbie, grandini, tuoni, neui, saette, arcobaleni; dell' origine de' fonti, de' fiumi, de' laghi, de' venti, de' terremoti, de' flussi, e reflussi del mare, sueglia no l'ingegno, illustrano il giuditio, destano l'animo a cose grandi: onde ne nasce e saniezza nell' amministratione della Republica, e magnanimità nell' im-

parlarne fondatamēte. la disposition du monde, de l'ordre de la nature, des mouuemens des cieux; des qualitez des corps simples & composez, de la generation & corruption des choses, de l'essence de l'ame, de ses puissances, des proprietez des herbes, plantes, pierres, mineraulx, des affections & quasi manieres & coustumes des animaulx, de la production des composez imparfaicts, de la pluye, des nuées, gresles, neiges, tonneres, eclairs & fouldres, de l'origine des fontaines, des fleuues, des lacs, des vents, des tremblemens de terre, des flus & reflus de la mer, resueille l'esprit, illustre le jugement, & esleue le cœur à choses grandes: & de la naist & la sagesse au gouuernement de la Republique, & la magnanimité aux entreprinses (comme l'on sçait d'A-

H ij

GOVVERNEMENT D'ESTAT,

lexandre le Grand) & vne certaine grandeur au parler, & discourir; comme se lict de Pericles, qu'il foudroyoit & tonnoit, & renuersoit dessus-dessouz la Grece, & rendoit trespopulaires les choses contraires au peuple. Cet excellent personnage auoit apprins l'eloquence non pas des Rhetoriciens, mais du plus grand Philosophe de son têps. Tacite escrit qu'entre les Empereurs, le premier qui eut affaire de l'œuure d'autruy pour haranguer, fut Neron: car Iules estoit tres-eloquent: Auguste auoit vne promptitude à parler, & vne facilité conuenable à vn Prince; Tibere auoit aussi le moyen de balancer & peser ses paroles, vn parler nerueux, & d'efficace, bien qu'il affectast l'obscurité, & le sens double: Et bien que Cali-	prese, (come si sà d'Alessandro Magno) & vna certa grandezza nel parlare, e nel discorrere; come si legge di Pericle, che fulgoraua, e tuonaua, e metteua sotto sopra la Grecia, e rendeua popolarissime le cose contrarie al popolo. haueua questo eccellente personaggio imparato l'eloquenza non dà Retorici, ma dal maggior Filosofo de' suoi tempi. Tacito scriue, che trà i Cesari il primo, che per aringare haueße bisogno dell' opera altrui, fù Nerone. perche Giulio fù eloquentißimo, Augusto hebbe prontezza nel dire, e facilità conueniente à vn Prencipe. Tiberio haueua anche arte di bilanciare, e di pesar le parole, e vn dire neruoso, benche affettaße l'oscurità, e la doppiezza à Caligola, quan-

tunque foſſe ſpeſſo fuor di ſe, nõ mancaua però forza nel ragionare: e Claudio ſpiegaua anche con eleganza le coſe premeditate. Ne ſi deue ſpauëtare il Prẽcipe per la varietà, e grandezza delle coſe, che gli proponiamo, nõ diffidare dell'ingegno, non del tempo; perche quel, ch'è difficile ad vn' huomo priuato, e forſe impoſsibile, non ſi deue ſtimare ſe non ageuoliſſimo ad vn Prẽcipe. E tra l'altre maniere di riuſcire eccellente, l'vna ſi è, l'hauer preſſo di ſe perſonerare in ogni profeſſione, Matematici, Filoſofi, Capitani, Soldati, Oratori ſingolari, da' quali, ſtando à tauola, nõ che altroue, potrà in poche parole imparar quel, che non s'impara nelle ſcuole in molti meſi. Porga à queſti tali materia di diſcorrere paſ-

gula fuſt ſouuent hors de ſoy, ne luy defailloit pourtant la force à parler; & Claude declaroit elegamment les choſes qu'il auoit premeditées. Et ne ſe doit le Prince eſpouuanter de la diuerſité et grandeur des choſes, que nous luy propoſons, ny ſe deſfier de ſon eſprit, ny du temps: car ce qui eſt difficile, & parauanture impoſſible à vn homme particulier, ne ſe doit eſtimer autrement que treſ-aiſé à vn Prince. Et entre autres manieres de ſe rendre excellent, en voicy l'vne, de tenir pres de ſoy perſonnes rares en toute profeſſion, Mathematiciens, Philoſophes, Capitaines, Soldats, ſinguliers orateurs, deſquels, eſtant en table, & non ailleurs, il pourra en peu de paroles, apprendre, ce qui ne s'apprend aux eſcoles, en beaucoup de mois. Qu'il

H iij

donne à telles gens subiect de discourir en se promenant, allant à cheual, & en toute autre occasion; qu'il les tiéne tellement esueillez, qu'ils viennent tousiours deuant luy, preparez, & auec l'ambition & le desir de dire choses notables & rares; en employant auec eux, le temps, que les autres employent aux boufons & plaisans; il apprendra choses tresnobles, insignes & de grand poids, pour la perfection de l'entendement, & gouuernemét de ses subiects. Qui iamais ha esté plus occupé es perpetuelles entreprinses, qu'Alexandre le Grád, et que Iules César? ils n'ont ce neantmoins jamais laissé l'estude des sciences, & n'ont iamais faict moindre cas de la plume que de l'espée. Qui ha iamais eu plus d'affaires que Charlemagne? ce neantmoins ia-

seggiando, caualcando & in ogni altra occasione: tengali suegliati di tal maniera, che vēghino al suo cospetto sempre apparecchiati, e con ambitione di dir cose notabili, e rare; spendendo con costoro il tempo, che altri spendono con buffoni, egli imparerà cose nobilissime, e di grandissimo mométo alla prefettione dell'intelletto, & al gouerno de' popoli. Chi fù mai più occupato in perpetue imprese d'Alessandro Magno, e di Giulio Cesare? e pure essi non lasciarono mai lo studio delle scienze, e non fecero mai minor conto della penna, che della spada? chi più assacēdato di Carlo Magno? e pure non gli mancò mai il tēpo d'ascoltar huomini segnalati nelle dottrine, de' quali egli grandemēte si dilettò. e non meno

Carlo il Sauio Rè di Francia, del cui fauore verso i litterati, e studio delle sacre lettere non si può a bastanza ragionare. come ne anco di Alfonso X. Rè di Castiglia, che (oltre gli altri studij) affermò, che tra tante sue occupationi, haueua letto tutta la Scrittura sacra, con le sue chiose, quaranta volte. & Alfonso I. Rè di Napoli, di cui non fù mai Rè più trauagliato, soleua dire, che vn Prēcipe illiterato è vn' Asino coronato: e col conto, ch'egli faceua delle lettere, riempì la sua Corte, e'l suo Regno d'huomini eccellēti in ogni professione; come Francesco I. il Regno di Francia. Traiano Imperatore di tāta fama, non si vergognò di pregar Plutarco, che li scriuesse i precetti di gouernar laudabilmē-

mais ne luy ha defailly le temps & loisir d'ouir les hómes seignalez en doctrine, ausquels il prennoit tresgrand plaisir; cóme aussi faisoit Charles le Sage Roy de Frāce, de la faueur duquel enuers les hómes de lettres, & l'estude des sainctes lettres, l'ō ne sçauroit assez parler: ny aussi Alphonse X. Roy de Castille, lequel (outre ses autres estudes) certifioit qu'entre tant de siennes occupatiōs & affaires, il auoit leu quarante fois, toute l'escriture saincte, auecses gloses. Et Alphonse I. Roy de Naples, qui en affaires & trauaulx n'eut iamais son pareil, auoit coustume de dire qu'vn Prince sans lettres, estoit vn asne coróné: & par l'estime qu'il faisoit des lettres, il remplit sa Court & son Royaume, d'hommes excellents en toute perfectiō; cóme François I. en remplit le Royaume de Frā-

H iiij

ce. L'Empereur Traian, qui estoit d'vn si grãd renon, n'eust point de honte de prier Plutarque, luy escrire les preceptes de louablement gouuerner, & auec authorité, son Empire: adioustant qu'il luy feroit grãd plaisir d'illustrer ces preceptes de plusieurs et diuers exemples.

te, e con autorità l'Imperio; aggiungendo, che li farebbe cosa gratissima ad illustrare essi precetti, con varij, e molti essempi.

De l'Histoire.

3. Della Historia.

MAis pour donner perfectiõ à la Prudence, & pour bien gouuerner la Republique, il n'ya chose plus necessaire que l'experience, mere de la susdicte vertu. Car plusieurs choses semblent fondées sur la raison, ce pendant que l'on discourt ocieusemét en la chambre, qui ne seruent quand apres elles sont mises à effect: maintes autres semblent aisees à effectuer, que la pratique monstre estre impossibles, & non seu-

MA non è cosa più necessaria, per dar perfettione alla Prudẽza, e per lo buon maneggio della Republica, che l'esperienza, madre della sudetta virtù. Perche molte cose paiono fondate su la ragione, mentre si discorre otiosamẽte in camera, che messe poi ad effetto, nõ riescono: molte paiono facili ad effettuare, che la pratica mostra essere impossibili, non che difficili. Hor l'esperienza è

di due sorti: perche, ò s'acquista immediatamente da noi, ò per mezo d'altri. La prima è necessariamente molto ristretta e da' luoghi, e da' tempi; perche vno non può essere in molte parti, ne far pratica di molte cose: ma pur deue sforzarsi di cauar succo di prudenza da quel, che vede, e sente. L'altra è di due sorti; perche si può imparare ò da' viuenti, ò da' morti. La prima, se bene non è molto grande, quanto al tempo, può nondimeno abbracciare moltissimi luoghi: perche e gli ambasciatori, e le spie, & i mercatanti, & i soldati, e simili persone, che per piacere, ò per negotij, ò per altro accidente sono state in varij luoghi, e ritrouatisi in diuerse occorrenze, ci possono informare d'infinite cose necessarie, ò	lement dificiles. Or l'experience est de deux sortes; car elle s'acquiert immediatement de nous, ou par le moyen d'autres. La premiere est necessairemẽt fort restrainteet des lieux et des tẽps: car vn homme ne peut estre en plusieurs endroits, ny faire preuue de beaucoup de choses, à la fois: mais ce neantmoins se doit efforcer de tirer le suc de la prudence de ce qu'il void & qu'il oit. L'autre est de deux sortes; car l'on peut apprendre ou des viuans ou des morts. Bien que la premiere ne soit fort grande, quand au temps, elle peut toutesfois comprendre vn tresgrand nombre de lieux: car & les Ambassadeurs, & les espies, & les marchands, & les soldats & semblables personnes, lesquelles, par plaisir, ou pour affaires, ou pour quelque autre accident, ont esté

GOVVERNEMENT D'ESTAT,

en divers lieux, & se sont trouvez en diverses occurences, nous peuuent informer d'infinies choses necessaires, ou vtiles à nostre charge & office. Mais les morts nous dõnent vn chãp & moyen beaucoup plus grand d'apprendre, par les Histoires, qu'ils ont escrit: car ils comprennẽt toute la vie du monde, & toutes les parties d'iceluy: & à la verité, l'histoire est le Plus beau theatre, qui se puisse imaginer. Là, aux despens d'autruy, l'homme apprend ce qui luy est cõuenable : là se voyent les naufrages, sans horreur; les gueres, sans danger, les mœurs de diuerses nations, et les coustumes de diuerses Republiques sans aucuns frais: là se remarquent les commancemés, les progrez, milieu, & fins, & les occãsiõs des accroissemens & des ruines des Empires: là s'apprennẽt

vtili all' vfsitio nostro. Ma molto maggior cãpo d'imparare è quello, che ci porgono i morti con l'Historie scritte da loro : perche questi comprendono tutta la vita del mondo, e tutte le parti di esso. & in vero, l'Historia è il più vago theatro, che si possa imaginare. iui, a spese d'altri, l'huomo impara quel, che conuiene à se : iui si veggono i naufragij senza horrore, le guerre senza pericolo, i costumi di varie genti, e gli instituti di diuerse Republiche, senza spesa : iui si scorgono i principij, i mezi, & i fini, e le cagioni de gli accrescimẽti, e delle rouine de gli Jmperij: iui s'imparano le cause per le quali de Prencipi altri regnano quietamente, altri trauagliatamente; altri fioriscono con l'arte della pace, altri col valor dell'armi; altri spendono profusamēte, sēza profitto, altri assegnatamente, con dignità. E tanta l'vtilità dell' Historia, che, senza altro maestro, Lucullo, essendo mandato alla guerra Mitridatica, cō lo studio, ch'egli impiegò nel viaggio, nella lettione delle cose passate, diuenne vno de' primi Capitani de' suoi tempi. e (per non allegar essempi nostrani.) Maometto II. Rè de' Turchi, che fu il primo che sia stato detto Gran Turco, haueua continuamente qualche antica historia nelle mani. Selim I. si dilettò grandemente di leggere i fatti di Alessandro Magno, e di Giulio Cesare, e li fece voltare in lingua Turchesca; onde egli fu similissimo all'vno, & all'altro e di ardore, e di prestezza nell'im-

les causes, pour lesquelles aucūs des Princes regnent en repos · les autres en trouble, aucuns florissent par le moyē de la paix ; autres par la valeur des armes ; aucuns despensēt beaucoup, sās profit, autres, bien à propos & peu, auec dignité. L'vtilité de l'Histoire est si grande, que sans autre Maistre, Lucullus estant enuoyé à la guerre cōtre Mithridates, par le moyen de l'estude, à laquelle il se mit en chemin, lisāt les choses passees, deuint l'vn des plus grands Capitaines de son temps. Et pour n'alleguer exēples des nostres, Mahomet, II. Roy des Turcs, qui ha esté le premier appellé le Grand Turc, auoit continuellemēt quelque ancienne histoire entre ses mains. Sellim I. prenoit grād plaisir à lire les faicts d'Alexandre le Grād, & de Iules Cesar, & les fit tourner & traduire en lãgue Turquesse: et pour tant estoit il fort semblable à l'vn & à l'autre, & d'ardeur & de promptitude en ses entreprinses. La Poesie n'est pas aussi hors de propos; car nous lisons qu'Alexandre le Grand s'aidoit fort de la lecture d'Homere. Et biē que les Poetes racōtent choses feinctes & fabuleuses, ils les expriment neātmoins & depeignēt de telle maniere, qu'ils resueillent les esprits, & les enflammēt d'vne certaine ardeur d'imiter les heros par eux celebrez. Et pour cete cause lit on de Ferdinād Marquis de Pescare, que lisant, en sō adolescēce, les liures des Romanz, il s'enflāma du desir de la gloire, qui l'ha rendu tant seignalé Capitaine. Ie parle des Poetes, lesquels par vn stile hault & graue, ont celebré la valeur des grands personnages; comme estoit Homere, Pindare

prese, ch'egli fece. Non è anco fuor di proposito la Poesia: perche leggiamo, che Alessandro Magno si aiutaua assai della lettura d'Homero. Perche, se bene i Poeti raccontano cose finte, le dipingono però di tal maniera, che suegliano gli animi, e gl'infiammano d'vn certo ardore, d'imitare gli heroi da loro celebrati. onde di Ferdinando Marchese di Pescara si legge, ch'egli, leggendo nella sua adolescenza i libri de' Romanzi, s'infiammò di quel desiderio di gloria, che lo rese tanto segnalato Capitano. parlo de' Poeti, che con stile alto, e graue hanno celebrato il valore de' gran personaggi; qual fù Homero, Pindaro, Vergilio. Perche gli altri hanno, per lo più, vituperato con la loro impudenza, e las-

ciuia, anzi che annobilito, & honorato le Muse; sono più atti ad impoltronire gli animi de' lettori, che à destarli alla virtù.

Virgile: Car les autres, par leur impudéce & lasciuité, ont plustost blasmé, qu'ennobly & honoré les Muses; & sont plus propres à relascher les esprits des lecteurs, qu'à les animer à la vertu

3 Della notitia delle nature, e dell' inclinationi de' sudditi.

3 De la cognoissance des naturels & inclinations des subiects.

MA perche nissuna cosa è più necessaria per lo buon gouerno, che'l conoscere la natura, gli ingegni, e l'inclinationi de' sudditi, (perche quindi si deue prendere la forma del gouerno) ritorniamo da capo alla consideratione delle sudette cose. Diciamo dunque, che la natura, inclinationi, & humori delle persone si possono comprendere da' siti del paese, età fortuna, educa-

MAIS, pource qu'il n'ya chose plus necessaire pour biē gouuerner, que de cognoistre la nature, les esprits & les inclinatiós des subiects, (d'autant que de là se doit prendre & pratiquer la maniere du gouuernement) retournons au commancement, à la consideration des choses cy deuāt dictes? Nous disons donc, que le naturel, les inclinations, & humeurs des personnes se peuuent comprendre, par l'assiete du pays, par

GOVVERNEMENT D'ESTAT,

l'aage, la fortune, la nourriture; mais pource que plusieurs ont parlé de la nourriture; & Aristote ha diuinement traicté de l'aage et de la fortune, en sa Rhetorique, je me contenteray de dire deux mots de la situation.

tione: ma perche dell' educatione molti, dell' età, e fortuna ne hà parlato diuinamente Aristotele nella Retorica, io mi contentarò di dir due parole del sito.

5. De la situation des pays.   Del Sito de' paesi.

IL faut considerer, en la situation, si elle est Septentrionale, ou Meridionale: deuers l'Oriēt, ou l'Occident. Si elle est plate, ou montagneuse, subjette aux vents ou nō. Car cōme en toute chose, le bon consiste au milieu, ainsi est-il en l'vniuers. Les peuples qui sōt entre le Septentrion & le Midy, & entre le chaud & le froid, sont mieux qualifiez que les autres, comme Aristote enseigne; car ils ont l'esprit & le courage bō, & sōt trespropres à dominer & à gouuerner. Ainsi nous

NEl sito si deue considerare, s'egli sia Settentrionale, ò Meridionale, volto ad Oriente, ò à Ponente; piano, ò montuoso; soggetto a' venti, ò nō. Perche, si come in ogni cosa il buono consiste nel mezo, così anco nell'vniuerso. Le genti, che sono poste tra Settentrione, e Mezo dì, e tra'l caldo, e'l freddo, sono (come insegna Aristotele) meglio qualificate dell'altre; perche vagliono e d'ingegno, e d'animo; e sono attissime à dominare,

& a gouernare. Cosi veggiamo i grandi Imperij essere stati nelle mani di popoli tali de gli Assirij, Medi, Persi Cataini, Turchi, Greci, Romani, Francesi, Spagnuoli. I popoli Settentrionali (che però non sono nell'estremo) sono animosi, ma senza astutia: all'incontro, i Meridionali sono astuti, ma manca loro l'ardire. I settentrionali hanno i corpi proportionati a gli animi, cioè, grandi, e grossi, e pieni di sangue, e di vigore: all'incontro i Meridionali sottili, & asciuti, e più atti al fuggire, che al contrastare. quelli sono d'animo semplice, e schietto; questi di costumi coperti, e malitiosi. quelli hanno assai del Lione; questi della Volpe. quelli sono lenti, e costanti nelle loro attioni; questi impetuosi,

voyons les grands Empires auoir esté es mains de telz peuples, les Assiriés, Mediés, Perses, Catains, Turcs, Grecs, Romains, François, Hespagnols. Les peuples Septentrionaux (qui ne sont pourtant en l'extreme) sont courageux, mais sans astuce : au contraire, les meridionaux sont fins, mais la hardiesse leur default. Les Septentrionaulx ont les corps proportionnez aux esprits, c'est à dire grands & gros & pleins de sang & de vigueur : au contraire, les Meridionaulx les ont subtils, secs, & plus propres à fuir, qu'à combatre & faire teste : ceux là sont d'vn cœur simple, & non fardé : ceux cy de mœurs couuertes & malicieuses : ceux là tiennent beaucoup du Lió; ceux cy du Renard: ceux la sont lentz & cóstans en leurs actions; ceux cy impetueux & legers : ceux là, alaigrés & gais ; ceux cy melancoliques : ceux là subiects à Baccus : ceux cy à Venus. Ceux là apres qui sont entre les deux, participans des extremes, sont de mœurs bien composées & temperées : non cauteleux, mais prudéts; non feroces, mais vaillãs. C'est pourquoy les Septentrionaulx se fondent sur la force; & pour cete raison, ils se gouuernent, ou en façon de Republique, ou de Monarchie, qui depende de leur election, comme font encore auiourd'huy les Transiluains, les Polacques, les Danois & Suecques. Et bien que pour le present, les peuples Septentrionaulx soient en grãde partie, soubs Principautez hereditaires, cela est aduenu, non pour estre leur nature telle, qu'elle se plaise en l'absolue Monarchie; mais pource que la Monarchie

e leggieri. quelli allegri, questi maninconici. quelli soggetti à Bacco; questi à Venere. I mezani poi, participando de gli estremi, hanno costumi ben composti, e temperati; non astuti, ma prudenti non feroci, ma forti. Quindi è, che i Settentrionali si fondano sù la forza; onde si gouernano ò à Republica, ò à Monarchia, che dalla loro elettione dipenda; come fanno ancor hoggi i Transiluani, i Polacchi, i Dani, e i Suechi. E se bene hora i popoli Settentrionali sono in gran parte sotto Prĕcipati hereditary, ciò è auuenuto, non perche la natura loro sia tale, che si diletti della Monarchia assoluta; ma perche la Monarchia è di tanta eccellenza, che riduce a se ogn' altro gouerno. Ma pur veggiamo, che tutti

LIVRE II.

tutti quelli che stanno sotto Rè, lo vogliono però piaceuole, & affabile. Gli Scozzesi hanno sino al presente hauuto cento, e sei Rè, (numero quasi incredibile) de' quali n'hanno ammazzato la più parte. Gl' Inglesi poi si sà quante guerre ciuili habbino hauuto, quante alterationi di Stato, quante mutationi di Regi. I Meridionali, per esser molto dediti alla speculatione, si gouernano assai (cosa notata da qualchuno) per via di religione, e di superstitione. Là è nata l'Astrologia, là hà hauuto origine la Magia; là son stati in pregio i Sacerdoti, i Gennosofisti, i Brammani, i Magi. L'Imperio de' Saraceni, fondato tutto su la vanità d'vna sciocchissima superstitione, e d'vna legge bestialissima,

chie est de si grande excellence, qu'elle reduit à soy toute autre gouuernement. Nous voyons que tous ceux là qui viuent soubz vn Roy, le veulent & desirét agreable & affable. Les Escossois, iusques à presét, ont eu cét & six Rois (nombre quasi incroyable) desquels ils ont tué la plus grande partie. L'on sçait apres combien de guerres ciuiles ont eu les Anglois, combiē de fois l'Estat ha esté alteré & troublé, combien de fois y ha eu changement de Rois Les Meridionaulx, pour estre fort addónez à la contemplation, se gouuernent fort (comme quelqu'vn a noté) par la voye de religion & de superstition. Là est née l'Astrologie; la ha prins cómencement la Magie; là ont esté en reputation les Prestres, les Gymnosophistes, les Bracmanes, les Mages. L'Empire des

I

GOVVERNEMENT D'ESTAT,

Sarrazins, du tout fondé sur la vanité d'vne tressote superstitiō & d'vne loy tresbrutale (mais laquelle ils pensent estre venue du Ciel) ha prins origine en Arabie. Le Sciarife (ayāt trompé les peuples souz l'habit de pelerin ou d'hermite) s'est faict, non beaucoup deuant ce nostre siecle, Roy de Maroc & de Fez. Et le grand Negre que nous appellons Prete-jan se faict quasi adorer par les siens, pource que de sa personne, il ne leur monstre autre chose que le pied. Apres nous voyons des heresies qui ont trauaillé l'Eglise de Dieu, que celles qui sont nées plus au midy, ont eu plus du speculatif & du subtil: et au contraire, celles du Septentriō, plus du materiel & du grossier. Là aucuns ont nié la Diuinité; autres, l'humanité; autres, la pluralité des volontez de Iesus-

(ma ch'essi pensano esser venuta dal Cielo) hebbe il suo principio nell'Arabia. Il Sciariffo (ingannati sotto l'habito di Pellegrino, ò Romito, i popoli) si fece, non molta innanzi l'età nostra, Rè di Marocco, e di Fessa. E'l gran Nego, che noi chiamiamo Pretegianni, si fa quasi adorare da' suoi; perche non mostra loro altro della persona, che'l piede. Veggiamo poi, che dell' heresie, che hanno trauagliato la Chiesa di Dio, quelle, che sono nate più a Mezo giorno, hanno hauuto più dello speculatiuo, e del sottile: à rincontro, quelle di Settentrione, più del materiale, e del grosso. La alcuni hanno negato la Diuinità, altri l'Humanità, altri la Pluralità delle volontà di Christo; altri la processione dello Spirito santo dal Verbo, & altre cose tali. Quà (non si curando di cose tanto alte, e sublimi) hanno negato i digiuni e le vigilie, la penitenza, e tutte le cose, le quali impediscono la moltiplicatione del sangue; il celibato de' Sacerdoti, e l'altre cose tali; che se bene sono grandemente conformi con la ragione, e con l'Euangelio, ripugnano però alla carne, & al senso, che li signoreggia assai. Negano l'autorità del Vicario di Christo; perche, essendo di gran cuore, amano immoderatamente la libertà, e si come si gouernano temporalmēte ò a Republica, ò sotto Rè, che dipenda dalla elettione, e dall' arbitrio loro; cosi vorrebbono vn gouerno Spirituale a lor modo. e si come i Capitani, & i soldati Settentrionali

Christ: autres, que le S. Esprit soit procedé du verbe, & autres choses sēblables. Icy (ne se soucians pas des choses tant haultes & sublimes) ils ont nié les jeusnes, & les vigiles, la penitence, & toutes les choses, qui empeschent la multiplicatiō du sang; le celibat des Prestres & autres telles choses: qui sont fort cōformes à la raison & à l'Euangile; & neantmoins repugnent à la chair & au sens, qui les maistrise. Ils nient l'autorité du vicaire de Iesus-Christ, pource, qu'ayans vn grand cœur, ils aymēt immoderément la liberté. Et comme ils se gouuernent temporellemēt ou en forme de Republique, ou soubz des Roys, qui dependent de leur election & arbitre: ainsi voudroyent ils estre spirituellement gouuernez, à leur fantasie. Et comme les Capitaines

I ij

& Soldats Septentrionaulx se seruent es guerres plus de la force que de ruse & subtilité; ainsi leurs ministres, es disputes contre les Catholiques se seruent plus de la medisance, que de la raison. Mais quant aux peuples du Midy, comme ils sont situez entre le Septentrion & le Midy; ainsi se gouuernét ils, en vne certaine maniere temperée, à sçauoir par iustice & par la raison. A ceste cause ils ont esté inuenteurs des loix, illustrateurs de la police, maistres de l'art, de la paix & des armes. Les peuples en apres, qui habitét es extremitez du Septentrion & du Midy, en l'excez du froid & du chauld, sont beaucoup plus brutaulx & grossiers que les autres; & les vns et les autres sôt & petis de corps, & mal composez de mœurs: car ceux là sont quasi assi-

si vagliono nelle guerre della forza più, che dell'arte; così i loro ministri, nelle dispute contra i Catolici, si seruono più della maledicēza, che della ragione. Ma i popoli mezani, si come stanno in vn sito posto trà Settentrione, e Mezo giorno, così si gouernano in vn modo téperato, cioè per giustitia, e per ragione. onde essi sono stati inuentori delle leggi, illustratori della politia maestri dell'arte della pace, e dell'arme. I popoli poi, posti ne gli estremi di Settentrione, e di Mezo giorno, nell'eccesso del freddo, e del caldo, danno molto più nel bestiale, che gli altri: e gli vni, e gli altri sono e piccioli di corpo, e mal composti di costumi. perche quelli sono quasi assediati dal freddo, e questi affogati dal caldo: ne gli

LIVRE II. 67

vni abbonda la flegma, che gl'istupidisce; negli altri la maninconia, che li rende quasi bestie; E quel, ch'io hò detto delle genti poste di quà dell'Equinotiale, si deue anco intendere, con la medesima proportione, di quei, che sono posti di là. Gli Orientali sono di natura facile, e trattabile, e di persona bella, e grande: gli Occidentali hanno più del fiero e del ritirato. Le genti poste a Leuante, & a Mezo giorno, come la Toscana, e 'l Genouesato, mostrano ingegno sottile, e maniere scaltrite: all'incōtro quei, che riguardano a Ponente, & à Settentrione, animo più schietto, e più semplice. Gli habitatori de' paesi soggetti a' venti impetuosi e vehementi, hanno costumi inquieti, e torbolenti: quei, che habi-

gez du froid, & ceux cy estoufez du chauld; & ne sont les vns abandonnez du flegme & pituite qui les appesantit & rend stupides; ny les autres, de la melancolie, qui les réd comme bestes. Et ce que i'ay dict des peuples, qui sont au deçà de l'Equinoxe, se doit aussi, par la mesme proportion, entendre de ceux qui sont au delà. Les Orientaulx sont de nature facile & traitable, de belle & grāde stature; les Occidentaulx tiennent plus du farouche et retiré. Les peuples qui sont au Leuant & au Midy, comme les Toscans & Geneuois monstrent vn esprit subtil & manieres cauteleuses: au contraire, ceux qui regardent l'Occident & le Septentrion, vn esprit plus posé, doux & simple. Ceux qui habitēt aux pays subiects aux vents impetueux & veheméts, sont de mœurs turbulen-

I iij

GOVVERNEMENT D'ESTAT,

tes, & ont de l'inquietude : ceux qui habitent les lieux tranquilles & paisibles, par la douceur & constãce de leurs mœurs ressemblẽt à leur ayr naturel. Ceux qui habitent aux montagnes participent du farouche & sauuage ; ceux qui sont aux vallées, de l'effeminé & du delicat. Es pays steriles florit l'industrie, & la diligẽce : es fertiles, la delicatesse, & l'oisifueté. Les peuples maritimes, à cause de la grande frequentation qu'ils ont auec les estrangers (pour laquelle Plato appelle la mer, *improbitatis magistrũ*) se monstrent accords, & aduisez, aduantageux en leurs affaires ; au contraire, les Mediterranées sinceres, loyaulx & faciles à contenter.

tano luoghi tranquilli e quieti, s'assomigliano all'aria loro naturale, con la dolcezza, e costanza de' costumi. J Montani partecipano del fiero, e del saluatico : i Vallesi dell'effeminato, e del molle. Ne' paesi sterili vi fiorisce l'industria, e la diligenza : ne' fecondi la delicatezza, e l'otio. I popoli maritimi, per la molta conuersatione, e pratica de' forastieri, (per la quale Platone chiama il mare im-*probitatis magistrum*) si mostrano accorti, e sagaci, e ne' negotij loro vantaggiosi : all'incontro i Mediterranei sinceri, leali, e di facile contentatura.

Chefs & maximes de la Prudence.

6. *Capi della Prudenza.*

LE Prince tiéne pour chose resoluë, qu'es

Tenga per cosa risoluta, che nelle

deliberationi de' Prencipi l'interesse è quello, che vince ogni partito. E perciò non deue fidarsi d'amicitia, non di affinità, non di lega, non d'altro vincolo, nel quale, chi tratta cō lui, non habbia fondamento d'interesse.

Vada incontro, con gagliarde prouisioni, à principij del male: perche col tempo i disordini crescono, e pigliano forza.

Ricordisi delle parole d'Otone, Nullus cunctationi locus est in eo consilio, quod non potest laudari, nisi peractum.

Ma quando il male supera le forze, metta tempo in mezo: perche col tempo s'alterano, e si variano le cose, e le qualità loro. e, chi ha tempo, ha vita.

deliberatiōs des Princes, l'interest est celuy qui surmonte tout party. Et pour cete cause, il ne se doit fier en amitié, en affinité, ny ligue, ny en aucun autre lien, auquel quiconque traicte auec luy, ne doit auoir fondement d'interest.

Qu'il aille, au moyen de bonnes prouisions, au deuant du mal, quand il commēce, car les desordres croissent & prennēt force, auec le temps.

Qu'il se souuienne des paroles d'Oton, *Nullus cunctationi locus est in eo consilio, quod non potest laudari nisi peractū*: Il ne fault point differer, au conseil, & entreprinse laquelle ne se peut louer qu'elle ne soit executée.

Mais quand le mal surmonte les forces, qu'il y apporte du delay & du temps, pource qu'auec le temps, les choses se chāgent & se diuersifient leurs qualitez: Et qui ha le temps, ha la vie.

Qu'il ne pense aux deliberations, de pouuoir euiter tous les inconueniens: car comme il est impossible, qu'en ce mõde s'engendre vne chose, sans la corruption d'vne autre; ainsi à tout bon ordre est cõioinct quelque desordre; *Habet aliquid ex iniquo omne magnũ exemplũ, quod contra singulos, vtilitate publica rependitur.* Le grand exemple tiẽt quelque chose de l'inique, leq̃l au prejudice des particuliers, tourne à l'vtilité publique.

Qu'il ne neglige point les petis desordres; car tous les maulx, en leur commancemẽs, sont petis; mais auec laps de tẽps, ils s'augmentent, & amenent la ruïne, ainsi que nous voyons que les vapeurs insensibles engendrent peu à peu, borrasque & tempestes horribles.

Qu'il ne cõsente qu'au-

Non si pensi nelle deliberationi, di poter schiuare tutti gli inconuenienti: perche si come egli è impossibile che in questo mondo si generi vna cosa, senza corruttione di vn'altra; cosi à ogni buon' ordine è cõgionto qualche disordine. Habet aliquid ex iniquo omne magnum exemplum, quod cõtra singulos vtilitate publica rependitur.

Non trascuri i piccioli disordini: perche tutti i mali sono, né principij loro, piccioli; ma in processo di tempo s'augumentano, e menano rouina: come noi vediamo, che insensibili vapori partoriscono, à poco à poco, procelle, e tempeste horribili.

Non consenta, che si

metta in consulta cosa che possa recar nouità, e alteratione allo stato: perche l'ammeterla in consulta, e in negotio, è vn metterla in credito, e in istima. Le rouine di Frācia, e in Fiādra, cominciarono con due memoriali, de' quali l'vno fù letto, da Gaspar di Colligni, à Francesco II. l'altro fu presentato, da Monsignor di Broderola, à Madama di Parma.

Non abbracci molte imprese d'importanza in vn tempo: perche chi molto abbraccia, poco stringe.

Fermi bene il piede ne gli acquisti ; e non tenti altro prima, che non se ne sia bene assicurato. Tacito loda P. Ostorio, destinationis certum, ne noua moliretur, nisi prioribus firmatis.

Onde è cosa da Rè

cune chose soit mise en consultation, qui puisse apporter nouueauté & alteration à l'Estat; car de la mettre en conseil, & sur le bureau, est la mettre en credit & estime. Les ruines de France & de Flandres ont commancé par deux memoires ou requestes, desquelles l'vne fut leüe par Gaspar de Colligny au Roy François II. l'autre fut presentée par le Sieur de Broderola, à la Duchesse de Parme.

Qu'il n'embrasse beaucoup d'étreprinses d'importance, tout à la fois, pource que celuy qui trop ébrasse, mal estraint.

Qu'il s'asseure bien de l'acquis, & qu'il n'attente autre chose, auāt qu'il s'en soit bien emparé. Tacite loue P. Ostorius, *destinationis certum, ne noua moliretur, nisi prioribus firmatis.*

Et pourtant est ce le

GOVVERNEMENT D'ESTAT,

trait d'vn sage Roy, de ne faire es premieres annees de son regne, entreprinse nouuelle. Et pour cete cause, l'Arioste voulāt louer le Roy Frāçois, le blasme, sans y penser, d'imprudence, quand il dit, qu'il passa à l'entreprinse de Lombardie.

L'anno primier del fortunato Regno
Non ferma encor ben la corona in fröte, c'est à dire.
Le premier an du regne fortuné
N'est ferme encor sur sō chef, la coronne.

Ladislaus fils de Charles III. Roy de Naples, n'ayant encores le pied ferme au Royaume paternel, alla prendre possession de celuy d'Hongrie, auquel il estoit appellé: mais à peine arriué en Zara, il eut nouuelles, que ceux d'Hongrie auoyent mis & establys au Siege Royal, Sigismond Roy de Boheme, & les Seigneurs du Royaume

sauio, non fare, ne' primi anni del suo Regno impresa nuoua. Per la qual cagione l'Ariosto volendo lodar il Rè Frācesco, il biasma inauertentemente d'imprudenza, quando dice Ch'egli passò alla impresa di Lombardia.

L'anno primier del fortunato Regno,
Non ferma ancor ben la corona in fronte.

Ladislao figliuolo di Carlo III. Rè di Napoli, non hauendo ancor bene assicurato il piede nel paterno Regno, andò à pigliar il possesso di quello d'Ongheria, al quale egli era chiamato; ma à pena giunto in Zera, hebbe nuoua, che gli Ongheri (voltato foglio) haueuano posto in seggio Sigismondo Rè di

Boemia, & i Baroni del' Regno si erano rivolti.

s'estoyent reuoltez.

Non vrti con più potenti: non si lasci venir adosso più guerre in vn tempo. perche, ne Hercules quidem contra duos. Hebbero grandemente l'occhio à ciò i Romani: l'hanno hauuto i Turchi. Dissimuli l'ingiurie de' più possenti; e i delitti che non si possono castigare.

Cedere alle volte al tempo, & a' grandi incontri, è cosa da huomo sauio: perche ad vna insuperabile tempesta, non si ripara meglio, che col calar le vele. Fù in ciò eccellente Filippo Rè de Macedoni; perche veggendosi, nel principio del suo Regno, venir adosso infiniti nemici, prese per partito d'accommodarsi, anco con suo danno, co' più po-

Qu'il ne s'aheurte à plus puissans, & qu'il ne se laisse trauailler de plusieurs guerres à la fois, pource que, Ne Hercules quidem contra duos. Les Romains auoyent bien l'œil à cecy; comme aussi les Turcs y ont prins garde. Qu'il dissimule les iniures des plus puissans, & les faultes & delicts qui ne se peuuét chastier.

Il fault cedder aucunes fois au téps et aux grands rencontres ; car c'est le faict d'homme sage; & à vne grande tourméte & & tempeste ne se trouue aucun meilleur remede que de caler les voiles. En cecy estoit excellent Philippe Roy des Macedoniens : car se voyant, au commencement de son regne, assailly d'infiniz ennemys, il print party & resolution, mesmes à sa perte, de s'accómoder auec les plus puissás, & fit la guerre auec les plus foibles: ainsi il accreut le courage aux siens, & monstra vne hardiesse à ses ennemys.

Les venetiés, lesquels en la guerre qui leur fut faicte, par Loys Roy d'Hógrie, & par ses confederez, auoyent en cedant sagement, asseuré leurs maisons, furent pour se perdre, de n'auoir voulu ceder en la guerre suscitée contre eux par Loys XII. Roy de France, & par ses autres confederez. Sur ce Tacite dit bié, *Potentiam cautis, quàm acrioribus consilijs, tutius haberi.*

Il n'y a chose plus indigne d'vn Prince accort, que de se commettre à la volonté & discretion de la fortune, et de l'accident. En quoy fut tresferme l'Empereur Tibere.

Immotum aduerssus eos sermones, fixumque Tiberio

tenti, e co' più deboli fece guerra. così accrebbe l'animo à suoi, e mostrò ardire à nemici.

I Venetiani, che nella guerra mossa loro da Lodouico Rè d'Ongheria, e da' suoi confederati, haueuano sauiamente cedendo, assicurate le case loro, furono, per non voler cedere nella guerra rottali da Lodouico XII. Rè di Francia, e da gli altri confederati, per perdersi. Ben dice Tacito, Potentiam cautis, quàm acrioribus consilijs tutius haberi.

Non è cosa più indegna d'vn' accorto Prècipe, che'l commettersi alla discretione della Fortuna, & al caso: nel che fù saldissimo Tiberio Cesare.

Immotum aduersus eos sermones,

fixumque Tiberio fuit non omittere caput rerum, neque se in casum dare.

E tra' Capitani moderni Prospero Colonna, e Francesco Maria Duca d'Vrbino, e Ferrante di Toledo, Duca d'Alba, per non dir niente di Fabio Massimo, e d'altri ãtichi: ma incomparabile è in ciò Filippo Rè di Spagna.

Non faccia mutationi subitanee: perche tali cose hanno del violento, e la violenza rare volte riesce, e non mai produce effetto durabile. Carlo Martello, aspirando alla Corona di Francia, non volle subito di Maggiordomo del Rè, vsurparsi titolo di Rè: ma si fece chiamar Prẽcipe della nobiltà Frãcese. così Pipino suo figliuolo ottenne facilmente il nome di Rè, & il Regno. I Cesari, di

Et entre les Capitaines modernes, Prospere Colonna, & Francesco Maria Duc d'Vrbin, & Ferrant de Tolede, Duc d'Albe; pour ne parler de Fabius Maximus & d'autres anciens: mais en cecy est incomparable Philippe Roy d'Hespagne.

Qu'il ne fasse des soudains changemens; car telles choses tiennent du violent; & la violence souuent ne reüssit bien, & jamais ne produit vn effect qui soit durable. Charles Martel, aspirant à la Coronne de France, ne voulut incontinent, de grand Maistre de la maison du Roy, prendre le tiltre de Roy: mais se fit appeller Prince de la noblesse Françoise: & par ce moyen, Pepin son fils, obtint facilement le nom de Roy, & le Roy-

GOVVERNEMENT D'ESTAT,

aume. Les Cesars, de Dictateurs perpetuels, deuindrêt Tribuns, & puis Princes, & finalement Empereurs & Maistres absoluts & Souuerains.

Estant prest de faire quelque entreprinse, qu'il ne differe point. car en ce caz le retarder luy est plus prejudiciable, qu'autrement.

Nocuit semper differre paratis.

Qu'il prefere les choses anciennes aux nouuelles, & les tranquilles aux troubles: car cecy est proprement preferer le certain à l'incertain, & l'asseuré, au dangereux.

Qu'il ne se serue de la puissance souueraine & absolue, là où il peut obtenir l'incertain, par l'ordinaire ; car, en cete maniere là, c'est proceder, comme Tyran; en ceste cy, comme Roy.

Qu'il se souuienne de ce propos de Demetrius

Dittatori perpetui, diuennero Tribunitie Podestà, e poi Prencipi, & finalmente Imperatori, e padroni asoluti.

Essendo in ordine, per far qualche impresa, non metta tempo in mezo: perche, in quel caso, la dimora è più atta à disordinarlo, che ad altro.

Nocuit semper differre paratis.

Preferisca le cose vecchie alle nuoue, e le quiete alle torbide: perche questo è un' anteporre il certo all' incerto, e'l sicuro al pericoloso.

Non si vaglia della potenza assoluta, oue può conseguir l'incerto con l'ordinaria: perche quel è procedere da tiranno; questo da Rè.

Ricordisi di quel detto di Demetrio Fale-

...reo à Tolomeo Filadelfo, Che trouarebbe ne' libri molti belli secreti, che niuno osarebbe dirli.

Non la rompa con Republiche potenti, se non è, per lo gran vantaggio, sicuro della vittoria: perche l'amor della libertà è tanto vehemente, & hà tante radici ne gli animi di chi l'hà goduta qualche tempo, che il vincerlo hà del difficile, e l'estirparlo quasi dell'impossibile: e l'imprese, e consigli de' Prencipi muoiono con loro: i dissegni, e le deliberationi delle città libere, sono quasi immortali.

Non la rompa finalmente con la Chiesa: perche difficile cosa è, che tal'impresa sia giusta; e parerà sempre empia: e non auanzara nulla. Insegnano ciò i Duchi di Milano, i Fiorentini, i Rè di

Phalereus à Ptolomee Philadelphe: Qu'il trouueroit es liures, plusieurs beaux secrets, que personne n'oseroit luy dire.

Qu'il ne rōpe l'amitié qu'il ha auec les puissātes Republiques, s'il n'ha vn grand auantage, & s'il n'est asseuré de la victoire; car l'amour de la liberté est si vehement, & est tāt enraciné es cœurs de ceux qui en ont jouy quelque temps, qu'il est difficile de le vaincre, & quasi impossible, l'extirper: Et les entreprinses & conseils des Princes meurent auec eux: mais les desseings & deliberations des villes libres sōt quasi immortelles.

Finallement, qu'il ne rompe l'amitié qu'il ha auec l'Eglise; car il est difficile qu'vne telle entreprinse soit juste; tousiours elle paroistra impie: & ne seruira de rien. Ce que nous enseignent les Ducs de Milā, les Florentins, les Roys de Naples, & les Venetiés, desquels les guerres contre les Papes ont esté de grande despense, & de nul proffit.

En l'electiõ de ses Officiers, qu'il mette peine qu'ils soyent egaulx aux affaires, nõ par dessus, ny au dessouz: chose qui ha esté diligemment obseruée par Tibere. Car ceux qui se sentent de plus grande valeur, que l'affaire ne porte, ne font cas de l'entreprinse: & ceux qui sont moindres, ne la peuuent soustenir.

Qu'il ne continue la guerre cõtre ses voisins, pource que ce faisant, ils se rendent guerriers & belliqueux. Ayant esté Agesilaus blessé par les Thebains, on luy dist, qu'il receuoit le salaire qu'il meritoit de ce peuple, auquel par la continuation des guerres, il auoit enseigné à manier les

Napoli, & i Venitiani; le cui guerre cõ Pontefici, sono state di molta spesa, e di nissun profitto.

Nell' elettione de' ministri, procuri, che siano pari a negotij, non superiori, ò inferiori. cosa osseruata diligentemente da Tiberio. Perche quelli, che si sentono di maggior valore, che il negotio non comporta, disprezzano l'impresa; e quelli, che son di meno, non la possono sostenere.

Non cõtinui la guerra cõ vicini: perche si rendono guerrieri, e bellicosi. Essendo stato ferito, dà Tebani, Agesilao, gli fù detto, che riceueua la mercede, che meritaua da quel popolo, à cui egli haueua, con la continuatione delle guerre, insegnato à maneggiar l'ar-

les armes. Le Turc ha obserué cecy à l'êdroit des Princes Chrestiens; car il n'ha iamais continué lōg temps la guerre, contre aucun d'eux ; mais il l'ha faicte ores contre l'vn, ores contre l'autre ; & ha prins à l'vn vne place d'importance, à vn autre, vn Royaume; & puis pour ne leur donner loisir de s'exercer aux armes, il ha faict la paix ou la trefue, & s'est tourné ailleurs; où pareillement il n'ha donné le temps et loisir aux peuples de prēdre cœur & hardiesse, par la continuation de la guerre ; mais apres leur auoir emporté quelque Estat ou ville, il leur ha facilemēt octroyé la paix ou la trefue. A raison dequoy est aduenu que ses armées ont tousiours esté de vieilles bandes ; & les nostres tousiours nouuelles : pource qu'il ha perpetuellement faict la guerre côtre quelqu'vn:

K

GOVVERNEMENT D'ESTAT,

& nul de noz Princes ha continué la guerre cõtre luy; & cependãt il s'est estably en les cõquestes.

Mais il est beaucoup moins cõuenable de cõtinuer la guerre cõtre les subiects, principallement naturels, pource qu'ils s'aigrissẽt & s'alienẽt tousiours de plus en plus: & là où du commancemẽt, leur emotion estoit vn resentiment, il se tourne, à la longue, en vne manifeste rebellion: comme il aduint au Roy Sigismõd, en la guerre de Boheme; & au Roy Catholique, en la guerre de Flandres; car il n'y a peuple tant effronté, qui du premier coup se tourne, à descouuert, cõtre son Prince (attendu que le nom de felonnie & de rebellion porte quant & luy l'infamie et la haine) mais si vne fois les espées se viennent à ensanglanter, estant le voile dechiré, & le soucy perdu d'y pro-

Prencipi ha cõtinuato la guerra con lui; e in tanto egli si è stabilito ne gli acquisti.

Ma molto meno conuiene, continouar la guerra co' sudditi, massime naturali: perche si essacerbano, & si alienano sempre piu; e se, nel principio, il lor moto era risentimento, prorompe à lungo andare in manifesta ribellione; come auuenne al Rè Sigismondo nella guerra di Boemia; & al Rè Catolico nella guerra di Fiãdra. Perche nissun popolo è cosi sfacciato, che di primo tratto si riuolti alla scoperta contra il suo Prencipe; (conciosia che il nome di fellonia, e di ribellione porta seco infamia, & odio) ma s'vna volta s'insanguinano le spade, stracciato il velo, e la cura di procedere giustificatamente, si viene à to-

tal rottura, e riuolta. Alessandro Rè de Giudei, hauendo guerreggiato co' sudditi suoi per lo spatio di sei anni (nel qual furono ammazzate da cinquanta mila persone) perche non vedeua fine del l'impresa, domandò finalmente, in che maniera si potesse fare qualche buona pace: non altrimenti, risposero quelli, che con la tua morte. fece nel fine quel, che doueua far nel principio.

Non si fidi talmente della pace, che ne dismetta l'arme : perche la pace disarmata è debole. Costantino Magno, assicuratosi nella quiete de suoi tempi, cassò i soldati limitanei. con che aprì la porta, nelle viscere dell'Imperio, à Barbari.

Tenga per fermo, che nell'imprese è di molto

ceder auec justification, l'on vient à vne totalle reuolte. Alexandre Roy des Iuifs, ayant faict la guerre côtre ses subiects, par l'espace de six ans (en laquelle furent tuées cinquante mille personnes) & n'y voyant point de fin, demanda finalement comme se pourroit faire quelque bonne paix ; Non autrement (luy fut respondu) que par vostre mort. A la fin, il feit ce qu'il deuoit faire, au commancement.

Qu'il ne se fie tellemét de la paix, qu'il en delaisse les armes ; car la paix desarmee est foible. Côstantin le Grand s'estant asseuré au repos de son temps, cassa les Soldats & garnisons des frontieres: au moyen dequoy il ouurit la porte aux Barbares, jusques aux entrailles de l'Empire.

Qu'il tienne pour certain, qu'aux entreprinses

K ij

la soudaineté & diligence est d'importance beaucoup plus grande, que la force; car celle là frappe à l'improuueu : cete cy, pour le plus, se preuoit : celle la desordonne & trouble l'ennemy ; cete cy le rompt; & il est plus aisé de desordonner, & puis de rompre, que de rompre ceux qui sont bien en ordonnance, & se tiennent sur leurs gardes. Cesar commencea la guerre ciuile, auec trois cés cheuaulx & cinq mille hommes de pied ; mais par sa promptitude inestimable, il estonna les ennemys, leur osta le moyen de faire leuée de gens de guerre, & en deux mois, il occupa toute l'Italie.

Tienne semblablement pour chose certaine, que l'on conduit à bōne fin, plus grandes entreprinses, par la patience et longanimité, que par la force & violence ; car l'impetuosité force les cho-

maggior importanza la prestezza, che la forza: perche quella ferisce all' improuiso ; questa, per lo più, si antiuede : quella disordina l'auersario ; questa lo rompe : & più facile il disordinare, e poi rompere, ch'el rompere gli ordinati. Cesare cominciò la guerra ciuile con trecento caualli, e cinque mila fanti : ma con prestezza inestimabile sgomentò i nemici, tolse loro il tempo di far gentije in sessanta giorni occupò tutta Italia.

Tenga similmente per certo, che maggiori imprese si conducono a buon termine con la longanimità, che con l'impeto : perche l'impeto sforza le cose con la violenza; la longanimità l'indebolisce con l'occasioni, e col tempo: & è più facile l'indebolire, e poi atterrare, che lo sforzare ad vn tratto.

Metta studio in conoscer l'occasioni del l'imprese, e de gli affari, e l'abbracci opportunamente: perche nissuna cosa è di maggior momento, che vn certo periodo di tempo, che si chiama opportunità; e non è altro, che vn concorso di circonstanze, che ci rendono facile il negotio, che innanzi, e dopò quel punto, ci resta difficile. In questa parte fù eccellente Filippo Primo Rè de' Macedoni, che si seruì mirabilmète della debolezza, e discordia delle città di Grecia, per far bene i fatti suoi, e non meno accorto di lui, fù in ciò Amorato primo Rè de'

ses par la violence; la patience les affoiblit, auec les occasios & le temps; & il est plus aisé d'affoiblir, & puis d'abatre, que de forcer & mettre par terre tout d'vn coup.

Qu'il mette peine de cognoistre les occasions des entreprinses, & des affaires, & les embrasse bien à propos; car il n'y a chose de plus grád poids & consequence, qu'vn certain periode de téps, qui s'appelle opportunité; qui n'est autre chose, qu'vn rencontre de circôstances; qui nous rendent aisé l'affaire, lequel deuāt & apres ce poinct là, nous demeure mal aisé & dificile. En cete part estoit excellent Philippe premier Roy des Macedoniens, lequel se seruoit merueilleusement de la foiblesse, & de la discorde des villes de Grece, pour bien faire son faict. Et n'estoit en cecy, moins accort que luy,

K iij

GOVVERNEMENT D'ESTAT,

Amurath premier Roy des Turcs, lequel pour estendre son Empire, en l'Europe, s'est seruy cōme d'eschelle, des discordes & dissentiōs des Princes Grecs. Finalemēt n'est ce la force ny l'astuce, qui serue de beaucoup, si elle n'est secondée, & comme guidée par l'opportunité. Probus dit d'Epaminondas, *Temporibus sapienter vtens.*

Qu'il ne commette l'execution des entreprinses à celuy lequel au conseil, n'ha esté d'aduis qu'elles se fissent, pource que la volonté n'e peut estre d'efficace, où elle n'est inclinee par l'intellect. En la iournée & bataille de Lepāte, Ocquial, qui n'auoit esté d'aduis que l'on d'onnast la bataille, s'en retira, & ne s'y voulut trouuer.

Qu'il aduise & mette les entreprinses en meure deliberation; mais ne prescriue & n'ordōne la

Turchi, che, per allargare l'imperio suo in Europa, si fece scala delle discordie de Prēcipi Greci. Non è finalmente forza, non astutia, che molto vaglia, se non è secondata, e quasi guidata dall'opportunità. d'Epaminonda dice Probo, Temporibus sapienter vtens.

Non commetta l'essecutione dell' imprese à chi nella consulta non è stato di parere, che si facessero: perche la volontà non può esser efficace, doue non è inclinata dall'intelletto. Nella giornata di Lepanto, Occhiali, che non era stato di parere, che si combattesse, schinò l'incontro.

Consulti maturamente l'imprese; ma nō prescriua il modo dell' essecutione: perche con-

LIVRE II. 76

sistendo questa in gran parte, e dipendendo dall' opportunità del tempo, e delle occasioni presenti, che si variano continouamente, il limitare l'essecutione delle deliberationi non è altro, che un intricare il ministro, e storpiare il negotio. perche, consultare oportet lentè, consulta exequi festinanter. alla quale festinatione non è cosa più contraria, che la strettezza delle commissioni. Vagliasi perciò d'huomini cauti nelle consulte; ma d'huomini ardenti nelle essecutioni.

car l'execution côsistant en grande partie, & dependant de l'opportunité du temps, & des occasions presentes, qui chãgent continuellement, limiter l'execution des deliberations & entreprinses n'est autre chose, qu'êtremesler & brouiller le Chef & gaster l'affaire: pource que, *consultare oportet lentè, consulta exequi festinäter.* Il fault côsulter à loisir, & executer soudainement ce qui est arresté au conseil. A cete soudaineté n'y a chose plus contraire que le destroit des commissions. Pour cete cause, qu'il se serue d'hommes aduisez au conseil: mais d'hommes ardêts es executiôs.

Non pensi di schiuare i trauagli, & i pericoli col fuggirli, ma con l'andar loro incontro, e col dar loro la caccia: perche con la fuga ti corrono, e ti

Qu'il ne pense pas euiter les trauaulx & les dãgers, en les fuyant; mais qu'il se propose d'aller au deuant, & leur donner la chasse; car par la fuite, ils te suiuent & croissent

K iiij

tant qu'ils t'accablent; mais allant au deuant, ils se retirent arriere, & viennent à se resouldre en rié.

Qu'il se garde de se monstrer partial, & plus du costé de la noblesse, que du peuple, ou au cötraire; car en ce faisant, il deuiendra de Prince vniuersel, Chef de part.

Qu'il ne se fie en celuy qui ha esté, ou se tient offensé de luy; car le desir de la vengeance est trop vehement, & se resueille es occasions: comme en fait foy l'exemple du Conte Iulian, & de plusieurs autres.

A fin que ses officiers presents, s'aydent pres de luy, d'eux mesmes, il fasse cas des absents, lesquels ordinairemét font plus grande despence, et ont plus de peine que les autres.

Qu'il ne s'oppose directement à la multitude, pource qu'il ne la surmötera facilement: & s'il la

crescono addosso; col farsi loro incontro, si ritirano indietro, & si risoluono in niente.

Guardisi di mostrarsi partiale più della nobiltà, che del popolo; ò a rincontro: perche a cotal modo ei diuerrà, di Prēcipe vniuersale, capo di parte.

Non si fidi di chi è stato, ò si stima offeso da lui: perche il desiderio della vendetta è troppo vehemente, e si sueglia nelle occasioni; come ne fa fede l'essempio del Cōte Giuliano, e di molti altri.

Perche i ministri suoi presenti si aiuteranno presso di lui da se stessi; tenga egli conto de gli absenti, che per l'ordinario fanno maggiore spesa, e durano più fatica de gli altri.

Non si opponga diritamente alla moltitudine: perche non la vincerà facilmente; e se

la vincerà, ciò auuerrà con gran perdita d'amore. ma à guisa di buon marinaro, prenda per fianco il vento, che per poppa gli è contrario; e mostri di volere, e di dar quello, che non può torre, ò impedire. Scelera impetu, bona consilia mora valescunt.	surmonte, ce sera auec grande perte d'amour; mais comme le bon marinier, qu'il prenne le vent à costé, qui luy est contraire en pouppe: & qu'il monstre auoir la volonté de donner & octroyer ce qu'il ne peut oster ou empescher: *Scelera impetu, bona consilia mora valescunt.*

Della secretezza.

7. D'estre secret.

Non è parte alcuna più necessaria à chi tratta negotij d'importanza di pace, ò di guerra, che la secretezza. Questa facilita l'essecutione de' disegni, e'l maneggio delle imprese, che scouerte, hauerebbono molti, e grandi incontri. Perche, si come le mine, se si fanno occoltamente, producono effetti marauigliosi; altrimenti sono di danno, anzi che di profitto;

IL n'y a partie aucune plus necessaire à celuy qui manie affaires d'importance de paix ou de guerre, que d'estre secret. Ce qui facilite l'execution des desseings, & le maniement des entreprinses, lesquelles estans descouuertes, auroyent plusieurs & grandes trauerses & empeschemés. Car comme les mines, si elles sont faictes secretement, produisent effects merueilleux; autrement sont plus domageables, que de profit; ainsi tant que les conseils des Princes sont secrets, ils sont pleins d'efficace, & aisez à executer: mais ils ne sont pas plustost euentez, qu'ils perdent toute vigueur & facilité, attendu que ou les ennemys, ou les emulateurs s'efforcét de les empescher ou de les trauerser. Et pourtant les Poëtes feignent, que les Dieux punirent Tantale, pour ce qu'il auoit manifesté leurs conseils, de maniere, qu'estant en l'eau, il ne pouuoit boire. Le grand Duc Cosme des Medici, Prince de tresgrand jugemét, estimoit que la grace du secret fust vn des principaulx Chefs du gouuernemét des Estats. Mais le moyen de tenir les choses secretes, est ne les communiquer à personne; pour cete cause Emanuel Duc de Sauoye disoit que les choses, que l'hóme tient

cosi i consegli de' Prencipi, mentre stanno secreti, sono pieni di efficacia, e di agenolezza: ma non si presto vengono à luce, che perdono ogni vigore, e facilità; conciosia che ò i nemici, ò gli emuli cercano d'impedirsi, ò di attrauersali. onde i Poeti fingono, che li Dei punirono Tantalo, per la palesatione de' consegli loro, in tal modo, che nell'acqua non può bere. Il Gran Duca Cosimo de' Medici, Prencipe di grandissimo giudicio, stimaua, che la secretezza fosse vn de' capi principali del reggimento de gli Stati. Ma il modo di tener le cose secrete, è il nõ communicarle à nessuno. onde il Duca Emanuelle di Sauoia diceua, che le cose, tenute dall'huomo nel suo cuore, non possono esser palesi, e quelle, che si conferiscono con altri, non possono esser secrete. Ma le può tener in se sicuramente quel Prencipe, che ha tanta esperienza delle cose, e tanto giudicio, che si può da se stesso risoluere. Tal si legge essere stato Antigono Rè d'Asia; che essendo vna volta dimandato da Demetrio suo figliuolo, quando volesse cauar l'essercito dagli alloggiamenti; rispose tutto turbato, Credi forse di non douer tu solo il suono delle trombe vdire? Tal fu Metello Macedonico, di cui fù quella riposta ad vno, che'l ricercaua del suo disegno nella guerra di Spagna; Contentati (gli disse) di non saperlo; perche s'io pensassi, che la camicia, ch'io porto indosso, sapesse quel, ch'io hò nell' animo, io la getterei à bor' hora nel fuoco.

cachées en son cœur, ne peuuét estre manifestes: & celles qui se communiquent aux autres, ne peuuent estre secrettes. Mais les peut seurement tenir en soy, le Prince qui ha tant d'experience des choses, & tant de jugement, qu'il se peut resoudre de soy-mesme. On lit qu'Antigonus Roy d'Asie estoit tel; & que só fils Demetrius luy ayant vne fois demandé, quand il vouloit que l'on tirast l'armée des logis, il respondit, tout faché; Penses tu que tu ne doiues seul ouyr le son des trompettes? Tel estoit Metellus Macedonicus, qui fit cete responce à quelqu'vn qui luy demāda quel estoit só dessein en la guerre d'Hespagne; contentes toy (luy dist-il) de ne le sçauoir; car si ie sçauois que la chemise que je porte sçeust ce que i'ay en l'ame, je la jetterois tout présentement dedans le feu. Pierre d'Arragõ fit la mesme responce à Martin IIII. qui vouloit entendre de luy, à quelle fin il auoit appresté vne grosse armée naualle, au moyé de laquelle, il osta aux Frãçois la Sicile. Estre secret apporte aux Princes la cõfiance de celuy qui traite auec eux. Mais si le Prince n'est de si grãde valeur, qu'il puisse se resouldre de soymesme, ou l'affaire ha besoin d'estre communiqué, cela se doit faire auec peu, naturellement secrets; pource que le secret ne peut durer entre plusieurs. Et pource que les Conseillers, les Ambassadeurs, les Secretaires, les Espies sont ordinairement les ministres et porteurs des Secrets, on doit choisir à telles charges, personnes naturellemét accortes, & qui ayent beaucoup d'industrie. Aussi sert beaucoup la dissimu-

Pietro d'Aragona fece la medesima risposta à Marteno IIII. che voleua intender da lui à che fine hauesse apparecchiata vna grossa armata, con la quale tolse pos à Francesi Sicilia. e a' Prencipi la secrettezza recà confidenza, di chi tratta con loro. Ma se ò il Prencipe non è di tanto valore, che possa da se stesso risoluersi, ò il negotio ha bisogno d'essere participato; ciò si deue fare con pochi, e di natura secreta; perche tra molti il secreto non può durare. E perche i Consiglieri, e gli Ambasciatori, Secretary, le spie, sogliono essere ministri ordinary de' secreti, debbonsi eleggere à cotali vfficij persone e per natura, e per industria cupe, e di molta accortezza. Gioua assai la dissimulatione, nella quale Lodouico XI. Rè di Francia, collocaua gran parte dell' arte del regnare: o Tiberio Cesare non si gloriaua di cosa nissuna più, che dell' arte del dissimulare, nella quale egli era eccellente. e dissimulatione si chiama vn mostrare di non sapere, ò di non curare quel, che tu sai, e stimi; come simulatione è vn fingere, e fare vna cosa per vn'altra. E perche non è cosa più contraria alla dissimulatione, che l'impeto dell' ira, conuiene ch'l Prencipe moderi, sopra tutto, questa passione, in maniera tale, che non prorompa in parole, ò in altri segni d'animo, ò di affetto. Alfonso Duca di Calabria, stando egli in Lombardia, alla guerra di Ferrara, s'era più volte lasciato vscir di bocca, che ritornato à Napoli, col

lation, en laquelle Loys XI. Roy de France colloquoit grãde partie du moyen de regner; & l'Empereur Tibere ne se vantoit d'aucune chose plus que de l'art & industrie de dissimuler, en laquelle il estoit excellent. La dissimulatiõ s'appelle vn semblant de ne sçauoir, ou de ne se soucier de ce que l'on sçait & l'on estime, comme la simulation est faindre & faire vne chose, pour l'autre. Et pource qu'il n'y a rien plus contraire à la dissimulatiõ que l'effort & violence de l'ire, il fault que le Prince modere sur tout, cete passion: de maniere, qu'il ne montre de paroles, ou autrement, aucuns signes d'vn cœur meu de courroux ou d'affection. Alphonse Duc de Calabre, estant en Lombardie, à la guerre de Ferrare, auoit plusieurs fois, laissé sortir de sa bouche ces paroles, qu'estant de retour à Naples, il chastiroit aucuns, & par ce moyen qu'il rendroit le Royaume pacifique. Ces paroles estans sceues furent cause de la rebellion d'Aquila; & des Seigneurs. Passerino, Seigneur de Mantoüe, pour auoir menacé Loys de Gonzague, fut preuenu & tué, auec son fils. François d'Orso de Forli, pource qu'il se voyoit menacer du Conte Hierosme Riario, le deuanceant, le tua en sa chambre: Car les menaces sont les armes du menaceant.

castigo d'alcuni, rassettarebbe le cose del Regno. Queste parole risaputesi, furono cagione della rebellione dell'Aquila, e de' Baroni. Passerino, Signor di Mantoua, col minacciar Luigi Gonzaga, fu preuenuto, & ammazzato, col figliuolo. Francesco d'Orso da Forlì, perche si vedeua minacciare dal Conte Gieronimo Riario, preoccupandolo, l'ammazzò in Camera. Perche le minaccie sono armi del minacciato.

Des Conseils.

¶ De' Consegli.

POVRCE que i'ay faict mention cy dessus des conseils & desseins, & *plura in summa fortuna, auspicijs & consilijs, quàm telis & manibus geruntur:* je ne veux laisser de dire, quels doiuent estre les conseils du

PErche hò fatto mentione di sopra de' consegli, e dissegni, e plura in summa fortuna, auspicijs, & consilijs, quàm telis, & manibus geruntur: *non voglio lasciar di dire, quali debbano essere i consegli del Prencipe.*

Prince.

Non si debbono stimare i consegli, che hanno molto del sottile, e dell'acuto: perche per lo più, non riescono; conciosia che, quanto la lor sottigliezza è maggiore, tanto bisogna, che la essecutione sia più, per appunto. il che non si può ordinariamente fare; perche l'imprese grandi ricercano, nella loro amministratione, molti mezi, e per consequenza, ricevono molti casi impensati. Et si come un' horologio, quanto più è artificiosamēte composto, e congegnato, tanto più facilmente si disordina, e scouerta: così i disegni, e l'imprese, fondate sopra vna certa minuta sottigliezza, riescono, per lo più, nulle. onde i Venetiani, benche meno sottili di ingegno, ries-

On ne doit estimer les conseils, qui tiennent beaucoup du subtil et de l'aigu; car le plus souuent ils ne seruent de rien; veu que plus est grande leur subtilité, plus fault il que l'execution en soit faicte bien à propos: ce qui ne se peut faire ordinairement, pource que les grandes entreprinses, au maniement d'icelles, requierent beaucoup de moyens, & par consequent, recoiuent beaucoup de cas non pensez. Et comme vn horloge, tant plus il est faict & composé d'artifice, tant plus aisement il se desreigle & desordōne: ainsi les desseins & entreprinses fondées sur vne certaine petite subtilité, le plus souuent se tournent à neant. Pour cete cause, les Venetiās, bien qu'ils soyent moins subtils d'esprit, font plus en leurs conseils & deliberations, que les Florentins; comme autrefois les Lacedemoniens, plus que les Atheniens.

Et ne se doiuent aussi beaucoup priser ceux, qui tiennent du grand & du magnifique, plustost que du facile & asseuré; car ordinairement cela leur tourne à honte & dommage. Tel estoit le dessein d'Antiochus le grand, quand il feit enterrer auec grand honneur & pompe, les Macedoniens tuez en la bataille, d'entre le Roy Philippe, & Q. Flaminius: au moyen dequoy, il ne gangna la faueur de ces peuples : & cela fut cause, que le Roy s'aliena & estrangea du tout; là ou Liuius dit, qu'à cause de leur nature & vanité, les Roys ordinairemét embrassent les conseils de beaucoup d'apparence, mais

Ne si debbono anco molto apprezzare quei che hanno del grande, e del magnifico, anzi, che del facile, e del sicuro: perche sogliono, per l'ordinario, ssi utir ar vergogna, e danno. Tal fu il disegno di Antioco, il grande; quando egli fece sepellire con molta honoreuolezza, e pompa, i Macedoni, morti nella battaglia tra il Rè Filippo, e Q. Flaminio; col qual egli non s'acquistò punto la gratia di quei popoli; e la fu cagione, che si alienasse affatto il Rè, doue dice Liuio, che per la natura, e vanità loro li Rè sogliono ordinariamente abbracciare con-

consegli di molta apparenza, ma di poca sostantialità. Molto meno si debbono ammettere i consegli vasti, e che abbracciano cose quasi immense, alle quali non può supplire ne il denaro, ne la vita, ne le forze nostre; e che ricercano tanti mezi, che non si possono metter insieme da noi: tali furono ordinariamente i pensieri di Massimiliano I. Imperatore, e Leon X. Sono anche pericolosi i dissegni di grand'ardire: perche, se bene hanno nel principio, non sò che, di animoso, e di brauo, trouano nel progresso delle difficoltà, e de trauagli assai, e finiscono in miseria, e disperatione. Si debbono dunque in luogo loro dissegni, e consegli fondati, e maturi, e soggetti, il manco che si può, a gli accidenti. Il che, ben

mais de peu de substance et d'effect. Moins aussi de beaucoup se doiuent admettre les conseils vastes & qui embrassent choses quasi immenses, ausquelles ne peut suffire ny l'argent, ny la vie, ny noz forces, & qui demandent tant de moyens, qu'il nous est impossible les mettre ensemble. Telles estoyent ordinairement les pensees de Maximilian I. Empereur & de Leon X. Aussi sont dangereux les desseins de grande hardiesse: car bien qu'ils ayent, au commancement, je ne sçay quoy de courageux & de braue, ils trouuent, au progrés, beaucoup de disicultez & trauerses, & finissent en misere & desespoir. Il fault donc suiure au lieu de ceux là, les conseils solites & meurs, le moins subiects aux accidents qu'il est possible. Et bien que cela se doiue

L

toussours obseruer ; ce neantmoins là où il est question d'acquerir & conquester, & de faire entreprinse sur les ennemys, on peut aucunesfois, hazarder quelque chose (car celuy qui ne court risque, ne gangne) & monstrer vne hardiesse ; car la hardiesse est conuenable principallement à celuy qui assault; Mais où il est besoin de conseruer le sien, & de maintenir la conqueste, il n'ya chose moins conuenable au Sage Roy que de se hazarder, & courir danger ; pource que la perte est beaucoup plus grande que le gain. Les conseils lents conuiennent aux grands Princes ; pource qu'ils doiuent entendre à conseruer plustost qu'à conquester. Les promts & soudains conuiennent mieux à ceux, qui s'appliquét plustost à accroistre qu'à conseruer : *agendo,*

che si debba sempre osseruare; nondimeno, doue si tratta di acquistare; e di fare impresa sopra nemici, si può alle volte arrischiare qualche cosa, (perche, chi non risica, non guadagna) e mostrare ardire: perche l'ardimento conuiene, massime à chi assalta: ma done si tratta di conseruare il suo, e di mantenere l'acquistato, nissuna cosa màco conuiene al Rè sauio, che'l riscare : perche il danno è troppo maggiore, che l'vtile. I consegli lenti conuengono à Prencipi grandi: perche debbono attendere più presto conseruare, che ad acquistare. I pronti, e gli spediti più à quei, che attendono più presto ad accrescere, che à conseruare. agendo audendóq; res Romana creuit. Ma ne casi vrgenti, e precipitosi niffuna cosa è peggiore, che i consegli, e i partiti mezani. Onde di Fabio Valente scriue Tacito, *quòd inter ancipitia deterrimum est, dum media sequitur, nec ausus est satis, nec prouidit. Inutili cūctatione agendi tēpora consultando consumpsit.* la cautela si ricerca nelle deliberationi; e l'ardire nell'essecutioni, e nel fatto. e perche la cognitione della bontà di vn conseglio non dipende meno dalla pratica, che dalla speculatione; non si debbono meno stimare i consegli d'huomini pratichi, che di persone di grande ingegno: perche (come dice Aristotele) il giudicio non è minor ne gli essercitati, che ne' dotti. Onde non si deue facilmente prestar fede à nuoue in-

audendoq́, res Romana creuit. Mais es vrgentes affaires, & soudains accidents, il n'ya chose pire que les conseils & partiz tirans longueur. A cete cause Tacitus escrit de Fabius Valens, *quod inter ancipitia deterrimum est, du media sequitur, nec ausus est satis, nec prouidit. Inutili cunctatione agendi, tempora consultando, consumpsit*. Il fault estre aduisé es deliberations; & au faict & execution est requise la hardiesse. Et pource que la cognoissance de la bonté d'vn conseil ne depend moins de la pratique & experience que de la theorique & consideration, on ne doit moins estimer les conseils des hommes experimentez, que des personnes de grand esprit: car (comme dit Aristote) le jugement n'est pas moindre en ceux qui sōt exercez qu'es doctes & scauans. A cete cause ne

L ij

se doit facilement adiouster foy au nouuelles inuentions, si l'experience ne les ha premieremét authorisées, & ne se doit faire conte des jngenieurs, qui n'ont veu ny frequenté la guerre. L'Escriture parlant des Conseillers, qui ruinerent Roboam, dit qu'ils estoyent *Iuuenes, & nutriti cum eo, in delitijs.*

¶. *De ne faire nouueauté.*

IL n'y a chose plus odieuse és gouuernemens, que d'alterer les choses ausquelles l'antiquité ha acquis reputation. *Nil motum ex antiquo* (dit Liuius) *probabile est: veteribus, nisi quæ vsus euidenter arguit, stari malunt*: ce qui se doit tousiours euiter, sur tout, à l'entrée des gouuernemés. Pour cete raison, Saül apres qu'il fut esleu Roy, oingt par Samuël, demeura deux ans comme vn

uentioni, se l'esperienza non le hà prima autorizate: ne far conto d'ingegnieri, che non hanno visto guerra. La Scrittura, parlando de' Conseglieri, che rouinarono Roboam, dice, ch' erano iuuenes & nutriti cum eo in delitijs.

Del non fare nouità.

Non è cosa più odiosa ne' gouerni, che l'alterare le cose, alle quali l'antichità habbi acquistato riputatione. *Nil motum ex antiquo (dice Liuio) probabile est; veteribus, nisi quæ vsus euidenter arguit, stari malunt: il che si deue sempre schiuare, e massime ne' principij de' gouerni.* Onde Saul stette due anni, dopò, che fù eletto Rè, vnto da Samuelle, quasi huomo priuato, senza corte, e senza guardia. così pensò egli di schiuar l'inuidia, e l'emulatione. Augusto Cesare, per palliare la nouità del suo Prĕcipato, nõ si volle chiamar Imperatore, ò Rè ma con vn nome di Tribunitia Podestà stabilì l'Imperio; & il medesimo appoggiaua le leggi, e l'ordinationi sue, quanto poteua, à gli essempi passati. Ma non fu nissuno, che più si seruisse dell'antichità, che Tiberio Cesare; perche egli copriua, e quasi honoraua, con vocaboli antichi, ăche le sceleranze, e tirannie, che di giorno in giorno introduceua, nõ che gli statuti, e gli ordini laudabili. *Proprium id Tiberio fuit, scelera nuper reperta priscis verbis obtegere. La no-*

homme priué, sans court & sans garde, pensant, par ce moyen, euiter l'enuie & l'emulation. L'Empereur Auguste, pour palier & couurir la nouueauté de son empire & principauté, ne se voulut appeller Empereur ou Roy, mais par vn nom de puissance de Tribun, establit l'Empire; & luy mesme appuyoit ses loix, edicts & ordonnances, tant qu'il pouuoit, aux exemples passez. Mais personne ne s'est plus seruy de l'antiquité, que l'Empereur Tibere; car il couuroit & quasi honoroit d'anciés termes & vocables, mesmes les meschancetez & tyrannies, qu'il introduisoit de jour en jour, & non seulement les edicts & louables ordonnances. *Proprium id Tiberio fuit, scelera nuper reperta priscis verbis obtegere.* La nouueauté porte la haine auec soy,

L iij

GOVVERNEMENT D'ESTAT,

& le changement des coustumes inueterees, vne peut passer sans resentiment & trouble. Vonon Roy des Parthes fut chasé du Royaume, seulemẽt pource qu'en Parthie, il viuoit selõ la coustume de Rome, où il auoit demeuré lõg temps. Mais la faulte fut tresgrande de Loys XI. Roy de France, en ce qu'estant esleué au Royaume, il priua de leurs estats & dignitez tous ceux qui auoyent esté fauorisez & estimez par son pere. Luy qui estoit nouueau au gouuernement et pourtant n'auoit la cognoissance, ny l'experience necessaire des affaires, deuoit au moins auoir pres sa personne des anciens officiers : car si le Prince & ses seruiteurs & officiers sont mesmement nouueaux, il est force que les nouueautez s'en ensuiuent ; comme esprouua le mes-

uità porta seco odio ; e la mutatione dell' vsanze inueterate, non può passare senza risentimento. Vonone Rè de' Parthi fu cacciato dal Regno ; solamente perche in Parthia viueua all' vsanza di Roma, doue era stato lungo tempo. Ma grauissimo fù l'errore di Lodouico XI. Rè di Frãcia ; perche, assunto ch' egli fù al Regno, priuò d'officio, e di grado tutti quei, ch' erano stati fauoriti, e stimati da suo Padre. Già ch' egli era nuouo nel gouerno, e per ciò non haueua la conoscenza, ne la pratica necessaria de gli affari, doueua almeno hauere presso di se ministri vecchi. che se il Prencipe, e i ministri medesimamente sono nuoui, egli è forza, che ne seguano delle nouità ; come prouò l'istesso Lodouico, *che si vidde più d'una volta in grandissimi travagli. Alcibiade presso Tucidide, dice, che quegli huomini menano vita sicurissima, i quali contentandosi delle leggi, e de' costumi presenti, benche men buoni, amministrano, senza far nouità, la Republica. E se pure si hanno à far nouità, bisogna procedere à poco à poco, e quasi insensibilmente, imitando la natura, che non passa immediatamente dall' Inuerno all' Estate, ne da questa à quello; ma vi framette due stagioni temperate, cioè, la Primauera, e l'Autunno; che con la loro piaceuolezza ci rendono tolerabile il passaggio, che si fa dal freddo al caldo, e'l ritorno dal caldo al freddo.*

me Loys XI. qui se vid plusieurs fois en tresgrands dangers. Alcibiades, é Thucidide, dit que les hommes meinét vne vie tresasseurée, lesquels se contentans des loix & coustumes presentes, bié qu'elles soyent moins bonnes, gouuernent, sans faire nouueauté, la Republique. Et s'il fault innouer quelque chose, il y fault procedder peu à peu, & quasi insensiblement, imitant la nature, qui ne passe immediatement de l'Hiuer à l'Esté, ny de l'Esté à l'Hyuer ; mais y entre-met deux saisons temperees, à sçauoir le printemps, & l'Autône, lesquelles, par leur gracieuseté, nous rendent le passage tolerable, qui se fait du froid au chauld, & le retour du chauld, au froid.

Nec res hunc tenerae possent perferre laborem,

Nec res hunc tenerae possent perferre laborem.

L. iiij

Si non tanta quies inter fri-
gusque caloremq́;

Iret, & exciperet cœli indul-
gentia terras.

Si non tanta quies
inter frigusque ca-
loremque
Iret, & exciperet
cœli indulgentia
terras.

10 De la valeur.　　　　Del valore.

LA valeur vient de la Prudence, & de la vigueur du courage, lesquelles deux choses vnies en vn homme, produisent œuures merueilleuses. Et pour maintenir les Estats, la valeur est d'importance beaucoup plus grande, que la puissance. Ce qu'Aristote prouue par l'exéple des Princes, qui les acquerent, lesquels rarement ou jamais ne les perdent, comme font leurs nepueux; & ceux qui descendent d'eux, qui n'ont herité, auec la puissance, de la vertu de leurs peres & predecesseurs. Mais nous parlerons icy seulement de la valeur, entrant

IL valore consta di Prudenza, e di vigor d'animo: le quali due cose vnite in vn huomo, producono operationi merauigliose. E per mantener gli Stati di molto maggior importanza è il valore, che la potenza. Il che proua Aristotele con l'essempio de' Prencipi, che gli acquistano; i quali rare volte, ò non mai li perdono; come fanno i descendenti, che non hanno hereditato le virtù, con la potenza de' loro progenitori. Ma qui parlaremo solamente del valore, in quanto consta d'ardire. Hor l'ar-

qu'elle vient de la hardiesse. Or la hardiesse procedde, en partie de l'esprit, en partie du corps, en partie des forces externes, desquelles nous parlerons, en son lieu. Et biē que ce qui est de l'esprit soit le princial, pour ce qu'il domiṇe l'infirmité du corps, le conduit & le tient sur pieds; ce neantmoins le corps mal sain & mal cōplexioné, rend aussi ordinairement l'esprit abbatu. A cete cause, est biē desirable que la personne du Prince soit bien composee, & de complexion saine & robuste: & se doit ayder la nature, par les moyens qui conseruēt & qui accroissent la santé. La sobrieté la conserue & la moderation des viandes, pour ce que le vice de la bouche, l'iurōgnerie et gourmandise emplissent le corps de mauuaises humeurs, d'indigestions: &

de là procedent les gouttes aux pieds, que l'on dit la Podagre & autres maladies, qui rendent la vie des Princes miserable, à eux non moins ennuyeuse, qu'aux autres. La continence aussi sert pour la conseruation de la santé & des forces: car l'effrenée lasciueté affoiblit les bestes; à plus forte raison, les hommes: accelere la vieillesse, debilite les esprits, relache les nerfs accourcit la veüe, cause la podagre, les goutes, & aduance la mort. Les forces s'augmentent par l'exercice: & l'exercice doit estre tel, qu'il reueille tous les membres, comme fait le jeu de la paulme (singulierement recommandé par Galen) & la chasse. A cet effect appartient aussi; de s'accoustumer à diuerses choses côtraires au froid, au chauld, au vueiller, à la faim, à la soif, à l'eau & au vin; & à

e l'altre malatie, che rēdono la vita de' Prēcipi miserabile, e non meno tediosa à loro, che à gli altri. Gioua anco per la conseruatione della sanità, e delle forze, la continenza: perche la lascitia sfrenata indebolisce le bestie, non che gli huomini; accelera la vecchiezza, debilita gli spiriti, affiacca i nerui, scorta la vistá, & apre mille vie alle podagre, al. goccie, alla morte. Si accrescono poi le forze con l'essercitio; e l'essercitio deue esser tale, che suegli, e desti tutte le membra; quale è il giuóco della palla, (commendato singolarmente da Galeno)e la caccia. Appartiene anco à questo effetto l'assuefarsi à diuerse cose contrarie, al freddo, al caldo, alla vigilia, alla fame, alla sete, all' ac-

LIVRE II. 86

qua, e al vino; & ad ogni varietà di vita, e di vitto; perche in questa maniera l'huomo assicura la sanità, & corrobora le membra, & assoda la persona, e si fa habile, e pronto ad ogni accidente, & ad ogni incontro. Perche, si come il maneggio del Preucipe riceue infinita varietà di casi; cosi conuiene, che il corpo s'incalisca talmente, e si disponga, che nissuno incontro li sia nuouo, & arduo. Ma perche alle volte la debiltà della natura vince ogni aiuto dell' arte, (qualunque si sia il corpo) egli è necessario, che l'animo almeno sia pieno di vigore, e di ardire, e d'vna certa viuacità, che lo renda pronto à farsi incontro alle difficolta, & à pericoli, a' quali la necessità ci chiama. Deue finalmente vincere

toute diuersité de vie & de viures ; car en cete maniere, l'homme asseure sa santé, corrobore ses membres, affermit sa personne, & se fait habile & promt à tout accident, & rencontre. Car comme le manimēt du Prince reçoit vne infinie varieté d'accidents ; ainsi est il conuenable que le corps s'endurcisse & se dispose tellement, qu'aucune trauerse ne luy soit nouuelle, estrange & facheuse. Mais pource qu'aucunesfois la débilité de la nature surmonte toute ayde de l'art, quel que puisse estre le corps, il est necessaire, au moins que l'esprit soit plein de vigueur, de hardiesse, & d'vne certaine viuacité, qui le rende promt à s'opposer aux difficultez & aux dangers, ausquels la necessité nous appelle. Il doit finalement vaincre, par la grandeur du courage, les peines &

trauaulx du corps : de-quoy nous ha donné vn grand exemple Charles Quint, en la guerre d'Alemagne ; où bien qu'il fust tresaffligé de la podagre, en sorte qu'il ne pouuoit tenir le pied en l'estrier, & pour cete cause le soustenoit auec vne bande de toile ; ce neantmoins s'est tenu, tout vn hyuer (bien qu'il fust tresaspre) en campagne, parmy les neiges & la fange ; & par la vigueur de son esprit, ha soustenu le contrepoids du corps. Or les moyens d'auoir l'esprit esueillé sont tous ceux qui aydent la santé, qui empeschent la melancolie, qui excitent l'homme au desir de l'honneur & de la gloire : le discours des vertuz propres à vn Prince, & des entreprises des grands Capitaines : la lecture des vies de quelques Empereurs, & personnages de gran-

con la grandezza dell' animo i trauagli del corpo : di che ci diede grande essempio Carlo Quinto nella guerra d'Alemagna ; doue, se bene era trauagliatissimo dalla podagra, in modo tale, che non poteua tenere il piede in staffa, e per ciò lo sosteneua con vna fascia di tela ; nondimeno stette tutta vn'Inuernata (benche asprissima) in campagna, tra le neui e'l fango ; e sostenne col vigor dell'animo il contrapeso del corpo. Hora i modi di tenere l'animo suegliato, e desto, sono tutti quelli, che aiutano la sanità, che impediscono la maninconia, che eccitano l'huomo à desiderio d'honore, e di gloria : il discorrere delle virtù proprie di vn Prencipe, e dell'imprese de' gran Capitani ; la lettione delle vite di al-

de valeur: la conuersatiõ des hommes non moins hardiz que prudents: finalement, la consideration de leur deuoir. Et à ce propos, me souuient du memorable dict de l'Empereur Vespasian, lequel dict mesmes au dernier poinct de sa vie, *Imperatorem stantem mori oportere.*

Des moyens de conseruer la reputation.

Nous auons parlé jusques à present, des vertuz, d'où la reputatiõ prend sa naissance, qui sont la Prudence & la valeur; parlons maintenant des particuliers moyens, par lesquels elle se peut maintenir, ou aussi accroistre.

Le premier est de couurir sagement ses infirmitez; car plusieurs (bien qu'ils soyét debiles Princes) se maintiennent en credit, & en la reputatió de puissans, plustost en celant leur impuissance, qu'en se fortifiant: veu que le fortifier manifeste aucunesfois la foiblesse, que l'on ne sçauoit parauant.

Faire monstre de ses forces, sans ostentation, adiouste la reputation: en quoy plus qu'en l'vsage d'icelles estoit excellent Loys Sforza: mais en l'vne & l'autre chose, Alphonse I. d'Aragon, Roy de Naples. Et bien qu'Ezechias en ait esté reprins, ce ha esté pource qu'au lieu de donner à entendre aux Infideles, qu'il n'auoit fiance qu'en Dieu, il ha monstré qu'il se fondoit du tout en ses thresors.

Aussi sert d'auoir en

prire accortamente le sue debolezze: perche molti (benche deboli Prencipi) si mantengono in credito, e in riputatione di poderosi, col celare la loro impotenza, anzi che col fortificarsi: conciosia che il fortificare palesa alle volte la debolezza, che innanzi non si sapeua.

Aggiunge riputatione il far mostra, senza ostentatione, delle forze sue. nel che più, che nell'vso d'esse, fu eccellente Lodouico Sforza; ma nell'vna, e nell'altra cosa Alfonso I. d'Aragona, Rè di Napoli. E se bene Ezechia fù di ciò ripreso, auuenne, perche in luogo di dare ad intendere à gl'Infedeli, ch'egli non si fidaua, se nõ in Dio, mostrò di far fondamento ne' suoi tesori.

Gioua anco l'hauer

più fatti, che parole: perche sono più stimati quelli, che queste, e per cõsequenza, gli huomini, che fanno più professione di fare, che di parlare, e perciò si stimano gli huomini alquanto taciturni, e manincõnici, anzi che gli allegri, & i loquaci. E in somma, oue il Prencipe può farsi intendere co' fatti, non deue adoprar parole.

E nel parlare recá riputatione la grauitá, e la sodezza, e'l promet ter meno di se di quello, che può; e'l non lasciarsi vscir di bocca parole di vanto, ò di brauezza: nel che fù mirabile Scipione Affricano, di cui scriue Liuio, che ragionando à gli Ambasciatori delle città di Spagna, *loquebatur ita elato, ab ingenti vir-*

plus grande recommendation les faicts que les paroles; car les vns sont plus estimez que les autres, & par consequent, les hommes qui font profession de faire, plus que de parler: Et pour cete cause l'on faict cas des hommes aucunemẽt taciturnes & melancoliques, pluftost que des ioyeux, qui parlent beaucoup. En somme là où le Prince se peut faire entendre de faict, il ne doit employer les paroles.

Au parler apporte reputation la grauité & la fermeté, promettant de soy, moins que porte la puissance, & ne laissant fortir de la bouche, aucunes paroles de iactance ou de brauades. En quoy estoit admirable Scipion l'Afticain, duquel Liuius escrit, que parlant aux Ambassadeurs des villes d'Hespagne, *loquebatur, ita elato, ab ingenti virtutum sua-*

rum fiducia, animo, vt nullum ferox verbum excedere, ingensque omnibus, quæ ageret, cùm maiestas inesset, tùm fides. Et n'estoit moins émerueillable Vaspasian, quand il fut esleué à l'Empire: *In ipso nihil tumidum, arrogans, aut in rebus nouis, nouum fuit.*

Qu'il fuie, en parlant, les amplifications, & les manieres hyperboliques: car elles font que l'on n'adiouste foy à ce que l'on dit, & demonstrent peu d'experiéce des choses. Et pour cete cause, les femmes & les enfans en vsent naturellement.

Maintenir sa parole n'est pas de moindre importance, ce qui procedde d'vne constance d'esprit & de jugement. Ce qui ha rendu glorieux enuers les Flamans, le Seigneur Alexádre Farnese,

tutum suarum fiducia, animo, vt nullum ferox verbum excederet; ingensq; omnibus, quæ ageret; cùm maiestas inesset, tùm fides. E non meno merauiglioso fu Vespasiano, quando fu assonto all' Imperio: *in ipso nihil tumidum, arrogans, aut in rebus nouis nouum fuit.*

Schiui nel ragionare le amplificationi, e le maniere di dire iperboliche: perche tolgono il credito à quello, che si dice, & arguiscono poca sperienza delle cose. onde le vsano naturalmente le donne, & i fanciulli.

Non è di minor momento il mantener la parola: perche procede da costanza d'animo, e di giudicio. Il che hà reso glorioso presso i Fiamenghi il Signor Alessandro Farnese, Duca

Duca di Parma. | nese, Duc de Parme.

Importa assaissimo la costanza nelle cose auuerse: perche significa grandezza di cuore, e di forze: e la moderatione nelle prospere, perche arguisce vn' animo superiore alla fortuna. Nell' vna, e nell'altra parte furono merauigliosi Romani nella seconda guerra Punica, e nell'impresa fatta contro Antioco, al quale proposero quelle stesse conditioni innanzi alla vittoria, che se hauessero già vinto; e dopò la vittoria, che se non hauessero vinto.

Guardisi di non tentar impresa, che sia sopra le sue forze; e di non entrar in negotio, non in affare, che non sia sicuro d'hauere à riuscire honoratamente. Nel che sono senza dubbio auueduti gli Spagnuoli; è tanto, che non vogliono quasi

Aussi importe fort, la constance es aduersitez, pource qu'elle signifie vne grãdeur de courage & de forces; & la moderation, es prosperitez, pource qu'elle mõstre vn cœur, par dessus la fortune. En l'vne & l'autre part, furent merueilleux les Romains, en la secõde guerre Punique, & en l'entreprinse faicte cõtre Antiochus, auquel deuãt la victoire, ils proposerẽt des articles & conditions comme s'il eussent desia vaincu; & apres la victoire, comme s'ils n'eussent vaincu.

Qu'il se garde d'attenter aucune entreprinse, qui soit par dessus ses forces; & de n'entrer en aucun affaire, qu'il ne soit asseuré d'en pouuoir sortir à son hõneur. En quoy certainement, les Hespagnols sont aduisez: & tant, qu'ils ne veulent quasi iamais vaincre, qu'a

M

uec certitude & peu à peu.

Il ne se doit pourtant mettre aux petites & basses entreprinses; car ce qui n'ha du grand, ne peut engendrer la reputation.

Les entreprinses doiuent estre grandes, principalement au commancement de l'Empire & du gouuernement; pource que d'icelles, se fait jugement du reste; & au commencement consiste la moitié: comme l'entreprinse de Carthage fut faicte par le jeune Scipion, quand il commancea à gouuerner l'Hespagne. *Non ignorabat instandum famæ: ac prout prima cessissent, fore vniuersa.* Au contraire les François, es entreprinses du Royaume, se perdirent premieremēt souz *Roccasecca*, & puis souz *Ciuitella*.

Mais quand il s'est mis à vne honnorable entreprinse, il ne la doit aise-

mai vincere se non di pedina.

Non si deue però mettere ad imprese picciole, e basse: perche quel, che non hà del grande, non può partorire riputatione.

E l'imprese debbono esser grandi, massime nel principio dell' Imperio, e del gouerno: perche da quelle si fà giudicio del restante; e nel principio consiste la metà. come fù l'impresa di *Cartagene*, fatta dal giouinetto *Scipione*, nel principio de suo gouerno di Spagna. *Non ignorabat instandum famæ; ac, prout prima cessissent, fore vniuersa.* All'incontro i Francesi nell' imprese del Regno, si perderono prima sotto *Roccasecca*, e poi sotto *Ciuitella*.

Ma essendosi messo ad vna impresa honorata, non la deue facilmente abbandonare; per non moſtrare di hauer hauuto poco giudicio nell'entrarui, e poco animo nell'vſcirne. Multa magnis Ducibus (diceua Marcello à Q. Fabio, nell'aſſedio di Caſelino) ſicut non aggredienda, ita ſemel aggreſſis, non dimittenda eſſe: Quia magna famæ momenta in vtramque partem fiunt.

Non meno importa il non moſtrarſi dipendente, ne dal cöſeglio, ne dall'opera di chi ſi ſia: perche queſto è vn coſtituirſi vn ſuperiore, ò vn compagno nell'amminiſtratione delle coſe, & vno ſcoprire la ſua incapacità, e debolezza.

Non deue far profeſſione di coſa neſſuna, ſe non di quello, che s'appartiene ad vn Prencipe, compreſo in quei verſi Virgiliani.

ment delaiſſer, pour ne monſtrer qu'il ait eu peu de jugement d'y entrer, & peu de courage & valeur, pour en ſortir. Multa magnis Ducibus; (diſoit Marcellus à Q. Fabius, au ſiege de Caſelino) ſicut non aggredienda; ita ſemel aggreſſis non dimittenda eſſe: quia magna famæ momenta in vtramque partem fiunt.

Et n'importe pas moins de ne ſe möſtrer dependre ny du conſeil, ny de l'œuure & ayde de qui que ſoit, pource que cela eſt vne maniere de ſe cöſtituer vn ſuperieur, ou bié vn cöpagnon, au maniement des affaires, & vne façö de decouurir ſö incapacité & foibleſſe.

Il ne doit faire profeſſion d'aucune choſe, ſinon de ce qui appartient à vn Prince, comprins en ces vers de Virgile.

GOVVERNEMENT D'ESTAT,

Tu regere Imperio populos Romane memento:

Parcere subiectis & debellare superbos:

Hæ tibi erunt artes, pacig, imponere morem.

Pour cete cause, est il messeant à vn Prince, de s'occuper à sonner, comme Neron; ou à tirer de l'arc, comme Domitian, ou à faire des lampes, cóme Eropus Roy de Macedoine; ou des images de cire ou de craye, comme l'Empereur Valentinian; ou à peindre, comme René Comte de Prouëce; ou à faire des vers, comme Chilperic Roy de France & Theobalde Roy de Nauarre. A peine est supportable de bastir des machines de bois pour le faict de la guerre, cóme faisoit le Roy Demetrius; ou de chasser tout le iour, cóme Charles IX. Roy de France:

Tu regere Imperio populos Romane memento:

Parcere subiectis, & debellare superbos.

Hæ tibi erunt artes, pacique imponere morem.

Onde disconuiene ad vn Prēcipe l'occuparsi in suonare, come Nerane, ò in tirar d'arco, come Domitiano; ò in far lucerne, come Eropo Rè di Macedonia, ò imagini di cera, e di creta, come Valentiniano Imperatore; ò in dipingere, come Renato, Conte di Prouenza, ò in far versi, come Chilperico Rè di Frācia, e Teobaldo Rè di Nauarra. A pena è comportabile fabricar machine di legno, per l'uso della guerra, come faceua il Rè Demetrio; ò il cacciar tutto il di, come Carlo IX. Rè di Francia; ò il

ou de fondre les pieces d'artillerie, comme Alphonse premier, Duc de Ferrare: ou d'entendre songneusemét à l'Astrologie, comme Alphonse X. Roy de Castille; ou à la Philosophie, comme l'Empereur Michel. Philippe premier, Roy de Macedoine, s'estant mis à parler auec vn excellét Musicien, de sa profession, & voulât, apres quelque dispute, que le Musicien, en somme luy cedast; O Philippe (dist le Musicien) Dieu vous garde et preserue de tant de mal que vous puissiez me tenir teste à parler de la Musique; voulant inferer qu'en vn Prince y a faulte de jugement, de s'éployer du tout à semblables estudes. Vn certain Muffar s'esleua côtre Iezid Calife de Baldacco, sans autre raison & pretexte, que de dire que Iezid estoit plus propre à faire des vers, qu'à ma-

M iij

nier vn sceptre.

Il luy importe aussi beaucoup d'estre secret: car oultre que cela le rend semblable à Dieu, il fait que les hommes, ignorans les pensees du Prince, sont suspens, & en vne grande attente de ses desseings.

L'vniformité & mesme façon de la vie & des actions apporte beaucoup de reputation; côme aussi vne côstante & certaine maniere de gouuernement (enquoy defailloit l'Empereur Galba, comme note Tacitus) ce qui ha le ne sçay quoy de celeste & de diuin.

Il ne doit endurer que les choses qui luy appartiennent soyent maniees d'autres que d'hommes excellents. Alexandre le Grãd pour ne perdre de sa grandeur, ne voulut qu'autre qu'Apelles le representast en plate peinture, ny autre que Lisippus fist sa statue. L'Em-

scettro.

È anche di grande importãza la secretezza; perche oltre che lo rende simile à Dio, fà che gli huomini, ignorãdo i pensieri del Prẽcipe, stiano sospesi, & in aspettatione grãde de' suoi disegni.

Reca molta riputatione l'vniformità della vita, e dell'attioni; e vna certa inuariabilità di maniere, e di gouerno; (nel che mancò Galba Imper. come nota Tacito) perche hà, non sò che, del celeste, e del diuino.

Non deue comportare, che le cose spettanti à lui siano maneggiate, se non da huomini eccellenti. Alessandro Magno, per non perdere della sua grandezza, non volle che altri, che Apelle il dipingesse, nè altri che Lisippo il gittasse. Au-

LIVRE II.   92

gusto Cesare haueua à sdegno, che'l suo nome fusse celebrato, se non da ingegni rari, e con stile sublime, e seriamente.

pereur Auguste estoit fasché & auoit à desdain, que son nom fust celebré par autres que gens d'esprit rare, escriuans d'vn stile hault & serieux.

Non tratti i negotij per mezo di sogetti, ò bassi, ò deboli, come Antioco Re di Soria, che si seruiua d'Apollofane suo Medico per capo del suo consiglio di stato: e Luigi Rè di Francia del suo Medico per Cancelliere, e del Barbiere per Ambasciatore. La bassezza de' mezi auuilisce i negotij, e la debolezza gli storpia, ma vagliasi di soggetti honorati, e di prudenza, e valore congiunto con dignità.

Qu'il ne traite les affaires par le moyen de subiects ou bas ou foibles, comme Antiochus Roy de Sorie, qui se seruoit d'Apollophanes sõ Medecin, pour le chef de sõ Conseil d'Estat: & Loys Roy de France, de son Medecin, pour Chancelier, & d'vn de ses Barbiers, pour Ambassadeur. La basse condition des moyenneurs auillit les affaires, & la foiblesse les estropie: mais qu'il se serue des subiects honnorables, & de prudence & valeur conioincte à la dignité.

Non conuersi, ne s'addomestichi cõ ogni sorte di persone, non con huomini loquaci e cianciatori: perche diuulgando quel, che

Qu'il ne conuerse, & ne se familiarise à toute sorte de personnes, aux hommes languagers & causeurs; pource que diuulgant ce qui se doit

M iiij

tenir secret, il perdra son credit enuers le peuple.

Qu'il ne se fasse ou laisse voir tous les jours, ny en toute occasion, mais en grandes occasions, & auec honneur & bien seance; *Continuus aspectus minus verendos magnos homines, ipsa satietate facit.* Henry IIII. d'Angleterre, estant venu à la Coronne, se retira de la compagnie & conuersation de tous ceux, auec lesquels il auoit passé sa jeunesse; et au lieu d'eux, il se monstra familier aux personnes graues & de valeur, par le seruice, aduis & bon conseil desquels, il peut gouuerner & soustenir le fardeau du Royaume, & la charge des affaires, tant de la paix que de la guerre. Et par ce moyen, il deuint vn tresgrand & treslouable Prince.

Qu'il se delecte plustost d'vn habit graue, que

si deue tener secreto, si discrediteranno presso il popolo.

Non faccia copia di se quotidianamente, nõ in ogni occasione, ma in grandi occasioni, e con decoro. continuus aspectus minus verendos magnos homines, ipsa satietate facit. *Arrigo IIII. d'Inghilterra, assonto che fu alla Corona, si ritirò dalla conuersatione di tutti quelli, co' quali haueua passata la sua giouinezza; e in vece loro ammise alla sua familiarità persone graui, e di valore, co'l cui ministerio, e auiso egli potesse reggere il peso del regno, e la somma de' negotij, cosi di pace, come di guerra. con che egli riuscì Prencipe chiarissimo, e di somma lode.*

Dilettisi d'habito più tosto graue, che va-

go; e moderato, che pomposo.

Se biui gli estremi, non sia precipitoso, non lento; ma maturo, e moderato; e più presto lento, che precipitoso: perche la lentezza ha più somiglianza con la Prudenza, e la precipitatione con la temerità; della quale nissuna cosa è più contraria alla riputatione.

Gioua anco più la seuerità (che come dice Menandro, è salutifera a'le Città) che la piaceuolezza; come cosa più salubre l'amarezza che la dolcezza.

Procuri, che tutte le cose sue siano eccellenti, e si faccino con le debite circostanze. Paulo Emilio non si acquistò minor riputatione con l'eccellenza del conuito, ch'egli fece in Anfipoli à gli Ambasciadori della

beau & plustost moderé que pompeux.

Qu'il fuye les extremes, qu'il ne soit trop soudain ny trop lent; mais meur & moderé: & plustost lent que trop soudain ou se precipitât: pource que la façon lente resemble mieux, ou approche le plus de la prudence; & la precipitation, de la temerité, laquelle est la chose plus contraire qui soit point, à la reputatiō:

Aussi sert plus la seuerité (laquelle, comme dit Menandre est salutaire & profitable aux villes) que la facilité; comme est chose plus salubre l'amertume, q̃ la douceur.

Qu'il mette peine que toutes ses besõgnes soyent excellentes, & se fassent auec les deües & conuenables circonstances. Paul Emile ne s'acquit moindre reputatiō, par l'excellence du festin qu'il fit en Amsipoli aux Ambassadeurs de Grece, que par la victoire & prinse du Roy Perseus.

Qu'il monstre, en toutes ses œuures, vne Magnificence, despensant beaucoup, en choses honorables. Et celles sont honnorables, qui appartiennēt ou au seruice de Dieu, ou au bien & vtilité de la Republique, & aux occurrences extraordinaires.

Qu'il monstre vne magnanimité, & par cete vertu, qu'il orne toutes les autres. Qu'il se porte grand, auec les grands, et humainement auec ses pareils: qu'il fasse plus de cas de la verité, que de l'opinion. Qu'il mette peine que tout ce qui procedde de luy, soit grand & accomply, excellent & merueilleux.

Qu'il ne se soucie de faire beaucoup de choses; mais peu, & qui soyēt excellentes & glorieuses.

Qu'il monstre, en tou-

Grecia, che con la vittoria, e presa del Re Perseo.

Mostri in ogni operatione Magnificenza, con lo spendere in cose honorate largamente: & honorate sono quelle, che appartengono ò al culto di Dio, ò al beneficio della Republica, e all' occorrenze straordinarie.

Mostri magnanimità; e con questa virtù adorni tutte l'altre. Portisi alla grande cō grandi, & humanamente cō pari: faccia più conto della verità, che dell'opinione. Procuri che tutto ciò, che da lui procede, sia grande, e compito, eccellente e merauiglioso.

Non si curi d'operar molte cose; ma poche, e che siano eccellenti, e gloriose.

Rappresenti in ogni

sua attione non sò che di eccelso, & di heroico: nel che fù mirabile Scipione Africano, & Alfonso Rè di Napoli, e'l gran Capitano.

Tenga in piede l'obedienza, e la soggettione de' sudditi; e la dipendenza da lui nelle cose importanti.

Non communichi, con chi si sia, quello, che appartiene alla grandezza, alla Maestà, alla maggioranza sua: quali sono l'autorità di far leggi, e priuilegi, di romper guerra, ò far pace, d'instituire i principali Magistrati, & Vfficiali, e di pace, e di guerra; e'l far gratia della vita, dell'honore, e de' beni, à chi n'è stato giuridicamente priuato; e di batter moneta, d'instituir misure, e pesi, di metter gravezze, e taglie su i popoli,

tes ses actions, je ne sçay quoy de hault, & de heroique: en quoy estoit merueilleux Scipion l'Africain, et Alphonse Roy de Naples, & le grand Capitaine.

Qu'il se fasse obeyr par ses subiects, & que toutes les choses d'importance dependent de luy.

Ne cõmunique à personne ce qui appartient à sa grandeur, preeminence & Maiesté; comme est l'authorité de faire les loix, & Edicts, de donner priuileges, de rompre la guerre, ou faire la paix, d'establir les principaulx Magistrats et Officiers, & de la paix & de la guerre: & de donner les remissions & graces de la vie, de l'honneur & des biens à ceux qui en ont esté priuez & mulctez par justice: & de battre mõnoye, faire mesures & poids, de mettre charges, imposts & tail-

GOVVERNEMENT D'ESTAT,

les sur ses peuples, Capitaines es places & forteresses, ou semblables autres choses, qui concernent l'Estat et la Maiesté.

Se souuienne des paroles de Crispe Saluste, *Eam conditionem esse imperandi, vt non aliter ratio constet, quàm si vni reddatur.*

Et de ces autres, *Sit summus seueritatis & munificentiæ.*

Et de ce propos de l'Empereur Tibere, *Cæteris mortalibus in eo stare consilia, quòd sibi conducere putent: Principum diuersam esse sortem, quibus præcipua rerum ad famam dirigenda.*

Finalement, tienne pour resolu, que la reputation depend de l'estre, non du sembler. ou aduis. *Nihil rerum mortalium tam instabile & fluxum,*

ò *Capitani nelle fortezze, ò simili altre cose, che concernono lo Stato, e la Maestà.*

Riccordisi delle parole dette da Salustio Crispo, Eam conditionem esse imperandi, vt non aliter ratio constet, quàm si vni reddatur.

E di quelle altre: Sit summus seueritatis, & munificentiæ.

E di quel detto di Tiberio Cesare, Cæteris mortalibus in eo stare consilia, quòd sibi conducere putent: Principū diuersam esse sortem, quibus præcipua rerum ad famam dirigenda.

Tenga per risoluto finalmente, che la riputatione dipende dall'essere, non dal parere. Nihil rerum mortalium tam insta-

bile, & fluxū, quàm quàm fama potentiæ, non sua
fama potentiæ non vi nixæ.
sua vi nixæ.

Perche la vecchiez- Car la vieillesse, à cause
za, per l'impotenza, de l'impuissance qu'elle
ch'ella porta seco, suo- porte quant & soy, vo-
le diminuir la riputa- lontiers diminue la repu-
tione. Li Rè dell' In- tatiõ. Les Roys de l'Indie
dia, e del Giapone, ar- & du Iapon, estans par-
riuati à quell'età, ri- uenus à cet aage de vieil-
nontiano gli Stati, e si lesse, quittẽt leurs Estats
ritirano: cosa fatta à & se retirent: ce qu'ha
tempi nostri da Carlo faict de nostre temps,
V. Imperatore. l'Empereur Charles V.

Di quei Prencipi, *Des Princes qui ont esté*
che per grandezza *dicts grands, ou Sages*
di riputatione sono *pour la grandeur de*
stati detti Magni *leur reputation.*
ò Sauij.

Habbiamo det- Nous auons dict
to, che la ripu- que la reputation
tatione si fonda nel sa- se fonde sur le sçauoir &
pere, e nel valore: veg- la valeur: voyons main-
giamo hora con che tenant par quel moyen
arte alcuni Prencipi aucuns excellents Prin-
eccellenti si hanno ac- ces se sont acquis le sur-
quistato il sopranome nom de grand & de Sa-
di Grande, e di Sauio; ge, à fin que le nostre, les
acciò che il nostro imi- imitant, aspire à cete mes-
tandoli, aspiri alla me- me grandeur. On ne

doit pourtant estimer que ceux là qui ont eu tels surnoms, ayent esté ou plus valeureux, ou plus aduisez & accorts, que les autres ; car Scipion, Hannibal, Caius Marius, Iules Cesar, Traian & Seuerus n'ont esté en rien, inferieures à aucun de ceux qui ont esté appellé Grands, bien qu'ils n'ayent eu cete grandeur de nom. Tant y a qu'en ceux qui l'ont eu, s'est veuë vne lumiere de valeur, ou de prudence singuliere, ou absolument, ou en quelque partie.

Le premier qui par vn trescelebre grade (pource que deuant luy estoit Orus le Grand, Roy d'Egypte) s'acquit cete louange, fut Alexandre Roy des Macedoniens, à cause de la grandeur incomparable de ses gestes :

desima grandezza. Nō si deue però stimare, che quelli, che cotali sopranomi hanno hauuto, siano stati ò più valorosi, ò più accorti di tutti gli altri : perche ne Scipione, ne Annibale, ne Caio Mario, ne Giulio Cesare, ne Traiano, ne Seuero furono inferiori à qualunque di quei, che sono stati detti Magni; se bene non hebbero questa grandezza di nome. Ma basta, che in quelli, che l'hanno hauuta, si è visto lume di valore, ò di prudenza singolare, ò assolutamente, ò in qualche parte.

Il primo, che con celeberrimo grado (perche innanzi à lui fù Oro magno, Rè d'Egitto) si acquistò questa lode, si fù Alessandro Rè de' Macedoni, per l'incomparabile grandezza de' gesti suoi: perche, in poco più di diece anni, domò tutto l'Oriente, e riempì con la fama delle vittorie sue, l'Vniuerso. Antioco vno de' suoi successori, hebbe il medesimo honore più per la grandezza degli Stati, che, vinto poi da' Romani, perdè, che del valore.

Q. Fabio Massimo fù così detto, non per le molte sue prodezze in guerra; ma per hauer destramente acquetato il tumulto, e'l pericolo sopraftante alla Republica dalla moltitudine de' Libertini.

Pompeio hebbe sopranome di Magno, più presto per vn'applauso militare (come il gran Capitano a' di nostri) fatto ad vn giouine vittorioso, che perche veramente egli hauesse allora condotto à fine impresa degna di vn tanto titolo. Mitrida-

pource, qu'en dix ans, ou vn peu plus, il dôta tout l'Orient, & remplit l'Vniuers du bruit de ses victoires. Antiochus l'vn de ses successeurs eut le mesme honneur, plus pour la grandeur de ses Estats, qu'il perdit depuis, estant vaincu par les Romains, que pour sa valeur.

Q. Fabius fut appellé tref-grand, non pas à cause de ses grādes prouesses en guerre, mais pour auoir dextrement appaisé & assopy le tumulte, & le dāger menaceāt la Republique par la multitude des Libertins.

Pompée eut le surnom de Grand, plustoft par vn applaudissement militaire (comme le grand Capitaine de noftre temps) faict à vn jeune victorieux, que pour auoir, à cete heurelà, cōduit à fin & executé aucune entreprinse digne d'vn si honnorable tiltre. Mithrida-

GOVVERNEMENT D'ESTAT,

tes Roy des Parthes, & vn autre Roy de Pont sont celebrez de ce nom de Grand; cetuy là pour la grandeur de ses conquestes: cestuy cy, pour la longueur & lon trait de la guerre qu'il ha faicte aux Romains. Herodes premier est dict Grand aussi, pource, croy-ie bien, que par moyen, & par vne valeur seignalée, d'homme priué & estranger, il deuint Roy des Iuifs; & se maintint en son Estat, nonobstant les tresdangereuses trauerses & occasions de ruine qu'il eut par la haine de Cleopatra, la rancune d'Antoine, & puis de l'Empereur Octauian. Et ne l'aggrandirent pas moins les villes par luy en partie, fondées, en partie restaurées; & les diuers superbes & magnifiques bastimens qu'il ha faict faire. La grandeur des victoires & de l'Empire ha donné le sur-

te, Rè de Parti, & vn'altro Rè di Ponto, si celebrano per Magni, quello per la grandezza de gli acquisti, questo per la lunghezza della guerra, fatta à Romani. Si dice anche Magno, Herode Primo, credo perche con arte, e con valore segnalato, di persona priuata, e straniera, diuenne Rè de' Giude: se si mantenne in istato in pericolosissime trauersie, & occasioni di rouinare, per l'odio di Cleopatra, e sdegno d'Antonio, e poi d'Ortauio Cesare: e non meno l'aggrandirono le città da lui parte fondate, parte ristorate; e le varie fabriche fatte molto alla grande. La grandezza delle vittorie, e dell' Imperio die de il sopranome di Magno à Chingi, Rè de' Tartari, che dapoi è restato hereditario a' suoi

suoi successori, che si chiamano tutti Gran Cam. Le infinite imprese, vinte da Maometto I. (perche conquistò due Imperÿ, e dodeci Regni de' Christiani, e ducento città) il fecero chiamare Grã Turco; il qual titolo è poi restato à suoi successori. sì che egli l'hebbe per suo valore, e gli altri quasi per hereditá. Per la medesima ragione i Rè d'Egitto si diceuano gran Soldani; ma il primo, che l'acquistò à se & à successori, fù Caitbeio, per hauer vinto i Turchi à Tarso, ributato i Persiani, domò gli Arabi, tenuto amicitia cò Prencipi della Christianità. Hebbe il medesimo titolo Tamberlane, per la grandezza de gli esserciti, e dell' imprese sue, tra le quali memorabilissima fu la presa di Ba-

surnó de Grand à Chingi, Roy des Tartares, lequel depuis est demeuré hereditaire à ses successeurs, qui s'appellét tous Grand Cam. Les infimes entreprinses, qui ont bien succeddé à Mahõmet I. (pource qu'il ha cõquis deux Empires & douze Royaumes des Chrestiens, & deux cens villes) l'ont faict appeller Grád Turc; tiltre qui depuis, est demeuré à ses successeurs; de maniere qu'il l'ha eu par sa valeur, & les autres, comme par heritage. Par la mesme raisõ, les Roys d'Egypte estoient nõmez Grands Soldans: mais le premier qui s'acquit ce tiltre, & à ses successeurs fut Caitbeius pour auoir debellé les Turcs, en Tarse, repoussé les Persans, dõté les Arabes, & entretenu amitié auec les Princes Chrestiens. Táberlan eut le mesme tiltre, pour la grãdeur de ses armées &

entreprinſes, étre leſquelles fut treſmemorable la
prinſe de Bajazet Roy
des Turcs. Mahommet
ſon ſucceſſeur, de noſtre
téps, lequel auec huict cés
mille ſoldats, partie de
pied, partie de cauallerie
ha rauagé l'Oriét, & eſtédu infiniement ſon Empire, entre le Gáge et l'Inde, ha eſté appellé le grãd
Mogor: pource que ſes
peuples ſe nõment Mogores. Iſmael ha eſté appellé Grand Sophi, pour
la grandeur de ſes entreprinſes, et pour s'eſtre acquis le Royaume de Per
ſe. Les Heſpagnols ont
dõné le meſme ſurnõ de
Grãd à Manzor Roy d'Afrique & d'Heſpagne.

Mais venons aux Princes Chreſtiens, le premier deſquels ayant obtenu vn ſi glorieux tiltre,
ha eſté l'Empereur Con
ſtantin, & pour la grandeur de ſon Empire, &
pour le ſecours & ayde
qu'il ha donné à l'Eſtat

iaſette Rè de' Turchi.
Maometto ſuo ſucceſ
ſore, a' tempi noſtri,
che con ottocento mila
ſoldati, parte a piede,
parte a cauallo, ha conquaſſato l'Oriente, e
diſteſo infinitamente
l'Imperio ſuo tra il
Gange, e l'Indo, è ſtato
detto il Gran Mogor:
perche i ſuoi popoli ſono chiamati Mogori.
Per grandezza d'impreſe, e per hauerſi acquiſtato il Regno della
Perſia, è ſtato chiamato Gran Soffi, Iſmaelle.
Gli Spagnuoli diedero
il medeſimo ſopranome di Grande à Manzor Rè d'Africa, e di
Spagna.

Ma veniamo à Prẽcipi Chriſtiani; il primo de' quali, che ſi glorioſo titolo otteneſſe,
fù Conſtantino Imperatore, e per la grandezza dell'Imperio, e
per l'aiuto dato da lui
all' vniuerſale propa

gatione della Fede: perche sotto lui l'Imperio prima diuiso in più parti, si ruinì, e la Fede santa si ampliò incredibilmente per tutto. Dopò lui trouo esser chiamato Magno (benche non con tanto chiara fama) Theodosio Imperatore; credo per hauer liberato l'Imperio da potentissimi tiranni, e pericoli. Ma nissuno si acquistò mai tanta grandezza di nome, più gloriosamente, di Carlo I. Rè di Francia, per la grandezza delle imprese sue & in pace, & in guerra; per la propagatione della Fede; per lo fauore, col quale egli abbracciò, e quasi risuscitò le lettere, e le scienze; ma principalmente, perche egli fù il primo Imperatore d'Occidente.

Michel Comneno Paleologo fu chiamato

Ecclesiastique, pour l'accroissement de la Foy; car soubs luy l'Empire premierement diuisé en plusieurs parties, fut reüny & la saincte Foy s'estendit incroyablement par tout. Ie trouue qu'apres luy, fut appellé Grād (mais non pas auec telle renommée) l'Empereur Theodose, pour auoir, ce croy-ie, deliuré l'Empire de grands dangers, & de tyrans trespuissans. Mais iamais aucun ne s'y acquis vn si hault tiltre, plus glorieusemēt, qu'ha faict Charle I. Roy de Frāce, pour la grādeur de ses entreprinses & en paix & en guerre: pour l'accroissement de la Foy, pour la faueur de laquelle il ha embrassé et quasi refuscité les lettres & sciences: mais principallement, pource qu'il ha esté le premier Empereur d'Occident.

Michel Comnene Paleologue ha esté appellé

N ij

GOVVERNEMENT D'ESTAT,

Grand, ou pour auoir chassé de Cõstantinople & de Grece, les Latins, et recouuré l'Empire aux Grecs ; ou pour auoir vny, au Concile de Lion, l'Eglise Grecque, auec la Latine.

Magno, ò per hauer cacciato di Constantinopoli, e di Grecia i Latini, e ricuperato l'Imperio a Greci ; ò per hauer vnita, nel Concilio di Lione, la Chiesa Greca, con la Latina.

Otton I. Empereur obtint le mesme tiltre, à cause de plusieurs victoires qu'il ha eu contre les Princes d'Alemagne, de Boheme & d'Hongrie ; & contre les Berengariens, premierement vaincuz, & puis chassez aussi d'Italie ; outre ce qu'il estoit treszelé defenseur de la Foy, qui s'espandit infiniement, soubz son Empire, es Prouinces du Septentrion.

Ottone Primo Imperatore ottenne il medesimo titolo, per le molte vittorie hauute da lui contra i Prencipi di Alemagna, di Boemia, e di Ongaria; e contra i Berengarij, prima vinti, e poi anco cacciati d'Italia. oltra ch'egli fù zelantissimo propagatore della Fede, che sotto l'Imperio suo s'allargò infinitamente nelle Prouintie Settentrionali.

Entre les Roys d'Hespagne, ha obtenu le surnom de Grand, Ferdinand III. tant pource qu'il ha esté le premier, qui ha vny à vne mesme Coronne, les Royaumes

Tra li Rè di Spagna hà ottenuto sopranome di Magno Ferdinando III. si perche egli fù il primo, che vnisse sotto vna Corona i Regni di Lione, e di Castiglia sì perche, col suo eccellente valore, tolse à Mori Stati grandissimi: oltre che non fù men glorioso per Giustitia, e per Religione, che per arte di guerra, e per vittorie.

Alfonso III. fù honorato col medesimo titolo, per lo supremo valore, col quale domò i suoi rebelli, e tolse à Mori molte città, e fabricò Chiese, e Palagi molto alla grande; e fi à l'altre arricchì e ringrandì merauigliosamente, e di fabriche, e d'entrate, il Tempio di S. Giacomo di Compostella.

Trà i Rè di Francia, oltre Carlo I. fù detto Magno Francesco I. ò per grandezza d'imprese, nelle quali però fù, per lo più, infelice ò pure per le molte belle leggi, con le quali riordinò la Giustitia, e ri-

de Leon & de Castille, que pource qu'il ha osté par sa valeur, de tresgrands Estats aux Mores: oultre ce qu'il n'estoit moins glorieux à cause de la Iustice & de la Religion, que de l'art de la guerre et de ses victoires.

Alphonse troisiesme fut honoré du mesme tiltre, à cause de la supreme valeur, de laquelle il domta ses subiects rebelles, & emporta aux Mores beaucoup de villes, & bastit des Eglises & Palais fort magnifiques. Entre autres, il enrichit & agrandit merueilleusement, & d'edifices et de reuenuz, l'Eglise de S. Iacques de Compostelle.

Entre les Roys de France, oultre Charles I. ha esté appellé Grand, François I. pour la grandeur de ses entreprinses, lesquelles toutesfois ne luy ont tousiours heureusement succèddé, ou bien à cause des belles ordon-

N iij

GOVVERNEMENT D'ESTAT,

nances, & loix par lesquelles il restablit la Iustice, et remit sus les estudes des lettres, en France.

Entre les Roys de Pologne ha eu cete grandeur de gloire Casimir II. non tant à cause de ses victoires, que pour les villes par luy reparées, pour auoir fortifié les places, enrichy les Eglises, & pour autres semblables œuures, du temps de paix.

Il ne fault pas laisser en arriere Matthieu Viconte, dist Grand, tant pour auoir, par la patience, surmonté la fortune, que par sa valeur, acquis l'incomparable Duché de Milan, à luy & aux siens. Et au mesme Estat de Milan, ne doit estre teu Iacques Triuulce, dict Grand, à cause de plusieurs batailles esquelles il s'est trouué, & pour la grandeur des entreprinses qu'il ha faictes & conduites à fin: Ny le Grand

mise sù gli studij delle lettere in Francia.

Tra i Rè di Polonia hebbe questa grandezza di gloria Casimiro II. non tanto per le molte vittorie, ch'egli hebbe, quanto per le città riparate, per le castella fortificate, per le Chiese arrichite, e per altre simili opere di pace.

Non si deue lasciar Matteo Visconte, detto Magno, per hauer non meno con la patienza superato la fortuna, che col valore acquistato l'incomparabile Ducato di Milano à se & a suoi descendenti. ne nell'istesso Milano si deue tacere Giacomo Triulzo, detto Grande, per le molte battaglie, nelle quali egli si ritrouò; e per la grandezza dell'imprese da lui tentate, e condotte à fine. Nè il Gran Cane della Scala, illustrato del medesimo titolo, per la grandezza degli Stati, ch'egli si acquistò in Lombardia; sì che ne diuenne tremendo à vicini. Non Magno, ma magnanimo fù chiamato Alfóso Primo Rè di Napoli, per le generose sue operationi, sì nella conquista, come nell'amministratione del Regno; e non meno nelle cose auuerse, che nelle prospere.

Nella Casa de' Medici sono stati tre, che si hanno acquistato il sopranome di Grande: Cosimo il vecchio, Lorenzo, e Cosimo Gran Duca. Cosimo il vecchio, perche in fortuna priuata fece opere da Rè: Lorenzo, perche di capo della Republica Fiorentina, si fece, co'l suo valore Arbitro delle cose, e de' Po-

Cane de la Scala, illustré du mesme tiltre, pour la grandeur des Estats, qu'il s'est acquis en Lombardie : de maniere qu'il en est deuenu redoutable à ses voisins. Alphonse I. Roy de Naples ha esté appellé non grand, mais magnanime, à causes de ses œuures genereuses, tant en ses conquestes, que au gouuernement du Royaume : & non moins es aduersitez, qu'es prosperitez.

En la maison des Medicy ont esté trois qui se sont acquis le surnom de Grãd : Cosme le vieil, Laurẽs & Cosme Grand Duc : Cosme le vieil, pource qu'en sa particuliere fortune, il ha faict des œuures de Roy : Laurens, pource que de Chef de la Republique de Florence, il s'est faict par sa valeur, Arbitre des affaires & des Potentats

d'Italie: Cosme, pource qu'à sa grande sagesse, par laquelle il ha fondé & asseuré en sa maison, la Principauté de Florence, qu'il ha agrandie de la conqueste de Sienne, il ha adiousté vne singuliere & excellente Religio, par laquelle le Pape Pie V. (duquel ne se sçait si la Prudéce ha esté plus grande, ou la Saincteté) l'honnora du tiltre de grand Duc.

Entre les Papes de Rome, ont eu cet honneur Leon I. & Gregoire I. Leon, pource que par sa seule presence, accompagnée d'vn zele, & d'vne merueilleuse efficace de paroles, il fit retourner en arriere Attila, tout plein de rage & de fureur, contre la ville de Rome: & pource que par son authorité, en vn Concile celebré & tenu en Calcedone, de six cens, trente Euesques, il condamna l'heresie de

tentati d'Italia: Cosmo, perche alla somma sapienza, con la quale fondò in casa sua il Prencipato di Fiorenza, e l'ampliò con l'acquisto di Siena, aggiunse vna eccellente Religione per la quale fù da Pio Quinto (Pontefice, di cui non sai se fù maggiore la Prudenza, ò la Santità) honorato col titolo di Gran Duca.

Tra i Pontefici Romani hanno hauuto questo honore Leone I. Gregorio I. Leone, perche con la sola presenza, accompagnata da vn zelo, e da vna efficacia meraniglosa di parole, fece ritornar in dietro Attila, tutto pieno di rabbia, e di furore, contra la Città di Roma: e perche con l'autorità sua, in vn Concilio celebrato in Calcedone, di sei cento e trenta Vescoui, condannò l'heresia di Nestorio, e di Eurichete, & abbassò la superbia di Dioscoro. Gregorio, per la santità della vita, altezza della dottrina, estirpatione delle heresie, riforma delle ceremonie, e d'ogni parte della disciplina ecclesiastica, e per la conuersione de gl'Inglesi.

Nestorius, & de Eutiches, & abaissa l'orgueil de Dioscorus: Gregoire, à cause de la saincteté de sa vie, profonde doctrine, extirpation des heresies, reformation des ceremonies, & de toute partie de la discipline Ecclesiastique ; & aussi pour la conuersion des Anglois.

Dalle cose sudette si può comprendere, che di quei, che sono stati detti Magni, altri hanno acquistato questa gloria per grandezza di Stati, vniti sotto la loro Corona : nel che hà valuto più ordinariamente l'occasione, che'l valore : altri per grandezza d'imprese, ò di pace, ò di guerra : e l'imprese sono stimate grandi, ò per l'importanza loro, ò perche tu sei stato il primo, che l'hai essequite.

Des choses susdictes se peut comprendre, que de ceux qui ont esté dicts Grands, aucuns ont acquis cete gloire, à cause de la grádeur des Estats vniz à leur Coronne : en quoy ordinairement ha plus seruy l'occasion que la valeur : autres, pour la grandeur des entreprinses ou de paix, ou de guerre ; & les entreprinses ont esté estimées grádes, ou à cause de leur importance, ou à cause de ceux qui premiers les ont mises à fin.

13. Des Sages.

LE premier, entre les Roys, apres Salomon, qui s'acquit ce titre, fuſt Alphonſe X. Roy de Caſtille, nõ pour ſa prudence au gouuernement de ſon Eſtat, mais à cauſe de ſon eſtude particuliere, en la Philoſophie, & principallement, en la conſideration des mouuements celeſtes, comme en font foy ſes tables Aſtrologiques. Apres luy, fut ſurnómé Sage, Albert Archiduc d'Auſtriche, ce croy-ie, à cauſe de ſa dexterité aux affaires, & à enrichir les ſiens. Charles V. Roy de France, ha eu ce meſme tiltre, auec plus de raiſon, non tant pource qu'il fauoriſoit ſingulierement les lettres & les lettrez, que pource que ſans ſortir en campagne, & ſans ſe faire mettre le harnois ſur le

De' Sauij.

IL primo, che ſi acquiſtaſſe queſto titolo, dopò Salomone, trà i Rè, fù Alfonſo X. Rè di Caſtiglia, non per ſapienza di gouerno, ò prudenza di Stato, ma per ſtudio particolare, col quale egli atteſe alla Filoſofia, e principalmente alla cõſideratione de' moti celeſti, come ne fanno fede le ſue tauole Aſtrologiche. Dopò lui fù cognominato Sauio Alberto Arciduca d'Auſtria, credo per la deſtrezza, ch'egli hebbe nel negotiare, e nell' arichire i ſuoi. Hebbe il medeſimo titolo (e con più ragione) Carlo V. Rè di Francia, non tanto perche egli foſſe ſommo fautore delle lettere, e de' letterati, quanto perche, ſenza vſcir in campagna, e senza metterſi arme in doſſo, guerreggiò feliciſſimamente, per mezo de' ſuoi miniſtri, contra gl'Ingleſi, e ritolſe loro tutto ciò, che ſuo Padre haueua perduto. Non voglio laſciare Ottone III. che, ſe bene non fù detto ne Magno, ne ſauio, hebbe però vn maggior honore; conciosia che per l'accortezza, e valor moſtrato da lui, nella ſua ancor giouenile età fù chiamato miracolo del mondo.

dos, il ha heureuſement faict la guerre, par le moyen de ſes Lieutenās & Capitaines contre les Anglois, & recouuré ſur eux, tout ce que ſon pere auoit perdu. Ie ne veux obmettre Othon III. lequel bien qu'il n'ait eſté appellé ny Grand, ny Sage, ha obtenu ce neantmoins vn plus grand honneur, veu que par ſon eſprit & valeur, meſmes en ſa jeuneſſe, il ha eſté appellé le miracle du monde.

Delle virtù conſeruatrici delle coſe ſudette.

Des vertuz qui conſeruent les choſes ſuſdictes.

Le virtù, delle quali habiamo ſin hora ragionato, e ſù le quali s'appoggia l'amore, e la riputatione, durano poco, ſe non ſono aiutate, e mantenute da due altre: e queſte ſono la Religione, e la

Les vertuz deſquelles nous auons parlé iuſques à preſent, & ſur leſquelles s'appuye l'amour & la reputation, durent peu, ſi elles ne ſont aydées & maintenues de deux autres: ces vertus ſont la Religion

& la Temperance. La Republique est comme vne vigne, qui ne peut florir ny fructifier, si elle n'est fauorisee des influences celestes, & aydee de l'industrie humaine, pour la pouer, tailler & cultiuer. La Religion procure de maintenir les Estats, par l'ayde surnaturelle de la grace de Dieu: la Temperance, en eslognant d'iceux les delicatesses, & entretien des vices, qui les font ruiner.

Temperanza. La Republica è quasi vna vigna, che non può fiorire, ne far frutto, se non è fauorita dall'influenze celesti, e aiutata dall'industria humana che la poti, e le tronchi le superfluità. La Religione procura di mātener gli Stati, con l'aiuto sopranaturale della gratia di Dio: la Temperanza, col tenerne lontane le morbidezze, & i nodrimēti de' vitij, onde procedono le rouine.

15. De la Religion.

Della Religione.

C'EST chose trescertaine, qu'es temps heroiques, les Princes auoyent soucy des choses sacrées, comme Aristote enseigne. Ce n'est pas à dire qu'ils sacrifiassent (bien que Matusalem fust & Roy & Prestre ensemble) mais à fin que par leur ayde, les sa-

Egli è cosa certissima, che ne' tempi heroici i Prencipi haueuano cura delle cose sacre, come insegna Aristotele; non perche essi sacrificassero (benche Matusalem era insieme e Rè, e Sacerdote) ma affinche con l'aiuto loro i sacrificij fossero celebrati magnificamente: e'l medesimo Aristotele dice, ch'egli è cosa conueniente à supremi Magistrati, il sacrificare alla grande, e con magnificenza. I Romani non trattauano d'impresa, ne di negotio nissuno publico, che prima non deliberassero della procuratione de' prodigij, e del placar l'ira de gli Dei, ò di conciliarsi la lor gratia, ò di ringratiarli de' beneficij. Teneuano finalmente la Religione per vn capo principale del lor gouerno; ne comportauano, che in modo alcuno fosse alterata, non che violata. Diotimo scriue esser necessarie al Rè tre cose, Pietà, Giustitia, e Militia: la prima, per la perfettione di se stesso; la seconda, per contener in vfficio i suoi; la terza, per tener

crifices fussent magnifiquement celebrés: le mesme Aristote dit estre chose conuenable aux souuerains Magistrats, de sacrifier à la grandeur, & auec magnificence. Les Romains ne traitoyent d'aucune entreprinse, ny d'aucun affaire public, que premierement ils ne deliberassent de la procuration des prodiges, & d'appaiser l'ire des Dieux, ou de gangner leur grace, ou de les remercier de leurs biensfaicts. Finalement, ils tenoyent la Religion pour vn Chef principal de leur gouuernement, & n'enduroyent point qu'elle fust violée, nõ pas seulement alterée, en la moindre chose du mode. Diotimus escrit que trois choses sont necessaires au Roy, la Pieté, la justice, & la Milice: la premiere, pour la perfection de soy-mesme; l'autre, pour contenir les siens en leur deuoir; la roi-siesme, pour eslongner les ennemys. Et Aristote conseille aussi au Tyran de faire toute chose pour estre estimé religieux & pieux: premieremét, pource que les subiects, ayans telle opinion de luy, n'auront peur d'estre mal & iniquement traittez de celuy, qu'ils estiment reuerer les Dieux: & puis, pource qu'ils se garderont de se sousleuer, contre celuy, qu'ils pensent estre agreable aux Dieux. Mais il est dificile que celuy qui n'est vrayment religieux, soit estimé tel, veu qu'il n'ya chose qui dure moins que faict la feintise & simulation. Le Prince donc se doit humilier, de tout son cœur, deuant la Maiesté diuine, & recognoistre d'elle le Royaume, & l'obeissance de ses subiects: & plus il est esleué par dessus les autres, plus il se doit ab-

lontani i nemici. & Aristotele consiglia anco il Tiranno à fare ogni cosa, per esser stimato Religioso, e pio: prima, perche i sudditi, tenendolo in tal concetto, non haueranno paura d'essere iniquamente trattati da quel, ch'essi stimano riuerir gli Dei: appresso, perche si guarderanno di solleuarsi, e di dar disturbo à colui, che essi pensano esser caro à gli Dei. ma egli è difficile, che chi non è veramente Religioso, sia stimato tale, poiche non è cosa, che manco duri, che la simulatione. Deue dunque il Prencipe, di tutto cuore, humiliarsi innanzi la Diuina Maestà, e da lei riconoscere il Regno, e l'obedienza de' popoli; e quanto egli è collocato in più sublime grado sopra gli altri, tanto deue abbassarsi maggiormente nel cospetto di Dio: non metter mano à negotio, non tentar impresa, non cosa nissuna, ch'egli non sia sicuro esser conforme alla legge di Dio. Il perche l'istesso Dio cõmanda al Rè, che habbia presso di se copia della sua santa legge, e che l'osserui sollecitamente, con parole, che per esser di somma importanza, non mi sarà cosa graue il metterle qui. Dice dunque,

Postquam autẽ sederit in solio Regni sui, describet sibi Deuteronomiũ legis huius in volumine, accipiens exemplũ à Sacerdotibus Leuiticæ Tribus; & habebit secum, legetq́; illud omnibus diebus vitæ suæ, vt discat timere Dñm Deum suum, & custodire verba, & ceremo-

baisser deuant Dieu; & n'entreprendre aucune chose, qu'il ne soit asseuré estre conforme à la loy de Dieu. C'est pourquoy Dieu mesme commande au Roy, d'auoir pres de luy & deuant ses yeux le double & table de sa Saincte loy, & de l'obseruer songneusement, par ces paroles qui sont de tresgrande importance. Il dit donc,

Postquàm autem sederit in solio Regni sui, describet sibi Deuteronomium legis huius in volumine, accipiens exemplum à Sacerdotibus Leuiticæ Tribus; & habebit secum, legetque illud omnibus diebus vitæ suæ, vt discat timere Dominum Deum suum, & custodire verba, & ceremonias eius, quæ in lege præcepta sunt; ne eleuetur cor eius in superbiam super fratres suos: neque declinet in partem dex-

*teram, vel sinistram, vt
longuo tempore regnet ipse,
& filius suus super Israel.*

A raison dequoy il seroit
necessaire, que le Prince ne mist aucune chose en deliberation au
Conseil d'estat, qui ne
passast premierement au
conseil de côscience, auquel fussent assemblez
Docteurs excellents en
Theologie, & droict canon : car autrement sa
conscience en sera chargee, & fera des choses,
qu'il sera besoin, apres,
deffaire, s'il ne veult
damner son ame, & celles de ses successeurs. En
cecy meritent grande
louange Ferrant d'Arragon & Isabelle de Castille, qui ont tousiours
enchargé à leurs Lieutenans

*nias eius, quæ in lege præceptasunt, ne
eleuetur cor eius in
superbiã super fratres suos, neque declinet in parté dexterã, vel sinistram,
vt longo tempore
regnet ipse, & filius
suus super Israel.*

Per lo che sarebbe necessario, che il Prencipe non metesse cosa nissuna in deliberatione
nel consiglio di Stato,
che non fosse prima vetillata in vn consiglio
di conscienza, nel quale interuenissero Dottori eccellenti in Teologia, & in ragione
Canonica ; perche altramente caricarà la
conscienza sua, e farà
delle cose, che bisognerà poi disfare, se non
vorrà dannare l'anima sua, e de' successori.
Meritano molta lode
in ciò Ferrante d'Arragona, e Isabella di
Castiglia, che commiser

sero sempre a lor capitani nell' America, che non faceßino impresa nißuna senza participatione de' Religiosi, & de' Vescoui. Ne ciò deue parer cosa strana: perche se i Romani non tentauano cosa veruna senza il parere, e l'approbatione de gli Auspici, e de gli Auguri: se il Turco non si muoue à far guerra, ne altra cosa d'importanza, senza consultarla col Mufti, & hauerne il suo giudicio in iscritto; perche deue il Prencipe Christiano chiuder la porta del suo conseglio secreto all' Euangelio, & à CHRISTO? e drizzare vna ragione di Stato contraria alla legge di Dio, quasi Altare contra Altare? ò come può sperare, che le cose li debbano succeder felicemente, se le ha consultate senza ri-

tenans en l'Amerique, de n'entreprendre aucune chose, sans y appeller les Religieux & Euesques. Ce qui ne doit sembler estrange; car puis que les Romains n'entreprenoyent rien, sans l'approbation des Auspices, & des Augures; puis que le Turc ne fait iamais la guerre ny autre chose d'importance sans en prendre conseil du Mufti, & en auoir son iugement par escrit, pourquoy le Prince Chrestien fermera il la porte de son conseil secret à l'Euangile & à Iesus Christ? pourquoy dressera il vn conseil d'Estat contraire à la loy de Dieu, comme Autel, contre Autel? ou bien, comment peut il esperer que les affaires luy doiuent heureusement succeder, s'il les ha consultées, sans aucun respect de celuy qui est l'auteur de la felicité? Qui fut ia-

O

mais ou plus Religieux, ou plus heureux es guerres, que Constantin le Grand, qui mettoit toute sa fiance, en la croix? que Theodose (escrit Nicephore) lequel a obtenu plusieurs victoires, plustost par la faueur de la priere, que par la valeur des gens de guerre? La grandeur des Princes d'Austriche n'est proceddée d'ailleurs, que de leur excellente pieté; veu qu'on lit, que Rodolphe Comte d'Abspurg, estant à la chasse auec vne grosse pluye sur le doz, il récontra vn Prestre, qui cheminoit seul par là; auquel ayant demandé où il alloit, & pourquoy il se mettoit en chemin, par vn si mauuais temps, il fit responce qu'il s'en alloit porter le tressainct viaticq à vn malade. Rodolphe descendit incontinent, & adorant humblement Iesus-Christ,

spetto alcuno verso l'autor della felicità? Chi fu mai ò più Religioso, ò più felice nelle guerre, di Constantino Magno, che metteua ogni sua fidanza nella Croce? Di Theodosio (scriue Niceforo) ch' egli ottenne molte vittorie più presto col fauore dell' oratione, che col valore de' soldati? La grandezza de' Prẽcipi d'Austria non è nata d'altronde, che dalla loro eccellente pietà; conciosia che si legge, che essendo à caccia con vna gran pioggia Rodolfo Conte d'Habspurg, s'incõtrò in vn Sacerdote, che per colà solo caminaua; & hauendole richiesto doue andasse, e qual fosse la cagione di viaggio sì importuno; rispose, che se ne andaua à portare li Santissimo viatico ad vn infermo. Smontò incontanente

Rodolfo, & adorando humilmente GIESV CHRISTO, nascosto sotto la Spetie, e la forma del pane, mise il suo ferarolo sù le spalle al Sacerdote, acciò che la pioggia non lo gravasse tanto, e con maggior decenza portasse l'Hostia sacrosanta. Il buon Sacerdote ammirando, e la cortesia e la pietà del Conte, gli rese gratie immortali; supplicò Sua Divina Maestà, che ne'l remeritasse cõ l'abbondanza delle gratie sue. (cosa mirabile) fra poco tempo Rodolfo di Conte divenne Imperatore, e i suoi successori, Archiduchi d'Austria, Prencipi de' paesi bassi, Regi di Spagna, con la Monarchia del Mondo nuovo, Signori d'infiniti Stati, e di paesi immensi. I Carleschi acquistarono il Regno di Francia con

caché soubz l'espece & la forme du pain, il mit son manteau sur les espaules du Prestre, à ce qu'il ne fust tant molesté de la pluye, & il portast la tressaincte hostie, auec plus d'honneur & reuerence. Le bon Prestre admirant & la courtoisie & la pieté du Comte, le remercia affectionnement, & supplia la Maiesté diuine, le remunerer de l'abondance de ses graces. (Chose merueilleuse) en peu de temps, Rodolphe, de Comte, deuint Empereur, & ses successeurs Archiducs d'Austriche, Princes des pays bas, Roys d'Hespagne, auec la Monarchie du nouueau monde, Seigneurs d'infiniz Estats, & de pays immenses. Les Carolomingiens acquirent le Royaume de France par la protection & faueur qu'ils donnerent à la Religion & au Vicaire

O ij

de Iesus-Christ. Les Capeuingiens obtindrent le mesme Royaume, par le mesme moyen de la pieté. La Religion est le fondement de toute Principauté : car toute puissance venant de Dieu, & ne s'acquerant la grace & faueur de Dieu autrement, que par la Religion, toute autre fondemeut sera ruineux. La Religion rend le Prince agreable à Dieu; & que peut craindre celuy qui ha Dieu de son costé ? La bonté d'vn Prince souuentesfois est cause de la prosperité des subiects. Mais pource que Dieu permet bien souuent & les infortunes & la mort des Princes, & les reuolutions des Estats, & les ruines des villes, à cause des pechez des peuples, & pource qu'il est ainsi cóuenable, pour la gloire & le seruice de sa saincte Maiesté, le Roy doit em-

la protettione, e col fauore prestato alla Religione, & al Vicario di CHRISTO. I Chi appetteschi ottennero il medesimo Regno, con l'istesso mezo della pietà. La Religione è fondamento d'ogni Prencipato; perche, venendo da Dio ogni podestà, e non si acquistando la gratia, el fauor di Dio altramente, che con la Religione, ogni altro fondamento sarà rouinoso. La Religione rende il Prencipe caro à Dio; e di che cosa può temer chi hà Dio dalla sua ? E la bontà d'vn Prencipe è spesse volte cagione delle prosperità de' popoli. Ma perche bene spesso Dio permette, e le disdette, e le morti de' Prencipi, e le riuolutioni de gli Stati, e le rouine delle Città per li peccati de' popoli; e perche cosi conuiene per la gloria, e'l seruitio di S. Maestà deue il Rè vsare ogni studio e diligenza per introdurre la Religione, e la pietà, e per accrescerla nel suo Stato. A questo effetto Guglielmo Duca di Normandia, hauendo acquistato il Regno d'Inghilterra, per stabilirruisi, e fermarui bene il piede fece ragunare in Vintona, con l'auttorità di Alessandro II, vn gran Sinodo. Quiui procurò egli, che fossero riformati con ottime leggi, i costumi guasti del Clero, e del popolo, e messo buonissimo ordine alle cose della Religione, e del colto diuino. fece il medesimo Arrigo II. nella Città di Castel, per riordinar l'Irlanda da lui conquistata. Ne' tempi di Arnolfo Imperatore, e ne' seguenti anni, mancata e per lo

ployer tout soin & diligence à introduire la Religion & la pieté, & à l'accroistre en son Estat. A cet effect Guillaume Duc de Normandie, ayant acquis le Royaume d'Angleterre, pour s'y establir & asseurer, fit assembler à Vintone, par l'authorité d'Alexandre, II. vn grand Concile: où il moyenna la reformation des mœurs corrompues du Clergé & du peuple, par tresbonnes loix & statuts, & par ce moyen fut mis tresbon ordre aux affaires de la Religion & du seruice diuin. Henry II. fit de mesme, en la ville de Castel pour donner ordre aux affaires d'Irlande, qu'il auoit conquis. Du temps de l'Empereur Arnolphe, & les années suiuantes, la Religion manquant, & estant negligée, & par le mauuais exemple, & par la faulte des Empereurs,

O iij

qui estoyent tres-insolents enuers l'Eglise, toute vertu par mesme moyen, fut mise souz le pied: & l'Italie fut saccagée & pillée par les Sarrasins: finalement fut ruinée par les Barbares, iusques à ce que Sergius II. qui estoit de tressaincte vie, & tres-religieux de cœur, et l'Empereur Henry II. qui estoit de grande valeur en guerre, & de vie pieuse & saincte, restablirent les affaires du monde, & remirent l'Eglise en son ancienne splendeur. Car la Religion est comme la Mere de toute vertu: elle rend les subiects obeissans à leur Prince, courageux es entreprinses, hardiz es dangers, liberaulx es necessitez, prompts en toutes les affaires de la Republique; veu qu'ils sçauent bien qu'en seruant le Prince, ils font seruice à Dieu, duquel il tient le lieu. Ie feray fin

mal essempio, e per colpa de gl'Imperatori, ch'erano insolentissimi verso la Chiesa, la Religione, mancò insieme ogni virtù; e l'Italia fu depredata da' Saraceni; e rouinata finalmente da' Barbari, sino à tanto, che Sergio II. che fu di vita santissima, e d'animo Religiosissimo, & Henrico II. Imperatore, che fu di gran valore in guerra, e di non minor pietà in ogni parte della vita, rallumarono il mondo, e ridussero la Chiesa nel suo antico splēdore. perche la Religione è quasi madre d'ogni virtù. rende i sudditi obedienti al suo Prencipe, coraggiosi nell'imprese, arditi ne' pericoli, larghi ne' bisogni, pronti in ogni necessità della Republica; conciosia che sanno, che seruendo il Prencipe, fanno seruitio à Dio, di cui egli tiene il luogo. Farò fine co'l consiglio dato da Mecenate à Augusto Cesare. Honora, dice, Dio perpetuamente conforme alle leggi antiche: & fa che gli altri facciano il medesimo. Odia, e castiga quelli che faranno nouità nelle cose diuine; e ciò non solo per rispetto delli Dei (i quali però chi sprezza, non farà mai conto d'altra cosa) ma perche quelli, che alterano la Religione, spingono molti all'alteratione delle cose, onde nascono congiure, seditioni, conuenticoli, cose poco à proposito per il Prencipato.

par le conseil que donne Mæcenas à l'Empereur Auguste. Honore (dit-il) perpetuellement Dieu, suiuant les anciénes loix; & fay que les autres fassent de mesme. Hay & chastie ceux, qui feront & introduiront des nouueautez es choses diuines & au faict de la Religion; & ce non seulement pour le respect des Dieux (lesquels toutesfois, ne se doiuent mespriser & quiconque les mesprise ne fera iamais comte d'autre chose) mais pource que ceux là qui alterent la Religion, incitent plusieurs à l'alteration, changement & nouueauté des choses; d'où naissent apres les cóiurations, seditions, conuenticules, assemblées & monopoles, toutes choses peu à propos, pour la Principaulté.

16 Modi di propagar la Religione.

Moyens d'espandre & accroistre la Religion.

LA Religion, es gouuernemens, est de si grande force, que sans elle, tout autre fondement d'Estat vacille & n'est asseuré. Ainsi tous ceux quasi, qui ont voulu fonder des nouueaux Empires, ont aussi introduit nouuelles sectes, ou innoué les vieilles : comme en font foy Ismaël Roy de Perse, & le Seriffe Roy de Maroc. Mais entre toutes les loix, il n'y en a aucune plus fauorable aux Princes, que la Chrestienne, pource qu'elle leur soumet non seulement les corps & les biens des subiects, où il est conuenable, mais aussi les volontez & les consciences : elle lie, non seulemēt les mains, mais aussi les affections et les pensées, elle veut que l'on obeisse aux Princes discoles & desordonnez, & non seulement aux bons & moderez ; & que l'on

E Di tanta forza la Religione nē gouerni, che senza essa, ogni altro fondamento di Stato vacilla. cosi tutti quelli quasi, che hanno voluto fondare nuoui Jmperij, hanno anco introdotto nuoue sette, ò innouato le vecchie; come ne fan fede Ismaelle Re di Persia, e'l Seriffo Re di Marocco, ma trà tutte le leggi non ve n'e alcuna più fauoreuole a' Prencipi, che la Christiana; per che questa sottomette loro, non solamente i corpi, e le facoltà de' sudditi, doue conuiene; ma gli animi ancora, e le conscienze; e lega non solamente le mani, ma gli affetti ancora, & i pensieri; e vuole, che si obedisca a' Prencipi discoli, non che a' moderati; e che si patisca ogni cosa, per non perturbar la pace. E non è cosa alcuna, nella quale disobligbi il suddito dall'obedienza debita al Prencipe, se non è contra la legge della natura, ò di Dio; & in questi casi vuole, che si faccia ogni cosa, prima che si venga à rottura manifesta. di che diedero grande essempio i Christiani nella primitiua Chiesa; conciosiache se bene erano perseguitati, e con ogni crudeltà tormentati; nondimeno non si legge che si ribellassero mai dall'Jmperio; ò si riuoltassero contra i lor Prencipi. patiuano le ruote, e'l ferro, e'l fuoco; l'immanità, e la rabbia, e de' tiranni, e de' carnefici per la pace publica. Ne si deue stimare, che ciò auuenisse, perche non hauessero forze; conciosiache le legioni intiere gettauano l'armi, e si lasciauano crudelmen-

endure toute chose, pour ne troubler la paix & le repos. Et n'y a chose, pour laquelle cete loy desoblige & exempte le subiect de l'obeissance deuë au Prince, si elle n'est contre la loy de la nature, ou de Dieu. En ces cas, elle veult que l'ō fasse toute chose, auant que de venir à vne manifeste rupture. Dequoy en ont dóné vn grand exemple, les Chrestiés en la primitiue Eglise; car bien qu'ils fussent persecutez et cruellemét tourmentez, ce neantmoins ne se lit, que iamais ils se soyent rebellez de l'Empire, iou reuoltez contre leurs Princes. Ils enduroyent les roues, le fer, le feu, la cruauté & la rage & des Tyrās & des bourreaux, pour la paix publique. Et ne doit on estimer que cela aduint, pour n'auoir des forces; veu que les legions entieres jettoyent les armes

& se laissoyent cruellement dechirer & mettre en pieces: & ce qui n'est pas moins emerueillable, ce nonobstant, ils prioyent Dieu tous les jours, pour la conseruation de l'Empire Romain. Et de nostre temps, nous voyons que les Catholiques ont esté par tout oppressez par les heretiques, en Escosse; en Angleterre, en France, en Flandre; & en plusieurs endroits d'Alemagne: ce qui est vn indice de la verité de la foy Catholique, qui rend les subiects obeissans au Prince, & leur lie la conscience, & les fait desireux de la paix, & énemys du trouble, & des scãdales. Mais Luther, Caluin & les autres s'eslongnans de la verité Euangelique sement par tout la zizanie, les reuolutiõs des Estats, & les ruines des Royaumes. Or estant l'importance de la Religion si

te stratiare; e quel che è di non minor marauiglia, con tutto ciò, pregauano cotidianamente Dio per la conseruatione dell' Imperio Romano. E ne' tempi nostri noi veggiamo che i Cattolici sono stati per tutto oppressi da gli heretici in Scotia, in Inghilterra, in Francia, in Fiandra, & in molte parti d'Allemagna; il che è inditio della verità della Fede Cattolica, che rende i sudditi obedienti al Prencipe, e lega loro la conscienza, e li fa desiderosi di pace, e nemici di rumore, e di scandali. Ma Lutero, e Caluino, e gli altri, allontanandosi dalla verità Euangelica, seminano per tutto zizanie, e reuolutioni di Stati, e rouine de Regni. Hora essendo tanta l'importanza della Religione per lo felice gouerno, e per la quiete de gli Stati, deue il Prencipe fauorirla, e con ogni suo studio dilattarla, perche (come diceua Emanuelle Duca di Sauoia) la gente dedita alla Religione, e alla pietà viue molto piu obedientemēte, che quella, che si gouerna à caso. E prima conuiene, ch'egli schiui gli estremi, che sono la simulatione, e la superstitione; quella, perche (come hò già detto) non può durare, e scoperta, discredita affatto il simulatore; questa perche porta seco disprezzo. sia sodamente Religioso, contra la fittione; e sauiamente pio, contra la superstitione. Dio è verità, è vuol esser con verità, e con schiettezza d'animo adorato.

Supposto questo fondamento, presti il debi-

grande, pour l'heureux gouuernement, & pour le repos des Estats, le Prince la doit fauoriser, & l'estendre tant qu'il luy est possible: car (cōme dit Emanuel Duc de Sauoye) le peuple qui est addonné à la Religion & à la pieté, est bien plus obeissant que celuy qui se gouuerne à l'aduanture. Et premierement, il fault qu'il euite les extrémes, qui sōt la simulation et la superstition: celle là, pource (cōme i'ay dict) qu'elle ne peut durer: & estant descouuerte, elle faict perdre du tout le credit au simulateur: cete cy, pource qu'elle porte, quāt & soy, vn mespris. Il soit fermément Religieux, contre la feintise, & sagement pieux, contre la superstition. Dieu est verité, & veult estre adoré auec verité, & purité de cœur.

Ce fondement supposé, il fasse l'honneur qu'il

doit, au Vicaire de Iesus-Christ, & aux Ministres des choses sacrees : & qu'il en donne exemple aux autres, se persuadant qu'il n'ya chose, qui de-monstre vne plus grande impieté, ou pusilanimité ; que de s'ataquer aux Papes & aux personnes Religieuses: attendu que si tu les honnores, pour l'honneur & respect de Dieu (duquel ils tiennent le lieu) ne leur cedant, tu es impie : si tu ne les honores, pour l'amour de Dieu, mais pour quelque qualité, qui soit en eux, tu es vne beste et vn sot. *Religioni* (dit Valerius) *summum Imperium cessit.* Henry II. Roy de France, ayant faict sa ioyeuse entree, fit vn magnifique festin, selon la coustume, aux Princes du Royaume : & comme se fust meuë vne tacite contentió entre les Ecclesiastiques & les laics, il l'a termina par ces nobles

to honore al Vicario di Christo, e a' Ministri delle cose Sacre; e ne dia essempio à gli altri, persuadendosi, che non è cosa che arguisca maggior empietà, ò viltà d'animo, che l'attaccarsi co' Pontefici, e con le persone Religiose. conciosia che, se tu li honori per rispetto di Dio (di cui tengono il luogo) sei, non cedendo, empio; se non gli honori per rispetto di Dio, ma per qualche loro qualità, sei scempio. Religioni, *dice* Valerio, summum Imperium cessit. *Arrigo II. Re di Francia hauendo fatta la sua gioiosa entrata, diede vn magnifico pasto, secõdo l'vsanza, a Prencipi del regno: & essendo nata vna tacita contesa tra gli Ecclesiastici, e i laici, egli la terminò con quelle nobili parole:*

Egli è vn pezzo, ch'io ho dato, e dedicato la mia destra alla Chiesa. Non si può in questa parte à bastanza lodare Ferrante Cortese, cöquistatore della nuoua Spagna; perche questo eccellentißimo personaggio, con l'incredibile riuerenza, ch' egli portaua à Sacerdoti, & à Religiosi, mise in sommo credito, e pregio la fede, e la Religione Christiana in quei paesi. e l'essempio suo ha hauuto tanta forza, che sin' al di d'oggi non è luogo al mondo, doue il Clero sia più rispettato, e le persone Religiose più riuerite, che nella nuoua Spagna. e non è possibile, che stimi la Religione, chi non fa conto de' Religiosi; perche come potrai honorare la Religione, che tu non vedi, se non fai stima de' Religiosi,	paroles: Il y a quelque temps, que i'ay donné & dedié ma dextre à l'Eglise. On ne peut, en cet endroit, suffisamment louer Ferrant le Courtois, conquesteur de la nouuelle Espagne, pource que ce tres-excellent personnage, auec l'incroyable reuerence qu'il portoit aux Prestres & aux Religieux, mit en tresgrand credit la foy et Religion Chrestienne, en ces pays là. Et son exemple ha eu tant de force, que jusques au jourd'huy, il n'y a lieu au monde, où le clergé soit plus respecté, & les Religieux plus reuerez qu'é la nouuelle Espagne. Et n'est possible, que celuy estime la Religion, qui ne fait conte des Religieux; car comment pourras tu honnorer la Religion, que tu ne vois pas, si tu ne fais comte des Religieux, que tu has deuant tes yeux?

Il faſſe élite des perſonnes Religieuſes d'excellente doctrine & vertu, & les mette en tout le credit qu'il pourra, enuers le peuple en les oyant ſouuent : s'ils ſont Predicateurs ; en ſe ſeruant de leur prudence, s'ils ſont fort experimentez ; en ſe trouuant ès diuins offices, ès Egliſes, dont les miniſtres ſont de bon exemple : les honnorans aucuneſfois de ſa table, leur demandant leur aduis ſur quelque choſe : leur remettant quelque ſorte de requeſtes, qui appartiennent à la conſcience, ou à l'ayde des pauures, ou de quelque autre œuure pieuſe ; leur donnant, en fin, ſubiect & occaſion d'exercer & employer leurs talents, au profit commun.

che tu hai innanzi gli occhi?

Faccia ſcelta delle perſone Religioſe d'eccellente dottrina, e virtù, e mettale in tutto quel credito appreſſo il popolo, ch'egli potrà, con vdirli ſpeſſo, ſe ſono Predicatori, col valerſi della lor prudenza, ſe ſon perſone di gran pratica, col interuenire à diuini Offici, nelle Chieſe, i cui miniſtri ſono di buono eſſempio; con honorarli talhora della ſua tauola, col domandare il loro auuiſo ſopra qualche coſa ; col rimetter loro qualche ſorte di memoriali, ò di ſuppliche, pertenenti alla conſcienza, ò all'aiuto de' poueri, ò di qualche altra opera pia; col dar loro finalmente materia, & occaſione d'eſſercitare, à beneficio commune, i loro talenti.

E perche grandissima parte dell'aiuto spirituale de' popoli depende da' Predicatori procuri sollicitamente d'hauerne copia, e di mettere in credito, non quei, che con vna certa forma di parlar fiorita, e vaga, ma infruttuosa, e vana, fanno vfficio di trattenitori, anzi che di Predicatori; ma quelli, che sprezzando cotale maniera di dire, pomposa, e quasi sfacciata, Spirano nella loro predicatione, e quasi infondono negli animi degli vditori, Spirito, e verità; riprendono i vitij, detestano i peccati, infiammano gl'animi d'amor di Dio; predicano finalmente non se stessi, ma GIESV CHRISTO; & hunc Crucifixum;

Et pource que la plus grande partie de l'ayde Spirituel des peuples, dépéd des Predicateurs, qu'il mette peine d'en auoir bon nombre, & de mettre en credit, non ceux, qui par vne belle & plaisante maniere de parler, mais vaine & infructueuse font plustost office de discoureurs & entreteneurs que de Predicateurs; mais ceux qui mesprisans cete maniere de parler pompeuse & effrontée, inspirent en en leurs sermons, et quasi infondent & transmettent es cœurs des auditeurs, l'esprit & la verité; reprennent les vices, detestent les pechez, enflamment les volontez de l'amour de Dieu, preschent finalement non eux mesmes, mais Iesus-Christ, *& hunc Crucifixum.*

Non permetta, che le persone Ecclesiastiche siano per la lor

Il ne permette que les personnes Ecclesiastiques soyent par leur mendicité, mesprisables; car il n'ya chose qui auilisse plus la Religion & le seruice de Dieu, à l'endroit du vulgaire, que la necessité & la misere des gens d'Eglise & ministres d'icelle.

Il soit magnifique, es bastiments des Eglises, & estime chose plus digne d'vn Prince Chrestié de restaurer les Eglises anciennes, que d'en faire et bastir de neufues. Car la reparation sera tousiours œuure de pieté: mais es bastimens nouueaux, souuent se cache & se niche la vanité. Vinscislaus Roy de Polongne, agrandit & amplifia merueilleusement la Foy en ce Royaume, en fondant & dotant les Eglises; enrichissant & ornát le seruice de Dieu: en quoy il fut tresbien imité par Boleslaüs son fils.

Finalement qu'il ayde & auance le seruice de son

mēdicità disprezzabili, perche nō è cosa, che auuilisca più la Religione, e'l culto di Dio presso al volgo, che la necessità, e la miseria de' ministri di lei.

Vsi magnificenza nelle fabriche delle Chiese, e stimi cosa più degna d'vn Prencipe Christiano il ristorar le Chiese antiche, che il fabricar le nuoue. Perche la riparatione sarà sempre opera di pietà; ma nelle fabriche nuoue si nasconde spesso, e si annida la vanità. Venciflao Re di Polonia, ampliò incredibilmente la fede in quel Regno col fondare, e dotar Chiese, e con arrichire, e adornare il culto di Dio. Nel che fù egli merauigliosamente imitato da Boleslao, suo figliuolo.

Aiuti finalmente il culto del suo Creatore

in tutti quei modi, che potrà. Dauid in mezo delle guerre apparecchiò tutto il necessario per la fabrica di vn Tempio magnificentissimo; procurò, che si riducesse a miglior forma il seruitio del Tabernacolo; migliorò, & accrebbe d'istrumenti, e di numero di voci l'Officio diuino. Carlo Magno condusse, per gli Officij sacri, Musici eccellentissimi da Roma. Il medesimo diede ordine, che si cercassero diligentemente i sermoni de' Santi Padri, e le vite degli antichi Martiri, e si diuolgassero. egli diede commodità à Paolo Diacono di scriuere i gesti de' Santi, & ad Isuardo di far il suo Martirologio. e Constantino Magno, per illustrare la Religione, diede ordine, che à spese sue, si raccoglies-

son Createur par tous les moyens qu'il pourra. Dauid, au milieu des guerres, appresta tout ce qui estoit necessaire, pour bastir vn temple tresmagnifique; il mit peine de faire reduire à vne meilleure forme le seruice du Tabernacle, il meliora & accreut d'instruments, et de nombre de voix l'Office diuin. Charlemagne, pour les Offices sacrez, amena de Rome, des Musiciens tres-excelléts. Luy mesme cōmanda que l'ō eust à rechercher songneusement les Sermons des Saincts Peres, & les vies des anciens Martyrs, pour les diuulguer. Il donna le moyen & la commodité à Paul Diacre d'escrire les gestes des saincts & à Isuardus, de faire leur Martyrologe. Et Constantin le Grand, pour illustrer la Religiō, commanda que l'on recherchast à ses despens, les liures dispersez, à cause des persecutions passees, & que l'on en fist de grandes librairies.

Mais quāt au gouuernement, qu'il laisse aux Prelats le iugement de la doctrine, & l'addresse des mœurs, auec toute la iurisdictiō, que requiert la bonne conduite de l'ame, & les Canons & les loix leur octroyent : (L'Empereur Aurelianº, bien qu'il fust Payen, cōmanda, en vne cause Episcopalle que l'Eglise de Samosate se dōnast à celuy que le Pape de Rome nommeroit) & qu'il en pourchasse & auance l'execution, ores par son authorité & puissance, ores par argent, ores par son œuure. Car plus les subiects seront morigenez, & plus feruents en la voye de Dieu, plus ils se mōstreront traittables & obeïssans à leur Prince. Theodoric Roy des Gots, sur quelque plainte

sero i libri dispersi per le persecutioni passate, e si facessero copiosissime librarie.

Ma quanto al reggimento, lasci liberalmente a' Prelati il giudicio della dottrina, e l'indrizzo de' costumi, e tutta quella giurisdittione, che'l buon gouerno dell'anime ricerca, & i Canoni, e le leggi loro concedono; (Aureliano Imperatore; benche gentile, in vna causa episcopale, commādò, che la Chiesa di Samosata si dessè à colui, che'l Pontefice Rom. nominasse) e ne promoua egli, per ogni via, l'essecutione, hor con l'autorità, hor con la podestà, hor col denaro, hor cōn l'opera. perche quanto i sudditi saranno più costumati, e più feruenti nella via di Dio, tanto si mostraranno più trattabili, & vbidienti al suo Prencipe. Theodorico Rè de Gotti, essendo stato querelato presso lui Simmaco Papa, rimise tutta quella causa à vn Sinodo di Vestoui, aggiongendo; Nihil ad se, de ecclesiasticis negotijs, preter reuerentiam pertinere.

entendue du Pape Symmachus, dont luy estoit requise la raison & justice, remit la cause à vn Synode d'Euesques, disant Nihil ad se, de Ecclesiasticis negotijs, præter reuerentiam, pertinere.

⒄ Della Temperáza.

De la Temperance.

LA Religione è madre, e la Temperanza è balia delle virtù; perche senza il suo concorso, & aiuto, e la Prudenza s'accieca, e la Fortezza si snerua, e la Giustitia si corrompe, & ogni altro bene perde il suo vigore: conciosiache la gola, e'l sonno, e l'otiose piume sbandiscono dal mondo quanto vi è d'honesto, e di generoso. la crapula istupisce gl' ingegni, e toglie le forze, e scorta la vita: le delicatezze, e le troppe

LA Religion est la Mere, & la Temperance est la Nourrice des vertuz; car sans son ayde, la Prudence s'aueugle, la Force s'esnerue, la Iustice se corrompt, & tout autre bien perd sa vigueur; attendu que la gourmandise, le dormir, les delices banissent du monde tout ce qui y est de vertueux & de genereux. La gourmandise rend les esprits stupides, oste les forces et accourcit la vie; les plaisirs, delices & cōmoditez rendent les hōmes effeminez. Mais icy ne consiste tout le mal, car pour pouuoir surpasser les egaulx, & egaller les superieurs tant en la magnificence de la table, que somptuosité des vestemens, & en tout luxe & vanité, les hommes n'ayans pas assez de leurs biens & reuenuz, & des emoluments de leurs charges & office, mettent la main iusques sur les choses sacrées, & s'addonnent à toute meschanceté. Ce pendant les particuliers faillent, & le public se ruine: & defaillans les fondements, les Estats tombent. Et qui voudra considerer d'où est proceddée la ruine de l'Empire Romain, trouuera que c'est des pompes & delices ; veu que depuis que les delices vindrent d'Asie & de Grece, à Rome, & commancerent à delecter ce peuple Martial, ces courages, qui ne se pouuoyent vaincre par

commodità partoriscono effeminatezza. Ma non si ferma qui il male perche per poter auanzar gli vguali, e pareggiare i superiori, sì nella magnificenza della tauola, come nella splendidezza del vestito, & in ogni lusso, e vanità, gli huomini, non bastando loro l'entrate delle proprie possessioni non gli emolumenti dé loro essercity, stendono la mano fino nelle cose sacre, e si dãno ad ogni sceleratezza. in tanto falliscono i priuati, e si rouina il publico ; e mãcando i fondamẽti, caggiono gli Stati. e chi vorrà cõsiderare, onde sia proceduta la rouina dell'Imperio Romano, trouerà essere state le delicatezze, e le pompe. conciosia che, dopò che le delitie vẽnero d'Asia, e di Grecia à Roma e cominciarono à dilettare il popolo di

Marte, quegli animi, dianzi inuitti dal ferro, restarono vinti dal piacere: & i Romani d'huomini diuentarono femine, e di giustissimi Signori dinennero crudelissimi assassini delle genti à lor soggette. perche, volendo ciascuno viuer da Re, saccometteua le Città commesse al suo gouerno. cosi mancaua di quà il valore, affogato dalle delitie, e di là l'affettione de' popoli, oppresso dalla violenza de' Magistrati: l'vno, e l'altro daua animo à Barbari d'etrare nelle prouincie, e d'assaltare Roma istessa. entrarono le delitie in Roma col trionfo di Scipione Asiatico, e di Manlio Volsone; & andarono di mano in mano diffondendo il lor veleno, fino à tanto, che tolta via la grandezza d'animo, e la generosità

le fer & les armes, demeurerét vaincuz par le plaisir; & d'hommes, les Romains deuindrent fémes, & de tref-iustes Seigneurs, trescruels Assassins de leurs subiects, pource que chacun voulant viure comme Roy, tyrannisoit les villes qu'il auoit souz sa charge & gouuernement: Ainsi d'vne part defailloit la valeur, estouffée par les delices, & de l'autre l'affection des peuples & subiects oppressez de la violence des Magistrats & gouuerneurs. L'vn & l'autre encourageoit les Barbares d'entrer es Prouinces & d'assaillir Rome mesme. Les delices entrerent en Rome, auec le triomphe de Scipion Asiatic & de Manlius Volson, & ont espandu leur venin, auec laps de temps, iusques à ce qu'ayans du tout perdu la grandeur de courage & la generosité ancienne,

P iij

GOVVERNEMENT D'ESTAT,

les Romains n'ont eu hôte de supporter l'horrible tyrannie de Tibere, la brutalité de Caligula, la cruauté de Neron, la couardise d'Heliogabale, & d'obeyr à tant de monstres du genre humain, sans iamais en auoir eu digne resentiment. Et bien que plusieurs ayent esté tuez, les femmes les ont depeschez plus que les hommes ; les Barbares que les Romains, & les particuliers, que le Senat. Iamais nation ne fut au monde, qui se soit laissé tant fouler aux pieds, & dechirer par les Tyrans, qu'ōt faict les Romains Ce qui demonstre que leur vertu estoit esuanouye es Theatres, fletrie es terres de Lucullus, noyée es estangs de Messala, esneruée en l'oisiueté & es plaisirs: & pourtant fut depuis chose facile à Alaricus Roy des Gots, à Ataulfe,

antica, i Romani non si vergognarono di sopportar l'horribile tirania di Tiberio, la bestialità di Caligola, la immanità di Nerone, la poltroneria di Eliogabalo ; e d'obidire à tanti mostri del genere humano, senza far ne mai degno risetimēto; se pure ne furono ammazzati parecchi, si adoperarono in ciò più le donne, che gli huomini, & i Barbari, che i Romani, & i particolari che'l Senato. Ne fu mai gente al mondo, che si lasciasse tanto liberamente conculcare, e stratiare da' tiranni quanto essi. Il che arguisce, che la lor virtù era suanita ne' Teatri, marcita nelle ville di Lucullo, affogata nelle peschiere di Messala, snervata nell'otio, e ne' piaceri. onde fù poi facil cosa, che da Alarico Re de' Goti, da Ataulfo, e da Genserico Re de' Vandali, da Odoacre Re degli Heruli, da Teodorico, e da Totila Re de' Visgotti, Roma fosse presa, saccheggiata, arsa, e ridotta quasi in poluere, & in cenere, & che le Prouintie, rimase senza lena, diuentassero preda de' Barbari. Di questa natura sono le grandezze humane, che nel colmo loro generano i vermi delle delitie, e la ruggine del lusso, che le consuma à poco à poco, e le rouina. Di che grande essempio è stato a' dì nostri il Regno di Portogallo rouinato non da' Mori, ma dalle delicatezze dell' India. e non è impresa nissuna più difficile, che il remediare à ciò. Perche ordinariamente quelli, che vi potrebbono porre rimedio, sono i primi à metter il piede sù la pania,

Gensericus Roy des Vandales, Odoacre Roy des Herules, Theodoricus & à Totila Roy des Visigots, de prendre Rome, la saccager, brusler & reduire quasi en cendre; & fut aisé aux Barbares de se rendre les Maistres des Prouinces demeurées sans forces. De telle nature sont les grandeurs humaines, qu'arriuées à leur extreme felicité, elles engendrent les vers des delices, & la raouille de la luxure qui les consomme peu à peu, & les ruine. De cecy nous a esté vn grand exemple de nostre temps, le Royaume de Portugal, ruiné non par les Mores, mais par les delices de l'Indie, & n'y a entreprinse aucune plus difficile que de remedier à cela; Car ordinairement ceux qui pourroyent y remedier, sont les premiers qui se laissent surprendre aux

P iiij

voluptez : & ceux là sont plus rares que corbeaux blans, qui ne sont renduz insolents par les victoires, desbordez & negligens par les prosperitez, & vicieux par la puissance de mal faire. L'Empire Romain fust descheu beaucoup plustost qu'il nh a faict, si la valeur de quelques Princes ne l'eust vn peu soustenu : car comment estoit il possible (disoit Caton) que la ville durast long temps, en laquelle vn poisson estoit vendu plus cher qu'vn bœuf ? *Conuiuiorum luxuria & vestium* (dit Seneque) *ægræ ciuitatis indicia sunt*. L'Empereur Auguste s'esforcea de moderer les excez & superflues despenses qui se faisoyent à bastir : & à cet effect fut par luy faict vn Edict, & surce publiée vne tresbelle harangue de P. Rutilius. Tibere reforma la pompe de sa maison, & fit cesser les festins, & par son exemple, rendit le public mesnager: car en ses plus grands banquets, il faisoit souuentesfois seruir les viandes qui estoyent restées du jour de deuant, & la moitié des sangliers, disant qu'elle contenoit les mesmes choses que le pourceau tout entier. Vaspasian estoit simplement vestu; & n'y auoit aucun excez en sa table, et pourtant il moderoit l'intemperance des autres. Domitian son fils defendit l'vsage des littieres, des vestemens de pourpre, des perles, & de telles autres choses, hors mis à aucunes personnes, en petit nombre, de certain aage & en certains jours. A quoy personne n'ha plus entédu qu'Aurelianus & Tacitus, desquels les vestemens n'estoyent du tout de soye, & ne vouloyent que les

autres fussent autrement
aussi la volonté de faire
oster des habits, des
chambres, des paremēts,
garnitures & de tout au-
tre lieu, l'or qu'il disoit
estre perdu en toutes ces
manieres là. Boetebista,
qui estoit entre les Get-
tes, vn homme de grand
sens & prudence, pour
mieux dresser ceux de
son pays, leur persuada,
entre autres choses, de
tailler les vignes. Mais il
n'y a chose, en laquelle
soit besoin de plus grand
soucy, que de limiter le
fast, excez & pompes
des femmes; veu que les
mœurs corrompues des
femmes, non seulement
(comme enseigne Ari-
stote) ont' en soy vne
certaine messeance &
deshōnesteté; mais aussi
rendent les hommes a-
uares, & les conduisent
à mauuaise fin: car estans
les femmes beaucoup
plus propres à corrom-

torre dalle vesti, dalle camere, da i fornimenti, e da ogni altro luogo l'oro, ch'egli diceua in tutti questi modi esser perduto. Boetebista, che fu personaggio tra' Geti di gran senno, per aualorare i suoi paesani, persuase loro, tra l'altre cose, à tagliar le viti. Ma non è cosa, nella qualle bisogni hauer cura maggiore, che di limitare il fasto, e le pompe delle donne; conciosia che i costumi corrotti dalle donne, non solamente (come insegna Aristotele) hanno in se vna certa indecēza, e brutezza; ma di piu rendono gli huomini auari, e li conducono à mal partito. perche, essendo molto piu atte le donne à corromper gli huomini; che gli huomini à moderar esse donne, pochi mariti sono padroni delle mogli loro. Hor le pompe fomentano l'ambitione, e la vanità, e dirò anco la lasciuia, e la lubricità di quel seſſo, e rouinano l'hauere, e le ſoſtanze de' mariti; e creſcendo le pompe, creſcono neceſſariamẽte i corredi, e le doti. fa dunque di meſtieri terminare le ſpeſe del veſtire, e delle tauole. il che ſi può fare in due maniere, l'vna col prohibire, quanto al veſtire, vniuerſalmente certa ſorte di panni, e di ornamenti di più prezzo, come hanno fatto i Portoghesi, & i Genoueſi; l'altra, col caricar queſte coſe, ſenza prohibirle, di datij, è di grauezze tanto grandi, che ne diuenghino cariſſime; perche à queſto modo, con qualche benefitio del Prencipe, altri non potrà portare cotale orna-

pre les hommes, que les hommes à moderer les femmes, peu de maris ſont maiſtres de leurs eſpouſes. Or les pompes entretiennent l'ambition & la vanité, je diray auſſi la laſcifueté, et la lubricité de ce ſexe, & ruinent le moyen et tout le bien des maris: & croiſſans les pompes, neceſſairemẽt croiſſent les vices, et s'auance la ruine qui en prouient. Il eſt donc beſoin terminer les ſuperflues deſpenſes des habits & des tables. Ce qui ſe peut faire en deux manieres; l'vne, en defendant, quant aux habits, generalement certaine ſorte de draps & d'ornements de hault prix, comme ont faict les Portugais & les Geneuois: l'autre, en chargeant ces choſes là, ſans les defendre ou prohiber, de daces & de ſi grands impoſts, qu'elles en ſoyent fort cheres; car en cete maniere, auec quelque benefice du Prince, autre ne pourra porter tels ornements, que les Princes & les Grands: pource que oultre ce que les choses susdictes empeschent infiniment la Temperance, & par consequent, la conseruation des Estats, elles sont causes aussi, que le plus souuent se tire hors du Pays, tresgrande quantité d'or & d'argent, pource qu'estans les perles, pierreries, parfuns, odeurs & autres telles choses, entre les mains des estrangers, ils les vendent ce qu'il leur plaist: & pour les plaisirs, & vanitez des femmes, l'Estat du Prince se vuide des vrayes richesses. *Lapidum causa* (disoit Tibere parlant de la dissolution des femmes) *pecuniæ nostra ad externas aut hostiles gentes transferuntur.* Et ne doit on faire peu de cas de cecy: car c'est

*menti, che i Prencipi, & i grandi. perche, oltre che le sudette cose pregiudicano infinitamente alla Temperanza; e per consequenza alla conseruatione de gli Stati, sono anco cagione, che il più delle volte si caui fuor del tuo paese grandissima quantità d'oro, e d'argento. perche essendo le perle, le gioie, i profumi, gli odori, e le altre cose tali in mano de' forastieri, vi sono vendute à lor modo; e per gentilezze, e ciance da donne, il tuo Stato si vota delle vere ricchezze. La*pidum causa (*diceua Tiberio parlando della dissolutezza delle donne*) pecuniæ nostræ ad externas, aut hostiles gentes transferuntur. *Ne si deue far poco conto di ciò; perche egli è cosa cer-*

LIVRE II. 119

tissima, che tutti i grandi Imperij hanno rouinato per due vitij; e questi sono stati il lusso, e l'auaritia; de' quali l'auaritia è nata dal lusso, e'l lusso dalle donne.

chose trescertaine, que la ruine de tous les grands Empires est venuë de deux vices; qui ont esté le luxe & l'auarice ; desquels l'auarice est née du luxe; & le luxe, des femmes.

Il Fine del Secondo Libro.

Fin du deuxiesme Liure.

RAISON ET GOUVERNEMENT D'ESTAT.

LIVRE. III.

Des manieres d'entretenir le peuple

Delle maniere di trattenere il Popolo.

Nous auons iusques à present parlé en general desvertuz, par lesquelles le Prince se peut faire aymer & reputer; lesquelles deux choses sont les fondemens de tout gouuernement d'Estat. Parlons maintenant vn peu plus particulierement d'aucuns moyens appartenans à cela. Les premiers sont l'Abondance, la Paix & la Iustice, de la-

Abbiamo fin'hora ragionato in generale delle virtù, con le quali il Prencipe si può far amare, e riputare; le quali due cose sono i fondamenti d'ogni gouerno di Stato. Parliamo hora alquanto più in particolare d'alcuni mezi, à ciò appartenenti. I primi sono l'Abbōdanza, e la Pace, e la Giustitia, della

quale habbiamo ragionato di sopra. perche il popolo, che senza paura di guerra straniera, ò ciuile, e senza tema d'esser assassinato in casa per violenza, ò per fraude, ha i cibi necessarij à buon mercato, d'altro non si cura. del che ne fa fede il popolo d'Israele nell' Egitto; doue benche fosse in vna durissima seruitù e trauagliato stranamente da' ministri del Re Faraone, sì che non haueua pur tempo di respirare; nondimeno, per la copia de' cibi, che vi haueua, nõ pensaua pure alla libertà; & all'incontro, mentre caminaua per lo deserto, ad ogni minimo mancamento d'acqua, ò d'altra simil cosa, mormoraua, se lamentaua fuor di modo di chi l'haueua cauato d'Egitto. E tutti quei, che in Roma aspira-

quelle nous auons parlé cy dessus; pource que le peuple, lequel sans craindre la guerre estrangere ou ciuile, et sans craindre d'estre tué en sa maison, par violence, ou fraude, ha les viures necessaires, à bon marché, ne se soucie pas d'autre chose; dequoy nous fait foy le peuple d'Israel en Egypte; où bien qu'il fust en vne tres-rigoureuse seruitude, estrangement trauaillé par les Officiers du Roy Pharaon, de maniere qu'il n'auoit pas seulement le loisir de respirer; ce neantmoins, à cause de l'abondãce des viures qu'il y auoit, il ne pensoit point à sa liberté: & au contraire, cependant qu'il cheminoit par le desert, aussi tost que l'eau, ou autre semblable chose luy défailloit, il murmuroit & se plaignoit merueilleusement de celuy qui l'auoit tiré d'Egypte. Et tous

GOVVERNEMENT D'ESTAT,

ceux, qui dedans Rome, ont aspiré au Royaume, ont tenté la fortune en gratifiant le peuple, par distributions de bleds, diuisant les terres & champs, & faisant les loix des terres, *leges agrarias*, & par tous les moyens propres à contenter le peuple Romain. Ainsi ont faict Cassius, Melius, Mālius, les Gracches, Cesar & les autres. L'Empereur Auguste, *militem donis, populum annona, cunctos dulcedine otij pellexit.* Vespasien estant venu à l'Empire, ne s'est soucié d'aucune chose tant que de l'abondance. Et Seuerus en ha esté si songneux & y a entendu auec tant de solicitude, qu'en mourant, il laissa es publics magasins, du grain, pour sept ans, au peuple de Rome. Aurelianus, à fin que les viures se vendissent à meilleur marché, acreut, en Rome, les poids d'vne once;

rono al Regno, tentarono ciò per gratificar si la plebe, con distributioni di formenti, e con mettere à campo compartimenti di terreni e con leggi agrarie, e con tutto ciò, ch'era atto à satollare il popolo Romano. Così fecero i Cassij, i Melij, i Manlij, i Gracchi, e Cesare, e gli altri. Agosto Cesare militem donis, populum annona, cunctos dulcedine otij pellexit. Vespasiano, conseguito l'Imperio, non hebbe cura maggiore di negotio veruno, che dell' Abbondanza. E Seuero vi attese con tanta sollecitudine, non che diligenza, che nella morte sua lasciò ne' magazeni publichi, grani per sette anni al popolo di Roma. Aureliano, accioche le vettouaglie si vendessero à miglior derrata, accreb-

crebbe in Roma i pesi d'un' oncia, perche egli giudicaua, come per vna sua lettera disse, che non fosse al mondo cosa più lieta, ch'el popolo Romano satollo: e l'esperienza ci ha insegnato à Napoli, & in altri luoghi, più d'vna volta, non esser cosa nissuna, che più commuoua, e più esasperi il popolo, che la strettezza del viuere, e la carestia del pane. Ma non gioua la copia delle vettouaglie, se nõ si può godere, ò per violenza de' Nemici, ò per iniquità de compagni; perciò bisogna accompagnarla con Pace, e con Giustitia. Appresso, perche il popolo è di natura sua instabile, e desideroso di nouità; ne auuiene, che s'egli non è trattenuto con varij mezi dal suo Prencipe, la cerca da se stesso anco

once; pource qu'il iugeoit, comme il ha dict par vne sienne missiue, qu'il n'y auoit chose au monde plus aggreable, que le peuple Romain à son aise & abondant en viures. Et l'experience nous ha enseigné à Naples & en autres lieux, plus d'vne fois, qu'il n'y a chose qui esmouue & irrite plus le peuple que fait la disette du viure, & la charté du pain. Mais l'abondance des viures ne sert de rien, si l'on n'en peut jouir, ou à cause de la violence des ennemis, ou de l'iniquité des compagnons; & pour cete cause, il la fault accompagner de la paix & de la Iustice. En apres, pource que le peuple, naturellement est instable, & desireux de nouueauté, aduiét que s'il n'est entretenu par diuers moyens, de son Prince, il la cherche de soy mesme, par le changement d'Estat &

Q

GOVVERNEMENT D'ESTAT,

de gouuernement. Pour cete cause, tous les Sages Princes ont introduit quelques jeux & entretenemens populaires, esquels plus s'excitera la vertu de l'esprit & du corps, plus seront ils conuenables. Les Grecs ont monstré vn plus grand jugement en leurs Ieux Olympiques, Nemeens, Pitiens, Istmiens, que les Romains es Apollinaires, Seculiers, gladiatoires, & es Comedies, chasses & autres semblables, esquels les Citoyens de Rome n'exerçoyent ny l'esprit ny le corps; de maniere qu'ils ne seruoyent que de simple passetemps: mais les Ieux des Grecs seruoyent aussi d'exercice. Quoy que soit, l'Empereur Auguste, Prince de si grande prudence, s'y trouuoit en personne: & pour donner reputation aux spectacles, et contentement

con la mutatione di Stato, e di gouerno: perciò tutti i Prencipi sauij hanno introdotto alcuni trattenimēti popolari, ne' quali, quanto più si ecciterà la virtù dell'animo, e del corpo, tanto saranno più à proposito. I Greci hanno mostrato maggior giudicio ne' giuochi loro Olimpici, Nemei, Pitij, Istmij, che i Romani negli Apolinari, secolari, gladiatorij, e nelle Comedie, caccie, & altri simili, ne' quali i cittadini Romani non essercitauano, nè l'animo, nè il corpo; si che non seruiuano, che di puro trattenimento: ma i giuochi de' Greci seruiuano anco d'essercitio. (comunque si fia,) Augusto Cesare Prencipe di tanta prudenza v'interueniua personalmēte, e per dar riputatione à gli Spettacoli, e sodisfattione al popolo, e per mostrare la cura, ch'egli si predeua della loro ricreatione, e passatempo. Questi trattenimenti intermissi molti anni, per l'inondationi, e guerre de' Barbari, furono poi rinocati da Theodorico Rè de' Gotti Prencipe (se non fosse stato Arriano) d'eccellente prudenza. Egli rifece i Teatri, gli Anfiteatri, i Cerchi, e le Naumachie; introdusse i giuochi, e gli spettacoli antichi, con tanto piacere delle brigate, che non si curauano di mutar gouerno. Il medesimo stile tenne Matteo, e Galeazzo Visconti in Milano; e Lorenzo, e Pietro de' Medici in Fiorenza, con varij tornei e giostre, & altre simili inuentioni s'acquistarono l'amore, e la beniuolenza delle genti. Ma cotali spettacoli

au peuple, & pour monstrer le soucy qu'il auoit de leur recreation. Ces passetemps, qui ont esté delaissez plusieurs années, à cause des troubles & guerres des Barbares, ont esté remis sus, par Theodoric Roy des Gots, Prince d'excellente prudence, s'il n'eust esté Arrian. Il refit les Theatres, les Amphitheatres, les Cernes, & les Naumachies; Il donna lieu aux jeux & spectacles anciens, auec tant de plaisir du peuple, qu'il ne se soucioit point de changer de gouuernement. Matthieu & Galeaz Vicontes de Milan en ont faict de mesme: & Laurens & Pierre des Medici, à Florence, acquirent l'amitié & bienueillance du peuple, par diuers tournois, ioustes, & autres semblables inuentions. Mais tels spectacles doiuent estre sans danger de la vie: car oul-

Q ij

GOVVERNEMENT D'ESTAT,

tre que cela repugne à la loy de Dieu, c'est aussi contre la nature du jeu, de se mettre en hazard de faire vne notable perte, ou d'oster aussi la vie à qui que soit. Zizimus frere de Bajazet, enquis que luy sembloit d'vn tournoy faict par les nostres, qu'il auoit veu, fit responce, Que ces rencontres faicts à bon escient estoyent peu de chose : & par passetemps, estoyent trop & sans raison, à cause du danger que l'on encouroit. Dauantage les hommes, qui s'accoustument à voir les playes & le sang, & la mort des autres, au jeu, necessairement en deuiennét cruels & sanguinaires: & de là sourdront aisément les noises, les meurtres & autres scandales par la ville. C'est pourquoy l'Empereur Honorius, comme veulent aucuns, retrácha les Gladiateurs;

debbono essere senza pericolo della vita : perche, oltre che ciò ripugna alla legge di Dio, è anco contra la natura del giuoco il mettersi à rischio di far danno notabile, ò di tor anco la vita à chi si sia. Zizimo, fratello di Baiazette, domandato, che gli paresse d'un torniamento, fatto da' nostri al quale egli era stato presente, rispose, Che quegli incontri à far da douero erano poca cosa; e per passatempo, erano troppo, per lo pericolo, che si correua. Oltre à ciò gli huomini, che si usano à veder le ferite, e'l sangue, e la morte degli altri nel giuoco, è necessario, che ne diuentino fieri, crudeli, e sanguinarij, onde nasceranno ageuolmēte, e risse, & homicidij, & altri scandali per la Città. Perciò furono anco tolti via i gladia-

tori da Honorio Impe-
ratore, come vogliono
alcuni: perche essendosi
messo vn certo Mona-
co à detestare quella
empia consuetudine, il
popolo, vso à veder
tutto il dì per passa-
tempo ferite, e morti
d'huomini, li corse ados-
so, e l'ammazzò.

Quanto poi gli spet-
tacoli sudetti saranno
più honesti, e più graui
tanto maggiori forze
haueranno di allettare,
e dilettare, e trattene-
re il popolo: perche la
felicità, alla quale mi-
rano questi trattenimē-
ti, consta di due cose,
cio è di piacere, e di honestà. onde lodarei più
la Tragedia, che la Co-
media: perche le mate-
rie comiche sono ordi-
nariamente tali, che
l'honestà nō vi hà parte
alcuna; e gli attori
fanno più presto l'vffi-
cio di Ruffiani, che d'-
Histrioni. Onde, non

pource que s'estant mis
vn certain Moyne à de-
tester cete mechante &
pernicieuse coustume,
le peuple accoustumé à
voir tout le jour par passetemps, les playes, le
sang & la mort des hom-
mes, se ietta sur luy & le
tua.

Plus les susdictes spe-
ctacles seront honnestes
& graues plus ils auront
de force d'allecher, de
delecter & entretenir le
peuple : car la felicité à
laquelle tendent ces pas-
setéps gist en deux cho-
ses, au plaisir & honne-
steté. Pour ceste raison,
je louerois plus la Trage-
die que la Comedie ;
pource que les matieres
Comiques sont ordinai-
rement telles, que l'hon-
nesteté n'y ha aucune
part ; & les personnages
y font plustost l'office de
Ruffians, que de Come-
diens. Et pourtant n'est
ce pas sans cause, que les

Q iiij

GOVVERNEMENT D'ESTAT,

Canons Ecclesiastiques ne les admettent au Baptesme, ny aux Sacremēts de Penitence, & de l'Eucharistie, s'ils ne delaissēt cet infame exercice. Mais pourquoy alleguay-ie les Canons de l'Eglise? Scipio Nasica craignant que le peuple Romain s'infectast de vices, en oyant les Comedies, conseilla au Senat de ruiner vn theatre, commancé par Messalla & Cassius Censeurs. *Sæpe* (dit Tertulliā) *Censores renascentia theatra destruebant, quorum periculum ingens de lasciuia prouidebant*. Et pour cete raison, luy mesme blasme Pompée, *Quod theatrum arcem omnium libidinum posuisset*. Les entretenemens Ecclesiastiques ont aussi plus du graue & du merueilleux, que les Seculiers, pource qu'ils participent du Sacré & diuin. Pour cete cause Aristote conseille le Prince de faire sacrifi-

senza cagione, i Canoni Ecclesiastici non li ammettono al Battessmo, nè a' Sacramenti della Penitenza, e dell' Eucharistia, se non lasciano quell' infame essercitio. Ma che cito io i Canoni della Chiesa? Scipione Nasica, temēdo, che'l popolo Romano non s'infettasse di vitij, con l'vdir Comedie, consigliò il Senato à rouinare vn teatro, cominciato da Messala, e Cassio Censori. Sæpè (dice Tertulliano) Censores renascentia theatra destruebant, quorum periculum ingēs de lasciuia prouidebāt. *Onde il medesimo biasma Pompeio.* Quòd theatrum, arcē omnium libidinū, posuisset. *Hanno anco più del graue, e del merauiglioso i trattenimenti Ecclesiastici, che i Secolari; perche par-*

tecipano del sacro, e del divino. Onde anco Aristotele cõsiglia il Prẽcipe à far sacrificij solenni, e noi habbiamo visto il Cardinal Borromeo hauer trattenuto l'infinito popolo di Milano con feste celebrate religiosamente, e con attioni ecclesiastiche, fatte da lui con cerimonia, e con grauità incomparabile; di tal maniera, che le Chiese erano dalla mattina sino alla sera sempre piene; nè fu mai popolo, ò piu allegro, ò piu contento, ò piu quieto di quel ch'erano li Milanesi, in quei tempi.

ces solemnels; & nous auons veu le Cardinal Borronnée auoir entretenu l'infiny peuple de Milan, par des festes religieusement celebrées, & par actions Ecclesiastiques de luy mesme faictes auec ceremonie & d'vne grauité incomparable: de maniere que les Eglises estoyent tousiours pleines depuis le matin iusques au soir; & jamais ne fut peuple ny plus gay, ny plus content, ny plus paisible qu'estoyẽt les Milanois, en ce temps là.

2. Dell'imprese honorate, e grandi.

Des honnorables & grandes entreprinses.

Sono anco di gran trattenimento, e molto graue, e quasi heroico, l'opere, e l'imprese honorate, e magnifiche de' Prencipi; e

AVssi sont de grand plaisir, & d'entretenement fort graue & quasi heroique les œuures, & les honnorables, & magnifiques entre-

Q iiij

prinses des Princes ; lesquelles sont de deux sortes, car aucunes tiennent du ciuil, les autres du militaire. Les bastimēts ont du ciuil, ou pour leur grandeur, ou pour leurs merueilleuses vtilitez, cōme le Propilée basty par Pericles; le Phare, edifié par Ptolomée; le Port d'Hostie faict par Claudius, & puis agrandy par Trayan: les Canaulx & conduicts d'eaux ; les ponts sur les riuieres, ou sur les torrents; les melioremens des lieux marescageux ; & les rues pour l'vsage & commodité de la ville & de ceux de dehors ; comme estoyēt l'Emilienne, l'Appienne, la Cassienne & les autres ; les coulemens des riuieres, pour l'vsage & vtilité des nauigans ou de l'agriculture, comme sont les Canaulx de Milan, Bruges, Gand, Malines; les Hospitaulx, Temples, Mona-

queste sono di due sorti: perche alcune hanno del Ciuile, altre del Militare. Del Ciuile hanno le fabriche, ò per grandezza, ò per vtilità marauigliose, qual fu il Propileo, fabricato da Pericle; il Faro, edificato da Tolomeo; il porto d'Hostia, fatto da Claudio, e poi ampliato da Traiano; gli Acquedotti; i ponti sopra fiumi, ò torrenti; i ritratti, e miglioramenti de' luoghi paludosi; e le strade e per vso della città, e di fuori; quali furono la Emilia, l'Appia, la Cassia, e l'altre: le corriuationi de' fiumi, ad vso della nauigatione, ò dell' agricoltura, quali sono i Canali di Milano, Bruges, Gant, Malines: gli Hospedali, Tēpij, Monasterij; le città. metteremo ancora le Naui di marauigliosa grandezza, qual fù quella d'Alfonso Primo di Aragona; e le machine di guerra, qual fù l'Espugnatrice delle città, fatta da Demetrio. Ma in simili opere bisogna guardarsi da due inconuenienti; l'vno si è, che non siano affatto inutili; l'altro, che'l popolo non ne sia immoderatamente aggrauato. Nel che meritano ogni biasmo i Rè d'Egitto; conciosia che, per pazza ostentatione dell'infinite ricchezze loro, fecero fabriche immense. e che diremo della vanità di Semiramide, che si fece fare vna statua in vn monte, alta sedeci stadij? poco più vtile fù il Colosso di Rodi, tanto celebrato dagli antichi, ne' minor biasmo meritano forse i palagi, e le ville di piacere, edificate dal Rè Solomone, con

steres, les villes, nous mettrons aussi les nauires de merueilleuse grandeur, telle que fut celle d'Alphonse I. d'Aragon; et les machines de guerre, cõme la Donteresse des villes, faicte par Demetrius. Mais en telles œuures, il se fault garder de deux inconueniens; l'vn, qu'elles ne soyét du tout inutiles: l'autre, que le peuple n'en soit immoderément chargé. En quoy meritent tout blasme les Rois d'Egypte, en ce que par vne folle ostentation de leurs infinies richesses, ils ont faict de grãds, & immenses edifices. Et que dirons nous de la vanité de Semiramis qui se feit faire en vne montagne, vne statue, de la haulteur de seize stades? & n'ha esté de gueres plus vtile le Colosse de Rodes tant celebré par les anciens; & ne meritent parauenture moins de blasme les Palais, & les lieux de plaisir bastiz par le Roy Salomon, auec vne despense infinie, & consequemment à la foule intolerable des subiects. Il n'est pas conuenable, que telles choses se bastissans pour le plaisir des peuples, & pour les maintenir en paix, ils soyent mal traitez & reduits au desespoir. Or pour les tenir contens & pacifiques, les bastimens & autres semblables choses ferõt d'autant plus à propos, que plus elles apporteront de plaisir & de profit en cõmun, ce qui allegera les charges, rẽdra les imposts plaisans, & douces les fatigues: pource que l'interest appaise tous. Les Roys du Peru auoyent pour maxime de leur gouuernement, qu'il falloit tenir les peuples perpetuellement occupez: & à cete fin ils esleuerent de grands bastimens, & firent des rues immenses.

infinita spesa, e per consequenza intollerabile aggrauio de sudditi. Non conuiene, che fabricandosi cose tali, per trattenimento de' popoli, e per conseruarli in pace, si lacerino, e si riduchino à disperatione. Hor per tenerli contenti, e quieti, le fabriche, e le altre cose tali, tanto saranno piu a proposito, quanto porgeranno maggiore vtilità, e diletto in comune: questo allegerirà i carichi, renderà piaceuoli le grauezze, e soaui le fatiche; perche l'interesse acqueta tutti. li Re del Perù tennero per massima del lor gouerno, che bisognaua tener i popoli perpetuamente occupati. e a questo fine fabricarono edificij, e strade immense.

3. Dell' imprese di guerra.

Des entreprinses de guerre.

Ma molto maggior trattenimēto portano seco l'imprese militari; perche non è cosa, che più sospenda gli animi delle genti, che le guerre d'importanza, è che s'imprendono, ò per assicurare i confini, ò per ampliar l'Imperio, e per acquistare giustamente ricchezze, e gloria; ò per difendere gli adherenti, ò per fauorire gli amici, ò per conseruare la Religione, e 'l culto di Dio. Perche à simili imprese sogliono andar tutti quei, che vagliono qualche cosa con la mano, ò col consiglio; & iui sfogano, contra i nemici communi, i loro humori; il resto del popolo, ò và dietro al campo, per condurui vettouaglie,

Mais les entreprinses de guerre portent quant & soy, beaucoup plus de plaisir, car il n'y a chose qui tiéne plus en suspens les volontez des peuples, que les guerres d'importáce, qui s'entreprennent, ou pour asseurer les frontieres, ou pour agrandir l'Empire, & pour acquerir iustement richesses & gloire, ou pour defendre les alliez, ou pour fauoriser les amys, ou pour conseruer la Religion, & le seruice de Dieu. Car à telles entreprinses ont coustume d'aller tous ceux qui ont quelque valeur, au moyen de l'espée, ou du conseil: & en cet endroit ils attaquent les communs ennemys: le reste du peuple va apres le cáp, pour y mener des viures, & pour y faire autre sembla-

GOVVERNEMENT D'ESTAT,

ble seruice, ou bien demeure en la maison: où il prie Dieu, pour obtenir la victoire, ou bien se tiét en suspens attendant le succez de la guerre: de maniere qu'il ne demeure es cœurs des subiects lieu aucun aux reuoltes, tant chacun est occupé & d'œuure et de pensée, à l'entreprinse. Les Romains, es seditions du peuple, auoyent ordinairement recours à ce remede, comme à leur anchre: ils menoyent l'armée en campagne, contre les ennemys ; ainsi ils appaisoyent les cœurs enflammez contre les nobles. Et Cimon voyant que la jeunesse d'Athenes, ne se pouuoit tenir en repos, arma deux cens galeres & la mena faire preuue de sa valeur, contre ceux de Perse. Car *facilior est inter malos consensus ad bellum, quàm in pace, ad concordiam*. Et si nous

e per farni altro simile seruitio, ò resta à casa; doue ò porge preghiere, e voti al Signor Dio, per la consecutione della vittoria, ò stà sospeso dall' aspettatione e da i successi della guerra. di tal maniera, che non resta ne gli animi de' sudditi luogo nissuno per le riuolte; tanto sono tutti, ò con l'opera, ò col pensiero, occupati nell' impresa. A questo rimedio, come ad vna ancora di rispetto, riccorreuano ordinariamente i Romani nelle seditioni della plebe. menauano l'essercito in campagna, contra nemici: cosi acquetauano gli animi pieni di mal talento contra i nobili. e Cimone, veggendo, che la giouentù Atheniese non sapeua starsi quieta, armatene ducento galere, la menò à far proua del suo valore, contra Persiani. Perche, Facilior est inter malos cōsensus ad bellum, quàm in pace ad concordiā. E se noi consideraremo bene, onde sia, che à tēpi nostri la Spagna è in soma quiete, e la Francia inuolta in perpetue guerre Ciuili; ritrouaremo ciò procedere in parte, perche la Spagna si è impiegata in guerre straniere, & in imprese rimote, nell' Indie, ne' paesi bassi, contra heretici, cōtra Turchi, e Mori; donde, essendo occupate parte le mani, parte le menti de gli Spagnuoli, la lor Patria si hà goduto grandissima pace, & diuertito altroue ogni humor peccante. All'incontro la Francia, standa in pace con gli stranieri, si è riuolta contra se stessa, e non hauendo altro pretesto, hà preso quello dell' he-

considerons bien, d'où vient que de nostre temps l'Espagne est en grand repos, & la France enueloppée en perpetuelles guerres ciuiles, nous trouuerons que cela viēt en partie, pource que l'Espagne s'est employée es guerres estrangeres, & entreprinses esloignées, es Indes, es pays bas, contre les heretiques, contre les Turcs & les Mores, où estans occupées, en partie, les mains, en partie les pensées & volontez des Espagnols, leur Patrie ha iouy d'vne tresgrāde paix & diuerty ailleurs toute l'humeur qui pechoit. Au contraire la France, estant en paix auec les estrangers, s'est tourné contre soy mesme, & n'ayant autre pretexe, ha prins celuy des heresies de Caluin, & d'vn nouueau Euangile, lequel en quelque lieu qu'il se fasse ouyr, annonce non pas l'allegresse, mais le pleur, non la paix, mais vne horrible guerre: & remplit les cœurs non pas de bonne volonté; mais de fureur & de rage. Les Ottomans aussi, par vn cours perpetuel de tresgrandes entreprinses, & de victoires, non seulement ont agrandy & estendu leur Seigneurie, mais dauantage (ce qui n'est pas de moindre importance) ont asseuré leurs conquestes, & tenu leurs subiects en paix. Les Suisses (desquels le gouuernement, pour le plus, est populaire, & pourtant subiet à troubles & souz-leuemens) se sont paisiblement conseruez, depuis plus de trois césans, pour ce qu'être autres choses, les plus courageux vont à la guerre, au seruice des Princes estrangers. En sōme il fault faire ensorte que le peuple ait quelque occupation, ou de plaisir,

resse di Caluino, e di vn nouo Euangelio, che douunque si fà sentire, annuncia non allegrezza, ma lutto, non pace, ma guerra horribile, e riempie gli animi, non di buona volontà, ma di furore, e di rabbia. Gli Ottomani anche, con vn corso perpetuo di grādissime imprese, e di vittorie, non solamente hanno ampliato il loro Dominio; ma di più (il che non è di minor importanza) hanno assicurato gli acquisti, e tenuto in pace i sudditi. Gli Suizzeri (il cui gouerno è per lo più populare: e perciò soggetto à torbolenze) si son conseruati quietamente già più di CCC. anni, perche tra l'altre cause, i più animosi vanno alla guerra à seruitio di Prencipi stranieri. Bisogna in somma far in modo, che il popolo habbia qualche occupatione ò di piacere, ò di vtile, ò à casa, o fuori, che l'intertenga, e lo sviij dall' impertinenze, e da' cattiui pensieri.

ou d'vtilité, ou en la maison, ou dehors, qui l'entretiéne & le destourne des seditiós, tumultes, & des mauuaises pensées.

Se sia spediente, che'l Prencipe vadà alla guerra in persona.

S'il est expedient que le Prince aille à la guerre en personne.

Non sarà fuor di proposito il trattar qui, se all'imprese di guerra sia bene, che'l Prencipe vada in persona, ò nò. Cosa per via d'essempi, e di ragioni molto disputabile dall' vna, e dall'altra parte. perche da vna banda, è più facile, che tra molti Capitani, e Baroni dediti alla militia, ve ne sia vno, ò più d'eccellente giudicio, e valore, e felicità; che non è, che queste parti si ritrouino sempre nel Prencipe, nel qual caso meglio è, che egli ma-

IL ne sera hors de propos de traiter en cet endroit, s'il est bon que le Prince aille en personne aux entreprinses de guerre, ou non. Chose, par le moyen des exemples & raisons fort disputable d'vne part & d'autre. Car d'vn costé, il est plus aisé qu'étre plusieurs Capitaines & Seigneurs addónez à la guerre, se trouue quelqu'vn ou plusieurs d'excellent jugement, & valeur & felicité, qu'il n'est pas que ces parties se retrouuent tousiours au Prince. En ce cas, il vault mieux qu'il

GOVVERNEMENT D'ESTAT,

manie les entreprinses par le moyen d'autres, qu'en personne: pource que n'ayant les parties requises en vn Capitaine, sa presence sera plus propre à destourber les bonnes resolutions, & empescher les executions, que à aduancer celles-là, & solliciter celles cy. Iustinian, sans partir de Constantinople, se seruant de la prudence & valeur d'excellēts personnages, deliura l'Italie des Gots, & l'Affrique des Vandales, & reprima la hardiesse de ceux de Perse. Il fut estimé heureux, à cause de la vertu de Bellisarius, de Narsetes, & d'autres grands Capitaines qu'il auoit. En cete mesme maniere, Charles VI. Roy de France, s'arrestant en la ville de Bourges, chassa, par le moyen de bons Chefs de guerre, les Anglois, du Royaume: & pourtāt il en fut surnommé

neggi l'imprese per mezo d'altri, che in persona, perche non hauendo quelle parti, che si ricercano in vn Capitano, la sua presenza sarà più atta à disturbare le buone risolutioni, & ad impedire l'esecutioni, che à promouer quelle, ò à sollicitar queste. Giustiniano, senza mouersi di Constantinopoli, valendosi della Prudenza, e del Valor d'huomini eccellenti, liberò l'Italia da' Gotti, e l'Africa da' Vandali, e tenne l'ardire de' Persiani à freno; & fù stimato felice per la virtù di Bellisario, e di Narsette, e d'altri ministri, ch'egli hebbe. Al medesimo modo Carlo VI. Re di Francia, standosi fermo in Burges, cacciò, per mezzo d'ottimi Condottieri, gl'Inglesi fuori del Regno; onde ne riportò il sopranome di Sa-

LIVRE III.

Sauio. Dall'altra parte, se il Prencipe è quale l'habbiamo descritto, andando personalmente alla guerra, vi porterà tutte quelle parti, che portarebbe vn suo ministro, e di più il vātaggio della riputatione, e dell'autorità, con la quale raddopiarà, e la vigilanza de' Capitani, e l'ardimento de' Soldati: perche Vrget præsētia Turni.	mé le Sage. D'autre part, si le Prince est tel que nous l'auons descrit, & il va à la guerre en personne, il y portera toutes les parties, que porteroit vn sien Lieutenant, & outre l'auantage de la reputatiō & de l'autorité, par laquelle redoublera & la vigilāce des Capitaines, & la hardiesse des Soldats; pource que *Vrget præsentia Turni.*
Ma perche vn Prēcipe, cō le debite qualità, si può ben desiderare, ma non formare da altri, che da Dio; nō resta à noi altro, che dimostrare quali imprese ricerchino assolutamente la presenza del Prēcipe, e quali nò. Supponiamo dunque prima, che il Prencipe non si deue mouere, se non per guerra, e per imprese importāti. Hor tali imprese si fanno, ò per difesa, ò per offesa: e per	Mais pource qu'vn Prince se peut bien desirer auec toutes les qualitez deuës et cōuenables, mais nō pas former d'autre q̄ de Dieu, ne nous reste maintenāt autre chose que demonstrer, quelles entreprinses requerēt absolumēt la presence du Prince, & quelles, non. Supposons dōc premierement, que le Prince ne se doit mouuoir, sinon à cause des guerres & entreprinses d'importance. Telles entreprinses se fōt

R

ou pour se defendre, ou pour offenser, & pour la conqueste de l'autruy : la defense est où de ton Estat principal, auquel tu fais residēce, ou de quelque membre separé & lointain. Disons dóc, que si l'ennemy vient auec grande force, nous assaillir en la maison, il sera bō que le Prince, en personne aille au deuant : premieremēt, pource qu'outre la reputation qu'il apportera à l'entreprinse, & la suite de la noblesse & du peuple, qui l'accōpagnera volontairemēt & comme à l'enuy, il donnera aussi par son exemple, courage à ses subiects, & les contraindra de combatre vaillamment, pour la defense & conseruation du Roy & du Royaume. Ce qui est de tresgrande importance, non seulement là où il est question de deffendre, mais aussi d'offenser. D'auantage la defense &

acquisto dell' altrui: la difesa, ò è per lo tuo Stato principale, e nel quale tu fai residenza, ò di qualche membro separato, e lontano. Diciamo dunque, che se il nemico ci verrà con grande sforzo ad assaltare in casa, sia bene, che'l Prencipe li vada personalmente incōtro: prima, perche, oltre la riputationé, ch'egli recarà all'impresa, e'l seguito della nobiltà, e del popolo, che l'accompagnarà volontariamēte, & à gara; farà anche animo con l'essēpio suo, à sudditi, e li metterà in necessità di cōbatter valorosamente per difesa, e salute del Regno, e del Re. il che importa assaissimo nelle offese, non che nelle difese. oltre à ciò, la difesa, e la conseruatione dello Stato, è beneficio tanto grande, e tanto vniuersale, che'l Pren-

la conservation de l'Estat est vn bien tant grand & tãt vniuersel, que le Prince ne doit endurer que l'on en soit obligé à autre qu'à luy; autrement, il encourt risque de l'Estat, comme il aduint à Childeric Roy de France. Abdimarus Roy d'Espagne estoit entré en ce tres-noble Royaume, auec plus de quatre cens cinquãte mille Sarrasins, lequel (ce pendant que Childeric, enueloppé es delices de sa maison, s'aplique comme vn Sardanapale, à se donner du bon temps, & à s'engouphrer tousiours de plus en plus es voluptez) mettoit auec terreur & desespoir du peuple, tout ce qu'il rencontroit, par le plaisant pays des Xaintongeois & Poiteuins, à feu & à sang. Cependant Charles Martel ne dormoit pas, lequel ayant assemblé vne puissante armée (en laquelle estoit la

R ij

force & la fleur de la noblesse et du peuple de France) ayant courageusement attaqué ces Barbares, il en tua, en vn merueilleux faict d'armes, trois cens soixante & quinze mille. Cete tant valeureuse defense fut de si grande efficace, & par vne si grande faueur, obligea generalemēt les volontez des François à ce valeureux Martel, que le Roy ne seruoit plus que d'vn zero en chifre: de maniere qu'il ne se fault esmerueiller que Pepin sō fils, ait depuis si aisement esté proclamé Roy de Frāce l'ā DCCLII. Et non seulement s'obligent les peuples à celuy qui defend l'Estat, & le temporel, mais ne s'obligent pas moins à celuy qui maintient le spirituel & la Religion; pource que c'est vn bien, de grāde importāce, & qui appartient à tous. Et s'est veu, au mesme Royau-

polo di Frācia) affrontatosi animosamēte cō Barbari, ne ammazzò in vn terribilissimo fatto d'arme, trecento settātacinque mila. Questa cosi valorosa difesa fù di tanta efficacia, e con tanto fauore obligò vniuersalmente gli animi de' Francesi al Martello, che'l Re non seruiua, che di zero. sì che non è merauiglia, che Pipino, suo figliuolo fosse poi cosi facilmēte gridato Re di Francia, del DCCLII. e nō solamente s'obligano i popoli à chi difende lo Stato, e'l temporale, ma non meno à chi mantiene lo Spirituale, e la Religione: perche questo ancora è beneficio di sōma importanza, e ch' appartiene à tutti. & nel medesimo Regno di Frācia si è visto, quāto grande amore, e riputatione s'habbiano acquistato alcuni Prēci-

pi con la protettione, che hāno sempre tenuto della Fede, e della causa di Dio. Nō è però necessario, che'l Prēcipe si troui sempre ne' fatti d'arme: basterà alle volte auuicinarsi all'essercito, & al luogo doue si cōbatte, fare finalmente in maniera, che la salute dello Stato si riconosca, ò del tutto, ò in gran parte dal suo giudicio, consiglio, vigilanza, magnanimità, e valore. Il medesmo si deu: osseruare nelle guerre offensiue, e d'importanza, ma vicine; perche la vicināza accresce gratia, e fauore à chi cōduce l'impresa à fine, e'l beneficio pare (come veramente è) maggiore. Cosi li Re di Leone, e di Castiglia, e di mano in mano gli altri Re di Spagna si sono personalmente trouati in tutte l'imprese fatte contra

me de France, combien grande amitié & reputation se sont acquis aucūs Princes, qui tousiours ont esté Protecteurs de la Foy & de la cause de Dieu. Il n'est toutesfois necessaire que le Prince se trouue tousiours aux batailles & armées: Il luy suffira aucunesfois de s'approcher de l'armée, & du lieu où l'on combat, faisant finalement en sorte, que l'ō recognoisse la defense & conseruatiō de l'Estat, ou du tout, ou en grande partie, de son jugement, conseil, vigilance, magnanimité & valeur. Il fault obseruer le mesme es guerres offensiues, & d'importāce, mais voisines; pource que le voisinage accroist la grace & la faueur à celuy qui conduit l'entreprinse à fin, & le bienfaict en semble plus grand, comme à la verité, il l'est. Ainsi les Roys de Leon & de Castille &

R iij

successiuemét les autres Roys d'Espagne se sont trouuez en personne en toutes les entreprinses de guerre faictes contre les Mores; & particulierement Ferdinand Roy d'Arragon & Isabelle Royne de Castille sa féme, en la guerre et prinse de Granate. Mais si la guerre se faict loing de la maison, le Prince ne doit laisser le cœur de ses Estats, d'où se doit espandre l'authorité & la vigueur aux parties d'alentour; chose songneusement obseruée & pratiquée par l'Empereur Tibere. Car comme auec vn grand danger, les legions d'Alemagne se fussent esleuées, la plus part estât d'aduis, que le Prince, pour appaiser la sedition, par la presence de sa Maiesté, s'y d'eust trásporter; il se resolut fermemét, de ne se soucier du bruit & murmure du vulgaire, ny du jugemét

Mori, & in particolare Ferdinando Re d'Aragona, & Isabella Reina di Castiglia sua moglie, nell'impresa, e presa di Granata. Ma se la guerra si farà lungi da casa, non deue il Prēcipe lasciar il cuor degli Stati suoi, onde si ha da diffondere l'autorità, e'l vigore alle parti circonstanti; cosa osseruata diligētemēte da Tiberio Cesare. Perche tumultuando, con gran pericolo, le legioni d'Allemagna; e parendo alla più parte, che'l Prēcipe, per acquetare, con la Maestà della presenza sua, i seditiosi, doue se transferirui si; egli si risolse fermamente, di nō curarsi delle mormorationi del volgo, ne del giudicio di chi si fosse; se nō istimò conuenire ad vn Prencipe grande partirsi, fuor di necessità, dalla sedia dell'Imperio, e del luogo, onde deriua il gouerno al rimanente. Al qual proposito scriue Herodoto, che non era concesso al Re della Persia vscir alla guerra fuor del Regno, se non lasciando à casa (per ischiuar le guerre intestine) vn Vicario, con l'insegne, e col titolo di Re. essendo stato il Re Dauid in pericolo d'esser amazzato, *Tunc iurauerunt viri Dauid, dicentes: iam non egredieris nobiscum ad bellum, ne extinguas lucernam Israel.* gli Ottomani non vanno facilmente all' imprese maritime. Solimano solo tra tutti, passò nell' impresa di Rodi, quel poco di mare, che parte quell'Isola da terra ferma. e mi merauiglio del Macchiauelli, che consiglia il suo Prencipe, ò tiranno che si

de qui que fust: & n'estima estre couenable à vn grand Prince, de laisser, sans grande necessité, le siege de l'Empire, & du lieu, duquel deriue le gouuernemét de tout le reste. A ce propos, Herodote escrit, qu'il n'estoit permis au Roy de Perse, d'aller à la guerre hors du Royaume, s'il n'y laissoit (pour euiter les guerres intestines) vn Roy Lieutenant, auec les enseignes & le tiltre de Roy. Le Roy Dauid ayant esté en dāger d'estre tué, *Tunc iurauerunt viri Dauid, dicentes: Iam non egredieris nobiscum ad bellū, ne extinguas lucernā Israel.* Les Ottomans ne vont facilement & volontiers aux entreprinses & guerres maritimes. Soliman, seul entre tous, passa, à l'entreprinse de Rodes, ce peu de mer, qui separe cete Isle de la terre ferme. Et suis esmerueillé de Machiauel, qui con-

R iiij

seille son Prince, ou tyran, de transporter le siege de sa personne en païs conquis; car cela n'est autre chose que mettre en danger les subiects naturels, pour ceux qui sont acquis, & le substantiel, pour l'accessoire. Et ne sert contre cecy, l'exemple qu'il ameine du grād Turc Mahommet I. qui transfera sa residence de Bursie à Constantinople; pource que le Turc n'ha point de subiects naturels; & l'assiete de Constantinople est la plus commode, qu'il pouuoit trouuer, pour demeurer au milieu de ses Estats.

sia, à trasportar la sedia della sua persona ne' paesi acquistati: perche questo non è altro, che un metter à pericolo i sudditi naturali per gli acquistati, e'l sostantiale per l'accessorio. Nè vale contra di ciò l'essempio, ch'egli adduce del gran Turco Maometto Primo, che trasferì la sua residenza da Bursia à Constantinopoli: perche il Turco non hà sudditi naturali, e'l sito di Constantinopoli è il più commodo, ch' egli potesse trouare per star in mezo degli Stati suoi.

Fin du troisiesme Liure.

Il Fine del Terzo Libro.

RAISON ET GOVVERNEMENT D'ESTAT.

LIVRE. IIII.

Del modo di ouuiare a' romori, & a' solleuamenti.

De la maniere d'obuier aux rumeurs & soulevemens.

ON basta dunque hauer l'arte di trattenere il popolo, ma bisogna di più (perche questa è fallace) prouedere che non possa, ò almeno, che non debba riuoltarsi, e turbare la pace publica, e la Maestà del Prencipe; e sopra tutto egli è necessario torli l'occasione, e la comodità delle riuolte.

IL ne suffit dóc pas d'auoir le moyé d'entretenir le peuple, mais dauantage (pource qu'il est fallacieux) il faut donner ordre, qu'il ne puisse, ou au moins, qu'il ne doiue se reuolter, & troubler le repos public & la Maiesté du Prince: & sur tout, il est necessaire de luy oster l'occasion, & la commodité des reuoltes.

De trois sortes de personnes, desquelles les villes sont composées.

EN tout Estat, se trouuent trois sortes de personne, les opulents, les pauures, et les mediocres; entre l'vn & l'autre extreme de ces trois sortes, ceux qui sont au milieu sont ordinairement les plus paisibles, & plus aisez à gouuerner : & les extremes, plus malaisez: car les puissãs, à cause de la commodité que les richesses apportent quant & soy, malaisemẽt s'abstiennẽt du mal : les pauures, à cause des necessitez esquelles ils se trouuent, semblablement ont coustume d'estre fort vicieux. Pour cete cause, Salomõ prioit Dieu, qu'il ne luy donnast grandes richesses; & ne permist aussi qu'il tõbast en paureté extreme. Dauantage ceux qui sont fort ri-

Di tre sorti di persone, delle quali cõstano le Città.

IN ogni Stato sono tre sorti di persone, gli opulenti, i miseri, & i mezani. trà l'vno, e l'altro estremo di queste tre sorti, i mezani sono ordinariamente i più quieti, e più facili à gouernare; e gli estremi i più difficili. perche i potenti, per la commodità, che le ricchezze apportano seco, difficilmente s'astengono dal male; i miseri, per le necessità, nelle quali si trouano, similmente sogliono esser molto vitiosi. perciò Solomone pregaua Dio che non li desse ricchezze grandi; ne permettesse, ch'egli cadesse in pouertà estrema. Oltre à ciò, quelli, i quali abbondano di ricchezze, e fioriscono

LIVRE IIII.

di nobiltà, di parentadi, e di clientele, ne sanno star sotto altri, per la delicatezza della loro educatione; ne vi vogliono stare, per l'alterezza dell'animo. All'incontro i miseri sono apparecchiati ad obedire nelle cose dishoneste, non meno che nelle honeste. quelli dã- no nel violento, e si dilettano della souerchia ria ; questi diuentano maligni, e fraudolenti. quelli offendono il prossimo alla scouerta; questi lauorano, e rodono di nascosto. i ricchi nõ si sanno reggere per la felicità; (onde Platone, pregato da' Cirenei, che desse loro leggi, con le quali si gouernassero, no'l volle fare; dicendo esser cosa difficile il dar legge a' Cirenei, ch'erano posti in tanta felicità) I miseri non possono viuere sotto le leggi ; perche

ches, florissét en noblesse, en alliances, faueurs & amys, & ne peuuent se sommettre à autre, pour la delicatesse de leur nourriture; & ne le veulent, pour la grandeur de leur courage. Au contraire, les pauures sont prests d'obeir es choses deshonnestes comme es honnestes. Ceux là sont violents, & se plaisent es excez, ceux cy deuiennét malins & fraudeleux. Ceux là offensent le prochain, à descouuert: ceux cy le trauaillét en secret. Les riches ne se scauent pas gouuerner à cause de la prosperité (& pourtant Platõ prié par les Cireneens de leur donner loix, par lesquelles ils se peûssent conduire, ne le voulut faire, disãt estre chose difficile de donner loy aux Cireneens, qui estoyent en si grande felicité.) Les pauures & miserables ne peuuent viure souz les loix, pource que la necessité en laquelle ils se trouuent ne cognoist & n'ha point de loy: Mais ceux du milieu ont tant qu'ils ne se trouuët auoir necessité des choses qui appartiennent à leur cõdition, & ne sont toutesfois si riches, qu'ils ayent la hardiesse d'entreprendre ou deseigner choses grandes. Ils aymët ordinairement la paix, & se contentent de leur estat: l'ambition ne les haulse en l'air: & le desespoir ne les attere: & (comme dit Aristote) ils sont trespropres à la vertu. Supposãt donc, que ceux là du milieu, sont d'eux mesmes pacifiques, nous traiterõs des extremes, et de la maniere, par laquelle il fault dõner ordre qu'ils ne se iettent, comme à corps perdu, au milieu des troubles, insolences & desordres.

la necessità, nella quale si trouano non conosce legge. ma i mezani hanno tanto, che non si trouano hauer necessità delle cose appartenenti allo stato loro: e non sono però cosi possenti, che possa dar loro il cuore di far disegni, e di entrare ad imprese grandi. sono, per l'ordinario, amici della pace, e si contentano dello stato loro: l'ambitione non li balza in aria, ne la disperatione li atterrà: e (come dice Aristotele) sono atissimi alla virtù. Supponendo dunque, che i mezani sono da se quieti, tratteremo degli estremi, e del modo, col quale si hà da prouedere, che non prorompino in disordini, & in tumulti.

Des Grands.   De' Grandi.

TRe sorti di persone sono, la cui autorità, e possanza può dar sospetto al Prencipe. I parenti, e quelli, che per ragion di sangue hanno pretensione alla Corona; i Signori di feudi importanti, ò di luoghi opportuni; & i personagi, che per valor di guerra, ò per arte di pace, si hanno acquistato riputatione, e credito tra le genti.

L'On void trois sortes de personnes, de la puissance & authorité desquels, le Prince peut auoir quelque soupçon. Les parents, & ceux, qui par le droict du sang, pretendent à la Corône; les Seigneurs de fiefs d'importance, ou de places commodes; & les personnes, lesquelles par la valeur des armes, ou par le moyen de la paix, ont acquis reputation & credit, parmy le peuple.

De' Prencipi del sangue.

4. Des Princes du sang.

NOn è cosa più gelosa, che gli Stati: onde inducono spesse volte i Prencipi à furore, & à rabbia; e può tanto l'ambitione, e la gelosia (della quale parliamo) negli animi, de' quali si è intirannita, che li spoglia quasi della natura humana, ò almeno dell'

IL n'y a chose plus jalouse que les Estats: & pourtant ils induisent bien souuent les Princes à fureur & rage: & peut tant l'ambition & la jalousie (de laquelle nous parlons) es cœurs desquels elle s'est emparée, qu'elle lesdespouille quasi de l'humaine nature, ou au moins de l'humanité. Alexandre le Grãd, voulant passer à l'entreprinse de l'Asie, feit mourir tous ses parents. Aussi tost que le Turcs sont esleuez à l'Empire, ils tuent tous leurs freres. Amurath III. qui regne auiourd'huy fit coupper la gorge mesmes à vne concubine de son pere, qui estoit enceinte. Les Roys d'Ormus, deuant que ce Royaume fust assubietty aux Portugais, priuoyent leurs parents de la veuë; ce que pratiquoyent pareillement certains Empereurs de Constantinople. Les Roys de la Chine, comme plus humains, ayant cete cruauté en horreur, se contentent d'enfermer ceux de leur sang en certains lieux grands & spacieux, auec toute cõmodité & passetemps: ceux d'Ethiopie en font quasi de mesme: car ils confinent leurs parents en vne treshaulte &

humanità. Alessandro Magno, volendo passare all'impresa dell'Asia, fece torre la vita à tutti i suoi parenti. I Turchi, non sì presto sono assonti all'Imperio, che fanno morire tutti i loro fratelli. Amoratte III. che hoggi regna, fece scannare anco vna concubina di suo padre grauida. Li Re d'Ormus, prima che quel Regno cadesse sotto Portoghesi, priuauano della vista i loro parenti. il che vsarono anco alcuni Imperatori Constantinopolitani. I Re della China, abborrendo, come più humani, questa crudeltà, si contentano di rinserrare quelli del sangue in alcuni luoghi grandi, e spatiosi, e pieni d'ogni commodità, e trastullo. e'l medesimo fanno quasi li Re d'Etiopia. perche confinano i loro parẽti

LIVRE IIII.

in vn monte altissimo, & amenissimo; chiamato Amara, doue stanno sino à tanto che sono chiamati alla successione della Corona. questo mōte è tātoerto, e dirupato, che si può dire quasi fortezza inespugnabile. non vi si può salir sopra, se non per vno strettissimo calle; e di sopra vi è tanto terreno coltiuabile, che co' frutti vi si può mātenere vna buona brigata. sì che egli è sicurissimo da assalti, e non teme d'esser affamato per assedio. Ma ritornando onde siamo partiti, diciamo cosi, che ne li Re della China, ne gli Imperatori dell'Etiopia, col confinare i parenti; ne i Turchi con l'ammazzarli, ò i Mori con l'accecarli, assicurano gli Stati loro dalle seditioni, e da' solleuamēti. non i Chinesi, e gli Etiopi; per-

tresplaisante montagne, appellé Amara, où ils se tiennent jusques à tant qu'ils soyent appellez à la succession du Royaume. Cete montagne est tant droite, & cóme inacessible, qu'elle se peut dire comme vne forteresse inexpugnable: l'on n'y peut monter, que par vn chemin fort estroit; & au dessus y a tant de bonne terre labourable, qu'vne bonne trouppe, des fruicts d'icelle, y peut estre nourrie; de maniere que ce lieu est hors du danger d'estre assailly, & ne ctaint d'estre affamé d'vn siege. Mais retournant d'où nous sommes partiz, nous pouuons dire, que les Roys de la Chine, les Empereurs d'Ethiopie, en confinant là leurs parents; les Turcs, en les faisant mourir, ou les Mores en les aueuglant, n'asseurent leurs Estats & ne les garantissent des seditions & souleuemens; non pas les Chinois & les Ethiopiens; car quand bien leurs parents seroyent d'vn esprit doux & bien composé, peut estre que le peuple & les Seigneurs excitez de despit & fureur, ou meuz de la peur du chastiment, ou du desir de vengeance, sollicitent ceux qui sont confinez, de maniere que corrompans ou forceás les gardes, ils les tirent hors des prisons & confins, & les colloquent au siege, comme les Communes d'Espagne sousleuée, s'efforcerent de faire vers le Duc de Calabre qui estoit à lors prisónier, en la tour de Sciattiua. Ie ne veux pas nier pourtant que les coustumes des Chihois & des Ethiopiens ne tiennent moins du barbare & de l'iniuste, veu que la coustume ha la force de loy: & est chose raisonnable, que

che quando bene i loro parenti siano d'animo quieto, e ben composto, può esser, che'l popolo, & i Baroni, concitati da sdegno, ò da furore, ò mossi da paura di castigo, ò da desiderio di vendetta, sollecitano i confinati; e corrompendo, ò sforzādo le guardie, gli cauino fuor delle prigioni, e de' cōfini, e li collochino in seggio, come i Communi di Spagna solleuati, tentarono di far col Duca di Calabria, ch'era allora prigione nella torre di Sciattiua. Non niego però, che l'vsanze de' Chinesi, e degli Etiopi non habbino meno del barbaro & dell'ingiusto; conciosiache l'vsanza ha forza di legge: & è cosa ragioneuole, che per liberare di pericolo, ò anche di sospetto, il Regno, i parenti del Re si cōtentino di quel piace-

LIVRE IIII.   137

piaceuole confine. ma non vi è però tutta quella sicurezza, che si pensa, conciosiache nella China sono stati ammazzati molti Re, e vi hanno dominato tiranni crudelissimi, e fino alle donne ze nell' Etiopia non sono molti anni che fu chiamato all'Imperio Abdimalec, non dal monte Amara, ma dall' Arabia, oue s'era ritirato. Ma molto meno sicura è la crudeltà de' Turchi che ammazzano, ò de' Mori, che actecano i fratelli, & i parenti. perche ne gli altri Regni vn' animo bramoso d'honore, e d'Imperio, non hà altro stimolo, che lo muoua à far rumore, & à metter mano all'armi, che l'ambitione, la quale si può variamente vccellare, ò trattenere, ò volgere, & diuertire altroue: ma tra gli Ot-

que pour deliurer le Royaume de danger ou mesmes de soupçon, les parents du Roy se contentent de cete plaisante retraite; ce neantmoins n'y consiste pas toute la seureté que l'on pense : veu qu'en la Chine, ont esté tuez plusieurs Roys, & y ont dominé les tyrans trescruels, et des femmes mesmes. Et en Ethiopie, il n'y a pas long temps, qu'Abdimalec fut appellé au Royaume, nō de la montagne Amara, mais de l'Arabie, où il s'estoit retiré. De beaucoup moins est seure la cruauté des Turcs, qui tuēt, ou des Mores, qui aueuglent leurs freres, & parents ; pource qu'és autres Royaumes, vn cœur desireux d'honeur & de l'Empire n'ha autre eguillon qui le moūe à prendre les armes, que l'ambition, laquelle se peut diuersement eluder, ou entretenir, ou tourner et

S

GOVVERNEMENT D'ESTAT,

diuertir ailleurs. Mais entre les Otthomans & les Mores, outre l'ambition, y est aussi la necessité & contrainte de s'asseurer de la vie. Ainsi n'ont iamais esté en aucun lieu, plus de guerres ciuiles, ou plus de reuolutions, qu'être les Mores, à Ormus, à Tunes, à Marocq, à Fez: & entre les Turcs, comme fót foy les guerres entre Orcannes & Moses: & entre Moses & Mahommet, entre Bajazet & Zizimus: entre Selim & Bajazeth II. son pere: & entre le mesme & Alensiacus son nepueu, & entre Soliman & Mustapha son fils, & entre Selim II. & Bajazet son frere, lequel s'estant finalement sauué vers Tammas Roy de Perse, fut tué par sõ hoste, pour vn million d'or, qui luy fut promis. Car sachant que celuy qui obtiendroit l'empire, le tueroit, cela fait que chacun pen-

tomani, e Mori, oltre l'ambitione, vi è anco la necessità d'assicurarsi della vita. così in nissun luogo sono stati mai ò più guerre ciuili, ò più riuolutioni, che tra Mori à Ormus, à Tunigi, à Marocco, à Fessa; e tra Turchi, come fanno fede le guerre tra Orcanne, & Mose; e tra Mose, e Maometto: tra Baiazette, e Zizimo: tra Selim, e Baiazette II. suo padre: e trà 'l medesimo, et Alensiaco suo nipote, e tra Selimano, e Mustafa, suo figliuolo, e tra Selim II. e Baiazette suo fratello, ch'essendosi ricouerato finalmente presso Tammas Re di Persia, fù dal suo hospite ammazzato per vn million d'oro, stat'oli promesso. Perche il sapere di douer esser morto da chi otterrà l'Imperio, fa che ogniuno pensi a' casi suoi; e si metta in arme con gli aiuti, ò de' sudditi, ò de gli stranieri. Onde Selim primo soleua dire, ch'egli era degno di scusa, se bene haueua ammazzato tanti suoi fratelli, e cugini, e nipoti, e parenti d'ogni sorte; perche il minimo, che di casa Ottomana fosse salito à quel grado, hauerebbe fatto il medesimo giuoco à lui. Vediamo all'incontro, che ne' regni di Spagna, e di Portogallo, e di Francia, e ne' Principati d'Allemagna, e negli altri Stati della Christianità, se bene vi sono stati, e vi sono molti personaggi del sangue, e molti Prēcipi, c'hanno ragione nella Corona, non vi nascono però tante guerre, e solleuamenti di gran lunga, quanti tra quei Barbari: perche le leggi, e l'vsanze crudeli

se à ses affaires, & se met en armes, auec l'ayde ou des subiects, ou des estrangers. Pour cete cause, Selim I. auoit coustume de dire, qu'il estoit excusable d'auoir occis tant de siens freres, cousins, nepueux & parents, de toute sorte; pource q̃ le moindre de la maison des Ottomans, qui fust môté à ce degré, luy eust faict vn mesme tour. Nº voyons, au contraire, qu'es Royaumes d'Espagne & de Portugal & de France, & es Principautez d'Allemagne, & es autres Estats de la Chrestienté, bien que plusieurs personnages y ayent esté & y soyent plusieurs Princes du sang ayans droict à la Coronne; ce neantmoins n'y naissent tant de guerres & tãt de troubles, qu'entre ces Barbares; pource que les hommes cruels font les loix & coustumes cruelles; & les

S ij

humains, les humaines. Où se trouuent plus de Princes du sang, qu'en la maison d'Austriche, plus de freres, & plus de cousins? Ils n'ont toutesfois jamais violé la loy de l'humanité, & amitié de parentage, ny troublé la Republique, par ambition: ains ils cedent l'vn à l'autre leurs droicts & pretensions, & viuent en tresgrand repos comme si plusieurs corps estoyent animez d'vn seul esprit, & gouuernez d'vne mesme volonté. Et bien qu'en France ayent tousiours esté plusieurs Princes de la maison Royale, iamais pourtant n'ha esté troublée la succession entre la posterité de Charlemagne, ou de Hugues Capet, qui dure encores, ou de Merouée, qui estoit deuant ceux là. Mais quelle douceur de dominer peut iamais estre tant pleine, quelle sa-

fanno gli huomini crudeli; e le humane humani. Doue sono più Prencipi del sangue, che nella casa d'Austria, più fratelli, e più cugini? Non hanno però mai violato l'amoreuolezza, non turbato la Republica, per ambitione; anzi cedono l'vno all' altro le lor ragioni, e pretensioni, e viuono quietißimamente, come se più corpi fußero animati da vno spirito, e gouernati da vna volontà; & in Francia, se bene sono stati sempre molti Prencipi della casa Reale, non mai però si è turbata la successione tra i posteri di Carlo Magno, ò di Vgo Ciappetta, ò di Meroueo, che fu innanzi costoro. Ma che dolcezza di dominare può mai esser così piena, che sodisfattione così grãde, che contentezza così compita; che *si debba comperare con la morte de' fratelli, e con l'esterminio, e rouina del parentado? ò che regno è tanto opulento e felice, che si possa godere con allegrezza, e con diletto, senza hauer presso di se persona del suo sangue, à cui si possa communicar il bene, e far parte della prosperità? La via dunque di mantenere la quiete, e la pace degli Stati, per conto de' Prencipi, che han ragione di successione, sì è la Giustitia, e la Prudenza, con la quale conoscendo le nature, e gli humori, schiuando gli sdegni, togliendo la materia all'inuidia, della quale non è passione più vehemente, e più tempestosa, si terrà quieto il Dominio. Perche si come con la fierezza, e crudeltà s'inasprisconò, e s'infuriano gli animi de' grandi; così*

tisfaction si grande, quel contentement si accomply, qui se doiue acheter par la mort des freres, & par la ruine du parentage? ou quel Royaume est tant opulent & heureux, duquel le Prince puisse jouyr auec allegresse & plaisir, sans auoir pres de soy personne de son sāg, auquel il puisse communiquer le bien, & faire part de ses prosperitez? Le moyen dōc de maintenir le repos & la paix des Estats, pour le regard des Princes, qui ont droict de succession, est la Iustice & la Prudence: au moyen de laquelle cognoissant les natures & les humeurs, fuiant les courroux, retranchant le subiect à l'enuie, passion la plus vehemēte & tempestueuse de toutes, l'on tiendra paisiblement la Seigneurie. Car comme par l'audace & la cruauté, les cœurs des grands s'aigrissent & deuiennēt

S iij

GOUVERNEMENT D'ESTAT,

furieux: ainsi, par la gracieuseté, & par manieres conuenables, ils se contiennent en leur deuoir, & se payent de raison. Les Turcs, voulans tuer leurs freres, les contraignent de mettre la main aux armes: au contraire, Anthoine Philosophe, print pour son compagnon à l'Empire Lucius Verus son frere; & Valentinian, Valens; & ne s'ensuiuit pourtant qu'amitié & redoublement de bienueillance: & Gratianus diuisa l'Empire auec Theodose, qui ne luy appartenoit en rien, et iamais ne fust vne plus grande vnion de cœurs & volōtez qu'entre ces Princes. Ie ne veux aussi obmettre à dire que la plus probable cause de la future ruine de l'Empire Turquesque est cete cruauté des Seigneurs de cet empire enuers leurs parents; car attendu que les Ottomans

con la piaceuolezza, e con maniere cōuenienti, si contengono in officio, e si appagano della ragione. I Turchi, per voler ammazar i fratelli, li mettono in necessità di metter mano all'armi: all'incontro Antonio Filosofo prese per suo cōpagno nell' Imperio, Lutio Vero suo fratello, e Valentiniano Valente; ne perciò seguì altro, che amore, e che raddopiamento di beneuolenza: e Gratiano diuise l'Imperio con Teodosio, che nulla gli apparteneua; ne fu mai maggior vnione d'animi, che tra quei Prencipi. e non voglio anco lassar di dire, che la più probabil causa della futura rouina dell' Imperio Turchesco si è questa loro crudeltà verso de' parenti: perche prendendo gli Ottomani quante donne voglio-

	LIVRE IIII. 140
no; e perciò facendo fi-	prennent autant de fem-
gliuoli senza numero,	mes qu'ils veulent, &
tutti però certi di es-	pour cete cause se faisans
ser ammazzati da chi	des enfans sans nombre,
otterrà il regno; è ve-	tous certains d'estre mis
risimile, che à lungo	à mort par celuy qui ob-
andare, debba nascere	tiendra le Royaume, il
in quell'Imperio guer-	est vray semblable qu'à la
ra intestina, che debi-	lógue, naistra en cet Em-
liti le forze, e diuida in	pire, vne guerre intesti-
più parti lo Stato; e	ne, qui debilitera les for-
per questa via apra la	ces, & diuisera l'Estat en
strada à nemici di as-	plusieurs parties; & par
saltarlo, e di soggio-	ce moyen sera ouuert le
garlo. Ne si deue alcu-	chemin aux ennemys de
no marauigliare, che	l'assaillir & subiuguer. Et
ciò non sia per ancora	ne se doit aucun esmer-
auuenuto ; perche non	ueiller que cela ne soit
son corsi ancora molti	encores aduenu; car de-
secoli da che Otto-	puis peu de siecles ença,
mano (che morì nel	Ottoman (qui mourut
M. CCCXXVIII.	en l'an MCCCXXVIII.
sotto Benedetto XI.)	Souz benoist XI) ha
fondò l'Imperio Tur-	fódé l'Empire des Turcs;
chesco; ma si sono già	mais l'hon ha desia veu
viste guerre crudelissi-	des guerres tres-cruelles
me tra loro, che ci fan-	entre eux, qui nous font
no credibile questo no-	& rendent croyable ce
stro pronostico.	nostre pronostic.

De' Feudatarij.   *Des Feudataires.*

S iiij

ES particuliers Seigneurs d'vn Royaume y a du biē & du mal; le mal est l'autorité & la puissance, entant qu'elle est suspecte au Prince souuerain; pource qu'elle est comme vn appuy & vn refuge preparé à qui se voudroit mutiner & souſleuer, ou à qui s'esforceroit de faire la guerre, & d'aſſaillir l'Eſtat: comme ont esté les Princes de Tarante, & de Salerne, & les Ducs de Seſſa & de Roſſan, au Royaume de Naples. Le bien est que ces Seigneurs sont comme les oz & la fermeté des Eſtats, lesquels priuez d'eux, seroyent comme des corps composez de chair & de mouelle, sans oz & sans nerfs; & pour cete cause, en vn fort rencontre & choc de guerre, ou route d'armée, ou mort de Roy, aisement ils seroyent ruinez; car le peuple n'ayāt

NE' Signori particolari d'vn Regno, vi è del bene, e del male. il male è l'autorità, e la potenza, in quanto ella è sospetta al Prencipe soprano; perche è quasi vn appoggio, & vn rifugio apparecchiato à chi voleſſe ammutinarsi, e ſolleuarsi, ò a chi tentaſſe di muouer guerra, e d'aſſaltar lo Stato; come sono stati i Prencipi di Taranto, e di Salerno, & i Duchi di Seſſa, e di Roſſano, nel Regno di Napoli. Il bene è, che questi Signori sono come le oſſa e la fermezza de gli Stati; che priui d'eſſi, sarebbon quaſi corpi composti di carne, e di polpa; senza oſſa, e nerui. onde ad vn groſſo scontro di guerra, ò rotta di eſſercito, ò morte di Rè facilmente rouinarebbono; perche, non hauendo il

LIVRE IIII.

popolo personaggi, che per altezza di sangue, ò per inueterata autorità, siano tra gli altri eminenti, e per ciò idonei ad esser capi, si confonde; e priuo di partiti, e di consiglio, si arrende a' nemici. come si è visto più d'vna volta nell' Egitto, e si vederebbe nella Turchia, se piacesse à Dio, che si rompesse vna volta in campagna il nemico. All' incontro vediamo i regni, doue è nobiltà numerosa, esser quasi immortali: come ne fa fede la Francia, e la Persia; perche la Francia essendo caduta quasi tutta sotto li Rè d'Inghilterra, si è per opera della nobiltà, che vi è infinita, rihauuta: e la Persia similmente soggiogata hor da' Tartari, hor da' Saraceni, si è però sempre mantenuta per lo valore del-	des hommes, qui pour la noblesse & grandeur du sang, ou par authorité inueteree, soyent eminents sur les autres, & pourtant capables de cõmander, se confond: de maniere qu'estant priué de partits & de conseil, il se rend aux ennemis, comme l'on ha veu plusieurs fois en Ægypte, & l'on verroit en Turquie, s'il plaisoit à Dieu, que l'ennemy fust vne fois mis en route, en la campagne. Au contraire, nous voyons les Royaumes, estre quasi immortels, où y a grand nombre de noblesse: cõme en faict foy la France & la Perse; car la France ayãt quasi toute esté assubiettie aux Roys d'Angleterre, ha esté recouureé par le moien de la Noblesse, laquelle y est infinie: & la Perse semblablement subiuguée ores par les Tartares, ores par les Sarrasins, ce neantmoins s'est touſ-

jours maintenue, par la valeur de la noblesse, dōt elle est pleine. L'Espagne aussi ha elle pas esté deliurée de la subiection des Mores, par la valeur & le moyen des nobles? Mais quelqu'vn dira, que pour la conseruation du pays & de l'Estat, les Seigneurs de tiltre & de marque sont bons, mais non pour le Roy; pource que comme ils sont propres à maintenir le pays, & dōner courage à la multitude; ainsi peuuent ils trauailler aussi le Prince, & luy dōner des affaires. Qui doute de cela, si le Prince est debile, pour la charge qu'il souſtient, incapable de la grandeur, & indigne de la fortune qu'il ha? s'il n'ha le nerf de Iustice, la lumiere du Conseil; si finalement il n'est tel, que nous l'auons descrit? En ce cas, il sera non seulement trauaillé des Seigneurs; mais aussi ses Conseillers & bou-

la nobiltà, della quale è piena. e la Spagna non è ancor essa stata liberata dalla seruitù de' Mori, per lo valore, e per l'opera de' nobili? Ma dirà alcuno, che per la conseruatione del paese, e dello Stato, i Signori titolati son buoni, ma non per lo Rè: perche si come sono atti à mātenere il paese, & à far animo alla moltitudine; cosi anco possono trauagliare il Prencipe, e dargli da fare. chi dubita di ciò, se il Prencipe sarà debole per lo carico, ch'egli sostiene, & incapace della grandezza, & indegno della fortuna sua? se non haurà nerno di Giustitia, non lume di consiglio; se non sarà finalmente tale, quale l'habbiamo descritto? Nel qual caso non sarà non solamente trauagliato dā Baroni, ma aggirato da' suoi Consiglieri, e da' buffoni; e seruirà non di Rè, ma di pedina. Come Childerico, e Carlo semplice in Francia (sotto costui cominciarono in quel Regno i Feudi, perche, per la dapocagine del Rè, ogn'uno si vsurpò quelle Città, e luoghi, ch'egli haueua in gouerno) e Vencislao in Germania, e Ramiro in Ispagna, & Andreasso a Napoli, e Massimiliano Sforza a Milano; & ad vn'huomo tale nissuna sorte d'assicuramento sarà buona; perche li manca l'auuiso, e'l giudicio di seruirse. Hor come il Prencipe debba gouernarsi co' sudetti personaggi, si può facilmente comprendere da quel, che noi habbiamo detto di sopra, e siamo per dir nel capo seguente. Non lascierò però di dire, che Arrigo II.

fons le feront tourner de teste, & il seruira non de Roy, mais de pion; Comme Childeric & Charles le Simple, en France (soubz cetuy cy comancerent en ce Royaume, les Fiefs, d'autant que par la negligence & pusilanimité du Roy, chascun s'vsurpa les villes & places qu'il auoit souz son gouuernement) & Vécislaus en Alemagne, & Ramire en Hespagne, & Andreasse à Naples, & Maximilian Sforze à Milan; à vn tel homme, ne sera bône aucune maniere d'asseurance, pource qu'il hà faulte d'aduis et jugement à s'en seruir. Or pour scauoir comme le Prince se doit gouuerner auec les susdicts personnages, se peut aisement comprendre, par ce que nous auons dict cy dessus, & que nous dirons au chapitre suiuant. Ie ne laisseray pourtant de dire que Henry II.

GOVVERNEMENT D'ESTAT,

Roy d'Angleterre, our oſter aux Feudataires l'occaſion de remuer & de troubler la paix & le repos du Royaume, fit razer & mettre par terre toutes les Forteresſes des particuliers, que leur auoit conſenty & permis le Roy Eſtienne.

Re d'Jnghilterra, per torre a feudatarij l'occaſione di tumultuare, e di turbar la pace, e quiete del Regno, fece gittare a terra tutte le fortezze de' particolari, conſentite loro dal Re Stefano.

Des Grands, par leur valeur.

De' grandi per valore.

LA troiſiéme maniere d'hommes deſquels la puiſſance peut eſtre ſuſpecte, eſt de ceux, leſquels bié qu'ils ne ſoyent illuſtres de ſang, ny grands par leurs richeſſes, & nombre de vaſſaulx, ont ce neantmoins grande authorité, à cauſe du maniement d'affaires d'importance, & pour la valeur qu'ils ont monſtrée en diuerſes occaſions, ou de paix, ou de guerre. Et à la verité il n'ya choſe plus dangereuſe aux Republiques,

LA terza ſorte, la cui potèza ci può eſſer ſoſpetta, e di quelli che ſe bene non ſono illuſtri per ſangue, ne grandi per ricchezze, e numero di vaſſalli, hanno però grande autorità, per lo maneggio di coſe importanti, e per lo valore, moſtrato in diuerſe occaſioni, ò di pace, ò di guerra. Et in vero non è coſa niſſuna più pericoloſa alle Republiche, che la ſouerchia grādezza di vn particolare. Onde

LIVRE IIII.

gli Atheniesi se ne sbrigauano con l'Ostracismo. è di non minor pericolo è alle Monarchie, e Aristotele vuole, che la conseruatione del Prencipato sia il far sì, che nissuno s'alzi sproportionatamente sopra gli altri, ò d'autorità, ò di ricchezze: perche poco sono quelli, che si sappino moderar nella prosperità, e calar l'antenne della loro nauicella à venti fauoreuoli. Hor a questi inconuenienti si può rimediare, prima, col non seruirsi in affari d'importanza di gente altiera, e di notabile ardire: perche cosi fatte persone tramano naturalmente cose nuoue; e l'ardire, congiunto con la possanza, difficilmente si può rattenere. ma molto meno ti deui fidare di gente astuta, e cupa; quale fu C. Cassio, e Lorenzino

qu'est l'excessiue grandeur d'vn particulier. Pour cete cause les Atheniens s'en desfaisoyent par l'Ostracisme. Et n'est pas moins dãgereuse aux Monarchies: & Aristote veut que la Principauté se conserue & fasse en sorte, que nul desreiglement s'esleue sur les autres, ou d'autorité, ou de richesses, pource que peu se trouuent de ceux, qui se sachent moderer és prosperitez, & caler les antenes & voiles de leur nauigation aux vents fauorables. Or l'on peut remedier à cẽs inconueniens, premierement, ne se seruant, es affaires d'importãce, d'hõmes haults à la main & de notable hardiesse: car telles personnes trament naturellemẽt choses nouuelles: & la hardiesse cõioincte à la puissance mal aisement se peut retenir. Encores moins le Prince se doit fier aux hõmes cau-

teleux & rusez, tel qu'e-
stoit C. Cassius, et Loren-
zin de Medici, & de no-
stre temps, plusieurs de
peu de courage, & de
beaucoup de malice, plus
timides que brebis, mais
plus frauduleux que re-
gnards: car comme les
hardiz presument beau-
coup de leur hardiesse;
ainsi les rusez se fiét trop
en leur esprit. Mais il ne
se fault fier d'aucũ moins
que des instables & le-
gers, qui se tournét com-
me roseaux çà & là, au
moindre vent d'esperan-
ce ou de crainte; & sont
le jouet des hardiz &
cauteleux. Il est bon de
n'establir Magistrats auec
iurisdiction & puissance,
qui approche de la su-
préme, car la douceur de
commander, conduit les
hommes hors les bornes
de la chose honneste &
raisonnable : & si tels
Magistrats sont desia e-
stabliz, ils se doiuét dou-
cement supprimer, com-

*de' Medici: & a' tempi
nostri molti di poco a-
nimo, ma d'assai mali-
tia: timidi piu che una
pecora, ma fraudolenti
piu che una volpe. per-
che, si come gli arditi
presumono assai della
brauura, cosi gli asturi
si fidano souerchio dell'
ingegno loro. Ma di
nissuno conuiene meno
fidarsi, che de gli in-
stabili, e leggieri: per-
che questi, à guisa di
canne, si volgono quà
e là ad un minimo sof-
fio di speranza, ò di
tema; e sono il giuoco
de gli arditi, e de gli
astuti. Egli è bene di
non instituir Magistra-
ti con giuridittione, e
con possanza vicina al-
la suprema: perche la
dolcezza del comman-
dare conduce gli huo-
mini fuor de' termini
dell'honesto, e del giu-
sto. e se cotali Magi-
strati sono già in esse-
re, si debbono quieta-*

mente sopprimere; come si sono soppressi più d'vna volta i Maestrati di S. Giacomo, d'Alcantera, e di Calatrana in Ispagna. se non si possono sopprimere, sarà bene indebolirli, e troncar loro parte dell'autorità, e del potere, massime con iscortar loro il tempo: perche la possanza, congiunta con la diuturnità, fa, che gli huomini, dimeticatisi della loro conditione, aspirino, non à quel, che debbono, ma à quel, che possono, ò che si pensano potere. onde io mi marauiglio, che nella più parte de' regni della Christianità, i maggiori vfficij, e più importanti siano perpetui; come sono quelli di Almirante, e di Maresciale, e di Palatino. Oltre à quali in Francia sono anche perpetui i gouerni delle

me l'on ha plusieurs fois supprimé les Maistres de S. Iacques, d'Alcantera & de Calatrane en Espagne. Si l'on ne les peut supprimer, il sera bon de les affoiblir, & leur retrancher partie de l'autorité & pouuoir qu'ils ont, mesmement en leur accourcissant le temps, pource que la puissance conioincte à la longueur du temps, fait que les hommes oublians leur condition, aspirent non à ce qu'ils doiuent, mais à ce qu'ils peuuent, ou qu'ils pensent pouuoir. Et pourtant suis-ie esmerueillé, qu'en la plus grande partie des Royaumes de la Chrestienté, les plus grands Offices & charges plus importantes, sont perpetuelles, comme celles d'Admiral, de Mareschal & de Palatin. Outre ceux là en France, sont aussi perpetuels les gouuernemens des Prouinces, qui

GOVVERNEMENT D'ESTAT,

se donnent aux grands Princes, en leur vie, d'ont s'est ensuiuy, qu'ils en sont quasi deuenuz maistres & Seigneurs: au moins, il n'est en la puissance du Roy de leur oster le gouuernement, sans rumeur, & doute de quelque souleuement & nouueauté; pource que les gouuernemés de tresriches Prouinces estans perpetuels, & à vie de ceux là qui les ont, passans mesmes du Pere au fils, les Gouuerneurs s'acquierent tant d'amys, clients & partizans, & mettent (ou par l'authorité que leur donne leur charge, ou par la faueur qu'ils ont pres du Roy) tant d'hômes à leur déuotion es Places plus importantes de leurs gouuernemens, qu'ils s'en peuuent dire maistres. Ainsi les Duchez, les Comtez & les Marquisats, & autres degrés & qualitez de charges & gou-

Prouincie, che si danno a' Prencipi grandi in vita; onde n'è seguito, ch'essi ne stano quasi diuentati padroni: almeno non è in podestà del Rè tor loro il gouerno senza rumore, e dubbio di qualche solleuamento, ò nouità. perche perpetuandosi i gouerni di ricchissime Prouincie à vita di chi gli hà, e passando anco dal padre al figliuolo, si acquistano tanti amici, e clienti, e parteggiani; e collocazó (ò per l'autorità, che loro dà l'vfficio, ò per lo fauore, ch'essi hanno presso il Rè) tanti loro adherenti, ò seruitori nelle più importanti Piazze, e gouerni, che se ne possono dir padroni. Cosi le Ducee, e Contee, & i Marchesati, è gli altri grãdi cosi fatti d'vfficij, e di gouerni à vita, sono diuentati hereditary.

l'aml'amminiſtratione della giuſtitia deue ben eſſer perpetua, non in perſona di queſto, ô di quello, ma di più perſone in vn Senato, ò Parlamento; ma il maneggio dell'armi non ſi deue commettere, ne in vita, ne à più perſone. Non à più perſone, perche la pluralità de'Capitani impediſce il maneggio della guerra, e l'eſſercito guidato da vn Capo vincerà ſempre quel, ch'è guidato da più Capi. Non in vita; perche la poſſanza militare fa gli huomini temerarij, non che arditi; onde quel nobile Poeta diſſe di Achille.

Nihil non arrogat armis.

Perciò i Romani fecero tutti i loro Magiſtrati (fuor che la Cen-

gouuernemés à vie, ſont deuenuz hereditaires. L'adminiſtratiõ de la Iuſtice doit bien eſtre perpetuelle non en la perſonne de cetuy cy ou de cetuy là, ains de pluſieurs en vn Senat, ou parlement: mais le maniement des armes ne ſe doit cõmettre ny à vie, ny à pluſieurs perſonnes: Cete charge ne ſe doit donner à pluſieurs, pource que la pluralité des Capitaines empeſche le maniement & la conduite de la guerre; & l'armée cõduite par vn Chef, vaincra touſiours celle qui eſt conduite par pluſieurs chefs. Elle ne ſe doit donner à vie, pource que la puiſſance militaire fait les hómes temeraires, & non ſeulement hardiz. Et pourtant ce noble Poëte ha dict d'Achilles.

Nil non arrogat armis.

Pour cete raiſon, les Romains firẽt tous leurs Magiſtrats (hors mis la
T

Cenſure) annuels; & le Dictateur (duquel l'autorité eſtoit ſupreme) n'arriuoit gueres iuſques à la fin de l'ānee. Marius, Ceſar & Pompée, par la continuation des dignitez, & des gouuernemens de treſgrādes Prouinces, & de treſpuiſſantes armées, deuindrent, ou en partie, ou du tout Maiſtres de la Republique. *Superbiunt homines (diſoit Tibere) etiam annua deſignatione; quid ſi honorem per quinquēnium agitent?* Finalement ſe trouuent trois inconuenients en la perpetuité des charges & offices; l'vn eſt le dāger que iay dict. L'autre eſt, que le Prince ſe priue, hors de propos, du moyen de ſe ſetuir d'vn meilleur ſubiect, qui ſe peut deſcouurir auec le temps. Le dernier eſt; que celuy qui ha eſté prouueu de la charge, peut deuenir, ou par maladie impuiſ-

ſura) annui, & il Dittatore (la cui autorità era ſuprema,) rare volte arriuaua all' anno. Mario, Ceſare, e Pompeio con la continuatione delle dignità, e de' gouerni d'ampliſſime Prouintie, e di groſſiſſimi eſſerciti, diuennero padroni, ò in parte, ò in tutto della Republica. Superbiunt homines) *diceua Tiberio*) etiam annua deſignatione; quid ſi honoré per quinquennium agitent? *Finalmente nella perpetuità de gli vſſicij ſono tre inconuenienti. L'vno è in pericolo, che ſi è detto: L'altro, che'l Prencipe ſi priua, fuor di propoſito, della facoltà di ſeruirſi di vn miglior ſoggetto, che ſi potrà col tempo, ſcoprire. L'vltimo è, che può eſſer, che quel ch'egli ha prouiſto del grado, diuenti, ò per in-*

sant, ou par la vieilles-
se inepte & inhabile,
ou par la passion, plu-
stost dommageable que
vtile. Et pour cete cau-
se, les armes qu'il au-
ra en main, ou ne seront
pas vn grand coup pour
le seruice du Roy, ou
causeront plus de mal
que de bien, ou seront
du tout inutiles. Mais
comme le Prince ne se
doit pas lier les mains, en
faisant les Magistrats, &
les grandes charges per-
petuelles; ainsi ne se doit
il preiudicier, s'obligeant
par la loy ou statut de les
changer tousiours. Qu'il
soit libre de s'en seruir
plus ou moins; & de les
confirmer, ou leur oster
le gouuernement, selon
que la qualité des per-
sonnes & des occuren-
ces le requerra. Comme
le fit l'Empereur Augu-
ste, lequel ayant eu nou-
uelles de la mort de
Quintilius Varus, prolo-
gea le gouuernement à

fermità impotente, ò
per vecchiezza inetto,
ò per passione damno-
so, anzi che gioueuole.
Onde l'arme, ch'egli
hauerà in mano, ò fa-
ranno poco colpo per ser-
uitio del Re, ò parto-
riranno più male, che
bene, ò saranno affatto
inutili. Ma sì come il
Prencipe non si deue le-
gar le mani col fare i
Magistrati, e gli Vf-
ficiali perpetui, così
non si deue pregiudi-
care con l'obligarsi per
legge, ò per statuto à
mutarli sempre. resti li-
bero di seruirsene più,
ò meno; e di cöfermar-
li, ò di leuarli di go-
uerno, secondo, che la
qualità delle persone, e
dell'occorrenze richie-
derà. Così fece Augu-
sto Cesare, che venuta
la nuoua della morte
di Quintilio Varo, pro-
rogò il gouerno à tutti
i Prefetti delle Pro-
uintie, accioche in vn

T ij

GOVVERNEMENT D'ESTAT,

tous les Lieutenans des Prouinces, à fin qu'en vn accident tant sinistre & estrange, & en vne occasion & temps si dangereux, les subiects fussent gouuernez par hommes sages & experimentez en leurs charges. Et Tibere laissoit plusieurs vieillir en la charge des Prouinces & des armées : & Antonius Pius, mettoit peine d'auoir des bôs & valeureux Officiers, mais quand il les auoit, il ne les changeoit iamais, & les combloit d'honneurs & de richesses. Mais pource qu'il est necessaire que toute chose mobile se reduise à quelque commancement immobile: le Prince, oultre les particuliers gouuerneurs des Prouinces, & Generaulx des armées, & Capitaines des places fortes et autres semblables, desquels les charges ne se perpetueront, doit auoir son Conseil immuable,

caso, e sinistro così strano. & in occasione, e tempo così pericoloso, i sudditi fossero gouernati da persone pratiche, e di conosciuta prudenza. e Tiberio lasciaua inuecchiare molti nell'amministratione delle Prouintie, e degli esserciti ; & Antonino Pio, si come cercò d'hauer sempre buoni, e valorosi Ministri ; così, quando gli hebbe, non gli mutò mai. e li colmò d'honori , e di ricchezze. Ma perche egli è necessario, ch'ogni cosa mobile si riduca à qualche principio immobile ; deue il Prencipe, oltre i particolari Gouernatori delle Prouintie, e Generali degli esserciti, e Capitani delle fortezze, e simili altri, i cui carichi non si perpetuaranno ; hauere il suo Consiglio immutabile ; ma senza giuriditione: qui si faranno le deliberationi delle cose importanti, e di guerra, e di pace, qui si conseruarà la notitia de' casi seguiti, e la pratica del maneggio de' popoli, e tutto ciò, che spetta al buon gouerno, così Ciuile, come Militare.

mais sans iurisdiction: où l'on deliberera des affaires d'importance & de la guerre & de la paix, où se traitera des accidents suruenuz, & de l'experience, pour la conduite des peuples, obseruant tout ce qui concerne le bon gouuernement tant ciuil que militaire.

De' Poueri.

Des pauures.

Sono anco pericolosi alla quiete publica quelli, che non vi hanno interesse; cioè, che si ritrouano in grā miseria, e pouertà; perche costoro, non hauendo che perdere, si muouono facilmente nell' occasione di cose nuoue; & abbracciano volontieri tutti i mezi, che si appresentano loro di crescere, con la rouina altrui. Onde in Roma i poueri, de' quali constaua la quinta classe, non

Ceux la aussi sont dangereux au repos public, qui n'y ont point d'interest: c'est à dire, qui se trouuent en grande misere & pauureté, pour ce que telles gens n'ayās que perdre, sont facilement induits, en l'occasion de choses nouuelles: & embrassent volontiers tous les moyens, qui se presentent à eux, de croistre & faire leur proffit, par la ruine d'autruy. Et pour cete cause, les pauures, à Rome desquels se composoit le cinquiesme ordre, n'estoyent ordinairement enrollez, pour la guerre, si n'estoit parauenture, en la guerre maritime, qui ha tousiours esté reputée moins honnorable que celle qui se fait sur terre. Liuius escrit qu'en Grece, y ayant bruit de guerre entre le Roy Perseus et les Romains, ceux qui estoyent oppressez de la pauureté, desirans que tout se renuersast, ployent du costé de Perseus; comme les bós, qui auoient interest, qu'il n'y eust aucun changement, adheroyent aux Romains. Et Catilina voulant troubler la Republique, s'asseura de ceux qui estoyent ou de vie ou de fortune desplorées; car (comme dit Saluste) *Homini potentiam quærenti egentissimus quisque opportunissimus: cui neque sua cara, quippe quæ nulla sunt, & omnia cum pretio honesta videntur.*

s'ascriueuano ordinariamente alla militia se non forse maritima, che fu sempre stimata meno honoreuole, che la terrestre. Scriue Liuio, che nella Grecia, essendoui rumore di guerra tra il Rè Perseo, & i Romani, quelli, ch'erano oppressi dalla pouertà, desiderando che'l mondo andasse sossopra, piegauano a Perseo; come i buoni, a' quali metteua conto, che non si alterasse nulla, aderiuano a' Romani. E Catilina, volendo turbare la Republica, fece capitale di quelli, ch'erano ò di vita, ò di fortuna deplorata: perche (come dice Salustio) *Homini potentiam quærenti, egétissimus quisque opportunissimus; cui neque sua cara, quippe quæ nulla sunt, & omnia cum prætio honesta videntur. E Cesare, aspirando al Prencipato della sua patria, daua ricapito à tutti quelli, che ò per debiti, ò per mal gouerno, ò per altro accidente, erano caduti in gran necessità: perche non hauendo cagione d'esser contenti dello stato presente, li stimaua a proposito suo, per souuertir la Republica. e se pure ve n'erano alcuni, la cui estrema mendicità egli non potesse souuenire, diceua alla scoperta, questi tali hauer bisogno d'vna guerra ciuile. e tutti quei, c'hanno tolto la libertà alla patria loro, si son seruiti di questa gente. perche (come dice Salustio.) Semper in ciuitate, quibus opes nullæ sunt bonis inuident, malos extollūt, vetera odere, noūa exop-*

Et Cesar aspirant à la Principauté de sa patrie, receuoit tous ceux lesquels ou pour debtes, ou par mauuais gouuernement, ou autre accident, estoyent tombez en grande necessité : pource que n'ayans occasion d'estre contens de leur condition presente, il les estimoit propres à son dessein, pour subuertir & renuerser la Republique. Et bien qu'aucuns se trouuassent extremement pauures, ausquels il ne peust subuenir, il disoit apertement, que ceux là auoyent besoin d'vne guerre ciuile : & tous ceux qui ont osté la liberté de leur pays, se sont seruy de tel les gens : car (comme dit Saluste) *Semper in ciuitate, quibus opes nullæ sunt, bonis inuident, malos extollunt, vetera odere, noua exoptant: odio suarum rerum mutari omnia student.*

T iiij

Et entre tous les pau-
ures, ceux là sont tres-
prompts à mal faire, qui
de riches sont deuenuz
necessiteux. Et n'est
moins dangereuse en vn
personnage d'authorité
& reputation la grande
pauureté, que les gran-
des richesses.

En France, les grands
troubles, que nous y
auons veu iusques icy, ne
sont venuz d'autre ma-
niere de gens que ceux
là ; pource qu'es guerres
qui ont esté entre le Roy
tres Chrestien, & le Roy
Catholique, les Princes
s'estans endebtez, pour
les despenses infinies,
& vn tresgrand nom-
bre appauury ; & n'ay-
ans les Soldats moyen
de viure & despenser,
comme ils auoyent de
coustume, ils delibere-
rent s'enrichir des biens
de l'Eglise, qui se mon-
tent en ce Royaume là,

tant : odio suarum
rerum mutari om-
nia student. e tra tut-
ti i poueri quelli sono
prontissimi al male, che
di ricchi sono diuenu-
ti bisognosi. e non è
meno pericolosa in vn
personaggio d'authori-
tà, e di riputatione la
molta pouertà, che le
molte ricchezze.

In Francia i gran
rumori, c'habbiamo fin
di quà sentito, non so-
no nati da altra sorte
di gente, che da costo-
ro: perche essendosi nel-
le guerre tra il Rè
Christianissimo, e Ca-
tolico, per l'infinite spese, indebitati i Pren-
cipi, & impoueriti
moltissimi; e non ha-
uendo i soldati il mo-
do di viuere, e dispen-
dere, come erano so-
liti, fecero dissegno d'
arrichirsi con le ric-
chezze della Chiesa,
che in quel Regno pas-
sa sei millioni di scudi

a plus de six millions d'escuz de reuenu. Ainsi prenans occasion de l'heresie, qu'ils appellent auec impieté, Religion nouuelle, ils prindrent les armes, par lesquelles ils ont reduit ce Royaume, autresfois tresflorissant, en extreme misere: & (côme disoit jadis Alienus Cecinna) *priuata vulnera Reipublicæ vulneribus obtegere statuerunt.* Le Roy donc se doit asseurer de ceux là: ce qu'il fera en deux manieres, ou les chassant de son Estat; ou faisant qu'ils ayent interest au repos d'iceluy. On les chassera, ou les enuoyant es colonies, comme firent ceux de Lacedemone, des Parteniens; (pource que craignans qu'ils ne fissent quelque nouueauté, ils les enuoyerent demeurer à Tarante) ou bien l'on pourra les enuoyer à la guerre (comme firent les Venitiens de plusieurs vault-riens & vagabonds, desquels leur ville estoit pleine, & s'en despescherent, par l'occasion de la guerre de Cipre) ou bien seront chassez du tout; comme Ferdinand Roy d'Espagne chassa les fainéatz & inutils, ausquels il donna terme de deux mois. On era qu'ils auront interest, en les obligeât à faire quelque chose, sçauoir est à entendre à l'agriculture, ou aux arts, ou autre exercice, de l'emolument & proffit duquel, ils se puissent entretenir. Amasis Roy d'Egypte fit vne loy, par laquelle il obligeoit chacun sien subiect de se presenter & rendre cópte de soy & de ses actions aux Gouuerneurs des Prouinces, de sa façon de viure, & du moyen qu'il en auoit, sur peine de la vie, à ceux qui n'eussent peu rendre raison de ce que dessus.

quali era piena la loro Città, e se ne sbrigarono con l'occasione del la guerra di Cipro) ò si cacciaranno affatto, come fece Ferdinando Rè di Spagna i Zingari, à quali diede termine di sessanta giorni. S'interesseranno con l'obligarli a far qualche cosa, cioè ad attendere ò all'agricoltura, ò all'arti, ò ad altro essercitio, col cui emolumento possino mantenersi. Amasi Rè di Egitto fece vna legge, per la quale obligaua ogni suo suddito ad appresentarsi, e dar conto di se à Gouernatori delle Prouintie e come viuesse, & onde ne hauesse il modo, e fece pena la vita a chi non hauesse saputo rendere conto. Valente Imperatore diede per ischiaui i vagabondi, e vietò l'andare à boschi, per menarui, ca-

me fintamente dicena-
no, vita romitica. In
Athene gli Areopagi-
ti castigauano seuera-
mente quei poltroni,
che non sapeuano art e
nissuna. e Solone non
volle, che il figliuolo
fosse obligato a soue-
nir il padre, per cui
negligenza si ritroua-
ua senza mestiero. e le
leggi de' Chinesi vo-
gliono, che'l figliuolo
impari, & esserciti ne-
cessariamēte l'arte del
padre. onde ne seguo-
no due beni, l'vno si è
che le artisi conduco-
no per questa via à
tutta eccellenza, e l'
altro, che ogni vno ha
commodità d'impara-
re in casa propria l'ar-
te da mantenersi: e
non sono comportati in
modo alcuno i sciope-
rati, e gli otiosi: i ciechi, e gli stropiati s'im-
piegano, per quanto le
loro forze comporta-
no; e non s'ammettono

l'Empereur Valens don-
na pour esclaues les va-
gabons: & defendit d'al-
ler aux bois, pour y me-
ner, comme l'on disoit
par faintise, vne vie soli-
taire, comme hermites.
Les Areopagites, à Athe-
nes, chastióyent seuere-
ment les faineants, qui
ne sçauoient aucun art:
Et Solon n'ha voulu, que
le fils fust tenu subuenir
au pere par la negligence
duquel, il se trouuôit sās
metier. Et les loix des
Chinois veulent, que le
fils apprenne & exerce
necessairement l'art du
Pere. Dont s'ensuiuent
deux biens; l'vn, que les
arts, par ce moyen, vié-
nent à toute perfection
& excellence, & l'autre
que chacun ha la cōmo-
dité d'apprendre en sa
propre maison l'art &
l'industrie pour se nour-
rir, & n'endure on point
ceux qui ne veulent rien
faire & sont ocieux: les
aueugles & estropiez s'é-

ployent tant que leurs forces peuuent porter, & ne font receuz aux hospitaulx autres que ceux qui sont du tout impuissans. Et le Roy Vitej qui ha donné à la Chine vne bonne partie de la discipline par laquelle elle se maintient, ha voulu que les femmes fissent & exerceassét l'art du Pere, ou au moins entendissent à filer & à couldre. L'Empereur Auguste *filiam & neptes ita instituit, vt etiam lanificio assuefaceret.* Les Roys de Rome pour faire que leur peuple eust interest en la defense de la Republique, donnoyent ordre que chacun eust du bien immeuble & stable ; à fin que l'affection de leurs moyens les contraignist d'aymer & defendre l'Estat present. Et Licurge (comme ha dict Nabides à Q. Flaminius) *fore credidit, vt per aquationem fortuna, ac dignitatis multi essent, qui*

a gli hospedali, se non quei che sono affatto impotenti. e Vitei Re che diede alla China buona parte della disciplina, con la quale ella si mantiene, volle che le donne facessero l'arte del padre, ò almeno attendessero alla conocchia, & all'ago. Agosto Cesare filiam, & neptes ita instituit, vt etiam lanificio assuefaceret. Li Rè di Roma, per interessare, quanto piu poteuano, il lor popolo nella diffesa della Republica, procurarono, che ogni vno hauesse beni stabili ; accioche l'amor de' loro poderi li sforzasse ad amare, & a difendere lo Stato presente. E Licurgo (come disse Nabide à Q. Flaminio) fore credidit, vt per æquationé fortunæ, ac dignitatis multi essent, qui pro Republica arma ferrent. Ma perche ogn' vno non può hauer terreni, ne far arte (perche alla vita humana vi bisognano anco degli altri) deue il Prencipe dar da guadagnare à poueri, ò per se, ò per altri. A questo fine Augusto Cesare fabricò assai; & esforto i principali della Città a far l'istesso; e per questa via trattenne quieta la pouera plebe. Vespasiano ad vno ingegniero, che gli proponeua modo di cōdurre nel Campidoglio grandissime colonne, con poca spesa, rispose, che l'inuentione li piaceua assai, (e ne lo rimunerò) ma che lo lasciasse dare il modo di viuere al popolazzo; volendo inferire, ch'egli spendeua volentieri per dar da viuere a molti, con quell'ingegno sarebbo-

pro Republica arma ferrent. Mais pource que chacun ne peut auoir des heritages, ny faire vn metier (voyant qu'à la vie humaine, autres sont necessaires.) aussi le Prince doit donner à gangner aux pauures, ou pour luy ou pour autres. A cete fin l'Empereur Auguste batissoit beaucoup, & exhortoit les principaulx de la ville à faire le semblable: & par ce moyen il tenoit en repos le pauure peuple. Vespasian respondit à vn Ingenieur, qui luy proposoit le moyen de mener au Capitole de tresgrandes colonnes, auec peu de frais, que l'inuention luy plaisoit beaucoup (& l'en remuncra) mais qu'il le laissast donner moyen de viure au pauure peuple: voulant inferer, qu'il despensoit volontiers, pour faire viure plusieurs; & que par cete industrie, ils demeureroyēt en arriere. Finalement le Prince s'asseurera de ceux là, ne fiant la Republique, sinon es mains de ceux qui ont interest à la paix & au repos: & qui fuient le trouble & la nouueauté; comme chose qui leur est dangereuse & prejudiciable. Ainsi Q. Flaminius voulant dóner ordre aux villes de Thessalie, rendit la part plus puissant; qui auoit interest que la Republique fust sauue & tranquille.

Fin du quatriesme Liure.

no restati in dietro. Finalmente ti assicurerai di costoro col non fidare la Republica, se non in mano di quelli, a' quali mette conto la pace, e la quiete; e porta pericolo il disturbo, e la nouità. Cosi Q. Flaminio, volendo riordinare le Città della Tessaglia, fece quella parte più potente, a cui era vtile, che la Republica fosse salua, e tranquilla.

Il Fine del Quatto Libro.

152

RAISON ET GOVVERNEMENT D'ESTAT.

LIVRE V.

De' sudditi d'acquisto, come s'habbino à trattare. | Comme les subiects conquis se doiuent traicter.

Abbiamo discorso a bastanza (se non m'inganno) de' sudditi naturali: resta, che ragioniamo breuemente (come è nostra vsanza) degli acquistati. Deue primieramēte il Prencipe cō ogni studio procurare, che i sudditi d'acquisto habbiano interesse nel suo Dominio, e gouerno; e che | NOVS auons suffisamment discouru (si ie ne me trōpe) des subiects naturels: reste, que nous traitions, en brief (selon nostre coustume) des acquis. Premierement le Prince doit estre fort songneux, que les subiects acquis ayēt interest en son gouuernement & Seigneurie, & qu'ils deuiennent comme naturels, pource qu'autrement, si les peuples ne luy sont affectionnez, sa principauté sera comme vne plante sans racine, veu que comme tout petit vent jette par terre vn arbre, qui n'est bien enraciné; ainsi toute legere occasion, aliene & estrange de leur Seigneur, les subiects mal affectionnez. Ils se tournent legerement auec la fortune, & suiuent les enseignes du victorieux: & de là naissent les changemés & les reuolutions des Estats. Les François perdirent en vn Vespre, la Sicile, & en bien peu de temps dauantage, le Royaume de Naples, & le Duché de Milan, non pour autre chose, sinon pource qu'en leur gouuernement n'y auoit maniere que les peuples eussent interest d'estre fideles, & occasion de les embrasser & deffendre. Et pour ceste cause voyans qu'ils

diuenghino quasi naturali, perche altramente, non ci essendo inclinatione de' popoli verso lui, il suo Prencipato sarà quasi pianta senza radice. conciosiache, si come ogni picciolo vento gitta a terra vn albero, che no sia ben radicato in terra, così ogni lieue occasione aliena i sudditi male affetti dal lor Signore, si volgono leggiermente con la fortuna, e seguono le bandiere di chi vince; onde ne nascono le mutationi, e le riuolutioni degli Stati. I Francesi perderono in vn Vespro la Sicilia; & in poco più di tempo il Regno di Napoli, e'l Ducato di Milano, nō per altro, se non perche nel loro gouerno non era maniera d'interessare i popoli, e di dar loro cagione d'abbracciarlo, e di defender le.

lo, onde eßi veggendo, che non metteua loro piu conto lo stare sotto Fräcesi, che sotto Spagnuoli, ò altra genti; non si curarono pur di sfodrar la spada in lor fauore. Per la medesima ragione i Re di Francia, & i Duchi di Milano hanno più volte perduto il Dominio di Genoua, & a' tempi alquanto più antichi, i Latini furono Spogliati dell' Imperio di Constantinopoli, e gl' Inglesi de gli amplißimi Stati, ch'eßi haueuano nella terra ferma; perche non sapero guadagnarsi oli animi, e conciliarsi le volontà de' sudditi, e gouernarli in tal maniera, ch'eßi vi haueßero intereße. Nella guerra che Selim fece contra i Mamalucchi, i popoli di Soria, e di Egitto, sati, e mal sodisfatti dell' Imperio di que-

ne gangnoyent pas plus de demeurer souz les François que souz les Hespagnols, ou autre nation, ils ne se soucierent pas de mettre la main à l'espée seulemét, en leur faueur. Par la mesme raison, les Roys de France, & les Ducs de Milan ont plusieurs fois perdu la Seigneurie de Gennes: et du temps vn peu plus ancien, les Latins furent despouillez de l'Empire de Constantinople, & les Anglois des tresgráds Estats qu'ils auoyent en terre ferme pource qu'ils ne sçeurent gangner les cœurs & attirer les volontez des subiects, ny les gouuerner en sorte, qu'ils y eussent interest. En la guerre que Selim fit contre les Mamelucs, les peuples de Sorie & d'Egypte ennuyez & mal contens de l'Empire de ces Barbares (qui estoyét d'vne nature hautaine, & superbe) non

V

seulement ne se meurent pour leur ayder, ains d'vne tresgrande promptitude, ouurirent les portes au Turc. Mais (dira quelqu'vn) comment se maintiét le Turc mesmes? Il oblige tousiours les plus valeureux, & continue leur donner salaires, & les tient perpetuellement occupez à la guerre, pour son seruice. Il fault donc gangner les subiects, & faire si bien qu'ils se tiennent heureux d'estre souz nous & de combatre, pour nostre Seigneurie. Ce qui sera effectué par tous les moyens qui nous acquierent la bienueillance, ou apportent reputation, desquels nous auós parlé cy dessus. En particulier seruira, à cete fin, les maintenir en Iustice, paix & abondance: de fauoriser la Religion, les lettres, & la vertu; pource que les Religieux, les hommes de lettres & les

Barbari (ch'erano di natura altiera, e di costumi insolenti) non solamente non si mosserò in loro aiuto, ma con grandissima prontezza aprirono le porte al Turco. ma, come (dirà alcuno) si mantiene esso Turco? Interessà i più valorosi con salarij perpetui, e continuarri in gran numero; e li tiene perpetuamente occupati nella militia, e a suo seruitio. Bisogna dunque guadagnare i sudditi, e far di maniera tale, che metta loro conto lo star sotto noi, e'l combattere per lo nostro Dominio. e ciò si effettuarà con tutti quei mezi, che ci conciliano beniuolenza, ò recano riputatione, de' quali habbiamo parlato di sopra. In particolare giouarà a questo fine il mantenerli in Giustitia, Pace, & Abbondanza: Il fauorire la Religione, le lettere, e la virtù; imperoche i Religiosi, i Letterati Virtuosi sono quasi capi degli altri; onde chi guadagna questi, guadagnerà facilmente il resto. conciosiache i Religiosi tengono in mano le conscienze de' popoli i Letterati gl'ingegni: & i giudicij degli vni, e degli altri: sono di grandissima autorità presso tutti; quelli per la santità; questi per la dottrina; quelli per la riuerenza; questi per la riputatione. onde quel che costoro fanno, ò dicono, è stimato bene, e prudentemente fatto, e detto; é per ciò degno d'esser abbracciato, e seguito. Gli artefici poi eccellenti, e virtuosi d'ogni sorte seruono di trattenimento à gli altri. si che il Prencipe, tenendo questi dalla sua, sarà facilmente

vertueux sõt cõme Chefs des autres; & pourtant, quicõque gangnera ceux cy gagnera facilement le reste; car les Religieux tiẽnent en leur main les cõsciences des peuples; les lettrez, les esprits: & les jugemens des vns & des autres sont de tresgrande authorité, à l'endroit de tous: de ceux là, à cause de leur saincteté; de ceux cy, à cause de leur doctrine; de ceux là pour la reuerence; de ceux cy pour la reputation, à raison dequoy ce que ils font ou disent est estimé bien & sagement faict & dict; & pour cete cause, digne d'estre embrassé & suiuy. Les artisans, en apres, excellents & vertueux, de toute sorte, seruent d'entretenement aux autres, de maniere que le Prince tenãt ceux cy de son costé, sera facilement aymé & estimé de tous. Tel fut Charlemagne, lequel outre l'hõ-

V ij

neur & reuerence qu'il portoit à la Religion, & la faueur qu'il ha tousiours faicte aux lettres, estoit d'vne incroyable liberalité enuers les paures; chose la plus aimable, & de plus grande efficace qui puisse estre, pour s'obliger les peuples & se les rendre affectionnez; & n'y en a de plus celebrée & exalté de tous. La Clemence sert, qui ne semble dissolution; monstrant que le pardō & la grace procedde de nature & d'election; & le punir de la necessité, & du zele de la justice & du repos public. Pour cete cause, Neron, au commancement de son Empire, s'acquit merucilleusemēt l'amour & la grace de tous, par la simulation de la clemence: car luy ayant esté portée (à fin d'y souscrire) vne sentence des Iuges, par laquelle, ils condamnoy-

amato, e stimato da tutti. Tal fu Carlo Magno, che oltre l'osseruanza, ch' egli portò alla Religione, e'l fauore, che fece sempre alle lettere, fù d'incredibile liberalità, e beneficenza verso de' poueri. del che non è cosa, ne più amabile, ne più efficace per obligarsi, & affettionarsi le genti; ne che sia più celebrata, e più magnificata da tutti. Gioua la Clemenza, che non paia dissolutione; e'l mostrare, che'l perdonare, e far gratia proceda da natura, e da elettione; e'l punire da necessità, e da zelo di Giustitia, e di quiete publica. Onde Nerone, nel principio del suo Imperio, si acquistò merauigliosamente l'amore, e la gratia di tutti con la simulatione della clemenza; perche essendoli portata (acciochè fosse soscritta da lui) vna sentēza de' Giudici, per la quale condennauano vno alla morte; egli sospirando disse: ò quanto cara cosa mi sarebbe il non saper scriuere. Giouano certi lumi di eccellente virtù, atti non solamēte à legare i sudditi, ma di più ad innamorare i nemici, come dimostrò la continenza d'Alessandro Magno, e di Scipione, e la grandezza d'animo di Camillo co' Falisci, e di Fabritio col Re Pirro, e di Corrado Imperatore col Duca Misicone. perche essendo questo Duca di Polonia perseguitato da Corrado, si ricouerò presso Odorico Prencipe di Boemia, da cui sperana soccorso, e fauore; ma si trouò ingannato del suo pensiero. Perche il Boemo, ò per leggerezza, ò per auaritia, trattò co l'Imperatore di

ent vn homme à la mort, il dit, en souspirant; ô que ie serois ioieux de ne sçauoir escrire. Pareillement aydent certaines lumieres d'excelléte vertu, propres non seulement à lier les subiects, mais aussi à enamourer les ennemys, comme demonstra la continence d'Alexandre le Grand, & de Scipion; & la grandeur de courage de Camille à l'endroit des Falisques, & de Fabricius enuers le Roy Pyrrhus, & de l'Empereur Conradus enuers le Duc Misicon; pource qu'estant ce Duc de Polongne poursuiuy par Conradus, se retira en sauueté vers Odoricus Prince de Boheme, duquel il esperoit secours & faueur; mais il se trouua deceu de son esperance; car le Boemien, ou par legereté, ou par auarice, traita auec l'Empereur, de le luy mettre en ses mains:

V iij

mais cet Empereur, qui auoit vn cœur loyal, detestant vne si grande perfidie, aduisa Misicon, qu'il se gardast de son hoste. Pour cete cause Misicon admirant la bôté & la vertu de son ennemy, se rendit à luy librement. Mais sur tout, sera de grande importance, que les paches soyent gardez, & les conuentions faictes auec eux; car il n'y a chose qui altere plus les cœurs des vassaulx & des subiects acquis, que l'alteration des conditions, par lesquelles ils se sont soumis à quelque Prince. A Norandin Roy de Damas, qui chassa les nostres de Sorie, il n'y a chose qui ait plus seruy, que d'auoir maintenu sa parole; pour ce que les peuples voyans qu'il ne chargeoit immoderément ceux là qui se rendoyent à luy, & qu'il n'outrepassoit rien de ce qu'il leur promet-

darglielo nelle mani; ma egli, ch'era d'animo leale, detestando tanta perfidia, auuisò Missicone, che si guardasse dal suo hospite. onde egli, ammirando la bôtà, e la virtù del nemico, gli si arrese liberamente. Ma sopra tutto sarà di grande importanza il serbare i patti e le conuentioni fatte con loro: perche non è cosa, che più alteri gli animi de' vassalli, e de' sudditi d'acquisto, che l'alteratione delle condutioni, con le quali si son messi sotto il tuo Dominio. A Norandino Rè di Damasco, che cacciò i nostri di Soria, nissuna cosa giouò più, ch'el mantenimento della parola. perche, veggendo i popoli ch'egli non grauaua immoderatamête quelli, che gli si rendeuano, e che non preteriua niente di ciò, che loro

toit, se donnoyent volontiers à luy, & fidelement luy obeissoyent. La nourriture est aussi de grande importãce, pource qu'elle est comme vne autre nature, & par le moyen d'icelle, les subiects d'acquisition deuiennent comme naturels. A cete fin, Alexandre le Grand, ayant faict eslite de trente mille jeunes enfans de Perse, les fit nourrir & esleuer en l'habit, armes, lettres & mœurs des Macedoniés. en intention de s'en seruir, en la guerre, ny plus ny moins que des Macedoniens mesmes. Ainsi le Turc, par la nourriture des janissaires nais des subiects acquis, & de peres Chrestiens, les fait les plus fideles soldats qu'il ait point. Ils sont à la garde de sa personne; & sõt employez en tous les affaires d'importance, où est requise la fidelité & la valeur. En quoy le Turc,

V iiij

par le moyen de la nour-
riture, obtient deux tresgrands biens & proffits;
car il priue les subiects
mal affectionnez de for-
ce, & corrobore sa puis-
sance, vers leurs fils. A
cete fin sont vtiles les alliances & du Prince &
des subiects naturels a-
uec les subiects acquis.
Alexandre le Grand, en
prenant pour espouse
Rossane, femme de Per-
se, & faisant espouser
cent autres femmes de
ce pays, à autant d'autres
Macedoniens, gangna
merueilleusement l'ami-
tié de ces Barbares, les-
quels, par ce moyen eu-
rent vne ferme esperan-
ce d'vne gracieuse & a-
greable domination. Et
Liuius escrit des Capi-
taines, que se voulans
rebeller & accomoder à
la fortune d'Hannibal, il
n'y auoit chose qui les
retardast plus, & leur dōnast vn remords, que les
alliances qu'ils auoyent

re. nel che il Turco, per
mezo dell'educatione,
consegue due grandis-
simi emolumenti; per-
che priua i sudditi ma-
le affetti di forza, e corrobora la potenza sua
co' figliuoli loro. Sono
vtili à questo fine i pa-
rentadi, e del Prenci-
pe, e de' sudditi natu-
rali co' sudditi d'ac-
quisto. Alessandro Ma-
gno, col prender per
moglie Rossane, donna
Persiana, e far che
cento donne Persiane
fossino maritate ad al-
tri tanti Macedoni, si
concioliò incredibil-
mente que' Barbari;
che per questa via en-
trarono in ferma spe-
ranza d'vn Dominio, e
gouerno piaceuole, e be-
nigno. e de' Capitani,
scriue Liuio, che vo-
lendosi ribellare, &
accommodare alla for-
tuna di Annibale, nis-
suna cosa più li ritar-
daua, e rimordeua, che

i parentadi contratti co' Romani. Nobilissimo modo di guadagnare i sudditi d'acquisto fu quello, che usò Tarquinio Prisco. perche hauendo egli vinto i Latini, gente poderosissima, non li fece tributarij, non sudditi suoi; ma li congiunse seco in lega, et in compagnia. il che fù uno de' principali fondamenti della grandezza Romana. perche le arme Latine, non meno che le Romane, combatterono valorosamēte per tutto. questa lega fu rinouata poi da Tarquinio Superbo, che fece ragunare tutta la giouentù Latina, ma senza Capitani, ò insegne proprie, e la mescolò co' Romani; e di due compagnie, ne fece una sotto Capitani Romani, e per maggior solennità fece fabricare da quarantasette città

faict auec les Romains. Et fut vn tresnotable & insigne moyen de gangner les subiects acquis, celuy duquel vsa Tarquinius Priscus; pource qu'ayant vaincu les Latins, nation trespuissante, il ne les fit pas tributaires, ny ses subiects; mais les ioignit auec luy, en ligue & compagnie. Ce qui fut vn des principaulx fondemens de la grandeur Romaine; car les armes des Latins, aussi bien que des Romains combatirent valeureusement par tout. Cete ligue fut depuis renouuellée, par Tarquin le Superbe, qui fit assembler toute la jeunesse des Latins, mais sans Capitaines, ou enseignes propres, & la mesla auec les Romains; & de deux cõpagnies n'en fit qu'vne, souz Capitaines Romains; & pour vne plus grande solemnité, il fist bastir par quarante sept villes de la ligue, vn temple à Iupiter Latial, au mont Alban. Là estoyent celebrees vne fois l'an, les festes Latines; & se diuisoit aux susdictes villes vn Toreau, que les Romains y sacrifioyent. En quoy se void, qu'encores que cet accord s'appellast ligue & compagnie, les Romains estoyent ce neantmoins superieurs en toute chose, comme nous auons declaré ailleurs. Aussi sert d'introduire nostre langue es pays acquis; ce que les Romains ont faict par excelléce : comme aussi les Arabes, en vne grande partie de l'Afrique & de l'Espagne; ce que fit aussi, passez sont cinq cens ans, Guillaume Duc de Normandie en Angleterre. Or pour introduire nostre langue, sera à propos, que les loix & ordonnances soyent escrites en icelle, & que le

della lega vn tempio à Gioue Latiale nel mōte Albano. Quiui si celebrauano vna volta l'anno le serie Latine; e si diuideua alle sudette Città vn toro, che i Romani vi sacrificauano. nel che si vede, che se bene questa si domandaua lega, e compagnia, nondimeno i Romani erano in ogni cosa superiori, come habbiamo altroue dichiarato. Gioua anco introdurre la lingua nostra ne' paesi acquistati : il che fecero , per eccellenza, i Romani; & hanno fatto in gran parte dell' Africa, e della Spagna gli Arabi; e ciò fece anco, sono cinquecento anni, Guglielmo Duca di Normandia nell' Inghilterra. Hor, per introdurre la lingua nostra, sarà à proposito, che le leggi si scriuano in essa, e che'l Prencipe, e gli

Vfficiali di anoudienza ne'la medesima; e cosi l'espeditioni de negotij le commissioni, le lettere patenti, e le altre cose tali. il Turco non consente à popoli della Natolia il parlar altramente che Turchesco, fuor che nelle cose sacre. non si può sotto Turchi salir à grandezza alcuna senza la lor lingua: ne le scritture publiche vagliono in altra lingua, che nella loro. Concluderò cō Carlo Magno, il quale, hauendo preso l'essarcato, e datolo alla Chiesa Romana, il chiamò Romagna, accioche i popoli dimenticandosi de Greci, à quali erano stati prima soggeti, s'affettionassero à Roma, & al Pontefice Romano.

Prince, Officiers & Magistrats donnent audience, en icelle mesme: comme aussi les expeditions des affaires, les commissions, les lettres patentes, & autres telles choses. Le Turc ne permet point aux peuples de la Natolie parler autremēt, qu'en la langue Turquesque, hors mis es choses sacrees. On ne peut, souz les Turcs, môter ou paruenir à aucune grādeur, sans parler leur langue: et les publiques escritures & instruments ne seruēt en autre langue que la Turque. Ie conclueray auec Charlemagne, lequel ayāt prins l'Exarcat, & l'ayant donné à l'Eglise Romaine, l'appella Romagne, à fin que les peuples oublians les Grecs, ausquels ils auoyent esté premierement subiects, s'affectionnassent à Rome, & au Pape.

Des infideles & Heretiques.

De gl'Infedeli, & Heretici.

Disons maintenant deux mots des subiects infideles ou heretiques. Sur toute chose, il fault aussi mettre peine de reduire ceux cy à leur naturel, & de les gangner. Et pource qu'il n'y a chose qui rende plus differents ou contraires les hommes l'vn à l'autre, que la difference, ou contrarieté de la Foy, bien qu'auec ces moyens, seruent aussi ceux, que i'ay touché cy dessus, ce neantmoins le principal fondement de les attirer doit estre en la conuersion. Or les moyens de les conuertir sont diuers & de plusieurs sortes. Premierement, il est necessaire auoir plusieurs bōs cooperateurs, qui par la doctrine, et par exemple de vie irreprehensible, allechent &

Diciamo hora due parole de' sudditi infedeli, ò heretici. Bisogna anco, prima d'ogni cosa, procurare di ridurre questi alla naturalezza, e guadagnarli. E perche non è cosa alcuna, che renda più differenti, ò contrarij gli huomini l'vn no all'altro, che la differenza, ò la contrarietà della Fede, se ben vagliono anco con questi, quei mezi, che si sono tocchi di sopra; nondimeno il principal fondamento per conciliarli; deue esser nella cōuersione. Hora i modi di conuertirli sono varij. E necessario prima hauer molti, e buoni cooperatori, che con dottrina, e con essempio di vita irreprensibile allettino, e conduchino queste pecore smarrite alla verità. Giouano più di quel, che si può dire, le scuole, e'l mantener Maestri dell'arti liberali, e d'ogni honesto essercitio, e trattenimento per li figliuoli d'essi infedeli; perche per questa via si guadagnano, & i parenti, & i figliuoli. Onde si legge di Sertorio, che col mantener buoni Maestri, è col prenderssi cura dell'educatione de' giouanetti, si rese grandemēte affettionati i Portoghesi: A questo fīe li Re di Portogallo (e massime Giouanni III.) hanno fondato nell'Indie, e Collegij, e Seminarij, ne' quali alleuano grandissimo numero di giouanetti d'ogni natione, sotto la disciplina di Maestri, i quali anche in Allemagna, e nel Mondo nuouo hanno fatto, con

conduisent ces brebis égarées en la bergerie, & cognoissance de la verité. Et seruent plus que l'on sçauroit dire, les Escoles, et l'entretenement de Maistres des arts liberaulx & de tout honneste exercice, pour l'instruction des enfans des jnfideles mesmes: pource que par ce moyen se gangnent & les parents & les enfans. A cete raison, on lit de Sertorius qu'en entretenāt des bōs Maistres, & ayant soucy de la nourriture des enfans, il se rendit les Portugais fort affectionnez. A cete fin, les Roys de Pottugal (& principallement Iean III.) ont fondé es Indes, & Colleges, & Pepinieres, où ils nourrissent & esleuent vn tresgrand nōbre d'enfans de toute natiō, souz la discipline & instruction de Maistres qui par ce moyen, ont faict aussi vn merueilleux fruict, en

Alemagne, & au monde nouueau; pource qu'en Alemagne, les villes esquelles ils demeurent, se sont maintenues en la foy Catholique, & celles sont aydées à se recognoistre, qui sont infectes de l'heresie; & ne se pourroit estimer le grand fruict qui se faict en la nouuelle Espagne, & au Peru, pource que ces peuples, qui du commancement furent par ces premiers Religieux, sans beaucoup d'instruction, baptisez, maintenant par les Escoles, & par l'enseignement des enfans, se renouuellent quasi en la foy, & se reforment en la pieté. Mais il fault que ces Maistres soyent personnes, desquelles on puisse esperer edification, & non craindre le scandale : & qu'outre la doctrine necessaire, ils ayent le dõ d'honnesteté, & soyent eslongnez de toute auarice &

questo mezo, frutto merauiglioso. perche in Allemagna le città, nelle quali essi stanno, si sono mantenute nella Fede Cattolica; e si aiutano le già infette d'heresie. e non si può stimare quanta moltitudine quanto frutto si faccia nella nuoua Spagna, e nel Perù: perche quelle genti, che nel principio furono da quei primi Religiosi, senza molta instruttione, battezzate, hora con le scuole e con l'ammaestramento de' fanciulli, si rinouellano quasi nella fede, e si riformano nella pietà. Ma bisogna, che cotesti Maestri siano persone, dalle quali si possa sperare edificatione, e nõ temere scandalo; e che oltre la dottrina necessaria, habbino il dono dell' honestà, e siano lontani da ogni auaritia, e sordidezza; perche non è cosa, che più macchi l'opere buone, e l'aiuto spirituale de' popoli, che la sensualità, e l'amor della robba. Sarà dūque necessario, che'l Prencipe procuri d'hauer copia di molti, e buoni Maestri per l'addottrinamento de' fanciulli, e molti parimente, e graui Predicatori, che con dottrina, e con gratia, sappino esplicare, e render probabili i misterij della nostra santa Fede. Per inuitar poi simil gente alla verità, sarà di giouamento ogni priuilegio, che porti seco honore, ò commodità, cōcesso à quei, che si conuertiranno; come sarebbe il poter portar arme, e'l militare; il participar de' Magistrati, l'esser esente di tutte, ò di alcune grauezze, & altre cose tali, che la conditione de' tempi, e de' luoghi

vilenie ; car il n'y a chose qui tache plus les bonnes œuures, & l'ayde spirituel des peuples, que la sensualité, & l'amour du bien & facultez. Il sera donc necessaire que le Prince mette peine d'auoir quantité suffisante de bons Maistres, pour instruire les enfans ; & pareillemēt plusieurs graues Predicateurs, qui auec la doctrine & la grace, sachent expliquer & prouuer les mysteres de nostre saincte foy. Pour inuiter apres, telles gens à embrasser la verité, seruira beaucoup tout priuilege portant auec soy, honneur ou commodité, octroyé à ceux là qui se conuertiront; comme seroit de pouuoir porter les armes, & d'aller à la guerre: de participer aux Magistrats, d'estre exēpts de toutes ou d'aucunes charges, & autres telles choses, que la condition des temps & des lieux

GOVVERNEMENT D'ESTAT,

conseillera. Constantin de Bragance vice-Roy des Indes de Portugal, au moyen des honneurs & caresses qu'il fait en mille maniere, aux batisez & nouueaux Chrestiens, ha merueilleusement aduancé la Foy, en ces pays là. Mais on ne sçauroit estimer combié importe, pour la conuersion des heretiques, la charité & l'aumosne, principallement des persónes Ecclesiastiques, lesquelles, tant par obligation annexée à leurs reuenuz, comme par exemple d'autres, doiuét estre prontes à donner liberalement aux necessiteux, des biés laissez à l'Eglise, non pour autre chose que pour leur edificatió. Il ne fault pas obmettre le zele de l'Empereur Iustinian, lequel (comme escrit Euagrius) attira à la Foy les Erules, en leur offrant deniers. Et en la mesme maniere, l'Empereur

consiglierà. Constantino di Braganza, Vice-rè dell'Indie di Portogallo, con honorare, e cō accarezzare in mille maniere i battesmi, & i nuoui Christiani, promosse incredibilmēte la Fede in quei paesi. Ma non si può stimare quanto importi, per la conuersione de gli heretici, la carità, e la limosina massime delle persone Ecclesiastiche, che si, per obligho annesso all'entrate loro, come per essempio d'altri debbono esser pronti, e larghi a i bisognosi de' beni lasciati alla Chiesa, non per altro, che per sua edificatione. Non si deue pretermettere il zelo di Giustiniano Imperatore, che (si come scriue Euagrio) tirò alla Fede gli Eruli, con offerir loro denari; e nell'istesso modo Leone sesto Imperatore induffe alla me-

reur Leon sixiefme, ame-
na à la mefme Foy, plufi-
eurs Iuifs. Quant aux au-
tres indôtez, le meilleur
remede que l'on puiſſe
pratiquer contre ceux là
eſt (comme en tout au-
tre mal) refifter & s'op-
poſer aux commance-
mens ; & puis vſer des
moyens que i'ay dict cy
deſſus, pour les conuer-
tir. Mais s'il n'y a point
d'eſpérance de les ranger
à la verité, & les rendre
en quelque maniere, af-
fectionnez à noſtre Sei-
gneur, il ſe fault ayder du
conſeil dôné par Teren-
tius Varro à Hoſtilius,
qu'il miſt toute eſperáce
de maintenir les Toſcans
en la foy & en la paix, faiſant en forte qu'ils ne
peuſſent ſe rebeller, quád
bien ils en auroyét la volonté. Ce qui ſe fera en
trois manieres, en les aui-
liſſant de courage, les af-
foibliſſant de forcés, &
leur oſtant le moyen de
s'aſſembler. Car les ſou-

leuemens naissent ou de la generosité de cœur, ou des grâdes forces, ou de la multitude vnie ensëble

di forze, ò da moltitudine vnita insieme.

Comme ils se doiuent auilir de cœur.

Come s'habbino ad auuilir d'animo.

IL est bon, à cet effect, de les priuer de tout ce qui accroist l'esprit & la hardiesse, comme est la splendeur de la noblesse, & la prerogatiue du sang: l'vsage des cheuaulx, qui est seuerement defendu & inhibé aux Chrestiens, qui sont souz le Turc: la milice, & les exercices des armes, interdit par Diocletian, & par les autres persecuteurs de l'Eglise, aux fideles, & par Theodoric Roy des Gots, aux Italiens. Aucun Magistrat ne leur soit licite; ne leur soit permis porter habit, qui ait rien ou de grand ou de magnifique; mais plustost de l'abiect, du vil

Gioua à questo effetto il priuarli di tutto ciò, che accresce lo spirito, e l'ardire, come è lo splendor della nobiltà, e la prerogatiua del sangue; l'vso de' caualli, vietato seueramente á Christiani sotto'l Turco, la militia, e gli esercitij armigeri, interdetti da Diocletiano, e da gli altri persecutori della Chiesa á fedeli, e da Theodorico Rè de' Gotti à gl'Italiani. Non sia lor lecito Magistrato nissuno; non portar habito, c'habbia niente, ò del grande, ò del magnifico; ma piu presto dell'

LIVRE V.   162

abietto e del vile, e del misero; perche non è cosa, che più auuilisca ordinariamente gli huomini, che'l vestir meschinamẽte. per questo gli Ottomani non concedono a' Christiani il turbante bianco. I Saraceni tolsero a' Persiani fino il nome, accioche con esso deponessero anco la memoria dell' antico valore, e l'ardimento. Egberto, doma ch'egli hebbe la Bertagna, chiamò lei Anglia, e i popoli Angli dal nome de' vincitori. Gulielmo Duca di Normandia, hauendo acquistato il Regno d'Inghilterra, per auuilir quelle genti, mutò tutti gli Vfficiali, e diede à gli Inglesi nuoue leggi in lingua Normanda; affinche si conoscessero per sudditi d'altra natione; e con la nouità delle leggi, e della lingua,

& miserable; car il n'y a chose qui ordinairemẽt auilisse plus les hommes que d'estre pauurement vestu. Pour cete raison, les Ottomans n'octroyent aux Chrestiens, le turban blanc. Les Sarrasins ont osté à ceux de Perse, iusques à leur nom, à fin qu'auec le nom ils laissassent aussi la memoire de leur ancienne valeur & hardiesse. Aussi tost qu'Egbert eut donté la Bretagne, il l'appella Angleterre, & nomma les peuples Anglois du nom des victorieux. Guillaume Duc de Normandie ayãt acquis le Royaume d'Angleterre, pour auilir ces peuples, changea tous les Officiers, & donna aux Anglois nouuelles loix & ordonnances, en langue Normande; à fin qu ils se cogneussét pour subiects d'autre nation; & qu'auec la nouueauté des loix & de la langue,

X ij

GOVVERNEMENT D'ESTAT,

ils changeassent aussi de cœur & de pensée. Le mesme Duc, pour amollir ces peuples, ordonna que tout pere de famille, huict heures apres midy, couurist le feu, & s'en allast coucher, à vn certain son de cloche, qui se donne encores auiourd'huy, en tout quartier du pays.

Il sera aussi expedient de donner de la peine à ces gens là, comme autresfois Pharaó aux Iuifs: ou les destiner à offices vils, comme les Iuifs ont faict aux Gabaonites; & les Romains aux Calabrois; ou les employer en œuures mecaniques, comme sõt l'agriculture & les arts manuels: car l'agriculture rend l'homme amoureux des chãps, de maniere qu'il ne s'esleue plus à vne haulte pensée. A cete cause Cimon octroyoit facilemẽt aux autres Grecs l'immunité & l'exemption de la

mutassero anco animo, e pensiero. il medesimo Gulielmo per ammollir quei popoli, ordinò che ogni padre di famiglia otto hore dopò mezo di cuoprisse il fuoco, e n'andasse à letto, a vn certo suono di campana, che si dà per ogni contrada ancor hoggi.

Sarà anco di momento affaticare cotesta gente, come già Faraone i Giudei, ò destinarla ad officij vili, come i Giudei i Gabaoniti, & i Romani i Calabresi, ò impiegarla in essercitij mecanici, quali sono l'agricoltura, e l'arti manuali. perche l'agricoltura innamora l'huomo della villa, e de' terreni; si che non innalza più ad alto il pensiero. Onde Cimone cõcedeua facilmente à gli altri Greci l'immunità, e l'essentione della militia; accioche, attendendo alla coltura de' poderi loro, se ne inuaghissero; e cosi non si curassero molto del gouerno, e del Dominio; nel quale egli mise, con vn perpetuo essercitio dell'armi, e per mare, e per terra, i suoi cittadini. Le arti mecaniche poi legano l'huomo alla bottega, dalla quale dipende ogni suo emolumento, e sostegno: e perche il bene degli artefici consiste nello spaccio dell' opere, e de' lauori loro, sono necessariamente amici della pace, per cui beneficio le mercantie fioriscono, & i trafichi fanno il lor corso. onde veggiamo, che le Città, che son piene d'artefici, e di mercatanti, amano sopra tutto la pace, e la quiete. con queste arti Ciro Re de' Persi auisi sommamente i Cidi popoli dianzi ferocissimi,

milice, à fin que s'appliquans à la culture & labeur de leurs terres, ils s'y affectionnassent, & par ce moyen, ne se soucialsēt beaucoup du gouuernement & de la Seigneurie : où il mit ses citoyens, auec vn perpetuel exercice des armes, & par mer & par terre. Les arts mecaniques, en apres, lient l'homme à la boutique, de laquelle depend tout son gain, & entretiē: et pource que le bien des artisans consiste en la despeche de leurs ouurages & labeurs, ils sont necessairemēt amys de la paix, au moyen de laquelle la marchandise & le traficq ha sō cours. Et pourtant nous voyons que les villes qui sont pleines d'artisans & de marchans aymēt sur tout la paix & le repos. Par ces artifices & moyens Cyrus Roy des Perses auilit fort les Cides, peuples parauant fort superbes et

X iij

puissans. L'Empereur Auguste, pour rompre l'audace des Romains, & pour les reduire de l'amour des armes, à la douceur du repos, favorisa merueilleusement la Scene & les spectacles, comme nous auons dict ailleurs. Les anciens tyrans adioustoyent aux choses susdictes, vne nourriture effeminée des enfans, côme raconte Dionysius Halicarnasseus, d'Aristodeme tyran de Cume. Iceluy, à fin que les enfans de ceux qu'il auoit tué, ne leuassent iamais la teste, mais eussent totalement le cœur vil & lasche, les faisoit delicatement nourrir iusques à l'aage de vingt ans, & en la maniere feminine. Ils estoyent vestuz de larges tuniques & longues iusques aux pieds; ils portoyét leurs cheueulx semblablement longs & frisez, & auoyent leurs testes enuironnées de

e potenti. Augusto Cesare per rompere la fierezza de Romani, e per ridurli dall'amor dell'arme alla dolcezza del l'otio sauorì grandemente la Scena, e gli spettacoli come habbiamo detto altroue. Gli antichi tiranni aggiungeuano alle cose sudette vna effeminata educatione de'fanciulli, come raccontà Dionisio Halicarnaseo d'Aristodemo tiranno di Cuma. costui, à fine, che i figliuoli di quei, che egli haueua ammazzato, non alzassero mai il capo, ma fossero totalmente d'animo vile, e di nulla, li faceua fino al ventesimo anno alleuare feminilmente. Vestiuano toniche larghe, e lunghe fino à piedi; portauano i capelli similmente lunghi, e ricci, e le teste inghirlandate di fiori, e i visi cospersi tutti d'ogni concia atta à farli parere ò più vaghi, ò più morbidi di quel, ch'essi erano naturalmente. conuersauano poi indifferentemente con le donne; onde ogni loro & affetto e costume haueua del donnesco, e del molle. Con questa inuentione come già Circe mutaua gli huomini in bestie, così quel tiranno studiaua di trasformare i giouini in tante putte. ma ciò pazzamente; perche, doue gli huomini si trasfigurano i donne, egli è forza che le donne facciano l'vfficio de gli huomini : e che lasciando à quelli l'ago, e la conocchia, esse mettano mano all'arme, e facciano le loro vendette contra de' tiranni, come auuenne ad Aristodemo istesso, che fù ammazzato da vna femina. Non lascio di

fleurs, le visage couuert de choses propres à les faire paroistre ou plus beaux, ou plus frais, qu'ils n'estoyent naturellemét. Ils conuersoyent apres, indifferemment auec les femmes ; & pour cete cause, toute leur affectió & maniere tenoit de la femme & de la delicatesse. Par ceste inuentió, comme jadis Circe changeoit les hommes en bestes, ainsi ce Tyran s'esforceoit de transformer les garçons en autant de filles ; mais follement : pource que là où les hómes se transfigurent en femmes, il est force que les femmes fassent l'office des hommes ; & que leur laissant l'eguille & la quenouille elles mettent la main aux armes, & se vangent des tyrás; comme il aduint à Aristodeme mesme, qui fut tué par vne femme. Ie ne laisseray à dire, que la delicate et douce Musique,

X iiij

GOVVERNEMENT D'ESTAT,

rend les hommes effeminez & vils. A cete cause, pource que les Arcadiens, à cause de l'aspreté de l'assiete & plā de leur pays, estoient de mœurs farouches & sauuages, leurs ancestres pour les addoucir, & rendre plus humains y introduirent la Musique & les Chansons : entre lesquelles les plus molles & delicates sont celles du cinquiesme & du septiesme ton anciennemēt fort vsitées des Lidiens & Ioniens, peuples fort addonnez à l'oisifueté et aux plaisirs. A cete cause, Aristote deffend, en sa Republique, tel chant, & veult que l'on pratique l'armonie Dorique, qui est du premier ton.

dire, che la Musica delicata, e molle rende gli huomini effeminati, e vili. Onde perche gli Arcadi, per l'asprezza del sito del loro paese, erano di costumi quasi seluaggi, e fieri, à loro maggiori, per mansuefarli, e quasi intenerirli, v'indussero la Musica, e le Canzoni; tra le quali le piu molli, e delicate sono quelle del quinto, e del settimo tuono, molto vsate anticamente presso de' Lidi, e de' Gioni, genti deditissime all' otio, & a' piaceri. Onde Aristotele vieta nella sua Republica simil canto, e vuole che si pratichi l'armonia Dorica, che è del primo tuono.

Si les lettres seruent ou non, pour faire les hommes vaillans aux armes.

Se le lettere siano di giouamento, ò nò, per far gli huomini valorosi nell'armi.

LIVRE V. 165

PErche habbiamo parlato dell' educatione, della quale nobilissima parte sono gli studij delle lettere, non sarà fuor di proposito di dir due parole, di che giouamento siano per la guerra; acciò che il Prencipe possa far giudicio, se sia bene concederle a sudditi indomiti, ò nò. Supponiamo dunque, che le lettere partorischino due effetti molto contrarij alla virtù militare. Il primo si è, che occupano in tal maniera l'animo dell'huomo, che vi attende, che non si diletta d'altro; come dimostrò Archimede, che mētre Siracosa era saccomessa da' Romani, staua, come se nulla ciò à lui appartenesse, immerso nelle sue speculationi. L'altro si è, che rendono l'huomo maninconico, come insegna Aristotele, e l'e-

POurce que nous auōs parlé de la nourriture, de laquelle les estudes des lettres sont la plus noble partie, il ne sera hors de propos dire en peu de paroles, dequoy elles seruent pour la guerre : à fin que le Prince puisse juger, s'il est expedient des les octroyer aux subiects indomtez, ou non. Supposōns donc que les lettres sont deux effects fort contraires à la vertu militaire. Le premier est, qu'elles occupent tellement l'esprit de l'homme qui s'y applique, qu'il ne prend plaisir à autre chose ; comme demonstra Archimedes, lequel cependāt que les Romains saccageoyent Syracuse, estoit plongé en ses estudes & contemplation, comme si ce desastre ne luy eust en rien touché : l'autre est qu'elles rendent l'homme melancolique, comme Aristote

GOVVERNEMENT D'ESTAT,

& l'experience nous enseigne: chose fort contraire à la viuacité, qui est requise es hommes de guerre. Pour le Premier effect, Caton auoit coustume de dire que les Romains perdroyent l'Empire lors qu'ils s'appliqueroyent aux lettres Grecques: pource qu'estans venuz trois Orateurs Atheniens à Rome, il voyoit que la jeunesse couroit à l'enuy, apres eux. Pour cete cause il persuada au Senat de les r'enuoyer, de peur que la jeunesse de Rome deuenue amoureuse des sciences, ne se retirast de la milice. Et les Gots estimans que les lettres rendissent les hommes pusillanimes & ineptes à la guerre, se resolurent de brusler, comme ils auoyent premierement deliberé, vne grande quantité de liures Grecs. Pour l'autre effect, les François qui sont de gétile et gaye

sperienza; cosa molto contraria alla viuacità, che si ricerca nelle persone militari. Per lo primo effetto Catone suoleua dire, che i Romani all'hora perderebbono l'Imperio, quando attendessero alle lettere Greche: perche essendo venuti tre Oratori Atheniesi à Roma, egli vedeua, che la giouentù correua à gara dietro loro. Onde egli persuase al Senato à spedirli, & à mandarli presto indietro, acciò che i giouani Romani, inuaghiti delle scienze, non si distraessero dalla militia. Et i Gotti, stimando, che le lettere rendessero gli huomini imbelli, si risolsero di non abbruciare, come haueuano prima deliberato, vna gran quantità di libri Greci. Per lo secondo effetto, i Francesi, che sono di natura allegra, e giouinile (parlo de' nobili) non fanno conto neſſuno delle lettere, ne de' litterati: e Ludouico XI. Rè di Frãcia, Prencipe d'ingegno, e di giudicio eccellente nelle coſe di Stato, non volle, che Carlo ſuo figliuolo ſapeſſe altro di lettera, che quelle poche parole, Qui neſcit diſſimulare, neſcit regnare. ma con quanto giuditio, ſi dirà appreſſo.

Dall' altro canto, le lettere producono altri due effetti di molta importanza per lo valore militare. l'vno ſi è, che affinano la Prudenza, e'l giuditio; e l'altro, che eccitano deſiderio d'honore, e di gloria. onde Giuliano Apoſtata vietò à Chriſtiani le ſcuole, e gli ſtudij. Per decidere la queſtione, io direi, che lo ſtudio delle lettere è

nature (ie parle des nobles) ne font aucun conte des lettres ny des lettrez: & Loys XI. Roy de France, Prince d'eſprit & d'excellent jugement es affaires d'Eſtat, ne voulut que Charles ſon fils ſçeuſt autre choſe des lettres, que ces paroles, Qui neſcit diſſimulare, neſcit regnare: mais auec quel iugement, ie le diray cy apres.

D'autre coſté, les lettres produiſent deux autres effects de grãde importance, pour la valeur militaire; l'vn eſt qu'elles affinent & éguiſent la Prudence et le jugemét: & l'autre, qu'elles excitét le deſir d'honneur & de gloire. A cete cauſe Iuliã l'Apoſtat deffendit aux Chreſtiẽs les Eſcholes & les eſtudes. Pour decider cete queſtion, je dirois, que l'eſtude des lettres

GOVVERNEMENT D'ESTAT,

est quasi necessaire en vn Capitaine ; & la raison est, pource qu'elles luy ouurent quasi les yeux, & luy rendent le jugemét parfaict: le font sage & accord. Apres, elles l'excitent & le reueillent par les eguillons de la gloire; de maniere que d'vne part, elles le rendét prudét; & de l'autre, hardy: & la prudéce conioincte à la hardiesse códuit vn Capitaine à l'excellence des armes. Ainsi nous voyós que les premiers Capitaines qui ayent iamais esté (à scauoir Alexandre le Grand, & Iules Cesar) furent non moins studieux des sciences, que valeureux aux armes. Ie n'ay que faire de nommer les Scipions, les Luculles, & tant d'autres personnages tresadonnez aux estudes, & de tresgrande valeur es entreprinses de guerre. Hugues Capet pour s'establir & les siés au Roy-

quasi necessario in vn Capitano; e la ragione si è, perche li aprono quasi gli occhi, e li perfettionano il giudicio; e li somministrano molti aiuti di prudenza, e di accortezza. appresso l'eccitano, e lo suegliano con gli stimoli della gloria; si che da vna parte il rendono prudēte, e dall' altra ardito: e la prudenza, cō giunta con l'ardimento, con duce vn Capitano all' eccellenza dell' armi. Cosi veggiamo, che i primi Capitani, che siano mai stati, (cio è Alessādro Magno, e Giulio Cesare) furono non meno studiosi delle scienze, che valorosi nell' arme. E non mi accade nominare i Scipioni, nō i Luculli, non tanti altri personaggi deditissimi à gli studij, e di grādissimo valore nelle imprese di guerra. Hugo Ciapetta, volendo stabilire in casa sua la Corona di Francia, fece ammaestrare da huomini eccellenti in ogni scienza Roberto suo figliuolo; onde egli riuscì Prencipe tanto migliore, che Carlo figliuolo di Lodouico; quanto vn sauio, che vn ignorante. Ho detto esser quasi necessaria, cioè grandemente vtile, più presto che assolutamente necessaria: perche sono stati molti eccellenti Capitani, che senza notitia di lettere, ò di dottrina alcuna, sono arriuati alla perfettione dell'arte militare, ò per grandezza d'ingegno, ò per lunga esperienza; come furono i Manlij, i Decij, i Marij, Diocletiano, e Seuero, & altri Imperatori. Che sorte poi di lettere e di studij debba egli abbracciare, si è detto di sopra.

Ma quanto a soldati,

aume de France, fit instruire par hommes excellents en toute science, Robert son fils: & pour cete cause, deuint Prince plus accomply & meilleur que Charles fils de Loys, & ce d'autant qu'vn sçauāt vault mieux qu'vn ignorant. I'ay dict que la cognoissance des lettres est quasi necessaire, c'est à dire grandemēt vtile, pluſtoſt qu'abſolumēt neceſſaire: pource que plusieurs excellents Capitaines ont esté, lesquels sans aucune doctrine, sont arriuez à la perfection de l'art militaire, ou par la grandeur de leur esprit, ou par vne longue experience; cóme estoyent les Manliens, les Deciens, les Mariens, Diocletian, & Seuerus & autres Empereurs. Apres, il ha esté dict cy dessus, quelle maniere de lettres & d'estudes, il doit embrasser.

Mais quant aux soldats,

je confesse que les lettres ne leur sont vtiles; pourçe que la principalle vertu du soldat est l'obeissance promte aux cõmandemens de son Capitaine. Or les lettres accroissent la prudence & le jugement: ce qui conuient seulement au Capitaine; qui doit auoir le sens & les yeux pour tous les soldats, & les soldats souz son escorte & commandement, doiuent estre aueugles. *Vobis arma* (disoit Othon à ses soldats) *& animus sit: mihi consilium & virtutis vestræ regimen relinquite.* Et deuant, Antoine, *Diuisa,* (disoit il (*inter exercitum, ducesque munera: militibus cupidinem pugnandi conuenire: duces prouidendo, consultando, cunctatione sæpius, quàm temeritate prodesse.*

io confesso, che le lettere non sono loro di vtilità: perche la principal virtù del soldato è l'obedienza, e la prontezza a' cõmandamenti del suo capo. Hor le lettere accrescono la prudenza, e la cautela; il che conuiene al Capitano solamente; perche egli deue hauer seno, e occhi per tutti i soldati; e questi debbono esser ciechi dietro la sua scorta, e sotto il suo imperio. Vobis arma (diceua a' suoi soldati Ottone) & animus sit; mihi consilium , & virtutis vestræ regimen relinquite. e Primo Antonio, Diuisa (diceua) inter exercitū, ducesque munera; militibus cupidinem pugnandi conuenire; duces prouidendo, consultando, cunctatione sæpius quàm temeritate prodeſſe. Coſi veggiamo gli Suizzeri, perche ſono gente roza, e lontana da ogni ſtudio, eſſer ſtati buoni ſoldati; & i Tedeſchi, e gli Ongari, & i Giannizzari. e Francesco Sforza amaua ſoldati, non che faceſſino profeſſione di bel giuditio, e diſcorſo, ma di menar le mani, e di dar dentro.

Ainſi nous voyons les Suiſſes, pour eſtre vne nation lourde & eſlongnée de tout eſtude, eſtre bons ſoldats; & les Tudeſques, ceux d'Hongrie, & les Ianiſſaires. Et François Sforza aymoit les ſoldats non pas faiſans profeſſiõ d'vn beau jugement & diſcours, mais de bien mener les mains & donner dedans.

Come s'indebiliſchino di forze.

Comme ils ſe doiuent affoiblir de Forces.

MA perche gli animi, benche vili, s'innalzano ogni volta, che ſi veggono in mano le forze, e 'l modo di riſentirſi, biſogna anco prinarli d'ogni neruo, e d'ogni potere. Hor le forze conſiſtono in moltitudine di giouentù, in inſtrumenti di guerra, che ſono, parte animati, come i caualli, e gli elefanti, parte

MAIS pource que les cœurs, encores qu'ils ſoyent vils, s'eſleuent toutes les fois, qu'ils ſe voyent les forces en main, & le moyen de ſe reſentir; il les fault auſſi priuer de toute force, & pouuoir. Or les forces conſiſtent en la multitude de jeuneſſe, en inſtruments de guerre, qui ſont, partie animez, comme les che-

GOVVERNEMENT D'ESTAT,

uaulx & les Elephans, en partie, non animez, comme sont les armes offensiues & defensiues, & les machines militaires, sur terre & sur mer, & les munitions, & places fortes, ou par nature, ou par art: & le moyen d'auoir, ou de faire toutes ces choses, qui est l'abondance d'argent. On les doit priuer de tout cela; de la jeunesse & des Chefs eminents ou de côseil ou d'authorité, en les tenant pres de soy. Cesar, quád les villes se rendoyent, vouloit, qu'auant toute autre chose, luy fussent consignées les armes, les cheuaulx, & les ostages; & pour les ostages il demandoit tous ceux qui auoyent quelque valeur, ainsi il destituoit les villes & de force & de conseil. Luy mesmes voulát executer l'étreprinse de Bretagne, mena quant et luy la fleur de la noblesse de Gaulle, & par ce moyen, il

inanimati, che sono le armi da offesa, e da difesa, e le machine militari e da terra, e da mare, e le monitioni, & i luoghi forti, ò per natura, ò per arte, e la facoltà di hauere, ò di fare tutte queste cose, ch'è la copia de' denari. di tutte queste cose si hanno da priuare: della giouentù, e de capi ò per consiglio, ò per authorità eminenti, col tenerli presso di se. Cesare, ne gli arrendimenti delle città, voleua, che innanzi ad ogni altra cosa, li fussero consignate le armi, i caualli, e gli statichi, e per statichi domandaua tutti quelli, ch' erano di qualche valore: si che spogliaua per questa via le città e di neruo, e di consiglio. Il medesimo, volendo fare l'impresa di Bertagna, menò seco il fiore della nobiltà della Gal-

Gallia: così e si assicurò della fede, e si prevalse delle forze loro. Eraclio Imperatore, per tener à freno i Saraceni, e l'Arabia, tolse sotto colore d'haverli seco al soldo, quattro mila de' loro principali. Ma nissuno con più astutia si è mai assicurato de' sudditi sospetti, che'l Turco; perche egli, come si è tocco altrove, priva i Christiani sudditi suoi del nervo della gioventù, e n'arma se stesso. Dell'armi si priveranno non solamente con vietarlene l'uso, ma anco la materia, e l'arte di fabricarne; perche dove è popolo grande, e non manca materia, facilmente (se vi sono artefici) vi si farà ogni cosa; come si vidde nell'assedio di Cartagine: perche, quantunque i Romani havessero astutamete spogliato i Cartagin si del

il s'asseura de leur Foy, & se prevalut de leurs forces. L'Empereur Heraclius, pour tenir les Sarrazins & l'Arabie en bride, souz couleur de les avoir avec luy, à sa solde, osta quatre mille de leurs principaulx. Mais iamais personne ne s'est, avec plus d'astuce, asseuré des subiects suspects, que le Turc; car iceluy, cõme i'ay touché ailleurs, prive les Chrestiés ses subiects de la force de la ieunesse, & en arme soymesme. Ils seront privez des armes, non seulement leur en defendãt l'vsage, mais aussi la matiere, & l'art d'en forger; car là où est vn grand peuple, & ne default la matiere, facilement se fera toute chose, pourueu qu'il n'y ait faulte d'ouuriers: comme l'on vid au siege de Carthage: car bien que les Romains eussent finement despouillé les Carthaginois de leurs armes

Y

& de tout leur equippage de guerre, depuis venant la necessité, employans auec la matiere qu'ils auoyent, tous les ouuriers, qui estoyent en grand nombre, ils faisoyent tous les jours cent targes, et trois cés espées, outre les sagettes, & machines pour ruer & tirer des pierres; & ayans faulte de chamure, ils se seruoyent des cheueulx des femmes pour faire des cordes, & des cheurons & bois des maisons, pour bastir des nauires. Ce n'est pas chose seure de les laisser en lieux forts, ou qui se puissent aisémét fortifier. Les Romains ne pouuans donter par les armes les Ligures Apuás, à cause de l'aspreté & dificile assiete de leur pays, qui les rendoit merueilleusement farouches & rebelles, ils les menerent des montagnes aux planures ; & eux mesmes vouloyent que les Car-

l'armi, e de' vasselli da guerra, quando poi venne la necessità, impiegandoui con la materia, che haueuano, tutti gli artefici ch'erano in gran numero, faceuano ogni di cento scudi, e trecento spade, altre le saette, e le machine da tirar sassi; e mancando loro il canape, si preualsero de' capelli delle donne per far funi, e de' legnami delle case per fabricar naui. Non è cosa sicura il lasciarli in luoghi forti, ò facilmente fortificabili. I Romani, non potendo con l'arme domare i Liguri Apuani, per l'asprezza de' siti, che li rendeuano oltra modo fieri, e ribelli, li condussero dalle montagne alle pianure : & i medesimi volenano, che i Cartaginesi, tante volte ribelli, lasciassero la lor patria, e'l mare, e si vi tirassero in qualche luogo mediterraneo. e Pompeio, per mansuefare i corsali, li tradusse da' luoghi marittimi a' campestri. e Catone fece sfasciare tutte le città de' Celtiberi; e Paolo Emilio degli Albanesi. E Tacito riprende d'auaritia i ministri di Claudio Cesare, perche haueuano venduto a i Giudei la facoltà di fortificare le loro terre. *Per auaritiam Claudianorum tēporū, empto iure muniendi, struxere muros in pace, tanquàm ad bellum.*

Vitisa Re de' Gotti, temendo di rebellione, rouinò le mura di tutte le città di Spagna, eccetto che di Lione, e di Toledo. Altri hanno trasportato simil gente in altri paesi. Probo Imperatore, hauendo domo nella Panfilia, e

thaginois tant de fois rebelles, laissassent leur patrie & la mer, & se retirassent en quelque lieu mediterrané: Et Pompée, pour adoucir les Corsaires, les trásfera des lieux maritimes, aux cháperstres. Et Caton fit dementeler toutes les villes des Celtiberiens; & Paul Emile, des Albanois: Et Tacitus reprēd d'auarice les Officiers de l'Empereur Claudius, de ce qu'ils auoyent vendu aux Iuifs, la permissiō & pouuoir de fortifier leurs villes, *Per auaritiam Claudianorum temporum, empto iure muniendi, struxêre muros in pace, tanquam ad bellum.*

Vitissa Roy des Gots, craignant la rebellion, fit abbattre les murs de toutes les villes d'Espagne, excepté de Leon & de Tolede. Autres ont trásporté telles gens en autres païs. L'Empereur Probus ayant domté en Pamphilie, & en l'Isaurie

Palfurius trespuissant voleur, & nettoyé ces Prouinces de telles gens, pource qu'il semble que cete meschâte race d'hômes pullule en ces païs là; Plus aisément (dist il) on peut enchasser d'icy les larrôs & brigans, que faire qu'ils n'y soyent point: & pour y remedier, il donna ces lieux aux vieils soldats mais à la charge, qu'aussi tost que leurs fils auroyent dixhuict ans, ils les enuoyeroient à la guerre auec les Romains, à fin qu'ils s'accoustumassent plustost à l'exercice militaire, qu'aux larcins & voleries. Aurelianus semblablement, pensant que les Daciens, qui sont auiourd'huy les peuples de Vallachie, les Moldauiens, & les Transsiluains, qui estoyent par delà le Danube, ne se peussent aisément maintenir à la deuotiô et party de l'Empire Romain, les feit pas-

nell' Isauria Palfurio, potentissimo ladrone, e purgato quelle prouintie di simil gente, perche pare che la terra quiui pulluli quella cattina razza d'huomini, più ageuolmente, disse, si possono di quà cacciare i ladri, che far non vi siano: e per rimediarni, donò quei luoghi à soldati veterani; ma con patto, che tosto, che i loro figliuoli entrassero nell'anno diciottesimo, douessero mandargli à militare co' Romani, acciòche prima s'annezzassero alla militia, che à ladronecci. Aureliano similmente, parendoli, che i Daci, che sono hoggi i Vallacchi, i Moldaui, & i Transiluani, ch'erano oltre il Danubio, non si potessero facilmente mantenere nella diuotione dell'Imperio Romano, gli fete passare di quà dal fiume. E

Carlo Magno, stracco dalle spesse rebellioni de' Sassoni, ne trasportò diece milla famiglie ne' paesi, doue hora sono i Fiamenghi, & i Brabantini loro descēdenti. Si priuano poi de' denari, ne' quali è vnita hoggi tutta la potenza humana, con le grauezze ordinarie, e straordinarie; nel che essendo i Prencipi pur troppo dotti non accade, ch'io mi stenda.

Charlemagne lassé des frequentes rebelliōs des Saxons, en transporta dix mille familles es païs où sont à present les Flamés & Brabantins descenduz d'eux. Apres on les priue d'argent, auquel est vnie auiourd'huy toute la puissance humaine, auec les charges ordinaires & extraordinaires; en quoy les Princes n'estans que trop sçauans, il n'est besoin que i'en parle dauantage.

Come s'habbia ad impedire l'vnione trà loro.

Comme se doit empescher l'vnion entre eux.

COn quanta diligenza si vserà in auuilire d'animo, & indebolire di forze i sudditi, non mancarà loro mai ne ardire, ne potere, se sarà loro lecito l'vnirsi insieme: perche, in quel caso,

QVelque diligence que l'on employe à auilir de cœur, & affoiblir de forces, les subiects, iamais ne leur defaudra ny la hardiesse ny le pouuoir, s'il leur est loisible de s'assembler & vnir ensemble, pource qu'en ce cas.

Furor arma mini- *Furor arma ministrat.*

Y iiij

GOVVERNEMENT D'ESTAT,

Iamque faces & saxa volant.

Il n'ya chose qui accroisse plus le cœur que faict la multitude vnie ensemble, pource qu'en cet endroit, il n'en fault qu'vn pour encourager tous. L'Empereur Auguste, craignant les reuoltes & seditions, ne voulut, pour cete cause, que pour sa garde, fussent iamais dedans Rome, plus de trois cohortes ou cōpagnies; & icelles sans propres logis, de peur que l'vnion les rendist insolentes : Il tenoit les autres cohortes hors de Rome, es villages proches. Mais Seian, faict Chef, souz l'Empereur Tibere, des soldats Pretorians, pour adiouster reputation à sa charge, et croistre ses forces, retira les compagnies premierement dispersees, en vn lieu, à fin que l'vniō augmentast aux soldats la

strat, Iamque faces, & saxa volant.

Non è cosa, che accresca l'animo più, che la moltitudine vnita insieme: perche iui vno fa animo à tutti, e tutti ad vno. Augusto Cesare, temendo di rumori, e di tumulti, non volle, per questa causa, che per sua guardia fossero mai entro Roma più di tre cohorti; e queste senza alloggiamenti proprij; affinche l'vnione non le rendesse insolenti. le altre cohorti egli le teneua fuor di Roma nelle terre, e ne' castelli vicini. Ma Seiano, fatto capo sotto Tiberio cesare de' soldati Pretoriani, per accrescere riputatione all' vffitio, e forze à se, ritirò le compagnie, prima disperse, in vn luogo, acciò che l'vnione accrescesse a' soldati l'ardire, & à gli altri il terrore. il che però fù poi cagione della rouina dell'Imperio: perche costoro, fatti arroganti, & insolenti oltre modo, annullarono l'autorità del Senato. Le tre legioni, che nel principio del Principato di Tiberio si ammuttinarono, nella Pannonia tentarono per accrescer le lor forze, e l'ardire, di far di tre legioni vna legione sola. Conobbero sempre questo i Romani; onde hauendo sospetta la potenza de gli Achei (che se bene erano in più città diuisi, viueuano però, come fanno hora gli Suizzeri, con le medesime leggi; e formauano vn corpo, & vn commune) cercarono di diuiderli, e di smembrarli. del che risentendosi quelle genti, montarono in tanto furore, che, à guisa di fiere rabbiose,

hardiesse, & donnast terreur aux autres. Ce qui fut, ce neantmoins, depuis, occasion de la ruine de l'Empire: car ceux là deuenuz arrogants & insoléts outre mesure, ánullerét l'autorité du Senat. Les trois legions, qui au cōmancement de la principauté de Tibere, se mutinerent en la Pannonie, s'efforcerent, pour accroistre leurs forces & hardiesse, de faire, de trois legions, vne seule. Les Romains ont tousiours cogneu cela; & pourtant, ayans la puissance des Acheens suspecte, (lesquels biē qu'ils fussent diuisez en plusieurs villes, viuoyent ce neātmoins comme font maintenant les Suisses, auec mesmes loix, & formoyent vn corps & vne communauté) cherecherent à les diuiser & desmembrer; dequoy ces peuples se resentás, monterent à vne si grande fu-

GOVVERNEMENT D'ESTAT,

reur, que comme bestes sauuages & enragees, ils saccagerent la ville de Corinthe, y tuerent infiniz estrangers, & y outragerent les Ambassadeurs Romains.

Or le moyen de les desf-vnir côsiste en deux parties: l'vne est de leur oster le cœur & la volonté de s'entendre & de s'accorder enseble; l'autre, de les priuer du moyen de ce faire. On leur ostera la volonté, nourrissant les soupçons & les desfiances entre eux; de maniere que l'vn ne se hazarde de se descouurir & fier à l'autre: & à cet effect, seruent beaucoup les secretes & fideles Espies. A ce propos me souuient du moyen que pratiqua Charlemagne, pour tenir en bride les peuples de Vesphalie, lesquels bien qu'ils fussent baptisez, viuoyent ce neantmoins tresdissoluëment, & auec grand

corsero la città di Corinto, e vi vccisero infiniti forastieri, e vi oltraggiarono gli Oratori Romani.

Hor la via di disunirli côsiste in due parti; l'vno si è il leuar loro l'animo, e la volontà d'intenderst, e di accordarsi insieme: l'altro il tor loro la facoltà di ciò fare. Si torrà loro l'animo col fomentare i sospetti, e le diffidenze trà loro; sì che vno non si arrischi à scoprirsi & à fidarsi dell' altro: per lo quale effetto vagliono assai le spie secrete, e fidate. Al qual proposito m'occorre il modo, che tenne Carlo Magno, per tener à freno i popoli della Visfalia; che quantunque fossero battezzati, viueuano però dissolutissimamente, e con graue sospetto d'infedeltà. Egli ordinò vn giudicio occulto di più de gli altri Vfficiali ordinarij. era questo giudicio in mano di persone leali, e sincere, e di singolar prudenza, e bontà, à quali quell' eccellentissimo Prencipe diede autorità di poter, senza altra forma di processo, far tosto, come più loro piaceua, morire qualunq; essi ritrouassero spergiuro, ò mal Christiano. e perche i delitti si potessero ritrouare, vi erano, di più de' Giudici, le spie, persone medesimamente incorrotte, che couersando, senza insospettir nissuno, per la prouintia, notauano ciò, che ciascuno faceua, ò diceua; e ne dauano conto à Giudici, i quali, donunque ritrouauano il reo accusato, il faceuano tosto morire; e prima si vedeua il colpeuo-

soupçon d'infidelité. Il ordonna & establit vn iugement secret, oultre les autres ordinaires Officiers & Iuges. Ce iugement estoit en main de personnes loyales, & sinceres, & de singuliere prudence & bonté : ausquels ce tresexcellét Prince, donna authorité de pouuoir, sás autre forme de proces, faire incontinent mourir, comme il leur sembleroit, quiconque seroit par eux trouué pariure, ou mauuais chrestien: Et à fin que les faultes & delicts se peussent descouurir, y auoit, oultre les Iuges, des Espies, personnes mesmement nō corrompues, lesquelles conuersans, sans aucun soupçon, par la Prouince, notoyent ce que chacun faisoit ou disoit: & ils en aduertissoyēt les Iuges, lesquels en quelque lieu que fust trouué le criminel accusé, le faisoyent incontinét moutir: & se voyoit le coulpable pendu & estranglé en vne potence, deuant que l'on sceust la faulte ou crime qu'il auoit commis. Ce secret jugement reprima merueilleusemét l'instabilité de ces peuples, pource que cete Iustice s'exerçoit & executoit, tant secretement, & auec vne seuerité si grande, que personne ne voioit comme il seroit possible l'eschapper, si ce n'estoit par la bonne vie: & nul n'osoit se descouurir, ou declarer sa volonté à son compagnon.

On leur ostera le moyen en diuerses manieres; premierement en empeschant les alliances entre vn peuple, & entre vne maison de quelque suite, & l'autre. Ce que firent les Romains à l'endroit des peuples Latins, pource qu'ils leur firent deffenses de s'allier, & hâter estroictémét les vns auec les autres. Et iceux mes-

le appiccato, e morto, che si sapesse il delitto da lui commesso. Questo occulto giudicio frenò marauigliosamente l'instabilità di quei popoli: perche con tanta secrettezza, e seuerità si essequiua, che non vedeua nissuno, come fosse potuto (saluo che con la buona vita) guadarsene; e nissuno si fidaua di scoprirsi, ò di palesar l'animo suo al compagno.

Si torrà loro la facoltà in varie maniere prima con l'impedire i parentadi trà vn popolo, e trà vna casata di qualche seguito, e l'altra. il che fecero i Romani co' popoli Latini perche prohibirono loro l'apparētarsi e'l prat ticare strettamēte trà loro. & i medesimi hauendo soggiogata la

mes ayans subiugué Macedoine, la diuiserent en quatre parties, desquelles estoient Chefs ou Capitales Amphipolis, Salonique, Pelle, Pelagonie, auec cet ordre, qu'elles ne pourroyent côtracter ensembles, ny s'allier. Apres il fault oster les Chefs de quelque reputatiõ, ou en leur leuant le credit, s'ils en ont donné l'occasion (car l'iniustice n'ha iamais faict ou prins racine) ou bien en les transportant ailleurs. Paul Emile, pour laisser Macedoine paisible, commanda aux principaulx de passer en Italie, auec leurs enfans: Et Charlemagne, pour appaiser les troubles & desordres de la Saxonie, en transporta la noblesse en France. On ne leur doit octroyer Conseil public, ny Magistrats, ny aucun moyen de faire corps. En cete maniere, les Romains priuerent du tout Capoue, de ses forces; ils voulurent bien qu'elle fut habitée & frequentée, comme vne grosse place ou Bourgade, & comme vn lieu commode aux laboureurs: mais qu'il n'y demeurast forme de ville, ny de Senat, ny de Conseil, ny de Communauté, ny de gouuernement public: se persuadás qu'en cete maniere, cete multitude ne pourroit remuer ny se reuolter. Qu'on leur deffende les assemblées. Abdala Prince de Sarra deffendit aux Chrestiens les veilles de nuict, à plus forte raison nous deuons defendre aux Luteriens, Caluinistes, aux Turcs & aux Mores leurs assemblées. Saladim Roy de Damas ayant prins Hierusalem, osta les cloches aux nostres, à fin qu'à ce signe, ils ne se peussent assembler. Le Turc en fait de mesme par tout. Et à la verité, c'est vn son (si l'on tou-

ch'essa fosse habitata, e frequentata, come vna grassa Terra, & vn luogo commodo à gli agricoltori, ma non che vi restasse forma di città, non di Senato, non di conseglio, non di Commune, non di gouerno publico; persuadendosi, che à questa guisa quella moltitudine non si potesse muouere, non far tumulto. Vietinsi loro le ragunanze. Abdala Prencipe de' Saraceni prohibì a' Christiani le vigilie notturne; quãto più ragioneuolmente noi vietaremo le lor assemblee a' Luterani, a' Caluiniani, a' Turchi, & a' Mori? Saladino Rè di Damasco, hauendo preso Gierusalem, tolse a' nostri le campane, acciò che non si potessero, à quel segno, metter insieme: e'l medesimo fa per tutto il Turco. & in vero, quello è un suono (se le campane si toccano à martello) d'incredibile efficacia, e forza, per commouere, e far correr le genti all' arme; come si vidde nella Città di Bordeo, quando per la gabella del sale ammazzò il Gouernatore, e si ribellò dal Rè Arrigo. E perche il vincolo dell' unione, è il parlare, forzinsi à parlare la nostra lingua; assinche se parlaranno siano intesi; come hà fatto il Rè Catolico cò Morischi di Granata. Ma che diremo delle Città grosse, che per un minimo vento, e romore alle volte impersano, e corrono furiosamente all'armi? I Soldani di Egitto, hauendo sospetta l'innumerabile moltitudine de gli habitanti del Cairo, attrauersarono quella città con molte larghe, e profonde fos-

che les cloches au marteau) d'efficace & force incroyable, pour esmouuoir, & faire courir le peuple aux armes; comme l'on ha veu en la ville de Bordeaux, lors que pour la gabelle du sel, le peuple s'esleua & tua le Gouuerneur, & se rebella contre le Roy Henry. Et pource que le lien de l'vnion est la parole, ils soient contraincts parler nostre langue, à fin qu'ils soyent entenduz, s'ils parlent; comme ha faict le Roy Catholique à l'endroit des Morisques de Granate. Mais que dirons nous des grosses villes, lesquelles au moindre vent & rumeur aucunesfois se mutinent & courent furieusement aux armes? Les Soldans d'Egypte ayans suspecte l'innóbrable multitude des habitans du Caire, trauersent cete ville de fort larges & profonds fossez; de sorte qu'elle semble

GOVVERNEMENT D'ESTAT,

plustost vn grād lieu plein de villages & bourgs, qu'vne ville; car ils ont iugé que le peuple infiny, retardé & empesché par les susdicts fossez, ne se pourroit tant facilement vnir. Et entre plusieurs occasions du repos de Venise, ie pense que l'vne des principalles soyēt les canaulx, qui passent au trauers, & la diuisent en plusieurs parties: à raison dequoy, le peuple ne se peut mettre ensemble, sans grande difficulté, & long temps: & ce pendant, l'on peut remedier aux inconueniens. Pour la mesme raison, l'Espagne est plus paisible que la France, pource qu'en Espagne, les villes, & lieux peuplez sont plus rares, & plus eslongnez l'vn de l'autre: & par consequent, l'intelligence & l'vnion y est plus difficile. A cet effect seruent & les Citadelles, & les colonies voisines des lieux

se ; sì che pare più presto vn gran contado pieno di villagi, e terriciuole, che vna città: perche giudicarono, che'l popolo infinito, ritardato dalle sudette fosse, non si potesse così facilmente vnire. e trà molte cagioni della pacifica quiete di Venetia, io mi credo che vna delle principali siano i canali, che la trauersano, e diuidono in più parti; onde il popolo non può metter si insieme, senza molta difficoltà, e lungo tempo; & in tanto si prouede di rimedio à gl'inconuenienti. Per la medesima cagione la Spagna è più quieta, che la Francia, perche in quella le città, e le popolationi sono più rare, e più lontane l'vna dall'altra; e per consequenza l'intelligenza, e l'vnione è più difficile. Giouano à questo

effetto e le cittadelle, e
le colonie vicine a' luoghi sospetti, & i presidij e dentro, e fuori.
Per la qual cagione il
gran Turco tiene la
sua tanta militia di
tento e piu mila caualli, compartiti, parte in
Asia, parte in Europa
sotto ducento piu Sangiacchi, che sta quasi sù
le mosse, e sù l'ali per
oprimere in vn subito
ogni minimo solleuamento. Ma se nissuna
di queste cose gioua cōtra gli indomiti, si debbono dispergere, e trasportare in altri paesi.
Cosi gli Assiri dispersero i Giudei, e li fecero passare nella Caldea
Alesandro Magno (s'egli è vero quel che si
dice) nella Tartaria;
Adriano Imperatore
nella Spagna: doue essendosi poi nell'anno del
Signore DCXCVIII
ribellati cōtra Christo
(perche s'erano fintasuspects; & les garnisons
& dedās & dehors. Pour
cete occasion, le grand
Turc tient sa gendarmerie qui est si grande de
plus de cent mille cheuaulx diuisée, partie en
Asie, partie en Europe,
souz plus de deux cens
Sangiaques, qui se tient
comme preste & sur les
ailes, pour opprimer en
vn instāt ceux qui se voudroyent sousleuer. Mais
si de toutes ces choses
n'y en ha pas vne qui serue cōtre les indomtez, il
les fault disperser & trāsporter en autres pays.
Ainsi les Assiriens disperserent les Iuifs, & les firent passer en Caldée:
Alexandre le Grand (s'il
est vray ce que l'on dit)
en Tartarie: l'Empereur
Adrian en Espagne: où
s'estans depuis, l'an de
nostre Seigneur D.
CXCVIII. rebellez
contre Iesus-Christ (pour
ce que par feintise ils s'estoient faicts Chrestiens)

GOVVERNEMENT D'ESTAT,

& contre le Roy Euica, ils furent tout defnuez de leurs biens, & difperfez auec leurs femmes & enfans, par toutes les parties d'Efpagne, & faicts efclaues. Le Roy Dagobert en fit autant en Fráce. Et puis que les Arabes (appellez Almophades) qui commancerent à regner en Efpagne, du temps d'Alphonfe feptiefme, ne permettoyent aucun Chreftien viure entre eux; mais les contraignoyent de deuenir Mahommetiftes, ou les faifoyent cruellement mourir, pourquoy ne pourrons nous chaffer hors de noz païs, ceux defquels nous ne pouuons efperer la conuerfion & le repos?

Mais s'ils font heretiques, il les fault priuer de tout entretié de l'herefie, comme font les Predicans & les liures, & les Imprimeries. Antiochus de-

mente fatti Chriftiani) e'l Rè Euica, furono fpogliati tutti de' loro beni, e difperfi con le mogli, e co' figli per tutte le parti della Spagna, e fatti fchiaui. il medefimo fece nella Francia il Rè Dagoberto. e fe gli Arabi (chiamati Almofadi) che cominciarono à regnare nella Spagna al tempo di Alfonfo fettimo, non permetteuano che alcuno Chriftiano trà loro viueffe, ma gli sforzauano à diuentar Mahomerani, ò li facenano crudelmente morire: perche non potremo noi cacciare fuori de' paefi noftri quei, de' quali difperaremo la conuerfione, e la quiete?

Ma fe faranno heretici, priuinfi d'ogni fomento dell'herefia, che fono i Predicanti, & i libri, e le ftampe. Antioco vietò a' Giudei il legil legger i libri Mosaici publicamente, come erano soliti à fare i Sabbati. Diocletiano commandò, che tutti i libri sacri della legge nostra fossero abbrusciati: quanto più ragioneuolmente abbruggiaremo noi i libri di seminatori d'empietà, e di zizania? massime hauendo l'essempio di Constantino Magno, che fece uno editto, che pena la vita, ogni uno abbruggiasse i libri d'Arrio.

defendit aux Iuifs de lire publiquement les liures de Moyse, comme ils auoyēt coustume de faire le Sabmedy. Diocletian commanda que tous les Saincts liures de nostre loy, fussent brulez: à cōbien plus forte raison, brulerons nous pas les liures des Semeurs d'impieté & de zizanie? principallement ayans l'exemple de Constantin le Grand, qui fit un edict, portant, sur peine de la vie, que chacun eut à bruler les liures d'Arrius.

Come si torrà loro il modo di unirsi con altri popoli.

Comme leur sera ostè le moyen de s'unir auec les autres peuples.

Dalle cose dette nell'antecedente Capo, si può facilmente comprendere quel, che si debba dire in questo. E chi toglie à sudditi suoi la facoltà di unirsi tra loro, torrà molto più ageuolmente loro

Par les choses susdictes au precedēt chapitre, l'on peut facilemēt cōprendre ce qui se doit dire en cetuy cy. Et celuy qui oste à ses subiects le moyen de s'unir entre eux, beaucoup plus aisement leur ostera il le moyen de s'vnir auec les autres: pourco que telles vniós se font par le moyen des alliances, parentages, amitiez, receptions, commerces, & des secretes pratiques & intelligences: toutes lesquelles choses il fault ou empescher ou tronquer & leur couper broche. Ce qui se fera tenant des Espies & en nostre pays, & au suspect; & en mettant des gardes aux ports & passages, par lesquels l'on entre & sort de noz Estats. Ce qui est facile à faire es Isles, & es païs fermez ou de la mer, ou des montagnes ou des riuieres: comme en Angleterre, où Guillaume le Rousseau deffendit à ses subiects de sortir du Royaume, sans permission: ce qui s'obserue encores aujourd'huy. Les Chinois & les Moscouites ne peuuent sortir de leurs confins & frontieres, sãs la licence & congé de

il modo di vnirsi con altri: perche simili vnioni si fanno per via di parentadi, d'amicitie, d'hospitalità, di commercio, e di segrete intelligenze, ò pratiche: le quali cose tutte bisogna ò impedire, ò troncare. il che si farà con tener spie, e nel paese nostro, e nel sospetto; e col mantener guardie à porti, et à passi, per li quali si entra, e si esce da gli Stati nostri. il che è cosa facile nell'Isole, e ne' paesi serrati ò da mare, ò da' monti, ò da' fiumi: come in Inghilterra, oue Guglielmo il Rosso prohibì a' sudditi l'vscir senza licenza fuor del regno: il che s'osserua ancor hoggi. I Chinesi, e i Moscouiti non possono vscir fuor de' confini loro senza licenza de i Prencipi, sotto pena della vita: il che si osserua strettissimamente;

come nè ancò può entrar nissuno in quei paesi, senza passaporto altrimēte. Seruirà anco à questo fine il ritirare i sospetti da' luoghi vicini: il che fece il gran Turco l'anno dopò la giornata di Lepanto, perche allora sernendosi in ciò di Occhialì, fece allontanare dalle maremme della Grecia i Christiani, asfinche non si vnissero co' Latini. Il primo, e l'vltimo Filpipo Rè di Macedonia si presero tanta libertà in questo genere, che non altramente, che si facciano i pastori delle pecore, trasportauano i popoli intieri da vn luogo all'altro. Li Rè del Perù, quando conquistauano qualche prouintia, soleuano trasportar subito il neruo de' naturali alla città regia, ò in altro luogo: e in vece di questi, mandarano

leurs Princes, sur peine de la vie: ce qui se garde & obserue fort estroittement: comme aussi personne ne peut entrer en ces païs là, sans passeport. Aussi seruira, à ceste fin, de faire retirer les suspects des lieux voisins; ce que fit le grand Turc, l'année d'apres la bataille et journée de Lepāte: car à cete heure là, voyant biē clair, il feit eslongner des frontieres de la Grece, les Chrestiens, à fin qu'ils ne s'vnissent auec les Latins. Les Roys Philippe de Macedoine premier & dernier prenoyent tāt de liberté en cecy, que ny plus ny moins que fōt les Bergers de leurs brebis & trouppeaux, ils transportoyēt les peuples entiers d'vn lieu à autre. Les Roys du Peru, quand ils conqueroyent quelque Prouince, auoyent coustume de transporter incontinēt la force des naturels en la ville Royalle

Z ij

ou en autre lieu, et au lieu d'iceux enuoyoiét autant de leurs subiects naturels, principallemét cauaillers.

altriranti de' lor sudditi naturali, massime cauallieri.

Du moyen d'appaiser les tumultes & seditions ia nées.

Del modo di acquetar rumori già nati.

MAis, quelque prudence qui soit au Prince pource que, *necesse est vt eueniant scandala*, & que les destourbiers naissent, il fault voir pareillement en quelle maniere les seditions & souleuemens ja nais se pourront appaiser. Les reuoltes donc & seditiós naissent ou du peuple contre le Prince, & ses Magistrats & Officiers, ou de la Noblesse souleuée, ou diuisée en factions. Premierement je confesse, que comme toute maladie du corps humain ne se peut guerir.
Tollere nodosam nescit medicina podagram.

MA perche con quanta prudēza tu hauerai, necesse est vt eueniant scandala, e che naschino disturbi, bisogna anche vedere in che maniera si possano acquetare i solleuamenti già nati. I rumori dunque nascono ò dal popolo contra il Prencipe, e i suoi magistrati, ò dalla nobiltà solleuata, ò diuisa in fattioni. Primieramente io confesso, che, si come non ogni malatia del corpo humano si può guarire.
Tollere nodosam nescit medicina podagram,

Nec formidatis auxiliatur aquis.

cosi ne i gouerni, non ogni disordine si può riordinare. Hanno i regni, e le republiche anche le loro malatie incurabili, e alle volte mortali. Fà fede di ciò l'Italia già in ogni sua parte diuisa in Guelfi, e Ghibellini, che senza rimedio la stratiarono, e quasi rouinarono affatto. Ma per far pure quel, che si può, diciamo, che i rumori, e i disturbi sono tali, che il Prencipe si vede superiore, e con vantaggio, ò inferiore di forze, e in pericolo. Nel primo caso conuien vsar la forza, e rimediare à i principij, e troncare la radice con quella maggior breuità, e dirò anche silentio, e secretezza, che si può. Si che i capi siano tolti di mezo prima, che se ne sappia altro. Ma se il Pren-

Nec formidatis auxiliatur aquis.

ainsi, es gouuernemens, ne se peut remedier à tout desordre. Les Royaumes & les Republiques ont aussi leur maladies incurables, & aucunesfois mortelles. L'Italie en faict foy, autresfois en toutes ses parties, diuisée en Guelphes & Gibellins, qui sans remede, l'ont trauaillée & quasi ruinée du tout. Mais pour faire ce neantmoins ce que l'on peut, nous disõs que les souleuemens & troubles sont tels, que le Prince soit qu'il se voye plus fort, ou le plus foible, est en danger. Au premier cas, il fault vser de la force, remedier aux cõmancemens, & coupper la racine le plus prõtement & secretement que faire se peut: de maniere que les Chefs soyẽt depeschez deuant que l'on en sache autre chose. Mais si le Prince est le

Z iij

plus foible, & inferieur au tumulte & danger, il fault penser de vaincre en ceddant, & en donnant sagement lieu à la fureur; car ordinairement les seditions de la multitude sont sans chefs d'autorité: dont il aduient, que le peuple se refroidit incontinent, & perd ses forces, par la des-vnion. Mais ce neantmoins le Prince ne se doit retirer du lieu sousleué, ou s'en esloigner du tout, comme fit Henry III. Roy de France, en la sedition & souleuement de Paris: car l'elongnement du Prince diminue le respect, donne courage aux Chefs, & enhardit le populaire. Ce que nous demonstrent les reuolutions de Flandre. Bajazeth II. en la rebellion de Selim I. son fils, bien que les Ianissaires de sa garde luy fussent enclins & affectionnez, ne se mit pourtant

cipe si vedià inferiore al tumulto, & al pericolo, bisogna pensare di vincere co'l cedere, e co'l dare sauiamente luogo al furore: perche ordinariamente le seditioni della moltitudine sono senza capo di autorità; onde auuiene, che presto si raffreddano, e perdano con la disunione le loro forze. Ma non, deue però il Prencipe ritirarsi dal luogo del tumulto, ò allontanarsene affatto, come fece Arrigo III Rè di Francia nel rumore di Parigi: perche la lontananza del Prēcipe diminuisce il rispetto, fà animo à i capi, e dà ardire al popolazzo. Mostrano ciò le rinolutioni di Fiādra. Baiazette II. nella ribellione di Selim I. suo figliuolo, benche i Gianizzeri della sua guardia fossino inclinati à lui, non si mise però in fuga; ma con la maeſtà della preſenza, e con la grauità delle parole fece in tal maniera, che ſi vergognarono di abbandonarlo, non che contradirlo. Carlo V. Imperatore, hauendo inteſo della ribellione de' Ganteſi, paſsò di Spagna per le poſte in Fiādra; e con l'autorità della preſenza acquetò i rumori, caſtigò i rubelli; e con vna buona cittadella s'aſſicurò di quella indomita città. I Romani vſarono ordinariamente due maniere di acquetar le ſeditioni: l'vna ſi fù il torre di mezo i capi: l'altra il diuertir il popolazzo da i tumulti domeſtichi alle guerre ſtraniere. Coſa praticata anche da Pericle in Athene. Perche, ſi come i Medici acquetano gli humori peccanti, e turbati del corpo humano con iſuiarli, e di-

en fuite; mais par la Maieſté de ſa preſence, & par la grauité de ſes paroles, fit en ſorte, qu'ils eurent honte de l'abandonner, et n'eurēt le courage de le trahir. L'Empereur Charles V. ayant entendu que ceux de Gant s'eſtoyent reuoltez contre luy, paſſa d'Eſpagne, par les poſtes, en Flandre: & par l'autorité de ſa preſence, appaiſa les troubles, & chaſtia les Rebelles; & au moyen d'vne bonne Citadelle, s'aſſeura de cete ville indontée. Les Romains, pour appaiſer les ſeditions, vſoyent ordinairement de deux moyens: l'vn eſtoit de deſpecher & faire mourir les Chefs: l'autre, de diuertir & detourner le peuple des ſouleuemens & guerres ciuiles, aux eſtrangeres: choſe qui eſtoit pratiquée auſſi par Pericles, en Athenes. Car comme les Medecins appaiſent & ac-

Z iiij

GOVVERNEMENT D'ESTAT,

cordent les humeurs penchantes & troublées du corps humain, en les diuertissant par cauteres & saignées, ailleurs : ainsi le Sage Prince appaise & modere le peuple esleué, en le menant à la guerre contre les ennemys, ou par autres moyens propres à le retirer de sa mauuaise volôté, & à le tourner autre part. Le vulgaire (comme dit Horace) *bellua multorum capitum*. Et pour cete cause, quand il se mutine, il le fault prendre, ores par vne teste, ores par vne autre, & le manier dextrement, y employant ores la main, ores la verge, ores la bride, ores le cheueſtre. Et en cet endroit feruira auoir plusieurs parties, ou diuersité d'inuentiós, par lesquelles ores le delectât, ores luy faisant peur, & luy donnant soupçon & esperance, premierement il s'entretienne, & puis il soit reduit & ame-

uertirli per via di rottorij, e di salaßi, altroue; così il sauio Prēcipe placa il popolo infuriato co'l menarlo alla guerra contra nemici, ò con altri mezi atti à ritirarlo dal mal tētato, e à volgerlo altroue. Il volgo (come dice Horatio) bellua multorum capitum. Onde, quando egli imperuersa, bisogna pigliarlo hor per vn capo, hor per vn'altro, e maneggiarlo destramente, adoperando con lui hor la mano, hor la verga, hor il freno, hor il capezzone. E qui giouerà l'hauer copia di partiti, e varietà d'inuentioni, con le quali hor dilettandolo, hor mettendoli paura, sospetto, speranza, prima s'intertenga, e poi si riduca à segno. Giouerà l'opera di persone grate, e care à i solleuati; e che siano dotate di bello ingegno, ò di eloquenza. Agrippa pacificò la plebe Romana con quella memorabile fauola del corpo humano, e de' suoi membri. Ma non meno eccellente fu l'inuentione di Calauino, con la quale egli rese capace di ragione il popolo di Capoua, commemorata da T. Liuio. Era quel popolo talmente infuriato contra i Senatori, che li voleua tutti morti. Calauino non si oppose al furore, anzi hauendo prima ragualiato i Senatori dell' animo suo, li rinserrò tutti in vn luogo : e poi appresentatosi al popolo, mostrando di esser d'accordo con lui, poi che (disse egli) voi hauete determinato di far morire tutti i Senatori, egli è prima necessario di far scielta delle persone più sufficienti trà voi, per met-

né au poinct. Et seruira l'ayde & moyen de persónes agreables aux souleuez ; & qu'elles soyent douées d'vn bel esprit, & d'eloquence. Agrippa appaisa le peuple de Rome, par cete memorable fable du corps humain, & de ses membres. Mais ne fut pas moins excellente l'inuentiõ de Calauinus, par laquelle il rendit capable de raison le peuple de Capoue, mise en auát par T. Liuius. Ce peuple estoit tellement mutiné & souleué contre les Senateurs qu'il les vouloit tous tuer. Calauinus ne s'opposa à leur fureur ; ains ayant premierement acertené les Senateurs de sa volonté ; les enferma tous en vn lieu : & puis s'estant presenté au peuple, feignant estre d'accord auec luy, il dist; Puis que vous auez deliberé & resolu de faire mourir tous les Senateurs, il est necessaire, pa-

GOVVERNEMENT D'ESTAT,

rauant, de faire eslite des hommes les plus suffisans d'être vous, pour les mettre & establir en leur place. Et commencant par le Senateur qui estoit le plus hay; Nous ferons (dist il) mourir vn tel: à cete heure là, tout le peuple criant, approuua son aduis: Mais voyons (dist Calauinus) qui nous mettrons en sa place. En cet endroit les artisans s'aduancerent, à l'enuy; l'vn deçà & l'autre de là, pour auoir ce degré, & ne voulás cedder l'vn à l'autre de maniere, qu'y ayāt presse, & croissant le tumulte & dissentiō, ils furēt en discord entre eux. Le mesme aduint, quand il fut questiō de nommer le second; & ainsi des autres Senateurs. En fin, ne pouuás endurer que l'vn d'eux fust preferé à l'autre, ils aymerent mieux laisser les anciens Senateurs en leurs charges, & chāger de propos. A Flo.

terli in lor luogo. E cominciando dal più odiato Senatore, noi faremo, disse egli, morir vn tale: allora tutto il popolo, gridando, approuò il suo parere. Ma veggiamo, disse Calauino, quel, che metteremo in sua vece. Qui i bottegai, e manuali à gara si fecero innanzi, vno di quà, e l'altro di là, per quel grado, non volendo cedersi l'vno l'altro: si che crescendo con la gara el tumulto, vennero in discordia tra loro. Il medesimo auenne nel nominar del secondo, e de gli altri Senatori. La conclusion fù, che, per non comportare, che vno di loro fosse preferito all'altro, si contentarono più presto di lasciar in grado, non che in vita i Senatori antichi. In Fiorenza, ritrouādosi tutta quella città in combustio-

ne, e in pericolo di rouinare, Francesco Soderino, che n'era Arciuescouo, si fece innanzi in habito Pontificale, e co'l clero dietro; e con la maestà della Religione fece sì, che ciascuno si ritirò à casa. E stata in molti luoghi utile l'opera de' predicatori, e gli uffitij d'huomini stimati santi, e di virtù singolare. Giouerà, se non si potranno placare tutti insieme, l'usar tutte l'arti, che saranno à proposito per disunirli. Quando nissuno de i sudetti rimedij vaglia, più presto, che venir all' armi, sia bene, concederli quello, che domandano, ò in parte, ò in tutto. Perche essendo due fondamenti dell' imperio, e del gouerno, l'amore, e la riputatione; se bene, cedendo, tu perdi della riputatione, conserui

rence, se trouuant toute cete ville en combustió, troubles, & en danger de ruine, François Soderino, qui en estoit Archeuesque, se preséta en habit Pontifical & le Clergé apres luy: & par la Maiesté de la Religion, fit en sorte, que chacun se retira en sa maison. En plusieurs lieux ha esté vtile l'œuure & ayde des Predicateurs & les offices d'hômes estimez saincts, & de singuliere vertu. Et s'ils ne se peuuent appaiser tous ensemble, il sera bon d'vser de tous les moyens, qui seront à propos, pour les des-vnir. Et quand ne succederoit & ne seruiroit aucun des susdicts remedes, il sera bô leur octroyer ce qu'ils demandent, ou en partie, ou du tout. Car estant l'amour & la reputation deux fondemens de la domination & du gouuernement, bien qu'en ceddant, le Prince perde

GOVVERNEMENT D'ESTAT,

de la reputation, ce neantmoins il conserue l'amour, qui est vn fondement plus grãd que n'est la reputation. Ce qui se doit pratiquer beaucoup plus aisement à l'endroit des subiects naturels, que des acquis. Et aussi pourra tousiours estre secouruë la reputatiõ, en vsant de l'artifice & moyen, par lequel il semble que tu vueilles ce que tu ne peux empescher; & que tu donnes amiablement ce que l'on te vient oster par force. Comme font les marchands, lesquels aucunesfois n'ayans le vent à propos, pour aller traffiquer, où ils auoyent deliberé, vont faire leurs affaires là où le vent les porte & conduit. Vn certain Conte de Flandres ha esté, du nom duquel ie n'ay souuenance, cotre lequel se souleua le peuple de Gant; & pour enseignes de la rebellion & reuolte, chacun print

però l'amore, che è maggior fondamento, che la riputatione. Il che si deue vsare molto più facilmente co' sudditi naturali, che con gli acquistati. Et si potrà anche sempre aiutare la riputatione con vsar quelle arti, che fanno parere, che tu vogli quel, che non puoi impedire: e che doni amoreuolmente quel, che ti è cauato di mano, à viua forza. Come fanno i mercanti, che alle volte, non hauendo vento per andare à trafficare, oue haueuano disegnato, vanno à fare le loro facende, oue il vento li conduce. Fù vn Conte di Fiandra, di cui non mi ricordo il nome, contra il quale si solleuò il popolazzo di Gante, mettendosi per insegna della ribellione ciascuno certe birette bianche; e con pazzo *furore misero sossopra il paese. Il conte trauaglio assai per acquetarli, e per farli diporre quelle birette; ma con poco frutto: che arcadeua tanto trauaglio per cosa si lieue? Doueua ancor egli metersi la sua biretta bianca, e cosi restar capo della sua gente. Ma la sudetta concessione si deue intendere delle cose, non delle persone. Perche mi pare molto duro, che il Prencipe si riduca à termine di dare vn suo ministro nelle mani alla moltitudine furiosa; (come fece questi anni passati Amormete Re de' Turchi) Perche in vn atto tale vi concorrono tante indignità, che più presto deue lasciarselo torre di mano, che darlo in modo alcuno; se però egli sarà stato ministro fedele, e che non habbia colpa. E*

certains bonnets blancs; & par vne folle fureur ces mutins rauagerent & gasterét le pays. Le Conte eut beaucoup d'affaires, pour les appaiser, & leur faire laisser ces bonnets blancs; & ne gangna gueres. Qu'estoit il besoin de si grande peine, pour chose tant legere? Il deuoit aussi mettre sur sa teste vn bonnet blanc, & par ce moyen demeurer Chef de son peuple. Mais la susdicte cession se doit entédre des choses, non des persónes: Car je trouue chose rude & facheuse que le Prince soit reduit aux termes de bailler vn sien Officier es mains d'vne cómune mutinée & furieuse(comme ha faict ces années passees Amomertes Roy des Turcs) pource qu'en tel acte, se commettent tant d'indignitez, que pluſtoſt il le doit laisser prendre de force, que le liurer en aucune maniere pourueu qu'il ait esté fidele Officier, & qu'il ne soit coupable: & ce au cas que l'on ne l'ait peu cacher, ou faict fuir, ou mis autrement hors de danger. C'est vne tresbonne maniere aussi, de dissimuler, (quand on peut) que l'on sache le desordre, auquel l'on ne peut remedier, sans vn plus grand desordre, comme fit sagement Charles V. à l'endroit du Duc d'Infantasgo. Mais si le trouble & scandale procedde des Seigneurs, cela peut aduenir en deux manieres: car ou ils coniurerõt contre le Prince, ou ils se diuiseront en factions: s'ils coniurent contre le Prince, en ce cas, fault pratiquer les mesmes remedes, qui ont esté dicts de la populace. Et sera aussi plus aisé de desvnir les Seigneurs, que la multitude: pource qu'il est plus facile de gangner de plusieurs quelqu'vn, que

questo in caso, che non si sia potuto nascondere, ò far fuggire, ò mettere in qualche altra maniera fuor di pericolo. Ottimo modo è dissimulare (quando si può) di saper il disordine, à cui non si può rimediare, senza maggior disordine: come fece sauiamente Carlo V. co'l Duca d'Infantasgo. Ma se lo scandalo nascerà da i Baroni, ciò può auuenire in due maniere; perche ò congiureranno contra il Prencipe, ò si diuideranno in fattioni: se congiureranno contra il Prencipe, in quel caso si deuono vsare i medesimi rimedij, che si sono detti del popolazzo. E sarà anche più facile il disunire i Baroni, che la moltitudine: perche è più ageuole il guadagnar di molti qualchuno, che d'infiniti molti. La vita di Luigi XI. Rè di Francia, che fu vno de' più astuti Prencipi, che sia mai stato, può seruire di essempio, e di specchio, à chi si troua in simili trauagli, e pericoli di seditioni, & congiure. Ma se ti metteranno sottosopra il regno, per differenze loro particolari, co'l seguito, che le parti haueranno, quì ci bisogna maggior consideratione: perche la contesa loro sarà ò di cosa particolare, ò di cosa publica. Se di cosa particolare, bisognerà sforzarli à rimetterla à i giudici, che la decidano, ò ad arbitri, che la componghino, senza mostrar di fauorir più vna parte, che l'altra, per non alienare da sé vna delle parti: come fece il Rè Francesco nella lite trà Madama Luigia sua madre, e

d'infiniz plusieurs. La vie de Loys XI. Roy de France, qui estoit l'vn des plus aduisez Princes, qui ait iamais esté, peut seruir d'exemple & de miroir à quiconque se troue en semblables peines & dangers de souleuemens & coniurations. Mais s'ils renuersent le Royaume, pour leurs differents particuliers, auec la suite, qu'ont les parties, en cest endroit, est besoin de plus grande consideration : car leur debat sera ou de chose particuliere, ou de chose publique. S'il est de chose particuliere, il les fauldra contraindre, de la remettre aux Iuges, qui la decident ; ou aux arbitres, pour l'accorder, sans que le Prince monstre qu'il fauorise plus vn party que l'autre : comme fit le Roy François, au different qui estoit entre Madame Loyse sa mere, & Charles Duc de Bourbon, lequel se rebella contre luy, pour la faueur qu'il monstroit à sa mere. Car les indignations & rancunes que l'on conçoit contre les Princes, & contre leurs Estats, proceddent en grande partie, des faueurs mal fondées en la justice. Mais si le different ne se peut composer, pource qu'il sera impossible prouuer le faict, ou pource qu'il causera plus grād trouble, que le debat mesme (comme l'inimitié d'entre Henry Duc de Guise, & Gaspar de Colligny, auquel l'on imputoit d'auoir faict tuer François pere dudict Sieur Duc de Guise) en ce cas, le Prince, par son authorité & pouuoir, doit imposer silence aux parties; faire retirer les Chefs des deux partiz, de la court, ou les enuoyer en pays eslongnez l'vn de l'autre: ou pratiquer autres semblables

Carlo Duca di Borbone, che si ribellò da lui, per il fauore, che egli mostraua alla madre. Perche gli sdegni, che si concepiscono contra i Prencipi, e contra gli Stati loro, procedono in gran parte da i fauori mal fondati nella giustitia. Ma se non sarà cosa componibile, perche la proua del fatto sarà impossibile, ò cagionera maggior rumore, che la contesa istessa, (come la nemicitia tra Arrigo Duca di Guisa, e Gasparo di Colligni Ammiraglio di Francia, imputato di hauer fatto ammazzare Francesco padre di esso Arrigo) deue in quel caso il Prencipe porre silentio con l'autorità, e co'l potere; mandar i capi di ambedue le parti fuor della corte, ò in paesi lontani l'vno dall'altro, ò con ò con simili altre maniere. Ma se la differenza haurà pretesto publico, (sotto il quale si cuoprono spesse volte le passioni particolari) deue il Rè, se non può sopirla, ò troncarla, farsi capo della migliore. E s'inganna, chi pensa assicurarsi da i pericoli imminenti à gli Stati da simili contese, e fattioni, co'l dar contrapeso alle parti, solleuando auicenda l'inferiore, e abbassando la superiore. Cosa praticata in Francia; oue con questa arte le sudette fattioni s'intertennero, e ingrossarono di tal maniera, che in processo di tempo il Regno ne restò diuiso in due parti di tanto seguito, e potere, che al Rè non rimaneua quasi altro, che il nome. Conchiuderò questa parte con dire, che

blables manieres. Mais quand le different ha vn pretexte public, (souz lequel se couurent bien souuent, les passions particulieres) si le Roy ne le peut assopir, ou retrancher, il se doit faire Chef du meilleur party. Et s'abuse, quiconque pense s'asseurer des dàgers qui menacent les Estats, par tels discordes & factions, en donnant contrepoids aux parties, souleuant tour à tour l'inferieur, & abbaissant le superieur: Chose qui ha esté pratiquée en France; où, par ce moyen, les susdictes factions se sont entretenues, & ont prins tel accroissement, qu'auec laps de temps, le Royaume en est demeuré diuisé en deux partiz, de tant de pouuoir & forces, qu'il ne demeuroit au Roy quasi autre chose que le nom. Ie conclueray cete partie, disant, que les seditions & guer-

GOVVERNEMENT D'ESTAT,

res ciuiles qui ne s'appaisent es commancemens, iamais ne sont assopies, comme se void ordinairement, sinon par la ruine de l'vn des partiz (ce qui se void en toute l'histoire Romaine, & es succez de Flandre & de France) ou par la diuision de l'Estat. La raison est, pource que le mal, qui n'est au commancement qu'vn petit ruisseau, qui se peut passer à pied, auec le temps acquiert forces, & deuient formidable. Le despit & courroux se conuertit en haine, & le souleuement en rebellion & felonnie. Et si l'vn des partiz a l'auantage notable, iamais il ne laisse les armes qu'auec la ruine des ennemys. S'il n'y a auantage qui soit d'importance; la guerre prend fin, de lassitude; & chacune des parties demeure sur pieds. Et pour cete cause, es affai-

i solleuamenti, e le guerre ciuili, che non s'acquetano ne' principij, non si sedano ordinariamente mai più, se non con la rouina di vna delle parti, (il che si vede in tutta l'historia Romana, e ne' successi di Fiandra, e di Francia) ò con diuisione dello stato. La ragione si è, perche il male, che nel suo principio è quasi ruscelletto, che si può passare à piede, co'l progresso acquista forze, e diuien formidabile. Lo sdegno si conuerte, in odio, e'l solleuamento in ribellione, e in fellonia. E se vna delle parti hà vantaggio notabile, non depone l'arme, se non con la rouina de' nemici. Se non ci è vantaggio d'importanza, finiscono la guerra per stanchezza; e ciascuna resta con la sua par-

te. Onde la somma della prudenza humana, nelle cose di Stato, consiste in due parole, Principijs obsta. Perche, per l'ordinario, modicis rebus primi motus consedere. Omne malum nascens facilè opprimitur: inueteratum fit robustius.

res d'Estat, toute la prudence humaine consiste en ces deux mots, *Principijs obsta*: car ordinairement, *modicis rebus primi motus consedere. Omne malum nascens facilè opprimitur: inueteratum fit robustius.*

Il fine del quinto Libro.

Fin du cinquiesme Liure.

A a ij

RAISON ET GOUVERNEMENT D'Estat.

LIVRE. VI.

De la seureté des ennemys externes. | *De gli assicuramenti de gli nemici esterni.*

IVSQVES à present, nous auons parlé des moyens, de maintenir les subiects en paix, & obeissance: disons maintenant comme nous pouuons nous asseurer des causes externes des troubles & ruines des Estats. Presupposons que le moyen de la seureté consiste à tenir l'ennemy & le danger loin de nostre maison: car la proximité du mal est grande partie du mal

IN hora habbiamo ragionato de' modi di mantener i sudditi in pace, & in obedienza: diciamo hora in che modo ci possiamo assicurare dalle cause esterne de' disturbi, e rouine de gli Stati. Presupponiamo, che la ragione della sicurezza consiste in tener il nemico, e 'l pericolo lontano da casa nostra; perche la vicinanza del

	LIVRE VI. 187
male, è gran parte di esso male : appresso col accommodarsi in modo, che quando bene egli s'auuicini, non habbia podestà di offendere : Hor egli si tiene lontano in più maniere; delle quali la prima si è la fortificatione del l'entrate, e de' passi; che si fa con le fortezze opportunamente fabricate.	mesme : & puis, en s'accommodant en sorte, que quand bien il s'approche il n'ait ce neantmoins pouuoir d'offenser. Or le tient-on loin, en plusieurs manieres : desquelles la premiere, est la fortification des frontieres, & passages : ce qui se faict au moyen des places & forteresses oportunément basties, à cet effect.

Delle Fortezze.

Des forteresses.

LA Natura c'insegnà, per assicurar noi stessi, l'arte del fortificare : perche non per altro, essa con tant' ossa, e con tante cartilagini hà cinto il ceruello, e'l cuore, che, per assicurar la vita, con tener i pericoli lontani e con mille maniere di gusci, e ricci, e di corteccie dure, & aspre cuopre i frutti; e con le spighe, e pungenti

LA nature nous enseigne, pour nostre asseurace, l'artifice & moyen de fortifier; car non pour autre chose, elle ha ceinct & enuironné le cerueau & le cœur de tant d'oz & tant de cartilages, que pour asseurer la vie, en eslongnant les dangers; en mille manieres, de gousses, peaux & escorces dures, & aspres, elle couure & defend les fruits : par le

A a iij

moyen des espics, & pointes qui y tiennent, elle preserue le bled & froment de la rapacité & iniures des oiseaux. Et pour cete cause, je ne sçay pourquoy aucuns mettét en doute, & question, si les forteresses sōt vtiles au Prince, ou non: puis que nous voyons que la nature mesme en vse: & n'y a Empire, tant grand ou puissant soit il, qui n'ait peur, ou au moins quelque soupçon de l'inclinatiō de ses subiects, ou de la volōté des Princes voisins. En l'vn & l'autre cas, les forteresses nous asseurent; où le Prince tiēt ses machines, artilleries, & muniticōs de guerre; & y maintient, comme en vne escole, & apprentissage, quelque nōbre de soldats; & par vn petit tour & enceinct de murailles, il defend beaucoup de pays; auec peu de despence il prouuoit à beaucoup d'affai-

ariste disende il formento dalla rapacità degli vccelli. Onde io non so, perche alcuni mettono in dubio, se le fortezze siano vtili al Prencipe, ò nò; poi che veggiamo, che la natura istessa le vsa: e non è Imperio nissuno di tanta grandezza, ò potenza, che non habbia paura, ò almeno sospetto dell'inclinatione de' sudditi suoi, ò dell'animo de' Prencipi vicini. Nell'vno, e nell'altro caso ci assicurano le fortezze, doue tu tieni riposte le machine, e le monitioni da guerra; e mantieni, come à scuola, & in tirocinio, qual che numero di soldati; e con poco giro di muraglia difendi molto paese; e con poca spesa prouedi à molte occorrenze; strachi il nemica, e godi il beneficio del tempo. I Greci, che furono di tanto ingegno, & i Romani, che moſtrarono in ogni loro attione tanto giudicio, fecero ſempre conto delle cittadelle, come ne fanno fede quella di Corinto, di Taranto, di Reggio, e l'altre. & i Romani mantennero l'Imperio, e la patria col beneficio della Rocca di Campidoglio; che pure non era ne' confini, ma nel centro del Stato, e nel cuore della Republica.

I caſi, che ſoprauengono à gli Stati, ſono infiniti, e le occorrenze della guerra innumerabili; alle quali però tutte ſi prouede con la fortificatione de' paſſi, per li quali vi può entrare il male, e'l diſturbo. I Perſiani, che han ſempre fatto profeſſione di confidarſi del gran numero, e del

res & occurrences : il laſſe l'ennemy & iouyt du bō téps. Les Grecs qui eſtoyent de ſi grand eſprit, & les Romains, qui ont mōſtré, en toutes leurs actions, tant de jugemét, ont touſiours faict cas des citadelles; comme en font foy celle de Corinthe, de Tarente, de Reggio & les autres; & les Romains ont maintenu l'empire et la patrie, par le moyen de la forterreſſe du Capitole, qui n'eſtoit toutesfois es frontieres, mais au centre de l'Eſtat, & au cœur de la Republique.

Les accidents qui ſuruiennent aux Eſtats ſont infiniz, & les occuréces de la guerre, innombrables; à toutes leſquelles ce neātmoins l'on prouuoit, par la fortification des paſſages, par leſquels le mal & le trouble peut entrer. Ceux de Perſe, qui touſiours ont faict profeſſion d'auoir confiance au grād nombre, &

A a iiij

en la valeur de la cauallerie, ont maintenant es-
prouué combien est vtile
& necessaire l'vsage des
forteresses; car bien que
le Turc ait esté desfaict
& mis en route plus d'v-
ne fois, il ha ce neāmoins,
en se fortifiant peu à peu,
es lieux propres, occup-
pé tresgrands pays : &
finalement ayant prins la
grande ville de Tauris, il
s'en est asseuré par vne
grosse & forte citadelle.
Ainsi ceux de Perse, pour
n'auoir des citadelles &
forteresses, ont perdu la
cāpagne et les villes aussi.

Des conditions des forteresses.

MAis disons mainte-
nant quelles doi-
uent estre les forteresses.
Les situatiōs doiuent dōc
estre necessaires, ou au
moins vtiles : celles sont
necessaires, sans la fortification desquelles, le pays
du Prince demeureroit

	LIVRE VI. 189
perto, e lo Stato esposto alla violenza de' nemici: vtili, se difenderanno città popolosa, e ricca, ò seruiranno di riccorso, e di rifugio à popoli. Debbono anco esser lontane, acciò che tenghino l'inimico, e'l pericolo lungi da noi perche, mentre egli si trauaglia intorno simili luoghi, il nostro paese sarà senza disturbo, e trauaglio; & in tanto si possono far le debite prouisioni. Di questa sorte è Malta, rispetto della Sicilia, e del Regno; e Corfù rispetto di Venetia. E se non solamente saranno lontane da noi, ma nel paese stesso de' nemici, porgeranno maggior sicurezza: tali sono Orano, Melila, il Pegnon di Veles, Setta, Tanger, Mazagan, Arzilla, (tutte piazze del Re Catolico in Africa) rispetto di Spagna.	ouuert, & son Estat exposé à la violéce des ennemys: vtiles, si elles defendent vne ville peuplée & riche, ou si elles seruent de recours, ou de refuge aux peuples. Elles doiuent aussi estre eslongnées, à fin de tenir l'ennemy & le danger loin de nous: car cependant qu'il se donne de la peine à l'entour de semblables lieux, nostre pays sera sans trouble & affaires; & ce pendant se peuent faire les prouisions qui sont conuenables. De cete maniere est Malte, au droict de la Sicile & du Royaume: & Corphu, au droict de Venise. Et si elles sont non seulement eslongnées de nous, mais au pays mesme des ennemys, elles nous dóneront plus grande seureté: comme sont celles d'Orano, Melila, le Pegnon de Veles, Setta, Tanger, Mezagá, Arzilla, (toutes places du Roy

Catholique en Afrique) au droict de l'Espagne. Elles soyét en petit nombre, à fin qu'on les puisse pouruoir comme il fault, & fournir de gés de guerre & de munitions, sans espandre & diminuer les forces. Elles soyent fortes, ou d'assiette, ou de main: elles seront telles d'assiete, ou à cause de l'aspreté du lieu, ou au moyen de l'eau ou courante, ou dormante & d'estang: par lesquels moyens sont tresfortes Mantoue & Ferrare; mais sur tout Venise: & en Allemagne Strasbourg & es pays bas Hollande & Zelande; lesquelles deux Prouinces sont, à mon aduis, les plus fortes de nature, qui soyent souz le Ciel; veu qu'elles sót merueilleusement asseurées, & du flus & reflus de la mer (laquelle y bat en mille endroicts) & des tresgrosses riuieres, qui passent au trauers çà &

Siano poche, acciò che si possino prouedere, come si conuiene, e fornir di genti, e di monitioni, senza dispersione, e diminutione delle forze. Siano gagliarde, ò di sito, ò di manvre di sito tali saranno, ò per asprezza di luogo, ò per beneficio d'acqua, ò corrente ò stagnata; ne' quali modi sono fortissime Mantoua, e Ferrara, ma sopra tutto Venetia: & in Allemagna Argentina; e ne' paesi bassi Olanda, e Zelanda; le quali due prouintie io stimo esser le più forti per natura, che siano sotto il Cielo. conciosia che sono e dal flusso, e reflusso del mare, (che per mille parti vi s'ingolfa) e da grossissimi fiumi (che le trauersano di quà, e di là, e le cingono d'ogni intorno) incredibilmente asicurate: e per la loro bassezza, rompendo gli argini, e le diche, si possono allagare, & inondare con l'acqua e del mare, e de' fiumi. Di mano forti saranno quelle, alle quali la forma darà più gagliardezza, che'l sito, e la materia; che haueranno e mura con fianchi bene intesi, e terrapieni tenaci, e sodi, e fosse large, e profonde: e si deue più stimare il terrapieno, che'l muro; e'l fosso, che l'uno, ò l'altro. E di più necessario, che la piazza sia grande, acciò che ci si possano adoprar le varie sorti d'offese: e diffese: e per questa via straccar l'inimico, e dar tempo à i soccorsi, e alle occorrenze, e a' casi della guerra. Glabrio Serbellone huomo di gran valore in questo genere, suoleua dire, Poca cosa, poca forza. Ma non bastano

là, & les enuironnent de tous costés: & estans basses, en rompant les leuées & digues, elles peuuent facilement estre inõdées & couuertes de l'eau & de la mer & des riuieres. Celles seront fortes de main, ausquelles la forme dõnera plus de force que l'assiete et la matiere: elles auront de bonnes & fortes murailles bien flanquées & defendues de fortes & fermes terraces, & de fossez larges & profonds: & doit on plus estimer la terrace, & defense que le mur: & le fossé plus que l'vn & l'autre. Dauantage, il est necessaire, que la place soit grande, à fin que l'õ s'y puisse seruir des diuerses sortes d'offenser & defendre; & par ce moyen lasser l'ennemy, & donner loisir aux secours, aux occurrences; & aux accidents & affaires de la guerre. Glabrion Serbellõ, homme de grande valeur, en tel cas, auoit coustume de dire, Peu de chose, peu de force. Mais toutes ces choses là ne suffisent, si la forteresse n'est bien prouueuë de viures, de machines, de canons, de munitions, de soldats, & principallement d'vn valeureux Chef: pour ce qu'vn lieu fort ne peut faire de couards & pusilanimes ses deféseurs hardiz & valeureux: mais au contraire, vn bon nombre de vaillás soldats peut rendre tout lieu fort, tant foible soit il. Pour cete cause, nous voyons que les forteresses estimées inexpugnables ont esté fort aisémét prinses, pour ce que les Princes se fians en la force de leur assiette, ne les ont prouueues de garnison suffisante & conuenable; & est souuét aduenu, que ces mesmes forteresses ont esté prinses du costé le plus fort, difficile, & le plus inaccessible: comme en

tutte queste cose, se la fortezza non è ben prouista di vettouaglie, di machine, di munitioni, di soldati, e principalmente di capo valoroso: perche vn luogo gagliardo non può fare di codardi, e vili, i difensori suoi valorosi e prodi: ma all'incontro, vn buon numero di soldati di valore può fortificare ogni luogo, per debole che si sia. Onde vediamo, che le fortezze, stimate inespugnabili, sono state facilissimamente prese: perche i Prencipi, fidandosi della fortezza del sito, non l'hanno prouiste di conuenente presidio; & è auuenuto per l'ordinario, che queste medesime fortezze sono state prese per la parte piu erta, e piu inaccessibile, come ne fan fede il monte Aorno, e la Pietra dell'India, pre-

sa da Macedonij, Cartagena presa per lo stagno da Scipione; e Cales preso dalla parte del mare da Francesco Duca di Ghisa. Antioco Magno prese Sardi, doue era quel famoso caualliere Acheo, da quel lato, che si stimaua insuperabile; e che, al volare de gli vccelli sicuramente sù la muraglia, s'occorse che non vi si faceuano guardie. Perche i nemici non si possono meglio assalire, che doue temono meno: e non si spugna più ageuolmente cosa alcuna, che quella, che il difensore stima inespugnabile; quale è stata frescamente la città e la citadella di Cambray. All'incontro i luoghi deboli di natura, e poco aiutati dall'arte, hanno fatto diffese gloriosissime: perche i Prencipi, diffidandosi

font foy le mont Aorno, & la Pierre de l'indie, prise par les Macedoniens: Cartage que Scipion print par les marais & estang: & Calais qui fut prins du costé de la mer par ce grād François Duc de Guise. Le grād Antiochus print Sardi, où estoit ce fameux Cheualier Achée, par le costé que l'on estimoit imprenable, pource qu'au voler des oiseaux seurement sur la muraille, il apperceust bien, que l'on n'y faisoit point de garde. Car l'on ne peut mieux assaillir les ennemys, que là où ils craignent le moins; & ne se bat plus aisement chose aucune, que celle que le defendeur estime inexpugnable; comme ha esté de fresche memoire, la ville & citadelle de Cambray. Au contraire, les lieux foibles de nature, & bien peu aydez de l'art, se sont fort glorieusemét defenduz; pource

GOVVERNEMENT D'ESTAT,

que les Princes se desfiãs de leur force, les ont fortifiez & garniz de soldats, & de Capitaines de valeur. De cecy font foy, de noître temps, Agria en Hongrie, & le Bourg de Malte: lesquels deux lieux, bien qu'ils fussent foibles d'assiete, (pource qu'ils se pouuoyent facilement batre) se sont ce neantmoins fort vaillamment defenduz & auec hôneur, par la valeur des soldats & des Chefs esquels de faict, consiste le nerf & la vertu des deffenses. A cete cause Agesilaus, estãt enquis, pourquoy la ville de Lacedemone n'auoit point de murailles, icelluy monstrant ses citoyens armez, dist: Les voila, adioustant que les villes ne se doiuét fortifier, auec le bois & les pierres, mais par la force et valeur des habitans. Mais l'on ne gangne rien en tout ce que dessus, si la forteresse n'est en lieu

della fortezza loro, gli hanno forniti di soldati, e capitani di conto. Fanno di ciò fede à tempi nostri Agria in Vngheria, e'l Borgo di Malta, li quali due luoghi, benche fossero deboli di sito, (perche si poteuano facilmente battere) e di muraglie, (perche erano fatti con poca arte) si sono però diffesi gloriosissimamente, per lo valore de' soldati, e de' capi, ne' quali realmente consiste il neruo delle diffese. Onde Agesilao, essendo ricercato, perche la Città di Sparta non hauesse mura; egli, mostrando i suoi cittadini armati, disse, Eccoli qui. aggiungendo, che le città non si debbano, e con legna, e con pietre, ma con forza, e con valore de gli habitanti fortificare. Ma nulla cosa gioua, se la fortezza non è in luogo, che si possa soccorrere: perche, se l'oppugnatione sarà gagliarda, ò l'assedio ostinato, ogni fortezza caderà alla fine in mano de' nemici: e le fortezze, che non possono esser soccorse, sono sepolture de' soldati, e di tal sorte era Nicosia in Cipro. Per la qual cagione ottime fortezze si stimano quelle, che stan' su'l mare: perche con vn vento gagliardo possono esser facilmente souuenute.

qui se puisse secourir; car si elle est furieusemét battue, ou si l'on obstine vn siege, toute forteresse, par ce moyen, tombera en fin, es mains des ennemys: & les forteresses, qui ne peuuent estre secourues sont sepultures des soldats. De telle sorte estoit Nicosia, en Cipre. Pour cete cause, l'on estime les forteresses tresbonnes, qui sont sur la mer; pource que par le moyen d'vn bon vent elles peuuent estre facillement secourues.

Delle Colonie.

Des Colonies.

I Romani, per tener i nemici, e le genti bellicose a freno, in luogo di fortezze fondarono, nel principio dell' Imperio, colonie ne' confini loro: doue, collocando vn buon numero di cittadini Romani, ò di socj Lati-

LEs Romains, pour tenir les ennemys & les peuples belliqueux en bride, au lieu de forteresses, fonderent, au commancement de l'Empire, des colonies, en leurs frontieres; où mettás vn bon nombre de citoyés Romains, ou de Latins

GOVVERNEMENT D'ESTAT,

associez (ausques ils donnoyent les biens & possessions acquises, par le droict de la guerre, sur les ennemys) ils s'asseuroyét qu'ils ne pourroyent par ce moyen, estre assailliz à l'improuueu, ny surpris. L'on peut à iuste cause debatre, où la seurté est plus grande, en la Colonie, ou en la forteresse; mais sás doubte la Colonie est meilleure, pource qu'elle comprend la forteresse, & non pas au contraire. Et les Romains qui estoyent fors entenduz aux affaires & gouuernement d'Estat, se sót beaucoup pluſtost seruy des Colonies que des forteresses. Mais de nostre temps, les forteresses sót beaucoup plus en vsage, que les Colonies, pource qu'elles sont plus aisees à faire, & d'vtilité plus preséte. Les Colonies requierét beaucoup d'industrie & de prudéce, pour les fonder & bien ordon-

ni, (a' quali applicauano i terreni acquistati per ragione di guerra, e tolti a' nemici) s'assicurauano de gli improuisi assalti. Si può meritamente disputare, qual sia di maggior sicurezza, la colonia, ò la fortezza: ma è senza dubbio migliore la colonia, perche questa include la fortezza, non à rincontro, & i Romani, huomini intendentissimi della ragion di Stato, si valsero molto più delle colonie, che delle fortezze, ma ne' tempi nostri sono molto più in vso le fortezze, che le colonie; perche sono più facili a farsi, e di vtilità più presente. le colonie ricercano molta industria, e prudenza in fondarle, & in ordinarle; e'l bene, che ne procede, perche non si matura senza tempo, non si coglie così resto.

presto. Ma si vede però, che le colonie sono molto più sicure, e di utilità quasi perpetua, come testificano Septa, e Tanger, piazze importanti de' Portughesi nella costa della Mauritania, che ridotte à forma di colonie, si sono mantenute francamente contra l'impeto, e le forze del Seriffo, e di Barbari. e Cales, colonia d'Inglesi, condottini da Odoardo III. nell'anno della nostra salute 1347. è stata la ultima piazza, che quella gente habbia perduto in terra ferma. Non si debbono però fare colonie lungi dallo Stato tuo; perche in quel caso, non essendo à te facile il soccorrerle, esse ò restano preda de' nemici, ò, accommodandosi all'occasioni, & à tempi, si governano senza rispetto della

donner, & le bien qui en procedde, pource qu'il ne se meurit, qu'auec le temps, ne se peut pas aussi recueillir ny moissonner si tost. L'on void ce neantmoins que les Colonies sont beaucoup plus seures, & d'vtilité quasi perpetuelle: comme tesmoignent Septa, & Tanger, places d'importance des Portuguais, en la coste de la Mauritanie, lesquelles reduittes en forme de Colonies, se sont franchemét maintenues, contre l'assault & les forces du Seriphe & des Barbares: Et Calais Colonie des Anglois, qui y furent conduits par Odoart III. en l'ã de nostre salut 1347 ha esté la derniere place, q̃ cete natiõ ha perdu, en terre ferme. Toutesfois, les Colonies ne se doiuét faire loin de l'Estat du Prince: pource, qu'en ce cas, ne luy está aisé de les secourir, ou elles demeurét la proye des ennemis,

Bb

GOVVERNEMENT D'ESTAT,

s'accómodans aux occasions & aux temps, elles se gouuernét, sans egard de leur origine. Ainsi ont faict tant de Colonies basties par les Grecs & par les Pheniciens, quasi par tout le païs bagné de la mer mediterranée : Ce que les Romains cóhiderans auec jugement, conduirent plus de Colonies en Italie, qu'en tout le reste de leur Empire : & ils n'en ont conduit & enuoyé hors l'Italie sinon apres six cés ans de la fondation de Rome : & les premieres furét Carthage en Afrique & Narbonne en France. Ie ne veux obmettre ce qu'escrit Tacitus des desordres suruenuz en la conduitte des Colonies. Les villes de Tarante & d'Anzo, ayás grande faulte d'habitans, Neron y enuoya les soldats des vieilles bandes, lesquels, ce neantmoins, apporterent peu d'ayde et de secours à la solitude

loro origine. Così fecero in tante colonie, fabricate da' Greci, e da' Fenici, quasi per tutto'l paese bagnato dal mare mediterraneo. il che considerando giuditiosamente i Romani, condussero più colonie in Italia che in tutto il resto dell' Imperio loro ; e fuor d'Italia non ne condussero se non dopò il secentesimo anno della fondatione di Roma : e le prime furono Cartagine in Africa, e Narbona in Francia. Nō voglio lasciar quel che scriue Tacito de i disordini nati nella deduttione delle colonie. Mancando grandemēte d'habitatori le città di Taranto, e di Anzo, Nerone mandò collà i soldati veterani, i quali però poco aiuto recarono alla infrequēza, e solitudine di quei luoghi ; perche la più parte se ne ritornò nelle prouincie, doue haueuano finito il tempo della loro militia: perche non essendo usi ne alle leggi di un giusto matrimonio, ne al carico dell' educatione de' figliuoli, lasciauano le loro case senza posterità. Questo male nasceua, perche non si deduceuano, come anticamente, le legioni intiere cō' Tribuni, e cō' Centurioni, e cō' soldati, ciascuno nel suo ordine; acciò che con la concordia, e carità fondassino, e mantenessero la Republica. Ma huomini, che non si conosceuano l'uno l'altro di diuerse compagnie, senza capo, e senza mutua affettione, raccolte subito in un luogo, faceuano più presto numero, che colonia.

de ces lieux: & pourtant la plus part s'en retourna es Prouinces, où ils auoyent acheué le temps de leur milice: pource que n'estans duits & façōnez ny aux loix d'vn iuste mariage, ny à la charge de la nourriture des enfans, ils laissoyent leurs maisons, sans posterité. Ce mal venoit de ce que l'ō ne menoit, comme anciennement, les legiōs entieres, auec les Tribuns, & auec les Centeniers & soldats, chacun en son ordre; à fin qu'auec la cōcorde & charité, ils fondassent & peussent maintenir la Republique; mais des hommes qui ne se cognoissoyent l'vn l'autre, de diuerses compagnies, sans Chef, & sās vne mutuelle affection, qui estoient incontinent assemblez en vn lieu, & faisoyent plustost nōbre que Colonie.

De' Presidij.   Des garnisons.

Mais apres que l'Empire, merueilleusement creu, se fut estendu par les trois parties du monde, les Romains, à cause de l'eslongnement des lieux, & de la sauuage & farouche nature des peuples qu'ils bornoyent (qui estoiët d'vn costé les Alemans; & de l'autre, les Parthes) ne trouuans plus les Colonies estre à propos & conuenables, tenoyent sur le riuage du Rhin, du Danube, & de l'Euphrate, tresgrosses armées, de maniere que toutes les garnisons Romaines arriuoyent, soubs l'Empereur Auguste, au nombre de quarante quatre legions, qui ne faisoyent pas moins de deux cés vingt milles hommes de pied, oultre la cauallerie. Apres estoient prestes deux armées nauales; l'vne desquelles estoit à Rauenne; l'autre à Misene: lesquelles maistrisoyent toute la

MA dopò che l'Imperio, cresciuto marauigliosamēte, si distese per le tre parti del mondo, i Romani, non parendo loro più à proposito, per la lontananza de' luoghi, e per la fierezza de' popoli, co' quali confinauano (che erano da vna parte gli Alemani, e dall' altra i Parthi) le colonie, teneuano sù la riua del Reno, e del Danubio, e dell' Eufrate esserciti grossissimi: si che tutti i presidij Romani arriuauano sotto Augusto Cesare, alla somma di 44. legioni, che non faceuano manco di ducento venti mila fanti, oltre la cauallería. Vi erano poi due armate, vna delle quali staua in Rauenna, l'altra in Miseno; che signoreggiauano tutto il mare mediterraneo: perche quella di Rauenna sta-

ua quasi su le mosse, per tutto ciò, che potesse occorrere nel mar Ionio, e ne gli altri mari di Leuante: quella di Miseno soprastaua quasi à mari d'Occidente. ma in questa dispositione d'esserciti, e di presidij così grossi, vi era questa inconueniente, che i soldati, raccolti in vn luogo, facilmente, ò per arte de' Capitani, ò per fierezza loro, si ammutinauano, con grandissimo pericolo dell'Imperio. Onde auueniua, che gridando Imperatore più esserciti insieme ciascuno il lor Generale, ne seguiuano necessariamente crudelissime guerre ciuili: perche non è possibile, che vn grosso numero di soldati, vniti in vn corpo, stia lungo tempo senza far rumore, e senza sollenarsi, o gli vni contra gli altri, ò tutti

mer Mediterranée; car celle de Rauenne estoit tousiours preste, & aux escoutes, par tout ce qui pourroit aduenir, en la mer Ionienne, & es autres mers du Leuát: celle de Misene commandoit quasi aux mers d'Occident. Mais en cete disposition d'armées, & de tát grosses garnisons, estoit cet incóuenient, q́ les soldats, aseblez en vn lieu facilemét ou par l'artifice et intelligéce des Capitaines, ou par leur propre insolence, se mutinoyent et esleuoyent au tresgrád danger de l'Empire. Pour cete cause, il aduenoit, que plusieurs armées ensemble proclamans Empereur, chacune leur General, s'ensuiuoyent necessairement trescruelles guerres ciuiles: car il n'est possible qu'vn grand nóbre de soldats vniz en vn corps, soit long temps sás se mutiner & sousleuer ou les vns contre les au-

Bb iij

tres, ou tous contre le Prince : Et si les Capitaines sont factieux & desireux de choses nouuelles, il est aisé de venir aux pratiques & d'allumer le feu, comme s'est veu en la sanglante guerre d'Afrique. Pour cete cause, il fault ou les mener contre les ennemys, ou les diuiser en plusieurs lieux : car la diuisiõ desvnit les forces, & oste la volonté & la hardiesse aux soldats, et les moyens aux Capitaines de les pratiquer & solliciter, & aux autres de mal faire. Et quãt à ce que le Turc (qui entretient enuiron soixante mille cheuaulx en Europe, & gueres moins en Asie) n'en ha iamais eu aucunes affaires ; c'est pource qu'il les tient dispersez çà & là. Pourtant aduient, que ne se trouuans iamais tous ensemble, sinõ pour faire & executer quelque entreprinse, ils ne cognoissent leurs forces :

contra il Prencipe : e se i Capitani sono fattiosi, e desiderosi di cose noue, egli è cosa facile attaccar le prattiche, & accender il fuoco, come si vidde nella guerra sanguinosa d'Africa: per laqual cagione bisogna ò menarli contra nemici, ò diuiderli in più luoghi: perche la diuisione disunisce le forze, e toglie l'animo, e l'ardire à soldati, e la facoltà di sollicitarli à Capitani, & alla gente di male affare. Il perche forse il Turco (che tiene presso sessanta mila caualli in Europa, e poco meno in Asia) non ne hà mai hauuto trauaglio ; perche li tiene dispersi quà, e là. onde n'auuiene, che non si ritrouandomai insieme tutti se nõ per far qualche impresa, non conoscono le lor forze; e però non si solleuano per fierezza, ne possono esser facilmente praticati, e sollecitati da capi: e la residenza, che ognuno di loro fà, nel rimarro, ò vogliamo dire podere, assegnatoli dal Gran Signore, in luogo di salario; & il desiderio, e la dolcezza di goder de' frutti, e delle commodità, che ne cauano, li tien quieti.

& pour cete cause ils ne se souleuent par insolēce & ne peuuent estre facilement pratiquez & sollicitez par les Chefs: & la residence que chacun d'eux fait, en la possession & metairie, à eux assignée par le grand Seigneur, au lieu de salaire & solde; & le desir et la douceur de jouir des fruicts & des cōmoditez, qu'ils en tirent, les tient pacifiques & en repos.

Del desertare i confini.

6. De deserter les frontieres.

Alcuni popoli, per difficoltare a' nemici l'entrata nel loro paese (imitando in ciò la natura, che hà diuiso gl'Imperij, non solo co' monti, e mari, e fiumi, ma anco co' deserti immensi (come la Mauritania dalla Ghinea, e la Numidia dalla Nubia, e la Nubia dall'Egitto) desertano

AVcūs peuples pour rendre difficile aux ennemys l'entrée en leur païs ((imitans en cela la nature, qui ha diuisé les Estats & Empires, non seulement par les montagnes, les mers, & riuieres, mais aussi par les immenses deserts, comme la Mauritanie de la Guinée, & la Numidie de la Nubie; & la Nubie de

B h iiij

GOVVERNEMENT D'ESTAT,

l'Egypte) desertent leurs frontieres & cõfins. Anciennement les Sueues en faisoyent ainsi: ainsi en ha faict, depuis non beaucoup d'ãnées Tammas Roy de Perse, lequel pour tenir loin le grand Turc, de sõ Estat, ha faict le degast, & ha reduict à vne solitude plus de quatre journées de pays, aux frontieres. Mais ne peuuent pas faire ce traict les Princes, qui n'õt pas grandes Seigneuries. Le Moscouite en fait de mesmes, car il laisse les lieux proches des ennemys, deserts, à fin qu'y croissans les espaisses forests (ce qu'infalliblement y aduiét, à cause de l'humidité du pays) elles seruent de rampart à ses forteresses: chose qu'esprouua, auec grande peine & fatigue, Estienne Roy de Pologne : car pour se faire voye, aux places de l'ennemy, il luy fut force de coupper des bois, & en

i confini loro. Cosi faceuano anticamẽte i Sueui: cosi fece, non sono molti anni, Tamas Rè di Persia, che, per tener lontano il Gran Turco dal suo Stato, diede il guasto, e ridusse à solitudine quattro e piu giornate di paese ne' confini. Ma questo non possono far quei Prencipi, che hanno piccioli, ò non molto grandi dominij. Il medesimo fà il Moscouita; conciosia ch'egli lascia i luoghi vicini à nemici, deserti, acciò che, crescendoui folte selue (il che per l'humidità del paese v'auiene infallibilmente) seruano di riparo alle sue fortezze, cosa che prouò con suo granissimo trauaglio Stefano Rè di Polonia; perche, per farsi la strada à luoghi del nemico, li conuenne tagliar i boschi, e in ciò perder tempo assai.

Della Preuentione.

NObilissimo modo di tener l'inimico lontano da casa nostra, e di assicurarsi da gli assalti suoi, si è il preuenirlo, portandogli la guerra in casa: perche, chi vede in pericolo le cose sue, lascia facilmente quiete l'altrui. E questo modo tennero i Romani in tutte le loro imprese d'importanza, eccetto che nella guerra contra i Galli, e nella seconda guerra Punica; le quali però non potero mai finire, sino à tanto, che nõ trasportarono l'armi oltre il mare, & oltre le Alpi. & Annibale, consigliando Antioco, circa il maneggio della guerra contra li Romani, disse sempre che non si farebbe cosa,

cela perdre beaucoup de temps.

¶ De la Preuention.

VN tresgentil & excellent moyen de tenir l'ennemy loin de nostre maisõ, & de nous asseurer cõtre ses assaults, est de le preuenir, & faire la guerre chez luy: car quiconque void ses affaires en danger, laisse facilement les autres en repos. Les Romains en ont faict ainsi, en toutes leurs entreprinses d'importance; excepté en la guerre contre les Gaulois & en la seconde guerre Punique; lesquelles pourtant ne peurent iamais prendre fin, iusques à tãt qu'ils transporterent les armes outre la mer, & de là les Alpes. Et Annibal, conseillant Antiochus, touchant la conduite de la guerre contre les Romains, ha rousiours dict, que l'on ne feroit rien de

GOVVERNEMENT D'ESTAT,

bon, si l'on n'alloit assaillir les Romains, en Italie. Et pour cete raison, je ne sçay pourquoy de nostre temps, aucuns discourēt, s'il est meilleur d'attendre le Turc chez nous, ou de l'assaillir chez luy. Les anciens ne mirent iamais cela en doute. L'opinion de tous les grands Capitaines ha touſiours esté, qu'il vaut mieux aſſaillir qu'estre assailly ; pource que l'assault, qui n'est totalement temeraire trouble & confond l'ennemy, le met en desordre, luy oste partie des reuenuz & des biens: le Prince assaillāt se sert des viures, ou force & contraint l'ennemy de les gaster de sa main : tire à soy les mal contens de son Estat & gouuernement: s'il est victorieux, il gangne beaucoup : s'il perd, il hazarde peu ; principalement si la guerre se faict loin de son pays. Finalement les affaires & acci-

che stesse bene, se non s'assaltaua i Romani in Italia. Onde io non sò, perche a' tempi nostri alcuni discorrano, se sia meglio aspettar il Turco à casa nostra, ò assaltarlo nella sua. Gli antichi non misero mai questo in dubio. Fù sempre opinione di tutti i gran Capitani, esser meglio l'assaltare, che l'esser assaltato : perche l'assalto, che nō è totalmente temerario, conturba, e disordina il nemico ; gli toglie parte dell' entrate, e de' beni ; si vale delle vettouaglie, ò lo sforza à corromperle di sua mano, tira à se i mal contenti, e mal sodisfatti del suo gouerno. Se vince, guadagna assai, se perde, risica poco, massime se l'impresa si fa lungi da casa. Finalmente i casi della guerra, che sono infiniti, sono i sempre più presto l'assaltatore, che l'assaltato. Annibale, e Scipione (che si possono chiamar lumi dell'arte militare) si recarono à vergogna il combatter l'uno contra Romani fuor d'Italia, e l'altro contra Cartaginesi fuor d'Africa: e'l Turco hà guerreggiato contra Christiani, non con l'aspettarci à casa sua, ma col preuenire i pensieri, non che i disegni nostri. onde, hauendoci assaltato hora in vn luogo, & hora in vn' altro, senza dar tempo à noi d'assaltar lui, ci hà tolto paese infinito. Ma si deue auuertire, che l'assalto richiede forze maggiori, ò almeno vguali à quelle di colui, che tu vuoi assaltare; e maggiori, ò pari sono ò di numero, ò di valore, ò di occasione e chi non si sente tanto gagliardo, deue preue-

dents de la guerre, qui sõt infiniz, fauorisẽt plustost l'assaillant que l'assailly. Annibal & Scipion (qui se peuuent dire les flambeaux & lumieres de l'art militaire) s'attribuerent à honte de combatre, l'vn contre les Romains hors l'Italie, & l'autre côtre les Cartaginois, hors d'Afrique: Et le Turc ha faict la guerre contre les Chrestiens, non pas en les attendant, en son pays, & maison, mais en preuenãt leurs pensées, pour ne dire leurs desseins. A raison dequoy nous ayans assailly, ores en vn lieu, & ores en vn autre, sãs nous donner loisir de l'attaquer, il nous ha osté vn pays infiny. Mais il fault prendre garde, que l'assault requiert plus grandes forces, ou au moins egales à celles de celuy que tu veux assaillir: & elles surpassent, ou sont egalles, ou de nombre, ou de valeur, ou d'occasion.

Et celuy qui ne se sent tāt fort, doit preuenir en fortifiant les passages, & les lieux d'importance, entour lesquels l'ennemy perde ou ses forces, ou le temps, & te donne le moyen & la commodité d'assembler ton armée, ou de conduire les forces estrangeres. Comme il aduint à Malte, où les Turcs s'estans mis à batre S. Erme, y employerent tout le mois de May, & y perdirēt la fleur de leurs soldats: & ce pendant, les nostres eurent loisir de s'assembler, & le courage d'assaillir les ennemys.

Mais si tu n'has les forces pour preuenir, & offenser ton aduersaire, reste d'induire quelque puissant ennemy de luy courir sus, pour faire ce que tu ne peux. Gensericus Roy des Vandales, ayant esté mis en route par Basilius Patritius, en vne terrible bataille nauale, craignant pis, per-

nire col fortificare i passi, & i luoghi importanti, attorno i quali il nemico perda ò le forze, ò il tempo, e dia commodità à te di raccoglier le tue genti, ò di condurre le forastiere. Come auenne à Malta, doue essendosi i Turchi messi all'oppugnatione di S. Ermo, ci spesero attorno tutto il mese di Maggio, e vi perderono il fiore de' soldati: & in tanto i nostri hebbero tempo di vnirsi, & animo d'assaltare i nemici.

Ma se tu non hai forze da preuenire, e da offender l'auuersario, resta il concitarli adosso qualche potente nemico, che faccia quel che tu non puoi. Genserico Rè de' Vandali, essendo stato rotto da Basilio Patritio in vn terribil fatto d'armi nauale, temendo di peggio, persuase à gli Ostrogotti, & à Visgotti di assaltar l'Imperio Romano: cosi egli si assicurò. Ma in questo bisogna gouernarsi di modo, che non si peggiori; come auenne à Ludouico il Moro, che per assicurarsi da gli Aragonesi, si fece preda de' Francesi.

suada aux Ostrogots, & aux Visigots d'assaillir l'Empire de Rome: & ainsi il s'asseura. Mais, en ce cas, il se fault gouuerner en sorte que les affaires n'en empirent; comme il aduint à Loys le More: lequel pour s'asseurer des Aragonnoys, se fit la proye des François.

8. Del mantener fattioni, e pratiche tra' nemici.

D'entretenir les factions & intelligences parmy les ennemys.

È Vna certa spetie di preuentione il valersi delle fattioni, che sono ne' paesi de' nemici, ò de' vicini, & intelligenza co' Consiglieri, e Baroni, e Capitani, e gente d'autorità presso il Prencipe; accioche ò gli dissuadino l'armi contra di noi, ò le diuertino altroue, e le rendano inutili con la lentezza dell'essecutioni, ò aiu-

IL y a vne certaine maniere de preuention, qui est se seruir & ayder des factions & pratiques qui sont aux pays des ennemys, ou des voisins, & de l'intelligence auec les Conseillers, Seigneurs, Capitaines & gens d'autorité pres la persône du Prince; à fin ou qu'ils le dissuadent de nous faire la guerre, ou diuertissent les armes ailleurs, ou bien les rendent inutiles par la longueur des executiõs, ou qu'ils nous aydent, en nous aduisãt des desseins & entreprinses: pource que la playe qui est preueue est beaucoup moins nuisible. Mais si les pratiques ont aussi tãt de force, qu'elles leur donnent soupçon de souleuemẽt, troubles, ou trahison, tãt mieux sera: nous asseurerons du tout nostre païs, si l'on met en trouble celuy des ennemys. Isabelle Royne d'Angleterre, ha obserué cete maniere de faire (laquelle nous deurions pratiquer enuers les ennemys de la foy) auec le Roy Catholique en Flandre, & auec le tres-Chrestien en France: pource qu'entretenãt de tout son pouuoir, les mauuaises humeurs & les heresies nées en ces païs, & les supportant & de conseil & d'argẽt, elle ha tenu le feu loin de sa maison: & d'vn mesme artifice, aydant en Escosse &

tino noi coʃ l'auuisarci de' diʃʃegni : perche antiueduta piaga aʃʃai men nuoce. Ma ʃe le pratiche ʃaranno anco tanto gagliarde, che diano loro ʃoʃpetto di ʃolleuamento, ò tradimento, ò tumulto, tanto meglio ʃia ; e ʃi aʃʃicurerà affatto il noʃtro ; ʃe ʃi metterà in diʃturbo il paeʃe de' nemici. Queʃto modo, che douereʃʃimo noi tener co' nemici della Fede, hà tenuto Iʃabella, Reina d'Inghilterra, col Rè Catolico in Fiandra, e col Chriʃtianiʃʃimo in Francia: perche fomentando, à tutto ʃuo potere, i catiui humori, e l'hereʃie nate in quei paeʃi, & aiutandole e col conʃiglio, e col denaro, hà tenuto il fuoco lungi da caʃa ʃua. e con l'arte medeʃima, preʃtãdo fauore in Scotia à quei ch'erano mal ʃodisfatei della Reina Maria, ò male affetti verso la fattione Francese, ò infetti d'heresie; si è non solamente assicurata, ma quasi insignorita di quel Regno.

fauorisant ceux, qui estoyent mal contés de la Royne Marie, ou mal affectionnez au party François, ou infectez d'heresie, non seulement elle s'est asseurée, mais quasi rendue Maistresse de ce Royaume.

Delle leghe co' vicini.

¶. Des Ligues auec les voisins.

NE di picciolo momento sono le leghe defensiue contratte con le città, ò co' Prencipi vicini al nemico, ò emuli della sua grandezza: perche la tema, e'l sospetto, che i collegati non si vnischino, fà ch'egli non habbia ardire di muouersi contra nissun di loro. Nel qual modo si sono assicurati gli Suizzeri; perche fatto lega fra se difensiua, non è nissuno, che habbia ardire di assaltare vn minimo loro villaggio;

ET ne sont de peu d'effect & importance les ligues defensiues faictes & contractées auec les villes, ou Princes voisins de l'ennemy, ou emulateurs de sa grandeur : car la crainte & soupçon, que les liguez ne s'vnissent & ioignent ensemble, faict qu'il n'ose temuer contre aucun d'eux. En cete maniere, les Suisses se sõt asseurez; car ayans faict ligue entre eux defensiue, il n'y a personne qui ayt la hardiesse d'assaillir vn de leurs villages : & les Venitiens ont iouy d'vne longue paix, souz Soliman Roy des Turcs, seulement pour ce que ce Prince cognoissoit bien, que s'il les assailloit, il donneroit occasion aux Princes Chrestiens, à cause du commun danger, de se joindre auec eux. Et Laurens des Medici, contrepesant, par le moyen des confederations, les potentats, ha maintenu l'Italie, long temps en paix.

De l'Eloquence.

CEte cy sert aussi beaucoup, pour faire que l'ennemy se desiste de sõ entreprinse. Laurens des Medici, se trouuant en tresgrande peine & danger, à cause de la guerre faicte par Sixte quatriesme, & Ferrant Roy de Naples à la Republique Florentine, se transporta, de Florence à Naples; & parlant au Roy, il sçeut si bien

& i Venetiani hanno goduto vna lunga pace, sotto Solimano Rè de' Turchi, solo perche quel Prencipe conosceua, che s'egli li assaltaua, porgeua occasione a' Prencipi Christiani, per lo pericolo commune, d'vnirsi con esso loro. E Lorenzo di Medici, contrapesando, per via di confederationi, potentati, mantenne Italia lungo tempo in pace.

10. Dell' Eloquenza.

QVesta vale assaissimo ancor per far, che'l nemico desista dall' impresa. Lorenzo de' Medici ritrouandosi, per la guerra mossa da Sisto Quarto, e da Ferrante Rè di Napoli alla Republica Fiorentina, in grandissimo trauaglio, e pericolo, si trasferì da Fiorenza à Napoli; e abboc-

abboccatosi col Rè, tanto seppe ben dire, e con tanta efficacia, ch'egli il distolse dalla lega, e'l riconciliò co' Fiorentini. Con la medesima arte Galeazzo Visconte fece ritornare indietro Filippo di Valois, che con grosso essercito s'era auuicinato à Milano; Alfonso d'Aragona, essendo in guerra con Renato d'Angiò, per le pretensioni, che l'vno, e l'altro haueua, su'l Regno di Napoli, fù dalle genti di Filippo Maria Visconti, che daua allora aiuto à Renato, fatto prigione à Gaeta, e menato à Milano. Quì fece egli con la eloquenza quel, che non hauerebbe fatto forse con l'armi : perche dimostrando à quel Prencipe, quanto fosse pericoloso allo Stato di Milano, che i Francesi acquistassero il Regno, ò

bien dire, & ses propos eurent si grande efficace, qu'il le retira de la ligue, & le reconcilia aux Florentins. Par ce mesme moyen & artifice, le Vicomte Galeaz, fit retourner arriere Philippe de Valois, lequel auec vne grosse armée, s'estoit approché de Milan. Alphonse d'Aragon, faisant la guerre à Regné Duc d'Aniou, pour les pretensions que l'vn & l'autre auoit sur le Royaume de Naples, fut par les trouppes du Vicomte Philippe Maria ; qui donnoit à cete heure la secours à Regné, faict prisonnier à Caiete, & mené à Milan. Là il fit par son eloquence, ce que parauanture, il n'eust faict, par les armes; pource que demonstrant à ce Prince le grád danger auquel il mettoit l'Estat de Milan, si les François acqueroyent ce Royaume, ou deuenoyent puissans en Italie,

C c

GOVVERNEMENT D'ESTAT,

il le tira de son costé, & en eut tel ayde, faueur & support, que finalement, Regné vaincu, il demeura maistre & Seigneur de Naples.

C'est aussi vn moyen propre de nous accroistre les forces, & les oster à l'ennemy, quand nous donnons à entendre & demonstrons aux autres Princes, que nostre danger leur est commun, & que la grandeur de l'aduersaire leur sera dangereuse & dommageable aussi bien qu'à nous. Et les Romains s'en sont biē seruy en la guerre Macedonique, à fin de faire ligue auec les Etoles: & en la guerre Etolique, pour se joindre aux Acheens: & en l'Asiatique, pour se liguer auec diuers Princes & peuples.

Des choses qui se doiuent faire, apres que l'ennemy sera entré au pays.

diuentassero potenti in Italia, il tirò dalla sua e ne ottenne aiuto, e fauor tale. che finalmente vinto Renato, restò padrone di Napoli.

E anchora istromento atto per acquistar forze à noi, e torle al nemico, il dimostrare à gli altri Prencipi, che il pericolo nostro è commune à loro, e che la grandezza dell'auersario sarà pericolosa ad essi, non meno che à noi. Di che si valsero assai i Romani nella guerra Macedonica, per congiunger seco in lega gli Etoli; e nella Etolica, per vnir seco gli Achei; e nella Asiatica, per collegarsi con diuersi Prencipi, e popoli.

Delle cose, che si hanno da fare dopò, che'l nemico sarà entrato nel paese.

LE sudette cose vagliono prima che'l nemico sia entrato negli stati tuoi: ma dopò, ch'egli sarà entrato, gioueranno alcune altre prouisioni, delle quali ne habbiamo toccato alcune ne' libri antecedenti, doue si è trattato, se conuenga al Prencipe essercitare i sudditi suoi nell'armi ò nò. & in conclusione giouerà tutto quello, che può ò per arte, ò per forza disunire, ò debilitare i nemici. Non voglio lasciar sotto silentio l'usanza de gli Arabi: conciosia, ch'essi à questo fine fanno molto strette le strade delle loro Città; oue trauagliano i nemici anco dopò, che vi sono entrati, e combattendo per le contrade, e tirando sassi dalle finestre, & da' tetti. in Mastura città d'Egitto fu-

LEs choses susdictes seruent, deuant que l'Ennemy soit entré es Estats du Prince; mais depuis qu'il y sera entré, seruiront certaines autres prouisions, desquelles nous auons touché aucunes, es liures precedens. où il ha esté traicté, s'il est cöuenable au Prince d'exercer ses subiects aux armes, ou non. Pour conclusion seruira tout ce qui peut, ou par industrie, ou par force desvnir ou affoiblir les ennemys. Ie ne veux passer souz silence la coustume des Arabes; lesquels, à cete fin, font les rues de leurs villes fort estroittes: où les ennemys mesmes apres qu'ils sont dedans, ont beaucoup d'affaires, pource qu'ils y trouuent de la resistence, es rues, & que des fenestres & toicts, on leur jette des pierres. En Masture ville d'Egypte, es destroits des rues d'icelle, furent tuez

Cc ij

six cens Cheualiers François, conduits par Robert frere de sainct Loys; par le moyen des pierres qui gresloyent furieusement des fenestres sur leurs testes: Et les Mamelucz combatirent bien trois jours par les rues du Caire. A Paris & en autres villes de la les monts, on tend certaines chaines de fer à trauers les rues; chose tresbonne & pour rompre la furie, & pour retenir & empescher la violence des ennemys.

rono nelle stretezze delle strade, e de' vicoli ammazzati sei cento Cauallieri Francesi, condotti da Roberto fratello di S. Ludouico, à furia di sassi gittati dalle finestre. e i Mamalucchi combatterono ben tre giorni per le contrade del Cairo. In Parigi, è in altre città oltramontane, tirano alcune catene attrauerso delle contrade: cosa ottima, e per romper la furia, e per rattener l'impeto de' nemici.

Pour oster à l'Ennemy toute commodité de viures.

Del torre al nemico ogni cómodità di vettouaglie.

IL sert aussi de luy oster toute commodité de viures, luy couppant chemin, & tenant les passages; comme firent les Turcs aux trouppes du Roy Ferdinand, en l'entreprinse d'Esseque: ou

Ioua anco il torgli ogni commodità di vettouaglie, ò col tagliare, e batter le strade, come fecero i Turchi alle genti del Rè Ferdinando nell' impresa d'Essechio; ò col corrompere le ricolte, il che fecero diligentemente i Francesi nell'entrata, che l'Imperator Carlo fece in Prouenza. Il Duca Cosmo veggendo, che'l suo Stato è in tal maniera cinto dalla natura, che non vi si possono condur vettouaglie, se non dalla parte, che cōfina col Papa, si mantenne sempre i Pontefici amici. e dall'altro canto, accioche nissuno vi entrasse, con dissegno di valersi delle vettouaglie del paese, ordinò, che fatto il raccolto de' grani, ogniuno cōducesse il suo nelle piazze forti, ch'egli haueua prescritto ad ogni contado; onde poi ne cauasse di mano in mano quel tanto, che li bisognasse; acciò che in vn improuiso caso di guerra, il nemico non potendo condur seco vettouaglie, e non ne

en gastant les recoltes, comme firent diligemment les François, à l'entrée que fit l'Empereur Charles, en Prouence. Le Duc Cosme voyant que son Estat est tellement ceinct de la nature, que l'on n'y peut mener des viures, sinon du costé q̃ le borne, auec le Pape, s'est tousiours maintenu en amitié, auec les Papes: & d'autre costé, à fin que personne n'y entrast, auec dessein de s'ayder & seruir des viures du pays, il ordonna, que chacun ayant faict sa moisson & racolte de ses grains, les menast es places fortes, qu'il auoit prescrit en toute contrée, pour en tirer apres, chacun par le menu, ce qui luy seroit necessaire; à fin qu'en vn soudain accidēt de guerre, l'ennemy, n'y pouuant mener des viures, quant & soy, & n'en retrouuant au pays, demeurast, sans autre chose,

Cc iij

affamé. Ce ne sera hors de propos de considerer en cet endroit, si c'est bien fait, de bastir es metairies, & heritages des villes & concitoyens, de belles maisons, & magnifiques; comme l'on ha coustume de faire; certainement, comme tels edifices apportent vn singulier ornement à la paix: ainsi, en temps de guerre, ils sont fort commodes aux ennemys, & trauaillent infiniment les citoyens: pource que les ennemys y logent à leur aise, & s'y fortifient: & les citoyens, de peur que leurs belles maisons, qui ont tant cousté à bastir, ne soyét bruslées, ou ruinées, ne font iamais la guerre, d'vne volonté resoluë: mais, pour sauuer leurs chasteaux & maisós plaisantes, entre le bruit des armes, ils parlẽt d'accorder & cõposer. Ainsi les Florentins, pour euiter la ruine de leurs somp-

trouando nel paese, re stasse, senz' altro, affamato. Nõ è fuor di proposito il considerar qui se sia bene, che ne' contadi delle citta si fabrichino ville, e palagi cosi alla grãde, come s'vsa: senza dubio cotali edificij, si come recano ornamento singolare alla pace, cosi in tempo di guerra sono di molta commodità a' nemici, e d'infinito trauaglio a' cittadini: perche i nemici vi alloggiano agiatamente, e vi si fortificano; e i cittadini, per la paura, che le fabriche di tanta spesa non li siano abbruggiate, ò rouinate, non guerreggiano mai cõ animo risoluto; ma, per saluar cotali palagi, trattano trà lo strepito dell'arme d'accordo, e di compositione. Cosi i Fiorentini, per riscuotere la ruina di quelle tante loro fabriche, hanno spesse volte fatti accordi indignissimi. E se pure si risolueranno alla guerra, non si può negare, che lo strepito delle ruine, e gl'incendij, e'l fumo de' loro deliziosi poderi nõ sgomenti, e non faccia cader l'arme di mano a' padroni. Onde sarebbe conueniente il limitar queste fabriche: perche le città ne diuerrebbono più belle, e più adornie; ò almeno i cittadini più ricchi, e più facoltosi; e i nemici non trouarebbono tante commodità d'allogiamenti, ne tanti pegni de gli animi de' padroni. e la limitatione si potrebbe fare ò quanto alla spesa, ò quanto alla grandezza, altezza, apparato.

tueux edifices dehors, ont souuétesfois faict des accords tresindignes. Et s'ils se viennent resouldre à la guerre, on ne sçauroit nier que le bruit des ruines, & les embrasemens & fumées de leurs delicieuses maisons, ne leur fasse perdre cœur & tomber les armes des mains. Pour cete cause, il seroit conuenable de limiter ces bastimés; pource que les villes en deuiendroyent plus belles & mieux ornées; ou au moins les citoyens en seroyent plus riches et plus pecunieux: & les ennemys ne trouueroyét tant de commoditez delogis, ny tant de gages & arres des volôtez de ceux ausquels appartiennent ces beaux lieux & maisons aux châps, prés des villes. La limitation se pourroit faire, ou quand à la despése, ou quand à la grãdeur, hauteur, parement.

De la diuersion.

LA diuersion differe de la preuention en cecy, que la preuention se faict deuant que l'ennemy soit venu nous assaillir: l'on pratique la diuersion, apres qu'il nous ha assailly, en portant la guerre en sa maison, à fin qu'il laisse la nostre: comme en la preuention, on porte la guerre en la maison de l'ennemy, à fin qu'il ne nous l'apporte. La diuersion d'Agatocles estoit braue, lors qu'estant assiegé en Siragosse, fort estroitement, & ne pouuant plus resister ou se maintenir, ayāt embarqué vne partie de ses soldats, il passa en Afrique, & donna tant d'affaires aux ennemys, qu'ils furent contraincts faire retourner leurs forces qu'ils auoyent en Sicile. Et non moins notable & hardie fut celle

Della diuersione.

LA diuersione differisce dalla preuentione in questo, che la preuentione si fà prima, che'l nemico sia venuto ad assaltarsi: la diuersione s'usa, dopo che egli ci hà assaltato, col portar la guerra in casa sua, acciò che egli lassi la nostra; come nella preuentione si porta la guerra in casa del nemico, acciò ch'egli non la porti à noi. Nobilissima diuersione fu quella di Agatocle, quādo essendo egli assediato in Siragosa strettissimamente da' Cartaginesi, e non potendo mantenersi più, egli imbarcata parte de soldati, passò nel Africa, e diede tanto da fare à nemici, che furono sforzati à richiamar le gēti, che haueuano in Sicilia. E non meno nobile, & ardita fù quella di Bonifacio Cōte di Corsica nell' anno della salute DCCCXXIX. perche hauendo i Saraceni assalito la Sicilia, & iui mettendo ogni cosa à ferro, & à fuoco, il sudetto Cōte passò cō vna buona armata in Africa; & affrontatosi co' nemici, ne restò sempre vittorioso. onde i Saraceni, per il pericolo delle cose loro, furono sforzati à lasciar in pace la Sicilia. Ferdinando il Magno, per liberare affatto la Spagna dalla guerra de' Mori, pensò d'assaltare gagliardamente l'Africa: e à questo effetto mise vna grossa armata in essere; ma morte s'interpose.

de Boniface Comte de Corseque en l'an de salut DCCCXXIX. en ce qu'ayans les Sarrasins assailly la Sicile, où ils mettoyent tout à feu & à sang, ledict Comte passa auec vne bonne armée nauale, en Afrique: où ayant attaqué les ennemys, tousiours en est demeuré victorieux. A cete cause, les Sarrasins, pour le danger de leurs affaires, furent contraincts laisser en paix la Sicile. Ferdinand le Grād, pour deliurer du tout l'Espagne de la guerre des Mores, pensa d'assaillir l'Afrique auec grandes forces; & à cete effect, assembla vne grosse armee de mer; mais la mort se mit entre deux, & empescha cete entreprinse.

14. Dell' accordarsi co' nemici.

De s'accorder auec les Ennemys.

MA se l'auuersario sarà tan-

MAis, si l'aduersaire est tant puissant,

GOVVERNEMENT D'ESTAT,

qu'il n'y ait esperance de nous pouuoir defendre, l'office d'vn sage Prince sera, de se deliurer de l'imminéte ruine, auec moins de perte & de mal qu'il sera possible: et en ce cas, doit on estimer vtile tout accord & party, que l'on obtiendra, par argent. Ainsi souuentesfois se sont aydez les Florentins lesquels en payant bonnes sommes d'argent, sont sortis de grandes peines: & les Geneuois, auec dix neuf mille ducats firent retourner arriere l'armée du Viconte Barnabo; & les Venetiens firét rebrousser chemin par ce moyen, à Pippus Capitaine du Roy Sigismond: Et pourtant Sigismond le fit mourir, en luy faisant boire de l'or fondu. En cete mesme maniere, les Venetiens se sont tousiours aydez, contre le Turc; presentant choses dignes au Visir, dónant liberalemét

to possente, che non vi sia speranza di poterci difendere, sarà vfficio di Prencipe sauio il riscuoters dalla ruina imminente col minor male, che si potrà: & in tal caso si deue stimare vtile ogni accordo, e partito, che si otterrà con denari. Cosi si sono spesse volte aiutati i Fiorentini, che, col pagar buone somme d'oro sono vsciti di grandi trauagli, & i Genouesi con dicinoue mila ducati fecero tornar adietro l'essercito di Barnabò Visconti, & i Venetiani Pippo Capitano del Rè Sigismondo. Onde Sigismondo poi, col fargli bere oro liquefatto, li diede la morte. Al medesimo modo i Venetiani si sono sempre aiutati col Turco, presentando il Visir, donando largamente alle persone di conto presso del gran Signo-

re, e presentando ric-
camente lui medesimo.

aux personnes de qualité
pres le grand Seigneur,
et faisant à luy mesme de
riches presents.

15 Del mettersi in pro
tettione, e del dar-
si ad altri.

De se mettre en protection,
& de se donner à
autres.

MA se si corre pericolo della libertà, non che dello Stato, cedendo, non si deue recare à vergogna il mettersi sotto la protettione, ò anco sotto il Dominio, d'altri, pur che questi siano di tal potenza, che ti possa difendere. Cosi i Capouani si misero sotto Romani, per liberarsi dalla crudeltà de' Sanniti. I Genouesi si sono messi, hora sotto i Fràcesi, hora sotto i Duchi di Milano. J Pisani anco s'aiutarono per vn pezzo, prima del patrocinio, e poi del libero Dominio della Republica Venetiana, ma

MAis si l'on court danger de la liberté, & de l'Estat, en ceddât, il ne fault penser que ce soit honte de se mettre souz la protection ou mesmes souz la Seigneurie d'autruy : pourueu qu'il soit si puissàt qu'il te puisse defendre. Ainsi les Capouäs se soumirét aux Romains, pour se deliurer de la cruauté des Samnites. Les Genouois se sont soufmiz ores aux Fràçois, ores aux Ducs de Milan. Ceux de Pise aussi se sont vn peu aydez, premierement de la defence & protection & puis de la libre dominàtion & Seigneurie de la Republique de Venise: mais auec peu de sagesse; pourçe que les Protecteurs, à cause de la distance des pays, & la difficulté des passages, ne les pouuoyết sans vne bien plus grāde despense, que proffit, defendre, côtre les Florentins leurs ennemys: et nul Prince iamais ne perseuerera en la protection de l'Estat, qui luy est plus dommageable qu'vtile.

poco sauiamēte perche i protettori, per la lontananza de paesi, e difficoltà de' passi, non li poteuano, senza molto maggior spesa, che vtilità difender da' Fiorentini, nemici loro. e nessun Prencipe perseuererà mai nella protettione di quello Stato, che gli è più di danno, che d'vtile.

De se tenir sur ses gardes, ce pendant que les voisins font la guerre.

Dello star sopra di se, métre che i vicini guerreggiano.

Mais pour asseurer la paix & la conseruation de son Estat, il n'y a chose plus necessaire que de te fortifier fort bien, cependant que tes voisins font la guerre: car le plus souuent, il aduient que venans à s'accorder & faire la paix entre eux, la tempeste de la guerre se decharge & tombe sur les autres voisins. Apres la paix entre Charles II.

Ma per assicurar la pace, e la salute dello Stato tuo, nissuna cosa è più necessaria, che fortificar ti molto bene, mentre che i vicini tuoi stanno in guerra: perche suole per lo più auuenire, che con la pace, e con l'accordo di quei, che prima guerreggiauano tra loro, la tempesta della guerra si scarichi ados-

so à vicini. Dopò la pace tra Carlo II. Rè Napoli, e Federico d'Aragona partirono di Sicilia, e di Puglia intorno à 20. galere parte Catalane, parte Italiane, che haueuano prima seruito i sudetti Rè Costoro fattosi capo vn certo frate Ruggiero, Caualliere Templare, scorsero le marine della Macedonia, e della Grecia; e fecero per tutto danni inauditi: perche accrescēdo sempre di gēte, presero ardimento di saccommettere l'Isole dell' Arcipelago, e di assaltare le città della terra ferma e di farsi ricchi della ruina d'infinite genti. il che durò dodeci anni finalmente ammazzarono il Duca d'Athene, e s'insignorirono di quello Stato. E stabilita la pace trà Inghilterra, e Francia, il Conte d'Armignacca,

Roy de Naples, & Federic d'Aragon, partirent de Sicile, de la Poüigle enuiron vingt galeres, en partie Catalanes, en partie Italiennes, qui auoyent parauant seruy les susdicts Roys. Icelles, souz la conduite d'vn certain frere Rogier, Cheualier Templier coururent les mers de Macedoine & de Grece; & firent par tout beaucoup du mal, & dommages incroyables, pource que croissans tousiours leurs forces & trouppes naualles, elles prindrent la hardiesse de saccager les Isles de l'Archipelage, & d'assaillir les villes de terre ferme, & de se faire riches de la ruine d'infinies nations: Ce qui dura l'espace de douze ans. Finallement, ils tuerent le Duc d'Athenes, & s'emparerent de cet Estat. La paix ayant esté establie entre la France & l'Angleterre, le Comte d'Ar-

GOVVERNEMENT D'ESTAT,

maignac prié par les Seigneurs François, mena quinze mille cheuaulx & dix mille hômes de pied, qui restoyét de ces guerres, en Italie, pour en descharger le Royaume. En cete mesme maniere, la paix estant faicte entre Philippe Maria, & les Venetiens, les chefs qui auoyent seruy ces Princes, tournerent tous à l'enuy, leurs armes sur l'Estat de l'Eglise. Et puis les Venetiens ayās laissé les armes, l'Empereur Maximilian, les Espagnols & les Gascons, qui auoyent esté en cete guerre, passerét auec François Maria, en l'Estat d'Vrbin: & trauaillerent tellement le Pape Leon que pour s'en deliurer, il deboursa deniers infinis.

pregato da Baroni Frācesi, menò quindeci mila caualli, e dieci mila fanti, auanzati à quelle guerre, in Italia per iscaricarne il regno. Al medesimo modo, fatta la pace trà Filippo Maria, e Venetiani, i capi, che haueuano seruiti questi Prēcipi, volsero à gara tuti sopra lo Stato della Chiesa le armi. dipoi, hauendo deposte l'armi i Venetiani, e l'Imperator Maſsimiliano, gli Spagnuoli, & i Guasconi, che haueuano militato in quella guerra, paſsarono con Francesco Maria nello Stato d'Vrbino; e ne trauagliarono in tal maniera Papa Leone, ch'egli per isbrigarsene sborsò denari infiniti.

RAISON ET GOU-
VERNEMENT D'ESTAT.

LIVRE VII.

Delle forze.   Des forces.

Abbiamo fin qui parlato delle cose, con le quali il Prencipe potrà gouernare quietamente i suoi popoli: ragioniamo hora di quelle, con le quali potrà anche ampliare il suo Stato. queste sono senza dubio, le forze, istrumenti della Prudenza, e del valore. Hor egli sarebbe cosa lunga il voler dimostrare minutamẽte tutte quelle cose, che si possano chiamar forze d'vn Pren-

NOVS auons, iusques icy parlé des moyens par lesquels le Prince pourra gouuerner paisiblement ses subiects, parlons maintenant de ceux par lesquels il pourra aussi aggrandir & amplifier son Estat. Certainement ce sont les forces, instrumẽts de la Prudence & de la valeur. Or seroit ce vne prolixité de vouloir demonstrer par le menu, toutes les choses qui se peuuent appeller forces d'vn Prince: & pour cete cause je me

GOVVERNEMENT D'ESTAT,

contenteray des principalles, qui sont les soldats en nombre & valeureux; l'argent, les viures, munitiõs, cheuaulx, armes offensiues & defensiues. Ie ne m'estendray point à demonstrer comme l'on doit preparer & mettre ensemble les munitions & les armes; pource que les Arsenails de Venise & de Dresda pleins de toutes choses necessaires pour faire la guerre par mer & par terre, peuuent seruir de miroir & de liure, à tout Sage Prince. Là est ensemble vne si grande quantité de toutes matieres & de tous les instruments requis en toutes les necessitez de la guerre & nauale & terrestre, que quiconque la void en est tout esbahy, & à peine la peut croire encore. Là soubz de tresgrandes voultes sõt conseruées infinies galeres, en partie grosses, en partie

cipe : onde io mi contentarò delle principali, che sono gente, e molta, e valorosa; e denari, e vettouaglie, e monitioni, e caualli, & arme da offesa, e da difesa. Ne mi stenderò in dimostrare, come s'habbino à preparare, & à mettere insieme le monitioni, e le armi: perche gli Arsenali di Venetia, e di Dresda, pieni d'ogni ordigno militare, e da mare, e da terra; possono seruire di specchio, e di libro ad ogni sauio Prēcipe. Quiui è raccolta tanta quantità di tutte le materie, e di tutti gl'istrumenti necessarij per tutti i bisogni, e necessità della guerra, e nauale, e terrestre, che, chi la vede, à pena crede à gli occhi suoi. Quiui sotto amplissime volte si cõseruano centinaia di galere, parte grosse, parte sottili, fatte

fatte con inesplicabile maestria; se ne fanno continuamente con sì buon' ordine, che in un giorno si vede alle volte cominciare, e fornire di tutto punto una galera. Quiui si veggono amplissime sale piene, altre di artiglieria d'ogni sorte, altre di piche, e di spade, e d'archibugi; altre di corsaletti, e morioni, e rotelle, sì ben fatte, e sì forbite, che la vista sola è sofficiente à spauentare i codardi, & ad eccitare alla guerra gli animosi. Altroue vedrai grādissime stanze piene, altre di ferro, e bronzo, altre di canape, altre di legname. Altroue poi si purga, e liquefà il ferro per far palle, chiodi, e ancore. Altroue si getta il bronzo, e se ne forma l'artiglieria. Altroue si lauora il canape, e si fanno cordaggi,

tie petites, faictes d'vne tresgrande industrie: & continuellemét s'en faict, auec vn si bon ordre, qu'en vn jour se void aucunesfois cōmancer vne galere, & l'acheuer et garnir de tout poinct. Là se voyent de tresgrandes sales pleines, les vnes d'artillerie de toute sorte; les autres, de piques, d'espées, de harquebuses: les autres, de corselets, morions, targues & rōdaces, le tout si bien faict, si poly & fourby, que la seule veuë est suffisante d'espouuanter les couards & d'exciter à la guerre les courageux. Ailleurs se voyent tresgrādes chambres pleines, les vnes de fer, & de fonte, les autres de chanure; les autres de bois: ailleurs se purge & liquefie le fer, pour faire des balles, clouz & anchres. Ailleurs se jette la fonte & s'en forme l'artillerie. Ailleurs est mis en œuure le chanure, & s'en

Dd

font cordages & voiles: Ailleurs, le bois, et se font les rames, les masts & tables, & tout ce qui appartient au metier de la nauigation. Là finalement tu has vne Idée de la prouision necessaire à vn Prince, qui veult estre tousiours armé. Ainsi, à iuste cause Alphonse d'Aualos Marquis de Vast ayãt veu & consideré la grandeur & l'importãce d'vn tel lieu, dist, Qu'il aymeroit mieux l'Arsenal de Venise, que quatre bonnes villes de Lombardie.

Quant aux viures & cheuaulx, ie n'ay que faire d'en dire autre chose que ce qui ha esté dict, comme en passant, de l'agriculture. Restent donc deux sortes de forces, ausquelles se reduisent les autres; les hommes de guerre, & l'argẽt: Et bien

e vele, e sarte. Altroue il legname, e si fabricano e remi, & alberi, e tauole, e tutto ciò, che s'appartiene al mestier nauale. Iui finalmente tu hai vna Idea della prouidenza necessaria ad vn Prencipe, che vuol esser sempre armato. Si che meritamente Alfonso d'Aualos Marchese del Vasto, hauendo visto, e considerato la grãdezza, e la importanza di vn simil luogo, disse, Ch'egli hauerebbe più presto voluto l'Arsenal di Venetia, che quattro buone città di Lombardia.

Delle vettouaglie, e de caualli non mi accade dir altro di quel che si è detto, quasi di passaggio dell'agricoltura. Restano dunque due sorti di forze, alle quali si riducono l'altre, la gente, e'l denaro: e se bene, chi hà gente, ha denari; nondimeno diciamo due parole di questa sorte di forze, affinche possiamo piu liberamente trattenersi nell'altra: massime che fù massima di Cesare, come scriue Dione, esser due cose, con le quali si acquistano, ampliano, mantengono gli Stati, cioè, gente di guerra, e denari.

que qui ha des hommes, ha de l'argent; disons ce neantmoins deux mots de cete maniere de forces, à fin que nous puissions plus librement nous entretenir es autres, principallement, ce qui estoit vne Maxime de Cesar, cóme escrit Dion, q̃ se trouuent deux choses par lesquelles s'acquierent, s'agrandissent & maintienēt les estats, sçauoir est la gendarmerie, & l'argent.

Se conuenga al Prencipe il resoreggiare.

S'il est conuenable au Prince de thesauriser & accumuler argent.

Non è cosa peggiore in vn Prencipe, che'l far professione d'accumular denari, senza degno fine. prima, perche tale professione, e sollecitudine impedisce tutte l'opere di carità, e di beneficenza. onde n'auuiene necessariamente, che si schiantino le radici

IL n'y a chose pire en vn Prince que de faire profession d'accumuler argent, sans vne digne fin. Premierement pource que telle profession & soucy empesche toutes les œuures de charité & de bien faicts. Dont il aduient necessairement que se meurent les racines de l'amour des sub-

GOVVERNEMENT D'ESTAT,

iects vers le Prince, qui consistent, en grande partie & tiennét au bien qu'ils reçoiuent de luy. Apres, celuy qui ha cet eguillon de faire thresor, est contrainct charger ses subiects plus que de coustume, & de raison: lesquels ou ne pouuãs porter les charges excessiues, desirent changemét d'Estat & de gouuernement: ou ne voulans les endurer, font quelque scandale & sedition. Ioint que ceux qui s'addonnent à l'auarice, & à l'argent, se fians trop aux richesses & thresors, souuentesfois deprisent toutes les autres voyes de bon gouuernement. Ce qui fait, qu'ils perdent les Estats, & que leurs thresors tombent es mains des ennemys; comme il aduint à Sardanapale, qui laissa quarante millions d'escuz à ceux là qui le tuerent: & à Derius, qui en laissa quatre vingts

dell'amore de' sudditi verso il Prencipe, che in gran parte sono poste nel bene, che da lui riceuono. Appresso, chi hà questo stimolo di far tesoro, è costretto d'aggrauare i sudditi più dell'ordinario, e del douere; i quali ò non potendo tolerare le grauezze immoderate, desiderano mutatione di Stato, e di gouerno; ò non volendo tolerarle, prorompono in qualche scandalo. Aggiungi, che quelli, i quali si danno all'auaritia, & al denaro, fidandosi immoderatamente delle ricchezze, e de' tesori, spesse volte dispreggiano tutte l'altre vie di buon gouerno. Onde n'auuiene, ch'essi perdono gli Stati, e che i tesori loro vanno in mano de' nemici; come auenne à Sardanapalo, che lasciò quarãta milioni di scudi à quei *che l'ammazzarono ; & à Dario, che ne lasciò ottanta millioni al grande Alessandro, & à Perseo, che lasciò anco egli i suoi à quei, che'l priuarono del Regno. Ma che generoso pensiero, che honorato disegno può hauer un Prencipe, che si è dato totalmẽte all'arte dell' auaritia? Dicalo Tiberio Cesare; dicalo (per non riandar tanto oltre) Alfonso II. Rè di Napoli, che daua i suoi porci à sudditi per ingrassarli; se moriuano glie li faceua pagare: compraua tutto l'oglio di Puglia, e'l formento in herba, e'l riuendeua al più alto prezzo, ch'- egli poteua, con diuieto, che nissun' altro ne potesse vendere sin, ch'- egli hauesse venduto tutto il suo. Ma che diremo del vendere gli Vfficij, & i Magistrati? può esser cosa ò più*

millions au grand Alexandre : & à Perseus, qui laissa aussi les siens à ceux qui le priuerent du Royaume. Mais quelle genereuse pensée, quel honnorable dessein peut auoir vn Prince, qui s'est totalement addonné & arresté à l'art de l'auarice? Que l'Empereur Tibere le dise : que le dise (pour n'aller si auant) Alphonse II. Roy de Naples, qui bailloit ses pourceaux à ses subiects, à fin de les engraisser : & s'ils mouroyent, il les leur faisoit payer : il achetoit toute l'huile de la Pouille, & le bled en herbe, & le reuẽdoit au plus hault prix & le plus cher qu'il pouuoit, auec defenses estroites à toutes personnes d'en vendre iusques à ce qu'il eust vendu tout le sien. Mais que dirons nous de la coustume de vendre les Offices & Magistrats ? peut on remarquer chose ou

D d iij

plus indigne d'vn Prince, ou plus pernicieuse aux subiects? Le desir de l'or & l'auarice induit les Princes à toute mechanceté & indignité; & leur oste de la main l'instrument de la vertu, & la matiere de la gloire: & aduient apres, ordinairement, que les thresors mal acquis, sont tresmal dispensez par leurs successeurs. Dauid mit toute peine & diligence à assembler deuëment vne grande quantité d'or & d'argent, qui ha esté la plus grande que iamais Roy ait accumulé, pource qu'elle est venue iusques à cent vingt milliós d'escuz: *Auri talenta centum millia, & argenti mille millia talentorum*. Ce neantmoins Salomon son fils (leuant ce qu'il despensa & employa, au bastiment du Temple) mania cet argent tant prodiguement à bastir des Palais & magnifiques

indegna d'vn Prencipe, ò più essitiosa a'sudditi? l'ingordigia dell' oro induce i Prencipi ad ogni sceleranza, & indegnità; e toglie loro di mano lo istrumento della virtù, e la materia della gloria: & auuien poi, per l'ordinario, che i tesori male acquistati, siano malissimo dispensati da' loro successori. Dauid usò ogni debita cura per metter insieme vna grã copia d'oro, e d'argento, che fù la maggiore, che mai sia stata messa insieme da Rè: perche arriuò à cento venti millioni di scudi: Auti talenta cētum millia, & argenti mille millia talentorum. con tutto ciò Salomone suo figliuolo (leuando quel ch' egli spese nella fabrica del Tempio) la maneggiò tanto prodigamente in fabriche di palagi nella città, e nel contado, e da Estate, e da Inuerno in giardini, & in pischiere superbissime; in moltitudine di caualli, e di carette, di cantori, e di cantatrici; in pompa, & in delitie d'ogni sorte; che non bastandogli il tesoro lasciatoli dal padre, aggrauò i suoi popoli in modo, che non potendo comportare gl'infiniti carichi, si ribellarono in gran parte dal suo figliuolo. Hor che saranno i tesori ingiustamente cumulati? ò che frutto se ne può sperare? Tiberio mise insieme in molti anni con ogni sorte di estorsione, e d'ingiustitia sessanta sette millioni di scudi, che Caligola suo successore spregò tutti in vn anno; e così auuerrà per l'ordinario. perche vn Prencipe, massime giouane, che si vede vn gran tesoro

maisons en la ville, & au champs, & pour l'Eté, & pour l'hyuer, en Iardins & tressuperbes estãgs, en multitude de cheuaulx, coches & charrettes, de Musiciens et Musiciënes, en pompes & en delices & plaisir de toute sorte, que ne luy suffisant pas le thresor, que son pere luy auoit laissé, il chargea ses subiects en sorte, que ne pouuans porter tant de charges & exactions, ils se rebellerent en grande partie, contre son fils. Or que ferõt les thresors iniustemét accumulez? ou quel fruict en peut on esperer? Tibere mit ensemble, en plusieurs années, auec toute sorte d'extorsion & d'iniustice, soixante sept millions d'escuz, que Caligula son successeur dispersa et despensa tous en vne année; ainsi en aduiendra ordinairement: car vn Prince principalemét jeune qui se void vn grand thresor

D d iiii

entre ses mains, ha communement d'estranges pensées & caprices, qui n'ont point de fin: & se fiant en ses thresors, il entrepréd choses plus grandes que ne portent ses forces; il hait la paix: mesprise l'amitié de ses voisins; il entre en guerres ny necessaires, ny vtiles; ains bien souuent à luy pernicieuses, & aux siés. Pour cete cause, Dieu ne veult pas que le Roy ait *argenti & auri immensa pondera.*

nelle mani, monta communemente in pensieri strani, & in capricci, che non hanno fine; e fidandosi de' suoi tesori imprende opere maggiori delle sue forze; odia la pace, disprezza l'amicitia de' vicini; entra in guerre nè necessarie, nè vtili, anzi bene spesso pernitiose à lui, & a' suoi. Per la qual cagione Dio non vuole, che'l Rè habbia argenti & auri immensa pondera.

3. Qu'il est necessaire que le Prince ait thresor & fonds d'argent.

Ch'egli è necessario, che'l Prencipe habbia tesoro.

CE neantmoins, il est necessaire, & pour la reputatió (pource que la puissance des Estats se juge ou mesure auiourd'huy aussi bien par l'abondáce de l'argent, que par la grandeur du pays) & pour l'vsage de la paix & pour la necessité de la

EN ondimeno egli è necessario, e per riputatione (perche la potenza de gli Stati si giudica hoggi non meno dalla copia del denaro, che dalla grandezza del paese) e per vso della pace, e per necessità della guerra;

che'l Prencipe habbia sempre in pronto buona somma di denari contanti; perche l'aspettare à metter insieme il denaro necessario ne' bisogni, massime della guerra, è cosa difficile, e pericolosa. Difficile, perche lo strepito dell'armi (facendo cessare le mercantie, & i trafichi, la coltura de' campi, e la riccolta de' frutti) fà necessariamente ancor cessare i datij, e le gabelle ordinarie: Pericolosa, perche i popoli danneggiati, e mal conci dalla licenza, e crudeltà de' soldati, amici, e nemici, e da' mali della guerra, se saranno, oltre à ciò anco trauagliati, e taglieggiati dal Prencipe, farāno del rumore. perciò bisogna hauer denari apparecchiati per simili necessità, co' quali si tenga il nemico lōtano, e si goda nō senza

guerre, que le Prince ait tousiours en ses coffres, vne bōne somme de deniers comptans: car d'attendre à assembler l'argēt necessaire au besoin, principallement au faict de la guerre, est chose dificile & dāgereuse, Difficile, pource que le bruit & motier des armes (faisant cesser la marchandise & le traffic, le labourage des champs & la cueillette des fruicts) fait necessairement cesser aussi les tailles, imposts & gabelles ordinaires: Dangereuse, pour ce que les peuples pillez par la licence & cruauté des soldats, amys & ennemis & affligez des maulx de la guerre, venās, oultre cela à estre trauaillez d'emprunts & exactions du Prince, se reuolteront. Pour cete cause, il fault auoir de l'argēt prest, pour telles necessitez, au moyē duquel l'on tienne l'ennemy loin, & l'on iouisse

GOVVERNEMENT D'ESTAT,

sans empeschemét & destourbier, & des fruicts des possessions & terres, & des reuenuz qui en prouiennent: car s'il vient au Prince quelque occasion de guerre, mal aisement pourra il & assembler argent & mettre la main aux armes : & ne sçay quelle de ces deux choses emporte plus de difficulté. Il fault dőc que l'argent soit prest, à fin qu'il n'y ait plus autre chose à faire, qu'à leuer la gendarmerie: autrement, tependant que l'on consultera & aduisera des moyens de faire argent, la diligence des ennemis, ou destourbier de la guerre no° ostera le moyen de faire & deniers & soldats. A cet effect, Auguste instiua le thresor militaire; *vt perpetuà (dit Suetóne) ac sine difficultate, suptus ad tuendos milites, prosequendosque suppeteret, ærarium militare cum vectigalibus nouis instituit.*

disturbo & i frutti de' terreni, e gli emolumenti loro: perche in vna occasione di guerra, che ci venga adosso, mal si potrà e raccoglier denari, e metter mano all' arme: delle quali due cose io non sò quale habbia in se maggior difficoltà. Bisogna dunque, che'l denaro sia apparecchiato, acciò che non s'habbia da far altro che la gente; altrimente, mentre che si consulterà delle maniere del far denari, la celerità de' nemici, ò il disturbo della guerra ci torrà il modo di fare & i denari, & la gente. A questo effetto Augusto instituì l'erario militare, vt perpetuò (dice Suetonio) ac sine difficultate sumptus ad tuédos milites, prosequendosque suppeteret, ætarium militare cū vectigalibus nouis

Le Turc est merueilleusement soudain & diligent en ses entreprinses: pource qu'au preparatif d'icelles, il met la main au thresor & aux deniers comptans, qu'il ha en reserue; & par ce moyen, il souldoye & paye la gēdarmerie, appreste les armes & faict toute autre prouision necessaire à la guerre: & puis il se rembourse sur ses peuples des deniers qu'il ha employez, selon les taxes qu'il en fait faire. Mais celuy qui n'ha fonds de finances, tout prest, ce pendāt qu'il pese & delibere des moyens d'en faire prouision, perd ordinairemēt le tēps propre aux affaires, & souuentesfois l'occasion de la victoire. Et la plus commune & visitée maniere de se prouuoir d'argent, est celle au moyen de laquelle les Rois & les Royaumes se ruinent, à sçauoir en le prenāt à interest: & pour payer les

GOVVERNEMENT D'ESTAT,

interests, l'on engage les reuenuz ordinaires; à raisõ dequoy est force d'en trouuer d'extraordinaires, qui deuiennent communement ordinaires. Ainsi, remediãt à vn mal, par vn mal plus grand, on tombe d'vn desordre, en vn autre; & finalemét l'Estat se ruine & se perd.

N'estant donc expedient de faire profession de thesaurifer: & estant ce neãtmoins necessaire d'auoir quelque thresor, que doit on faire? La vertu consiste au millieu. L'on doit donc assembler de l'argent, sans en faire profession: ce qui se fera en deux manieres: en tirant tous les reuenuz de l'Estat; en se gardant des despenses superflues, & de donner mal à propos & impertinemment.

Des reuenuz & deniers du Prince.

Les reuenuz & deniers d'vn Prince sõt

dinarie, che diuentano communemente ordinarie. Così rimediando ad vn male cõ vn maggior male, si cade da vn disordine in vn' altro, e finalmente si rouina, e si perde lo Stato.

Non essendo dunque spediente il far professione di tesoreggiare, & essendo necessario hauer qualche tesoro, che si hà da fare? La virtù cõsiste nel mezo; si debbono dunq; metter insieme denari, senza farne professione: il che si farà in due maniere, col far viue tutte l'entrate del suo Stato, e col astenersi dalle spese souerchie, e dal dare impertinẽtemẽte.

Dell' Entrate.

L'Entrate di vn Prencipe sono di

LIVRE VII.

due sorti, ordinarie, e straordinarie. Si cauano da i frutti della terra, ò da gli effetti dell' industria humana. Dalla terra si cauano in due maniere; perche alcuni fondi sono immediatamente del Prencipe, altri de' sudditi. Del Prencipe sono i terreni patrimoniali, e quei, che non hanno altro padrone, alla coltura de' quali egli deue non altramente attendere, che vn buon padre di famiglia, e cauarne tutto ciò, che la qualità loro comporta: perche alcuni sono buoni per formenti, altri per pascoli; altri somministrano legna, altri altre cose, come i laghi, gli stagni, i fiumi. Di più, de' frutti della terra, alcuni nascono entro essa terra, alcuni sopra. entro terra nascono i metalli, e le miniere d'oro, d'argento

de deux sortes, ordinaires & extraordinaires. Ils se tirent des fruicts de la terre, ou, des effects de l'industrie humaine. De la terre, ils se tirét en deux manieres, pource que certains fonds appartiennent immediatement au Prince, les autres, aux subiects. Au prince appartiennent, les terres & Seigneuries du patrimoine, & celles qui n'ont autre maistre ou Seigneur: à la culture & entretenement desquelles, il doit entendre, ny plus ny moins qu'vn bon pere de famille, et en tirer tout ce qui est possible; car aucunes terres sont bonnes pour les froments, autres pour les foins & pasturages; autres donnent les bois; autres donnent autres choses, comme les lacs, les estangs, les riuieres. Dauātage, des fruicts de la terre, aucuns naissent dedans la terre; autres dessus. Dedās la terre

GOVVERNEMENT D'ESTAT,

naissent les metaulx, & les minieres d'or, d'argent, d'estain, de cuiure, de fer, d'argent vif, de plomb, de soulphre, d'alun, de sel: & en oultre, les pierres precieuses, & les marbres, de plusieurs sortes. Sur la terre viennent les forests, les foins, les grains, les legumes, le betail & gros & menu, & domestique & sauuage. L'vtilité des eaux est de plusieurs sortes; car elles engendrent choses animées pour le soustien de la vie humaine, comme sont les poissons, coches, & choses semblables: & non animées, comme les coraulx & les perles: & de nature incertaine, cóme sont les espōges, que Aristote met comme au milieu entre les choses animées, & non animées. Mahommet II. ayant acquis beaucoup de pays, y enuoya colonies d'esclaues, ausquels il assigna quinze iournées ou arpés

di stagno, di ferro, d'argento viuo, di solfo, di alume, di sale, & oltre di ciò le gioie, e le pietre pretiose, & i marmi d'infinite sorti. sopra terra vengono le selue, i fieni, i grani, i legumi, & i bestiami e grossi, e minuti, e domestici, e saluatici. e l'vtilità del l'acque sono di più sorti; perche, e generano cose animate per sostegno della vita humana, quali sono i pesci, l'ostraghe, e cose tali, & inanimate, quali sono i coralli, e le perle, e di natura incerta, quali sono le spunghe, che Aristotele mette come mezane trà le cose animate, e l'inanimate. Mahometto II. hauēdo acquistato paese assai, vi mandò colonie di schiaui, a' quali assegnaua quindeci giornate di terreno per vno, e due bufali, e la semenza per lo primo anno; & in capo di dodici anni, volle la metà de' frutti, e la settima dell'altra metà ne gli anni seguenti. cosi constitui vna buona rendita perpetua. Li Rè di Castiglia, e di Francia hanno, in vece d'accrescere, venduto il dominio, e patrimonio loro. Da' fondi, che sono immediatamente de' sudditi, caua il Prencipe denari con le tasse, e con l'impositioni, che ne' bisogni della Republica sono leciti, e giusti: perche ogni ragion vuole, che i beni particolari seruano al ben publico, senza'l quale essi non si potrebbono mantenere. Ma simili tasse non debbono esser personali, ma reali, cioè, non sù le teste, ma sù i beni: altramente tutta il carico delle taglie caderà sopra de' poueri; come auiene ordinariamente

de terre à chacun ; deux bœufs sauuages, & la semence pour la premiere année : & au bout de douze ans, il voulut la moitié des fruicts, & la septiesme de l'autre moitié, les années suiuantes; ainsi il establit vn bon reuenu perpetuel. Les Rois de France & de Castille, au lieu d'accroistre, ont vendu leur Domaine & patrimoine. Des fonds & terres, qui sont immediatement aux subiects, le Prince tire deniers par les tailles, & impositions, qui sont iustes & licites, es necessitez de la Republique: car la raison veult & requiert que les biés particuliers seruent au bien public, sans lequel, ils ne le pourroyent garder & maintenir. Mais telles tailles et imposts ne doiuent estre personnels, mais réels, c'est à dire, ne doiuét estre sur les personnes & testes, mais sur les biens: autremét toute la charge

GOVVERNEMENT D'ESTAT,

des tailles tombera sur les pauures: comme il aduient ordinairemét, pour ce que la noblesse se descharge sur le peuple, & les bonnes villes, sur les villages. Mais par succession de temps, aduient que les pauures ne pouuans supporter tant de charge, succombent au fardeau: & fault en fin que la noblesse fasse la guerre à ses despens, & que les villes payent de tresgros subsides & emprûts. A Rome, toutes les tailles, imposts & charges estoyét sur les riches. Mais les biens des subiects sont certains ou incertains; i'appelle les stables & immeubles, certains: les meubles, incertains. Les stables seulement se doiuét charger: pour auoir voulu charger les mobiles ou meubles, toute la Flandre s'est esleuée contre le Duc d'Albe. Et si tu veux, ce neantmoins, en cas d'extreme

perche la nobiltà si fearica sopra la plebe, e le città grosse sopra i cōtadi. Ma in processo di tempo auiene, che non potendo i poueri sopportar tanto peso, vi cadono sotto, e bisogna alla fine, che la nobiltà guerreggi à sue spese, e le città paghino sussidij grossissimi. In Roma tutto il peso delle taglie, e grauezze era sopra i ricchi. Ma i beni de' sudditi sono certi, ò incerti: chiamo gli stabili certi, i mobili incerti. Non si debbono grauare se non gli stabili: e l'hauer voluto grauar i mobili, alterò tutta Fiandra contra il Duca d'Alba. e se pure tu voi, in caso di estrema necessità, taglieggiare anco i mobili, non mi dispiace quel, che si vsa in alcune città d'Allemagna, di rimetterfi alla conscienza, & al

& al giuramento delle persone.

Quanto à gli effetti della industria, col qual nome io abbraccio ogni sorte di traffico, e di mercantia: questi si grauano ò nell' entrata, ò nell'uscita; e non è sorte alcuna d'entrata più legitima, e giusta: perche egli è cosa ragioneuole, che chi guadagna sù'l nostro, e del nostro, ce ne dia qualche emolumento. Ma perche quei, che trafficano, ò sono nostri sudditi, ò forastieri, è cosa honesta, che i forastieri paghino qualche cosa di più, che i sudditi. il che osserua anco il Turco: perche delle mercatantie, che si cauano d'Alessandria, gli stranieri pa-

treme necessité, charger aussi des tailles, les meubles, ne me desplaist ce q̃ l'ō pratique en certaines villes d'Alemagne; de se remettre à la cōscience, et au serment des persōnes.

《Quant aux effects de l'industrie, par lequel mot le comprend toute sorte de traffic & de marchandise; ils se chargent ou à l'entrée, ou à la sortie: & n'y a aucune maniere de reuenu plus iuste & legitime; car il est bien raisonnable, que qui gangne sur le nostre, & du nostre, nous en dōne quelque profit & emolument. Mais pource que ceux là qui traffiquent ou sont noz subiects, ou estrangers, il est bien raisonnable que les estrangers payēt quelque chose plus que les subiects.》 Ce que le Turc obserue aussi; pource que des marchandises qui se tirent d'Alexandre, les estrangers payēt dix pour

E e

cent; & les subiects seulement cinq. En Angleterre les estrangers payét le quadruple, ou quatre fois autant, que ceux du pays. Et pource que les richesses courent là où abondent plus les choses necessaires à l'vsage de la vie commune, le Prince doit employer toute diligence d'exciter les siens à la culture de la terre, & à l'exercice des arts de toute sorte, dequoy nous parlerons plus amplemét en son lieu.

Des emprunts.

MAis si les reuenuz ne suppleent & ne suffisent aux necessitez, le Prince pourra prendre, par emprunt, de ses subiects pecunieux, ou à interest (ce qui ne se doit faire, pourtant, sinon en cas extremes, pource que les interests sont la ruine des Estats) ou sans interests, ce

gano dieci per cento, & i sudditi cinque. In Inghilterra i forastieri pagano il quadruplo di quel, che i paesani. E perche le ricchezze corrono là, doue abbondano più le cose necessarie all'vso della vita commune, deue il Prencipe impiegare ogni diligenza, per eccitar i suoi al culto della terra, & all'essercitio dell'arti d'ogni sorte di che parliamo più diffusamente al suo luogo.

De gli imprestiti.

MA se l'entrate non supplisceno à bisogni, potrà il Prencipe pigliar in prestito da' sudditi pecuniosi ò ad interesse, (il che però non si deue fare, se non in casi estremi; perche gl'interessi sono la rouina de gli Stati) ò senza interesse; il che non sarà difficile à praticare, se'l Prencipe manterrà la sua parola, e pagherà i debiti à suoi tempi, senza stratio de' creditori. I Romani nella seconda guerra Punica mantenero l'essercito di Spagna, e poi anco l'armata nauale co' denari tolti in prestito da' priuati. Arrigo II. Rè di Francia, volendo rimetter l'essercito stato rotto da gli Spagnuoli à San Quintino, fece congregare i tre Stati del suo Reno, e per bocca di Carlo Cardinale di Lorena, domandò loro, che li trouassero mille persone per Stato, che gl'imprestassero mille scudi per vno, senza interesse, il che hauendo facilmente ottenuto, mise insieme tre millioni d'oro, co' quali rinouò la guerra, e fece acquisti importanti. Così senza opprimere il popolo, ch'

qui ne sera difficile à pratiquer, si le Prince maintiét sa parole, & paye les debtes, en temps & lieu, sans trauailler les creanciers. Les Romains, en la seconde guerre Punique maintindrent l'armée d'Espagne, & puis l'armée nauale aussi, des deniers, que d'emprunt, ils auoyét prins sur les particuliers. Henry II. Roy de France, voulant remettre sus l'armée mise en route par les Espagnols, à S. Quentin, fit assembler les trois Estats de son Royaume, & par la bouche de Charles Cardinal de Lorraine, demanda qu'ils luy trouassent, mille personnes de chacun Estat, qui luy prestassét mille escuz chacun, sans interest. Ce qu'ayant facilement obtenu, il assembla trois millions d'or, au moyen desquels il renouuella la guerre, & fit des conquestes d'importance. Ainsi, sans opprimer le peuple,

E e ij

GOVVERNEMENT D'ESTAT,

qui estoit desia las, & abbatu, des contributions passees, il trouua moyen de faire grandes choses, qui luy ont tourné à grāde gloire. Il auoit esprouué parauant, qu'en prenant argent à interest, on ne gangne autre chose, que la ruine des reuenuz, & la perte du credit. Et à la verité, il laissa tant de debtes, que le Royaume de France s'en resent encores à present. Odoart III. Roy d'Angleterre, demanda aux Milords, & grands de son Royaume, quelques presents de deniers, en signe de l'amitié qu'ils luy portoyent: ce que depuis ont imité Henry VII. & puis ses successeurs.

era già stracco per le contributioni passate, trouò modo di far gloriosissime imprese. Haueua egli prima prouato, che col pigliar denari ad interesse non si guadagna altro, che la rouina dell'entrate, e la perdita del credito. & in verò egli lasciò tanti debiti, che la Corona di Francia se ne risente ancora adesso. Odoardo III. Rè d'Inghilterra, domandò da' Prencipi del Regno, e da' Baroni, donatiui di denari, in segno della loro beniuolenza verso lui, il che imitò poi Arrigo VII. e di mano in mano i suoi successori.

Du secours de l'Eglise.

Del soccorso della Chiesa.

LEs biens de l'Eglise doiuent estre comme les anchres sacrees, ausquels il ne faut tou-

I Beni della Chiesa debbono essere come ancore di rispetto, alle quali non si con-

LIVRE VII.

niene metter mano, ne senza facoltà del Sommo Pontefice, ne senza necessità della Republica: perche l'autorità del Papa giustifica il Prencipe presso à Dio, e la necessità il giustifica anco presso al popolo; e se vi manca l'vna, ò l'altra, egli è cosa quasi impossibile, che ne riesca bene. di che io potrei addurre molti essempi, ma li lascio adietro per non offender nissuno. Non voglio però lasciar di dire, che'l Rè Manuel di Portogallo fù Prencipe felicissimo nell' imprese d'Africa, e dell' India; perche nell'vna, e nell' altra egli fece acquisti incredibili; e li cresceua (si può dire) l'oro, e l'argento trà le spese. Li venne poi voglia à suggestione d'alcuni, di cauar buona somma di denari dallo Stato Ecclesiastico, e'n

cher, ny sans la permissiõ du Pape, ny sans la necessité de la Republique: pource que l'autorité du Pape iustifie le Prince vers Dieu; & la necessité le iustifie aussi & l'excuse vers le peuple: & si l'vne ou l'autre default, il est quasi impossible, qu'il en aduienne du bien. Dequoy ie pourrois amener beaucoup d'exemples; mais je les laisse en arriere, de peur d'offenser personne. Ie ne veux pourtant laisser de dire, que le Roy Manuel de Portugal fut vn Prince tresheureux en ses entreprinses d'Afrique & de l'Inde; pource qu'en l'vne & l'autre, il ha faict des conquestes incroyables: & parmy les grandes despenses qu'il faisoit, l'on peut dire que l'or & l'argent luy croissoit. Apres, par la suggestion d'aucuns, il eut volonté de tirer vne bonne somme de deniers de l'Estat Ec-

E e iij

GOVVERNEMENT D'ESTAT,

clesiastique, & il en eut la permissiõ du Pape Leon: ce qu'ayant esté entendu en Portugal, occasionna infiniz murmures: de maniere que le Roy, n'ayant necessité, & voyant vne si grande alteratiõ de volontez, se cõtenta de cedder au Clergé la grace qu'il auoit obtenue: lequel, pour se demonstrer affectionné enuers sa maiesté, luy fit present de cent cinquante mille escuz: Ce neantmoins, de là en auant, ses entreprinses, & sa reputation allerent tousiours declinant.

Or l'on ha secours de l'Eglise en deux manieres: car ou l'on vend partie des stables; ou bien se tire partie des fruicts. De vendre les biens immeubles & stables (cõme l'on ha faict plusieurs fois en France) est se dõner de la cógnée cõtre les jambes, & se coupper les nerfs: oultre ce que la permissiõ du Pape est tant mal exe-

ottenne facoltà da Papa Leone, la qual cosa, intesasi in Portogallo, cagionò infinite mormorationi. si che'l Rè non hauendo necessità, e veggendo tanta alteratione d'animi, si contentò di ceder la gratia ottenuta al Clero, che, per mostrarsi amoreuole, li fece donatiuo di cento cinquanta mila scudi. con tutto ciò, dall' hora in poi le sue imprese, e la riputatione andarono continuamente declinando.

Hor l'aiuto si hà dalla Chiesa in due maniere; perche, ò si vende parte de gli stabili, ò si tira parte de' frutti. In vendere gli stabili (come si è fatto più d'vna volta in Francia) è vn darsi dell'accetta nelle gambe, & vn tagliarsi è nerui. oltre che la concession del Papa si essequisce tanto male, che si aliena il doppio di quel che porta la Bolla; e pare, che si faccia sacrificio à Dio, col diminuire l'entrate della Chiesa. Il valersi d'vna parte de' frutti, è cosa, e per lo più tolerabile al Clero, e spesse volte necessaria alla Republica. il che si è visto nell' vltime guerre di Francia; nelle quali il Clero hà in gran parte sostenuto la spesa, con più di venti millioni di scudi, contribuiti al Rè: & in Ispagna il Clero hà pagato per più anni sessanta galere armate, e sborsato denari per più del doppio. Ma io confesso di non hauer ancora visto, ne letto, che con questi sussidij hauuti dalla Chiesa si sia fatta mai cosa di rileuo: anzi pare, che l'imprese fatte co' denari della Chiesa, siano sem-

cutée, que l'on aliene le double de ce que porte la Bulle; & semble que l'on fasse sacrifice à Dieu, de diminuer les biens de l'Eglise. De s'ayder d'vne partie des fruicts est chose, pour le plus tolerable au Clergé, & souuentesfois necessaire à la Republique. Ce que l'on ha veu es dernieres guerres de France, les frais desquelles ont esté, en grande partie, soustenuz par le Clergé, qui ha fourny plus de vingt millions d'escuz au Roy: Et en Espagne, le Clergé ha payé, pour plusieurs années, soixante galeres armées, & desboursé argent plus que le double. Mais je confesse n'auoir encores veu ny leu, que par ces subsides obtenuz sur l'Eglise, l'on ait iamais faict chose qui vaille: ains il semble, que les entreprinses faictes des deniers de l'Eglise, ayent tousiours decliné: & si quelquesfois l'on ha vaincu & eu du bon, iamais, ce neantmoins n'ha esté recueilly aucun fruict de la victoire.

Des reuenuz & deniers extraordinaires.

NOus auós parlé des reuenuz & deniers ordinaires, outre lesquels les Princes ont quelques autres deniers extraordinaires, partie de leurs peuples, partie des estrangers. Des peuples ils ont les amandes, confiscations, condamnations, les dons & presens: des estrangers, les tributs, les pensions, les honneurs, et semblables autres choses: toutes lesquelles se doiuent employer comme il ha esté dict des deniers ordinaires. Et la puissance d'vn Prince ne se doit tant estimer des reuenuz ordinaires, que de la commodité d'auoir argent, par les voyes ex-

pre andate declinandose se pure si è alle volte vinto, non si è però mai colto frutto della vittoria.

Dell' entrate straordinarie.

HAbbiamo parlato dell'entrate ordinarie, oltre le quali i Prencipi hanno alcune altre vtilità straordinarie, parte dà popoli loro, parte da gli stranieri. Da' popoli hanno le caducità, le confiscationi, le condanne, i donatiui: da gli stranieri hanno i tributi, le pensioni, le honoranze, e simili altre cose; le quali tutte si debbono spendere, & impiegare, come si è detto dell' entrate ordinarie. e la possanza di vn Prencipe non si deue tanto stimare da rediti ordinarij, quanto dalla commodità d'-

traordinaires. Dequoy est signe tresmanifeste, que la plus part des Princes ha vendu, ou engagé, ou autrement aliené l'ordinaire: & se maintient des moyens extraordinaires. Celuy qui gouuernera ainsi ses reuenuz, en aura necessairement, quelque partie de reste, qui se doit mettre en l'Espargne, pour les necessitez.

De s'abstenir des despenses inutiles & de donner vainement.

LEs despenses inutiles & impertinétes sont celles, desquelles la fin ne regarde le bien public: qui n'apportent vtilité ny seureté à l'Estat, ny grandeur, ny reputation au Roy. Et ces despenses sõt infinies, pourçe que la vanité n'ha point de fin

GOVVERNEMENT D'ESTAT,

ny de borne. Et d'autant que nous auons parlé de cecy ailleurs, nous passerons oultre. Mais il n'y a chose plus necessaire que le reiglement des dons, qui ne se doiuent faire qu'à gens de merite, & auec moderation; car s'ils se font, sans merite precedent, ceux qui meritent en sont esbahiz: ce qui ha troublé quelque Royaume de la Chrestienté: & si l'on ne donne moderement, bien tost s'asseiche & tairit la source des bienfaicts. A cete cause, le Prince passe souuentesfois de la prodigalité, à l'extorsion. *Ærarium* (disoit Tibere) *Si ambitione exhauserimus, per scelera replendum erit.*

Neron, en quatorze ans, qu'il regna, feit des dons pour cinquante millions d'escuz: Galba son successeur fit vn Edict, par lequel il reuoqua tous les dons par luy faicts, n'en

ne. *E perche habbiamo di ciò parlato altroue, passaremo oltre.* Ma non è cosa più necessaria, che'l regolamento de' doni; i quali non si debbono fare se non à genti di merito, e con moderatione. perche, se si fanno senza merito precedente, si sdegnano quei, che meritano: il che hà messo sossopra qualche regno della Christianità; e se non s'vsa moderatione, si secca presto il fonte della benificenza. Onde il Prencipe passa, spesse volte, dalla profusione alla estorsione. *Aerarium* (*dicena Tiberio*) si ambitione exhauserimus, per scelera replendum erit. *Nerone in quattordici anni, ch'egli regnò, fece doni per cinquanta millioni di scudi. Galba suo successore fece vn editto, per lo quale rinocò tutti i* doni fatti da lui, non lasciando a quei, che gli haueuano riceuuti, se non la decima parte. e Nerone, hauendo dato tanta somma d'oro, e d'argento, e mancando materia alla sua prodigalità, si voltò à gli assassinamenti : e'l medesimo fece Caligola. Tanto è pouero chi butta quel, che hà, quanto quel che non hà. Basilio Imp. rinocò tutte le donationi, fatte da Michele, suo predecessore. Domitiano, hauendo, per vanità, accrescinta la paga à soldati, volse poi, per diminuir la spesa, scemare il numero d'essi soldati : ma lo ritenne la paura de' Barberi.

laissant à ceux qui les auoyent receuz que la dixiesme partie. Et Neron ayant donné si grande somme d'argent, n'ayant plus moyen d'exercer ses prodigalitez, se tourna aux assassinats, & meurtres : & Caligula feit de mesme. Celuy est autant pauure qui prodigue ce qu'il ha; que celuy qui n'ha. L'Empereur Basile reuocqua toutes les donations faictes par Michel son predecesseur. Domitian ayant, par vanité accreu la paye & solde aux soldats, voulut apres, pour diminuer la despense, amoindrir aussi le nombre des soldats; mais la peur des Barbares le retint & l'empescha.

¶ Come si debba cóseruare quel, che auanza.

Comme se doit conseruer ce qui est de surplus.

MA, perche egli è difficil cosa,

MAis pour estre chose difficile qu'vn

GOVVERNEMENT D'ESTAT,

Prince se defende & garde de l'importunité des flateurs, des fauorits & d'autre maniere de gens, que l'Empereur Licinius, appelloit Rats de Palais; s'il ha de l'argét en main, il fault faire en sorte, que ce ne soit chose facile de mettre la main dessus; astuce que pratiquerent aussi les anciens, en diuerses manieres. L'Empereur Auguste prestoit l'argent qu'il auoit de surplus de ses despenses, à interest auec caution: & Antonius Pius semblablemét le prestoit à cinq pour cent: Alexandre Seuerus en faisoit de mesme. Nul Prince toutesfois ne doit prédre exemple de prester à interest: non seulement pour n'estre chose conuenable à vn Prince; mais pource qu'elle repugne à la raison, & aux commandemens de Dieu. De prester librement, il fait deux bons effects: il asseure

che vn Prencipe si difenda dall'importunità de gli adulatori, de' fauoriti, e d'altra simil gente, che Licinio Cesare chiamaua topi Palatini; s'egli hauerà il denaro a mano, bisogna far di maniera, che non sia facil cosa il metterui la mano sopra: la qual cautela vsarono diuersamente anco gli antichi. Augusto Cesare imprestaua il denaro, che gli auanzaua alle spese del l'Imperio, ad interesse, con cautione; & Antonio Pio similmente il prestaua a cinque per cento; e'l medesimo faceua Alessandro Seuero. Non deue però nessun Prencipe pigliar per ciò essempio di prestare ad interesse; non solamente, perche non è cosa da Prencipe; ma perche ripugna alla ragione, & a diuini precetti. Nell'imprestare *liberamẽte fa due buoni effetti, l'vno, che assicura il suo denaro, pigliandone cautione; l'altro, che s'accommoda il suddito, e li porge occasione d'arricchire; il che finalmente ridonda in vtilità d'esso Prencipe. Constantino Imp. soleua dire, esser molto meglio, che le richezze publiche fossino in mano de' priuati, che ne' cassoni de' Prencipi, senza vtilità alcuna. I Romani, al tempo della libertà, amassauano il tesoro publico in grã pezzi d'oro, simili a' mattoni. I Rè di Marocco ridussero il lor tesoro in vna grossa palla d'oro, e la misero sù la cupula della loro gran Moschea. Hoggi i Prencipi murano, ò sotterrano, ò rinchiudono in cassoni di ferro le loro ricchezze, & i tesori, che Guglielmo* ses deniers, en prenant caution: & puis il en accommode le subiect, & luy donne occasion d'enrichir; ce qui redonde finalement au proffit du Prince. L'Empereur Cõstantin auoit coustume de dire, qu'il valloit mieux que les richesses publiques fussent en la main des particuliers, qu'es coffres des Princes, sans aucun proffit. Les Romains, du temps de la liberté, accumuloyent le thresor public, en grandes pieces d'or, comme tuiles. Les Rois de Maroc reduirent leur thresor en vne grosse boule d'or, qu'ils mirent sur le couppeau de leur grande Mosquée. Auiourd'huy les Princes murent, ou mettent souz terre, ou enferment en coffres de fer, leurs richesses & thresors, que Guillaume Duc de Mantoue en riant, appelloit grands Diables.

C'est assez parlé de l'argent.

Que pour thesauriser, il ne fault proceder en infiny.

PVis que toute action humaine ha vne fin & limites, le thesauriser ne peut proceder en infiny; mais doit conuenir aux autres forces de l'Estat: autrement l'excez, comme il tient du monstrueux, pource qu'il n'est proportionné aux autres membres; ainsi ha il de l'inhabile & de l'impertinent: & tousiours seruira premierement de nourriture, & puis de proye aux ennemys. Or la fin des forces d'vn Prince est la conseruation ou l'accroissement de l'Estat. Il se conserue par la defense; il s'agrandit, en offensant: mais il

Duca di Mantoua, giocosamente, gran Diauoli chiamaua. E tanto basta hauer detto dé denari.

Che nel tesoreggiare non si deue procedere in infinito.

SE ogni attione humana hà vn fine presisso, il tesoreggiare non può proceder in infinito: ma si deue confare con l'altre forze dello stato; altrimenti l'eccesso, si come hà del mostruoso, perche li manca la proportione con gli altri membri, cosi haue anco dell'inhabile, e dell'impertinente; e seruirà sempre prima di esca, e poi di preda à' nemici. Hor il fine delle forze di vn Prencipe, si è la conseruatione, ò l'ampliatione dello Stato. Si conserua con la difesa, si amplia con l'offesa:

LIVRE VII. 224

ma ne per difendere, ne per offendere, ti bisogna tesoro infinito; ma tale, che habbia conformità con l'altro tuo potere. Non per difendere, perche la grossezza, e la lunghezza della guerra, che non ti esaurirà l'erario, se l'altre forze tue non si consaranno col tesoro, ti consumerà la gente, e'l paese. Perseo Rè di Macedonia, Sardanapalo de gli Assiri, Dario de' Persi, rouinarono con gli erari pieni. Tolomeo Rè di Cipro haueua sette millioni nel suo tempo, quando, hauendo hauuto nuoua, che i Romani gli haueuano perciò confiscato il Regno, disperato di potersi difendere, (perche a i denari non corrispondeua il resto) ammazzò se stesso. Pompeio stesso, nella guerra mossa da Cesare alla Republica, las-

n'ha que faire d'vn thresor infiny, ny pour deffendre, ny pour offenser, mais d'vn tel, qu'il soit conforme à son autre pouuoir. Il n'en ha besoin pour defendre, pource que la grosse & longue guerre, qui n'épuisera ses thresors & finances, si les autres siennes forces ne se confortment au thresor, luy consommera & fera perdre ses soldats & son pays. Perseus Roy de Macedoine; Sardanapale, des Assiriens; Darius des Perses, furent ruinez, auec leurs infiniz thresors. Ptolomée Roy de Cipre auoit sept millions en ses coffres, lors qu'ayant eu nouuelles que les Romains, pour cete cause luy auoyent confisqué le Royaume, n'ayant aucune esperance de se pouuoir deffendre (pource que le reste de ses forces ne correspondoit à la finance) se tua soymesme.

GOVVERNEMENT D'ESTAT,

Pompée mesme, en la guerre faicte par Cesar à la Republique, laissa les coffres pleins à ses ennemys. Halon Tartare, ayāt prins Baldacco, fit mourir de faim le Caliphe, entre les monceaux des richesses & deniers qu'il auoit auaricieusemēt accumulez. Et Mahommet II. fit passer par les armes & mirer Estienne Prince de Bozna, pource qu'il auoit mieux aymé perdre soymesme, en espargnant les thresors qu'il auoit amassez, que de s'armer, s'aydant de ses richesses. Finalement je ne trouue exemple notable d'Estat perdu, par faulte de deniers; mais bien pource que la prudence & la valeur des Capitaines, la multitude, & la discipline du soldat, la quantité des munitions & des viures & les autres forces tant sur terre, que sur mer n'ont egallé les thresors & amas d'or & d'argent.

ciò l'erario pieno à i suoi nemici. Halone Tartaro, hauendo preso Baldacco, fece morir di fame il Calife trà i mõtoni delle ricchezze da lui auaramente cumulate. e Mahumetto II. fece berzagliare Stefano Prēcipe della Bozna, perche hauesse anzi voluto perder se stesso, con lo risparmiare i tesori amassati, che armarsi con lo spenderli. Finalmente io non trouo essempio notabile di Stato perduto, perche li siano mancati i denari; ma ben perche la prudenza, e 'l valor de' Capitani, la moltitudine, e la disciplina di vn soldato, la quantità delle monitioni, e delle vettouaglie, e l'altre forze terrestri, e maritime, non sono state pari al cumulo dell'oro. e auuiene ordinariamente, che chi accumula

Et

mula tesori, trascura, per fuggir la spesa, ogni altro mezo di mantenersi in grandezza, e in riputatione; non paga i soldati, non intertiene gli huomini di conto, e di valore; non rinuoua le monitioni, non racconcia le mura delle fortezze rouinose, non ricaua le fossè, non fabrica legni da guerra. Tutti i suoi pensieri finalmente, abbandonando l'altre cose, si risoluono nel far denari: ma che seruiranno i tesori di Creso, ò di Mida, ad vn Prencipe, che, essendo assaltato per mare non hà nel suo stato, ò de' suoi adherenti, legname per far galere, e naui; non artefici, non marinari, non vogatori, non ferramenti, non altre cose necessarie? e per terra non hà copia di caualli, non di artegliarie, non Capitani, non soldati

Et aduient ordinairemét que celuy qui accumule des thresors, ne se soucie, pour euiter la despence, de tout autre moyé pour se maintenir en grandeur et reputatió: il ne paye ses soldats; il n'entretient les hommes d'authorité & valeur: il ne renouuelle les munitiós; il ne repare les murailles des forteresses, en ruine; il ne faict besongner aux fossez rempliz, il ne bastit les machines de guerre. Toutes ses pensées finalement, delaissant les autres choses, ne sont qu'à faire & amasser argent. Mais que seruiront les thresors de Cresus ou de Midas, à vn Prince, lequel estant assailly par mer, n'ha en son Estat ou de ses amys & alliez, bois pour faire galeres ou nauires? n'ha ouuriers, mariniers, vogueurs, ferrements, ny autres choses necessaires? & par terre, n'ha quantité de cheuaulx, artille-

ries, Capitaines ny soldats, pour s'opposer aux ennemis, en campagne, ny viures, ny munitions, ny forces suffisátes, pour mettre es villes & forteresses? L'argent est dict le nerf de la guerre, pource qu'il assemble les forces, & les fait marcher où il fault? mais si le Prince n'ha point de forces, dequoy luy seruira l'argent? Autant est pauure, celuy qui n'ha dequoy despenser, cōme celuy qui n'ha rien qu'il puisse acheter. Mais si le thresor infiny n'est requis pour la deféfe, il est encores moins necessaire, de beaucoup, pour offenser, et acquerir l'autruy. Car l'entreprinse en laquelle il te fault sans mesure, employer du tié, n'est entreprinse de conqueste, mais de dōmage & de perte, veu que toutes les entreprinses doiuent estre estimées folles, qui ne sont propres à maintenir & soustenir

da opporre a i nemici in campagna, non vettouaglie, non munitioni, non genti a bastanza per prouedere le cittá, e le fortezza? Il denaro si dice nerua della guerra, perche vnisce le forze, e le muoue oue bisogna, ma se tu non hai forze, a che seruirà egli? Tanto è pouero colui, che non ha da spendere, come colui che non ha roba da comprare. ma se non si ricerca tesoro infinito per la difesa, egli è molto meno necessario per l'offesa, e per l'acquisto dell'altrui. Perche vna impresa, nella quale tu habbi a spendere senza misura del tuo, non è impresa di acquisto, ma di danno, e di perdita. Conciosia che debbono essere stimate imprese pazze tutte quelle, che non sono atte a mantenere, e a sostentare se stesse, onde

elles mesmes. Pour cete cause, on lit que les Carthaginois, laisserent certaines entreprinses, ains acquests desia faicts: & les Romains, en la secõde guerre Punique, ayans perdu en diuers naufrages, plus de sept cẽs gros vaisseaux, auec vn tresgrãd nombre de soldats, abandonnerent la mer, plus par necessité, que par vertu. Les Chinois monstrerẽt vne prudence beaucoup plus grande; car combien qu'ils fussent maistres quasi de toutes les Isles de l'Oceã, & de la plus grãde partie de l'Indie: ce neantmoins voyans que ces pays leur consommoyent infinies richesses, armees naualles, gens de guerre, & biens, se resolurent de les laisser, & se retirer en leur pays, faisans vne loy & Edict, par lequel estoit defendu de nauiger en ces cõtrees là, & de faire la guerre offensiue. L'Em-

si legge, che i Cartaginesi lasciarono, perciò, alcune imprese, anzi acquisti già fatti: e i Romani, hauendo nella seconda guerra Punica perduto in diuersi naufragij più di settecento vasselli grossi, con vn grandissimo numero di gente, abbandonarono il mare, più per necessità, che per virtù. Molto maggior prudenza mostrarono i Chinesi; perche, quantunque essi signoreggiassino tutte quasi l'Isole dell' Oceano Eoo, e la più parte della India; nondimeno, vedendo, che vna impresa tale, li consumaua infinite ricchezze, armate, genti, sostanze, si risolsero di lasciarla, e di ritirarsi nel loro paese, facendo vna legge, per la quale si prohibiua il nauigare in quei paesi, e'l far guerra offensiua. Ha-

GOVVERNEMENT D'ESTAT,

pereur Adrian abandonna la contrée de la Bretagne qui est par delà le fleuue Tuedo, appellée auiourd'huy Escosse, qui ha esté dontée par Iules Agricola : comme aussi il quitta les Prouinces qui sont par dela le fleuue Tigre subiuguees par Traian. N'estant donc necessaire l'immése thresor, ny pour la defense de ton Estat, ny pour acquerir l'autruy, il est besoin de le limiter, à la proportion de tes autres forces. Comment ? dira quelqu'vn. C'est chose difficile & de peu de iugement d'en dire precisement la quantité, & somme, qu'il n'est conuenable passer à celuy qui thesaurise, pource que cela depend des circonstáces des Estats particuliers, ouuerts ou fermez, auec plusieurs, ou peu de ports; abondans ou steriles; de grand trafic comme la Flandre, ou

driano Imperatore abbandonò quella parte della Bertagna, ch'è oltra il fiume Tuedo, detta hoggi Scotia, stata doma da Giulio Agricola ; come anche abbandonò le prouintie poste oltra il fiume Tigre, soggiogate da Traiano. Dunque non essendo necessario nè per la difesa del tuo stato, nè per l'acquisto dell'altrui, tesoro immenso, egli fa di mestieri di limitarlo, con la proportione dell'altre tue forze. come ? dirà alcuno. Egli è cosa difficile, e di poco giuditio il dirne precisamente la quantità, e la somma, che non conuiene passare a chi tesoreggia : perche ciò dipende dalle circonstanze de gli stati particolari, aperti, ò serrati, con molti, ò con pochi porti, abbondanti, ò sterili, di molto traffico, come la Fiandra, ò di poco, come è la Polonia, in confini de' nemici potenti, ò di Prencipe quasi pari. Ma se alcuno mi stringe pure a dar qualche regola sopra di ciò, io direi, che l'accumulare non disconuiene fino a tanto, che la mercantia, e'l traffico farà il suo corso ordinario: perche fino a quel termine si può mettere da parte qualche cosa per li bisogni futuri, senza dãno de' sudditi. Ma chi tira tanto, che toglie il modo di trafficare a i mercanti, e di essercitare il loro mestiero a gli artigiani, e di communicar scãbieuolmēte quel, che la terra produce, ò l'industria de gli huomini partorisce, questi mette l'acetta alle radici del suo Stato; e l'indebolisce di tal maniera, che lo rende impotente al suo

de peu, comme la Pologne; aux frontieres d'ennemys puissans, ou de Princes quasi egaulx. Mais, ce neantmoins, si quelqu'vn me contraint de donner, sur ce quelque reigle, je diray qu'il n'est messeant d'accumuler tãt que la marchandise & le traffic aura cours ordinaire; pource que jusques à ce terme là, l'on peut mettre à part quelque chose, pour les necessitez aduenir, sãs faire tort aux subiects. Mais celuy qui tire tant, qu'il oste le moyen de trafiquer aux marchands, & aux artisans, d'exercer leur metier, & de communiquer en eschange, ce que la terre produit, ou qui prouient de l'industrie des hommes, cetuy là met la congnée au pied & racines de son Estat: & l'affoiblit de telle maniere, qu'il le rend impuissant à son seruice: car comme l'estomac, qui ne

Ff iiij

digere la viande, & ne la distribue, non seulement est cause, de l'exténuation & corruption des autres membres, mais aussi de soymesme; ainsi le Prince qui deuore & tire à soy les moyens de ses subiects, sans les digerer & cuire auec proportion, & les distribuer à qui en ha besoin, consomme & ruine aussi tost soy mesme que ses vassaulx. Mais pour sçauoir plus subtilement ce qui se doit mettre à part, sans la notable perte des subiects, il fault que le Prince sache par le menu, la somme de deniers, qui sort de son Estat, à cause des marchandises, qui y entrent, & celle qui y naist, ou y entre, à cause des biens qui s'en tirent : & faire en sorte que ce qui se met à part, ne soit iamais plus grand que ce en quoy l'entrée surpasse la sortie. Mais là où l'entrée est moindre que la

seruitio. Conciosia che, si come lo stomaco, che non digerisce il cibo, e no'l distribuisce, non solamente è cagione della estenuatione, e corruttione de gli altri membri, ma di se stesso ancora; così il Prencipe, che diuora, e tira à se le facoltà de' sudditi, senza smaltirle proportionatamente, e compartirle a chi bisogna, non prima consuma, e rouina i vassali, che se stesso. Ma per sapere più sottilmente quel, che si può mettere da banda, senza danno notabile de' popoli, bisogna che'l Prencipe sappia minutamente la somma del denaro, che esce dal suo Stato per le mercantie, che v'entrano, e quella che vi nasce, ò vi entra per le robe, che se n'estraggono; e far sì, che quello, che si mette da banda, non sia mai maggiore di quello, in che l'entrata auanza l'vscita. Ma doue l'entrata è minor, che l'vscita, non conuiene, che'l Prencipe faccia conto di far tesoro, perche no'l potrà fare, e co'l tentar di farlo, rouinerà il suo stato. meglio farà a impiegare ogni diligenza in rendere i suoi sudditi industriosi, cosi nell'agricoltura, come nell'arte, e ne' traffichi, di che habbiamo parlato altroue. Si tiene che il Rè della Cina habbia più di cento millioni d'oro di entrata: il che se bene pare incredibile ad alcuno, io lo stimo verissimo; supposto che sia vero quel, che si scriue della grādezza dell' Imperio, della fertilità del paese, della richezza delle minere, dell'innumerabile moltitudine de gli artegiani, e de' mercanti, della commodità delle strade la-

sortie, il ne fault pas que le Prince fasse estat de faire thresor, pource qu'il ne le pourra faire, & s'il s'efforce de le faire, il ruinera son Estat. Il sera meilleur d'employer toute diligence à rendre ses subiects industrieux, tant en l'agriculture, qu'aux metiers & traffics : dequoy nous auons parlé ailleurs. On tient que le Roy de la Chine ha plus de cent millions d'or de reuenu ; ce que i'estime tres veritable, encore qu'il semble incroyable à aucuns ; veu que l'on sçait estre vray ce qui est escrit de la grandeur de ce Royaume là, de la fertilité du pays, de la richesse des minieres, de l'innombrable multitude des artisans & des marchands ; de la commodité des chemins pauez par tout le Royaume, de l'opportunité des riuieres nauigables, du nombre, grandeur, & fre-

Ff iiij

quence des villes, de la subtilité des esprits, de l'industrie des peuples, qui ne laissent perdre vn poulce de terre, ny vne once de matiere, tant vile soit elle, à laquelle ils ne donnent quelque forme artificielle, iusques à faire (comme escrit Iean de Barros & autres) aller les charretes, à voiles. A quoy se ioinct la despense inestimable du Roy; pource que supposé qu'en la Chine soyent en tout mille millions d'escus, & que tous les ans y entrent trente ou quarante, pour les marchandises, qui se tirent dehors, & pource qui se tire des minieres, sans qu'il en sorte vne drachme d'or ou d'argent, il ne se fault pas esmerueiller, que le Roy ait tous les ans cent millions de reuenu, bien qu'il en despense chacun an, soixante & dix ou plus : car comme

stricate per tutto il Regno, dell'opportunità de' fiumi nauigabili, del numero, grandezza, frequenza delle città, della sottigliezza de gl'ingegni, dell'industria de i popoli, che nõ lasciano perdere vn palmo di terra, ne perire vn' oncia di materia, per vile, ch'ella si sia, alla quale essi non diano qualche forma artificiale, sino à fare (come scriue Giouanni di Barros, & altri) andare le carrette à vela. Al che si aggiunge la spesa inestimabile del Rè: perche, supponendo, che nella Cina siano in tutto mille millioni di scudi, e che ve n'entrino ogni anno trenta, ò quaranta per le mercantie, che si cauano fuora, e per quel che si caua dalle miniere, senza vscirne dramma d'oro, ò d'argento, non è gran cosa, che'l Rè habbia ogni anno cento millioni d'entrata, pur che ne spenda ogni anno settanta, ò più: perche si come l'acqua tanto monta, quanto cala, così è cosa facile, che'l Precipe, che spende assai, tiri a se anche assai; perche tira di quello, che spende. Cosa impossibile è, che da vno Stato, che non riceue di fuora molto, si caui lungo tempo, senza spendere assai. Perche mettiamo caso, che in vno Stato simile siano dieci millioni di scudi, e che'l Prencipe n'habbia vno di entrata, e non spenda più di cento mila scudi, quiui auerrà, che in dodeci, ò poco più anni, i sudditi resteranno affatto priui d'ogni cosa, senza che'l Precipe possa più, non dirò tosarli, ma ne anco scorticarli.

l'eau monte autant qu'elle deualle ou s'abbaisse; ainsi est-ce chose facile que le Prince qui despense beaucoup, tire à soy aussi beaucoup; pour ce qu'il tire de ce qu'il despense & employe. Il est impossible que d'vn Estat qui ne reçoit beaucoup de dehors, l'on puisse tirer long temps sans despēser beaucoup. Car supposons qu'en vn semblable Estat soyēt dix millions d'escuz, & que le Prince en ait vn de reuenu tous les ans, & ne despense plus de cent mille escuz; en ce lieu il aduiendra, qu'en douze, ou vn peu plus d'années, les subiects deuiendront du tout priuez de toute chose, sans que le Prince puisse plus ny les tondre ny les escorcher.

Della gente. | Des gens de guerres.

GOVVERNEMENT D'ESTAT,

Venons maintenant aux vrayes forces, qui consistent en la gendarmerie; pource que cete cy se reduit toute autre force: & quiconque aboñde en hoñmes, il aboñde aussi en toutes les choses esquelles s'estend l'esprit & l'industrie de l'hoñme, comme l'on verra au progrez de ce nostre discours. Et pour cete cause d'orenauant, nous vserons indistinctement du nom, ores de gendarmerie, ores de forces. Or en la gendarmerie, l'on considere deux manieres de forces, la multitude & la valeur.

De la multitude des gens de guerre.

Premierement il est necessaire d'auoir beaucoup d'hoñmes de guerre, veu que (comme disoit Seruius Tullus) à vne ville, qui aspiroit à grandes entreprinses, il n'y a chose

Veniamo hora alle vere forze, che consistono nella gente, perche à questa ogni altra forza si riduce: e chi abbonda d'huomini, di tutte quelle cose anco abbonda, alle quali l'ingegno, e l'industria dell'huomo s'estende: come apparirà nel progresso di questo nostro discorso. Onde d'hora innanzi noi vseremo indistintamente del nome, hora di gente, hora di forze. Hor nella gente due sorti di forze si considerano, la moltitudine, e'l valore.

Della moltitudine della gente.

Prima egli è necessario l'hauer gente assai, conciosia che (come diceua Seruio Tullo) ad vna città, che aspira ad imprese grandi, nissuna cosa è di maggior bisogno, che la numerosa moltitudine de' cittadini, de' quali essa possa confidentemente preualersi nelle fattioni militari. Perche i pochi ò per furia di peste, ò per qualche disdetta, sono facilmente rouinati come auenne à gli Spartani, che rotti vna volta dà Tebani à Leuttra, per la morte di mille settecento Cittadini, perderono il Prèncipato della Grecia; & i Tebani, e gli Atheniesi, vinti in vna battaglia dal Rè Filippo, rouinarono affatto. All'incontro i Romani soggiogarono il mondo col valore sì, ma non meno con la moltitudine infinita della gente: perche essi erano tanti, che in vn medesimo tempo manteneuano la guerra in molti luoghi, e molto lontani trà se; nell'Italia, nella Gallia, nella Spagna,

plus necessaire q̃ le grand nõbre de citoyens en vne ville, desquels elle se puisse asseurement seruir & preualoir es factions & exploits militaires. Car les hommes qui sõt peu, ou par vne furie de peste, ou par quelque autre accident sont facilement ruinez; comme il aduint aux Lacedemoniens, lesquels mis vne fois en route, par les Thebains, à Loutre, par la mort de mille sept cens citoyens, perdirent la principauté de la Grece: & les Thebains & les Atheniens, vaincuz en vne bataille, par le Roy Philippe, furent du tout ruinez. Au contraire les Romains subiuguerent le monde, par la valeur; il est vray, mais aussi par le nombre infiny de gensd'armes; car ils estoyẽt en si grande multitude, qu'en vn mesme temps, ils faisoyẽt la guerre en plusieurs lieux, & fort eslongnez

GOVVERNEMENT D'ESTAT,

entr'eux en France, en Hespagne, en Italie, en Sardagne, en Sicile, en Macedoine: & ne perdoyent cœur, pour vne route ou plusieurs defaictes: ains ils croissoyent par les carnages des armées, & multiplyoient par les ruines & batailles perdues. Pour cete cause, Cinea appelloit Rome, vne Hidre Lerneenne: & le Roy Pirrhus, ayant vaincu les Romains, en vne grosse bataille, & les voyans auoir incontinet refaict vne nouuelle & puissante armée, s'estóna: si bien, que desesperé de les pouuoir vaincre par les armes, il se mit à traiter de paix, mais en vain. La multitude, sans contredict, dóna aux Romains la victoire contre les Carthaginois: car le nombre des morts ha esté indubitablemét plus grand de leur part, que des ennemys; veu qu'en la premiere guerre Punique,

nella Sardegna, nella Sicilia, nella Macedonia: e non si perdeuano d'animo per vna, ne per più rotte; anzi crescevano con le stragi de gli esserciti, & moltiplicauano con le rouine. Onde Cinea chiamaua Roma vna Idra Lernea. e'l Rè Pirro, hauendo vinto in vna grossa battaglia i Romani, e veggendo quelli hauer rifatto subito vn nuouo, e possente essercito, si sgomentò di tal maniera, che, disperato di poterli vincere con l'arme, si mise à trattar di pace; ma indarno. La moltitudine diede, senza controuersia, a Romani la uittoria contra Cartaginesi: perche il numero de' morti fu indubitabilmente maggiore dalla parte loro, che de' nemici. conciosia che nella prima guerra Punica, i Romani perderono settecento quinqueremi, & i Cartaginesi cinquecento: nella seconda morirono più Romani nella giornata di Canne, che Cartaginesi in tutta la guerra. e niſſun negarà mai, che non moriſſero più Romani nelle guerre di Pirro, di Numantia, di Viriato, d'Atenione, de' Sotij, di Q. Sertorio, di Spartaco, & in altre molte, che non morirono de' nemici; e nondimeno eſſi reſtarono vincitori, per l'ineſauſta moltitudine loro. Gli Arabi, i Saraceni, i Tartari, & à tempi noſtri il gran Mogor, Rè de' Maſſageti, ſpauento dell' India, & i Turchi hanno fatto ſempre impreſe grãdiſſime più con la moltitudine de gli huomini, che col valore. Aggiungi, che chi abbonda di gente, è an-

les Romains perdirent ſept cens vaiſſeaux de guerre, & les Carthaginois cinq cens: en la ſeconde, moururent plus de Romains, en la bataille de Cannes, que de Carthaginois, en toute la guerre: & perſonne ne niera que ne ſoiẽt morts plus de Romains és guerres de Pirrhus, de Numance, de Viriatus, d'Atenion, des compagnõs ou aſſociez, de Q. Sertorius, de Spartacus, & en pluſieurs autres, que ne ſont morts des ennemis: & ce neantmoins, ils demeurerent victorieux, à cauſe de leur grande & infinie multitude. Les Arabes, les Sarraſins, les Tartares, & de noſtre temps, le grand Mogor, Roy des Maſſagetes l'eſpouuantement de l'Indie, & les Turcs ont touſiours faict treſgrãdes entrepriſes, plus par la quantité des hommes, que par la valeur. Ioinct que quiconque est abondant en gendarmerie, abonde aussi en argent; car par la multitude du peuple, croissent les tributs, & au moyen d'iceux s'enrichit le Fisc. La France & l'Italie n'ont des minieres d'or ny d'argent, & ce neantmoins elles ont grande quantité de l'vn & l'autre metal, sur toute autre Prouince de l'Europe; non pour autre chose que pour l'inestimable frequence & nombre des habitans, qui font venir l'argent, par le moyen du commerce & trafic, mesmes des extremitez & dernieres parties de la terre; car là où y a beaucoup de peuple, il est force que la terre soit tres-bien cultiuée: (& pourtant Strabo escrit que de son temps la Fráce estoit cultiuée plus par la multitude des hommes, que par leur industrie) & de la terre, se tirent les vi-

co copiosa di denari; perche con la moltitudine del popolo crescono i tributi, e con questi s'arrichisce il Fisco. La Italia, e la Francia non hanno miniere d'oro, non d'argento: e nondimeno abbondano e dell'vno, e dell'altro metallo sopra d'ogni altra prouintia d'Europa; non per altro, che per l'inestimabile frequenza de gli habitanti, che fanno venire il denaro, per via di commercio, e di trafico, fino dalle vltime parti della terra: per che doue è molto popolo, è forza ch'l terreno sia benissimo coltiuato; (onde scriue Strabone, che al suo tempo la Francia era coltiuata più per la moltitudine de gli huomini, che per l'industria loro) e dal terreno si cauano e le vettouaglie necessarie alla vita, e la materia dell'arti. Hor l'abbondanza della robba, e la varietà de gli artificij arricchiscono il particolare, e'l publico. E se la Spagna è stimata prouintia sterilissima, ciò non è per difetto di terreno, ma per infrequenza di habitatori. conciosia che il terreno è felicissimo, & attissimo alla produttione di tutto ciò, che appartiene alla vita ciuile: e se fosse coltiuato, sarebbe bastante a mantenere numero infinito di popolo, come faceua a' tempi antichi, ne' quali sostentaua grossissimi esserciti di Cartaginesi, e di Romani, oltre i suoi: e non fu prouintia, che per più tempo, e con maggiori forze trauagliasse l'armi Romane; e non si presto erano rotti, e tagliati a pezzi, che

ures necessaires à la vie, & la matiere des arts mecaniques. Or l'abondance du bien, & la diuersité des ouurages & artifices, enrichissent le particulier, & le public. Et si l'Espagne est estimée Prouince tresterile, cela ne vient du defaut de la terre, mais pource que les habitans n'y sont en grand nombre; veu que le terroir est tresbon, & tresp ropre à produire tout ce qui appartient à la vie ciuile: & s'il estoit cultiué, il suffiroit à nourrir & entretenir vn nombre infiny de peuple; comme il faisoit anciennement lors, qu'il nourrissoit les tresgrosses armees des Carthaginois, et des Romains, outre ceux du pays: & n'ya Prouince, qui plus long tẽps, & auec plus de force, ait trauaillé les armes Romaines, & n'estoyent plustost rompuz & taillez en pieces, qu'incon-

GOVVERNEMENT D'ESTAT,

tinent estoyent sus pieds plus grandes armees encores. Mais pour ne parler des choses antiques, aucuns escriuent, que le Roy de Granate, en la guerre qu'il fit contre le Roy Ferdinand, auoit souz ses enseignes, cinquante mille cheuaux: nombre qui ne se trouue auiourd'huy en toute l'Espagne & Portugal ensemble, non que la nature & qualité du pays soit changée, ou l'air alteré, mais pource que le nombre des habitans est diminué, & par consequent le labourage & culture de la terre. Les habitans sont moins qu'anciennement, premierement à cause de la guerre, en laquelle les Mores s'emparerent d'Espagne, attendu qu'en icelle (outre les prisonniers & captifs enuoyez en Barbarie, & la dispersion des autres) moururent en l'espace de trois mois sept cens

si ritrouauano, e mantenano insieme essercitj maggiori. Ma per non toccar cose antiche, scriuono alcuni, che il Rè di Granata, nella guerra, ch'egli fece col Rè Ferdinando, hauesse sotto l'insegne cinquanta milla caualli; quanti non ne sono hoggi in tutta Spagna, e Portogallo insieme: non perche la natura, e qualità de terreni sia mutata, ò l'aria alterata; ma perche il numero de gli habitatori è scemato, e'l colto della terra diminuito. Gli habitati sono meno che anticamente, prima per la guerra, nella quale i Mori s'impaderarono di Spagna; conciosia che in essa (oltre i cattiui mandati in Barbaria, e la dispersione de gli altri) morirono nello spatio di tre mesi da settecento mila persone.

sone. Seguitò poi la guerra, nella quale, per lo spatio di settecento settanta otto anni, gli Spagnuoli combatterono co' Mori, e gli esterminarono finalmente di Spagna: nel qual tempo morirono successiuamente infiniti dell'una, e dell'altra parte, e si desertarono molte città, e contadi. e non si presto si viddero liberi da questa guerra, che riuolsero l'armi all'impresa d'Africa, e di Napoli, e di Milano, e del mondo nuouo, & vltimamente alla ricuperatione de' Paesi bassi; nelle quali imprese ne muiono innumerabili, e di ferro, e di disagio; e ne passa numero incredibile continuamente ne' sudetti paesi, per habitarui, ò trafficarui, ò per istarui in presidio. Aggiungi alle cose sudette gli

cens mille personnes. Apres suiuit la guerre, en laquelle, par l'espace de sept cens soixante & dixhuict ans, les Espagnols combatirent contre les Mores, & les exterminerent finalement d'Espagne: auquel temps moururent successifuement infiniz, d'vne part & d'autre, & furent par ce moyen rendues desertes plusieurs villes & bourgs. Et aussi tost qu'ils se virent deliurez de cete guerre, ils tournerent leurs armes, à l'entreprinse d'Afrique, & de Naples & de Milan, & du nouueau monde, & finalement au recouurement des pays bas; esquelles guerres, sõt morts innombrables, & par les armes & par la necessité & maladies; & en passe continuellement nombre incroiable, es susdicts pays, pour y habiter, ou trafiquer, ou pour s'y tenir

Gg

en garnison. On peut adiouster aux choses susdictes les Edicts du Roy Ferdinand (qui depuis fut ensuiuy par le Roy Manuel de Portugal) par lesquels furent chassez d'Espagne cét vingt quatre mille familles de Iuifs, que l'on estimoit monter au nombre de huict cens mille personnes. Pour cete cause Baiazet Roy des Turcs, considerant le faict ainsi grossierement, dist, qu'il s'esmerueilloit de la prudence du Roy Ferdinād, qui s'estoit priué de ce dont s'agrandissent & s'encherissét merueilleusement les Estats, à sçauoir, d'vn si grād peuple : & pour cete cause il receut fort volontiers à Rhodes, à Salonique, en Constantinople, à S. Maure & ailleurs, les Iuifs chassez d'Espagne. Et puis est defaillie, en la mesme Prouince l'agriculture ; pource qu'estant cete nation naturellement en-

editti del Rè Ferdinando (che fu poscia imitato dal Rè Manuel di Portogallo) per li quali furonò cacciati di Spagna cento ventiquatro mila famiglie di Giudei, che si stima montassero ottocento mila persone. per lo che Baiazette Rè de' Turchi, considerando il fatto così alla grossa, hebbe à dire, che si marauigliaua della prudenza del Rè Ferdinando, che fosse priuato di quello, con che si aggrandiscono, e si arrichiscono sommamente gli Stati, cioè di tanto popolo; e perciò egli molto volontieri ricettò in Rodi, in Salonichi in Constantinopoli, in S. Maura, & altroue, i Giudei cacciati di Spagna. E poi mancata nella medesima prouintia l'agricoltura ; perche essendo quella na-

cline à l'exercice des armes, elle suit volontiers la milice, & le metier de la solde: d'où elle tire honneur & profit. Et non seulement les Espagnols sont negligens à labourer la terre, mais aussi le sont en l'exercice des arts mecaniques: car il n'y a Prouince plus degarnie d'ouurages et d'industries. Et pour cete cause les laines, les soyes & les autres estoffes vont en grande partie, & sont trásportées hors du pays; et celles qui y demeurent sont pour le plus, mises en œuures, par les Italiens, comme les champs & les vignes cultiuées par les François. Mais nous nous sommes trop amusez en Espagne. Ie ne laisseray pas de dire, que par default de gens de guerre, Vasco Nunes de Valboa, se seruoit es guerres du nouueau monde, mesmes de l'effort des chiens, au moyen

GOVVERNEMENT D'ESTAT,

desquels il mit plusieurs fois ces Barbares, en fuite. Et sont cogneuës à chacun les prouesses de Vezerillo en Boriquen, & de Leoncillo en Castille de l'or. Le grand Monopotapa ha aussy deux cens mastins, à la garde de sa personne. Les Finlandois meinent à la guerre contre les Moscouites, vn bon nombre de furieux chiens, qui font grand effect.

Fin du septiesme Liure.

più d'vna volta in fuga quei Barbari. E sono note à ciascuno le prodezze del Vezerillo in Boriquen; e del Leoncillo in Castiglia dell'oro. il gran Monopotapa ancora tiene a guardia della sua persona CC. mastini. i Finlandi menano alla guerra contra Moscouiti vn buon numero di cani feroci, che non fanno picciolo effetto.

Il fine del Settimo Libro.

RAISON ET GOU-VERNEMENT D'ESTAT.

LIVRE VIII.

Due maniere d'ac- crescere la gente, e le forze.	Deux manieres d'accroistre les gens de guerre & les forces.

LA gente, e le forze s'augmentano in due modi, col propagare il suo, e col tirare à se l'altrui: si propaga il suo con l'agricoltura, con l'arti, col fauorire l'educatione della prole, con le colonie: si tira à se l'altrui, con l'aggregare i nemici, col rouinare le città vicine, con la communicatione della cittadinan-

LES gens de guerre & les forces s'augmentent par deux moyés, en baillant le sien, & tirant à soy l'autruy: l'on distribue & baille le sien, par l'agriculture, par les arts, en fauorisát la nourriture de la lignée, par les colonies: l'on tire à soy l'autruy, en assemblant les ennemis, en ruinant les villes voisines, par la cómunication de bourgoi-

Gg iij

...sie & droicts de citoyen, par l'amitié, par les ligues, par les conduites de gendarmerie, par alliances, & par autres semblables moyens, que nous declarerons en brief, les vns apres les autres.

De l'Agriculture.

L'Agriculture est le fondement de la propagation & estendue; i'appelle agriculture toute industrie, qui se pratique entour la terre, & se sert en toute maniere, d'icelle: en quoy estoient tresaduisez & tresdiligents les premiers Rois de Rome, principallement Ancus Martius. Denis Roy de Portugal appelloit les labouteurs, nerf de la Republique; Isabelle Royne de Castille auoit coustume de dire que à fin que l'Espagne fust abondante en toute chose, il failloit qu'elle se donnast toute aux Peres

...za, con l'amicitia, con le Leghe, con le condotte della gente, co' parentadi, e con gli altri simili modi, che noi anderemo di mano in mano breuemente dichiarando.

2 Dell' Agricoltura.

L'Agricoltura è il fondamento della propagatione: e chiamo Agricoltura ogni industria, che si maneggia atorno il terreno; e si preuale, in qualunque modo, di lui: nel che furono accortissimi, e diligentissimi i primi Rè di Roma, massime Anco Martio. Dionigio Rè di Portogallo chiamaua gli Agricoltori nerui della Republica: Isabella Reina di Castiglia suoleua dire, che affinche la Spagna abondasse d'ogni cosa, bisognaua che si desse *tutta a' Padri di S. Benedetto, perche questi hanno cura marauigliosa de' terreni loro. Leone Imp. dice, due arti esser come constitutrici, e manenitrici della Repub. l'Agricoltura, per nodrire i soldati; e la Militia per difender gli Agricolteori: l'altre arti esser tall'hora souerchie, queste sempre necessarie.*

Deue dunque il Prēcipe fauorire, e promouere la Agricoltura, e mostrar di far conto della gente, che s'intende di migliorare, e fecondare i terreni; e di quelli, i cui poderi sono eccellentemente coltiuati. Sarà vfficio suo indrizzare, & incaminar tutto ciò, che appartiene al ben publico del paese; seccar paludi, spiantare e ridurre à coltura boschi inutili, ò souerchi, aiutare,

de sainct Benoist; pource qu'ils ont vn merueilleux soing de leurs terres. L'Empereur Leon disoit qu'il y auoit deux arts qui establissoient & entretenoyent la Republique, l'Agriculture, pour nourrir les soldats; & la Milice, pour defendre les Laboureurs, que les autres arts & metiers estoiēt aucunesfois inutils; ceux cy tousiours necessaires.

Le Prince doit donc fauoriser & aduancer l'Agriculture, & monstrer qu'il fait cas de ceux qui entendent à meliorer & rendre les terres fertiles, & de ceux, desquels les heritages & terres sont excellemment cultiuées & labourées de toutes leurs façons. Son deuoir sera de dresser & acheminer tout ce qui appartient au bien public du pays: d'assecher les lieux marescageux, desraciner & reduire au labourage

G g iiij

les bois inutiles ou superfluz, ayder & secourir qui entreprendra telles œuures. Ainsi Masinissa Roy d'Afrique, feit que la Numidie & la partie Mediterranée de la Barbarie, qui estoit parauant deserte, deuint par l'industrie humaine, tresfertile & tresabondante de tous biens. Et Tacitus escrit de l'Empereur Tibere, que sans rien espargner, il fut tressongneux de faire rendre la terre fertile. Et pource que les causes de la generation & de l'abondance sont l'humide & le chauld, c'est à faire aussi au Prince, d'auoir le soucy, de conduire, pour ayder la nature, ou les riuieres ou les lacs, par les champs. En quoy veritablement l'on ne peut assez louer la prudence des anciens Seigneurs de Milan, lesquels en tirant vn canal du Tesin, & vn autre de l'Adda, ont enrichy mer-

e soccorrere chi simili opere imprenderà. Così Masinissa Rè di Africa fece, che la Numidia, e la parte mediteranea della Barbaria, ch'era prima incolta, e deserta, diuentasse con l'industria fertilissima & abbondantissima d'ogni bene. e di Tiberio Cesare scriue Tacito, che con ogni studio, e sollecitudine, non risparmiando spesa, ò fatica, rimediò all'infeconditá della terra. E perche le cause della generatione, e dell'abbondanza sono l'humido, e'l caldo, toccherà anco al Prencipe la cura di condurre, per aiutar la natura, ò fiumi, ò laghi per lo contado. Nel che veramente non si può a bastanza lodare la prudenza de gli antichi Signori di Milano, che col tirare vn canale dal Tesino, & vn' altro dall' Adda, hanno arrichito, sopra ogni credenza, quel felicissimo contado. I Poeti faoleggiano, che Hercole, venuto à duello col fiume Acheloo, gli ruppe vn corno, con che volero coprire la verità dell' historia : conciosia che Hercole mutò il letto, e diuerti il corso di quel fiume, perche daneggiaua estremamente i campi : & i Poeti chiamano corna le bocche de' fiumi, che con più foci entrano in mare. Toccherà dunq; anche al Prencipe il prouedere a simili inconuenienti; e finalmente tener vive tutte le maniere di far il suo paese abbondante, e fecondo di tutto ciò, a che il conoscerà atto: e se non si trouaranno ò piante, ò semenze nel suo Stato, sarà vfficio suo farne venire altronde. Così i Romani por-

ueilleusement le pays d'alentour. Les Poetes feignent que Hercules estát venu au combat de duel contre le fleuue Achelons, il luy rompit vne corne, au moyen dequoy ils ont voulu couurir la verité de l'histoire ; attendu que Hercules changea & diuertit le cours de cete riuiere, pource qu'elle endommageoit fort les champs : & les Poetes appellent cornes, les embouchures des fleuues, qui par plusieurs canaulx entrent en la mer. Il appartiendra donc pareillement au Prince de prouuoir à tels inconueniens, & finalement regarder à tous les moyens de faire son pays abondát & fertil de tout ce qu'il le cognoistra pouuoir produire : Et si ne se trouuent ou plantes ou semences en son Estat, son deuoir sera d'en faire venir d'ailleurs. Ainsi les Romains apporterét des extremitez de l'Asie, les cerises, & peches, & autres fruicts d'Afrique; & autres fruicts: & en Portugal s'est veu faire de tresbon gingembre, & me souuient auoir mangé du gingembre nay à Paris: & le bambagge autresfois propre à l'Egypte, se trouue auiourd'huy en Cipre, Malte, Calabre. Et ce que je dy des arbres & des fruicts, s'entend aussi des animaulx. Ainsi sont venuz en Italie les busles, qui n'estoyent tant incogneus du temps de Pline, qu'il ne se fault pas esmerueiller s'il en escrit choses tant eslongnées de la verité. Et ne doit on permettre que les champs & terres soyent inutilement employees, ou en parcs (desquels l'Angleterre est pleine, auec tresgrandes pleintes des peuples, qui ont à cete occasion, grande charté de bled) ou en autre sem-

tarono dall'ultime parti dell' Asia le cerase, & i persichi, e altri frutti d'Africa: e di mano in mano altri frutti: & in Portogallo si è visto far buonissimo il zenzero, portato dall'India: & io mi ricordo hauer mangiato zenzero nato in Parigi: e il bambaggio gia proprio dell' Egitto si troua hoggi in Cipro, Malta, Calabria. E quel ch'io dico de gli alberi, e de' frutti, s'intende anco de gli animali. Cosi sono venuti in Italia i buffali, che a' tempi di Plinio erano tanto ignoti, che non è merauiglia s'egli ne scriue cose lontanissime dal vero. e non si deue permettere, che i terreni siano inutilmēte impiegati, ò in parchi, (de' quali è piena l'Inghilterra, con grandissimi lamenti de popoli, che ne patiscono per ciò non picciola careſtia di formento) ò in altra coſa tale. Ne ſi ſpauenti per la ſpeſa, che la piu parte dell'opere ſudette ricerca: perche ſi poſſono fare ò d'Inuerno, per mezo de gli ſchiaui, e de gli sforzati delle galere, ſe ne tiene; ò ſe non ne tiene, può impiegare in cotali opere quei, che per altro meritarebbono la galera, ò la morte: come i Romani deſtinauano ſimili genti a cauar metalli, ò a tagliar marmi. e ſe pure mancano di queſti, non mācheranno mai e zingari, & huomini vagabondi, e ſenza partito, che meglio ſia impiegare con qualche vtilità publica, che laſſarli andar mendicando. Nella China, prouintia ottimamente regolata, non è permeſſo il mendicare: tutti ſono adoperati: per quanto le lor

blable choſe. Et qu'il ne s'eſtonne de la deſpenſe, qui eſt requiſe en la plus part des ſuſdictes œuures: car elles ſe peuuent faire, ou en hyuer, par le moyen des eſclaues ou des forçats, des galeres s'il en ha : ou s'il n'en ha point, il peut employer à cete beſongne, ceux qui meriteroyent bien la galere, ou le ſupplice de mort: comme les Romains deſtinoyent telles gens à tirer les metaulx, ou à tailler les pierres de marbre. Et s'il y a faulte de ces gens là, iamais ne defauldrót les vault-riens vagabons & ſans party, qu'il ſera meilleur employer auec quelque vtilité publique, que les laiſſer aller mendians. En la Chine Prouince treſbien reiglée, il n'eſt permis à aucun de mendier: tous ſont employez, ſelon l'eſtendue & portée de leurs forces: les aueugles, s'ils n'ont d'eux meſmes,

GOVVERNEMENT D'ESTAT,

moyen de viure, sont employez à tourner les màlins à bras: les estroppiez, à faire quelque autre chose, selon leur pouuoir: il est octroyé seulement à ceux qui sont du tout impotents, d'entrer aux hospitaulx. Les Romains auoyent coustume de faire telles œuures, par la main des soldats, quád ils n'auoyent autre chose à faire, comme tesmoignent les fosses Marianes en Prouence, & les Drusines, en Gueldre, & la voye Emiliane, & la Cassiane. L'Empereur Auguste voyant les fosses, par lesquelles l'eau du Nil, s'epandoit par les champs, bouchées & remplies, les feit nettoier, et recauer par son armée. Les Suisses se seruent, en telles necessitez, des Cōmunes; & employans les mesmes Communautez, ou à faire vne leuée à vne riuiere, ou à applanir vne montagne, ou à

forze si stendono; li ciechi, se non hanno da se modo di viuere, sono impiegati a volgere i molini à mano; g li stropiati, per quanto vagliono, a far qualche altra cosa: à quei solamente è concesso l'entrar ne' publichi hospedali, che sono affatto impotenti. I Romani soleuano far simili opere per mano de' soldati, quando non haueuano altro, che fare: come attestano le fosse Mariane in Prouenza, e le Drusine in Gheldria, e la via Emilia, e la Cassia. Augusto Cesare veggendo le fosse, per le quali l'acqua del Nilo si deriuaua per i campi turate, e ripiène, le fece nettare, e ricauare dal suo essercito. Gli Suizzeri si vagliono, in simili bisogni, dell' opere de Cōmuni: onde impiegando ò ad arginare vn fiume, ò à a spianare vn monte, ò a divertire vn torrente, ò a munire vna strada le Communità istesse, fanno in poco tempo cose grandi. Oltre a ciò il Prencipe deue hauer la mira, ch'el denaro non esca del suo Stato, senza necessità. hor se in esso vi sono cose necessarie, se ben ricercano qualche spesa, è spesa, che però resta nel paese, ò che a lungo andare per via de' datij, e di gabelle ritorna al fisco: non così, se il denaro esce vna volta suo ra: perche si perde e quello, e'l frutto, che se ne cauarebbe. L'Italia d'alcuni anni in quà si è coltiuata in molti luoghi, prima deserti, come sono parte delle paludi Pontine, le quali non solamente occupauano inutilmente vn gran tratto di paese, onde hora si caua infinita vtilità; ma in ol-

diuertir vn torrent, ou à munir vn chemin, ils font en peu de temps, choses grandes. Dauantage, le Prince doit prendre garde, que l'argent ne sorte de son Estat, sans necessité. Or si en iceluy sont les choses necessaires, bien qu'elles requerent quelque despense, c'est vne despense qui demeure au pays; ou qui à la longue, par le moyen des daces, imposts & gabelles retourne au fisc. Ce qui n'aduiét pas ainsi, quand l'argent sort vne fois dehors: pource qu'il se perd, & le proffit qui s'en tireroit. L'Italie, depuis quelques années ença ha esté cultiuée en plusieurs lieux parauants deserts, comme vne partie des marez Pontins, lesquels non seulement occupoyent inutillement beaucoup de pays, dont auiourd'huy l'on tire vn profit infiny, mais en oultre, infectoyent l'air de telle maniere, qu'ils en rendoyent Rome mal saine. Aussi sont grandes les ameliorations faictes par les Venitiens au Polisin de Rauigo : & par le Duc de Ferrare, aux vallées Comachio : où l'on tire du bled suffisant pour nourrir vne grosse ville. Et pourroit on faire le mesme en beaucoup de lieux, si les Princes y prenoyent garde, & n'estoyent tant amateur de l'vtilité presente, que de ne se soucier de celle à venir.

De l'industrie.

IL n'ya chose de plus grande importance, pour accroistre vn Estat, & pour le rendre fort peuplé, & riche de tous biens, que l'industrie des hommes, & la multitude des arts & metiers; desquels les vns sont necessaires, les autres commodes à la vie ciuile: on desire les autres, pour la pompe, & pour l'ornement: les autres, pour la delicatesse, & pour l'entretenement des personnes ocieuses: dont vient l'affluence & d'argent & d'hommes, lesquels ou trauaillent ou traffiquent de ce qui est mis en œuure, ou donnent la matiere à ceux qui besongnent, achetent, vendent & transportent d'vn lieu en l'autre, les artificielles parties de l'esprit & de la main de l'homme. Selim I. Empereur des Turcs, pour peupler & ennoblir Constantinople y fit passer gr̃ad nombre d'excellents artistes & ouuriers, premierement de la Royalle ville de Tauris, & puis du grand Caire. Et n'ont mal entendu ce poinct les Polonnois; car quand ils esleurent pour Roy, Henry Duc d'Aniou, entre autres choses qu'ils voulurent de luy, l'vne fut, qu'il menast en Polongne cent familles d'artisans. Et pource que l'art debat auec la nature, quelqu'vn me demandera, quelle de ces deux choses importe le plus pour agrandir & peupler vn lieu, la fecondité du terroir ou l'induftrie de l'homme? l'induftrie, fans doute ; premierement pour ce que les chofes produites de l'induftrieufe main de l'homme font de beaucoup plus grand prix & eftime, que les chofes engendrées de la nature : veu que la nature donne la matiere & le fubiect : mais la fubtilité & l'art de l'homme donne l'inenarrable diuerfité des formes. La laine eft vn rude & fimple fruict de la nature : l'art en faict de belles chofes fort diuerfes & de diferéte façon: combien grands profits en tire par fon art & induftrie, celuy qui la carde, l'ourdit,

duceffe in Polonia cento famiglie d'artefici. E perche l'arte gareggia cō la natura, m'addimāderà alcuno, quale delle cofe importi più, per ringrandire, e per render popolofo vn luogo, la fecondità del terreno, ò l'induftria dell'huomo? l'induftria fenza dubbio. prima, perche le cofe prodotte dall'artificiofa mano dell'huomo fono molto più, e di molto maggior prezzo, che le cofe generate dalla natura: conciofia che la natura dà la materia, e'l foggetto; ma la fottigliezza, e l'arte dell'huomo dà l'inenarrabile varietà delle forme. La lana è frutto femplice, e rozo della natura; quante belle cofe, quāto varie, e moltiformi ne fabrica l'arte? quanti, e quanto grandi emolumenti ne trahe l'induftria di chi la fcarscardassa, l'ordisce, la trama, la tesse, la tinge, la taglia, e la cuce, e la forma in mille maniere, e la trasporta da vn luogo ad vn' altro? Frutto semplice della natura è la seta: quanta varietà di vaghissimi panni ne forma l'arte? questa fa, che l'escremento d'vn vilissimo verme sia stimato da' Prencipi, apprezzato dalle Reine, e che finalmente ogni vno voglia honorarsene. Di più, molto maggior numero di gente viue d'industria, che d'entrata: del che ci fanno fede in Italia molte città, ma principalmente Venetia, Fiorenza, Genoua, della chi grandezza, e magnificenza non accade parlare: e pur quiui con l'arte della seta, e della lana si mantengono quasi due terzi de gli habitanti. Ma chi non

dit, la trame, la met sur le metier à tistre, la tainct, la taille & la coud, la forme en mille manieres & la transporte d'vn lieu en autre? La soye pareillemét est vn simple fruict de la nature; quelle diuersité de tresbeaux & riches draps en forme l'art? Il faict que l'excrement d'vn ver tref-vil est estimé des Princes, prisé des Roynes: & finalement chacun s'en veut honorer. Dauantage, vn beaticoup plus grand nōbre de gens, est viuant de son labeur & industrie, que de rentes & reuenuz: dequoy nous font foy en Italie beaucoup de villes, mais principallement Venise, Florence, Genes, de la grandeur & magnificēce desquelles, ie n'ay que faire de parler: & ce neantmoins, par l'art de la soye & de la laine, les deux tiers quasi des habitans s'y nourrissent & en

H h

GOVVERNEMENT D'ESTAT,

tretiennent. Mais qui ne void cela en toute matiere? les reuenuz qui se tirēt des minieres de fer, ne sont tresgrands: mais des profficts qui se tirent du labeur, œuures & trafic du fer, infiniz viuent, ceux qui le tirent, qui le purgent, qui le coulent, qui le vendent en gros, & en detail, qui en font des machines de guerre, des armes pour defendre & offenser, des ferrements inombrables, pour seruir à l'agriculture, architecture, & pour tout art, pour les affaires qui viennent tous les jours, & pour les inombrables necessitez de la vie, qui n'ha pas moins affaire du fer que du pain: de maniere que quiconque voudroit comparer les reuenuz que les Seigneurs & maistres tirent des minieres de fer, auec les proffits & emoluments qu'en tirent les ouuriers & les marchāds

vede questo in ogni materia? l'entrate, che si cauano dalle miniere del ferro, non sono grandissime: ma delle vtilità, che si traggono dal lauoro, e dal traffico di esso ferro, viuono infiniti, che lo cauano, che lo purgano, che lo collano, che lo vendono in grosso, & a minuto, che ne fabricano machine da guerra, arme da difesa, & offesa, ferramenti innumerabili per l'vso dell'agricoltura, architettura, e per ogni arte, per li bisogni quotidiani, e per l'innumerabile necessità della vita, che non hà minor bisogno del ferro, che del pane. In tal maniera, che chi paragonasse l'entrate, che i padroni tirano delle miniere del ferro, con l'vtilità, che ne cauano gli artefici, & i mercanti con l'industria, (onde arric-

chiscono anco incredibilmente i Prencipi per via de' daty) ritrouaterebbe, che l'industria auanza di gran lunga la natura. Compara i marmi con le statue, co' colossi, con le colonne, co' fregi, e co' lauori infiniti, che se ne fanno : compara i legnami con le galere, co' galeoni, cò le naui, e con gli altri vascelli d'infinite sorti, e da guerra, e da carico, e da passatempo, con le statue, co' fornimenti di casa, e con altre cose senza conto, che se ne fabricano con la pialla, con lo scarpello, e col torno. Compara i colori con le pitture, e 'l prezzo di quelli col valor di queste, & intenderai, quanto piu vaglia il lauoro, che la materia ; (Zeusi pittore eccellentissimo daua l'opere sue per niente ; perche diceua generosa-

par l'industrie (au moyen dequoy les Princes enrichissent aussi merueilleusement, à cause des daces) trouueroit que l'industrie passe de beaucoup la nature. Compare les marbres auec les statues, les colosses, les colomnes, ornements & labeurs infiniz qui s'en font ; compare les bois auec les galeres, galeons, nauires, brigantins, & autres vaisseaux de plusieurs sortes, & pour la guerre, & pour la charge & pour le plaisir & passetemps, auec les statues, fournitures de maison, & autres choses, qui ne sont de valeur, qui s'en font ordinairement auec la doloire, le ciseau de charpentier, & auec le tournoir : compare les couleurs & leurs prix auec les peintures, & la valeur d'icelles, & tu entendras de cōbien vault plus le labeur que la matiere (le tresexcellēt pein-

H h ij.

GOVVERNEMENT D'ESTAT,

tre Xeusis donnoit ses ouurages pour neant, car il disoit genereusement, qu'il n'y auoit prix aucun suffisát, pour les acheter) & combien plus grand nombre de gens s'entretient par le moyen des arts, que immediatement par le benefice de la nature. La force de l'industrie est si gráde, qu'il n'y a miniere d'argét, ny d'or, en la nouuelle Espagne ou au Peru, qui luy doiue estre parangonnée : & mi vault plus, la dace & l'impost de la marchandise de Milan au Roy Catholique, que les minieres de Zagateque ou de Salisque. L'Italie est vne Prouince, en laquelle n'y a miniere d'importance, ny d'or ny d'argent, comme aussi n'y en a en France : & ce neátmoins l'vne & l'autre est tresabondante en argent & thresors, à cause de l'industrie. La Flandre aussi n'ha les veines des me-

mente, che non si poteuano comprare con prezzo alcuno) e quanta più gente viua per mezo dell'arti, che per beneficio immediato della natura. E tanta la forza dell'industria, che non è miniera d'argento, non d'oro, nella nuoua Spagna, ò nel Perù, che le debba esser pareggiata; e più vale il datio della mercatantia di Milano al Rè Catolico, che le miniere di Zagateca, ò di Salisco. L'Italia è prouintia, nella quale non vi è miniera d'importanza, ne d'oro, ne d'argento; come ne anco ne hà la Francia: e nondimeno l'vna, e l'altra è abbondátißima di denari. e di tesori, mercè dell'industria. La Fiandra ancor essa non hà vene di metalli, e nondimeno mentre ch'ella è stata in pace, per le molte, e varie, e mirabiliopere, che vi si fabricauano, con arte, e con sottigliezza inestimabile, non hà hauuto inuidia alle miniere d'Ongaria, ò di Transiluania; e non era paese in Europa ne più splendido, ne più douitioso, ne più habitato; non parte d'Europa, non del mondo, oue fossero tante città, e tanto grandi, e così frequentate da' forastieri. sì che meritamente, per gli incomparabili tesori, che l'Imperator Carlo ne cauaua, alcuni chiamauano quei paesi l'Indie di S. Maestà. La natura induce nella materia prima le sue forme, e l'industria humana fabrica, sopra il composito naturale, forme artificiali senza fine; conciosia che natura è a l'artefice, quel che la materia prima è à l'agente naturale. Deue dunque il Pren-

taulx; & ce neantmoins, pendāt qu'elle ha esté en paix, à cause des diuerses & merueilleuses œuures, qui s'y font, par art & subtilité inestimable, elle n'ha porté enuie aux minieres d'Hongrie ou de Transiluanie: & n'y auoit pays en Europe, ny plus spendide, ny plus riche, ny plus habité; partie d'Europe, ny du monde, ou soyent tant de villes, si grandes, et si frequentées des Estrangers: de maniere, qu'à iuste cause, pour les incomparables thresors, que l'Empereur Charles en tiroit, aucuns appelloyent ces pays, les Indes de sa Maiesté. La nature induit en la premiere matiere, ses formes, & l'industrie humaine bastit sur le composé naturel, formes artificielles sans fin: veu que la nature est à l'ouurier ce que la premiere matiere est à l'agent naturel. Le Prince donc qui

H h iij

veut rendre son Estat peuplé, y doit introduire toute sorte d'industrie & d'artifice; ce qu'il fera, en y menant des excellents ouuriers des pays d'autruy, & leur donnant appoinctement & commodité conuenable & suffisante, faisant compte des beaux esprits, & estimant les inuentions & œuures rares & singulieres; & en proposāt loyer à la perfection & excellence: mais sur tout, il est necessaire, qu'il ne permette, que l'on tire hors de son Estat les matieres crues, cōme laines, soyes, bois, metaulx, ny autre semblable chose; pource qu'auec les matieres, s'en vont aussi les artisans: & du traffic de la matiere en œuure, s'entretiennēt plus de personnes, que de la simple matiere: & les reuenuz des Princes sont de beaucoup plus riches, pour ce qu'ils tirēt des œuures, que des ma-

cipe, che vuol render popoloso il suo Stato, intredurui ogni sorte d'industria, e d'artificio; il che farà e' col condurre artefici eccellenti da' paesi altrui, e dar loro ricapito, e commodità conueniente, e col tener conto dé belli ingegni, e stimare l'inuentioni, e le opere, che hanno del singolare, ò del raro; e col propor premij alla perfettione, & all'eccellenza: ma sopra tutto è necessario, che non comporti, che si cauino fuor del suo Stato le materie crude; non lane, non sete, non legnami, non metalli, non altra cosa tale; perche con le materie se ne vanno anco via gli artefici; e del traffico della materia lauorata viue molta maggior numero di gēte, che della materia semplice; e l'entrate, de' Prencipi sono di gran *lunga più ricche, per l'estrattione dell'opere, che delle materie; come per essempio de' velluti, che delle sete; delle rascie, che delle lane; delle tele, che de' lini; delle corde, che del canape. Del che accorgendosi, questi anni a dietro, i Rè di Francia, e d'Inghilterra, prohibirono il cauar fuor de' loro Stati le lane: il che fece anco poi il Rè Catolico. Ma questi ordini non si potero osseruare affatto cosi presto: perche abbondando quelle prouintie di incredibil copia di lane finissime, non vi erano tanti artefici, che le potessero tutte lauorare. e benche i sudetti Prencipi facessero forse questo, perche l'vtile, e 'l datio, che si caua da i panni di lana, è via maggiore di quello, che si caua dalle lane rozze: non-*

matieres: comme pour exemple, ils tirent plus de profit des velouz, que des soyes; des draps, que des laines; des toiles, que des lins; des cordes, que du chanure. Dequoy s'apperceuãs, ces années passees, les Rois de France & d'Angleterre, ils firent inhibitions & deffenses de tirer les laines hors de leurs Estats: ce qu'ha faict aussi depuis, le Roy Catholique. Mais cet ordre ne s'est peu obseruer du tout si tost: pource que ces Prouinces ayans vne incroyable abondance de tresfines laines, ne se trouuoyent tant d'ouuriers qu'ils les peussent toutes mettre en œuure: Et bien que les susdicts Princes feissent parauanture cela, pource que le proffit qui se tire des draps de laine est beaucoup plus grand que celuy qui se tire des grosses laines; ce neantmoins cela sert mesmes,

Hh iiij

pour peupler le pays; attendu que plus de peuple se nourrit & entretient sur les laines en œuure, que sur celles qui sont crues: dont s'ensuit la richesse & la grandeur du Roy. Car la quantité du peuple est celle qui rend le pays fertile, & qui par la main & par l'industrie donne mille formes à la matiere naturelle.

dimeno l'istesso vale, per appopolare il paese, conciosia che molto più gente viue sù le lane lauorate, che sù le roze; onde segue la ricchezza, e la grandezza del Rè. Perche la moltitudine della gente è quella, che rende fertile il terreno, e che con la mano, e con l'arte dà mille forme alla materia naturale.

¶ *Du mariage & de la nourriture des enfans.*

¶ *Del matrimonio, e dell' educatione de' figliuoli.*

LEs anciens Legislateurs n'ayás cognoissance de plus haulte vertu, entendoyent à multiplier leurs citoyens, en fauorisant merueilleusemét le mariage. Lycurge ordonna que celuy qui ne prenoit femme, fust chassé des spectacles & jeux publics; & fust au milieu de l'hyuer mené nud, par les places: & s'il

GLi antichi Legislatori, non hauendo cognitione di più alta virtù, attesero à moltiplicare i loro cittadini, col fauorire marauigliosamente il matrimonio. Licurgo ordinò, che chi non toglieua moglie, fosse cacciato da gli spettacoli publici, e fosse nel mezo dell' Inuerno menato ignudo per le piazze; e s'egli era vecchio, non volle, che i giouani l'honorassero, come gli altri di quell'età. e per facilitare esso matrimonio, ordinò, che le mogli si prēdessero senza dote, e si facesse conto della virtù, e non delle facoltà. il che anco statuì Solone; che non volle, che si desse dote in denari, affinche non paresse, che le mogli si comprassero; ma solamente alcune vesti, e vasi di poco prezzo, (il che s'usa hoggidì in Ongheria, e quasi in tutta l'Africa, e l'Asia) e'l medesimo, per incitar gli huomini, à procacciarsi honestamente prole, non volle, che i bastardi fossero in cosa alcuna obligati a' loro padri. Filippo II. Rè di Macedonia, apparecchiādosi alla guerra contra Romani, per hauer gente assai, or-

estoit aagé, il ne vouloit pas, que les ieunes l'honorassent, comme les autres d'aage. Et pour faciliter ce mariage, il ordōna que l'on prendroit les femmes en mariage, sans dot, & que l'on feroit estat de la vertu, & non pas des biens. Ce que Solon ordōna aussi, qui n'ha voulu que l'on donnast le dot en argent, à fin qu'il ne semblast que les femmes fussent achetées: mais seulement que l'on dotast de quelques vestemens, & vaisseaux de peu de prix (ce qui se pratique auiourd'huy en Hōgrie, & quasi en toute l'Afrique & l'Asie) & luy mesme, pour inciter les hommes à prouchasser hōneste lignée, n'ha voulu que les bastards fussent en aucune chose obligez à leurs peres. Philippe II. Roy de Macedoine, se preparāt à la guerre, contre les Romains, pour auoir vne grande armée,

GOVVERNEMENT D'ESTAT,

& beaucoup d'hommes; ordonna que tous se mariassent, & procreassent des enfans. Les Romains aussi se sont fort appliquez à cela; & en fait foy (oultre les loix Iuliane & Papiane) cete celebre harangue faicte par Q. Metellus, en sa Censure, par laquelle il exhorte tous ceux qui y estoyent propres, à prendre femmes, & à faire des enfans: harãgue qui fut fort recommandée à tous par l'Empereur Auguste, en vn sien Edict: à fin que chacun se soumist apres au ioug du mariage, ils prouuoyoyent les pauures de quelques biés aux chãps: car ceux qui n'ont point de moyens, & viuent à la journée, ou ne desirent auoir des enfans, ou ils les ont peu desirables; veu que, bien que sans la comionctiõ de l'homme & de la femme, la race humaine ne se peut multiplier; ce neantmoins, la

dinò, che tutti prendessero moglie, e procreassero figliuoli. I Romani anco a ciò grandemente attesero; e ne fa fede (oltra le leggi Giulie, e Papie) quella celebre oratione fatta da Q. Metello nella sua Censura; con la quale essortà tutti quei che erano atti à prender moglie, & a far figliuoli: La qual oratione fù grãdemente commendata a tuti da Cesare Augusto, con vn suo editto, acciò che poi ogni vno mettesse facilmente il collo sotto il giogo matrimoniale, prouedeuano i poueri di poderi; perche quei, che non hanno facoltà, e viuono alla giornata, ò non desiderano d'hauer figliuoli, ò li hanno poco desiderabili. conciosia che se bene senza il congiungimento dell'huomo, e della donna non, si può il genere humano moltiplicare ; nondimeno la moltitudine de' congiungimenti non è sola causa della moltiplicatione ; si ricerca, oltre à ciò, la cura d'alleuarli, e la commodità di sostentarli, senza la quale ò muoiono innanzi tempo, ò riescono inutili, e di poco giouamento alla patria. La Francia è sempre stata [...]ssima, e pienissi[...] [...] ente : rende di [...] causa Strabone, dicendo, che le donne Francesi erano ottime, e per fecondità naturale, e per diligenza nell'alleuare i figliuoli. [...]n vediamo noi, che [...]ò la cura dell'[...]o in moltiplicar [...]uche, & i cauoli, [...]'a fecondità della [...]ura nell'ortiche, & in simili altre piante? e che, se bene le lupe, e l'orse generano più figliuoli ad vn parto, che

quantité des mariages & conjonctions n'est seule cause de la multiplication des enfans : outre cela est requis le soucy de les esleuer, & la commodité de les nourrir, sans laquelle, ou ils meurent auant le temps, ou ils sont inutils, & seruent de peu à la Patrie. La France ha tousiours esté trespeuplée, & trespleine de monde ; Strabo en rend la cause, disant, que les fêmes Françoises estoiét tresbonnes, & pour la fecondité naturelle, & pour la diligence d'esleuer & nourrir leurs enfans. Voyons nous pas, que la solicitude & trauail de l'homme à multiplier les laictues & les choulx, ha plus de pouuoir que la fecondité de la nature es orties, & semblables autres plantes ? & que, bien que les louues & les Ourses engendrét plusieurs petits, en vn part, que ne font les brebis; & que bien que l'on tue, sans comparaison, beaucoup plus d'agneaux, que de louueteaux, ou petis ours; ce neantmoins se trouuent plus d'agneaux que de loups; non pour autre chose, sinon pource que l'homme ha soucy d'esleuer & paistre les agneaux mais il poursuit & faict la guerre aux loups. Les Turcs & les Mores, prennent chacun plusieurs femmes; & les Chrestiēs (outre l'infinie multitude qui faict tresagreable sacrifice à Dieu de sa chasteté) n'en prennent qu'vne: & ce neantmoins la Chrestienté, est sans cōparaison, plus habitée & peuplée que la Turquie; & tousiours ha esté plus habité le Septétrion (duquel sont sortiz tant de peuples qui ont foulé aux pieds l'Empire Romain) que les parties du Midy; ce neantmoins les hómes sont sans doubte,

le pecore; e si ammazzano, senza comparatione, più agnelli, che lupicini, ò orsacchi; nōdimeno sono più agnelli, che lupi: non per altro, se nō, perche l'huomo si prende cura di alleuare, e di pascer gli agnelli; ma perseguita, e fa guerra a' lupi. I Turchi, & i Mori prendono più mogli per vno & i Christiani (oltre l'infinita moltitudine, che fa gratissimo sacrificio a Dio della sua castità) non ne pigliano più di vna; e pure, senza proportione, è più habitata la Christianità, che la Turchia: e fù sempre habitato più il Settentrione (onde sono vsciti tanti popoli che hanno conculcato l'Imperio Romano) che le parti Meridionali; e pure gli huomini sono senza dubbio più casti là, che quà; & i Meridionali tengono più donne; onde procede questo? se non dalla difficultà dell'educatione che porta seco la moltitudine de' matrimonij, e delle mogli, e la commodità, che cagiona l'vtilità delle mogli, e la mediocrità de' matrimonij? Le mogli mosse da inuidia, e da gelosia, (di cui non è vipera più rabbiosa) s'impediscono, con incanti, e malie, l'vna all'altra la grauidaza, e affatturano, e guastano i figliuoli. L'amor del marito verso più donne, non è cosi vnito, & ardente, come verso vna sola; e per consequenza l'affettione verso i figliuoli non è ne anco cosi grande, e vehemente: si dissipa, e si disperge in più parti, ne si prende cura, e pensiero dell'educatione de' figliuoli; e se pure se'l prende, non hà modo d'alleuarne tãti.

plus chastes là, qu'icy: & les Meridionaulx ont pl⁹ de femmes. D'où procedde cela? sinon de la difficulté de la nourriture, que porte quant & soy la multitude des mariages, & des femmes: & de la commodité, qui cause l'vtilité des femmes & espouses & la mediocrité des mariages? Les femmes meuës d'enuie, & de ialousie (viperes enragées) s'empeschent par enchantemens & sorcelleries, l'vne l'autre, à ce qu'elles ne deuiennent enceintes; & ensorcellét les enfans. L'amour du mary enuers plusieurs fémes n'est tant vny & ardent, qu'il est enuers vne seule: & par consequent l'affection enuers les enfans, n'en est pas aussi si grande & vehemète: elle se dissipe, & disperse en plusieurs parties, & ne se soucie pas de la nourriture des enfans: & s'il en ha quelque soucy, il n'ha moyen d'en esleuer & nourrir tant. Que sert au Caire, d'estre vne ville si peuplée, puis que de sept en sept ans, la peste en emporte tant de mille? ou que sert à la ville de Constantinople, sa grande quantité de peuple, puis que de trois en trois ans, la contagion la rend quasi deserte, & la despeuple? Et d'où procedde la peste & la maladie sinon du destroit & incommodité des habitatiós & demeures, de l'immondice, & deshonnesteté de viure, du peu de police, & gouuernement à tenir les villes nettes, & l'air purgé, & d'autres choses semblables? par lesquelles l'education & nourriture, se rendant difficile, bien que ceux là qui naissent soiét infiniz, peu ce neátmois eschappent ou deuiennét hommes qui vaillent. Et n'est, pour autre occasion, le genre humain (lequel

Che gioua al Cairo esser città così popolata, se ogni settimo anno la peste ne porta via tante migliaia? ò che gioua a Constantinopoli la sua frequenza, se ogni terzo anno la contagione la spopola quasi, e la diserta? & onde nasce la peste, e'l morbo, se non dalla strettezza, e dal disagio dell' habitanze, dall' immonditia, e sporchezza del viuere, dalla poca politia, e gouerno in tener le città nette, e l'aere purgata, e dall' altre cause simili: per le quali difficultandosi l'educatione. se bene sono infiniti quelli, che nascono, pochi però sono quei, che à proportione scanpino, ò diuengano huomini da qualche cosa. Ne per altra cagione il genere humano, che da vn huomo, e vna donna propagato, arriuò già sono tre mi-

LIVRE VIII. 249

la anni, à non minor moltitudine di quella, che si vede al presente, non è andato moltiplicando à proportione; e le città cominciate da pochi habitatori, e poi accresciute fino ad vn certo numero, non passano oltre. Roma cominciò con tre mila: arrivò fino à quatrocento cinquanta mila huomini da spada, e nō passò inanzi; e pure ogni ragione voleua, che si come da tre mila era cresciuta à quatrocento cinquanta mila, andasse di mano in mano tutta via crescēdo infinitamente. Coſì Venetia, Napoli, Milano, non eccedono ducento mila persone, non l'altre città vn certo sì fatto numero. il che procede dall'incommodità d'alleuare, e di nudrire maggior moltitudine di gente in vn luogo. Perche ne il ter-

multiplié par vn homme & vne femme, est arriué passez sont ja trois mille ans à non moindre quantité que celle qui se void à present) allé multipliant à proportion; & les villes commācees de peu d'habitans, & puis accreuës iusques à vn certain nombre, ne passent outre. Rome commancea auec trois mil: elle vint iusques au nombre de quatre cés cinquante mille hommes d'espée, & ne passa plus auāt: & ce neantmoins la raison vouloir, que comme de trois mil, elle estoit creuë à quatre cens cinquante mil, elle allast aussi croissant tousiours infiniment. Ainsi Venise, Naples, Milan n'exceddent deux cens mille personnes; ny les autres villes, vn tel certain nombre. Ce qui procedde de l'incommodité d'esleuer & nourrir plus grande multitude de peuple en vn lieu. Car la terre d'alen-

GOVVERNEMENT D'ESTAT,

tour ne peut fournir si grande abondance de viures, ny les pays voisins y suppleer, ou à cause de la sterilité du terroir, ou pour la difficulté de la voicture. De maniere qu'estans deux choses requises, pour la multiplication des peuples, la generation & la nourriture : bien que la quantité des mariages ayde parauanture l'vne, elle empesche ce neantmoins, asseuremét l'autre. A cete cause, i'estime, que quand bien tous les Religieux & Religieuses seroiēt mariees, le nombre des Chrestiēs ne seroit pourtant, plus grand qu'il est à present. Et la dissolution & licéce introduicte par Luther en Alemagne, & en Angleterre par Caluin n'ha de rien seruy à la multiplication du peuple : car (oultre que l'impieté iamais ne fait racine) bien que le nombre des mariages soit creu, ce neantmoins

reno attorno può porger tanta copia di vettouaglie, ne i paesi vicini, ò per la sterilità de terreni, ò per la difficoltà della condotta, somministrarne. si che ricercandosi due cose per la propagatione de' popoli, la generatione, e l'educatione; se bene la moltitudine de matrimonij aiuta forse l'vna impedisce però del sicuro l'altra. Onde io stimo, che se ben tutti i Religiosi, e Religiose fossero maritate, che nō perciò sarebbe maggior il numero de' Christiani di quel, che si sia. E la dissolutione, e licenza introdotta da Luthero in Alemagna, & in Inghilterra da Caluino, non hà giouato niente alla moltiplicatione del popolo: perche (oltre che l'impietà non mai alligna, ò fa radice) se bene è cresciuto il numero de' cōgiun-

giungimenti non è però crescuita la commodità d'alleuare, e di nudrire i figliuoli. Non basta dunque, ch'l Prencipe fauorisca i matrimonij, e la fecondità, se non porge aiuto all'educatione, & al trattenimento della prole; con la beneficenza verso de' poueri, sostenendo i bisognosi, soccorrendo quei, che non hanno il modo ò di maritar le figliuole, ò d'indrizzar i figliuoli, ò di mantenere sè, e la famiglia; dando da fare a quei, che possono trauagliare, sostentando benignamente quei, che non possono. Nel che Alessandro Seuero Imperatore era tanto amoreuole, che alleuando, a sue spese, alcuni fanciulli, è fanciulle pouere, li chiamaua dal nome di sua madre Mammea, Mammei, e Mammee. Constantino

moins n'est creuë la commodité d'esleuer & de nourrir les enfans. Il ne suffit donc que le Prince fauorise les mariages & la fecondité, s'il n'aduance la nourriture & l'entretenement de la lignée, par ses biensfaicts vers les pauures, en subuenāt aux necessiteux, secourant ceux, qui n'ont moyē ou de marier leurs filles, ou de dresser les fils, ou de s'entretenir, auec leur famille: donnant à besongner à ceux, qui peuuent trauailler, & nourrissant gracieusemēt ceux là, qui ne le peuuēt. En quoy l'Empereur Alexandre Seuere, estoit tant amiable, que esleuant, à ses despens quelques pauures enfans, masles & femelles, il les appelloit du nō de sa mere, Mammea, Mammei, & Mammees. Constantin le Grand fut le premier, lequel outre les hospitaulx des malades, & des

I i

GOVVERNEMENT D'ESTAT,

vieillards, establit aussi des maisons, où les paures enfans seroyẽt nourriz. Et Iulian l'Apostat reprochoit aux Pontifes des Idolatres, l'humanité des Chrestiens, à fonder les hospitaulx, pour leurs paures.

magno fu il primo, che oltra à gli spedali de gli amalati, e de' vecchi, instituì anche case, oue fossino nodriti fanciulli poueri. e Giuliano Apostata rinfacciaua a' Pontefici de gl'idolatri l'humanità de Christiani in fondar hospedali per li poueri loro.

Des Colonies.

LEs Romains multiplierent aussi & s'accreurent au moyen des Colonies, par vne tresbonne raison : car comme les plantes multipliẽt hors des lieux où elles ont esté semées, plus que si elles estoient tousiours laissees au dedans; & cõme les abeilles se multiplient les tirant de leurs ruches; où si elles demeuroyent, elles mourroyent, ou de malaise, ou de contagion : ainsi plusieurs lesquels demeuràs

Delle Colonie.

I Romani propagarono anco il suo con le Colonie, con buonissima ragione : perche, si come le piante moltiplicano fuor de' viuati, doue furono seminate, più che se si lasciassero sempre dentro; e si come le api si propagano, con la cauata de gli sciami fuor de' copili, che, se vi restassero, morirebbono ò di disagio, ò di contagione; cosi molti, che rimanendo nella

LIVRE VIII.

patria, per mancamento d'aiuto, e di sostegno, perirebbono ò per pouertà, ò per altro rispetto non si accasarebbono, ne lasciarebbono prole, mandati nelle colonie, & iui d'habitanze, e di terreni prouisti, fanno l'vno, e l'altro. Cosi Alba mandò fuori di se, quasi in più parti, trenta colonie, che si chiamarono Latine. I Romani ne dedussero infinite, con le cui forze sostenero grauissime guerre. I Portoghesi, & i Castigliani, seguendo l'essempio loro, hanno ancor essi fondato diuerse colonie; quelli nella Madera, & a Capo verde, alle Terzere, & all'Isola di S. Tomaso, e nel Brasile, e nell'India; questi nelle Isole del Mondo nuouo, e nella nuoua Spagna, e nel Perù, & vltimamente nelle Fi	au pays, par faulte d'ayde & de support, mourroiēt ou de pauureté, ou pour quelque autre occasion, ne se mariroyent, & ne laisseroient lignée, enuoyez es Colonies, y estans pourueuz de logis & de terres pour viure, font l'vn & l'autre. Ainsi Albe enuoya hors de soy en plusieurs contrées, trente Colonies, qui furēt appellées Latines. Les Romains en ont enuoyé infinies, par les forces desquelles, ils ont soustenu de grandes guerres. Les Portugais & les Castillans, suiuant leur exemple, ont pareillemēt fondé diuerses Colonies; ceux là, en Madere, & à Cap verd, aux Terzeres, & en l'Isle de S. Thomas & au Bresil, & en l'Indie: ceux cy, es Isles du monde nouueau, & en la nouuelle Espagne & au Perou, & finalement es Philippines. Il est vray qu'en cete entreprinse,

les vns & les autres ont plustost suiuy la necessité de leurs entreprinses, que la raison & l'exemple des Romains; veu que les Colonies sont peu vtiles à la patrie, si elles sont conduites & enuoyées en pays fort eslongnez, & desquelles ne se peut attendre ayde ny secours d'importance. Pour cete cause, les Romains n'enuoyerent aucune Colonie, hors d'Italie, par l'espace de six cens ans. Dauātage, ils n'enuoyoiēt es Colonies que des hōmes de tres-vile & basse condition, dont la ville estoit quasi chargée: mais les Portugais & les Espagnols n'ont enuoyé & n'enuoyent dehors ce qui est inutile au pays, mais ce qui leur pourroit seruir, & leur seroit parauāture necessaire: & luy ostent par ce moyen non le sang superflu & corrompu, mais partie du plus sain & plus sin-

lippine. Egli è vero, che in questa impresa gli vni, e gli altri hanno seguito più tosto la necessità delle imprese loro, che la ragione, e l'essempio de' Romani. conciosia che le colonie sono poco vtili alla patria, se si deducono in paesi molto rimoti, e da' quali non si può aspettare aiuto, non soccorso d'importanza. e perciò i Romani non dedussero nissuna colonia fuor d'Italia, per lo spatio d'anni seicento. oltre à ciò non mandauano nelle colonie, se non gente bassissima, e vilissima, e ch'era quasi d'auanzo, e di grauezza alla città: ma i Portoghesi, e gli Spagnuoli non han mandato, ne mandano fuora quel, che auanza alle patrie loro, ma quel, che sarebbe loro di giouamento, e forse di necessità; e tolgono loro non

cere. A cete cause, les Prouinces s'esneruent, & s'affoiblissent beaucoup. Elles pourroyent imiter les Romains, se seruans des Colonies, non seulement de la nation Espagnolle; mais aussi des subiects acquis, reduicts à la naturalité: car les Romains, oultre les Colonies Romaines, enuoyoient aussi les Latines, es lieux de moindre importance. Que si Portugal & Castille continuent, comme elles ont faict iusques à present, d'enuoyer tous les ans, grande quantité de personnes dehors, sans en remettre par autre voye, ie ne sçay pas comme en fin se pourroit faire, qu'ils ne viennent à defaillir en la maniere des bancs, qui ont grande yssue, sans entrée.

¶ *Des moyens d'enrichir de l'autruy.*

OR n'est requis moindre jugemét & prudence à tirer à soy & faire l'autruy iustement à soy, que de multiplier le sien: & en cet endroit (comme en tout autre) les Romains ont monstré vne sagesse inestimable. Ie serois long à expliquer toutes leurs manieres en ce cas, l'vne apres l'autre: & pourtant il suffira de les noter en brief.

Des moyens tenuz par les Romains.

LEs Romains donc accreurent le leur, par l'autruy; premierement en assemblant à eux les ennemis vaincuz, les Albanois, les Sabins & tant d'autres nations. *Quid aliud exitio* (disoit l'Empereur Claude) *Lacedemonijs & Atheniensibus fuit, quanquam armis pollerent, nisi quòd victos pro alienigenis arcebant? At conditor*

Non ricerca minor giudicio, e prudenza il tirar à sè, e far suo giustamente l'altrui, che il propagar il suo: & in questa (come in ogni altra parte) i Romani mostrarono inestimabile sapienza. Cosa lunga sarebbe l'esplicar ad vna ad vna, le lor maniere: onde ci contentaremo di accennarle breuemente.

De' modi tenuti da i Romani.

ACcrebbero dunque i Romani il suo cō l'altrui, prima cō l'aggregare à se i nemici vinti, gli Albani, i Sabini, e l'altre tante genti. *Quid aliud exitio* (diceua Claudio Imperatore) *Lacedemonijs, & Atheniensibus fuit, quàquàm armis pollerent, nisi quòd vi-*

ctos pro alienigenis arcebant? At conditor noster Romulus tantum sapientia valuit, vt plerosque populos eodē die hostes, dein ciues haberet. *Appresso col rouinare le città vicine; & a questo modo metter i loro habitatori in necessità di ritirarsi à Roma. Oltre à ciò communicauano la Cittadinanza Romana, & in particolare a persone innumerabili di valore, e di qualità eccellenti; & in commune alle città intiere: e Seruio Tullo e Sempronio Gracco la communicò anco à gli schiaui manomessi. Perche, se gli acquisti non ti aggiungono neruo, e forze, a che fine affaticare? a che fine dispergere, e dissipare il tuo? indebolire i fondamenti del tuo stato? il sangue dell'Imperio?*

noster Romulus tantum sapientia valuit, vt plerosque populos eodem die hostes, dein ciues haberet.

Et puis en ruinant les villes voisines; & par ce moyen, cõtraindre leurs habitans de se retirer à Rome. Dauantage ils cõmuniquoyent la bourgeoisie Romaine, en particulier aux inombrables personnes de valeur, & qualité excellente: & en commun aux villes entieres. Seruius Tullus & Sempronius Grachus la communiqua aussi aux esclaues liberez. Car si les acquests ne te donnent du pouuoir & de la force, pourquoy prens tu de la peine? à quelle fin dissipes tu le tien? qu'est il besoin affoiblir les fondemens de ton Estat? le sang de l'Empire? Ce que nous voyõs estre aduenu au grand Turc,

Ii iiij

GOVVERNEMENT D'ESTAT,

en la guerre de Perse. Les Romains aussi se sont accreuz, en ioignant à eux beaucoup de peuples & Roys : les vns, auec tiltre de compagnós, comme les peuples Latins : les autres, auec nom d'amis, cóme les Roys d'Egypte, & d'Asie, ceux de Marseilles & autres : & ce nom d'amy ou de compagnon estoit donné par le peuple Romain aux villes, & aux Princes, qui auoiét bien merité de luy. Ils se seruoyent aussi de la protection ; ainsi ils prindrent possession de Capoue, auec la defense contre les Samnites : & des Messinesieus, auec leur defense contre Geró & les Carthaginois. Ce moyen de la protection d'autruy est fort cogneu aux Princes de nostre temps : & s'en est seruy par excellence Henry II. Roy de France : car ayant prins la protection de l'Empire contre l'Empe-

il che vediamo esser auenuto al gran Turco nella guerra di Persia. Accrebbero anco i Romani col coniunger seco molti popoli, e Rè; altri con titolo di compagni, come i popoli Latini : altri con nome d'amici, come li Rè di Egitto, e di Asia, i Marsigliesi, & altri; e questo nome di amico, ò di compagno daua il popolo Romano alle città, & à Prencipi benemeriti. Si valeuano anco della protettione : cosi presero il possesso di Capoua, con la difesa contra i Sanniti; e de' Messinesi con la difesa contra Gerone, & i Cartaginesi. Quest'arte della protettione altrui è assai nota à Prencipi de' nostri tempi ; e se ne serui per eccellenza Arrigo II. Rè di Fràcia; perche presa la protettione dell'Imperio cótra l'Imperator Car-

reur Charles V. il s'eſt faict ſubtilement Seigneur de trois groſſes villes, Mets, Toul & Verdun. Les Rois de Polongne ont acquis par ce meſme moyen, la I iuonie. Les Romains s'enrichirent auſſi, par les biensfaicts & faueurs faictes aux Princes; pource qu'Attalus Roy d'Aſie, & puis Nicomedes Roy de Bithinie, meuz de leur affection, & des biensfaicts receuz d'eux, les laiſſerent, mourans, heritiers. Ce qu'ont faict auſſi autres Roys. En cete maniere les Geneuois eurét Pera de l'Empereur Michel Paleologue ; & François Catacuſio, Mitellino, de l'Empereur Coloiam : & les Venitiens, Veggia, de Iean Bano : & François Sforze ; Sauonne, de Loys. XI. pour les ſecours qu'il luy donna. Federic III. donna Modona & Reggio à Borſo d'Eſté, à cause des courtoisies receues de luy, à Ferrare : & Alexandre Farnese Duc de Parme ha finallement obtenu la tres-importante citadelle de Piacenza, du Roy Catholique, à cause des seruices infiniz faicts à sa Maiesté, en la guerre & gouuernement des pays bas. Es temps plus derniers, les Romains se seruirent des peuples des Prouinces subiettes, ausquelles, au lieu de tribut, ils n'imposoyent autre chose, que l'obligation de fournir des hommes, pour la guerre : Ce qui passa tant auant, que Tacitus dit ces notables paroles, *Nihil validum in exercitibus, nisi quod externum.* & ces autres, *Prouinciarum sanguine, prouincias vinci.*

da lui in Ferrara : & Alessandro Farnese Duca di Parma hà vltimamente ottenuto la importantissima cittadella di Piacenza dal Rè Cattolico, per gl'infiniti seruitij fatti à sua Maestà nella guerra, e gouerno de' paesi bassi. Ne' tempi piu bassi i Romani si valsero de' popoli delle prouintie soggette, alle quali in luogo di tributo altro non imponeuano, che obligo di dar gente alla guerra. e la cosa passò tanto innanzi, che Tacito dice quelle notabili parole. Nihil validū in exercitibus, nisi quod externum. e quelle altre, Prouinciarum sanguine prouincias vinci.

De l'achapt des Estats.

Della compra degli Stati.

IL n'y a moyen d'enrichir de l'autruy, qui

Non è modo d'arricchire dell' alervi, che sia più vantaggioso che la copra. conciosia che si compra quel, che non si può pagare; e non è mercatantia più dogna d'vn Prencipe. Cosi Clemente VI. comprò Auignone da Giouanna prima Reina di Napoli, con quello, ch'essa doueua alla Chiesa de' censi passati. Filippo di Valois il Delfinato dal Prencipe Vmberto per XL. mila fiorini d'oro; e la Ducea di Berrì per LX. mila. e Carlo V. comprò la Cotea di Auserra per XXXI. mila franchi d'oro. Ma nessuna gente arrichì mai più per via di compre, che i Fiorentini, come ne anco fù mai Republica, che hauesse il denaro più in pronto. Essi comprarono la Città d'Arezzo dal Signor di Cosse per XL mila fiorini d'oro; e Liuorno da Tomaso Fre-

soit plus auantageux que l'achapt; veu que l'on achete ce qui ne se peut payer : & n'y a marchandise plus digne d'vn Prince, que cete là. Ainsi Clement VI. acheta Auignon de Ieanne premiere Royne de Naples, au moyen de ce qu'elle deuoit à l'Eglise, des cens passez : Philippe de Valois, le Daulphiné, du Prince Vmbert, le prix de XL. mille florins d'or: & la Duché de Berry, LX. mille. Et Charles V. acheta la Comté d'Auxerre, pour le prix de XXXI. mille francs d'or. Mais il n'y a nation, qui iamais soit deuenue plus riche, par le moyen des achapts, que les Florentins, comme aussi iamais ne fut Republique, qui ait eu l'argent plus pront que celle de Florence. Ils acheterent la ville d'Arezzo du Seigneur de Cosse, XL. mille florins d'or: et Liuorno, de Tho-

GOVVERNEMENT D'ESTAT,
mas Fregoso, CXX. mille ducats; & ainsi Coroне, de Ladislaus Roy de Naples: & Pise, de Gabriel Maria Viconte.

goso per CXX. mila ducati. e così Cortona da Ladislao Rè di Napoli; e Pisa da Gabriel Maria Visconti.

D'amener gens de guerre.

Della condotta della gente.

LE Vicomte Iean Galeazzo auoit coustume de dire, qu'il n'ya au monde, plus noble marchandise, que celle, par laquelle s'aquierent & se tirent par le Prince, les excellents hommes à son seruice. Et pour cete cause, il n'espargnoit riē, pour amener & attirer à sa solde, hommes, de toute nation. Ce qui se fait en plusieurs manieres: La plus ordinaire est de souldoyer la nation estrangere, pour s'en seruir en la guerre: mais outre cete fa, sont aussi menez les hommes, ou pour peupler le pays, (cōme Leon IIII. mena les Corses habiter Borgo, qu'il ha

G Iouanni Galeazzo Visconti suoleua dire, non essere al mondo più nobile mercatantia di quella, con la quale s'acquistano, e si tirano al suo seruitio gli huomini eccellenti. Onde egli non risparmiaua denari, per condurre al suo soldo huomini d'ogni natione. Hor questo si fa in più maniere. La più ordinaria si è, d'assoldar gente straniera per seruirsene nella guerra; ma oltre di questa, si conducono anco gli huomini, ò per popolare il paese, (come Leone IIII. condusse i Corsi ad habitar Borgo, det-

ro da lui Città Leoni-
na) ò per coltivarlo,
(come Gio. II. Rè di
Portogallo conduſſe al-
cuni agricoltori Alle-
mani) ò per arrichire
de' loro artificij, e la-
uori, (nel che ſono ſtati
accortiſſimi Coſmo, e
Franceſco Gran Du-
chi di Toſcana) ò per
tirare à noi il denaro
per le robbe, che ci
auanzano.

nommé ville de Leon)
ou pour le cultiuer (cóme
Iean II. Roy de Portu-
gal, y mena quelques la-
boureurs Alemans) ou
pour l'enrichir, de leurs
ouurages & labeurs, (en
quoy ont eſté treſac-
corts Coſme & François
gráds Ducs de Toſcane)
ou pour tirer à nous l'argent, pour les biens que
nous auons de plus.

Del prender gli Stati in pegno.

De prendre les Eſtats en gage.

S'Acquiſtano anco
Stati col pigliarli
in pegno di denari im-
preſtati; i quali pegni,
perche rare volte auie-
ne che ſi rendino, ſono
ſtimati da' Prencipi
proprietà. Gli Elettori
dell' Imperio vendero-
no a Carlo IV. Impe-
ratore i lor voti, per
far Venciſlao ſuo figli-
uolo Rè de' Romani,
per cento mila fiorini

L'On acquiert auſſi
les Eſtats, en les pre-
nant en gage, pour de-
niers preſtez, leſquels gages, pource qu'il n'auient
gueres, qu'ils ſe rendent,
ſont eſtimez propres, par
les Princes. Les Electeurs
de l'Empire vendirent à
l'Empereur Charles IV.
leurs vœuz, pour faire
Venciſlaus ſon fils Roy
des Romains, le prix de
cent mille florins chacun

GOVVERNEMENT D'ESTAT,

Et pource qu'il n'auoit pas tant d'argent comptant, ils prindrēt en gage, XVI. villes de l'Empire, qu'ils ont tousiours, depuis, & leurs successeurs, retenues. Loys X. Roy de France eut le Comté de Roussillon, du Roy Iean d'Arragon, pour CCCC. mille escuz, lequel, depuis, Charles VIII. rendit, pour rien, au Roy Catholique. Semblablement les Florentins prindrent en gage Borgo à S. Sepulcre, de Eugenius IV. pour xxv. mille escuz: & Iean III. Roy de Portugal, les Isles Moluques, de l'Empereur Charles V. pour ccel. mille escuz. Par vn semblable cōtract & accord, les Polonnois se sont faict Maistres & Seigneurs de la Liuonie. Cete Prouince appartenoit aux Cheualiers Teutoniques: mais s'estant rebellée, contre le siege Apostolique, & cōtre Dieu

E perche egli non haueua tanto denaro a mano, tolsero in pegno XVI. città dell' Imperio, che si hanno poi sempre essi, & i loro successori ritenute. Lodouico X. Rè di Francia hebbe il Contado di Ronciglione dal Rè Gio. di Aragona per CCCC. mila scudi, che poi Carlo VIII. resè per niente al Rè Catolico. Similmēte i Fiorentini tolsero in pegno Borgo à S. Sepolcro da Eugenio IV. per xxv. mila scudi, e Giouanni III. Rè di Portogallo le Isole Maluche dall' Imperator Carlo V. per ccel. mila scudi. Con vn simil contratto i Polachi si sono impadroniti della Liuonia. Era quella prouintia de Caualieri Teutonici, ma essendosi ribellata dalla Sede Apostolica, e da Dio, il grā Maestro Cottero, con la più parte de Caualieri, che s'haueuano appropriato le Commende, e preso moglie, fù nel M. D. LVIII. assalita dal gran Duca di Moscouia. I Caualieri veggendosi impotenti à resistere, si raccommandarono al Rè di Polonia, e li diedero molte fortezze in mano. Il Rè, presane protettione, s'obligò alla restitutione delle fortezze, ogni volta, che (finita la guerra per forza, o per accordo) li fossino rimborsati seicento mila scudi. Hora la guerra è finita; e nè l'vna, nè l'altra parte parla di rimborsimento, ò di restitutione.

le grād Maistre Cottero, auec la plus part des cheualiers, qui s'estoyent approprié les Cōmanderies & auoient prins femmes en mariage, furēt en l'an M. D. LVIII. assailliz par le grand Duc de Moscouie. Les Cheualiers se voyans n'estre assez forts pour resister, se recommanderent au Roy de Polongne, auquel ils dōnerent beaucoup de forteresses en main. Le Roy les ayant prins en sa protection, s'obligea à la restitution de ces forteresses, lors que (la guerre finie par force, ou par accord) on le rembourseroit de six cens mille escuz. Maintenāt la guerre est finie, & personne de l'vne & l'autre partie, ne parle de remboursement ou de restitution.

De' parentadi.   Des alliances & parentages.

Vagliono anco assai, per arri-   Pareillement seruent beaucoup, à enri-

GOVVERNEMENT D'ESTAT,

chir de l'autruy, les alliances & mariages ; car par ces moyens, se tirent les Princes de nostre part, & l'on acquiert droicts & pretensions d'importance. Ainsi Tarquin superbe accreut notablement ses forces, en donnant vne sienne fille à Octauius Mamilius, personnage de tresgrande authorité entre les Latins. Et se lit de Pirrhus, que pour deuenir puissant il espousa plusieurs femmes : & les Carthaginois destournerent Siphax Roy trespuissant, de l'amitié faicte & contractée auec les Romains, en luy donnant Sophonisba fille d'Adrusbal, leur citoyen; pour femme : & les Venetiens, par vn semblable moyen, mirent le pied en l'Isle de Cipre. Le Vicomte Philippe Maria recouura son Estat, que les Capitaines de son Pere auoyent partagé entre eux, au moyen de

chire dell'altrui, i parentadi, & i matrimonij : perche con questi, e si tirano dalla nostra i Prencipi, e si conseguiscono ragioni, e pretensioni d'importanza. Così Tarquinio superbo accrebbe notabilmente le sue forze, col dare vna sua figliuola ad Ottauio Mamilio personaggio di grandissima autorità tra' Latini. e si legge di Pirro, che per diuenir potente, prese molte mogli: & i Cartaginesi distolsero Siface, Rè potentissimo, dall'amicitia fatta co' Romani, col dargli Sofonisba figliuola d'Asdrubale loro cittadino per moglie: & i Venetiani, per vn simil mezo, misero il piede nell'Isola di Cipro. Filippo Maria Visconti ricuperò lo Stato, che si haueuano tra sé diuiso i Capitani del padre, con

CCCC. CCCC.

CCCC. mila scudi, che egli hebbe in dote da Beatrice da Tenda. Per questa via la Corona d'Inghilterra hebbe già l'Aquitania; e quella di Francia la Bertagna. Manifissima cosa è mai giunta à maggior grandezza, e potenza per via di donne, e di parentadi, che la casa d'Austria; perche con vn continuo corso di felicità, Massimiliano hebbe i paesi bassi da Maria figliuola di Carlo vltimo Duca di Borgogna. Filippo suo figliuolo hebbe in dote la Spagna, con le sue appendici, da Giouanna figliuola di Ferdinando e d'Isabella, ne' quali Stati successe poi Carlo suo figliuolo : e a' tempi nostri Filippo figliuolo dignissimo di Carlo, hà hereditato Portogallo, e le sue appartenenze, che sono

CCCC. mille escuz, qu'il eut en dot de Beatrix de Tende : Par ce moyen le Royaume d'Angleterre autresfois ha eu l'Aquitanie: & celuy de France, la Bretagne. Mais il n'ya chose, qui iamais soit paruenue à puissance plus grande, par le moyen des femmes, & parentages, que la maison d'Austriche; car par vn continuel cours de felicité, Maximilian ha eu les pays bas, de Marie fille de Charles dernier Duc de Bourgongne. Philippe son fils ha eu en dot l'Espagne, auec ses appartenances, de Ieanne fille de Ferdinand, & d'Isabelle, esquels Estats, ha depuis succedé Charles leur fils. Et de nostre temps, Philippe fils tresdigne de Charles, ha herité de Portugal & de ses appartenances, qui sont tresgrandes, par les droicts d'Isabelle sa mere. Et pource que ce moyen d'agrandir est tresiuste, & trespaisible, on doit aussi estimer; qu'il est sur tous les autres, durable, & certain.

grandissime, per le ragioni d'Isabella sua madre. E perche questa via d'aggrandire è giustissima, e quietissima, si deue anco stimare, che sia sopra tutte l'altre durabile, e sicura.

De l'adoption.

L'Adoption est vne espece de parentage & alliance : au moyen de laquelle Ieãne II. Royne de Naples se rendit forte contre ses ennemis : & les Angeuins & Arragõnois acquirent droict sur ce tresnoble, & tres-riche Royaume. Ce moyen d'accroistre, par le moien du parentage & alliances par mariage, n'ha lieu entre les François seulement, à cause de la loy Salique, qui exclud toutes les femmes de la succession à la Coronne de France.

Dell' adottione.

SPetie di parentado è l'addottione, col cui mezzo Giouanna II. Reina di Napoli si fece forte contra i suoi nemici: e gli Angioni, & Aragonesi acquistarono ragioni sopra quel nobilissimo e douitiosissimo Regno. Co' Francesi soli, per non sò che legge Salica, la cui origine non si è mai saputa, (questa esclude dalla Corona di Francia tutte le donne) questo modo d'accrescere, che si fà per via di parentado, non hà luogo.

Delle leghe.

SI accresce anco il potere con le forze altrui, per via delle leghe, le quali sogliono rendere i Prencipi e più forti, e più animosi. Perche molte cose non può, e non ardisce da se vno, che potrà, & imprenderà accompagnato da altri: conciosia anche la compagnia accresce l'allegrezza delle cose prospere, e diminuisce il danno delle auuerse. Hor le leghe sono di più sorti, perpetue, & à tempo; offensiue, e difensiue; offensiue, e difensiue insieme. In alcune i collegati sono pari di conditione; in altre l'vno hà maggioranza sopra l'altro. Maggioranza haueuano i Romani nelle leghe co' Latini; perche essi deliberauano, e risolueuano l'imprese;

Des Ligues.

LE pouuoir s'augmente aussi par les forces d'autruy, au moyen des ligues, lesquelles ont coustume de rendre les Princes, & plus forts & plus courageux. Car vn, de soy ne peut & n'ose faire beaucoup de choses, qu'il pourra & entreprendra estant accompagné d'autres: veu que la compagnie accroist l'allegresse des choses prosperes, & diminue la perte des contraires. Or les ligues sont de plusieurs sortes, perpetuelles, & à temps: offensiues ou defensiues; offensiues & defensiues ensemble. En aucunes, les colliguez sont de pareille condition: es autres, l'vn est plus grād que l'autre. Les Romains estoyent superieurs, es ligues qu'ils auoyent auec les Latins; pource qu'ils deliberoyēt & prenoyent resolution

KK ij

des entreprinses. Ils don-
noyét le General & tou-
tes les charges d'impor-
tance: ils auoyent finalement, & le maniemét des
entreprinses & le fruict
des victoires: de maniere
que les Latins n'estoyent
que ministres des Ro-
mains: & s'ils estoient cō-
paghons, ils l'estoiét seulement, es fatigues, & au
danger de la guerre, sans
participer en rien, de la
gloire, ou des acquests,
ou de l'empire. En quoy
veritablement les Ro-
mains ont monstré vn
merueilleux iugement,
pource que souz le nom
de ligue, & de compa-
gnie, ils ont acquis, par les
forces communes, à eux
seuls, l'Empire du môde:
de maniere que les Latins
s'en voulans apres resen-
tir, ils eurent contre eux,
les forces et des Romains
& des peuples à eux sub-
iects, & des Princes amis,
& colliguez. Les ligues a-
uec superiorité sōt celles

dauano il Generale, e
tutti gli officiali d'im-
portanza: essi final-
mente haueuano è'l ma-
neggio dell'imprese, e'l
frutto delle vittorie. si
che i Latini non erano
se non ministri de Ro-
mani: e se pure erano
compagni, erano loro
solamente nelle fatiche,
e nel pericolo della
guerra, senza punto
participare della glo-
ria, ò de gli acquisti, ò
dell'imperio. Nel che,
in vero i Romani mo-
strarono giudicio mira-
bile; perche, sotto nome
di legha, e di compa-
gnia, acquistarono, con
le forze communi, à sè
soli l'Imperio del Mon-
do. si che, volendosi i
Latini poi risentire,
hebbero contra le for-
ze e de' Romani, e de
popoli a loro soggetti, e
de' Prencipi amici, e
collegati. Leghe con
maggioranza anco so-
no quelle, nelle quali

vn collegato nell' impresa commune hà da contribuire, ò da participare più de' frutti della vittoria, che l'altro. e di queste, e di simili, non bisogna molto fidarsi; perche i Prencipi, per l'ordinario non si sono mossi, se non per interesse; e non conoscono amico, ne inimico, se non per lo bene, che ne sperano, ò per lo male, che ne temono: e le leghe tanto durano, quanto dura l'vtilità de' collegati. Hora, conciosia che l'interesse di molti Prencipi in vna cosa non può esser vguale, non è credibile, che i collegati si debbano mouere con animo, ò con prontezza vguale; senza la quale equalità la legha non farà impresa di momēto. E si come vn horologio vna ruota, ò vn contrapeso, che si sconci, guasta tutto il con-

aussi, esquelles vn colligué en l'entreprinse cōmune doit contribuer, ou particiṕer plus des fruicts de la victoire, que l'autre: & ne s'y fault beaucoup fier, ny en semblables; car les Princes, ordinairement ne se liguent, que pour leur profict particulier, & ne cognoissent amy ny ennemy, sinon pour le bien, qu'ils en esperét, ou pour le mal qu'ils en craignent: & les ligues durent autāt que fait l'vtilité des colliguez. Or veu que l'interest de plusieurs Princes, en vne chose, ne peut estre egalle, il n'est croiable que ceux qui sont liguez ensemble, doiuent marcher d'vne volonté & promptitude egale: sans laquelle egalité, la ligue ne fera iamais entreprinses, d'importance. Et comme en vne horloge, vne roue, ou vn contrepoids qui se desaccommode, gaste tout

Kk iij

l'accord; ainsi, es ligues, vne partie, qui vienne à māquer, desordóne tout le corps de la ligue: comme l'on ha veu es ligues, souz Paul III. & Pie V. entre le Roy Catholique & les Venetiens, contre le Turc: lesquelles s'estans meues auec grande ardeur, & auec memorable victoire aussi, n'ont faict, ce neantmoins aucun progrez: pource que l'interest des Princes n'estoit pas egal; pource que les entreprinses & guerres de Leuant ne touchēt l'Espagne, qui sont tresvtiles aux Venitiens: ausquels n'importent, au contraire les entreprinses & guerres d'Afrique, qui sōt necessaires à l'Espagne. Et pour cete cause, les Venetians craignās les forces du Turc, en Leuant: & les Espagnols le voisinage d'Algieri, ils ne se peuuent mouuoir & guerroyer ensēble, d'vne pareille ardeur, pour la

serto; cosi nelle leghe, vna parte, che manchi, disordina tutto il corpo della legha; come si è visto nelle leghe sotto Paolo III. e Pio V. tra'l Rè Catolico, e Venetiani cōtra il Turco. le quali mossèssi con grande ardore, e con memorabile vittoria ancora, non hanno però fatto progresso nissuno; perche l'interesse de Prencipi non era vguale. conciosia che alla Spagna non mettono conto l'imprese di Leuante, che sono vtilissime à Venetiani; & à questi non importano l'imprese di Africa, che sono necessarie à Spagna. Onde temendo i Venetiani le forze, che'l Turco hà in Lenante; e gli Spagnuoli la vicinanza d' Algieri, non si possono muouere insieme cō pari ardore, per la diuersità di gl'interessi; e'l

Papa resta di mezo cō la spesa, senza frutto. E di più, essendo quelle leghe state conchiuse in tempo, che i Venetiani erano in necessità, non è merauiglia che sì poco durassino: perche non è vincolo alcuno, che sia più atto à mantener le leghe, e le vnioni de' Prencipi, che la communanza del pericolo. Onde in due sole maniere si può far legha contra il Turco, con qualche speraza di progresso: l'vna sarebbe, che si mouessero tutti i Prencipi, che confinano col Turco, in vn tempo medesimo cōtra lui; e che ogniuno l'assaltasse dalla sua parte, non con forze limitate, ma con tutto il suo potere; perche quì si pareggiarebbe l'interesse: l'altra sarebbe più generosa, se più Prencipi insieme, senza altro interesse, che dell'honor

diuersité de leurs interests: & le Pape demeure au milieu, auec la despense, sans fruict & aduancement. Dauantage ayans esté ces ligues conclues & arrestées lors que les Venitians auoyét des affaires, il ne se fault pas esmerueiller, qu'elles ayent duré si peu: car il n'y a lié, qui soit plus propre à maintenir les ligues & les vnions des Princes que la communauté du dāger. Et pour cete cause se peut faire ligue cōtre le Turc, auec quelque esperance de progrez, seulement en deux manieres: l'vne seroit que tous les Princes, qui confinent & sōt voisins du Turc, se meussent en vn mesme temps contre luy: & que chacun l'assaillist de son costé, nō auec forces limitées, mais de tout son pouuoir; car en cet endroit, l'interest seroit egal: l'autre seroit pl⁰ genereuse, si plusieurs Princes ensemble, sans

K k iiij

autre interest que de l'hōneur de Dieu, & de l'exaltation de l'Eglise, l'assailloyét en vn ou en plusieurs lieux : comme il aduint en ces heroiques temps, & lors que plusieurs Princes d'Allemagne, de Flandre, de Frāce & d'Italie en partie vendant, en partie engageāt leurs Estats, mirent ensemble plus de cccc. mille personnes : & ayans vaincu les Turcs à Nicée, & les Perses à Antioche, & les Sarrasins à Hierusalem, ils troublerent tout l'Orient & recouurerent toute la Terre saincte. Et est chose notable, qu'en vne si grande entreprinse, ne participa ny Roy, ny aucun Empereur : & bien que le Roy de France, & d'Angleterre, & les Empereurs Conrad & Federic, y soient allez, depuis, non pour acquerir, mais pour conseruer l'acquis, ils n'y ont faict pourtant aucune chose	*di Dio, e dell' essaltatione della Chiesa, l'assaltassero in vno, ò in più luoghi; come auenne in quei tempi heroici quando molti Prencipi di Allemagna, e di Fiandra, e di Francia, e d'Italia, parte vendendo parte impegnando gli Stati, misero insieme più di cccc. mila persone; e vinti i Turchi à Nicea, & i Persiani ad Antiochia, & i Saraceni à Gierusalem, conquassarono tutto l'Oriente, e ricuperarono tutta la Terra santa. Et è cosa notabile, che in vna tanta impresa non vi hebbe parte ne Rè, ne Imperatore alcuno: e se bene il Rè di Francia, e d'Inghilterra, e gl'Imperatori Corrado, e Federico vi andarono poi, non per acquistare, ma per conseruare l'acquistato, non fecero però cosa degna.*

Ma ritornando al nostro proposito, concludiamo, che le leghe ci aggiungeranno potere ogni volta, che l'interesse delle parti sarà vguale: ma mancata l'vguaglianza dell'interesse, debbiamo tener per certo, che mancherà l'aiuto della legha: e sono vniuersalmente migliori le perpetue, che le temporali, e le offensiue, e diffensiue insieme, che l'offensiue, e diffensiue solamente; e le pari di conditione, che le dispari: perche hanno fondamento maggiore di stabilità, e di fermezza. Egli è verò, che le pari, quali sono quelle de gli Suizzeri, sono assai vtili per la difesa, ma di nissuna efficacia per l'offesa; imperoche nella difesa il pericolo de gli vni muoue facilmente, per la vicinanza, gli altri, e ci muoue

digne. Mais retournans à nostre propos, concludions que les ligues auggmenteront nostre pouuoir, toutes les fois, que l'interest des parties sera egal: mais si l'egalité du profit & interest deffault, nous deuons tenir pour certain, que l'ayde de la ligue defauldra aussi. Et generalement sont meilleures les perpetuelles, que les temporelles; & les offensiues & defensiues ensemble, que les offensiues, ou defensiues seulement: & les pareilles de condition, que les differentes, pource qu'elles ont plut grand fondemét de stabilité & fermeté. Il est vray que les ligues pareilles, comme sont celles des Suisses, sont fort vtiles, pour la defense, mais de nulle efficace, pour offenser: pource qu'en la deffense, le danger des vns, incite facilement, à cause du voisinage, les autres: & nous sommes plus viuement meuz par la crainte du mal, que par l'esperance du bien. Mais estant question d'offenser, pource que le profict qui s'en ensuit, ayant à estre departy à tous, ne peut induire viuement chacun, les ligues offensiues sont de peu de valeur : & pour cete cause, bien que les Suisses ayent eu tresnotables occasiós d'acquerir de tref-riches Estats, ils n'ont ce neantmoins, iamais faict chose digne de memoire : & se sont cótentez d'vne milice mercenaire, ores au seruice d'vn Prince, ores d'vn autre. Au moyen dequoy, les particuliers s'enrichissent bien, & à cause du butin qu'ils gangnent à la guerre, & pour les pensions, qu'ils tirent, durant la paix : mais le public en deuient plus foible, & à cause de l'inombrable multitude de soldats, qui meurent, par les accidents de la guerre, &

più efficacemente la tema del male, che la speranza del bene. Ma nell offesa, perche il frutto, che ne segue, douendosi compartire à tutti, non può muouere efficacemente ciascuno, sono di poco valore; e perciò benche gli Suizzeri habbino hauuto notabilissime occasioni d'acquistare Stati ricchissimi; nondimeno non hanno mai fatto cosa degna di memoria; e si sono contentati d'vna militia mercenaria, hor al seruitio di questo, hor di quel Prencipe. con che s'arricbiscono bene i particolari, e per la preda, che fanno in guerra, e per le pensioni, che tirano in pace; ma il publico ne diuiene più debole, e per l'innumerabile moltitudine de' soldati, che muiono, per li casi della guerra, e per gl'in-

seressi, e dependenze, con le quali i Colonelli, & i Capitani restano obligati à' Prencipi stranieri.

pour les interests & depédances, au moyen desquelles, les Colonnels & capitaines demeurét obligez aux Princes estrágers

14. *Della Mercatátia, e se conuenga al Rè essercitarla.*

De la marchandise, & s'il est conuenable au Roy de l'exercer.

COmmunissimo modo d'arricchire dell'altrui si è la mercatantia. Ma perche questa è cosa conueniente à gli huomini priuati, anzi che à' Prencipi, non sarà fuor di proposito il vedere, in che caso sia bene, che'l Prencipe l'esserciti. Diciamo dunque che in tre casi non disconuiene ad vn Prencipe, benche grande, il traffico. Il primo si è, quando le facoltà de' priuati non sono atte à mantener esso traffico, ò per spesa eccessiua, ò per oppositione de' nemici, ò per altra simil

LA marchádise est vn moyen trescommun d'enrichir de l'autruy. Mais pour estre chose cóuenable aux hommes priuez, plustost qu'aux Princes, ne sera hors de propos, voir en quel cas, il est bon que le Prince l'exerce. Nous disons donc, qu'en trois cas, le traffic n'est messeant à vn Prince, bien qu'il soit grand. Le premier, quand les moyens des particuliers ne sont propres à maintenir le traffic, ou à cause de la despense excessiue, ou de l'opposition des ennemis, ou pour autre semblable occasion. Ainsi Salomon

GOVVERNEMENT D'ESTAT,

enuoyoit, de trois en trois ans, ses nauires aux Indes, qui en r'apportoyent or, argent, yuoire, singes, paons. (au Perou ne se trouuent paons, ny Elephans; & pourtant se void estre vaine l'opinion de ceux, qui pensent que les nauires de Salomõ nauigeassent en ce pays là) & le Roy Iosaphat faisoit le semblable. Ainsi les Roys de Portugal ont & auec grosses flottes & armées naualles, acquis, & par glorieuses victoires, maintenu le commerce & le traffic d'Ethiopie, & des Indes. Et n'est messeante à vn Roy aucune entreprinse, en laquelle sont requises les forces de Roy. Le second cas est, quand le traffic est de si gráde importance, qu'vn particulier, au moyen d'iceluy, peust acquerir trop grandes richesses. Ainsi les Venetians enuoyoiét les grosses galeres de la

cagione. così Salomone mandaua ogni terz'anno le sue naui all' India, che ne riportauano oro, argente, auorio, simie, pauoni. (nel Perù non vi sono pauoni, ne Elefanti: onde si comprende esser vana l'opinione di quelli, che pensano che le naui di Salomone nauigassino in quel paese) e'l simile faceua il Rè Josafat. Così li Rè di Portogallo hanno e con grosse armate acquistato, e con gloriose vittorie mantenuto il commertio, el traffico d'Ethiopia, e d'India. e non disconuiene ad vn Rè impresa nessuna, nella quale si ricercano forze di Rè. Il secondo caso è, quando il traffico è di tanta importãza, che vn priuato con quello acquistarebbe ricchezze troppo grandi. così Venetiani mandauano le Galere grosse della Republica al traffico delle Spetiarie, che si comprauano in Alessandria, e si vendeuano poi in Inghilterra, in Fiandra, & in altri luoghi tali; con che il publico arricchiua oltre modo. e non disdice ad vn Rè l'acquistar giustamète ricchezze degne d'vn Rè Il terzo caso è, quando la mercantia si fa per bene, e per salute publica. Così grandissimi Prencipi, nelle estreme carestie, e necessità de' sudditi loro, comprano farmenti forastieri, e li riuendono, con grandissimo beneficio de' Vassalli.

Republique, au traffic des espiceries, que l'on achetoit en Alexandrie, et se vendoyent apres, en Angleterre, en Flandre, & en autres tels lieux: au moyen dequoy, le public enrichissoit merueilleusement; & n'est chose qui contreuienne à vn Roy, d'acquerir justemét les richesses dignes d'vn Roy. Le troisiesme cas est, quand la marchandise se faict & s'exerce, pour le bien & salut public. Ainsi les Princes tresgrands, és extremes chartez & necessitez de leurs subiects, achetent des bleds de dehors, & les reuendent, au tresgrand bien & soulagement de leurs subiects.

Del modo tenuto da' Soldani d'Egitto e da' Portoghesi.

Du moyen tenu par les Soldants d'Egypte, & par les Portugais.

I Soldani d'Egitto, per conseruatione

LEs Soldás d'Egypte, pour la cõseruation

de leur Estat, auoyent coustume d'acheter jeunes garçons, & enfans, de façon militaires, principalement de la nation Circassiane ; & puis les faisans dresser aux armes, & à manier cheuaulx, ils s'en seruoyent à la guerre, en leur donnant liberté. Auec ces forces, ils ont esté maistres l'espace de plus de trois cens ans, de l'Egypte, de Sorie, Arabie, & de la Cirenaique: chose vsitée beaucoup deuant par les Parthes, à ce que je peux cóiecturer: car nous lisons qu'en leur armée contre M. Antoine, de cinquáte mille hommes, ne s'en trouuoyent que quatre cens cinquante de libres. Parauant les Parthes, Cleomenes Roy de Lacedemone, ayant affaire de gens de guerre, offrit la liberté aux esclaues, pour le prix de cinquáte escuz chacun ; par ce moyen il acquit deux

dello Stato loro, erano vsi à comprare giouani d'età, e di fattezze militari, massime della natione Circassa; e poi facēdoli essercitar nell' arme, e nel maneggiar caualli, se ne seruiuano col dar loro libertà, nella militia : e con queste forze signoreggiarono per più di trecento anni l'Egitto, la Soria, l'Arabia, e la Cirenaica: cosa vsata, per quanto io posso congietturare, molto prima da' Parthi; perche leggiamo, che nell'essercito loro contra M. Antonio, di cinquanta mila huomini, non ve ne erano, che quattrocento, e cinquanta liberi. Prima de' Parthi Cleomene Rè di Sparta, hauendo bisogno di gente, offerse la libertà à gli schiaui, à cinquanta scudi per testa; con che acquisto due beni, denari, e gente. I Portoghesi, per lo bisogno, ch' essi hanno di gente, mandano ogni anno le lor carauelle, cariche di varie merci, à porti di Ghinea, e di Congo. Iui, in iscambio delle mercantie loro, pigliano ogni anno molte migliaia di schiaui, che poi conducono à lauorare i zuccari, & a coltiuare i terreni nell'Isole di S. Tomaso, e di Capo verde, e nel Brasile; ò li vendono à Castigliani, che se ne seruono poi al medesimo modo nell' Isola Spagnuola, & in tutto il mondo nuouo. La medesima carestia di gente fù cagione, che gli huomini, degni della morte, si condannassero alla galera, à tagliar marmi, à cauar metalli, & a simili altre fatiche.

biens, argét, & des hommes pour faire la guerre. Les Portugais, pour la necessité qu'ils ont de gens, enuoiét tous les ans leurs carauelles & vaisseaux chargez de diuerses marchandises, aux ports de Guinée et de Congo. Là, en eschánge de leurs marchádises, ils prennét tous les ans grand nóbre d'esclaues, lesquels ils meinét apres pour trauailler aux sucres, & pour labourer la terre, es Isles de S. Thomas, & de Cap verd, et au Bresil: ou bien ils les vendét aux Castillás, qui s'en seruét apres, en la mesme maniere, en l'Isle Espagnole, & en tout le nouueau monde. La mesme disette & faulte de gens, ha esté cause, que les hómes dignes de mort ont esté condamnez aux galeres, à tailler les marbres, à tirer les metaulx de la terre, & semblables autres labeurs.

Du moyen tenu par les Chinois.

LEs Grecs & les Romains, pour tirer quelque proffit des ennemis, prins en guerre, les faisoyent esclaues, & les employoient à labourer la terre, ou à quelque autre exercice: mais les Chinois ne les tuent pas, & ne leur font payer tailles; ils ne les lient ou enchainent, & ne les destinent finalement à faire autre chose, qu'à seruir en guerre, es plus eslongnées frontieres de leur pays, & en habit Chinois: sinó, que pour estre differents des autres Chinois, ils portent des bónets rouges. Ce qui ne se pratique en la Chine, sinon à l'endroit des persónes quasi infames, & par ignominie.

Du moyen tenu par les Turcs & Sarrasins.

IL Gran Turco moltiplica le sue genti, e forze, trà l'altre maniere tocche da noi di sopra, col ricetto, e col recapito, ch'egli dà a genti d'ogni setta, pur che 'l seruano fedelmēte nella guerra. e di queste consta quella valorosa banda d'huomini a cauallo, ch'essi chiamano Mutiferiaghi: tra' quali sogliono esser non pochi Christiani condotti là ò da disperatione delle cose loro, ò da sdegno, ò da pazza ambitione, ò da qualche altra causa diabolica. Ma prima d'Amoratto II. che fù institutore de' Gianizzari, Homar, vno de' luogotenenti di Mahometto, col prometter libertà a gli schiaui, de i quali era allora pieno l'Imperio Romano, ne tirò sotto le sue bādiere vn si grosso numero, che si fece padrone d'vna buo

LE grand Turc multiplie ses gens de guerre & forces entre les autres manieres, que nous auons touché cy dessus, en receuāt sur ses terres, toute maniere de gens, de toute secte, pourueu qu'ils le seruent fidelemēt en guerre. Et de ceux là est composée cete valeureuse trouppe d'hommes à cheual, qu'ils appellent Mutiferiaghes: entre lesquels sont volōtiers plusieurs Chrestiés, qui vont là, ou par vn desespoir de leurs affaires, ou par vn despit, ou par vne folle ambition, ou pour quelque autre occasion diabolique. Mais parauant Amurath II. qui ha institué les Ianissaires, Homar, l'vn des Lieutenans de Mahommet, en promettant liberté aux esclaues, desquels à lors abondoit l'Empire Romain, en tira souz ses enseignes vn si grand nombre, qu'il se fit Maistre d'vne bōne

L l

Gouvernement d'Estat,
partie d'Orient. na parte d'Oriente.

Du moyen tenu par les Polonnois.
Del modo tenuto da' Polacchi.

Les Polonois ont grandement estendu leur Empire & puissance, en eslisant pour Roys, Seigneurs d'autre pays; les Estats desquels, ils ont depuis, incorporé au Royaume de Polongne. Ainsi (pour laisser les autres exemples) s'estans esleu pour Roy, les grāds Ducs de Lituanie, de la maisō Laggelone, ils ont finalemét faict cete Prouince, mébre de leur Empire. Et les mesmes Polacs se sont fort bien asseurez de la Russie & de la Podalie, rendāt les nobles de ces Prouinces, pareils aux nobles de la mesme Polongne; & en ont ainsi faict des gentilzhommes de Prussie & de Lituanie.

Fin du huictiesme Liure.

I Polacchi hanno steso grandemente l'Imperio, e la potenza loro, con eleggersi per Rè, Signori d'altri paesi, i cui Stati hanno poi incorporato alla Corona di Polonia. Cosi (per lasciar gli altri essempi) hauendosi eletto per Rè i Gran duchi di Lituania, di casa Iagellona, hanno finalmēte fatto membra dell'Imperio loro quella prouintia. e i medesimi Polacchi si sono egregiamente asicurati della Russia, e della Podolia, col pareggiare i nobili di quelle prouintie à nobili dell'istessa Polonia: e cosi quelli di Prussia, e di Lituania.

Il fine dell'Octauo Libro.

RAISON ET GOUVERNEMENT D'ESTAT.

LIVRE. IX.

Delle maniere d'accrescere le forze moltiplicate.

Des moyens d'accroistre les forces multipliées.

SIN hora habbiamo dimostrato i modi di accrescere le forze estensiuamente: diciamo hora delle vie, che si debbono tenere, per accrescerle intensiuamente; che sono tutte quelle, con le quali s'augmenta il valore. Conciosia che non basta hauer molti soldati; bisogna, oltre à ciò, au ualor arli: perche po-

IVSQVES à present, nous auōs demonstré les moyés d'accroistre les forces, par estendue & multiplicatiō; parlons maintenant des moyens qui se doiuent tenir pour les accroistre intensiuement & de valeur; qui sont tous ceux par lesquels s'augmente la vertu & generosité: Attédu qu'il ne suffit auoir beaucoup de soldats, il faut,

Ll ij

outre cela, les faire vaillans: car peu d'hommes valeureux sert autant qu'vne grande multitude d'hómes couards & vils: cōme en font foy, les victoires des Grecs & des Romains, qui ont ordinairement vaincu les armées des ennemis, auec moindre nombre de gēs de guerre: & par tout, la multitude ha ceddé à la valeur.

Si le Prince doit aguerrir sés subiects ou non.

Deuant que passer outre, il est necessaire decider cete questiō fort debatue, principallement par les François, s'il est bon que le Prince aguerrisse (comme ils disent) & se serue es entreprinses de guerre, de ses subiects, ou des estrangers.

Des princes naturels, aucuns se sont seruiz, nō

ca gente di valore vale per vna grande moltitudine di buomini codardi, e vili. come ne fan fede le vittorie de' Greci, e de' Romani, che hanno, per l'ordinario, vinto gli esserciti de' nemici con numero minore di gente; e la moltitudine hà per tutto ceduto al valore.

¿Se il Prencipe debba agguerrire i sudditi; ò nò.

PRima, che si passi oltre, egli è necessario decider questa questione assai agitata, massime da' Francesi, se sia bene, che'l Prencipe agguerrisca, (come essi dicono) e si serua nell'imprese militari de' sudditi suoi, ò de' forastieri.

De' Prencipi naturali, alcuni si sono ser-

nisi, non di tutto il popolo indifferentemente, ma solo della nobiltà: Così fanno in gran parte i Polacchi, i Persiani, & i Francesi; ma perche i nobili non fanno il mestiero à piede, queste nationi sono sempre state possenti di caualleria, ma deboli di fanteria. I Tiranni, perche hanno sempre hauuta per sospetta la virtù, e'l valore, che, per l'ordinario, regna nella nobiltà, hauendo, per stabilirsi in Stato, fatto morire, ò bandito i nobili, col dar le lor facoltà alla plebe, si sono fidati alcuna volta di essa. Il Turco hà messo le sue forze in mano de' sudditi d'acquisto, mà ridotti alla naturalezza con l'educatione: perche fanno scelta de' giouani più nerbuti, e più agili, che essi chiamano Azamogliani; e toltili

de tout le peuple indifferemment, mais seulemét de la noblesse. Ainsi font, en grande partie les Polonnois, ceux de Perse, et les François: mais pource que les nobles ne font le metier de la guerre, à pied; ces natiõs ont tousiours esté puissantes de cauallerie; mais foibles d'infanterie. Les Tyrans, d'autant que tousiours ils ont eu la vertu & la valeur pour suspecte, laquelle regne ordinairement en la noblesse, ayás, pour s'establir en l'Estat, faict mourir ou banny les Nobles, en donnát leurs biens & moyens à la populace, se sont fiez aucunesfois en elle. Le Turc ha mis ses forces en la main de ses subiects acquis, mais reduicts, par la nourriture, au naturel de ceux du pays : car ils font eslite des jeunes plus nerueux & plus agiles, qu'ils appellent Azamoglians; & les ostás à leur pere &

L l iij

GOVVERNEMENT D'ESTAT,

mere, en leur enfance, ils les dispersent par la Turquie, où estans esleuez en la loy, & aux coustumes de Mahommet, ils deuiennent, sans s'en appercevoir, Turcs: & ne cognoissét autre Pere que le grand Seigneur, aux despens duquel, ils viuent: ny autre patrie que celle où leur court la solde & le gain. Pour decider cete controuerse, presupposós que le principal establissemét d'vne Seigneurie, est ne dependre d'aucun, & estre de soy mesme souuerain. Or l'independáce & souueraineté est de deux sortes: cat l'vne exclud la superiorité: & en cete maniere le Pape, l'Empereur, le Roy de France, d'Angleterre, de Polongne sont Princes souuerains, ne dependans de personne: l'autre independance exclud la necessité de l'ayde & support d'autruy; & en cete maniere ne depé-

dalle case, e dal seno de' parenti nella loro adolescenza, li compartono per la Turchia, doue alleuati nella legge, e nell'vsanze Maomettane, diuentano, senza auuedersene, Turchi. e non conoscono altro padre, che'l gran Signore, alle cui spese viuono; ne altra patria, che quella, doue corre loro il soldo, e'l guadagno. Per decider questa controuersia, presupponiamo, che'l principale stabilimento di vn Dominio si è l'indepēdenza, e lo star da se. Hor l'independenza è di due sorti; perche l'vna esclude maggioranza, e superiorità: & in questa maniera il Papa, l'Imperatore, il Rè di Francia, d'Inghilterra, di Polonia, sono Prencipi independenti: l'altra independenza esclude bisogno d'aiuto, e d'appoggio al-

LIVRE IX. 268

truinel qual modo sono independenti quelli, che han forze ò superiori, ò vguali á nemici, & a gli emoli loro. Di queste due independenze la più importante è la seconda; perche quella è quasi accidentale, e esterna; questa sostantiale, & intrinseca: quella fà, ch'io sia Signore assoluto, e soprano; questa, ch'io sia poderoso, e di forze sufficienti alla conseruatione dello Stato mio; e ch'io sia veramēte Prencipe grande, e non Rè sì; ma d'Iuetot Hora, io non potrò mai esser independente in questo secondo modo, senza forze proprie: perche la militia forastiera, comunque ella si sia obligata, dependerà sempre più da gli interessi proprij, che dá tuoi. Cosi spesso t'abbandonarà ne' tuoi bisogni hor corrotta dá nemi-

dent de personne ceux qui ont forces ou superieures, ou egalles aux eunemis & à leurs emulateurs. De ces deux independances, la plus importante est la seconde: car cete là est quasi accidentelle & externe: cete cy substantielle & interne: celle là fait que je sois Seigneur absolut & souuerain: cete cy, que je sois puissāt & assez fort pour conseruer mon Estat: & que je sois vraiment grād Prince, & non pas Roy d'Iuetot. Or je ne pourray iamais estre independant, en cete seconde maniere, sans mes propres forces: car la milice estrangere, en quelque façon qu'elle se soit obligée dependra tousiours plus de son propre interest que du tiē. Ainsi souuent elle t'abandonnera en tes affaires, ores corrompue par les ennemys (comme les Celtiberes premierement subornez

L l iiij

par les Romains, abandonnerent les Carthaginois: & puis gangnez & subornez par les Carthaginois, abandonnerēt les Romains) ores retardée (comme les Suisses plusieurs fois, au plus grand besoin de la France) ores appellée en la maison, pour les dangers de la patrie (comme les Grisons, trauaillez par Iean Iacomo des Medici, se partirent du seruice du Roy François, en sō plus grand besoin.) Et n'est hors de propos de considerer qu'estans ces hommes là mercenaires, ils vendent comme marchands, ou boutiquiers de peu de foy, leur besongne pleine d'vne tare infinie de mille mortes payes, ou tromperies, & de gens à bon marché, & pour cete cause, de peu de valeur, & mal complexionnez. Et puis, leur est chose ordinaire de se mutiner, pource que les

ci, (come i Celtiberi, subornati prima da' Romani, abbandonarono i Cartaginesi; e poi subornati da Cartaginesi abbandonarono i Romani) hor ritardata, (come gli Suizzeri nelle maggiori necessità della Francia più di vna volta) hor chiamati à casa, per li pericoli della patria, (come i Grigioni, trauagliati da Gio. Giacomo de Medici, si partirono dal seruitio del Rè Francesco nel suo maggior bisogno.) E non è fuor di proposito il considerare, che essendo queste tali genti mercenarie, vendono à guisa di mercatanti, ò di botegai di poca fede, la opera loro, piena d'infinita tara di mille paghe morte, ò truffate, e di gente di buon mercato, e perciò di poco valore, e mal conditionata. L'ammutinarsi poi, perche le paghe non corrino à tempo, e perciò mettere in pericolo gli Stati, & in disordine i Prëcipi, predare il tuo paese, trattare i sudditi come i nemici, ò peggio è cosa ordinaria. Cosi auenne à Cartaginesi, dopò la prima guerra Punica, & à Monsig. di Lotreco alla Bicocca. Assai fanno, se non t'assassinano, e non ti tradiscono a i nemici, (come i medesimi Suizzeri tradirono Lodouico Sforza à Francesi presso à Nouara) ò, se veggendosi i più forti, non voltano l'arme cötra di te, (come gli Angli, chiamati da' Britäni cötra gli Scotti, & i Pitti, hauendo cacciato via questi voltarono alla fine l'armi contra quei, che gli haueuano condotti. (Si che bene disse Vegetio, Viliùs constat erudire armis suos, quà

payes ou soldes ne courêt à temps, & pour cete cause, mettre en danger les Estars, & en desordre les Princes, brigander ton pays, & traiter les subiects comme ennemys, ou pis. Ainsi aduint aux Carthaginois apres la premiere guerre Punique, et au sieur de Lautrec à la Bicoque. Ils font beaucoup, s'ils ne t'assassinent, & ne te trahissent, s'entendans auec les ennemis (comme les mesmes Suisses trahirét Loys Sforza, & le liurerent aux François pres Nouare) ou, se voyans le plus forts, s'ils ne tournét leurs armes contre toy (comme les Anglois appellez par les Bretons contre les Escossois & les Pictes, ayans chassé ceux cy, en fin tournerent leurs armes, contre ceux qui les auoyent conduits & mis en besogne) de maniere que Vegetius ha bien dict, *Viliùs corstat erudire* armis suos, quàm alienos mercede conducere. Que dirons nous de la ruine de l'Empire Romain? est elle pas proceddée de la milice estrágere? s'estans les Empereurs seruy de diuerses nations en leurs guerres, ou ciuiles ou estrágeres: (cóme Adrian, des Alans; Alexandre, des Osdroenes; Probus des Bastarnes, Espagnols, Gaulois; Valerian, des Gots, & autres, d'autres nations) ceux là ayans prins la pratique de la milice Romaine, & des pays, deuindrent tyrans des Empereurs, & de l'Empire: de maniere que les principaulx Capitaines estoyent Barbares, Stilcon, Vldin, Sare, Ruffinus, Castinus, Bonifacius, Etius: & plusieurs d'entre eux furent faicts Empereurs. Ils entrerent finalement iusques au dedans & cœur de l'Empire, foulerent aux pieds, l'Italie, prindrent Rome,

alienos mercede conducere. Che diremo della rouina dell' Imperio Romano? non procedette ella dalla militia stranieraʔ essendosi seruiti gl' Imperatori di varie nationi nelle guerre loro, ò ciuili, ò straniere; (come Adriano de gli Alani, Alessandro de gli Osdroeni, Probo de' Bastarni, Spagnuoli, Galli Valeriano de' Gotti, & altri di altre genti) coloro, presa la prattica della militia Romana, e de' paesi, diuentarono tiranni de gl' Imperatori, e dell'Imperio: sì che i principali Capitani erano Barbari, Stilicone, Vldino, Saro Ruffino, Castino, Bonifacio, Etio; e molti di loro furono fatti Imperatori. entrarono finalmente nelle viscere dell'Imperio, calpestarono l'Italia, presero Roma, ridussero in forma di regni le prouintie. I Franchi occuparono la Gallia, i Borgognoni il paese de' sequani, i Vandali l'Aquitania, e la Spagna, e l'Africa; i Sueui, e gli Alani la Bertagna; gli Ostrogotti la Macedonia, e la Tracia; gli Slaui la Dalmatia; i Saraceni l'Asia, e l'Africa, e la Spagna: Radagasso, Alarico, Attila, Genserico, Biorgo, Teodorico, tutti Prencipi barbari, saccomisero, & oppressero, l'vn dopò l'altro, l'Italia. E l'Imperio d'Oriente per qual cagione si è perduto, se non perche l'Imperatore Calloianni assoldò xij. mila Turci suoi nemici; e poi, licentiando gli altri, ne ritenne presso di se vj. mila. Questi diuentati prattichi de' luoghi, inescati dalla fertilità de paesi, eccitati dall'ageuolezza dell'impresa,

& reduirent les Prouinces en forme de Royaumes. Les François occuperent la Gaule; les Bourguignons le pays des Sequanois: les Vandales, l'Aquitaine, & l'Espagne & l'Afrique: les Sueues & les Alains, la Bretagne; les Ostrogots, la Macedoine & le pays de Trace; les Slauiens, la Dalmatie: les Sarrasins, l'Asie, l'Afrique, & l'Espagne: Radagasse, Alaric, Attila, Genseric, Biorgue, Teodoric, tous Princes Barbares, oppresserent & sacagerent l'vn apres l'autre, l'Italie. Et pour quelle occasió s'est perdu l'Empire d'Oriët, sinon pource que l'Empereur Calloianj souldoya douze mille Turcs, contre ses ennemis; & puis donnât congé aux autres, en retint pres de luy, six mille? Ceux cy ayans cogneu, par longue experience, les lieux, allechez de la fertilité des pays, excités

GOVVERNEMENT D'ESTAT,

de la facilité de l'entreprinse, à cause de l'incapacité des Princes, discordes des Seigneurs, & debilité des forces induirent leur Seigneur Amurath, de passer auec soixante mille combatās, le destroit. Ainsi occuppans ores vne ville, ores vne autre, finalemēt Mahommet, par la prinse de Constantinople, ruina l'Empire d'Orient. Ces inconueniens que porte quant & soy la milice estrangere, furent cause que Charles VII. Roy de France ayant deliuré son Royaume des Anglois, institua, pour le pouuoir mieux defendre, vne milice de cinquante mille soldats: mais pource qu'ils cōmettoyent beaucoup d'assassinats & brigandages, Loys XII. les cassa, & se seruit, au lieu d'eux, des Suisses. François I. en apres ayant veu le danger de la France, pour la necessité qu'il

per l'incapacità de' Prencipi, discordie de Baroni, debolezza delle forze, indussero il lor Signore Amoratte a passar con sessanta mila combatteri, lo stretto. Così occupando di mano in mano hor questa, hor quella città, finalmente Maometto, con la presa di Constantinopoli, rouinò l'Imperio d'Oriente. Quest' inconuenienti, che porta seco la militia forastiera, furono cagione, che Carlo VII. Rè di Francia, hauendo liberato il suo Regno da gli Inglesi, instituì, per poterlo meglio difendere, vna militia di cinque mila fanti; ma perche costoro commetteuano de gli assassinamenti, e de' ladronecci assai, Ludouico XII. li cassò, e si seruì, in lor vece, de gli Suizzeri. Francesco primo poi, hauendo visto il peri-

colo della Francia, per lo bisogno, ch'ella haueua dell'aiuto straniero (che in varij modi gli era ò ritardato, ò indebolito, ò reso inutile, ò impedito affatto, per le pratiche de' nemici) instituì vna militia di cinquanta mila fatti, compartiti in sette legioni, nel 1534. ma essendo quasi estinta, fù poi rimessa sù dal Rè Arrigo, nel 1556. ma con poco frutto, per lo poco ordine, e mal gouerno. Il Rè di Siam, che hà sotto di se molti regni, non si vale nella guerra, se non de i proprij Siami accioche altri non sappia, benche siano suoi sudditi, la maniera, e i secreti della sua militia. Ma chi si serue (dirà alcuno) de' sudditi suoi nella guerra, e gli adestra nell'armi, non mai sarà pacifico Signore del suo Stato;

auoit du secours estranger (lequel en diuerses manieres, ou luy estoit retardé, ou affoibly, ou rendu inutile du tout, par les pratiques des ennemys) establit vne milice de cinquante mille soldats, departiz en sept legions, en l'an 1534. mais estant quasi estaincte, elle fut, depuis remise sus par le Roy Henry en l'an 1556. mais auec peu de fruict & aduancement, à cause du peu d'ordre & mauuais gouuernement qu'il y auoit. Le Roy de Siam qui ha souz luy, plusieurs Royaumes ne se sert en guerre que des propres Siamiens, à fin qu'autres ne sachent, bien qu'ils soyent ses subiects, la maniere & les secrets de sa milice. Mais celuy (dira quelqu'vn) qui se sert de ses subiects, en la guerre, & les rend adroits aux armes, ne sera iamais paisible Seigneur de son Estat; pource que le metier des armes fait l'homme hault à la main & braue, & audacieux, se promettant toute chose, de son espée.

Iura negat sibi nata, nihil non arrogat armis.

Ce que nous voyons estre aduenu en Flandre: où à cause des longues guerres, s'estans les peuples aguerriz, & acoustumez au sang, ayans faict paix auec les estrangers, ont tourné les armes contre la patrie, contre leurs propres Roys, contre la Religion, contre Dieu. Mais es choses humaines, & principallement, en la conduite des peuples, ne se peuuent euiter tous les inconuenients: c'est l'office d'vn sage Roy, d'obuier aux plus grands & plus dangereux. Or entre tous les maulx, ausquels vn Estat peut estre subiect, le plus grand est dependre des forces d'autruy: En tel

perche l'vso dell'armi fà l'huomo altiero, e brauo, confidente, e che si promette ogni cosa dalla spada.

Iura negat sibi nata, nihil non arrogat armis.

Il che veggiamo esser auenuto in Fiandra, doue essendosi, per le lunghe guerre, agguerriti, & insanguinati i popoli, fatta pace co' forastieri, hanno riuolte l'armi contra la patria, contra li Rè loro naturali, contra la religione, cōtra Dio. Ma non possono nelle cose humane, e massime ne' maneggi, e gouerni de' popoli, schiuarsi tutti gl'inconuenienti. è vfficio di Rè sauio ouuiare a' maggiori, e più pericolosi. Hor tra tutti i mali, a' quali vno Stato può esser soggetto, il più grande si è il dipendere dalle forze altrui: & in

LIVRE IX.   272

tal caso è, chi si serue, come di neruo principale, della militia forastiera. e con questo male s'accompagnano tutti quei disordini, che noi habbiamo commemorato di sopra, che sono tanti, e di tanta importanza, che, à paragon loro, quei, che si possono addurre per la parte contraria, sono poco più di nulla. Ma diciamo pure, ch'el disfidarsi de' sudditi suoi nasce da debolezza d'animo, e di giuditio. onde tutti i Rè di valore hanno messo ogni diligenza, per essercitare nell'arme i popoli loro. Salomone, *de filijs Israel non posuit vt seruirent operibus: ipsi enim erant bellatores, & duces, qui erudiebant populum.* Romolo, lasciando à gli stranieri le altre arti, come vili, & indegne

cas est celuy qui se sert, comme de nerf principal, de soldats estrangers, & à ce mal se ioignent tous les desordres que nous auons recité cy dessus, qui sont en si grand nombre & de si grande importance, qu'au regard d'iceux, ceux que l'on peut amener & mettre en auant, pour la partie contraire ne sont quasi rien. Mais nous disons, ce neantmoins que la deffiance qu'ha le Prince de ses propres subiects naist de la foiblesse de courage & de iugement. Et pour cete cause tous les valeureux Roys ont mis toute diligence de duire & exercer leurs peuples, aux armes. Salomon, *de filijs Israel non posuit, vt seruirent operibus: ipsi enim erant bellatores, & duces, qui erudiebant populum.* Romulus, laissant aux estrangers les autres arts, & metiers comme vils, & indignes d'vn homme vertueux & bien nay, ne consentit aux Romains autre chose, que l'Agriculture, & le metier des armes: & ne se lit pourtant, que par l'espace de CCXL. ans, iamais ils se soyent esleuez & reuoltez: ains ils faisoyent la guerre à leurs despens, auec obeissance & promptitude incroyable: car il y auoit bon ordre, & de bons gouuerneurs & entenduz. Alexandre le Grand exempta les Macedoniés de toute charge, hors mis de la milice & metier de la guerre. Geron Roy de Siragose trescelebre es histoires Romaines, se voulant establir en l'Estat, se desfit des soldats estrangers, en les laissant tailler en pieces: & ayant faict eslite des siens, il en composa vne valeureuse & fidele armée, auec laquelle, il se maintint honnorablement en l'Estat, tant qu'il vescut. Mais quoy? les

di vn' buomo virtuoso, e ben nato, non consentì a' Romani altro, che l'Agricoltura, e la militia; ne si legge però che per lo spatio di CCXL. anni si solleuassero, ne che tumultuassero mai; anzi militauano à loro spese, con obedienza, e con prontezza incredibile: perche gli ordini erano buoni, e'l gouerno in mano di chi l'intendeua, e vi attendeua. Alessandro Magno fece i Macedoni essenti d'ogni grauezza, fuor che della militia. Gerone Rè di Siragosa, celebratissimo nell' Historie Romane, volendosi stabilire nello Stato, si sbrigò, con lasciarli tagliar à pezzi, de soldati stranieri; e fatta scielta de' suoi, ne formò vn valoroso, e fedele essercito, col quale si mantenne honoratamente in Stato, mentre

LIVRE IX.

tre egli visse. Ma che? i Signori Venetiani, il Serenissimo di Savoia, il Duca di Toscana, non hanno vna buona militia, non la tengono viua, & in continoui essercicij? non però s'intende, che si sia mai ribellata, ò solleuata, ò c'habbia sottomesso il paese, ò assediato le strade, ò assaltato le Terre, ò turbato la pace publica; non fatto altro male. non sono difetti questi della militia nostrana, ma della disciplina, e del gouerno. Concludiamo dunque esser necessario, che 'l Prencipe adestri i sudditi suoi nell'arme; sì che le forze proprie siano le sostantiali, e le straniere l'accessorie. il che c'insegna Liuio, doue racconta la rouina de' due Scipioni: Id quidem, dice, cauendū semper Romanis Ducibus erit,

Ma che? les Seigneurs Venitians, le Duc de Sauoye, le Duc de Toscane ont ils pas vne bonne gendarmerie, viue, & en continuel exercice? l'on n'entend dire pourtant que iamais elle se soit rebellée, ou souleuée, ou qu'elle ait soumiz le païs, ou guetté les chemins, ou assailly les places, ou troublé la paix publique, ny faict autre mal. Ces defaults ne sont de nostre milice, mais de la discipline & du gouuernement. Nous concluons donc qu'il est necessaire, que le Prince rede ses subiects adroicts aux armes; de maniere que ses propres forces soyent les substantielles, & les estrangeres, les accessoires. Ce que nous enseigne Liuius, où il raconte la ruine des deux Scipions; *Id quidem* (dit il) *cauendum semper Romanis Ducibus erit, exemplaque hac verè pro docu-*

M m

mentis habenda, ne ita externis credant auxilijs, vt non plus sui roboris, suarumque propriè virium in castris habeat.

Mais pour maintenir en paix les soldats aguerriz, seruira & la seuerité de la discipline, & la paye en temps & lieu, de ceux là qui seruent: & iamais ne defaudront ny les Turcs, ny les Mores, ny les Sarrasins, contre lesquels iustement se puissent employer les armes. Mais c'est chose tresbien entendue, d'auoir quelque nombre de galeres, sur lesquelles puissent courir, & jetter le feu de leur jeunesse & ardeur de combatre contre les vrais ennemis, ceux qui ne se peuuent tenir en repos: car cela seruira de remede & de diuersion aux humeurs peccantes.

exemplaq; hęc verè pro documentis habenda, ne ita externis credant auxilijs, vt non plus sui roboris, suarumque propriè virium in castris habeat. *Ma per mantener i sudditi agguerriti in pace, gioueràe la seuerità della disciplina, e'l pagar à' suoi tempi quei, che seruono: e non mancheranno mai e Turchi, e Mori, e Saraceni, contra i quali si possino giustamente adoperar l'armi. Ma cosa benissimo intesa è il tener qualche numero di galere, sù le quali possano andar in corso, e sfogar la lor giouentù, e brauura, contra i veri nemici, quei, che non sanno star in pace: perche questo seruirà di rimedio, e di diuersione à gli humori peccanti.*

LIVRE IX.

Della scelta de Soldati. / De l'eslite des soldats.

HOr la prima via di far i tuoi soldati arditi, e valorosi, sarà il deletto, ò vogliono dire scelta: perche non tutti sono atti d'animo, non disposti di corpo à durare i trauagli, & i disagi della militia: à star saldi al freddo, & al caldo, al Sole, alla Luna, alla fame, & alla sete; non à passare i giorni intieri senza riposare, e le notti senza dormire; non à varcare vn rapido torrente à guazzo, à saltar vn fosso, à scalare vn muro; ad accettare, come il giouinetto Dauid, vna disfida; à far testa ad vn' improuiso assalto; a farsi incontro alla furia del fuoco, alla tempesta delle cannonate, alla procella dell'archi-

OR le premier moyé de faire les soldats d'vn Prince, hardiz & valeureux, sera le choix, ou eslite: car tous ne sont pas propres d'esprit, ny de corps disposez à endurer les trauaulx & incommoditez de la guerre; à resister & demeurer fermes au froid & au chauld, au Soleil, à la Lune, à la faim & à la soif, ny à passer les iours entiers, sans reposer, & les nuicts sans dormir; ny à trauerser vn roid de torrent à nage; à saulter vn fossé, à escheller vne muraille; à accepter, comme le jeune Dauid, vn deffy: à faire teste à vn assault venant à l'improuueu: à s'opposer à la furie du feu; à la tempeste des canonnades, à l'orage & gresle des harquebusades, aux nuages des

M m ij

chaulx viues, des huiles ardents, des feux artificiels: ny à exposer la vie, ny à desfier la mort en mille manieres. Pour cete cause, le Prince ne se doit fier à chacun: pource que les couards, en maniere de brebis galeuses, auiliront aussi les hardiz; & au contraire, les valeureux estans ensemble, augmentent de cœur & de forces. A cete fin, Dieu commanda aux Capitaines des Iuifs, deuant que mener l'armée à la guerre, qu'ils s'auançassent, & dissent aux soldats,

Quis est homo formidolosus, & corde pauido? vadat & reuertatur in domum suam, ne pauere faciat corda fratrum suorum, sicut ipse timore perterritus est.

Et pource que l'amour de la famille, & des maisõs basties, & des vignes

bugiate, à i nembi delle calcine viue, de gli olij ardenti, de' fuochi lauorati; non à risicare la vita, non a sfidare la morte in mille maniere. Per ciò non ti deui fidare d'ogni vno, perche i codardi, a guisa di pecore scabbiose, auilliranno anço gli arditi; & all'incontro, i valorosi, adunati insieme, accrescono d'animo, e di forze. A questo fine Dio ordinò à Capitani de' Giudei, che prima di condurre l'essercito alla guerra, facendosi innanzi, dicessero a gli armati,

Quis est homo formidolosus, & corde pauido? vadat, & reuertatur in domum suam, ne pauere faciat corda fratrum suorum, sicut ipse timore perterritus est. *E perche l'amor delle spose, e delle case fabricate, e del-*

le vigne piantate di nuouo, e di simili altre delitie, ò commodità suole ritirar gli huomini da' pericoli della guerra, e farli piu amici della vita, che dell'honore; non vuole, che ne anco questi siano ammessi al rollo de' soldati. Il che osseruando Giuda Machabeo, benche contra vn'essercito infinito d'idolatri hauesse pochissima gente, nondimeno, Dixit his qui ędificabant domos, & sponsabant vxores, & plantabant vineas, & formidolosis, vt rediret vnusquisque in domum suam. Sempre i gran Capitani hanno fatto piu conto della bontà, che della moltitudine de' soldati. Alessandro Magno con trenta mila fanti, e quattro mila caualli soggiogò tutto Oriente. Annibale, volendo

plantées de nouueau, & de semblables autres delices ou commoditez, ha coustume de retirer les hommes des dangers de la guerre, & les faire plus curieux de la vie que de l'honneur; il ne veult pas que ceux cy soient admis au roolle des soldats. Ce qu'obseruant Iudas Machabeen, bien qu'il eust vn trespetit nombre de gensdarmes contre vne puissāte & infinie armée d'idolatres : ce neantmoins, *Dixit his, qui ædificabant domos & sponsabant vxores; & plantabāt vineas, & formidolosis, vt rediret vnusquisque in domum suam.*

Tousiours les grāds Capitaines ont faict plus d'estat de la bonté que de la multitude de soldats. Alexandre le Grād, auec trente mille hommes de pied, & quatre mille cheuaulx, subiugua tout l'Orient. Annibal voulant passer à l'entre-

Mm iiij

ptinse d'Italie & de Rome, renuoya en leurs maisons, sept mille Espagnols, esquels il auoit recogneu quelque timidité, estimant que telle maniere de gens luy seroiēt plus nuisibles que profitables. Le Comte Alberic de Cunio, remit en honneur la gendarmerie Italienne, qui estoit quasi infame, au moyen d'vne armée de soldats d'elite, qu'il appella la ligue de S. Georges; auec cete armée, il chassa d'Italie, les Anglois & Bretons, & les autres nations de delà les monts, qui l'auoyent, vn long temps, trauaillée. L'on scait de Georges Castriot, qu'en tant de batailles qu'il ha eu contre les Turcs, iamais n'ha tenu souz ses enseignes, plus de six mille cheuaulx, & trois mille braues soldats, auec lesquels il ha recouuré & defendu son petit Estat, & s'emporté victoires

passare all'impresa d'Italia, e di Roma, rimandò a casa sette mila Spagnuoli, ne' quali haueua scorto qualche timidità, stimando, che simil gente douesse più nuocere, che giouare. Il Conte Alberico da Cunio rimise la militia Italiana, quasi infame, in qualche consideratione, con vn essercito di eletti soldati, ch'egli chiamò la lega di S. Giorgio: con questo cacciò d'Italia gl'Inglesi, i Bertoni, e gli altri Barbari oltramontani, che l'haueuano lungo tempo lacerata, e mal concia. Di Giorgio Castriota si sà, che in tante battaglie, ch'egli fece co' Turchi, non hebbe mai sotto l'insegne più di sei mila caualli, e tre mila fanti spediti, co' quali ricuperò, e difese il suo picciolo stato, e riportò gloriosissime vittorie d'Amoratte, e di Mahumetto, Prencipi de' Turchi. In omni prælio (dice Vegetio) non tàm multitudo, & virtus indocta, quà ars, & exercitium solent præstare victoriam. Nel fare scelta, sarebbe cosa desiderabile, che i soldati fossero tutti ambidestri come voleua Platone; cioè, che si valessero non meno della mancina, che della destra mano. il che egli pensaua poterſi fare per via d'vn lungo essercitio; e nella Scrittura leggiamo di settecento cittadini di Gabaa, che si valeuano della mancina, come della destra. Ma lasciamo considerare ciò ad altri; come anche di qual natione, & statura, essercitio, fisionomia debbano eleggersi i soldati; per essere state queste cose trattate diffusa-

tresglorieuses d'Amurath & de Mahommet, Princes des Turcs. In omni prælio (dit Vegetius) non tam multitudo & virtus indocta, quàm ars & exercitium solent præstare victoriâ. Pour faire eſlite, ſeroit choſe deſirable, que les ſoldats, comme le vouloit Platon, s'aidaſſent auſſi bien de la main ſeneſtre que de la droicte, au combat: ce qu'il penſoit ſe pouuoir faire par le moyen d'vn lõg exercice. Et nous liſons en l'Eſcriture, de ſept cens citoyens de Gabaa, qui s'aydoient de la ſeneſtre comme de la main droicte. Mais laiſſons conſiderer cela aux autres: comme auſſi de quelle nation, ſtature, exercice, & phyſiognomie, ſe doiuent eſlire les ſoldats; pour auoir ces choſes eſté amplement traittées par diuers auteurs. En ſomme, qu'ils ſoyent de

M m iiij

corps agile, robuste & endurant la peine: de cœur promt, hardy & courageux: d'aage de vingt ans, iusques à soixante, ou plus, selon la complexion. Les Romains vouloyent, outre cela, qu'ils fussent bien naiz & de louables mœurs.

mente da diuersi Scrittori. Ma in somma, siano di corpo agile, e robusto, e toleranti; d'animo pronto, ardito, e coraggioso; d'età da i venti anni sino à sessanta, ò ò anche di più tempo, secondo la complessione. I Romani voleuano, che oltra à ciò, fossino ben nati, e di costumi lodeuoli.

Des armes.

LA valeur s'augmente aussi, par la qualité des armes, tant deffensiues qu'offensiues. Pour cete cause, les Poetes feignent que les Dieux ont forgé les armes à ce grands personnages qui sont par eux celebrez: & noz Auteurs de Romants feignent les escuz & cuiraces enchantées, pour demonstrer que les forces croissent auec la bonté des instrumēts qui se mettent en besongne.

Dell' armi.

S'Accresce anche il valore con la qualità dell' armi, così defensiue, come offensiue. Onde i Poeti fauoleggiano, che à quei grandi personaggi da loro celebrati, fossero fabricate l'armi da gli Dei & i nostri Scrittori di Romanzi fingono scudi, e corazze incantate, ò affatate; per dimostrare, che le forze crescono con la bontà de gli stromenti, che si

adoprano. E perche spe-
tie di arme è il cauallo,
attribuiscono ancora à
quei loro Heroi mira-
colosi destrieri. Gioua
dunque prima l'arma
difensiua; perche biso-
gna presupporre, che il
soldato, che non si sente
guarnito, e coperto di
piastra, ò di maglia,
metterà la speranza
della sua salute più nel-
le gambe, che nelle brac-
cia; e penserà più al
fuggire, che al combat-
tere. il che è vero anco
ne' caualli, che armati
di barde sono più ani-
mosi, che quelli, che si
menano nudi alla guer-
ra. La fanteria Roma-
na, quando l'arte mili-
tare fioriua, soleua
combattere tutta ar-
mata; ma dismettendo
à poco à poco l'essercì-
tio, che non l'vsanza
quotidiana allegerisua
il peso, cominciarono a
parerle troppo greui
l'armi. si che doman-

Et pource que le cheual
est vne espece d'armes,
ils donnent aussi à leurs
Heroz, cheuaulx mira-
culeux. Premierement
donc sert l'armeure de-
fensiue; car il fault pre-
supposer, que le soldat
qui ne se sent garny &
couuert de plastron ou
de maille, mettra l'espe-
rance de sa vie plustost
en ses jambes, qu'en ses
bras; & pensera plustost
à fuir qu'à combatre.
Ce qui est aussi veritable
es cheuaulx, lesquels ar-
mez & bardez sont plus
courageux que ceux là,
que l'on meine nuds, à la
guerre. L'Infanterie Ro-
maine, lors que l'art militaire florissoit, auoit coustume de combatre tou-
te armée: mais delaissant
peu à peu le metier des
armes & exercice, qui par
l'vsage ordinaire, eust
rendu la charge legere,
les soldats commance-
rent à trouuer les armes
trop pesantes: de ma-

niere qu'ils demanderent congé & permiſſion à l'Empereur Gratian, premierement de laiſſer les cuiraces, & puis les morions: & pour cete cauſe, depuis eſtans venuz aux mains contre les Gots, ils furent aiſement vaincuz. Les armes défẽſiues doiuent eſtre de bõne trẽpe, pource qu'elle eſt meilleure; & outre cela, doiuẽt eſtre legeres & aiſées à manier: legeres, à fin qu'elles n'empeſchẽt, par la peſanteur, les ſoldats. Tacitus raconte qu'en la guerre Sacrouiraine, les ennemys eſtoiẽt armez, d'armes ſi peſantes, qu'ils en demeuroyent immobiles: & pourtant les Romains employerent les haches & cõgnées, pour les rompre; comme s'ils euſſent deu abbatre vn mur: les autres, auec des fourches, & autres ſemblables inſtruments iettoyent par terre les hommes ainſi lourdement &

darono dall'Imperatore Gratiano licenza di laſciar prima le corazze, e poi morioni: onde venuti poi alle mani cõ Gotti, reſtarono facilmente vinti. Deuono l'arme defenſiue eſſere di buona tempra; perche queſta aſſicura meglio; & oltre à ciò leggiere, e ſpedite. Leggiere, acciò che non ſiano di gran peſo, e perciò d'impaccio a ſoldati. Racconta Tacito, che nella guerra Sacrouirana, i nemici erano armati tanto greui, che ne reſtauano immobili; onde i Romani adoprarono le ſecuri, e le acette, per romperle; quaſi come ſe haueſſero douuto abbattere vn muro: altri con forche e con ſimili iſtromenti, giſtauano à terra gli huomini coſi goffamente armati. Iſicrate, Capitano di gran ſenno, conſiderando di quanta impertanza sia in vn soldato la leggierezza, e l'agilità, mutò i petti di ferro in petti di panno lino, (Homero dà a Aiace Oileo anima della medesima materia) e ridusse le targhe, e i brocchieri à minor forma. Deuono anco essere spedite, e che si possono facilmente maneggiare, e volgere, accio che non siano d'impedimento, e d'intrico. Onde Dauid risiutò l'arme offerteli da Saul perche li pareua d'esser dentro ad vn sacco, oue hauesse perduta l'agilità, e la destrezza. & in questa parte i corsaletti Tedeschi sono di gra lunga migliori, che gl'Italiani. e di quà auiene, che più presto, e senza l'aiuto d'altri, s'arma il Tedesco, che l'Italiano. Deuono finalmente essere di buona forma, e proportionata alle persone. Scriue Li-

sottement armez. Iphicrates Capitaine de grād sens & jugement, considerant de quelle importāce est à vn soldat, la legereté, & l'agilité, changea les poitrines de fer, en poitrines d'estoffe de lin (Homere dóne à Aiax Oileus, vne ame de la mesme matiere) & fit faire ler targes & rondaces, de plus petite forme. Elles doiuent aussi estre fort aisées à manier & tourner, sans donner aucun empeschement aux soldats. Pour cete cause, Dauid refusa les armes, qui luy furent offertes par Saul, pource qu'il pésoit estre dedans vn sac, les ayant sur le dos, où il eust perdu l'agilité & l'adresse. Et en cet endroit les corselets Tudesques sont de beaucoup meilleurs que les Italiés: Et de là vient, que plustost, & sans l'ayde d'autruy, l'Allemand s'arme plustost que l'Italien. Ils doiuent finalement estre de bonne forme, & proportionnée aux personnes. Liuius escrit que les lôgs boucliers, mais estroits, ne pouuoyent bien couurir les grands & gros corps des Gaullois, & que pour cete raison, ils demeuroyent exposez aux coups des Romains. Mais mon intention n'est pas descrire icy, quelle forme doit auoir le morion & le corselet, & autres armeures defensiues; il suffit de noter les qualitez qui leur conuiennent. C'est à faire au Prince de voir de quelle forme & maniere sont les armes vsitees de son peuple, & s'il est besoin, par l'aduis d'hommes à ce entéduz, leur en donner vne meilleure, à l'exemple des Romains, lesquels, encores qu'ils fussent d'esprit & iugement singulier, n'eurent point de honte de prendre la forme des armes des Samnites. En

nio, che gli scudi lunghi, ma angusto, mal poteuano coprire i corpi grandi, e grossi de' Galli; e però restauano esposti a' colpi de' Romani. Ma non è mia intentione il descriuer qui qual forma debba hauer il morione, e'l corsaletto, e l'altre parsi dell' arma defensiua; basta accennare, e mettere in consideratione le qualità che le conuengono. Toccarà poi al Prencipe veder quali siano quelle, che'l suo popolo vsa; e se bisogna, col parer d'huomini intendenti, migliorarle, ad essempio de' Romani, che quantunque fossero d'animo, e di giudicio singolare, non si recarono però à vergogna il prender la forma dell'armi da' Samniti. in somma l'arme difensiue debbono esser di tal sorte, che sì come esse difendono il solda-

to, cosi egli possa difender loro. Le offensiue tanto sono migliori, quanto sono più spedite, e più fine, e quanto offendono più da lontano. Debbono essere spedite, acciò stanchino meno, e si possino più spesso tirare, ò lanciare: Fine, affinche si possino più tempo adoperare. Da lontano debbono offendere, acciò che faccino tãto maggior nocumento à nemici, prima che si accostino à noi: perche tirando lontano, potrà esser, che tu scarichi, per essempio, l'archibugio tre volte nel medesimo tempo, che l'auuersario, che non l'hà così lungo, non lo sparerà più di due. cosi tu il verrai ad auanzare di vn terzo: il che è tanto, come se tu hauessi tre mila archibugieri, & egli due; se ben non saranno se non due mi-

somme, les armes defensiues doiuent estre de telle sorte, que cõme elles defendent le soldat, ainsi il les puisse defendre. Les offensiues sont dautant meilleures, qu'elles sont plus maniables & plus fines, & qu'elles offensét de plus loin. Elles doiuét estre legeres & maniables, à fin qu'elles lassent moins, & que plus souuent elles se puissent tirer ou lácer: fines, à fin qu'on s'en puisse seruir plus lõg temps. Elles doiuent offenser de loin, à fin qu'elles fassent plus de dommage aux ennemys, deuant qu'ils s'approchent de nous, pource que tirãt loin, pourra estre, pour exemple, que tu deschar ges l'harquebuse trois fois, au mesme téps, que l'aduersaire qui ne l'ha pas si longue, ne la tirera pas plus de deux; ainsi tu l'aduanceras & passeras d'vn tiers: ce qui est autant que si tu auois trois mille harquebusiers, & luy, deux bien que ne se trouuent que deux mille, de chacune part. Pour cete cause Vegetius escrit, que les Martiobarbules soldats, que Diocletian & Maximian, depuis appellerent Iouiens, & Herculeens, donnerent plusieurs victoires glorieuses aux Empereurs Romains, pource qu'au moyen de certains dards, ils frappoyent les hômes & les cheuaux, *priusquam non modò ad manum, sed ad iactum potuerit peruenire*. Le mesme aduantage dôna plusieurs victoires aux Parthes, en la guerre côtre les Romains, pource que les sagettes des Parthes atterroyent les Romains deuant qu'ils se peussent seruir de leurs jauelots. Les Anglois ont aussi emporté glorieuses victoires des François auec leurs sagettes: Cete consideration ha introduit les harquebusiers,

la per parte. Onde scriue Vegetio, che i Martiobarbuli, soldati, che poi Dioclitiano, e Massimiano chiamarono Gioui, & Herculei, diedero molte gloriose vittorie a gli Imperatori Romani; perche con certi dardi feriuano gli huomini, & i caualli, *priusquam non modò ad manum, sed ad iactum potuerit peruenire*. Il medesimo vantaggio diede molte vittorie a' Parthi nella guerra co' Romani; perche le saette de' Parthi atterrauano i Romani prima ch'essi potessino preualersi de' pili. gl'Inglesi ancora riportorono gloriose vittorie de' Francesi, con le saette. Questa auertenza hà introdotto gli archibugioni, i quali senza dubbio, hanno dato molte vittorie al Rè Catolico ne' paesi bassi, & i Raitri, che portano à cauallo quatro, e sei archibugietti per viso, non hanno mai fatto fattione d'importanza, per la breuità del tiro di quei loro ordegni, & in tanto essi sono percossi, & abbattuti da' più lunghi archibugi. anzi Francesco Duca di Guisa li mise in rotta, & in fuga à Ranti con le lancie. Isicrate Ateniese raddoppiò à tal'effetto la lunghezza dell'hasta, e fece le spade più lunghe.

lesquels, sans doute, ont donné beaucoup de victoires au Roy Catholique, és pays bas. Et les Reistres qui portét à cheual quatre & six pistolets chacun, n'ont iamais faict chose d'importâce, pour ce qu'ils ne tirent loing, en leurs rangs: cependât ils sont frappez & abbatuz par les plus longues harquebuses. Ainsi François Duc de Guise les mit en route et en fuite, à Râty, auec des lances. Iphicrates Athenien, pour cét effect, redoubla la longueur de la halebarde, & fit les espées plus lôgues.

De gli ornamenti dell'arme.

Des ornemens des armes.

SI può in questo luogo disputare, se sia bene il concedere à soldati l'uso dell'arme indorate, inargentate, ò in altro modo riccamente adorne. E vi sono essempi, e ragioni, che rendono l'u-

ON peut debatre en ce lieu, si c'est bien faict d'octroyer aux soldats l'vsage des armes dorées, argentees, ou autrement enrichies & ornees. Et se remarquent exemples & raisons, qui rendent l'vne & l'autre

GOVVERNEMENT D'ESTAT,

partie probable. Sertorius & Cesar vouloyent que leurs soldats portassent les armes dorees & argentees: & leurs casaques pompeuses & remarquables, pour leurs belles & diuerses couleurs. D'autre costé, Annibal blasmoit, en l'armée d'Antiochus les riches armes & vestemés, demonstrant que cete richesse là estoit plus propre à inciter l'auarice & conuoitise des ennemys, que les combatre & offenser. Et Mithridates, ayant esprouué que ses armées, auec les armes dorées & riches, auoyent esté mises en route & desfaictes par les Romains, laissant la pompe, & les riches armes, fit courir & armer ses soldats simplement d'acier & de fer, bien que tard. Mais concluons, que l'on doit permettre aux soldats toutes les choses, qui les rendent braues & coura-

na, e l'altra parte probabile. Sertorio, e Cesare valeuano, che i loro soldati portassero l'arme messe à oro, & ad argento; e le casacche pompose, e per varietà, e vaghezza di colori, riguardeuoli. Dall'altro canto Annibale biasimaua nell' essercito di Antioco la ricchezza dell'armi, e delle vesti; dinostrando, esser più atta ad incitare l'auaritia, e cupidità de' nemici, che à combatterli, & à ferirli. E Mitridate, hauendo prouato, che gli essherciti suoi con l'arme indorate, & adorne erano stati rotti dà Romani, lassando la pompa, e gli ornamenti riduss la sua militia, benche tardi, all' acciaio, & al ferro. Ma concludiamo, che si deuono permettere à soldati tutte quelle cose, che li rendono animosi e br-

e braui, e più spauento-si, e più terribili a' ne-mici; frà le quali senza dubbio è la bellezza, e magnificēza dell'armi. Per questo sono sempre stati in vso i cimieri, e le creste, e le diuerse inuentioni da portare in testa, e di aggrandi-re, e render le persone maggiori dell'ordina-rio, così à piede, come à cauallo. E se Anniba-le diceua, che gli ador-namenti, e la ricchez-za dell'armi accende-ua l'auaritia, e la cu-pidità de' nemici. Ce-sare Capitano, non mi-nor d'Annibale, stima-ua che la bellezza, e splendidezza dell'arme ne rendesse i suoi sol-dati più tenaci, e gelosi. Milites (dice Sueto-nio) habebat tàm cultos, vt argento, & auro politis ar-mis ornaret simul, & ad speciem, & quò tenaciores eo-	courageux, & plus es-pouuantables & terri-bles aux ennemys, entre lesquelles sans doute, est la beauté & magnificen-ce des armes. Pour cete raison ont tousiours esté en vsage, les cimiers & les crestes, & les diuerses inuentions d'accoustre-mens de teste, pour ren-dre les personnes plus grandes que l'ordinaire, tant à pied, qu'à cheual. Et si Annibal disoit que les ornemens & la riches-se des armes enflammoit l'auarice & la conuoitise des ennemys. Cesar, qui n'estoit moindre Capi-taine qu'Annibal, esti-moit que la beauté & ri-chesse des armes rendist ses soldats plus coura-geux & plus fermes au combat. *Milites* (dit Sue-tonius) *habebat tam cul-tos, vt argento & auro po-litis armis ornaret simul, & ad speciem, & quò tenaciores eorum in prælio essent, metu damni.* Et Agesilaus pro-

posoit grands salaires aux soldats, qui comparoistroient auec les armes mieux dorées & ornées. Mais parauanture seroit ce bien faict, que l'on n'octroyast, aux armeures, l'or & l'argent à personne, hors mis seulement aux vieilles bandes & à ceux qui se seroyent trouuez en plusieurs batailles, ou qui seroyent seignalez de quelque faict memorable.

Ainsi nous lisons qu'Alexandre le Grand, ne donna les armes argentées à ses tres-valeureux soldats, qui furent pour cete cause, appellez Argyraspides, sinon apres auoir vaincu les Perses & donté l'Orient. Ie ne voudroy pourtant, que le General fust pompeux & magnifique, pour ne donner exemple aux autres: & par ce moyen induire les Chefs & toute

to in spesa, & in miseria : cosa auenuta in qualche luogo, ch'io nõ voglio nominare.

l'armée à se consómer en despense, & de la reduire en misere: chose aduenue en quelque lieu que je ne veux nommer.

Dell' ordinanza.

De l'Ordonnance.

SI come la bontà d'vna fortezza cõsiste più nella forma, che nella materia ; cosi la fortezza d'vn essercito stà più presto nell'ordine, che nel numero, ò in altra cosa. Onde la Chiesa è chiamata terribile, à guisa di vn essercito ben ordinato. Ordine, ouer ordinanza chiamo il modo, col quale i soldati si schierano, e si mettono in battaglia; il quale è di tanta importanza, che da lui dipende, in gran parte, la vittoria. Conciosia che, mentre l'ordinanza stà ferma, l'essercito non può esser rotto; e rotto si dice ogni volta, che

Comme la bõté d'vne forteresse consiste plus en la forme qu'en la matiere : ainsi la force d'vne armée, gist plustost en l'ordre, qu'au nombre, où en autre chose. Pour cete cause, l'Eglise est appellée terrible, en la maniere d'vne armée, qui est bien en ordre. I'appelle ordre ou ordonnance, le moyen par lequel les soldats se rangent & mettent en bataille ; lequel est de si grande importance, que de luy depend, en grande partie, la victoire; veu que ce pendant que l'armée demeure ferme en ordõnance, elle ne peut estre rompue ; mais facilement elle se rõpt, quand

N n ij

l'ordre se perd, par le desordre. Deux peuples, pour leurs grandes entreprinses & victoires obtenues, ont esté tresglorieux, les Macedoniés & les Romains. Les Macedoniens dontetét l'Asie, par leurs Phalanges, (ainsi appelloyét ils leurs trouppes:) les Romains tout le monde, par leurs Legions. C'estoient deux manieres d'ordonnances de guerre, que l'on ne pouuoit quasi vaincre ou surmóter; mais la Legion estoit beaucoup mieux ordonnée que la Phalange; pource qu'estant cete cy comme toute d'vne piece & d'vn corps entier, composé d'vn gros nombre de soldats, lesquels auec leurs piques entrelacees ensemble en maniere d'vne espaisse haye, n'auoit agilité au mouuement; & estant serrée ne se pouuoit quasi remuer: n'estant serrée, ne valloit rien; &

l'ordinanza si scompiglia, e si disperde. Due popoli, per grandezza d'imprese fatte, e di vittorie conseguite, sono stati gloriosissimi, i Macedoni, & i Romani. i Macedoni domarono l'Asia con la Falange; i Romani tutto il mondo con la Legione. Queste erano due forme d'ordinanze militari, quasi insuperabili: ma molto meglio intesa, & ordinata era la Legione, che la Falange: perche essendo questa quasi tutta d'vn prezzo, e d'vn corpo intiero, che constaua d'vn grosso numero di soldati, che con aste, ò sarisse, che vogliamo dire, intrecciate insieme, à guisa d'vna folta siepe, non haueua agilità nel moto; e serrata non si puoteua quasi muouere; non serrata nulla valeua; e perciò non era buona, se non ne' luoghi piani: perche ne gli inequali necessariamente s'interrompeua, e si scopriua. come auenne nella battaglia trà Paolo Emilio, è l Rè Perseo. Ma la Legione, essendo come vn corpo composto di più membri, (perche vi erano tre sorti di soldati, prencipi, hastati, triarij, diuisi in cohorti; e le cohorti in centurie; e le centurie in contubernij, ò manipoli) era più snodata, e più agile; e per conseguëza più atta ad ogni fattione da guerra. onde fece gli effetti, che si sà. nella Falange, perche era disposta per sile, quei di dietro entrauano nel luogo de gli anteriori, stati morti, ò abbattuti: e marciaua sempre con vna sola testa, e cō vn corpo, simile à vn porco spino. Nella Legione, perche era distinta ne' tre ordini su-

pourtant n'estoit bonne qu'en pleine campagne, pource qu'és lieux inegaulx, necessairemēt elle estoit rompue, & se descouuroit: comme il aduint en la bataille, entre Paul Emile, & le Roy Perseus. Mais la Legion estant comme vn corps composé de plusieurs membres (car elle comprenoit trois sortes de soldats, Princes, lanciers, triariens, diuisez en cohortes: & les cohortes en centuries: & les centuries en manipules) elle estoit plus desnouée, & plus agile, & par consequét, plus propre à toute factiō de guerre. Et pourtāt elle ha faict les effects que l'on sçait. En la Phalāge, pource qu'elle estoit disposée par rangs, ceux de derriere entroyent au lieu des premiers, tuez ou abbatuz: & marchoiēt tousiours auec vne seule teste, & auec vn corps, sēblable à vn Porc espic ou espineux. En la Legió, pource qu'elle estoit distinguée es trois susdicts ordres, quand les lanciers estoyent rabbatuz, ils se retiroyent entre les rangs des Princes; & ceux cy, es rangs des triariens: & pour cete cause les rangs du second & troisiesme ordre estoient plus rares; & tous estoiẽt obliques, pour faciliter la retraite & l'aduancement. Et pour cete cause, la Phalange se pouuoit cõsommer plustost que rompre: mais pour rompre la Legion, il failloit vaincre trois batailles. Les Suisses auec leurs bataillõs, imitent plus la Phalange, que la Legion: & au lieu de l'ancien jauelot ou long bois, ils se seruent de la pique, armeure par eux trouuée contre la cauallerie de ceux d'Austriche. Liuius escrit des Celtiberiens, qu'es dernieres necessitez des batailles, ils formoyẽt quasi vn coin,

detti, se gli hastati erano ribbattuti, si ritirauano tra le file de' prencipi, e questi de' triarÿ: e perciò le file del secondo, e terzo ordine erano più rare, e tutte erano oblique, per facilitare la ritirata, e l'auanzaméto. onde la Falange si poteua consumare anzi, che rompere. ma per rompere la Legione, bisognaua vincere tre battaglie. Gli Suizzeri imitano co' lor battaglioni la Falange più, che la Legione: in vece della sarissa vsano la picca, arma ritrouata da loro contra la caualleria de gli Austriaci. De' Celtiberi scriue Liuio, che nell' vltime necessità delle battaglie, formauano quasi vn conio.

Quo tantum valent genere pugnæ, vt quacunque parte perculêre, impetu suo sustineri nequeant. Siface Rè potentissimo de' Numidi, essendo pari à Cartaginesi di ricchezze, e di moltitudine d'huomini era loro di gran lunga inferiore nell' ordine della militia pedestre: concioßa che non haueua arte, ne forma alcuna di mettere in schiera, & in ordinanza le sue genti. Per la qual cagione pregò i Romani, co' quali haueua fatto amicitia, che li dessero alcuni centurioni, per la cui opera il suo popolo fosse instrutto a seguitar l'insegne, a marciare, a seruar l'ordine, e l'altre cose militari. il che hauendo ottenuto, sentì presto il frutto dell' ordinanza: perche, venuto à fatto d'arme co' Cartaginesi, ne restò, in vna gran battaglia, vincitore. L'esperienza poi ci hà mostrato, che la militia Italiana non è in ripu-

Quo tantum valet genere pugna, vt quacüque parte perculere, impetu suo sustineri nequeant. Siphax trespuissant Roy des Numidiens, estant egal aux Carthaginois, & de richesses & de multitude d'hommes, leur estoit de beaucoup inferieur en l'ordre de la milice de pied; veu qu'il n'auoit moyen ny forme aucune d'ordonner ses soldats & les mettre en bataille. Pour cete cause, il pria les Romains, auec lesquels il auoit faict amitié de luy donner quelques Centeniers, par le moyen desquels, ses gens de guerre fussét instruicts à suiure les enseignes, à marcher & garder l'ordre, & faire le deuoir militaire: Ce qu'ayant obtenu, il esprouua bien tost, le fruict de l'ordónance; pource qu'estant venu au combat contre les Carthaginois, il demeura victorieux, en vne grande bataille. L'experiéce nous

N n iiij

GOVVERNEMENT D'ESTAT,

ha monstré depuis, que la milice Italiéne n'est en aucune reputation par faulte d'ordre: & n'est sage Capitaine celuy, qui se fie aux soldats Italiens en campagne, à l'encótre des Alemans & des Suisses: & les Venitians en peuuent rendre tesmoignage; lesquels pour n'auoir eu autre Infanterie que Italienne, ont esté vaincuz toutes les fois qu'ils se sont frottez aux armées d'outre les móts, à Roueredo, à Carauaggio, à Vailà: Et les Alemans & les Suisses se maintiennent en reputation de bons soldats, non pour autre chose que pour leur ordonnance: car de jugement, de vigueur d'esprit, de diligence, d'agilité, ils ceddent tres-volontiers aux Italiens, comme font aussi les François & les Espagnols; comme s'est veu en tous les combats particuliers qui se sont faicts

tatione alcuna, per mãcamento d'ordinanza: e non è Capitano sauio colui, che si fida de' soldati Italiani in campagna all'incontro de' Tedeschi, e de gli Suizzeri. & i Venetiani ne possono rēdere testimonianza: i quali, per non hauer hauuto altra fanteria, che Italiana, sono stati vinti, quante volte si sono affrontati con esserciti Oltramõtani, a Roueredo, a Carauaggio, a Vailà: & i Tedeschi, e gli Suizzeri si mantengono in riputatione, & in conto di buoni soldati, non per altro, che per l'ordinanza. perche di accorgimento, di vigor d'animo, di diligenza, di agilità cedono di gran lunga a gli Italiani, come anco gli Spagnuoli, & i Frãcesi: come si è visto in tutti gli abbattimenti particolari, che si sono fatti tra soldati Italiani, e delle sudette nationi, così a piede, come a cauallo, a Trani, a Quarata, ad Asti, a Siena, & altroue: nondimeno cedono poi nelle giornate reali. il che auuiene non per altro, se non perche nelle giornate gli Oltramontani vicono d'ordine; che, ne gli abbattimenti singolari non hà luogo. Generalmente parlando, quella forma d'ordinanza sarà migliore, che hauerà più dello spedito, e dell'agile: perche sì come nel soldato è di più importanza la dispostezza, che la robustezza; così anche in tutto vno essercito.

entre les soldats Italiens, & ceux des susdictes natiõs, tant à pied qu'à cheual, à Trani, à Quarata, à Asti, à Siene, & ailleurs : & ce neátmoins, ils cedd-ent es batailles reelles & rangees : ce qui n'aduient par autre chose, sinõ pource qu'es batailles assignées ceux d'outre les monts surmontent d'ordre ou ordonnance, qui n'ha point de lieu es combats singuliers. Parlant generalement, la forme d'ordonnance sera meilleure, qui tiendra plus du leger & agile; car comme au soldat, la disposition est de plus grande importance, que la force; ainsi est il en vne armée.

Della giustitia della causa.

De la Iustice de la cause.

S'Auuiua grandemente il valore cõ la giustitia della causa: perche colui, che hà

LA valeur accroist fort par la iustice de la cause: pource que celuy qui ha raisõ est tousiours

accompagné de bonne esperance; qui luy hausse le courage; pource que *Spes addita suscitat iras.*

Et l'ire est la meule de la force. Celuy qui est accompagné de la iustice, poursuit courageusemēt sa cause, & s'expose auec plus d'asseurance, aux dangers. Dauantage, les subiects seruent promtement le Prince, & le secourent de leurs biens. Ioinct que d'vne plus grande indignation, & vehemence est meu celuy, qui repousse l'iniure, que celuy qui la faict. Au contraire, celuy qui se mouue iniustement doit tenir pour certain qu'il ha Dieu contraire : & cete seule opinion suffit à esneruer, & priuer les soldats de courage & de forces. Le Prince doit donc, & le Capitaine faire en sorte, que ses gens tiennent la guerre,

ragione, è sempre accompagnato da buona speranza, che li rinforza l'animo: perche, *Spes addita suscitat iras.*

E l'irà è la mola della fortezza. Chi è accōpagnato dalla giustitia, prosegue la sua causa animosamente, e si espone con più sicurezza a' pericoli. Di più, i sudditi seruono prontamente il Prencipe, e'l soccorrono de' lor beni. Aggiungi, che con maggiore sdegno, e vehemenza si muoue colui, che ributta l'ingiuria, che chi la fà. All'incontro, chi si muoue ingiustamente, non può se non tener per certo, di hauer Dio contrario: e questa opinion sola basta a sneruare, & a priuar d'animo, & di forze i soldati. Deue dunque il Prencipe, e'l Capitano far sì, che i suoi tenghi-

pour iuste; ce qui se fera, en demandant, par le moyen des Ambassadeurs & par les heraults (ce que faisoyent solennelement les Romains) choses iustes des ennemis, ou refusant les iniustes: appellant Dieu à tesmoin, & protestant de n'entrer en guerre ny par legereté, ny par ambition, ny pour abuser impertinément de la vie & du sang des siens: mais pour la defense de la Religion, pour maintenir l'Estat, & pour son honneur. Ce que Cesar ha bien obserué es guerres ciuiles: car au milieu du bruit des armes, iamais il ne laissa les pratiques de la paix; il enuoya diuers ambassadeurs, & proposa diuers partiz et conditions. Finalement il pratiqua tout moyen, pour se monstrer amateur de la paix, bien qu'il fust desireux de la guerre: à fin qu'estant par

Pompee, & par les autres, reietté tout accord, ses soldats en fussent plus indignez & s'enflammassent du desir de la vengeance. Finalement,

Frangit & attollit vires in milite, causa.

D'auoir recours à Dieu.

Mais il n'y a chose qui fortifie, plus les soldats, & qui leur donne plus d'esperance, & de hardiesse, que d'auoir recours à sa diuine Maiesté. Platon nous conseille d'implorer la faueur celeste, non seulement à l'entrée des grandes & difficiles entreprinses, mais aussi des aisées & legeres ; à ce qu'vne tresbóne fin suiue vn bon commancement: A plus forte raison cela conuient es entreprinses de guerre, qui sont, sur toutes les autres, tresdan-

essendo rifiutato da Pompeo, e da gli altri, ogni accordo, crescesse ne' soldati suoi lo sdegno, e 'l desiderio della vendetta. Finalmente.

Frangit, & attollit vires in milite causa.

Del far ricorso à Dio.

MA non è cosa, che più rinfranchi i soldati, e più viuamente risuegli la speranza, e l'ardimento, che 'l ricorrere à sua diuina Maestà. Platone ci consiglia d'implorare il fauor celeste non solamente ne' principij dell'imprese graui, e difficili, ma delle facili anco, e leggiere; acciò che ad vn buon principio segua vn ottimo fine: quanto più conuiene ciò fare nell' imprese di guerra, che sono sopra tutte l'altre pericolosissime, e importantissime? nelle difese delle fortezze nostre, nell'oppugnationi delle città nemiche, nelle giornate campali, & in ogni altra parte della militia? Onosandro, seguendo la dottrina del suo maestro Platone, non vuole, che l'essercito si caui fuor del paese, se prima con vn solenne sacrificio non si purga. I Romani non faceuano impresa alcuna, senza dar prima opera à gli auspicij. Dauid non andaua alla guerra, ne imprendeua cosa d'importanza, che non ispiasse innanzi religiosamente la diuina volontà. Constantino, il Magno, nella guerra contra i Persiani, conduceua sempre seco vn tabernacolo in forma di Chiesa, doue si celebraua Messa; & ogni legione haueua il suo tē-

gereuses & tres-importantes; es defenses de noz forteresses, es sieges & batteries des villes ennemies, & batailles assignées, & en toute autre partie de la milice. Onosandre, suiuant la doctrine de son maistre Platon, ne veult pas que l'armée se tire hors du païs, que premierement, par vn solennel sacrifice, elle ne se purge. Les Romains ne faisoyent aucune entreprinse, sans premierement employer les auspices. Dauid n'alloit à la guerre, & n'entreprenoit chose d'importance, qu'il ne sondast parauant religieusement la volonté de Dieu. Constantin le Grand, en la guerre contre les Perses, conduisoit tousiours auec luy, vn tabernacle, en forme d'Eglise, où la Messe estoit celebrée: & toute legion auoit son temple mobile, où les Prestres, & les Diacres re sidoyent: & de là l'on ha nommé les Messes de camp. Luy mesme s'aydoit de la Croix, pour enseigne, & pour arre de la victoire. Tous les Historiens affirment que les victoires des deux Theodosiens procederent plus de leurs prieres, que des hommes armez, & ordonnez en bataille. Ce recours que l'on ha à Dieu produit beaucoup de bōs effects: l'vn est, qu'il nous acquiert la diuine protection; & *si Deus pro nobis, quis contra nos?* l'autre, qu'il nous donne confiance, & quasi certitude de la victoire : ce qui esleue merueilleusement les courages: le troisiesme est, qu'il nous asseure quasi de la felicité de l'autre vie : ce qui rend aussi les armees fort hardies ; car il n'ya chose qui renforce plus, & qui plus excite l'esprit de l'homme, es dangers de

pio mobile, doue faceuano residenza i diaconi, & i sacerdoti. onde hebbero nome le Messe castrensi. Il medesimo si valeua della Croce per insegna, e per caparra della vittoria. Tutte l'Historie poi affermano, che le vittorie di amendue i Theodosij procederono più dall'orationi loro, che da gli esserciti armati. Questo ricorso, che si fa à Dio, produce molti buoni effetti: l'uno si è, che ci acquista la diuina protettione, e si Deus pro nobis, quis contra nos? l'altro, che ci dà confidenza, e quasi certezza della vittoria il che rauuiua, e rinfranca mirabilmente gli animi. il terzo è, che ci assicura quasi della felicità dell'altra vita; il che anco rende incredibilmente arditi gli esserciti. perche non è cosa, che più conforti, e più desti lo spirito dell'huomo ne' pericoli della vita, & in ogni fattione militare, (doue hà tanta parte la morte) che la speraza della vita celeste. Hora acciò che questo ricorso si faccia, come conuiene, e col frutto, che si desidera, bisogna che'l Generale proueda l'essercito di persone Religiose, che predicando, essertando, confessando, & in ogni maniera aiutando, & in particolare, & in commune, i soldati, li tenghino continuamente suegliati, & intenti, li purghino da' peccati, e riempino della gratia di Dio. Se tante verginelle à questo modo vinsero, e la rabbia de' tiranni, e la immanità de' carnifici, e la violenza de' tormenti, e'l contrasto dell'Imperio Romano, che cosa farà difficile a' soldati sotto

la vie, & en toute faction de guerre (en laquelle la mort ha tant de part) que faict l'esperance de la vie celeste. Or à fin d'auoir ce recours à Dieu, comme il fault, & auec le fruict, que l'on desire, il est necessaire que le General prouuoye l'armée de personnes Religieuses, lesquelles en preschant, exhortant, confessant & aydant en toute maniere, & en particulier & en commun, aux soldats, les tiennent continuellement esueillez & ententifs, les purgent de leurs pechez, & remplissent de la grace de Dieu. Si tant de pucelles, en cete maniere ont vaincu & la rage des tyrans, & la cruauté des bourreaux, & la violence des supplices & tourments, & l'effort de l'Empire Romain, quelle chose sera difficile aux soldats, souz la protection de Dieu, & en la grace

GOVVERNEMENT D'ESTAT,

de sa diuine Maiesté? Certainemét les Catholiques n'ont pour autre raison, par tout vaincu les heretiques, en tant de batailles, & auec tant de desauantage, sinon pource que ceux cy ont combatu pour la verité; ceux là, pour le mensonge: ceux cy, auec l'esperance de la protectió de Dieu; ceux là auec vn cœur desesperé: ceux cy, armez des saincts Sacrements de l'Eglise, & de Iesus-Christ: ceux là ensorcelez par les ministres d'impieté. Et entre les Catholiques, ceux là, es susdictes Prouinces, contre les Huguenots: & à Malte, & à Lepante, contre les Turcs, ont combatu, auec plus de valeur, lesquels y sont allez auec vn cœur mieux disposé, & plus vny à Dieu.

la protettione di Dio, & in gratia di sua diuina Maestà? Certo non per altra ragione i Catolici hanno per tutto vinto gli heretici in tante battaglie, e con tanto disauantaggio, se non perche questi hanno combattuto per la verità; quelli per la bugia: questi con la speranza della protettione di Dio; quelli con l'animo disperato: questi armati de'santi Sacramenti della Chiesa, e di Christo; quelli fascinati da ministri d'impietà. E tra' Catolici quelli nelle sudette prouintie côtra gli Vgonotti, & a Malta, & a Lepanto Contra Turchi, hanno con più valore combattuto, che vi sono andati con animo meglio disposto, e più vnito con Dio.

D'Eslongner les soldats de la maison.

Dell' allontanare i Soldati da casa.

Apres

Ap.

Appresso si accresce il valore, col menare i soldati lunge dalla patria: e la ragione si è, perche con la lontananza si toglie loro la commodità della fuga, alla quale inuita spesse volte la vicinanza della casa: egli affetti verso i parenti, figliuoli, mogli, amici, non sono cosi veheméti da lontano, come da presso. Onde procede, che nelle difese delle città non bisogna fidarsi de' terrieri; perche lega quasi le mani, e confonde loro il giudicio il rispetto de' parenti, l'amore de' figliuoli, la gelosia delle donne, la cura della robba, e simili altre passioni. Ma trouandosi in paesi stranieri, doue non hanno ne parenti, ne facoltà; e si vedono d'ogni intorno nemici, sono sforzati a far animo, et à menar le mani. il

Apres s'augmente la valeur, en menant les soldats loin du pays; la raison est, pource que par l'élongnement, leur est ostée la cómodité de la fuite, à laquelle inuite souuentesfois la maison ou patrie proche: & les affections vers les parents, vers les enfans, les femmes, les amys, ne sont tant vehementes de loin, que de pres. De là vient, qu'es deffenses des villes, il ne se fault pas fier en ceux du lieu; pource que le respect des paréts, l'amour des enfans, la ialousie des femmes, le soucy de la famille, & semblables autres passiós leur lient quasi les mains, & confond leur iugement. Mais se trouuans en pays estranges, où ils n'ont ny parents, ny moyens, & se voyent, de tous costez, enuironnez d'ennemis, ils sont constraints de hausser leurs courages & de cóbatre

GOVVERNEMENT D'ESTAT,

vaillamm[en]t. Ce que Annibal ha fort bien entendu ; pource que voulant passer en Italie, & ce neantmoins asseurer l'Espagne & l'Afrique, il mit aux garnisõs d'Espagne, les Africains ; & en Afrique, les Espagnols ; estimant que l'vn & l'autre soldat deust estre meilleur hors du pays, qu'au pays natal. *Propinqua Cremonensium mœnia quanto plus spei, ad effugium, tantò minorem ad resistendum animum dabant.* Les Portugais, en leur patrie, & es lieux voisins, ont monstré peu de valeur ; & se sont vaillamment portez es Indes : où bien peu de soldats de cete nation, malgré les Mamelucs, les Turcs, des Perses (ce neantmoins tres-valeureux aux armes) & les tres-puissans Roys de l'Indie, ont occuppé l'Empire de l'Ocean, & les tresriches Estats d'Ormuz, de Diu, de Goa, de Ma-

che intese Annibale molto bene: perche volendo passar in Italia, e con tutto ciò assicurare la Spagna, e l'Africa, mise al presidio di Spagna Africani, & in Africa Spagnuoli: stimando che l'vno, e l'altro soldato douesse esser megliore fuor di casa, che in casa. *Propinqua Cremonesium mœnia quanto plus spei, ad effugium, tanto minorem ad resistendum animũ dabant.* I Portoghesi, che nella patria loro, e ne' luoghi vicini hāno mostrato così poco valore, si sono portati eccellentissimamēte nell' India; doue pocchissimi soldati di quella natione hanno, à dispetto de' Mamaluchi, de' Turchi, de' Persiani, (che pur si sà quanto siano valorosi nell' armi) e de' potentissimi Rè dell' India, occupato l'Imperio dell'Oceano, & à ricchissimi Stati di Ormus, di Diu di Goa, di Malacca, e di Malucco: perche, trouandosi costoro tanto lungi da casa, e da ogni soccorso, hanno combattuto alla disperata. & all' istessa ragione si debbono (dopò Dio) attribuire le prodezze de gli Spagnuoli nel Mondo nuouo. Perche quei, che abbassano quelle imprese, non sò perche debbano celebrare le prodezze de gli Atheniesi contra Serse di Alessandro contra Dario, di Lucullo cōtra Tigrane, di L. Scipione contra Antioco.

lacca, & de Malucco; pource que se trouuans tant loin de leur maison, & de tout secours, ils ont combatu, à la desesperade: & à cete mesme raison (apres Dieu) se doiuent attribuer les prouesses des Espagnols, au nouueau monde. Et quant à ceux qui abbaissent ces entreprinses, ie ne scay pourquoy ils doiuent celebrer & exalter les prouesses des Atheniens contre Xerxes; d'Alexandre, contre Darius; de Lucullus, contre Tigranes; de L. Scipio, contre Antiochus.

Della Disciplina.

La disciplina è il neruo della militia: e disciplina chiamo l'arte di far buono il soldato: e buono soldato chiamo colui, che

De la discipline.

La discipline est le nerf de la milice: i'appelle discipline, l'art & moyen de faire vn bon soldat; & i'appelle bon soldat, celuy qui obeit

O o ij

auec valeur. Pour cete cause, le soldat Romain iuroit à son Capitaine qu'il obeiroit selon ses forces. A quoy premierement ils seront excitez, en leur ostant les occasions & entretenement de la corruption, & vice. Les corruptions sont le vin, les bains, les femmes, le sommeil, les delices, & les superflues commoditez : lesquelles choses (comme escrit Liuius) esneruerent & debiliterent à Capoue, l'armée d'Annibal : & d'auoir tenu les soldats en vne ville tant opulente & voluptueuse, ha esté estimé plus grande faulte d'vn si grád Capitaine, que de n'auoir mené l'armée incontinét à Rome, apres la victoire obtenue à Cannes: pource que cela fut differer la victoire: mais cecy estoit se priuer des forces pour vaincre. Or parlons des diuerses sortes des corruptions de guerre, vn

obedisce con valore: onde il soldato Romano giuraua al suo Capitano, d'hauere a vbedire secondo le sue forze. Al che si eccitaranno prima col tor loro l'occasioni, & i nodrimenti della corruttione, e del lusso. le corruttioni sono il vino, i bagni, le donne, i ragazzi, il sonno, e le delitie, e le souerchie commodità. le quali cose (come scriue Liuio) sneruarono à Capoua l'essercito d'Annibale. e l'hauer tenuto i soldati in vna città tanto opolenta, e delitiosa, fu stimato maggior errore di vn tanto Capitano, che il non hauer condotto l'essercito à Roma incótanente, dopò la vittoria hauuta à Canne: perche quello fu vn differire la vittoria; ma questo fu vn priuarsi delle forze per vincere. Ma parliamo delle va-

peu plus particulieremēt. Les corruptions sont les vtensiles precieux, & les meubles delicats: à cete cause Pescennius Niger s'apperceuant qu'aucuns de ses soldats beuuoyent en l'argent, fit oster incontinent du camp tout vsage de tels vaisseaux & vases. Corruptions s'entendent & sont les bestes de charge, pour le particulier vsage des soldats: pour cete cause Scipion lo moindre, en l'entreprinse de Carthage, voulut que ses soldats les vendissent toutes, à fin qu'ils se despetrassent de tant de bagage qu'ils auoyent, ou qu'ils en sentissent le fardeau. Et Metellus en la guerre contre Iugurtha, ne voulut qu'aucun soldat, n'ayant charge en l'armée, peut auoir vn valet, ou cheual, pour porter aucune chose. Les delices & aises sōt toutes corruptions: & pour cete cause, luy mesme fit crier & publier à son de trompe, que tous ceux là qui estoyent au camp, pour y vendre autre chose que les viures necessaires, s'en allassent incontinent. Et en l'entreprinse de Numance, Scipion commanda, sur griefue peine, que ceux qui n'estoyét soldats, deslogeassent incontinét du camp, auec leurs vices, & n'y retournassent pour autre affaire, que pour vèdre des viures. Vespasian, estant venu deuant luy (pour le remercier d'vne charge honnorable qu'il auoit obtenu) vn jeune hôme tout parfumé, luy fit vne brusque responce, & mauuais visage, disant, I'eusse mieux aymé que tu eusses senty les ails que le parfun, & reuoqua la patente & lettres de sa prouision. On racôte vne sèblable chose d'André Gritti, Prouoyeur des Venitiens, pource que s'estant presenté deuant luy

medesimo fece far bando, che tutti quelli, che per vender altro, che cibi necessarij, fossero nel campo, si andassero tosto via. e nell' impresa di Numantia Scipione ordinò, che sotto graue pena quei, che non erano soldati, tosto cō loro vezzi sgombrassero dal campo, e non vi ritornassero per altro affare, che per vender vettouaglie. Vespasiano essendoli venuto innāzi (per ringratiarlo d'vna Prefettura ottenuta) vn giouine tutto profumato, gli fece vna brusca ciera: e di più, Hauerei (disse) anzi voluto, che tu mi haueßi puzzato d'aglio: e riuocò la patente. Vna simil cosa si racconta di Andrea Gritti, Proueditore de' Venetiani: perche essendoli andato innanzi vn giouine molto attillato, e che oliua tutto di ambra, *e di muschio, per domandarli qualche grado nella guerra, che si faceua in quel tempo: egli rispose, Che si eleggesse vna delle due cose, se lo voleua seruire, ò il remo, ò la zappa, volendo inferire, che non lo stimaua buono per altro, che per vogatore ò per guastatore. A Cartaginesi era vietato il ber vino, mentre militauano. le delicatezze de' soldati Romani erano lardo, cacio, aceto, del quale eglino faceuano la lor beuanda: e ogniun di loro faceua il suo pane: e'l cuoceua sù le bracie, ò sotto le ceneri, così alla grossa; ò mangiaua il formento in minestra. Corruttione è la licenza di predare e di far male nelle case de gli amici, nella qual parte fu seuerissimo Aureliano Imperatore, perche, essendo stato*

vn jeune hôme fort mignon & attintelé, qui ne sentoit que l'ambre & le musc, pour luy demāder quelque grade en la guerre, qui se faisoit en ce téps là; il respôdit. Qu'il choisit l'vne de ces deux choses, s'il le vouloit seruir, ou la rame, ou le hoyau: voulant inferer qu'il ne l'estimoit bon à autre chose, qu'à voguer, ou seruir de pionnier. Il estoit defendu aux Carthaginois de boire du vin, cependant qu'ils faisoyent la guerre. Les delices des soldats Romains estoient le lard, fromage, vinaigre, duquel ils faisoient leur breuage; & chacun d'eux faisoit son pain & le cuisoit sur le brasier, ou souz les cendres grossierement; ou māgoit le bled en potage. Corruption est la licence de derober, piller & faire mal es maisons des amis; & en cete partie fut tresseuere l'Empereur Aurelian: pource

O o iiij

qu'ayāt esté trouué vn sié-
soldat, auec la femme de
sō hoste, il le fit lier par les
pieds aux cimes de deux
arbres, que de force, l'on
approcha l'vn de l'autre,
& puis estans relaschez,
retournans à leur naturel
ils le mirent en deux pieces. Luy mesme escriuit à
vn Tribun, que s'il ay-
moit sa vie, il reprimast
les mains des soldats, à ce
qu'ils ne prinssent rien
d'autruy, & qu'ils pensas-
sent à se faire riches du
butin des ennemis, non
des larmes des amis. Mais
l'oisifueté est chose tres-
pernicieuse aux soldats;
pourceque s'ils n'ont à
faire autre chose, ils se
mutinent, & font beau-
coup de mal : dequoy
nous font foy les soldats
de Scipion, en Espagne,
où, ayās mis fin à la guerre, cōtre les Carthaginois,
ils commancetēt à viure
desbordement, à piller le
biens des amis, & à mes-
priser l'autorité des Ca-

vn suo fante ritrouato
con la moglie del suo
hospite, legandolo per
li piedi nelle cime di
due alberi, appressate
per forza l'vna all'al-
tra, col rilassarle poi,
il fece in due pezzi. il
medesimo scrisse ad vn
Tribuno militare, che,
se haueua cara la vita,
tenesse le mani de' sol-
dati à freno : perche
non togliessero vn pelo
altrui, e che pensassero
di farsi ricchi della preda de' nemici, non delle
lagrime de gli amici.
Ma cosa pernitiosissima
à soldati è l'otio : per-
che, se non hanno da
far altro, si ammutina-
no, e fanno del male
assai. del che ci fan fe-
de i soldati di Scipione
in Ispagna, doue, ha-
uendo finito la guerra
contra Cartaginesi, in-
cominciarono a viuer
licentiosamente, a pre-
dare il terreno de gli
amici, a disprezzare

LIVRE IX.

l'autorità de' Capitani per ciò bisogna tenerli in essercitio, condurli da vn luogo ad vn' altro, fargli cauar trincere, e fosse, corriuar fiumi, & far simili altre fatiche. M. Emilio, per leuarli dall'otio, fece lastricare da' soldati la strada da Piacenza à Rimini. C. Flaminio da Bologna ad Arezzo. Giulio Vetere tentò di congiongere con vn fosso la Sonna con la Mosella, impresa heroica, che fù impedita dall' inuidia di Elio Gracile. Nel medesimo tempo Paulino finì l'opera cominciata da Druso, contra l'impeto e l'inondatione del Reno. e Corbulone vna fossa di vêti tre miglia trà la Mosa, e'l medesimo Reno, quâ incerta Oceani vetarentur. Adriano tenne i soldati in continuo essercitio : e perche meno il

pitaines. Pour cete cause, il les fault tenir en exercice, les mener d'vn lieu à autre, leur faire cauer les tranchées & fossez, faire destourner les fleues & les occuper à semblables autres labeurs. M. Emilius, pour ne les laisser oisifs, fit pauer, par les soldats, le chemin de Piacenza à Rimini ; C. Flaminius, celuy de Boulongne à Arezzo : Iulius Veter s'esforcea de conioindre par vn fossé, la Sonne, auec la Moselle, entreprinse heroique, & qui fut empeschée par Elius Gracilis. Au mesme temps, Paulinus acheua l'œuure encommancée par Drusus, contre l'effort & l'innondation du Rhein : & Corbulon, vne fosse de vingt & trois mille, entre la Meuse, & le mesme Rhin, *quâ incerta Oceani vetarentur.* Adrian tint les soldats en cõtinuel exercice, & à fin qu'ils sentissent moins le travail il estoit tousiours le premier: il cheminoit armé, & faisoit à pied, vingt mille le jour, qui estoient enuiron dix lieues: Il se contentoit de ce peu de repos, & mangeoit mesme viande que les particuliers. L'Empereur Probus, se seruant de l'œuure & main de ses gens, bastit plusieurs ponts, & porches & temples, & esleua autres publics edifices & d'importance. Seuerus, à fin que les Romains fussent diuisez des Bretons, employa l'armée à tirer vn mur d'vne mer à l'autre, au lieu proprement, où maintenant la riuiere Tuede & le mont Cheuiotta diuisent l'Angleterre de l'Escosse. Mais pource que nostre nature veult le plaisir, & ne peut endurer la fatigue & la peine, sás l'entremesler de quelque contentement ; & pourtant les soldats communément s'addonnent

trauaglio sentissero, e gli era sempre il primo; caminaua armato a pie de sino à vinti miglia il dì. si côtentaua di quel poco riposo, e mangiaua il medesimo, che i priuati. Probo Imperatore, valendosi dell'opera de' suoi, edificò molti ponti, e portici, e tempi, & altre fabriche publiche, e d'importanza. Seuero, perche i Romani fossero diuisi da' Britanni, impiegò l'essercito in tirare vn muro da vn mare all'altro, in quel luogo à punto, doue hora il fiume Tuedo, e'l monte Cheuiotta diuidono l'Anglia dalla Scotia. Ma perche la natura nostra vuol diletto, e non può tolerar fatica senza côdimento di piacere; e perciò i soldati communemente si dâno al giuoco, onde ne nascono grandissimi inconuenienti; e tra gli altri la bestemmia, (della quale non è peccato più detestabile, e nefando, e più esitioso, e pestifero a gli essèrciti) bisogna alle volte tenerli in essèrciti dilettevoli. Sforza da Cotignola non comportaua, che i soldati suoi giuocassero a' dadi, non a carte, non a simili modi, e per isuiarli da ciò gli essèrcitaua in trattenimenti vti'i per la guerra; à far alle braccia, al palo, al corso, al salto. Imitando in ciò Valerio Coruino, e Papirio Cursore, che in questa maniera furono anco vsi d'essèrcitare, e di trattenere i soldati. e di Pompeo scriue Salustio, che, *cum alacribus saltu, cum velocibus cursu, cum validis vecte certabat*. E non meno Aureliano Imperatore, che non lasciaua passar giorno nessuno sēza far

au jeu, duquel naissent tresgrands inconueniés : & entre autres, le blaspheme (peché le plus detestable, abominable, & plus pernicieux, qui soit aux armées) il fault les tenir aucunesfois en exercices delectables, & plaisans. Sforza de Cottignola n'enduroit que ses soldats iouassent aux dés, ny aux cartes, ny à semblables ieux; & pour les en destourner, il les exerçoit en plaisirs vtiles pour la guerre; à luitter, bras à bras, à la perche, à courir, à saulter ; imitant en cela Valerius Coruinus & Papirius Cursor, lesquels auoyent coustume aussi d'exercer & entretenir leurs soldats, en cete maniere : & Saluste escrit de Pompée, que, *cum alacribus saltu, cum velocibus, cursu, cum validis vecte certabat*. Et ne faisoit pas moins l'Empereur Aurelian, qui ne laissoit passer aucun jour, sans faire

GOVVERNEMENT D'ESTAT,

quelque exercice de la personne : pource que l'on acquiert ainsi & la force & l'agilité. Et les jeux sont tres-vtiles, qui dressent l'homme à quelque chose, qui tourne à leur commodité, au faict de la guerre : dequoy ne sera hors de propos, amener icy vn exemple. Les Romains entre autres ieux, auoyent coustume de pratiquer cetuy cy. Cinquante jeunes hommes ou plus, se presentoyent armez, lesquels apres auoir, par diuers combats, representé vne certaine semblance de bataille, se reserroyent en vn escadron ensemble, les boucliers sur leur teste, tellement vniz & fermes, que deux d'iceux, qui demeuroyét dehors, y montoyent dessus si legerement, pource que cete couuerture de boucliers alloit vn peu droite estant debout les premiers; ceux d'apres incli-

qualche essercitio della persona: perche cosi s'acquista e forza, & agilità. Et quei giuochi sono vtilissimi, che adestrano l'huomo a qualche cosa, che li possa tornar commoda nelle fattioni militari ; di che non sarà fuor di proposito commemorar qui vn'essempio. Soleuano i Romani, frà gli altri giuochi, far questo. Compariuano cinquanta, ò piu giouani armati, i quali, dopò di hauer, con varij abbattimenti, rappresentato vna certa sembianza di battaglia, si ristrigeuano in vno squadrone insieme, con gli scudi su'l capo, in modo vniti, e fermi, che due di loro, che ne restauano fuori, vi montauano sopra sì leggiermente, (perciò che questa testudine di scudi andaua alquanto erta, stádo in piede i primi, e chinati i seguenti di mano in mano, fin che gli ultimi stauano inginochiati in terra (come sopra vn saldo tetto. Quì, hora tutti minaccenoli si azzuffauano insieme; hora correndo da questa parte, e da quella, altri giuochi militari faceuano. L'vtilità di questo essercitio si conobbe nella seconda guerra Macedonica, perche assediando i Romani Eraclea, i soldati sopra vna così fatta testudine s'accostarono alla città: e perche si ritrouauano del pari col nemico, il cacciarono ageuolmēte dalle mura; e saltandoui sopra, presero quella piazza. Giouerà per questo effetto l'essercitarli in varie forme, e sembianze di battaglie, di oppugnationi, e difese di ponti, di porte, di guadi, e di riue di fiumi, di strettezze di luo-

nez de plus en plus, tant que les derniers estoyent à genoux en terre, comme sur vn ferme toict. En cet endroit, tous pleins de menaces, ores ils s'attaquoyent & batailloyent ensemble, ores courans de part & d'autre, ils faisoyent autres jeux militaires. L'vtilité de cet exercice se congneut en la secóde guerre Macedonique, pource que les Romains assiegeans Eraclea, les soldats, sur vne telle couuerture & voute de boucliers, s'approcherent de la ville, & pource qu'ils se trouuerent egaulx auec l'ennemy, ils le chasserent aisement des murailles: & sautans dessus, ils prindrent cete place. Pour cet effect, il sera bon de les exercer, en diuerses manieres & formes de batailles, de batteries, & defenses de ponts, de portes, de guez, & de ruisseaux de fleuues, de destroits de lieux, de barrieres, de fossez, de tranchées: en escarmouches, en combats singuliers, (pourueu qu'ils soyent sans dangers de mort) ou de plusieurs soldats à pied, ou à cheual: à passer les riuieres à nage, à courir la lance, à escrimer, à tirer l'harquebuse; à conduire & mener d'vn lieu, à vn autre, par les lieux montueux, pendans, par la plaine, & par la montagne, l'artillerie. Ie n'ay que faire de dire comme est profitable exercice de les dresser & accoustumer à suiure les enseignes, à tourner visage à main droicte, ou à senestre, ou bien là où l'occasion & la necessité le pourra requerir, sans perdre son ordre: à donner & à receuoir vne charge, à se resserrer, & estendre ou allargir sans desordre; à former diuerses sortes de bataillons, quarrez, rôds, longs, & de toutes

ghi, di sbarre, di fossi di trinciere; in scaramuccie, in combattimenti singolari, (pur che siano senza pericolo di morte) ò di piu soldati a piede, ò à cauallo; in guazzar fiumi in correr la lancia, in giuocar di spada, in tirar d'archibugio; in condurre da vn luogo ad vn' altro, all' erta, alla china, per lo piano, e per lo monte l'artiglieria. Non accade poi dire, quanto sia profiteuole essercitio il farli prattichi a seguir le insegne, a volger la fronte a man destra, ò a sinistra, ò douunque l'occasione, e'l bisogno potrà richiedere, senza disordinarsi; a dare, & a riceuere vna carica; a restringersi, & allargarsi senza disordine; a formar varie forme di battaglie, quadre, tonde, lunghe, e d'ogni sorte: & ad altre simili occorrenze, con le quali i soldati si adestreranno, scherzando, per le fattioni, e per li casi veri della guerra; e cresceranno di valor d'animo, per l'ardire; e di corpo, per l'agilità, che si acquistaranno. Sciendum est (dice Vegetio) in pugna vsum amplius prodesse, quàm vires. Et oltre di ciò si manterranno e sani, & allegri, e quieti. Nel regno di Siam (stato soggiogato questi anni à dietro da i Peguini) tutte le feste, e giochi erano indrizzati alla guerra. Trà i quali giochi se ne faceua vno alla città d'Vdia, nel fiume di Menan, nel quale s'azzuffauano tre mila parai (che son piccioli vascelli da guerra) insieme.

sortes; & à autres semblables occureces, au moien desquelles, les soldats se rendront adroits, en jouant, pour la faction & vrays accidents de la guerre: & ils croistront de valeur & de courage, à cause de la hardiesse, & de disposition corporelle, à cause de l'agilité qu'ils s'acquerront. *Sciendum est* (dit Vegetius) *in pugna vsum amplius prodesse, quàm vires.* Dauantage ils se maintiendront & sains & gaillards & paisibles. Au Royaume de Siá (qui ha esté subiugué, ces années passees, par les Peguins) toutes les festes & jeux estoyent dressez à la guerre. Entre lesquels jeux, s'en faisoit vn en la ville d'Vdie, au fleuue de Menã, auquel se battoyét ensemble trois mille petis vaisseaux de guerre, qu'ils nomment Paraiz.

Del premio.   *Du loyer.*

MAis les deux principaulx souſtiens de la diſcipline ſont le loyer & la peine: cetuy là ſert pour exciter au bien: cete cy, pour chaſtier du mal: cetuy la ſert pour les cœurs nobles & genereux; cete cy, pour les hommes vils & rebelles: cetuy là ſert d'eſperon, cete cy de bride. Or les loyers ſont de l'honneur ou de l'vtile: & ceux de l'honneur sõt de deux ſortes, pource que les vns ſe donnent aux morts; les autres aux viuans. Aux morts l'on dreſſe les ſtatues, & ſe font les harangues funebres en leur louange, & les ſepulcres. Alexandre le Grand fit leuer des ſtatues treſmagnifiques aux ſoldats qui auoyent laiſſé la vie en la bataille qui fut faicte au fleuue Granique. Le premier des Romains qui fut loué par harangue funebre, fut Brutus, mort en la guerre contre les	**M**A à due ſoſtegni principali della diſciplina ſono il premio, e la pena. quello ſerue per eccitar al bene; queſta per caſtigar del male: quello gioua per li animi nobili, e generoſi; queſta per gli huomini vili, e ribelli: quello ſerue di ſprone; queſta di freno. Hor à i premij ſono d'honore, ò d'vtile, e quelli d'honore ſono di due ſorti: perche alcuni ſi danno à morti, altri a viui. A morti ſi rizzano le ſtatue, e ſi fanno l'orationi funebri in lor lode, & i ſepolchri. Aleſſandro Magno fece magnificẽtiſsime ſtatue di marmo à quei ſoldati, che haueuano laſciato la vita nella giornata, fatta al fiume Granico. Il primo, che foſſe lodato con oratione funebre preſſo à Romani, fù Bruto, morto nella guer-

guerra contra i Tarquinij. e la medesima usanza fù poi introdotta nella città d'Atene, doue furono lodati nella ringhiera quei, ch'erano morti nella battaglia di Maratona, e poi nella giornata di Artemisio, e di Salamina. Ma digniβima fù l'oratione recitata da Pericle, in lode di quei cittadini, ch'erano morti nella guerra di Samo. Differiuano i Romani da' Greci in questo, che in Athene non si lodauano publicamente se non quelli, che haueuano lasciato la vita in guerra: ma à Roma erano honorati di questa maniera anco i personaggi togati; e le donne, non che gli huomini. Licurgo non volle, che i suoi cittadini si essercitassero altramente nello studio dell'eloquenza, che in lodar quelli, che per la patria

les Tarquins: & la mesme coustume depuis, fut introduite en la ville d'Athenes, où furent louez, les vns apres les autres, ceux qui estoyent morts en la bataille de Maratone, & puis en celle d'Artemise, & de Salamine. Mais fut tresdigne la harangue recitée par Pericles, en la louange des citoyens, qui estoient morts en la guerre de Samo. Les Romains differoyent des Grecs, en cecy, qu'en la ville d'Athenes n'estoyent publiquement louez sinon ceux, qui auoyent perdu la vie, en la guerre: mais à Rome estoyent en cete maniere honnorez aussi les hommes de longue robe, & non seulement les hommes, mais aussi les femmes. Lycurge ne vouloit que ses citoyens s'exerceassent autrement en l'estude d'eloquence, qu'à louer ceux lesquels mouroyent valeureuse-

P p

GOVVERNEMENT D'ESTAT,

ment pour la patrie; & à blasmer ceux, qui par pusillanimité, fuyoient de la bataille. Les Romains, outre cela, portoyent les illustres personnages, en grande pompe, sur les Rostres, où le plus proche parent, par vne excellente harangue, celebroit ses vertuz. Apres estans les funerailles finies, ils mettoyent vn portraict du mort faict de cire, au plus digne lieu de la maison, en vne petite chambre richemét ornée; Ces images estoyent portees, en apres es funerailles de ceux de la maison qui mouroyent, ornées de robes pretextes, s'ils estoyent Consulaires; de pourpre, s'ils estoyent Censeurs; d'or, si triomphaulx; & estoyent menez sur vn char superbement en couche, auec les congnées, & autres enseignes des Offices & Magistrats qu'ils auoyent

valorosamente meritaua no; & in biasmar quelli, che per viltà fuggivano dalla battaglia. I Romani, oltre à ciò, portauano i personaggi illustri con gran pompa su i rostri, doue il più vicino parente, cò vna magnifica oratione, celebraua le sue virtù. Finite poi l'essequie, collocauano vn ritratto del morto, fatto di cera, nella più degna parte della casa, in vn camerino riccamente adorno. queste imagini erano poscia portate ne' funerali de' morti della casata, ornate di vesti pretestè, se erano Consolari; di porpora, se Censori; d'oro, se Trionfali: e si conduceuano sopra vna carretta superbamente acconcia con le scure cò fasci, e con l'altre insegne de gli Vfficij, e de' Magistrati da loro hauuti. erano poi le sudette statue assise sù i rostri in sedie d'auorio. della qual cosa (scriue Polibio) che non si poteua presentare a' giouani spettacolo più bello, e più efficace per stimolarli ad ogni honorata impresa. Si honorauano anco i morti co' sepolchri fatti del publico: e'l primo, che hauesse questa sorte d'honore si fù Valerio Publicola. Appresso gli Spartani non era lecito il metter titolo à sepolcro alcuno, saluo che per coloro, che fossero stati morti combattendo. Don Giouanni d'Austria, dopò quella gloriosa giornata di Lepanto, fece, in Messina rizzar vn Trofeo carico dell'armi de' morti più notabilmente, con vn' amplissimo elogio sottoscritto: e fece cantar Messa magnificentissimamente per le anime loro, e far altri

exercé. Les susdictes statues estoyét apres, assises sur les Rostres, en sieges d'yuoire. Ce qui estoit aux jeunes gés (escrit Polibius) vn fort beau spectacle, & de grande efficace, pour les inciter à toute honnorable entreprinse. Les morts estoyét aussi honnorez, par les sepulchres faicts du public: & le premier qui ha eu cete maniere d'honneur ha esté Valerius Publicola. En Lacedemone, il n'estoit licite de mettre tiltre à aucun sepulcre, hors mis de ceux, qui estoyent morts, en combatant. Don Iean d'Austriche, apres cete glorieuse bataille de Lepante, fit à Messine, dresser vn trophee chargé des armes des morts plus notables, auec vn tresample eloge & louange escrite au dessouz: & fit chanter la Messe tresmagnifiquement, pour leurs ames, & faire autres of-

GOVVERNEMENT D'ESTAT.

fices de pieté Chrestienne, esquels il se trouua luy mesme, auec la fleur des Capitaines.

Bien que tout hõneur, qui se fait aux morts, soit vn eguillon aux viuans; ce neantmoins l'on donne aussi aux viuás les mesmes salaires de louange, & de statues. Et quant à la louáge, les Rois de Lacedemone, deuant que commancer la bataille, sacrifioyent aux Muses, pour signifier la glorieuse memoire, que leurs gens, se portans valeureusement, en acqueroyent. Et n'estoit pas moins estimée des Romains; pource qu'estant la bataille finie, & apres la victoire obtenue, les Consuls, & les autres Capitaines auoyent coustume de louer, deuant l'armée, ceux, qui s'estoyent portez plus valeureusement. Ainsi Scipiõ apres la prinse de Carthage, loua la valeur & hardiesse de ses

officij di pietà Christiana, a' quali egli, col fiore de' Capitani, interuenne.

Se bene ogni honore, che si essibisce a' morti è stimolo a' viui; nondimeno si danno anco a' viui i medesimi premij di lode, e di statue. e quanto alla lode, li Rè di Sparta, prima d'attaccar la battaglia, sacrificauano alle Muse, per significare la gloriosa memoria, che i suoi, portandosi valorosamente, n'acquisterebbono. E non meno stimata era appresso i Romani: perche, finita la giornata, & ottenuta la vittoria, soleuano i Consoli, e gli altri Capitani lodare in presenza dell' essercito quei, che si erano con più valore portati. Cosi Scipione, dopò la presa di Cartagine, lodò il valore, e l'ardire de suoi soldati, che non haueua

	LIVRE IX.
sgomentato ne la furiosa uscita de' nemici, ne l'altezza della muraglia, ne la profondità dello stagno, ne l'ertezza della cittadella; ma con animo inuitto haueuano superato ogni difficoltà, e rotto ogni intoppo. e'l medesimo Scipione, nelle battaglie d'Africa, più d'una volta comme̅dò publicame̅te Lelio, e Massinissa, per le prodezze fatte contra Cartaginesi, e Siface. S'honorano anco le generose attioni de' viui con le statue: le quali si faceuano presso gli antichi, ò di marmo, ò di bronzo, ò equestri, ò pedestri, ò armate, ò non armate. Così i Romani rizzarono (per non dir d'altri) una statua di bronzo à Clelia, che si era, nuotando, fuggita per lo Teuere dal campo del Rè Porsenna, à Roma. Ma di grand' honore	soldats, qui ne s'estoyent estónez ny de la furieuse sortie des ennemis, ny de la haulteur des murailles, ny de la profondité de l'estang, ny du lieu hault, droit & roide de la citadelle; mais d'vn cœur inuincible, auoyēt surmonté toute difficulté, & rōpu tout empeschement. Le mesme Scipion, es batailles d'Afrique, loua plusieurs fois publiquemēt, Lelius & Massinissa, à cause de leurs prouesses contre les Carthaginois & Siphax. Les genereuses actiós des viuans sont aussi honnorées par les statues; lesquelles se faisoyent par les anciens, ou de marbre, ou de cuiure, ou à cheual, ou à pied, ou armées, ou non armées. Ainsi les Romains esleuerent (pour ne parler d'autres) vne statue de cuiure à Clelia, laquelle en nageant par le Tibre, s'en estoit fuie, du camp du Roy Porsenna, à Ro-

Pp iij

GOVVERNEMENT D'ESTAT.

me. Mais les coronnes estoyent de grand honneur qui se donnoyent pour auoir sauué la vie à vn citoyen, lesquelles estoyent appellées Ciuiles: & les Murales, & les Vallaires, qui se donnoyent au premier qui auoit monté sur les murailles de la ville, ou sur les tranchées du camp vaincu: & les Obsidionales que les assiegez donnoyent à leur liberateur: qui estoyent estimez les plus grands honneurs, qui se peussent obtenir en guerre; bien que pour estre partie des susdites coronnes faictes d'herbes ou de fueilles de chesne, elles n'estoyent d'aucune valeur. A cete cause, l'Empereur Auguste Prince de tresgrand iugement, pour les maintenir en credit & reputatiõ, les octroyoit fort rarement, & auec difficulté plus grande, que les chaines & autres choses d'or & d'argẽt, que l'on don-

erano le corone, che si dauano per hauer saluata la vita ad vn cittadino, che si chiamauano Ciuili; e le Murali, e le Vallari, che si dauano al primo, ch'era salito sù le mura della città, ò sù le trinciere del campo espugnato, e le Ossidionali, che gli assediati dauano al loro liberatore. e questi erano stimati i maggiori honori, che si potessero ottener in guerra: se bene, per esser parte delle sudette corone fatta di gramigna, ò di foglie di quercia, erano di nessun prezzo. Onde Augusto Cesare, Prencipe giudiciosissimo, per mantenerle in credito, & in riputatione, le concedeua rarissime volte, e con molto maggior difficoltà, che le colane, e l'altre cose d'oro, e d'argento, che si soleuano dare, à chi si era valorosamente portato nella battaglia. Era ancor honor grande il portar al Tempio di Gioue le spoglie opime, e tali spoglie erano quelle, che'l Capitano de' Romani toglieua al Capitano de' nemici. & in tutto il tempo della Republica Romana non hebbero questo honore più di tre, i quali furono Romolo, Cornelio Cosso, e Marco Marcello. Augusto Cesare honorò con varie inuentioni la militia: e volle, che ben trenta Capitani trionfassero; & à molto maggior numero concesse gli ornamenti trionfali.

Molto a proposito sarebbe, che'l Prencipe si prendesse cura, di fare scriuere accuratamente le guerre, e l'imprese fatte da lui, o sotto gli auspicij suoi. Perche à questo modo

noit à ceux qui s'estoient vaillamment portez, en la bataille. C'estoit aussi vn grand hôneur de porter au Temple de Iupiter, les riches despouilles: & telles despouilles estoyét celles, que le Chef des Romains ostoit au Chef des ennemis. Et en tout le téps de la Republique Romaine, n'ont eu cet hôneur plus de trois, lesquels furent Romulus, Cornelius Cossus, & Marcus Marcellus. L'Empereur Auguste, par diuerses inuentions, honnora la milice, & voulu que bien trente Capitaines triôphassent; & il octroya à vn nombre beaucoup plus grand, les ornemens du triomphe.

Il seroit fort à propos, que le Prince eust le soin de faire songneusement escrire les guerres & les entreprinses par luy faictes, ou souz ses auspices. Car en cete maniere, non seulemét seroit celebrée

P p iiij

sa vertu, mais aussi de
tous les Capitaines, &
des soldats particuliers,
qui auroyent faict quelque
chose de memorable: ce qui seruiroit d'vn
grand eguillon aux autres;
veu que si l'on faict
si grand cas d'vn sepulcre,
auec vn brief epitaphe,
en vne chapelle;
combien grande estime
feroit chacū d'estre exalté
en vne histoire excellemment
escrite, qui se
diuulgue par le monde,
& est leuë de tous? En
quoy veritablement, les
Castillans ont grandemēt
failly, pource qu'ayans
faict choses tresdignes de
memoire, couru tant de
mers, descouuert tant
d'Isles, & terres fermes,
subiugué tant de pays,
acquis finalemēt vn nouueau
Monde, ils ne se
sont souciez que leurs
entreprinses, qui surpassent
de beaucoup celles
des Grecs, & des Macedoniens,
fussent escrites

verrebbe ad esser celebrata
non solamente la
sua virtù, ma di tutti i
Capitani, e de' soldati
anco particolari, che
con qualche prodezza
memorabile si fossero
segnalati. il che sarebbe
di grandissimo stimolo
à gli altri. concio sia che, se tanto conto si
fa di vn sepolcro, con
vn breue scritto entro
vna capella; quanta stima
farebbe ogni vno,
di esser celebrato in
vna historia eccellentemente
scritta, che si diuulga
per il mondo, &
è letta da tutti? nel che
in vero hanno mancato
grandemente i Castigliani:
perche, hauendo
essi fatto cose
dignissime di memoria
scorso tanti mari, scoperto
tante Isole, e continenti,
soggiogato tāti
paesi, acquistato finalmente
vn Mondo nuouo,
non si hanno preso
cura, che queste loro

imprese, che di gran lunga superano quelle de' Greci, e de' Macedoni, fossero scritte da persone, che ciò sapessero fare. & in ciò, come in qualche altra cosa, molto più auuenturati sono i Portoghesi, che i Castigliani. conciosia che questi hanno hauuto parecchi, che in lingua Portoghese, & in lingua Latina, hanno messo in luce le loro prodezze. Ma questo pensiero di far scriuere l'imprese de' suoi, per ispronarli alla virtù, à nissun Prencipe più conuiene, che a' Grandi Maestri de gli Ordini militari di S. Lazaro, di S. Giouanni, e di S. Stefano. perche i Caualieri di ciascun ordine, per non esser molti, si possono ciascuno promettere d'hauer à meritare questo premio delle fatiche: e perche sono tutti nobili, stime-

de persónes, qui le sceussent faire : & en cela, cóme en quelque autre chose, les Portugais sont beaucoup plus heureux que les Castillans, veu que ceux cy ont eu plusieurs qui ont mis en lumiere leurs prouësses, & en langue Portugaise, & en langue Latine. Mais ce soucy de faire escrire les entreprinses des siens, pour les inciter à la vertu, ne conuient à aucun Prince plus, qu'aux grãds Maistres des Ordres militaires de sainct Lazare, de sainct Iean, & de S. Estienne: pource que les Cheualiers de chacun ordre, pour n'estre en grand nombre, se peuuent chacun promettre d'auoir à meriter cete recompense de ses peines & trauaulx ; & pource qu'ils sont tous nobles, ils estimeront l'honneur autant qu'ils doiuent. Mais d'escrire les histoires est le faict du Prince,

GOVVERNEMENT D'ESTAT,

(pource qu'autre ne peut parfaictement sçauoir & les occasiõs & les succez des entreprinses, & leurs circonstances) ou bien appartient à celuy qui est porté du Prince, & par l'autorité, & par la faueur, & par l'argent: autrement ne se fait chose qui vaille. Ce que Charlemagne entendant bien, donnoit toute commodité & moyens d'escrire les histoires à personnes esleuës; & commanda que fussent redigees par escrit, toutes les choses memorables faictes par les nations à luy subiectes. Le Roy de Siam, pour encourager ses subiects à se bien porter en la guerre, faict que les prouesses des valeureux soyét escrites en vn liure, & puis luy soient leues. Ce qu'on lit pareillement d'Assuerus en l'Escriture. Mais retournant à nostre propos, les anciens practiquoyent quelques

ranno l'honore quantẽ debbono. Ma lo scriuere historie è cosa da Prencipe, (perche altri non può sapere pienamente, e le cagioni, & i successi dell'imprese, e le circostanze loro) ò da chi sia portato da Prencipe, e con l'autorità, e col fauore, e co'l denaro: altramente non si fa cosa, che vaglia. Il che intendendo bene Carlo Magno, daua ogni commodità di scriuer historie à persone elette: e diede ordine, che fossero scritte tutte le cose memorabili fatte dalle nationi à lui soggette. Il Rè di Siam per animare a portarsi bene nella guerra i suoi Vassalli, fa che le prodezze de' valorosi siano scritte in vn libro, & poi lette à lui. il che si legge anche d'Assuero nella Scrittura. Ma ritornando al proposito nostro, vsauano gli antichi alcuni altri premij, che con l'honore haueuano congiunto ancho l'vtile. quali erano le corone d'oro, le colane, i guarnimenti de' caualli, le possessioni, i buoi, gli schiaui, il raddoppiamento della paga, ò del formento, la promotione da vn grado inferiore ad vn superiore. del che non può esser cosa più efficace per destare il valor de' soldati, e l'vsauano i Romani egregiamēte. perche nelle legioni tutti i gradi militari, co' quali era congiunto e honore, e vtile grandissimo, si dauano a chi più meritaua. Onde scriue Vegetio, che il valore delle legioni era mancato: perche l'ambitione occupaua i premij della virtù, e'l fauore i gradi debiti al valore. Gran modo di premiare in questa maniera hanno i Prencipi Chri-

autres recompenses, lesquelles auec l'honneur, auoyent aussi l'vtilité conioincte; comme estoyent les coronnes d'or, les chaines, les harnois de cheuaulx, les possessions, les bœufs, les esclaues, le redoublement de la paye, ou du bled, la promotion d'vn grade inferieur, à vn plus hault: chose de tresgrande efficace, pour exciter la valeur des soldats: & les Romains en vsoyent excellemment; pource qu'es legions, toutes les charges militaires, auec lesquelles estoit cōioinct & l'honneur & le tresgrand proffit, se donnoient à qui plus les meritoit. A cete cause, Vegetius escrit, que la valeur des legions estoit faillie, pource que l'ambitiō occuppoit les recompenses de la vertu; & la faueur, les grades & charges deues à la valeur. Les Princes Chrestiēs ont vn grand moyen de recompenser en cete maniere, par la quantité des Commanderies, & Prieurez des Religions militaires: & principallemét le Roy Catholique, lequel outre les biens de la Religió de S. Iean, ha en Espagne, tát de reuenuz des Ordres de S. Iacques & d'Alcantara, & de Calatraue, & de Montegia, desquels, par permission du Pape, il est grand Maistre. Ces biens en si grand nombre, distribuez pour le salaire de la vertu, & en recompense des seruices faicts es guerres cótre les Infideles, ont esté la principalle cause de tant de prouesses faictes par les Espagnols cótre les Mores. Et comme ils les ont chassez d'Espagne, ainsi seroient ils suffisans à les subiuguer mesmes en Afrique, s'ils estoyét employez à cete fin. A la verité, les Cheualiers de S. Iean meritent grande

stiani, con la moltitudine delle Commende, e Priorati delle Religioni militari. e massime il Rè Catolico: che, oltre i beni della Religione di S. Giouanni, ha in Ispagna tante entrate de gli Ordini di S. Giacomo, e di Alcantara, e di Calatraua, e di Montegia, de quali egli, per concessione Apostolica, è Grã Maestro. Questi tanti beni distribuiti in premio della virtù, & in remuneratione de' seruitij fatti nelle guerre contra gli Infedeli, sono stati principal causa delle tante prodezze fatte da gli Spagnuoli contra i Mori. e sì come gli hanno cacciati di Spagna, così sarebbono bastanti à soggiogare i medesmi nell'Africa se a questo fine s'impiegassero. In vero, che i Caualieri di S. Giouanni meritano somma lode, perche non hanno mai tralasciato la loro impresa contra gl' Infedeli: ma sempre e per terra, e per mare hanno dato grandissimo saggio del lor valore, e fatti seruitij releuati alla Republica Christiana. I cui vestigij seguono i Caualieri di S. Stefano talmente, che i Turchi, & i Mori hanno in più horrore il lor nome, che l'armate intiere: e sono tutto il dì ò benedetti da tanti Christiani, liberati per mezo loro dalla crudelissima seruitù de Turchi, e de' Mori, ò aspettati da tante migliaia di poueri Christiani, che si trouano in miserrima seruitù con la catena à piedi in Algieri, ò in Tripoli. e che opera fù mai più pia? che impresa più Christiana, che la liberatione de' cattiui? ò che cattiuità si può imagi-

louange, pource qu'ils n'ont iamais delaissé leur entreprinse, côtre les Infideles: mais tousiours et par terre & par mer, ils ont dóné preuue de leur valeur, & faict seignalez seruices à la Republique Chrestienne: desquels les vestiges sont tellement suiuiz par les Cheualiers de S. Estienne, que les Turcs & les Mores ont leur nom plus en horreur que les armées & flottes entieres; & sont tous les iours, ou beniz de tant de Chrestiens deliurez, par leur moyen, de la trescruelle seruitude des Turcs, & des Mores, ou attenduz d'vn si grand nôbre de pauures Chrestiens, qui se trouuent en vne tresmiserable seruitude, la chaine aux pieds, à Algieri, ou en Tripoli. Quelle œuure fut iamais plus pieuse? quelle entreprinse plus Chrestienne, que la deliurance des prisonniers? ou quelle captiuité se peut imaginer plus malheureuse, & plus rude que celle, en laquelle les corps sont trescruellement tourmétez, & les ames tresdangereusemét tentées? Mais ce sera de tresgrande importance, que le soldat soit asseuré, qu'encore qu'il demeure estropié & impotent, en la guerre, le Prince ne l'abandonnera, ains le prouoira d'honneste entretenemét, & luy dónera moyen de viure: car plusieurs se retirent des dangers de la guerre, non tant pour la crainte de la mort (laquelle pour le plus est peu douloureuse & de nul trauail) que des estropiments & disgraces, qui ont coustume de venir, à cause des coups, playes & autres sinistres accidents. Cete peur s'esuanouit, par l'asseurance de la benignité du Prince, qui donne au soldat prouision, en ait soucy, & en fasse conte. Ce qui

nare più infelice, e più dura di quella, nella quale i corpi sono crudelissimamente tormētati, e l'anime pericolosissimamente tentate? Ma di grandissimo momento sarà, che'l soldato sia sicuro, che se bene egli nella guerra restarà stroppiato, & impotente, il Prencipe non l'abbandonarà, anzi il prouederà d'honesto trattenimento, e modo di viure, perche molti si ritirano da' pericoli di guerra, non tanto per tema di morte, (che per lo più è di poco dolore, e di nissuno stento) quanto de gli stroppiamenti, e disgratie, che per le ferite, e per altri sinistri sogliono auenire. Questa paura si rimuoue con la sicurezza della benignità del Prencipe, che li dia prouisione, e ne habbia cura, e ne tenga

contro, il che non sola-
mente gioua à far ani-
mosi quelli, che di pre-
sente seruono nella guer
ra, ma ancora anco, e
fa animo à gli altri di
durare le medesime fa-
tiche, e di correre i me-
desimi pericoli. E sen-
za dubio, chi è colui,
che veggendo i suoi cit-
tadini, e compagni ri-
tornar dalla guerra,
benche feriti, e mal
conci, sauoriti dal
Prencipe, & accom-
modati, non si senta
commouer l'animo di
vn certo desiderio di
far anch' egli qualche
cosa? ma se à rincontro
quei, che ritornano a
casa, oltre le ferire, e
debilità, saranno anco
abbandonati dal Rè,
& afflitti dalla pouer-
tà, e consumati dalla
miseria; chi sarà mai ò
cosi sciocco, ò cosi ani-
moso, che non si senta
agghiacciare il cuore,
e mancar l'animo? In-

sert non seulement à ren-
dre courageux ceux là,
qui de present seruent en
la guerre, mais anime &
encourage aussi les au-
tres, à endurer les mes-
mes peines, & courir les
mesmes dangers. Et cer-
tainement, qui est celuy
lequel voyant ses citoyés
& compagnons retour-
ner de la guerre, bien
qu'ils soyent blessez, &
mal en poinct, fauorisez
du Prince, & accommo-
dez, ne se sente esmou-
uoir le cœur d'vn certain
desir, de faire aussi quelque chose? mais si au contraire, ceux qui retour-
nent en leurs maisons,
outre leurs playes, & de-
bilitez, sont aussi aban-
donnez du Roy, affligez
de la pauureté, & acca-
blez de misere, qui sera
iamais ou si sot ou si courageux, qui ne se sente defaillir la volonté & gla-
cer le cœur? Les Ro-
mains entendoyent fort
bien cela, puis qu'ils assi-

gnoyent aux soldats, qui auoyent bien seruy la Republique, outre les autres choses, tresbonnes possessions. Et pour n'alleguer autres exemples, suffira le decret & ordonnance faicte en faueur des soldats de Scipion le plus grand, ausquels furent dónées deux journées de terre, pour chacun an de leur milice, & seruice. Mais si non seulement, le Prince est liberal vers ses soldats en leurs disgraces; ains les asseure, qu'au cas qu'ils meurent en son seruice, il tiendra conte des femmes, ou enfans, ou sœurs, ou autres parents, il n'ya chose de plus grand' efficace à les faire courir es flammes, aller au deuant des sagettes, & de la mort mesme.

tendenano molto ben questo i Romani; poiche a' soldati, che haueuano ben seruito la Republica, assegnauano, oltre l'altre cose, buonissime possesioni. E per non allegare altri essempi, bastarà il decreto fatto in fauore de' soldati del maggior Scipione, a' quali furono date due giornate di terra per ciascun' anno della loro militia, e seruitio. Ma se non solamente il Prencipe sarà liberale co' soldati nelle loro disgratie: ma gli assicurerà ancora, ch' egli terrà conto, caso ch' essi muiano in suo seruitio, delle mogli, ò figli, ò sorelle, ò altri parenti; non è cosa più efficace à farli correr nelle fiamme, & all'incontro delle saette, e della morte istessa.

De la peine. *Della pena.*

NE' gouerni il premio è vtile, ma la pena è necessaria: perche la virtù si appaga di se stessa, e non hà bisogno di eccitamento esterno: ma il vitio, e la maluagità, se non è rattenuta dalla paura della pena, manda ogni cosa sossopra. Per la qual cagione trà l'altre, ei legislatori, & i fondatori delle Republiche hanno sempre atteso più a punire, e reprimere i misfatti, che a riconoscere, e guiderdonare l'attioni virtuose. Nella guerra poi, se tu non premij quei, che si portano bene, nõ sarai amato: ma se tu non castighi i colpeuoli, non sarai obeditor: di che non può essere nelle cose militari cosa peggiore. Per questa cagione tutti i Capitani di nome hãno hauuto del seuero: e con varie pene, e castighi han-

ES gouuernemens, le loyer est vtile, mais la peine est necessaire; pource que la vertu se paye d'elle mesme, & n'ha besoin d'excitation externe ; mais le vice & la malice, si elle n'est retenue de la peur de la peine, renuerse tout. Pour cete cause, entre autres les Legislateurs & fondateurs des Republiques ont tousiours entendu plustost à punir & reprimer les mesfaits, qu'à recognoistre & guerdonner les actions vertueuses. En la guerre apres, si tu ne recompenses ceux qui se portent bien, tu ne seras aymé: mais si tu ne chasties les coupables, tu ne seras obey; ce qui est la pire chose, qui soit point au faict militaire. Et pourtant (à fin de ne ramenteuoir les Manliens, les Curseurs & les autres) l'Empereur Auguste, Prince tresamoureux de

Q q

GOVVERNEMENT D'ESTAT,

la paix, fut tant seuere à l'endroit des soldats, que non seulement il decimoit aucunesfois les cópagnies, qui auoyent tourné le dos aux ennemis, ou perdu le lieu, mais dauantage les nourrissoit d'orge au lieu de bled & froment. Et Tibere voulant remettre sus pieds la milice, renouuella toutes les sortes d'anciennes peines & supplices, qui estoyét en vsage à l'endroit des anciens Romains. Or les peines militaires estoyent de deux sortes: car aucunes apportoyét honte & deshonneur: les autres, douleur & perte encores. Les publiques reprehensions & reproches de la couardise & pusillanimité apportoyent honte : ce qui se faisoit ou aux particuliers, ou aussi à toute l'armée.

no, parte mantenuto, parte riformato la disciplina militare. Perche (per non mentouare i Manlij, i Cursori, e gli altri) Augusto Cesare, Prencipe amicissimo di pace, fù cosi seuero co' soldati, che non solamente decimò alle volte le compagnie, che haueuano volte le spalle a' nemici, ò perduto il luogo: ma di più le pasceua d'orzo in vece di formento. e Tiberio, volendo rimetter in piede la militia, rinouò tutte le sorti dell' antiche pene, e supplicij, ch'erano in vso presso gli antichi Romani. Hor le pene militari erano di due sorti, perche alcune recauano vergogna, e dishonore; altre anco dolore, e danno. Recauano vergogna le publiche riprensioni, e rinfacciaméti della viltà: e questi si faceuano ò a par-

ticolari, ò anco a tutto l'essercito.

Scriue Liuio, che M. Marcello, dopò la fuga de' suoi soldati, fece vna cöcione cosi acerba e terribile all' essercito, che non l'afflisse meno egli con la vehemenza delle parole, e con l'acerbezza della riprensione, che i nemici con le ferite, e con la carica, che haueuano loro dato. E per accrescere la loro vergogna, commandò, che a quei, che nella battaglia haueuano perduto le insegne fosse dato orzo in vece di formento: e fece stare i loro Capitani senza cintura, con la spada ignuda in mano. E Sempronio Gracco fece mangiare in piede quei soldati, che s'erano mostrati poco valorosi. In Isparta quei, che fuggendo s'erano saluati, non poteuano, ne dar, ne pigliar mo-

Liuius escrit que M. Marcellus, apres la fuite de ses soldats, fit vne harãgue tant aigre & terrible à l'armée, qu'il ne l'affligea pas moins de la vehemence de ses paroles & de l'aigreur de la reprehension, que les ennemis, par les coups, & la charge, qu'ils luy auoient viuement donnée. Et pour accroistre leur honte, il commanda que l'on baillast de l'orge au lieu de fromét à ceux là, qui en la bataille auoiét perdu les enseignes; & fit tenir debout leurs Capitaines, sans ceinture auec l'espée nue en la main. Et Sempronius Grachus fit manger debout, les soldats qui s'estoyent monstrez peu valeureux. En Lacedemone, ceux qui fuyans, s'estoyent sauuez ne pouuoyent ny donner ny prendre femmes; & estoyent contraincts

GOVVERNEMENT D'ESTAT,

porter certains māteaux rapiecez de plusieurs couleurs, & la barbe, en partie razée, en partie longue; & estoit licite à vn chacū de les battre & de les outrager. Les Romains estoyent fort seueres vers ceux, qui fuyoient de la bataille, ou qui par leur couardise, demeuroyét prisonniers. Ceux qui estoyent fuiz de la bataille de Cannes, furent condamnez par le Senat Romain, à faire la guerre hors d'Italie, iusques à la fin d'icelle, & ne pouuoient, pour quelque prouesse qu'ils fissét, emporter aucune recompense militaire. C'estoit vne grande honte & deshonneur de banir du camp, & de priuer les Lieutenans & les Capitaines de leurs charges; Mais n'estoit moins dommageable que honteuse l'inhibition & deffence expresse que ceux, qui par leur pusillannimité

glie: & erano sforzati a portar certi mantelli pezzati di più colori, e la barba parte rasa, parte lunga; & era lecito ad ogn'vno di batterli, e di oltraggirli. Molto seueri furono i Romani verso quei, che fuggiuano dalla Zuffa, ò che restauano, per loro viltà, prigioni. Quei ch'erano fuggiti dalla battaglia di Canne, furono condannati dal Senato Romano a militare fuor d'Italia, sino à guerra finita; e nō poteuano, per qualunque prodezza, che si facessero, hauer premio nissuno militare. Era di gran vergogna, e vituperio il bandir dal campo, e'l priuare gli Alfieri, & i Capitani dell'officio, e del grado loro. ma di danno non meno, che di vergogna grande era il diuieto, che quei, che per viltà, erano venuti in mano de' nemici, non fossero redenti, e riscossi, il che i Romani vsarono con quei, che per dapocaggine erano stati fatti prigioni da' Cartaginesi. Ne fù mai gente, che stimasse meno i Cittadini captiui, che la Romana. onde non si curarono, ne anco di rihauer per iscābio quelli, ch' erano restati in mano de Cartaginesi. Ma cosa terribilissima era la decimatione, per la quale faceuano morire vno d'ogni decina di quei, che s'er:no portati male: perche in questo caso, se bene il danno era di pochi, la paura, e'l pericolo faceua gelare il sangue à tutti. alle volte faceuano morire vno d'ogni ventina, alle volte vno d'ogni centenaio. Il grā Capitano, perche alcuni Spagnuoli s'erano vilmente arrenduti à Francesi, permise, che

estoyent tombez entre les mains des ennemis, ne fussent rachetez & receuz: ce que les Romains pratiquoyent vers ceux, qui par leur vilité, estoiēt prisonniers es mains des Carthaginois. Et iamais n'y eut nation, qui fist moins de cas des citoyés prisonniers, que la Romaine; & pourtant ils ne se soucioyét pas mesmes d'auoir en eschāge, ceux qui estoyent demeurez prisonniers des Carthaginois. Mais la decimatiō estoit chose fort terrible, par laquelle ils faisoyent mourir de chacune dizaine, vn de ceux qui s'estoyent mal portez; pour ce qu'en ce cas, bien que le dommage & perte fust de peu, la peur & le danger faisoit geler le sang à tous: Aucunesfois ils faisoient mourir vn de chacune vingtaine; aucunesfois, vn, de chacune centaine. Le grād Capitaine, pource qu'aucuns Espa-

GOVVERNEMENT D'ESTAT,

gnols, s'estoyent vilemēt reduz aux François, permit qu'ils fussēt taillez en pieces, par les autres soldats; à fin que par cet exēple, nul ne pensast eschapper, mais combatre; & n'esperast par la pusillanimité, se pouuoir sauuer, nō pas mesmes des amis, tant s'en fault qu'il le fust de la part des aduersaires. A ce propos, je ne veux pas obmettre le dire de Clearcus Lacedemonié, que le soldat doit auoir plus grāde peur de sō Capitaine que des ennemis.

fossero tagliati à pezzi da gli altri soldati; acciochè con questo essempio niuno pensasse à scampare, ma à combattere; e si disperasse di poter ritrouar scampo con la viltà presso gli amici, non che appo gli auuersarij. Al qual proposito non mi par di lasciar quel detto di Clearco Lacedemonio, che il soldato deue hauer maggior paura del suo Capitano, che de' nemici.

De l'emulation.

13. Dell'emulatione.

LA valeur pareillemēt s'accroist par les moyens, auec lesquels se nourrit l'emulation & la concurrēce. Lycurge ha introduit en sa Republique, l'emulation, comme vn entretien de la vertu; pource qu'estant l'hōme naturellement jaloux de sa propre excellence; il

SI accresce anco il valore cō quei modi, co' quali si nodrisce l'emulatione, e la concorrenza. Licurgo introdusse nella sua Republica l'emulatione, come per vn fomento della virtù: perche essendo l'huomo geloso naturalmente della pro pria eccellenza, nõ può comportare, che altri l'auanzi, e li metta il piede innanzi, massime nelle imprese honorate. E questo affetto è ne' soldati vehemẽtissimo, come in quelli, che si gouernano più per passione, che per ragione. I Romani dunque nodriuano l'emulatione, e con la diuersità delle nationi (perche si valeuano ne gli esserciti, nõ solo de' loro Cittadini, ma delle genti Latine ancora, & de gli ausiliarij, che tutti faceuano à gara) e con la differenza de' soldati nelle legioni (perche vi erano i Prencipi, gli hastati, i triarij) e cedendo gli antecedenti, il peso della battaglia restaua à triarij: che per far meglio de gli altri, e per hauer tutto l'honor della vittoria, superauano se stessi. I Capitani poi metteua-

ne peut endurer qu'autre le surpasse, & marche deuant luy, principallement es honnorables entreprinses. Et cete affection est tres-vehemente es soldats, comme en ceux, qui se gouuernent plus par passion, que par raison. Les Romains dõc nourrissoyent l'emulation, & par la diuersité des nations (pource qu'ils se seruoyent es armées, non seulemẽt de leurs citoiés, mais aussi des peuples Latins, & des auxiliaires, qui faisoyẽt tous à l'enuy l'vn de l'autre) & par la difference des soldats es Legions (pource qu'y estoient les Princes, les halebardiez, les Triariés) & cedans ceux de deuant, la charge de la bataille demeuroit aux Triariens; lesquels pour faire mieux que les autres, & pour auoir tout l'honneur de la victoire, surmontoyent eux mesmes. Les Capitaines apres, par

Q q iiij

tout moyen & industrie, mettoyent l'emulation entre vne & autre natiō, entre la Caualllerie, & l'Infanterie, entre vn bataillon & l'autre, & entre diuerses legions. Cesar, ayant toute son armée l'espouuante, pour le bruit des forces & de la valeur des Alemands, dist que quand les autres ne le voudroyent suiure, il iroit seul à cete entreprinse, auec la dixiesme legion: & par ce moyen, il mit vne si grande emulation & tant d'ardeur es autres, qu'elles s'offroyēt à luy, à l'enuy l'vne de l'autre. *Antonio primo vallum, portasque legionibus attribuit, vt discretus labor fortes, ignauosque distingueret: atque ipsa contentione decoris accenderentur.* De nostre temps, l'experience ha demonstré, que l'armée n'est parfaicte, laquelle n'est composée de diuerses natiōs: pource que l'emulation

no, cō ogni arte, emulatione, e gara tra natione, e natione, tra la Caualleria, e la Fanteria, tra vn corno, e l'altro, e tra vna legione, e l'altra. Cesare, essendo spauentato tutto il suo essercito, per la fama delle forze, e del valore de' Germani, disse, che quando gli altri nō lo volessero seguire, ch'egli andarebbe à quella impresa solo con la decima legione: con che mise tanta emulatione, e tanto ardore nelle altre, che à gara gli si offeriuano. Antonio Primo, vallum, portasq; legionibus attribuit, vt discretus labor fortes, ignauosq; distringueret atque ipsa contentione decoris accēderentur. *A tempi nostri l'esperiēza ha dimostrato, che non è essercito perfetto quello, che non consta di di-*

verse nationi: perche la gara è quella, che fà che ciascuna natione faccia ogni suo sforzo, e più di quel che può, per hauer l'honore della vittoria. che se nel capo non vi è se non vna natione, languisce, e non fa cosa degna.

& concurrence est celle qui faict que chacune nation employe toutes ses forces, & fait plus qu'elle peut, pour auoir l'honneur de la victoire: que si en vn camp, ne se void qu'vne nation, elle languit & ne faict chose qui vaille.

Della licēza cōcessa a' Gianizzeri.

De la licence donnée aux Janissaires.

I Turchi si pensano di far i Gianizzeri feroci, e braui, con vna estrema libertà, anzi licenza, che loro concedono. perche è loro lecito l'accennare, e'l dare; il fare affronto, e dispiacere à chi si sia, senza, che siano mai perciò puniti. Onde ne nasce vn'ardire, per quanto essi stimano, e vn cuore grandissimo. ma s'ingannano. perche l'ardire non nasce se non dalla conoscenza delle sue forze, e le

L ES Turcs pensent faire les Ianissaires hardiz & braues, par vne extreme liberté, ains licence qu'ils leur dōnent; car il leur est licite faire affront & desplaisir à qui que soit, sans que iamais ils soyent recherchez ny puniz: Dont leur vient vne hardiesse, à ce qu'ils estiment, & vn cœur tresgrād; mais ils se trompent; pource que la hardiesse ne naist & ne procedde que de la cognoissance de ses forces; & les forces ne se cognoissent là où elles n'ont point d'opposition ; car ce n'est pas grand cas de vaincre celuy qui ne repugne point. L'artillerie aussi ne fait pas tant d'effect sur mer, que sur terre; pource que les nauires & les galeres ne sont pas si fermes & stables, que les murailles, & resistent moins. Or les Ianissaires accoustumez à batre cetuy cy & cetuy là, sans aucun contredit, deuiendroient plustost couards es entreprinses de guerre, où ils trouuent resistence, & opposition, que courageux, s'ils n'estoyent maintenuz & aydez d'autre chose, que de la licence, que nous auons dict : car s'ils sont plus hardiz en assaillant & battant l'vn & l'autre, à leur plaisir, sans que l'offensé s'en puisse ressentir, empescher les coups, pour ne dire resister, combattre & se vanger, certainement le cou-

forze non si conoscono, doue non hanno oppositione, perche'l vincere chi non ripugna ; non è gran cosa. Anco l'artiglieria non fa tanto effetto in mare, quanto in terra : perche le naui, e le galere non sono ne anco così stabili, e sode, come le muraglie, e manco resistono. Hora i Gianizzeri vsi à batter questo, e quello senza contrasto nissuno, diuerrebbono più presto codardi nell'imprese di guerra, doue trouano resistenza, & oppositione, che coraggiosi, se altro, che la licenza, che habbiamo detto non li aiutasse. perche se l'ardire cresce loro con l'assaltare, e percuotere chi lor pare, senza che colui possa pur mostrare resentimento, ò riparare i colpi, non che far contrasto, e vendicarsi, senza dubbio che mancerà loro doue troueranno contrarietà, e ripugnanza. Onde così fatta licenza li rende più presto souerchieuoli, & impertinenti, che animosi, ò braui.

rage leur defaudra, où ils trouueront de la contrarieté & repugnance. Et pour cete cause, vne telle licéce les réd plustost defectueux & impertinéts, q̃ courageux ou braues.

Dell' affaticar i Soldati.

De fatiguer les Soldats.

L'Affaticare i soldati fà due buoni effetti; l'vno si è che gl'indura, e li rinforza, auezza, & incallisce per li disagi della guerra. Onde alcuni valenti Capitani sono stati in ciò quasi rigidi co' soldati. Papirio Cursore trauagliaua incredibilmente le sue genti da piede, e da cauallo; e pregato vna volta da' Caualieri, che in virtù de' seruigi passati, rimettesse loro qualche parte della fatica, Io son contento, disse, che smontando, nõ freghiate, come solete, le

La fatigue que l'on donne aux soldats, faict deux bons effects: l'vn est qu'elle les endurcit & r'enforce, les duit & façonne aux incommoditez de la guerre. A cete cause, quelques vaillans Capitaines ont esté en cela quasi rigoureux aux soldats. Papirius Cursor trauailloit merueilleusemét ses soldats, de pied & de cheual : & estant vne fois prié, par les gens de cheual, qu'au moyen & recompense de leurs seruices passez, il leur remist quelque partie de la peine & fatigue; Ie suis content, dist il, qu'en descendant, vous ne frottiez, comme vous auez de couſtume, le dos de voz cheuaulx. L'autre effect de la peine, eſt qu'elle rend les ſoldats deſireux de la bataille, pour ſortir de trauail. Ainſi Marius en la guerre Cimbrique, employa vne grãde partie du temps, à trauailler, par diuers exercices, ſes ſoldats : car il les menoit ores en vn lieu, ores en vn autre : & fit faire, entre autres choſes, vne grãde & profonde foſſe, où il fit paſſer & couler vne partie du Roſne. En fin il les trauailloit tant, que pour ſortir de peine, ils deſiroyent venir aux mains cõtre les ennemis. Silla meſmement, à fin que ſes gens deſiraſſent la bataille, les tint trois iours, en vn continuel & facheux exercice, les faiſant ores tourner ailleurs le cours de la riuiere Cephiſe, ores cauer de treſgrands foſſez : & pourtãt

ſchiene de' voſtri caualli. L'altro effetto della fatica ſi è il render i ſoldati deſideroſi della battaglia, per vſcir fuora di trauaglio. Coſi Mario nella guerra Cimbrica ſpeſe gran parte del tempo in trauagliare con varij eſſercitij i ſoldati : perche li conduceua, hora in vn luogo, hora in vn' altro ; e fece fare tra l'altre coſe vn ampia, e profonda foſſa, doue corriuò vna parte del Rodano. li teneua finalmente in tanta fatica, che per vſcirne fuora, deſiderauano di venire alle mani co' Barbari. Silla medeſimamente, acciò che i ſuoi la battaglia deſideraſſero, gli tenne tre dì in vn continuo, e duro eſſercitio, facendoli hora volgere altroue il corſo del fiume Ceſiſo, hora cauar grãdiſſime foſſe. onde eſſi stanchi, chiedeuano à gran voce la battaglia.

iceux laſſez, demandoiét à haulte voix la bataille.

Della riſolutione.

E Di non lieue momento vna certa deliberata riſolutione; perche rimuoue, e tronca ogni altro diſſegno, e penſiero ne' Capitani, e ne ſoldati, fuor che di combattere; e li riuolge, e diſpone tutti vgualmẽte all'impreſa Franceſco Rè di Francia, volendo omninamente paſſare con eſſercito in Italia, voltoſi a' ſuoi Baroni, Io (diſſe) ho ſtabilito di voler ſenza indugio paſſare perſonalmente i monti: chiunque mi confortarà al contrario non ſolo non ſarà vdito da me, ma mi farà coſa molto moleſta. Attenda ciaſcuno ad eſſequire quel, che li ſarà commeſſo, ò che appartiene all'vfficio ſuo. Con

De la reſolution.

VNe certaine & deliberée reſolutió eſt de grande importance; pource qu'elle oſte tout autre deſſein & penſée aux Capitaines & ſoldats, hors mis de combatre: & les diſpoſe tous egallemẽt à l'entrepriſe. François I. Roy de France, voulant reſoluëment paſſer, auec ſon armée, en Italie, ſe tourna aux Princes & Seigneurs qui eſtoyent pres de luy, & diſt. I'ay reſolu de paſſer bien toſt les monts, & d'aller en perſonne: quiconque me cõſeillera au contraire, non ſeulement ne ſera ouy de moy, mais me fera grand deſplaiſir. Que chacũ entende à faire ce qui luy ſera enchargé ou qui appartiendra à ſa charge. Par ces paroles il reſchauffa tellement

GOVVERNEMENT D'ESTAT,

& resolut chacun, que la deliberation du Roy fut la deliberation de tous. On lit d'Aratus Prince des Sicioniens, qu'estant, au reste, bon Capitaine, il auoit cecy de mauuais, que toutes les fois qu'il deuoit donner bataille, il ne se pouuoit resouldre, & se trouuoit empesché. qui est bien la pire chose, qui se puisse trouuer en vn Conducteur & General d'armée : pource que non seulement il demeure empesché, mais il fait que les soldats languissent aussi, & perdent l'allegresse & la hardiesse. Et ne sera hors de propos, de mettre icy, ce que Paul Emile dist aux soldats, au commencement de la guerre Macedonique; pource que par ses parolles, il leur couppa broche à toute autre pensée & volonté que de se porter bien & valeureusement en cete entreprinse. Il dist donc, qu'ils

queste parole riscaldò talmente, e risolse ciascuno, che la deliberatione del Rè fu fatta deliberatione di tutti. Si legge di Arato Prēcipe de' Sicionij, che essendo egli nel resto buō Capitano, haueua questo di male, che ogni volta, che doueua far battaglia, non si sapeua risoluere, e si trouaua impedito. del che non può esser cosa peggiore in vn Condottiere d'essercito : perche non solamente resta egli impedito, ma fa, che i soldati ancora languischino, e perdano l'allegrezza, e la brauura. Non è fuor di proposito il metter qui quel, che Paolo Emilio disse à soldati nel principio della guerra Macedonica: perche con quello troncò loro ancor esso ogni altro pensiero, che di portarsi bene nell'impresa. Disse dunque, Che nō si cu-

vassero d'intēdere, ne di traporsi ne' cōsigli della guerra; ma nel petto del lor Generale tutto ciò che si doueua fare lasciassero, e da buoni soldati à tre cose solamente attēdessero, Cioè ad hauer robusto, & agile il corpo; polite, & aguzze le armi: & il māgiare in ordine, per poter ad ogni cenno del Capitano muouersi.

ne se souciassent d'eux entremesler des conseils de la guerre, mais qu'ils laissassent à la volonté & discretion de leur General tout ce qui se deuoit faire, & comme bōs soldats, ils s'appliquassent seulement à trois choses: sçauoir est, qu'ils eussent vn corps robuste et agile: les armes polies & eguisées: & mangeassent en ordre, pour pouuoir marcher, à tout signe qui leur seroit faict de leur Capitaine.

Del mettere i Soldati in necessità di combattere.

De mettre les soldats en necessité & contrainte de combatre.

Grande, & incōparabile è la forza della necessità; e quando questa si volta à virtù, accresce infinitamente il valore. Onde alcuni Capitani hanno cercato ogni via di metter i loro soldati in necessità di portarsi

La force de la necessité est grande & incomparable: & quād elle se tourne à la vertu, elle accroist infiniment la valeur. A cete cause certains Capitaines ont cherché tout moyen de mettre leurs soldats & les reduire à la necessité de bien combatre & se porter vaillamment. Pour cete raison, Annibal mena son armée au beau milieu d'Italie; à fin qu'elle n'eust esperance ailleurs, qu'en sa valeur. Et pourtant, en les exhortant au combat, il leur dist. *Nihil vsquam nobis relictum est nisi quod armis vindicauerimus: Illis timidis & ignauis licet esse, qui receptum habent; quos suus ager, sua terra per tuta, ac pacata itinera fugientes accipient: vobis necesse est fortibus viris esse, & omnibus inter victoriam, mortemué certa desperatione abruptis, aut vincere, aut si fortuna dubitabit, in prælio potius, quàm in fuga mortem oppetere.*

bene. Però Annibale menò i suoi nel bel mezzo d'Italia; accioche non sperassero in altro, che nel valore. Onde essortandoli à combattere, disse loro. Nihil vsquam nobis relictum est, nisi quod armis vindicauerimus. Illis timidis, & ignauis licet esse, qui receptū habent; quos suus ager, sua terra per tuta, ac pacata itinera fugientes accipient: Vobis necesse est fortibus vitis esse, & omnibus inter victoriam, mortemué certa desperatione abruptis, aut vincere, aut si fortuna dubitabit, in prælio potius, quàm in fuga mortem oppetere.

Caton le plus grand, voulant attaquer l'armée des Espagnols, mena son armée loin de la mer; &

Catone il maggiore, volendosi affrontare con l'essercito de gli Spagnuoli, condusse l'essercito

LIVRE IX. 313

cito suo lungi dal mare, & dall'armata, sù la quale era venuto; e mise in mezo de' nemici. Nusquam nisi in virtute spes est, milites (inquit) & ego sedulò ne esset feci. inter castra nostra, & nos medij hostes ab tergo hostium ager est. quod pulcherrimū idem tutissimum est, in virtute spem positam habere. *Mario, deliberando di far giornata co' Cimbri presso alla Città d'Aix, accampò in vn erto, e commodo luogo, ma senza vna goccia d'acqua; e veggendo i suoi dolersi, che quà morirebbono di sete; come colui, che ciò studiosamēte fatto haueua, per animarli più al fatto d'arme, mostro loro da lungi vn fiume, che presso al campo nemico correua; e disse, E' bisogna, che chi ha*

de la flotte, sur laquelle il estoit venu; & il la mit au millieu des ennemis. *Nusquam nisi in virtute spes est, milites (inquit) & ego sedulò ne esset, feci. inter castra nostra, & nos medij hostes: ab tergo hostium ager est: quod pulcherrimum idem tutissimum est, in virtute spem positam habere.*

Marius deliberant donner bataille aux Cimbres pres la ville d'Aix se campa en lieu hault & commode, mais sans vne goute d'eau: & voyant ses gens se plaindre, qu'ils y mourroyent de soif; comme celuy qui l'auoit faict expres & à dessein, pour les encourager dauantage au combat, leur monstra de loin vne riuiere qui couroit pres du camp de l'ennemy, & leur dist; il fault que celuy qui ha soif, achete de

R r

cete eau, par le sang. Et ne fut pas moins genereuse la necessité, en laquelle Guillaume Duc de Normandie se mit, auec so armée: pource qu'ayāt passé en Angleterre, à la conqueste de ce Royaume, il brusla la flotte & vaisseaux, sur lesquels il estoit passé; Et en fit de mesme Ferrant le Courtois, quand il fut arriué à la vraye Croix, pour l'entreprinse de la nouuelle Espagne. Philippe Auguste Roy de France rompit vn pont sur la Schalda, sur lequel auoit passé son armée contre l'Empereur Othon. Don Iean de Castre, ayant secouru la forteresse de Diù, & la voulant deliurer du tout du siege, que Mahamud Roy de Cambaye auoit mis deuant, tira tous ses soldats de la forteresse, & pour leur oster l'esperance d'y pouuoir refuir, il en fit enleuer les portes. Ainsi,

fete, si comperi di quell' acqua col sangue. Ma non men generosa necessità fù quella, nella quale Gulielmo Duca di Normandia pose se, e l'essercito; perche passato in Inghilterra all' acquisto di quel Regno abruciò l'armata, su la quale, s'era condotto là: e'l medesimo fece Ferrante Cortese giunto che fu alla vera Croce per l'impresa della nuoua Spagna. Filippo Augusto, Rè di Francia ruppe vn ponte sù la Schalda, sul quale haueua passato l'essercito cōtra Othone Imp. Don Giouanni di Castro, hauendo soccorso la fortezza di Diù, e volendo liberarla affatto dall'assedio, messole da Mahamud Rè di Cambaia, cauò tutte le sue genti fuor della fortezza: e per tor la speranza di poterui rifuggire, fece leuarne via le porte. Cosi, dando adosso a' nemici, ne riportò vna vittoria immortale. Violète necessità furono quelle, nelle quali Attilio Regolo, e Metello Celtibero misero i loro soldati. Attilio nella guerra de' Sanniti; perche i Romani volgendo le spalle a' nemici, fuggiuano verso gli alloggiamenti, egli volando là con parte della Caualleria, si pose sù le porte col ferro ignudo in mano; e poiche hebbe rinfacciato loro la viltà, e la fuga, e villaneggiatili acerbamente, disse alla fine, Che non pensasse d'entrarui alcun dentro, se non vittorioso; e che per ciò eleggessero di combatter con lui, ò col nemico. Onde essi ripigliando per la vergogna animo ritornarono contra nemici, e gli vinsero. Metello, perche assediando

chargeant viuement les ennemis, il en remporta vne immortelle victoire. Les necessitez furēt violentes esquelles Attilius Regulus, & Metellus Celtibere mirent leurs soldats. Attilius, en la guerre des Samnites, (pource que les Romains tournans le dos aux ennemys, fuyoient vers les logis) y alla promtement, auec vne partie de la Caüallerie, & se mit sur les portes, l'espée nuë en la main, & apres les auoir tancez & aigrement reprins & iniuriez de leur couardise & fuite, il dist à la fin, Qu'aucun ne pensast y entrer, si non victorieux: & que pour cete cause, il leur fauldroit combatre contre luy, ou contre l'ennemy. A cete cause, ayans hôte, & reprenans courage, ils retournerent contre les ennemis, & les surmonterent. Metellus, pource qu'assiegeant Canturbie,

R i ij

GOVVERNEMENT D'ESTAT,

cinq compagnies auoyēt perdu leur lieu, commanda incontinēt qu'elles eussent à le recouurer, & que l'on tuast ceuy là qui fuiroyent. Et pour cete cause, ayant en eux plus de pouuoir la peur de leur Chef que de leurs ennemis, & la honte, que le danger, estans retournez à la bataille, recouurerent leur place. A ce propos conuient ce magnanime decret & arrest du Senat Romain, par lequel estoit ordonné que les prisonniers ne fussent recouz; pource que par vne telle loy, les Romains forcerent leurs soldats à combatre & à vaincre, ou à mourir honnorablemēt, puis que perdant, ne leur demeuroit aucune esperance de se sauuer.

D'obliger les Soldats par serment & par execration.

Contrebia, cinque compagnie haueuano perduto il lor luogo, commandò incontanente, che lo douessero ricuperare, e che fossero ammazzati quei, che fuggissero. Onde quelli potendo più in loro la paura de' suoi, che de' nemici, e la vergogna, che'l pericolo, ritornati alla battaglia, ricuperarono il luogo. Appartiene à questo proposito quel magnanimo decreto del Senato Romano, per lo quale ordinò, che non fossero riscossi i captiui: perche con tal legge necessitarono i loro soldati à combattere, & à vincere, ò à morire honoratamente; poiche perdendo non rimaneua loro speranza alcuna di salute.

Dell' obligare i soldati con giuramento, ò con essecratione.

Alcuni Capitani, non potendo metterse, & i soldati suoi in necessità di cōbattere con abbrusciare armate, e far simili cose, hanno cercato d'obligar se, e gli esserciti con giuramenti, e con iscongiuri horrendi. Gli Arcanani, veggendosi venir adosso gli Etoli molto potenti, e fieri, mandarono ne' luoghi sicuri le loro mogli, e i fanciulli, & i vecchi sessagenarij. tutti gli altri congiuarono, e si obligarono nel più stretto modo, che fu possibile, à douer prima morire, che ritornare se non vittoriosi à casa il che hauendo inteso i nemici, abbandonarono l'impresa. E M. Fabio Consule fece giurare a' soldati, che domandauano instantemente d'esser menati fuora contra' Toscani, da' quali erano villa-

AVcuns Capitaines ne pouuans se reduire ny leurs soldats en necessité de combatre, en brulant les vaisseaux & faisás semblables choses, ont cherché à s'obliger & les armées par sermens & coniurations horribles. Les Arcananiens voyans venir contre eux les Etoliens, auec grandes forces, enuoierét es places fortes & asseurées leurs femmes & enfans & les vieilles gens sexagenaires: tous les autres coniurerent & s'obligerent le plus estroitement qu'il fut possible, à mourir plustost que retourner en leurs maisons sinon victorieux. Ce que les ennemis ayans entendu, abandohnerent l'entreprinse. Et M. Fabius Consul fit iurer aux soldats, qui demandoyent instamment qu'ils fussent conduicts dehors contre les Toscans, qui les auoiét iniuriez, qu'ils ne retour-

K r iij

netoyét en arriere, sinon victorieux, comme ils firent. Mais il fault considerer, qu'en ce cas, l'on doit mettre peine & aduiser que les serments & autres manieres de s'obliger soyent volōtaires, auec gayeté de cœur & promptitude, es soldats: car s'ils sont forcez & violents, ils rendent l'esprit confus & perplex: d'ont s'ensuit effect contraire à ce que l'on considere. Les Sannites, ayans esté contraints par leur Capitaine, à jurer & protester sur l'autel, l'vn apres l'autre (& y estoyēt les Centeniers, auec l'espée nuë) d'auoir plustost à mourir que fuir, & de tenir pour ennemy quiconque de leur part, fuiroit, demeurerent, à cete cause, tellement estonnez & confus, qu'ils en laisserent vne tresglorieuse victoire à L. Papirius. Les soldats Romains, du commance-

neggiati, che non ritornarebbono se non vincitori indietro, come fecero. Ma si deue auuertire, che in questi casi si deue procurare, che i giuramenti, e gli altri modi di obligarsi siano volontarij, e pieni d'allegria, e di prontezza ne' soldati: perche se sono sforzati, e violenti, ingombrano l'animo e'l rendono confuso, e perplesso; onde ne segue effetto contrario à quel che si desidera. I Sanniti, essēdo stati astretti dal loro Capitano à giurare sù l'altare vn per vno (e vi erano i Centurioni col ferro nudo) di douer prima morire, che fuggire, e di hauer per nemico qualcunque de' suoi fuggisse; restarono perciò talmente attoniti, e confusi, che ne lasciarono vna gloriosissima vittoria à L. Papirio. I soldati Romani da

ment, se lioyent ensemble dix à dix, ou cent à cent: & iuroyent qu'ils ne fuiroyent, & ne quitteroyent leur lieu, excepté; pour prendre les armes, ou pour charger l'ennemy, ou pour sauuer leur compagnon; laquelle tresbelle coustume, qui estoit purement volontaire, fut depuis reduite à vne legitime obligation de serment, au Consulat de L. Paolus & de M. Varro: desquels les soldats ce neantmoins furent tresmalheureux au combat: tant importe que l'obligation soit volontaire & non forcée; proceddant d'vn cœur ioyeux, & non d'vn rigoureux cõmandement.

Adrusbal Chef des Carthaginois, d'vne maniere plus estrãge, voulut contraindre les siens à combatre: pource qu'aux ennemis qu'il auoit prins, en partie il enrachoit cruellement les yeux, en partie couppoit le nez, en partie les oreilles, & autres membres : & les attachoit apres tous, ainsi mal en couche, à vne muraille; se persuadant, par ce moyen, que les Carthaginois se resouldroyét pluſtoſt de mourir en combatant, que demeurer prisóniers des Romains. Mais il se trompa fort, pource qu'ils en deuindrent pluſtoſt timides que hardiz, & taſcherent non de se mettre au danger de tels tourmēts, par le combat; mais de se reduire en sauueté, par la fuite. Que si les soldats iurent gayement & de bonne volonté, ou autrement s'obligent à se porter bien & valeureusement, sans doute, ils croiſtrōt en valeur: comme il aduint, en la ville d'Agrie, laquelle peut seruir d'exemple de valeur incomparable aux autres, qui se trouueront en semblables accidents:

occhi, parte troncaua il naso, parte gli orecchi, & altre membra; e gli appiccaua poscia tutti, cosi mal conci, ad vn muro. conciosia ch'egli si persuadeua, che i Cartaginesi douessero risoluersi di più presto morir combattendo, che di restar prigioni de' Romani. Ma s'ingannò in grosso; perche essi ne diuennero timidi, anzi che arditi; e cercarono, non di mettersi in pericolo di simili tormēti col combattere, ma di ridursi à saluamento col fuggire. Ma se i soldati allegramente, e di lor voglia giureranno, ò in altra maniera s'obligaranno à portarsi bene, e valorosamente, accresceranno senza dubbio à se stessi valore. come auuenne nella Città d'Agria, che per essempio d'incomparabile valore può seruire all' al-

LIVRE IX.

& pour cete cause, ne sera hors de propos, si je recite en cet endroit, comme l'affaire s'est passée. Agria est vne ville d'Hógrie, qui n'est beaucoup forte d'assiete ny de murailles, pource qu'elle est assise au dessouz de certains lieux eminents, & que ses murailles estoyent quasi faictes à l'antique. Cete ville fut assiegée en l'an M. D. LXII. par Mahommet Bassa, auec vne armée de soixante mille Turcs, & batue furieusemét de cinquante pieces de canon. Dedans estoyent deux mille hómes Hongriens, qui la defendirent d'vne valeur inestimable, & soustindrent treize fort terribles assaults des ennemis. Ils estoient tresvaleureux, & pour accroistre encores plus leur valeur, on dit, qu'attédans l'assault, ils iurerent entre eux, que persóne sur peine de la vie, ne parleroit

---

tre, che in simili casi si troueranno: e perciò nõ sia fuor di proposito commemorar qui come la cosa passasse. Agria è città d'Ongheria, nè di sito, nè di mura molto forte; perche il sito soggiace ad alcuni luoghi eminenti, e le mura erano fatte quasi all'antica. questa fu assediata nel M. D. LXII. da Maometto Bassà cõ vn' essercito di sessanta mila Turchi, e battuta con cinquanta cannoni asprissimamente. Vi erano dentro due mila Ongheri, che con valore inestimabile la disesero, e ributarono tredici terribilissimi assalti de' nemici. Erano valentissimi; e per accrescere anco più il lor valore, dicesi, che aspetando l'assalto, giurarono fra di loro, che nissuno, sotto pena della vita, douesse parlar d'accordo, nè di arren-

d'accord, ne de se rendre aucunement, ny de faire autre responce aux ennemis, que d'harquebusades & cannonnades; que s'ils venoyent à estre longuemēt assiegez, plustost ils mourussent de faim, que de se mettre es mains de si cruels & mortels ennemis. Dauantage, ils dōnerent ordre, que ceux là qui estoyent inutils au combat, entēdissent continuellement à renforcer les ramparts & les tranchées, à fortifier les murailles, à faire bastions & terraces, & à reparer les bresches & ruines, & les endroits foibles; & pour obuier aux trahisons, ils defendirent, que par la ville, on ne s'assemblast plus de trois: & finalemēt que l'on ne pēsast à autre chose, qu'à defendre la patrie, ou à mourir. Dauantage, ils ordonnerēt, que tous les viures, tant publics que particuliers, fussent egalement distri-

dimento d'alcun patto; nè di far altra risposta à nemici, che d'archibusciate, e cannonate; e venendo à lungo assedio, più tosto morir di fame, che mettersi nelle mani di cosi crudeli, & empi nemici. Ordinarono di più, che le genti disutili al combattere attendessero continuamente à rinforzare i ripari, e le trinciere, à fortificar le mura, à far bastioni, e terrapieni, e à riparare alle rouine, & alle parti deboli: e per ouuiare à i tradimenti, vietarono, che non si ragunassero per la Città più di tre insieme: e finalmente, che non si hauesse à pensar ad altro, che à difender la patria, ò à morire. Ordinarono di più, che tutta la vettouaglia, cosi publica, come priuata, si hauesse à distribuire vgualmente à ciascheduno: e le più delicate vettouaglie per quelli si serbassero, che fossero stati feriti in battaglia. Vltimamente, se il Signor Iddio hauesse secondata la lor giusta causa, che tutte le spoglie de' nemici si metterebbono in vn luogo; affinche doppo la vittoria egualmete à ciascuno si compartissero. Dicesi anco, che hauendo il Bassà fatto far loro molte proferte se si arrendeuano, essi altramente non risposero, che con metter sù la muraglia vna bara funebre, coperta di nero, in mezo à due lancie: dimostrando con tal segno, che non erano per vscir se non morti. I soldati d'Alberico da Balbiano s'obligarono, sotto la protettione di S. Giorgio, à non voltar mai le spalle all' inimico straniero. con che liberarono l'Italia da'

buez à chacun: & que les viures plus delicats fussen gardez pour ceux qui seroyent blessez en la bataille. Finalement, si Dieu fauorisoit leur juste cause, que toutes les despouilles des ennemis seroyent mises en vn lieu, à fin qu'apres la victoire, elles fussent egallement departies à vn chacun. On dit aussi, que le Bassa leur ayāt faict faire beaucoup d'offres, s'ils se rendoyent, ils ne respondirent autrement, que de mettre sur la muraille, vn cercueil couuert de noir, au milieu de deux lances: demonstrant par vn tel signe: qu'ils ne sortiroyét iamais, sinon morts. Les soldats d'Albericus de Balbiano, s'obligerent, souz la protection de S. George, à ne tourner iamais le dos à l'ennemy estranger: & par ce moyen ils deliurerent l'Italie des ennemis, qui la trauailloyent.

GOVVERNEMENT D'ESTAT,
Barbari, che la conculcauano.

De la pratique & frequentation des ennemis.

Della pratica de' nemici.

LEs soldats auilliz aucunesfois, pour quelque iniure receuë, ou pour vn vain bruit des forces des ennemis, reprénent vigueur & courage, par l'experience qui se fait de leurs forces, ou par escarmouches, ou en semblable maniere : ce que Iules Cesar remarqua fort accortement. Mais la prouidence de Marius fut fort notable. Les Romains estoient espouuantez d'auoir esté plusieurs fois mis en route par les Cimbriens peuples tresbelliqueux : de maniere, qu'ils pensoyét auoir à combatre contre des geants, & contre vne nation indontable. Marius pour leur oster cete faulse opinion, & pour leur monstrer que les

I Soldati inuiliti, alle volte ò per disdetta riceuuta, ò per vano romore delle forze de' nemici, si rinuigorano e si rinfrancano con l'esperienza, che si fà delle forze loro, ò con iscaramuccie, ò con simile maniera. il che osseruò accortissimamēte Giulio Cesare. Ma molto notabile fù la prouidenza di Mario. Erano i Romani spauentati per le rotte riceuute da' Cimbri, popoli ferocissimi; si che pareua loro d'hauer à combattere con giganti, e con gente insuperabile. Mariò, per disingannarli, e per mostrar loro, che i Cimbri erano huomini come gli altri, tratenne alquanti giorni i soldati, prima d'affrontarli co' nemici. in tanto gli orecchi loro si vsarono al suono delle lingue de' Barbari, e gli occhi alle fattezze. sì che finalmente la paura sgombrò da' petti loro. Giulio Cesare, apparecchiandosi alla guerra d'Africa, oue i nemici haueuano molti Elefanti, affinche i suoi soldati non si smarrissero, per la mostruosa nouità di quel animale, ne fece condurre alcuni in Italia: con la cui vista, e pratica, e quasi domestichezza, quelli ne perdettono la paura; e viddero da che parte potessino più facilmente offenderli.

Cimbriens estoyét hommes comme les autres, empescha quelques iours les soldats d'attaquer les ennemis, ce pendant ils s'accoustumerét à la langue des Barbares, & prindrent garde à leurs contenances & gestes; & finalemét la peur deslogea de leurs cœurs. Iules Cesar s'apprestát à la guerre d'Afrique, où les ennemis auoyent beaucoup d'Elephans, à fin que ses soldats ne s'estonnassent de la monstrueuse noueauté de cet animal, en fit amener quelques vns en Italie: au moyen dequoy, les ayans quelque téps accoustumez, ils en perdirent la peur, & experimenterent, de quelle part ils les pourroiét plus facilement offenser.

Del valersi del suo vantaggio.

De se seruir de son aduantage.

Molto importa il conoscere, e'l

IL importe beaucoup de cognoistre & se

seruir de ce en quoy l'on surpasse l'ennemy. Les Carthaginois furent plusieurs fois vaincu en Afrique, par M. Regul°, pour ne cognoistre en quelle part de leurs forces, ils surpassoyent l'ennemy. Ce pedant vint de Grece auec quelques trouppes Xantippe Lacedemonië, Cheualier de grand iugement: Cestuy cy ayant entendu comment & où auoyent esté les Carthaginois vaincuz, commancea à dire apertement, que les desfaictes passées estoyent proceddées non de la valeur des Romains, mais de leur imprudence, pource que surpassans en cauallerie, & Elephans, ils auoyent combatu non en lieux plats, & en plaine campagne, où la cauallerie sert beaucoup, mais es collines & lieux mötueux, où l'infanterie, & par consequét les Romains auoyét l'aduantage. Ainsi ayant

valersi di quello, in che auanzi il nemico. J Cartaginesi furono piu volte vinti nell' Africa da M. Regolo, per non conoscer in qual parte delle loro forze vantaggiassero il nemico. Venne in tanto di Grecia, con alcune genti assoldate, Santippo Lacedemonio, Caualliere di grande accorgimento. costui, inteso come, e doue fossero stati i Cartaginesi vinti, incomincio all' aperta à dire, che le rotte passate erano proceduttè non dal valor de' Romani, ma dall' imprudenza loro: perche, essendo superiori di caualleria, e d'Elefanti, haueuano combattuto, non in luoghi piani, doue la caualleria vale assai; ma ne' colli, e ne' luoghi erti, doue la fanteria, e per conseguenza i Romani haueuano vantaggio.

chágé la façon de la guerre, & transferée des lieux haults & montagneux en la plaine, il donna vne parfaicte victoire aux Carthaginois.

En la seconde guerre Punique, Annibal se cognoissant plus fort que les Romains, de caualleríe, mettoit peine de les attaquer es campagnes ouuertes: où il demeura victorieux tant de fois, que les Romains oserent les combatre. Mais Fabius Maximus s'apperceuant du desauantage, iamais n'abandonnoit les môtagnes, & lieux aspres & dificiles. Les Turcs, en tant de batailles, ont esté victorieux contre les Chrestiens, non pour autre occasion, que pour l'auantage (qui leur ha esté commun & quasi à tous les Barbares) de la cauallerie; pource qu'ayans grande quantité de cheuaulx, toutes les fois que l'on ha combatu, en

GOVVERNEMENT D'ESTAT,

lieux ouuerts, ils n'ont iamais douté de la victoire : voire mesmes sans nous combatre autrement, qu'en nous couppant chemin, surprenant noz viures, ou nous les empeschât, & nous mettant en desordre en nous assaillant à l'improuueu, & en nous lassant par leurs perpetuelles courses & escarmouches : & finalement, en nous enuironnant de tous costez, ils nous ont oppressé & vaincu. Or il n'ya chose, qui donne plus grãde hardiesse que de se voir surpasser les ennemis, en quelque chose : & pour cete cause, le bon Capitaine doit chercher son aduantage, & s'en ayder : & l'aduantage consiste ou au nombre, ou en la valeur des soldats, ou es armes, ou en l'assiette, ou en telle autre chose.	caualli, non hanno, quantunque volte si è combattuto in luoghi aperti, dubitato mai della vittoria. anzi senza combatterci altramente, che con tagliarci le strade, e saccometterci le vettouaglie, e con impedircele, e disordinarci con improuisi assalti, e straccarci con perpetue scorrerie, e scaramuccie: e finalmente col cingerci da ogni parte, ci hanno oppresso, e vinto. Hor non è cosa, che aggiunga maggior ardimento che'l vedersi superiore a' nemici in qualche cosa: e per ciò deue il buon Capitano cercar il vantaggio, e ualersene. e'l vantaggio consiste ò nel numero, ò nel valor de' soldati, ò nell'arme, ò nel sito, ò in altra cosa tale.

De   Del

Del preuenire il nemico.

De preuenir l'Ennemy.

S'Aggiunge anco ardire à soldati, con assaltare anzi, che con aspettar d'esser assaltato. il che vale assai in ogni caso: ma è necessario, quando, essendo tu manifestamete inferior di forze, sei sforzato à combattere: perche l'assalto non solamente rincora i tuoi, ma spauenta, e confonde, e mette in sospetto d'aguati, e di forze maggiori, & in disordine il nemico. Potrei allegare di ciò molti essempi; ma mi basterà quel di Giulio Cesare, il quale, passando l'Helesponto sopra vna galeotta, hebbe incontro Cassio Capitano della contraria fattione, con dieci galere: egli solamente no'l fuggì, (il che sarebbe stato in-

ENcore s'accroist la hardiesse aux soldats, plustost en assaillāt, qu'en attendant que l'on soit assailly: ce qui sert beaucoup en tout cas: mais il est necessaire, lors qu'estant manifestement inferieur de forces, tu es forcé de combatre: pour ce que l'assault non seulement encourage les tiens, mais espouuante, & confond, et faict soupçonner des aguets & embusches, & des forces plᵘˢ grādes, & met en desordre l'énemy. Ie pourrois alleguer plusieurs exemples de cecy: mais me suffira celuy de Iules Cesar, lequel passant l'Helespont, sur vne galeote, rencōtra Cassius Capitaine de la faction contraire, auec dix galeres. Il ne fuit pas (& n'eust rien gangné de ce faire) mais

S f

allant droit à luy, il l'espouuanta de telle façon, qu'il se rendit à luy.

Des Stratagemes.

LA valeur s'aduance notablemét par l'art & par l'astuce; pource que les stratagemes de guerre, non seulement sont licites, mais de tresgrande louange aux Capitaines. Lisandre Lacedemonien estoit homme de grand esprit, & qui se seruoit autát de l'artifice que de la force. Ce que luy estant reproché, il auoit coustume de respódre qu'en ce que la peau du Lyon ne pouuoit faire, celle du Regnard y deuoit estre entremeslée. Et Carbon disoit, qu'ayát à faire contre le Lyon & contre le Regnard, qui s'estoyent nichez en l'esprit de L. Silla, il auoit beaucoup plus grande peur du Regnard que du

darno) ma con andarli incontro, lo sgomentò di tal maniera, che gli s'arrese.

De gli stratagemi.

S'Aiuta notabilmēte il valore con l'arte, e con l'astutia: perche li stratagemi bellici non solamente sono leciti, ma di grandissima lode a' Capitani. Lisandro Lacedemonio fù personaggio di gran sagacità, e che si valeua non meno dell'arte, che della forza. essendoli ciò rimprouerato, soleua rispondere, che in quello, che non poteua la pelle del leone fare, vi si doueua intessere quella della volpe. E Carbone diceua, che hauendo egli à fare col leone, e con la volpe, che s'erano annidati nell'animo di L. Silla, molto maggior paura haueua della volpe, che del leone.

Non deue però l'inganno esser se nõ militare: nel che Lisandro peccaua grandemente: perche non faceua minor professione d'huomo astuto nelle fattioni di guerra, che di fraudolente ne' contratti. Ma ne gli stratagemi fu eccellentissimo Annibale Cartaginese, che non attaccò mai (si può dire) fatto d'arme, non fece mai scaramuccia, senza aiutar la forza con l'arte, e l'arme con l'ingegno. nel che egli si valeua marauigliosamente della qualità de' paesi, e della natura de' siti, delle valli, delle selue, del Sole, e del vento, e di ogni opportunità ò di tempo, ò di luogo, ò d'altra circonstanza. e non è cosa, che rechi maggior credito, é riputatione ad vn Capitano, e che li renda i soldati più affettionati, e confidenti. & è

Lyon. Ce neantmoins la ruse et tromperie ne doit estre que militaire; en quoy Lisandre pechoit grãdement; pource qu'il ne faisoit moindre profession d'homme cauteleux & rusé, au faict de la guerre, que de trompeur & frauduleux es cõtracts. Mais Annibal Carthaginois estoit tresexcellent es stratagemes, lequel iamais n'ha cõbatu (se peut dire) iamais n'ha faict escarmouche, sans ayder la force, par le moyen de l'art, & les armes, par l'esprit & l'industrie. En quoy il se seruoit merueilleusemẽt de la qualité des pays, & de la nature des assietes, des vallées, des forests, du Soleil & du vent, & de toute opportunité ou du tẽps, ou du lieu, ou d'aultre circonstance: & n'y a chose qui apporte plus de credit & reputatiõ à vn Capitaine, & qui luy rende les soldats plus affectionnez &

S s ij

assidez: & sans doute, il est necessaire que le Capitaine soit aduisé en telle matiere, & promt d'esprit, à fin que s'il ne se veult ayder d'vne licite & louable ruse, & tromperie, il puisse au moins la preuoir, & l'euiter.

senza dubbio necessario, che il Capitano sia perspicace in simile materia, e pronto d'ingegno; acciochè, se bene egli non si volesse prenalersi d'vn lecito, e commendabile ingãno, possa almeno prenederlo, e schiuarlo.

D'vn moyen particulier, par lequel Cesar encourageoit ses soldats, & de diuers autres.

Di vn modo particolaré, col quale Cesare accresceua l'animo de' suoi, & d'altri varij.

L'Empereur, pour accroistre le courage des siens, pratiquoit vne singuliere & merueilleuse maniere; pource que non seulemét il ne diminuoit le bruit des forces ennemies, mais l'augmentoit & l'exaltoit au possible. Et pour cete cause, sachãt, que la nouuelle de la venue du Roy Iuba auec vne grosse armée, estoit fort redoutable aux soldats; il les fit

Cesare, per accrescer l'animo de' suoi, vsaua vna maniera singolare, e mirabile perche egli non solamente non diminuiua la fama delle forze nemiche, ma l'augumentaua, e magnificaua al possibile. Onde intendendo, che la nuoua della venuta del Rè Giuba con grosso essercito, era di gran terrore a' soldati; egli satti-

li conuocare, disse loro, di saper del certo, che'l Re ne veniua alla volta loro con cento mila canalli, e trecento elefanti, e con numero grandissimo di gente à piedi. il che faceua egli, affinche disponendosi i suoi à non isgomentarsi d'una tanta moltitudine di nemici, disprezzassero, e vilipendessero poi il vero numero.

Non m'accade parlare de' corni, delle trõbe, e ed tamburi, e d'altri tali stromenti, trouati per eccitare i soldati alla battaglia, & i canalli ancora.

Tyrtæusque mares
animos ad Martia
bella
Versibus exacuit.

Alessandro Magno, vdendo Antigenida trombettiere eccellente, si sentiua commouere di tal maniere all'arme, che non n'erano sicuri i circostanti. In

assembler, & leur dist, Qu'il sçauoit certainement que le Roy venoit vers eux, auec cent mille cheuaulx & trois cens elephants, & auec vn tresgrand nõbre de gens de pied: ce qu'il faisoit, à fin que ses gens se disposans à ne s'estõner d'une si grande multitude d'ennemis, ils ne fissent conte apres, du vray nombre.

Ie n'ay que faire de parler des cornes, des trompettes, des tabourins, & d'autres tels instruments, trouuez pour exciter les soldats à la bataille, & les cheuaulx aussi.

Tyrtæusque mares animos ad
Martia bella

Versibus exacuit.

Alexandre le Grand oyant Antigenida trompette excellent, se sentoit esmouuoir tellemét à la guerre, que ceux qui estoient entour de luy n'estoyent asseurez. En

Sf iij

cete maniere, la Zarabande que sonnent les Espagnols sur les instrumēts, resueille les escoutans à danser & à faire pis. Les Nairiens en l'Indie, font bruire certaines petites lames attachées au manche de l'espée, par le son desquelles, ils se sentent encourager à la guerre. Les Alemans, (comme escrit Tacitus) s'excitoyēt en chantant les prouesses d'Hercules, par eux estimé Prince des hommes valeureux; eux mesmes pratiquoyent le cry, appellé barrit; & le pratiquoyēt aussi les Romains; & auiourd'huy les Turcs en vsent. Les Capitaines Romains haranguoyent aux soldats, auant la bataille, & les encourageoyēt merueilleusemēt à bien faire au combat. Les Iuifs combatoyent estans diuisez en lignées & familles; à quoy les Alemans ioignoyēt leurs femmes, & puis leurs en-

un modo cosí fatto la Zarabanda, che si suona da gli Spagnuoli sù la chitarra, desta gli ascoltanti à ballare, e à far peggio. I. Nairi nell'India attaccono alcune laminette al manico della Spada, col cui suono si sentono in animire alla guerra. I Germani (come scriue Tacito) si eccitauano col cantare le prodezze d'Hercule, stimato da loro Prencipe de gli huomini valorosi. i medesimi vsauano il grido detto barrito: e l'vsauano anche i Romani: e l'vsano hoggi i Turchi I Capitani Romani concionauano à soldati inanzi alla battaglia e li confortauano efficacemēte à portarsi bene. I Giudei combattenano diuisi in tribu, e famiglie. à che i Germani aggiungeuano le mogli, & i figliuoli appresso. I Macedoni, seu-

fans. Les Macedoniens estans demeurez vaincuz en la bataille, par les peuples voisins, en demeurerent victorieux, portans auec eux, à la guerre, le Roy enfant (qui estoit Philippe I.) au berceau. Les peuples de Tungie au nouueau monde portent à la guerre les corps morts des hommes renommez: ce qui sert tant pour leur memoire, & pour leur exemple, que pour la hôte de les abandonner. Les peuples de Lombardie, estans liguez ensemble contre l'Empereur Federic, pour s'obliger à demeurer fermes, conduisoyent le carroce; c'estoit vn hault char, comme vn tribunal entouré de sieges, & orné de tresfins & riches draps, & des enseignes de la ligue. Il le faisoyent tirer par des bœufs, animaux tresfents, à fin que personne ne pensast le pouuoir sauuer, en fuyát, mais en faisant teste aux ennemis. L'on encourage aussi les soldats en cōparant ou egallant le danger. A cete fin Iules Cesar, voulant cōbatre contre les Suisses, fit retirer à part les cheuaulx, & le sien tout le premier. A cecy sert de jetter les enseignes au milieu des ennemis: il sert de proposer aux soldats vne plus grāde peur, que des ennemis. Ainsi Philippe pere d'Alexandre le Grand, commāda à ses plus fideles cheualiers de tailler en pieces ceux qui tourneroyent le dos aux Scithes. En France, les Roys ont conferué en l'Eglise de S. Denis vn ancien estendart, auec vn honneur & veneration incroiable, appellé pource qu'il est plein d'or & de flammes, Auriflamme, ou Auriflam. Les François le tiennent en si grande reputation que par vn lōg temps, ils se sont asseurez

col pareggiare il pericolo. A questo fine, Giulio Cesare, volendo azzuffarsi con gli Heluetij, fece ritirar da banda i caualli, e prima di tutti il suo. Gioua à ciò il gittar le insegne in mezo de' nemici. gioua il metter inanzi a' soldati paura maggiore, che de' nemici. Cosi Filippo padre di Alessandro Magno, commisse a' suoi Caualieri più fidati, che tagliassino à pezzi quegli, che voltassino le spalle à Sciti. In Francia gli Rè hanno conseruato nella Chiesa di S. Dionigi vn' antico stendardo, con incredibile veneratione, chiamato, perch' egli è messo à oro, e à fiamme, Auriflan. questo è in tanta riputatione tra' Francesi, che per vn gran tempo si sono assicurati della vittoria, ogni volta, che si spiegaua contra nemici. e per mantenerlo in questo credito, non l'hanno cauato fuora, se non in grandissime necessità, e pericoli del Regno. il cauò il Rè Roberto nell'impresa di Borgogna: Carlo Crasso contra Arrigo Imper. Filippo II. contra Othone Imper. Filippo VI. contra Inghlesi: Carlo IX. contra Vgonotti. I soldati di Boldrino Panicaglia, sotto il quale pose i primi rudimenti della militia Francesco Sforza, lo teneuano in tanta riputatione, che anco dopò morte si reggeuano per lui. portauano il suo corpo imbalsamato attorno, e li piantauano il padiglione, come quando egli era viuo; e con certe forti, che gittauano, si reggeuano per li consigli di lui. Maniera molto notabile d'infondere ardire, e desiderio

de la victoire, toutes les fois, qu'il estoit desployé contre les ennemis: & pour le maintenir en ce credit, ils ne l'ont tiré dehors, sinon en tresgrades necessitez & dangers du Royaume. Le Roy Robert le tira en l'entreprinse de Bourgongne: Charles le Gras contre l'Empereur Henry. Philippes II. contre l'Empereur Othon. Philippe VI. contre les Anglois: Charles IX. contre les Huguenots. Les soldats de Boldrino Panicaglia soubz lequel Frãçois Sforza ha commãcé l'art militaire, l'auoyent en telle estime & reputatiõ, qu'encores apres sa mort, ils se gouuernoyent par luy. Ils portoyét son corps embaulmé par tout, & luy plantoyent son pauillon, comme quand il viuoit: & auec certais sorts qu'ils iettoyent, ils se conduisoyent par les conseils d'iceluy. Et fut vne forte notable maniere de trãsmettre la hardiesse & le desir d'hõneur es cœurs de ses gens, celle d'Isabelle Royne de Castille; Cete cy ayant en l'entreprinse de Granate, mené au camp les plus belles & plus gracieuses ieunes damoiselles d'Espagne, elle fut cause, que les Cheualiers & gentilz hommes, pour acquerir honnestement l'amour et la faueur de leurs Dames, vainquirent quasi eux mesmes, à faire œuures hõnorables. Mais il n'y a chose qui serue plus que l'opinion de l'assistence diuine, pourchassée par Scipion, en se tenant en la chapelle, ou cellule de Iupiter: par Sertorius, auec la Biche: par Marius, auec vne deuine: mais sur tout par Charles le Sage, Roy de France, auec la Damoiselle de Lorraine.

d'honore ne gli animi de' suoi, fù quella d'Isabella Reina di Castiglia. costei, hauendo nella impresa di Granata, menato in campo le più vaghe, e più gratiose giouane di Spagna, fù cagione, che quelli Cauallieri, per acquistarsi honestamẽte l'amore, e la gratia delle loro Dame, vincessino quasi se stessi in far operationi honorate. Ma non è cosa che gioui più che l'opinione della assistenza diuina, procurata da Scipione col tratenersi nella cella di Gioue: da Sertorio con la cerua; da Mario con un'indouina. ma sopra tutto da Carlo il sauio Rè di Francia, con la donzella di Lorena.

RAISON ET GOUVERNEMENT D'ESTAT,

LIVRE. X.

Del Capitano.   Du Capitaine.

IN questa parte io sarò anche più breue di quello, che soglio essere: perche Alessandro Farnese, Duca di Parma rappresenta hoggi al Mondo vn'essempio così chiaro, e viuo di perfetto Condottiere d'esserciti, che può seruire in vece di molti precetti, anzi libri. Egli maneggiãdo sempre le arme, sotto vn clementissimo, e giustissimo Rè, in seruitio

EN cete partie je seray encore plus brief, que ie n'ay coustume d'estre; pource qu'Alexandre Farnese, Duc de Parme, represéte auiourd'huy au monde, vn exemple tant clair & vif, d'vn parfaict Conducteur d'armees, qu'il peut seruir au lieu de plusieurs preceptes, & liures mesmes. Iceluy maniant tousiours les armes, souz vn tresgracieux & tresiuste Roy, pour le seruice de l'Eglise & de Dieu, ha vaincu & donté, ores par les manieres de Fabius, ores auec celles de Marcellus, la rebellion & l'heresie : surmonté les difficultez des assiettes, & la nature des lieux; prins de force les places inexpugnables, & vaincu les peuples inuincibles. Et (pour ne dire autre chose) il n'ya vertu de Capitaine, art de guerre, ny prouesse, ny valeur qu'il n'ait monstré au siege de l'incomparable ville d'Anuers.

Le moyen donc de rendre les soldats valeureux & hardiz, consiste pour la plus part, en la prudence & gouuernement du Capitaine, qui se sert & des moyens susdicts & d'autres, qui se diront selon l'opportunité. Et pour cete cause, la commune opinion est telle qu'vn bō Capitaine, auec vne meschâte armee

della Chiesa, e di Dio, hà vinto, e domato, hor con le maniere di Fabio, hor con quelle di Marcello, la ribellione, e l'heresia : superato le difficoltà de' siti, e la natura de' luoghi : espugnato piazze inespugnabili : vinto popoli inuincibili. E (per non dir d'altro) non è virtù di Capitano, non arte di militia, non prodezza, non valore, ch'egli non habbia mostrato nell'assedio della incomparabile città d'Anuersa.

L'auualorare adunque i soldati consiste in gran parte nella prudenza, e nel gouerno del Capitano, che si serue, e de' mezi sudetti, e d'altri, che si diranno opportunamente. Onde egli è commune opinione esser molto meglio vn buon Capitano con vn cattiuo essercito, che vn buono essercito cón vn cattiuo Capita-no, e la ragione si è, per-che vn buon Capitano può far anche buono vn cattiuo essercito, cõ la disciplina, e con gli altri mezi: ma vn buono essercito, come può render accorto, e valoreso vn Generale priuo di giudicio, e di esperienza? però disse Homero esser meglio vn' essercito di cerui guidato da vn leone, che vn' essercito di leoni guidato da vn ceruo. Alessãdro Magno hauendo inteso, che quaranta mila persone se-ranno fortificate in vn monte inaccessibile, e di sito inespugnabile: ma che'l Capitano era codardo, e vile, s'assi-curò della vittoria: per-che si confidò subito, che la d'apocagine del capo li douesse (come auuenne) aprir la stra-da, e la porta. I Nu-mantini hauenano mol-

vault mieux qu'vne bon-ne armée cõduicte d'vn mauuais Capitaine: la rai-son est, qu'vn Capitaine peut aussi rendre & faire vne mauuaise armée, bõ-ne, par la discipline & au-tres moyens: mais com-ment vne bonne armeé pourra rendre accord & valeureux vn General priué de iugemẽt & d'ex-periéce? Pour cete cause Homere ha dict, qu'vne armeé de Cerfs conduite par vn Lyon, estoit meil-leure, qu'vne armeé de Lyõs guidée par vn Cerf. Alexádre le Grand ayant entendu que quarante mille personnes s'estoyẽt fortifiées en vne monta-gne inaccessible, & d'as-siette inexpugnable, mais que le Capitaine estoit couard & vil, s'asseura de la victoire; car il se fia in-continent, que la pusila-nimité du chef luy ou-uriroit le chemin & la porte, comme il aduint. Les Numantins auoyent

GOVVERNEMENT D'ESTAT,

plusieurs fois mis en route les Romains, guidez par diuers chefs; mais depuis que l'entreprinse fut donnée à P. Scipion, aduint le contraire. A cete cause, cõme les Numantins eussent esté enquis par leurs anciens, pourquoy en vn instãt, ils estoient tãt auilliz & abaissez de courage, que de tourner le dos à ceux, que tãt de fois ils auoyent mis en fuite, respondirent, que les brebis estoyent les mesmes: mais que le Berger estoit changé. Et Cesar allant à la guerre d'Espagne, & voulãt signifier la certitude qu'il auoit de la victoire, dist, Qu'il alloit cõtre vne armeé qui n'auoit point de Capitaine. Et à la verité, plusieurs entreprinses se sõt conduites à fin, plusieurs difficultez surmontees, plusieurs guerres finies, plusieurs victoires acquises plus par art, & par la valeur du chef, que de

te volte messo in rotta i Romani, guidati da diuersi capi, ma doppo, che quell'impresa fu data à P. Scipione, auenne il contrario. Onde, essendo i Numantini dimandati da lor vecchi, come fossero in vn subito tanto auiliti, che voltassero le spalle à quei, ch'essi haueuano tãte volte messo in fuga, risposero, Che le pecore erano le medesime; ma che'l pastore era mutato. E Cesare andando alla guerra di Spagna, e volendo accennare la certezza, ch'egli haueua della vittoria, disse, Ch'egli andaua contra vn'essercito, che non haueua Capitano. Et in vero molte imprese si sono condotte à fine, molte difficoltà superate, molte guerre finite, molte vittorie acquistate più per arte, e valore del capo, che di tutto 'l resto dell' essercito; e sarebbe souerchio il mentouare à questo proposito Timistocle, che saluò col suo mirabile consiglio, Atene; Epaminonda, che illustrò con la sua prodezza Tebe, dianzi di niſſun conto; Santippo, che col suo singolare accorgimento rinfrancò i Cartaginesi, tante volte, tagliati à pezzi da' Romani; Fabio Maſſimo, che con la sua tardanza aſſicurò Roma; & altri. Onde Tacito loda i Cati popoli di Germania, perche faceuano più stima del Capitano, che dell' eſſercito: e dice, ciò eſſer rariſſimo: *nec niſi ratione diſciplinæ conceſſum.*

tout le reste de l'armée; & seroit chose superflue de rameteuoir, à ce propos, Themistocles, lequel par son merueilleux conseil, sauua Athenes: Epaminondas, qui par sa proueſſe, illuſtra Thebes, de laquelle parauant on ne faiſoit cõpte: Xantippe, lequel par son singulier iugement r'encouragea les Carthaginois, tant de fois taillez en pieces par les Romains: Fabius Maximus, lequel par son retardement aſſeura Rome & les autres. Et pourtãt Tacitus loüe les Catiens peuples d'Alemagne, qui faiſoyent plus de cas du Capitaine que de l'armée; & dit que cela eſt tres-rare, *nec niſi ratione diſciplinæ conceſſum.*

De' modi, co' quali il Capitano può render i suoi soldati animoſi.

2. Des moyens par lesquels le Capitaine peut rendre ses soldats courageux.

Bien que tous les susdicts moyens d'accroistre la valeur, dependent en tout ou en partie du Capitaine: ce neantmoins parlons maintenant d'aucūs, qui consistent non pas au gouuernement, mais en sa propre personne.

De la felicité.

LA premiere chose par laquelle le Capitaine anime & encourage ses soldats, est la felicité: & cete felicité n'est autre chose, qu'vne assistence de la vertu diuine, de laquelle sa Maiesté accompagne ceux, qu'elle s'est esleuë pour ministres de sa iustice, ou pour executeurs de sa volōté: tel qu'estoit Iosué, à l'instance duquel, il arresta le soleil, & alōgea le iour; & Cirus lequel il appelle (bien qu'il fust payen) son seruiteur: & Alexandre le Grand, auquel la mer

Se bene tutti quasi i modi sudetti d'accrescere il valore dipendono in tutto, ò in parte dal Capitano; nondimeno ragioniamo hora d'alcuni, che consistono, non nel gouerno, ma nella sua persona propria.

3. Della felicità.

LA prima cosa, con la quale il Capitano inanima i soldati, si è la felicità; e questa non è altro, che vn concorso della virtù diuina, col quale Sua Maestà accompagna quei, ch'essa s'elegge per ministri della sua giustitia, ò per esecutori della sua volontà; qual fù Giosuè, alla cui instanza fermò il Sole, & allungò il giorno; e Ciro, ch'egli chiama (benche fosse Gentile) suo seruo: & Alessandro Magno, à cui diede passo

mer Pamphile donna passage; comme la mer de l'Inde à Cingi Roy des Tartares. Attila & Tamberlan, qui se nommerent fleaux de Dieu: & Lisandre, duquel Probus escrit, *Magnam reliquisse famam magis foelicitate, quàm virtute*, & plusieurs autres, qu'il luy a pleu fauoriser de plusieurs & diuerses victoires. Mais faut considerer en cet endroit, que la felicité, es guerres, n'est tousiours propre au Capitaine, mais au Prince, que Dieu fauorise par le moyen des siens.

Dux fortis in armis Cæsareis Labienus erat: nunc transfuga vilis.

Renzo des Ceri estoit vn tresheureux Capitaine, cependant qu'il a seruy les Venitiens: tres-infortuné souz le Roy François & Clement VII. André Doria n'a faict chose memorable, sous les auspices & charge du mesme Roy François: & en l'entreprinse de Sardagne, il eut la fortune (s'il est couenable à vn Chrestien vser de ce nom) fort contraire: sous Charles v. il a faict de tresgrandes choses: & ainsi d'autres. En quoy, Dieu monstre aucunesfois, qu'il fauorise non le Capitaine, mais le Prince. Aucunesfois est tant bonne l'intentió du Capitaine, que Dieu le rend heureux, & luy enuoye heureux succez, bié que le Prince ne luy plaise, lequel il afflige apres, & punit par autre voye. Ainsi il rendit les entreprinses heureuses de Narsette contre les Gots: mais il ne permit pas que l'Empereur Iustin, duquel il estoit seruiteur, iouist paisiblement de la seigneurie d'Italie; pource que les Lombards, y entrerent, qui en occuperent la meilleure partie. Aucu-

cosa memorabile sotto gli auspici del medesimo Rè Francesco: e nell'impresa di Sardegna hebbe la sorte (se ad vn Christiano conuiene vsar questo nome) molto auuersa: Sotto Carlo V. fece cose grandissime: e cosi altri. Nel che Dio mostra, alle volte, ch'egli fauorisce, non il Capitano, ma il Prencipe. Qualche volta poi è tanto buona l'intentione del Capitano, che Dio felicita lui, se bene non li piace il Prencipe, ch'esso affligge poi e flagella per altra via. Cosi S. Maestà prosperò l'imprese di Narsette contra Gotti; ma non permise, che Giustino Imperatore, di cui egli era ministro, si godesse quietamente il Dominio d'Italia: perche vi se calcare i Longobardi, che ne occuparono la miglior parte. Alle volte Dio nega la felicità al Prencipe, & al Capitano, per li peccati del popolo. però permise la morte acerba del Rè Giosia. Ma se Dio si compiace e del Prencipe, e del Capitano, & i peccati del popolo non ostano alla felicità, allora non si può dubitare ne di vittorie, ne di trionfi. e se bene questa felicità nõ è sempre compagna del la virtù, (perche Dio prospera anco Gentili, Turchi, e Mori, contra i mali Christiani) nondimeno per l'ordinario, così auiene. Così veggiamo, e Carlo V. in Allemagna, & Alessandro Duca di Parma, hauer conseguito nelle guerre fatte da loro per la Fede, con poca gẽte, vittorie gloriose. All'incontro, Cassimiro Conte Palatino del Reno, e Guglielmo di Nassao, e gli

nesfois Dieu refuse la felicité au Prince & au Capitaine, à cause des pechez du peuple; & pour ceste cause, il permit la rude & fascheuse mort du Roy Iosias. Mais si le Prince & le Capitaine sont agreables à Dieu, & si les pechez du peuple n'empeschent la felicité, l'on ne peut, à ceste heure là, douter ny des victoires, ny des triõphes. Et bien que ceste felicité ne soit tousiours cõpagne de la vertu, (car Dieu fait prosperer aussi les Gẽtils, les Turcs & les Mores contre les mauuais Chrestiens) ce neantmoins ordinairement il aduiẽt ainsi. Par ce moyen nous voyons & Charles v. en Alemagne,& Alexandre Duc de Parme, auoir obtenu, es guerres par eux faictes, pour la Foy, auec peu de forces, memorables & glorieuses victoires. Au contraire & Casimir Comte Palatin du

Tt ij

Rhin, & Guillaume de Nanſſan, & autres qui ont manié les armes en faueur de l'impieté & de la felonnie, ont eſté battus par tout, déffaicts & mis à mort; ſuiuāt ce qui eſt eſcrit, *Impij de terra perdentur*. Mais retournons à noſtre propos. Quand donc le ſoldat void la felicité es entrepriſes & deſſeins d'vn Capitaine, il ſuit ſes enſeignes, ſans peur, & faict grandes choſes; il ſe promet certainement la victoire; & trouue toute difficulté, aiſee.

altri, che hanno maneggiato l'armi in fauore dell'impietà, e della fellonia, ſono ſtati per tutto e battuti, e ſconfitti, e morti, conforme à quel ch'è ſcritto, *Impij de terra perdentur*. Ma ritorniamo al noſtro propoſito. Quando dunque il ſoldato vede felicità nell'impreſe, e ne' diſſegni d'vn Capitano, ſegue le ſue inſegne ſenza paura, e fa coſe grandi: ſi promette per coſa certa la vittoria; e per coſa ageuole ogni difficoltà.

De la hardieſſe & de l'exemple.

4. Dell'ardire, e dell' eſſempio.

LA hardieſſe & l'exēple du Capitaine ſert auſſi beaucoup, pource qu'elle s'eſtend & diffonde à toute l'armee: & pour ceſte cauſe, on lit de C. Marius, qu'ayant en ſon ieune âge, faict

VAle anche aſſai l'ardire, e l'eſſempio del Capitano: perche ſi ſtende, e ſi diffonde à tutto l'eſſercito. onde di C. Mario ſi legge, c'hauendo nell' età ſua più freſca, e ga-

gliarda fatto cose grā-
di, perche entraua nell'-
imprese accompagnato
da ardire, e da brauu-
ra: nella vecchiezza poi
mancando, col calor
del sangue, anche il vi-
gor dell'animo, non fe-
ce cosa degna dell'anti-
ca riputatione: come si
vidde nella guerra So-
ciale. Seleuco, nell' vl-
tima battaglia, fatta
col Rè Demetrio, veg-
gendo i suoi volti in fu-
ga, smontò da cauallo,
e togliendosi, per esser
conosciuto, l'elmetto di
testa, si cacciò tra' primi; col qual' atto rau-
uiuò la lor virtù, e vin-
se. Di Cesare si legge,
ch'egli, cacciandosi alle
volte innanzi, ritenne,
e fermò l'essercito volto
in fuga: sì che più d'vna
volta gli Alfieri li las-
ciarono l'insegne in ma-
no. Trà i Prencipi, e
Capitani Christiani di
gran lode è degno Gi-
orgio Castriotto, che in

grandes choses, pour ce
qu'il entroit es entre-
prinses, accompagné de
valeur & hardiesse; en sa
vieillesse, defaillant auec
la chaleur du sang, la vigueur de l'esprit aussi, il
ne fit chose digne de sa
reputation ancienne; cō-
me lon vid en la guerre
sociale, ou des Compa-
gnons. Seleucus, en la
derniere bataille, contre
le Roy Demetrius, voyāt
ses gens tournez à la fuite, descendit de cheual,
& ostant son heaume,
pour estre cogneu, se ietta parmy les premiers: &
par cer acte, il les encouragea, & eut la victoire.
On lit de Cesar, que se
iettant aucunesfois de-
uant, il a retenu & arresté
l'armee, tournee à la fuite: de maniere que plu-
sieurs fois les Capitaines
enseignes, luy ont laissé
les drappeaux en main.
Entre les Princes & Ca-
pitaines Chrestiens est digne de grande louange

Tt iij

GOVVERNEMENT D'ESTAT,

George Castriot, lequel en mille exploits & factions de guerre, contre les Turcs, tousiours a esté le premier à combatre; & l'on tient qu'en diuerses batailles, il a tué de sa main enuirõ deux mille Turcs. Ie ne dy pourtant que le General (& beaucoup moins encore s'il est Prince) se doiue jetter au milieu des dangers: car son deuoir n'est de combatre, mais d'ordonner, cõduire, & prẽdre garde aux combatans : ce neantmoins il doit tousiours se monstrer courageux & prõt; & es cas necessaires, entrer es dangers, ou pour arrester la fuite, ou pour encourager les soldats ou lassez, ou lents, ou estonnez, ou pour quelque autre semblable necessité; ce qu'il doit faire, le plus prudemment qu'il luy sera possible; pource que la conseruation de l'armee consiste

mille fattioni contra' Turchi fù sempre il primo à combattere: e si stima, che in varie battaglie egli ammazzasse di sua mano da due mila Turchi. Non dico però, che'l Generale (e molto meno s'egli è Prencipe) debba cacciarsi in mezo à pericoli: perche l'ufficio suo non è di combattere, ma di ordinarie, e di reggere, e di sourastare à combattenti. ma deue però mostrar sempre animo, e cuore, e prontezza; e ne' casi necessarij sottentrare à pericoli, ò per fermar la fuga, ò per rinfrancar i soldati ò stanchi, ò lenti, ò smarriti, ò per altra simile necessità: e deue ciò fare con la maggior cautela, che li sarà possibile. perche nella vita di lui consiste la saluto dell' essercito.

en la vie d'icelui.

Dell' alacrità.

Non è di poco momento una certa alacrità, e letitia di volto, con la quale si tengono allegri, e di buon' animo i soldati, che, per lo più, dipendono dalla cera del lor Condottiere: e se non vanno lieti alla battaglia, e fieri, non faranno cosa degna. Il che auenne à Tedeschi cõdotti dal Marchese di Vasto nella giornata di Cerisole. Furono in questa parte eccellenti trà Romani Papirio Cursore, e Scipione Africano. conciosia che scriue Liuio, che non si vidde mai Capitano più allegro, che si vedesse Papirio in quella commemorabile giornata, nella quale egli vinse i Samniti: e Scipione in quel fatto d'-

§. De la gayeté.

Une certaine gayeté de cœur & de visage sert de beaucoup; & par ce moyen, les soldats se tiennent gaillards, & de bonne volonté, lesquels, pour le plus, dependent de la chere & humeur de leur chef & conducteur: & s'ils ne vont ioyeux & gais à la bataille, auec hardiesse, ils ne feront aucune chose digne. Ce qui aduint aux Alemans conduits par le Marquis de Vast, en la bataille de Cerisoles. Entre les Romains furẽt excellens en ceste partie, Papirius Cursor, & Scipion Africain, veu ce que Liuius escrit, que iamais ne se vid Capitaine plus ioyeux & gaillard que fut veu Papirius en ceste memorable iournee, en laquelle il vainquit les Samnites: & Scipion, en

Tr iiij

la bataille, en laquelle il debella Annibal & les Carthaginois.

arme, col quale debellò Annibale, & i Cartaginesi.

A la susdite gayeté & allegresse est conjointe vne certaine asseurance de la victoire, par laquelle les soldats se tiennent ioyeux: ce qui est signifié en diuerses manieres. Annibal, le iour de la bataille de Cannes, vn peu deuant l'exploict d'armes se retira sur vne colline vn peu releuee, pour voir l'armee des Romains. Giscon son amy, voyant tant d'hommes (pource que les Romains n'auoyent iusques à ceste heure là, iamais assemblé tant de forces) demeura quasi estonné: & pour ceste cause, s'estant tourné à Annibal, il luy dist, que le nombre des ennemis estoit merueilleux: Mais tu ne comprés (respondit Annibal) vne beaucoup plus grande merueille, qu'en vn si grãd nombre d'hommes, tel

Alla sudetta allegria è congiunta vna certa sicurezza della vittoria, con la quale si tengono allegri i soldati: e si significa in varie maniere. Annibale nel giorno della battaglia di Canne, si ritirò poco innanzi'l fatto d'arme sopra vn colle alquanto rileuato, per veder lo essercito Romano. Giscone suo amico, vitant'a tanta gente (perche non haueuano i Romani fatto mai sin'allora tanto sforzo) restò quasi sgomentato: onde riuoltossi ad Annibale, gli disse, che'l numero de' nemici era merauiglioso. Ma tu non comprendi (rispose Annibale) vna molto maggior merauiglia, che in tanto numero d'huomini, quanto è quel che tu vedi, e che ti par am-

que tu vois, & qui te semble admirable, ne se trouue seulemét vn, qui s'appelle Giscon: telles paroles inciterent les assistans à rire: lesquels voyás leur General, en ce temps là, gosser, & faire peu de cõte de la prochaine bataille, augmenterent merueilleusement de cœur & de hardiesse.

Scipion, en Afrique, ayans esté menez deuãt luy, quelques vns enuoyez par les Carthaginois, pour espier l'armee & ses deportemens, au lieu de les faire mourir, selon la coustume de la guerre, les fit mener çà & là, par toute l'armee, & voir par le menu toute chose; & puis les réuoya aux ennemis. Par cet acte il encouragea les siens, & espouuanta ses ennemis.

Gracchus fit vne semblable chose en Espagne: car les Ambassadeurs des Celtiberiens luy ayás domandé; en quoy il auoit tant de côfiance, d'auoir osé entrer au païs, pour leur faire la guerre; il respondit, qu'il s'asseuroit en la bonne armée qu'il auoit; & tout incontinêt il fit mettre les trouppes en bataille, par le Tribun militaire, afin qu'ils les vissent, & en portassét nouuelles à leurs gens. Ils demeurerent estonnez: & aussi tost qu'ils l'eurent rapporté, ils donnerent tellement l'espouuante aux Celtiberiens, qu'ils delaisserét d'enuoyer secours à la ville; qui estoit à ceste heure là assiegee par les Romains.

mandato, in che tanto confidasse, c'hauesse osato d'andar loro con l'arue sopra. rispose, Che nel buon essercito ch'egli haueua. e fece tosto dal Tribuno militare porre in ordinanza le squadre, affinch' essi le vedessero, e ne ragualiassero i suoi. Restarono essi attoniti: e referto che l'hebbero, posero così fatto spauento ne' suoi, che si restarono dal mandar soccorso alla città, ch'era allora assediata da' Romani.

De l'ingeniosité & subtilité d'esprit
6. Della solertia.

Aussi est de grande importance l'ingeniosité & promptitude de l'esprit, es accidents non preueus, au moyen de laquelle s'asseure aucunesfois la victoire, ou

Importa più che assai la solertia, e la prontezza dell'ingegno ne' casi improuisi, con la quale s'assicura alle volte la vittoria, ò si schiua la rouina, come

mostrano gli essempi di
Tullo Rè de' Romani,
di Datami, di Consaluo
Ferrante, e d'altri.
Tullo Hostilio, mossosi
con le genti sue, e de-
gl' Albani suoi côfede-
rati, condotti da Metio
Suffetio, contra i Fide-
nati, & i Veienti, vell'
attaccar della batta-
glia, Metio, ch'era d'a-
nimo doppio, incomin-
ciò pian piano à disco-
starsi da' Romani, & à
girar verso i monti,
con pensiero di volgersi
alla fine là, doue ve-
drebbe piegar la vitto-
ria. I Romani, che d'-
appresso gli erano, veg-
gendosi per questo atto
restar da quel fianco
scouerti, tutti sgomen-
tati mandarono volan-
do à farlo intender al
Rè. egli veggendo il
pericolo, con vn subito
auuiso riparò alla roui-
na sourastante: perche
rispose ad alta voce,
che se ne ritornassero

s'euite la ruine : comme
demonstrent les exem-
ples de Tullus Roy des
Romains, de Datami, de
Consalue Ferant & d'au-
tres. Tullus Hostilius s'e-
stant acheminé auec son
armee, & celle des Alba-
nois ses confederez, cô-
duite par Metius Suffe-
tius, contre les Fidenates,
& Veientins, sur le point
de dôner la bataille, Me-
tius, qui estoit de cœur
double, commancea peu
à peu à s'esloigner des
Romains, & à tourner
vers les montagnes, en
intention & pensee de se
tourner la part, où il ver-
roit tendre & incliner la
victoire. Les Romains
qui estoyent pres de luy,
se voyans, par ce moyen,
demourez descouuerts,
de ce costé-là, tous estô-
nez, enuoyerét soudain
le faire entendre au Roy.
Iceluy voyant le danger,
par vn soudain aduis &
moyen, euita la ruine qui
les menaçoit ; car il res-

pondit à haute voix, qu'il s'en retournassent en leur lieu, & qu'ils n'eussent point de doute, pource que les Albanois estoiét partis de là, par son commandement. Ces paroles dônerent aux Fidenates vne defiance & soupçô, que Metius les vouloit trahir & enfermer au milieu: & pour ceste cause, ils tournerent bien tost le dos. Datami excellent capitaine de Carie ne fut pas moins aduisé; pource que s'estát rebellé cótre le Roy Artaxerxes, à cause que les soldats de Pisidias luy auoyent tué son fils, il alla incontinent contre eux: Metabarzanes son beau pere, qui estoit capitaine de la cauallerie, & doutoit que les affaires de son gendre deussent aller mal; s'enfuit auec ceux qui estoiét sous sa charge, à l'ennemy. Qui ne se seroit faché de cela? mais Datami tira à l'improuueu, d'vn

al lor luego, e non dubitassero: perche per suo ordine s'erano gli Albani mossi. Questa voce pose i Fidenati in sospetto di non esser da Metio traditi, e rinchiusi in mezo; se ne voltarono per'ciò tosto le spalle. Non minore auuedimento vsò Datami Capitano eccellente di Caria: per che essendosi ribellato dal Rè Artasserse, perche le genti di Pisidia gli haueuano ammazzato il figliuolo, andò incontamente lor sopra. Metabarzane suo socero, ch'era Capitano della caualleria, e dubitaua, che non douessero le cose del genero andar male, se ne fuggì con le genti, ch'egli gouernaua, al nemico. Chi non si sarebbe di ciò sgomentato? ma Datami cauò all'improuiso dal mal bene grandissimo: fece dar voce, ch'el suo-

etro si fosse di sua ordine mosso, per ingannare, à quel modo, il nemico: & animò i suoi à douerlo tosto seguire e soccorrere. Cosi Metabarzane fu sforzato à combattere contra i Pisidi; e morì combattendo. Quo neque (come dice Probo) astutius alicuius Imperatoris cogitatum, neque celerius factum.

Non è meno degna à esser commemorata da noi in questo luogo la prontezza di Consaluo Ferrante, perche, hauendo egli, nell'incominciar della battaglia contra il Duca di Namurs (nella quale egli acquistò il Regno di Napoli al Rè Catolico) commandato, che si desse fuoco all'artiglierie, li fu con grande ansietà detto, che la poluere s'era tut-

mal vn tresgrand bien; Il fit courir le bruit, que le beau-pere, s'en estoit allé & auoit changé de place, pour tróper, en ceste maniere, l'ennemy; & dóna courage à ses gés, d'aller bien tost apres, & le secourir. Ainsi Metabarzanes fut cótraint de cóbatre contre les Pisidiés, & mourut en cóbatant. *Quo neque (cóme dit Probus) astutius alicuius Imperatoris cogitatum, néque celerius factum.*

Et n'est moins digne d'estre recitee de nous, en ce lieu, la promptitude de Consalue Ferrant, pource qu'ayant au commancement de la bataille contre le Duc de Nemours (en laquelle il acquit le Royaume de Naples, au Roy Catholique) commádé que l'on mist le feu, pour faire iouër le canon, on luy dist, auec grande peine & facherie, que la poudre s'estoit toute bruslee, ou par tró-

GOVVERNEMENT D'ESTAT,

perie, où par cas fortuit: à ceste heure là, ne perdant courage, d'vne telle nouuelle, l'accepte (dit-il) l'augure de la victoire, de laquelle se fait desia le feu de ioye & d'alegresse: & par ces paroles, il remit à ses gens, le cœur au ventre; & leur redóna le courage.

Sylla, estans ses soldats, par l'armee de Mithridates, tournez à la fuite, les retint & arresta, par ces memorables paroles; Allez vous en compagnós; quát à moy, ie voy mourir icy glorieusement. Quand on vous demandera où vous auez trahy vostre Capitaine, souuenez vous de respondre, que ce'a esté en Orcomene. Ces paroles eurét si grande force, que les Romains retournans visage, chargerent furieusement l'ennemy.

Cecinna ne pouuant autrement retenir les soldats, lesquels pour vn

ta, ò per inganno, ò à caso abruciata: allora egli, non si perdendo punto d'animo, per sì fatta nuoua. Io accetto, disse, l'augurio della vittoria, della quale già si fà la festa, e l'alegrezza col fuoco, con le quali parole rauiuid l'ardimento a' suoi.

Silla, essendo le sue genti dall'essercito di Mitridate volte in fuga, le ritenne, e fermò con quelle memorabili parole. Andate cópagni io ne vò quì à morire gloriosamente. Ricordateui voi, quando sarete domandati, doue tradiste il vostro Capitano, di rispondere, che in Orcomeno. Furono di tanta forza queste parole, che volgendo Romani il viso, vrtarono il nemico adietro.

Cecinna non potendo ritenere altramente i soldati, che per vna

spauento, fuggiuano per la Porta opposta à nemici, si lasciò per vltimo rimedio, cadere su la soglia della Porta. onde i soldati per non calpestarlo, si contennero dalla fuga.

Primo Antonio, in quel fatto d'arme, nel quale egli sconfisse Vitellio, essendo volte in fuga le sue genti, egli trà l'altre prodezze, e di Capitano, e di soldato, passò con l'hasta vn' Alfiere, che fuggiua: e presa egli l'insegna, si voltò contra i nemici. co'l quale fatto rimise la battaglia, e vinse.

In questa vltima guerra fatta trà Turchi, e Persiani, Mustafà Generale de' Turchi, essendosi ammutinate le sue genti, in maniera tale, che apertamente si protestauano di non

vain espouuantement, & faux bruit, fuioyent par la porte opposee aux ennemis, se laissa, pour dernier remede, choir sur le sueil de la porte; & pour ceste cause les soldats, de peur de l'offenser, & luy passer sur le ventre, arresterent leur fuite.

Antoine, en ce faict d'armes, auquel il deffit Vitellius, comme ses gés s'estoiét mis en fuite, entre autres sienes prouësses, & de Capitaines & de soldats, trauersa d'vne pique ou jauelot vn Capitaine enseigne qui fuioit: & ayant empoigné le drappeau, il se tourna contre les ennemis. Par cet acte, il remit la bataille, & eut la victoire.

En ceste derniere guerre faicte entre les Turcs & les Perses, Muftapha General des Turcs, s'estás ses gens mutinez de telle maniere, qu'appertemét ils protestoyent ne vouloir passer la riuiere Caneco, vsant à ceste heure là de belles & douces paroles, appaisa la sedition, le mieux qu'il peut: mais le matin ensuiuant estant monté à cheual, il entra au fleuue disant, Maudit soit celuy qui mange le pain du grand Seigneur, & ne me suit: & il fut incontinent suiuy, comme à l'enuy, de toute l'armee.

Quelle puissance est plus grande, la maritime, ou la terrestre.

Maintenāt que noº auōs & multiplié, & creu de valeur noz soldats & forces, comparons les vn peu l'vne à l'autre; & premieremēt les forces maritimes ou naualles, aux terrestres: & puis la cauallerie à l'infanterie. De voir si les terrestres sont de plus d'importāce que les naualles, ne seroit chose digne d'estre mise en controuerse, sans ce

voler passare il fiume Caneco; egli, dando per allora buone parole, acquetò la seditione il meglio che puoté. ma la mattina seguente, montato à cauallo, entrò nel fiume, dicendo, Maledetto sia colui, che mangia il pane del gran Signore, e non mi segue : e fù immantenente à gara seguito.

Qual sia maggior potēza, la maritima, ò la terrestre.

Hora che habbiamo e moltiplicato, e aunalorato le genti, e le forze nostre, mettiamole vn poco in cōparatione l'vna dell' altra: e prima, le forze maritime delle terrestri; e poi la cauallería della fanteria. Se le terrestri siano di più importanza, che le maritime, non sarebbe cosa degna di esser messa in cousp controuersia, se non sosse quel, che si dice volgarmente, Che chi è padrone del mare è anco padrone della terra: cosa manifestamente contraria alla ragione, & alla esperienza. alla ragione; perche le forze terrestri non han bisogno delle maritime, ma le maritime hanno necessità delle terrestri: perche la terra è quella, che dà le vettouaglie, le armi, e la gente. Di più, le forze terrestri sono anco buone per lo mare, ma non le maritime per la terra. onde l'esperienza dimostra, che nissuno Imperio fõdato su le forze maritime, si è mai disteso molto entro terra: non i Candiotti, se bene Aristotele dice, che la loro Isola par fatta dalla natura per l'Imperio del mare: & in effetto i suoi popoli fu-

sans ce que l'on dit vulgairement, Que quiconque est maistre de la mer, est aussi maistre de la terre: chose manifestement contraire à la raison & à l'experience: à la raison, pource que les forces par terre ou terrestres, n'ont besoin des naualles; mais les naualles ont besoin & necessité des terrestres: car la terre donne les viures, les armes, & la gendarmerie. Dauantage, les forces terrestres sont bónes aussi pour la mer: mais non pas les naualles, pour la terre. A ceste cause, l'experience demonstre, que nul Empire fondé sur les forces naualles ou maritimes, iamais ne s'est beaucoup esté du sur la terre: non les Cãdiots, bien qu'Aristote dise que leur Isle semble faicte par la nature, pour l'empire de la mer, & de faict, ses peuples ont esté les premiers, qui ont flori de gloire nauale: non les Lidiens, non les Pelasgiës, non les Rodiens, non les Pheniciens, non les Egyptiens ny les Milesiens, bien que les vns apres les autres, ayent possedé la mer: mais au contraire tous ceux qui ont eu grãd Empire sur terre, se sont faicts maistres de la mer, toutes les fois qu'ils ont voulu. Ainsi les Romains, auec la puissance terrestre, mirent en l'eau, en l'espace de quarãte iours, vne trespuissante armee naualle: & puis autres, auec lesquels finalement, ils osterent la dominatiõ de la mer aux Carthaginois. Cesar n'auoit point de forces naualles: mais quand il en a eu besoin, il en a tant mis ensemble, en deux Hiuers, qu'au moyen d'icelles, il debella les Venitiens, qui en estoyent Seigneurs; & forcea la grande Bretaigne à demander la paix, & payer tribut: & puis, ayant vaincu Pompee,

rono i primi, che fiorissero di gloria nauale. non i Lidij, non i Pelasgi, non Rodij, non i Fenici, non gli Egittij, non i Milesij, se bene gli vni dopò gli altri possederono il mare. Ma all'incontro tutti quelli, che hanno hauuto grande imperio terrestre, si sono fatti padroni del mare, ogni volta, che hanno voluto. Così i Romani con la potenza terrestre misero in acqua, nello spatio di 40. giorni, vna potentissima armata: e poi altre, con le quali finalmente tolsero il dominio del mare à Cartaginesi. Cesare non haueua forze maritime: ma venuto il bisogno, ne mise insieme in due Inuerni tante; che con esse debellò i Veneti, che n'erano Signori; e sforzò à dimandar pace, & à pagar tributo la gran

qui estoit tref-puissant d'armees naualles, en terre, il n'a eu aucune resistance sur la mer. Depuis la declinaison & decadence de l'Empire Romain ençà, les Vandales ont esté Seigneurs de la mer: les Sarrasins & les Turcs, nations barbares, nees loin de la mer, sans cognoissance des vêts, sans experience des choses naualles; mais au moyen des forces terrestres, elles ont finalement occuppé & les ports & les isles. Car les Vandales estans passez d'Espagne, en Afrique, sous leur Roy Ienseric, assaillirent & la Sicile & l'Italie, & saccagerent, sans contredit, Rome, chef de l'Empire: & les Sarrasins ayãs occuppé l'Afrique & l'Asie, aisément se rendirent maistres des isles, trauaillerét Constantinople, & pillerent vne grãde partie de nos contrees. Les Turcs semblablement, par la

GOVVERNEMENT D'ESTAT,

grande puissance qu'ils ont acquise sur terre, se sont rendus maistres de la mer, de maniere que leurs flottes, depuis plus de cent ans, ont nauigé & nauigent, sans resisté-ce aucune, sur leurs mers & les nostres. Les Portugais, en l'entreprinse de l'Indie, ont eu deux excellents Capitaines, François d'Almeide, & Alphonse d'Alburquerque. Iceux estoient au maniement des guerres, qui se faisoyent en ces païs-là, d'opinions fort differentes: car l'Almeide ne se vouloit employer en cōquestes de villes & de pays: mais seulemēt auoit dessein de se maintenir, auec vne puissante armee naualle, Seigneur de l'Ocean; & par ce moyen, se faire maistre des traffiques, & cōtraindre tous les marchands, qui voudroient nauiger, & les Princes, qui auroient des ports, à leur payer tribut:

contrade. I Turchi similmente, cō la gran potenza acquistata in terra, si sono insignoriti dell'acqua: si che le loro armate, già più di cento anni, hanno nauigato, e nauigano senza contradittione, i suoi, & i nostri meri. I Portoghesi hanno hauuto, nell'impresa d'India, due Capitani eccellenti, Francesco di Almeida, & Alfonso di Alburcherche. Questi furon nel maneggio delle guerre, che si faceuano in quei paesi, di pareri molto differēti: perche l'Almeida non voleua impiegarsi in acquisti di città, e di paesi; ma solamente disseguaua mantenersi con vna potente armata, Signor dell'Oceano, e per questa via farsi padrone de' traffichi, e sforzar tutti i mercanti, che volessero nauigare; & i Prencipi, che haueßero porti, à pagar loro tributo. Ma l'Alburcherche considerando che vna tempesta poteua affondar l'armata, ò indebolirla in tal maniera, che la spogliaße e di forze, e di riputatione; e che non era poßibile mantenerſi potente in mare, senza forze terreſtri, occupò i Regni di Malacca, e di Ormus, e la famosa città di Goa; doue, hauendo fatto vn buoniſſimo Arsenale, e piantato vna colonia di Portogheſi, e fauorito in ogni maniera la conuerſione de gl'Infedeli, si può dire ch'egli gittaße i fondamenti del Dominio, che quella natione poßiede nella India. perche senza dubbio, se la città, e'l contorno di Goa non haueße somminiſtrato e legnami per fabricar le naui, e le galere, e metallo per

Mais l'Alburquerque côsiderant qu'vne tempeſte pouuoit mettre à fonds l'armee naualle, ou l'affoiblir tellement qu'elle la despoüillaſt & de forces & de reputation: & qu'il n'eſtoit poſſible se maintenir fort & puiſſant sur la mer, sans forces terreſtres, occupa les Royaumes de Malacca, & d'Ormus, & la fameuse ville de Goa, où ayant faict vn tresbon Arsenal, & planté vne Colonie de Portugais, & fauorisé en toute maniere, la conuerſiõ des Infideles, on peut dire, qu'il ietta les fondemens de la Seigneurie, que ceſte nation poſſede aux Indes. Car certainement, ſi la ville, & les enuirons de Goa, n'euſt fourni & le bois, pour baſtir les nauires & galeres, & le metal, pour fondre l'artillerie, & les hõmes pour mettre dedans les vaiſſeaux, & les armes, pour les armer, & les vi-

V v iiij

ures, pour les maintenir, il n'estoit possible que les Portugais se peussent conseruer si long temps, au milieu de trespuissans ennemis. Il est bien vray que les forces de la mer aydent beaucoup celles de la terre, non qu'elles leur adioustent de la force, mais pource qu'elles leur donnent l'agilité: attédu qu'vn Empire terrestre, d'autant qu'il est plus grand & plus spacieux, d'autant est-il plus lent, & inepte au mouuemēt. Les gens de guerre ne se peuuent facilement assembler, ny les viutes rāger, ny les munitions amasser en vn lieu: les cheuaux se consomment par la longueur du chemin: les soldats deuiennent malades, pour le changement de l'air: de conduire les choses necessaires, pour le soustiē & entretenement de l'armee, ou pour le maniement & affaires de la

gittar l'artiglierie, e gente per fornir l'armate, & arme per armarle, e vettouaglie per mantenerle, non era possibile, che i Portoghesi si conseruassero tanto tempo in mezo di potentissimi nemici. Egli è ben vero, che le forze maritime aiutano grandemente le terrestri, non perche aggiunghino loro neruo, ma perche lor danno agilità. conciosia che vn Imperio terrestre, quanto egli è più grande, e più spatioso, tanto è più lento, & inetto al moto. la gente non si può facilmente congregare, ne le vettouaglie ridurre, ne le monitioni amassare in vn luogo. i caualli si consumano per la lunghezza del viaggio; le genti si amalano per la mutatione dell'aere; il condurre le cose necessarie per lo sostegno dell'essercito, e per lo maneggio della guerra, è di spesa infinita. Il che si vede nell' imprese terrestri, che fa il Turco, conciosia che, tra l'andare da Constantinopoli à confini d'Ongheria, ò di Persia, e tra il ritornare, oltre ch'egli perde la miglior parte dell'Estate, perde anco tanta gente di disagio, e di miseria, che non corrisponde mai il guadagno alla spesa. Hor l'armate facilitano l'imprese per l'agenolezza della condotta, perche in poco tempo portano grandi esserciti in paesi lontani, con ogni necessaria prouisione: e chi è potente in mare, può trauagliare il nemico all' improuiso in più luoghi; e perciò il terrà sempre impedito, e sospeso. Queste ragioni mossero Cesare Germanico, dopò l'hauer guerreggia-

guerre, est d'vne infinie despense. Ce qui se void es entreprinses terrestres que faict le Turc; veu qu'entre l'acheminemét de Constantinople aux frontieres d'Hongrie, ou de Perse, & entre le retour, outre ce qu'il perd la meilleure partie de l'Esté, il perd aussi tant d'hómes de necessité & de misere, que iamais son gain ne correspond à la despense. Or les flottes & armees naualles facilitent les entreprinses, pour l'aisee commodité de la códuite: car en peu de téps, les vaisseaux portét grandes armees en pays lointains, auec toute prouision necessaire : & celuy qui est puissant sur lamer, peut trauailler l'ennemy à l'improuueu, en plusieurs lieux: & pour ceste cause tousiours il le tiédra empesché, & en crainte.

Ces raisons induirent l'Empereur Germanicus, apres auoir quelques an-

V v iiij

nees guerroyé les Alemans, auec peu de succez & d'heur, par les forces terrestres, à faire vne grosse armee nauale; où Tacitus recitant l'vtilité de telles armees de mer, dit, *Bellum maturius incipi, legionésque & commeatus pariter vehi, integrum equitem, equésque per ora, & alueos fluminum media in Germania fore.* Au contraire, la guerre qui se faisoit par terre, auoit ces incommoditez, *Militem haud perinde vulneribus quàm spatiis itinerum, damno armorum affici: fessas Gallias ministrandis equis; longum impedimentorum agmen, opportunum ad insidias, defensionibus iniquum.* Pour ceste cause, Cosme des Medici, disoit, Que celuy ne se pouuoit dire Prince de grãd pouuoir, lequel aux forces terrestres, ne ioignoit les maritimes.

to alcuni anni con gli Alemani poco felicemente con le forze terrestri, à far vna grossa armata. doue Tacito commemorando l'vtilità dell'armate, dice, *Bellũ maturius incipi, legionesque & commeatus pariter vehi: integrũ equitem, equosque per ora, & alueos fluminũ media in Germania fore.* E all'incontro la guerra, che si faceua per terra, haueua queste incommodità, *Militem haud perinde vulneribus quàm spatijs itinerum, dãno armorũ affici: Fessas Gallias ministrandis equis: longũ impedimentorum agmen opportunum ad insidias, defensionibus iniquum.* per ciò Cosmo de' Medici diceua, Che non si poteua dir Prencipe di gran potere colui, che alle forze terrestri non aggiungeua le maritime.

Qual sia di maggior importáza la caualleria, ò la fanteria.

Quelle est de plus grande importance la caualler:e, ou l'infanterie.

Parlando assolutamente, di molto maggior importanza è la fanteria: perche il suo valore si stende à molto più effetti, che la gente à cauallo. concediamo à questa il dominio della campagna: perche veramente, chi ne' luoghi aperti è superiore di caualli, sarà ordinariamente vincitore. Santippo, conosciuto il vantaggio, che i Cartaginesi haueuano d'elefanti, e di caualli, vinse i Romani solamente col trasferir la guerra da' luoghi montuosi à i piani: e le vittorie d'Annibale contra i Romani non procedeuano in gran parte

Parlant absoluement, l'infanterie est de beaucoup plus grande importance, pource que sa valeur s'estend à beaucoup plus d'effets que la cauallerie; octroyons à ceste cy la domination de la campagne: pource que veritablement, celuy qui es lieux ouuerts, est plus fort de cheuaux, sera ordinairement victorieux. Xantippus ayāt cogneu l'auantage que les Carthaginois auoyét, d'elephās & de cheuaux, surmonta les Romains en transferant seulement la guerre des lieux montueux, à la plaine: & les victoires d'Annibal contre les Romains, ne proceddoyent en grande

partie d'ailleurs, que de l'auantage qu'il auoit de caualleie, en la campagne. Et les victoires du Turc côtre les Chrestiẽs, ne se doiuent attribuer à autre occasion, qu'au grand nombre de cheuaux, au moyen desquels il nous a tousiours surmõ- tez en la campagne. Et pourtant ceux-là qui di- sent que la force & le nerf de la milice Turquesque consiste aux Ianissaires, s'abusent lourdemẽt, at- tendu que deuãt que les Ianissaires fussent insti- tuez, les Turcs auoyent fait entreprinses de beau- coup plus grande impor- tance, qu'ils n'ont faict depuis; prins la Bitinie, passé le destroit, occup- pé Philippopoli, & Adri- anopoli, mis en route les Princes de Seruie, & de Bulgarie, vaincu deux fois, les forces des Chre- stiens, vnies & assem- blees sous le Roy Sigis- mond, sans iamais auoir

altronde, che dal van- taggio, ch'egli haueua di caualleria nella cã- pagna. Ne le vittorie del Turco cõtra i Chri- stiani si debbono attri- buire ad altra cagio- ne, che al gran numero de' caualli, co' quali egli ci hà sempre in luo- ghi piani souerchiati. perche quei, che dicono che'l neruo della mili- tia Turchesca consiste ne' Gianizzari, s'in- gannano in grosso, con- ciosia che prima, che i Gianizzari fossero isti- tuiti, i Turchi haueua- no fatte imprese di molto maggior impor- tanza, che non han- no fatto poi, preso la Bittinia, passato lo stret- te, occupato Philippo- poli, & Adrianopoli, rotto i Prencipi di Ser- uia, e di Bulgaria, vin- to due volte le forze de' Christiani, vnite sotto il Rè Sigismon- do, senza essere stati

esté vaincus, hors mis par le grand Tamberlan. Et ce neantmoins depuis l'institution des Ianissaires, ils ont receu de tresgrandes pertes, & desfaictes par Ladislaus Roy de Polongne, par Iean Hunniade, par Georges Castriot, par Vssuncassan Roy de Perse, par les Mamelucqs, par Matthias Coruino, par la derniere ligue des Princes Chrestiens, & par Sigismond Battori, Prince glorieux de Transsiluanie. De dire, que les Ianissaires ont aucunesfois remis sus, les batailles perdues, & emporté la victoire de la main des ennemis, cela n'est rien; pource que se tenans les Ianissaires entour la personne du grãd Seigneur, ils se sont acheminez frais, contre les ennemis desia las, & de combatre & de tuer: & ainsi les ont vaincu. Ce qu'eust faict encores mieux, vn gros scadron de cauallerie qui se fust fraischement meu, ou de toute autre sorte de soldats. Car quant aux Ianissaires, qui sont ordinairement de douze à quinze mille hommes, pourquoy seront-ils redoutez d'vn Prince Chrestien, qui leur opposera pareil nombre d'Alemás, ou de Suisses, d'Espagnols, ou d'Italiens, ou de Gascons, endurcis & faicts à la guerre: en quoy cedderõt ceux-cy à ceux là? en force de corps, ou en vigueur d'esprit? Iamais l'infanterie Chrestienne n'a esté inferieure à la Turquesque: mais nous auons esté ordinairement vaincus, par le grand aduantage qu'ils ont eu sur nous, en cauallerie, qui nous a couppé les chemins, rompu noz desseins, empesché les viures, & secours, enuironnez de tous costez, & vaincus & tuez à Varme, à Nicopoli, à Muggaccio,

drone di caualleria, che si fosse frescamente mosso, ò di qualunque altra sorte di soldati. per che, quanto à i Gianizzari, che sono ordinariamente 12. ò 15. mila, perche debbono esser temuti da vn Prẽcipe Christiano, che opponga loro numero pari di Tedeschi, ò di Suizzeri, di Spagnuoli, e d'Italiani, ò Guasconi, indurati nella militia? in che cosa cederanno questi à quelli? in forza di corpo, ò in vigor d'animo? Non è mai stata la fanteria Christiana inferiore della Turchesca; ma siamo bene stati ordinariamente vinti per lo vantaggio grande, ch'essi hanno hauuto nella caualleria, che ci ha tagliato le strade, troncato i dissegni, impedito le vettouaglie, & i soccorsi, cinti d'ogn'intorno, e stançati, e vinti, e morti à Varna, à Nicopoli, Mugaccio, Essecchio, alla Liuenza, & in altri luoghi. Appresso, noi habbiamo visto, che le armi Turchesche, state vincitrici delle genti abbondanti di ottima fanteria, sono state rotte, ò gagliardamente trauagliate da' popoli potenti di caualleria, da' Mamalucchi, da gli Ongari, da' Polacchi, da' Moscouiti, e da' Persiani. Cedendo dunque la fanteria a i caualli il dominio della campagna, e de' luoghi aperti, ne' quali però anch'essa fanteria è di grandissima importanza, auanza in tutte l'altre fattioni militari, nelle quali sono affatto i caualli inutili. perche prima la militia maritima è tutta in mano della fanteria; il combattere, e lo scaramucciare è commune all'-

Essechio, à la Liuenze, & en autres lieux : Apres, nous auons veu, que les armes Turquesques, qui ont esté victorieuses des nations abondantes de tresbonne infanterie, ont esté rompues, ou vaillamment trauaillees & repoussees, par les peuples puissans en caualleric, par les Mamelucs, par les Hongriens, par les Polonnois, par les Moscouites, & par les Perses. Ceddant donc l'infanterie, aux cheuaux, la domination de la campagne & des lieux ouuerts, esquels ce neantmoins, la mesme infanterie est de tresgrande importance, elle fait mieux en toutes les autres factions militaires, esquelles les cheuaux sõt du tout inutils. Car premierement la milice maritime est toute en la main & force de l'infanterie : le combatre, & escarmoucher est communement & appartient à

l'vne & à l'autre, mais d'a-
uantage à l'infanterie,
pource que la caualleire
ne peut rien en plusieurs
lieux, cōme sont les mō-
tagneux, boscageux, pleis
de vignes, les vallees: &
es batteries & defenses
des villes, elle sert de peu,
ou point du tout. Pour
ceste cause, on void, que
les peuples qui ont esté
puissans de cauallerie,
mais sans hommes de
pied, ōnt biē vaincu l'ennemy en campagne, mais
n'ont pourtāt faict con-
queste d'impōrtance ;
pource que s'estant l'en-
nemy retiré es villes &
lieux forts, ils ne l'ōt peu
assieger, ny oppugner, ny
forcer : Comme il aduint
aux Parthes es guerres
contre Crassus & contre
M. Anthoine; & aux Per-
ses: & anciennement, ce-
pendant qu'ils ont com-
batu contre l'Empire Ro-
main, & de nostre temps
es guerres cōtre les turcs.
pource qu'en ceste der-

vna, & all'altra, ma
più alla fanteria. per-
che in molti luoghi non
si può adoprare la ca-
uallerìa, come sono i
montuosi, i boscarecci,
gli auignati, le valli, e
nelle oppugnationi, e
difese delle Città ha po-
ca, ò nulla parte. Onde
si vede che i popoli, che
sono stati possenti di ca-
uallerìa, ma senza gen-
te à piede, hanno ben
vinto il nemico in cam-
pagna, ma non hanno
però fatto acquisto d'-
importanza: perche, es-
sendosi il nemico rico-
uerato nelle Città, e ne'
luoghi forti, essi non
l'hanno potuto assedia-
re, non oppugnare, non
isforzare. Comē auuen-
ne à Parti nelle guerre
contra Crasso, e contra
M. Antonio: & à Per-
siani, & anticamente
mentre combatterono
contra l'Imperio Ro-
mano, e ne' tempi nostri
nelle guerre contra

Turchi, perche in questa ultima guerra, (per non dir dell'altre) il Persiano, per lo vantaggio della caualleria, ha ben egli fatto strage de' Turchi in campagna : ma per mancamento di fanteria non ha potuto afferrare, ne occupare Città d'importanza, non ridurre sotto il suo dominio luogo di consequenza, non cacciare il Turco dalle Città prese, ne da' luoghi fortificati. Concludiamo dunque, che la caualleria è superiore alla fanteria nella campagna; ma che la fanteria, che pure è di grandissima importanza anco in campagna l'auanza in ogni altra fattione militare. e che *Equestrium sanè virium id proprium, citò parare victoriam, citò cedere.*

nieres guerre (pour ne parler des autres) le soldat de Perse, à cause de l'auantage de la caualerie, a faict grande boucherie des Turcs en cāpagne: mais par faute de gens de pied & infanterie, il n'a peu attaquer ny prendre ville d'importāce, ny reduire sous sa domination lieu de consequence, ny chasser le Turc des villes prinses, ny des places par luy fortifiees. Concluons donc que la caualerie surpasse l'infanterie en cāpagne; mais que l'infanterie, laquelle ce neātmoins sert aussi de beaucoup en la campagne, la surpasse & deuance en toute autre factiō & exploit de guerre: & que *Equestrium sanè virium id proprium, citò parare victoriam, citò cedere.*

GOVVERNEMENT D'ESTAT,

Contre qui se doiuent tourner les forces.

Contra chi si debbano voltar le forze.

LEs forces se doiuent pratiquer ou pour la defense du nostre, ou pour la conqueste de l'autruy. La defense du nostre est tant iuste, qu'elle n'a besoin d'autre preuue, que de considerer les armes des animaux, les cornes, les dents, les ongles, les ruades que la nature leur a donné, pour la conseruation de leur estre. Les roses mesmes sont armees d'espines, les grains d'espics, & paille autour, les chastaignes, de plusieurs peleures. La nature finalement est tāt songneuse en cela, que les Princes n'ōt que faire d'estre instruits par l'art. Ils doiuent ce neātmoins prendre garde à ne passer les limites, en maniere que la defense deuienne offense, toutes les fois qu'on

LE forze si debbono vsare, ò per difesa del nostro, ò per acquisto d'altrui. La difesa del suo è tanto giusta, che non hà bisogno di altra proua, che di considerare le arme de gli animali, corna, denti, vgne, calci, da tegli dalla natura per la conseruatione dell' esser loro. E sino alle rose sono armate di spine, e i grani di reste, e le castagne di ricci. La natura finalmente è tanto sollecita in ciò, che i Prencipi nō hanno bisogno di esser ammaestrati dall'arte. Debbono però auertire di non passare i termini in maniera, che la difesa diuenti offesa, ogni volta, che li sarà offerta conueniente so-
disfat-

disfattione. Nel che i Romani si portarono eccellentemente. Perche, se i nemice non erano indomiti, non li negauano mai honesta pace, la quale deue esser fine di ogni guerra: ne deue negare se non à quelli, da' quali non si può sperare, se non con la loro rouina: ò che hanno fatto cosa, che, per essempio degli altri deue esser punita con l'esterminio loro. E tãto giusta la guerra difensiua, che l'offensiua non può hauer altra giustitia, che quella, che riceue dalla difensiua. Ne può esser caso, nel quale sia lecito offendere per altro, che per difendere. Come dunque potrò io, dirà alcuno, dilatar lo stato mio? con la difesa del ben publico. Hor il ben publico è di due sorti, spirituale, & temporale. Il temporale è la

qu'on luy offrira vne cõuenable satisfaction. En quoy les Romains se porterent excellemmẽt: car si les ennemis n'estoyent indomtez, iamais ils ne leur refusoyent vne paix honneste; laquelle doit estre la fin de toute guerre: & ne se doit refuser ou nier sinon à ceux, desquels on ne la peut attẽdre, ou esperer, sinõ auec leur ruine: ou qui ont fait chose, laquelle pour l'exemple d'autruy, doit estre punie, par leur destruction & ruine. La guerre defensiue est tant iuste, que l'offensiue ne peut auoir autre iustice que celle qu'elle reçoit de la deféfiue. Et ne peut arriuer cas, auquel soit licite d'offenser; pour autre subiect & raison que pour défendre. Commét donc pourray-ie (dira quelqu'vn) agrandir mõ Estat? par la defense du bien public. Or le bien public est de deux sor-

Xx

tes; spirituel, & temporel. Le temporel est la paix ciuile & politique: le spirituel est la religion, & l'vnió de l'Eglise de Dieu. L'vn & l'autre est oppugné & troublé par deux manieres d'ennemis, par les heretiques, & par les infideles. Ceux-là sont internes: ceux externes; & pourtant ceux-là sont plus pernicieux, que ceux cy: Car l'infidele offense, de premiere intention, le temporel, & par consequent, le spirituel; mais l'heretique mine premierement le spirituel; & puis consequemmét, ruine le temporel. Or pource que la guerre est le dernier remede, qui se doit pratiquer contre l'heretique, il n'est pas tant generalement licite à tous de faire la guerre contre les heretiques; comme contre les infideles. Pour ceste cause, tout Prince doit, de tout son pouuoir, eslongner ceste

pace ciuile, e politica: lo spirituale è la religione, e l'vnione della Chiesa di Dio. L'vno, e l'altro viene oppugnato, & turbato da due sorti di nemici, da heretici, e da infedeli: quelli sono interni, questi esterni; e perciò quelli più pernitiosi, che questi. Perche l'infedele offende di prima intentione il temporale, e per conseguenza lo spirituale: ma l'heretico mina prima lo spirituale; doppò il quale rouina consequentemente il temporale. Ma perche la guerra è l'vltimo rimedio, che si deue vsare contra l'Heretico, non è cosi vniuersalmente à tutti lecito il guerreggiare contra heretici, come contra infedeli. Deue però ogni Prencipe, con ogni suo potere, tener lontana questa peste. Perche, chi fa professione di sottrar

peste: pource que quiconque fait profession de souftraire les hommes de l'obeiſſance de l'Egliſe, & de Dieu, oſera bien pluſtoſt & plus aiſément, les ſouſtraire & retirer de l'obeiſſance du Prince. Et ne ſe faut eſmerueiller, que Dieu permette tant de reuolutions d'Eſtats côtre leurs Princes, puis que les Princes meſmes ſe ſoucient tant peu de la deſobeiſſance de leurs peuples & ſubiects, enuers ſa diuine Maieſté. Et ce neantmoins, ne defaillẽt auiourd'huy des hommes impies, non plus que de fols, qui donnent à entendre aux Princes, que les hereſies n'ont rien de commun auec les choſes politiques. Et ne ſe trouuant aucun Prince heretique, qui vueille, pour raiſon de l'Eſtat, endurer l'exercice de la religiõ Catholique, là où il domine, il n'y a faute de Princes, faiſans

GOVVERNEMENT D'ESTAT,

profession d'eſtre bons Chreſtiens, qui conſentent volontiers les hereſies, en leurs Royaumes. Ce qui demonſtre combien eſt veritable, le propos de noſtre Seigneur, que les enfans des tenebres ont plus de prudence en leurs affaires, que les enfans de lumiere. Mais celuy qui veut faire la guerre, ne ſe peut excuſer qu'il n'ait vn ennemy public, contre lequel il puiſſe monſtrer ſa valeur : & vn tel ennemy, qui ne penſe iamais à autre choſe qu'à l'oppreſſion de la Chreſtienté, & a tant de forces, que de luy reſiſter, pour ne dire le ſurmonter, ſurpaſſe de beaucoup toute gloire, qui ſe puiſſe acquerir par les armes en main, entre les Chreſtiens. Nous auons le Turc à la porte, nous l'auons à noz coſtez ; voulons nous ſubiect de guerre, ou plus iuſte, ou plus honnora-

loro regni. Il che dimoſtra quáto vero ſia quel detto del Signore, che i figliuoli delle tenebre hanno più prudenza nelle coſe loro, che i figlioli della luce. Ma chi vuol guerreggiare non ſi può ſcuſare di non hauer nimico publico, cõtra cui moſtri il ſuo valore : e vn nemico tale, che non penſa mai d'altro, che dell'oppreſſione della Chriſtianità: e hà tante forze che il reſiſterli, non che il ſuperarlo, auanza di grã lunga ogni gloria, che ſi poſſa acquiſtare con l'arme in mano tra i Chriſtiani. Noi habbiamo il Turco alla porta l'habbiamo a i fianchi; e cerchiamo materia di guerra ò più giuſta, ò più honorata? Catone volendo moſtrare a i Romani il pericolo, che li ſopraſtaua da i nemici loro, li fece vedere alcuni fichi freſchi

LIVRE X. 347

portati allora da Cartagine. Quanto è più vicina la Vellona all' Italia, che Cartagine à Roma? M. Varrone voleua vnire l'Epiro all'Italia con vn ponte Forse che egli è nemico vicino, sì ma di poche forze. Romani teme-uano i Cartaginesi tāte volte vinti, e soggiogati; e noi faremo dello sprezzante co'l Turco, che ci ha tolto tante fortezze, tante Città, tanti Regni, e due Imperij? che domina l'Africa, che signoreggia l'Asia, che ha più paesi nell'Europa, che non sono tutti gli stati de i Prencipi Catolici? che con le discordie nostre è cresciuto di tal maniera, che per terra, sono già hormai CCC. anni, si mantiene padrone della campagna, e per mare non ha contrasto? nemico, che in tempo di pace è più ar-

ble? Caton voulant mōstrer aux Romains le dáger qui les menaçoit à cause de leurs ennemis, leur fit voir certais nouueaux figuiers, que l'ō auoit apporté de Carthage. De combien est plus proche la Vellonne de l'Italie, que n'est Carthage, de Rome? M. Varron vouloit vnir l'Epire à l'Italie, par vn pont. Parauanture que l'ennemy est proche, il est vray, mais de peu de forces. Les Romains craignoyent les Carthaginois tāt de fois vaincus & subiuguez: & nous; ne ferons nous cas ny estat du Turc, qui nous a osté tant de forteresses, tant de villes, tant de Royaumes, & deux Empires? qui domine l'Afrique, & l'Asie, & qui a plus de païs en l'Europe, qu'il n'y a en tous les Estats des Princes catholiques? qui par le moyen de noz discors, est tellement creu, que par la

X x iiij

terre, de trois cés an sença
il se maintient maistre de
la campagne; & par mer,
n'a qui luy resiste, & tienne teste? ennemy, lequel
en téps de paix, est mieux
armé, que nous ne som-
mes en temps de guerre?
ennemy duquel les thre-
sors n'ót point de fonds,
ny les armees, nóbre, ny
les viures, de fin? enne-
my, lequel es batailles rā-
gées, couure les plaines
de cauallerie, & és sieges
des villes, chasse deuant
luy, par le labeur des premiers, les montagnes de
terre, & se fait vne eschelle des corps morts de ses
propres soldats, pour
monter sur la muraille
des forteresses? ennemy
finalement, qui n'a, ius-
ques à present, perdu
chose d'importáce, qu'il
ait vne fois acquise? Ferdinand de Tolede, Duc
d'Albe, bien qu'il se fust
trouué en tant de guer-
res, & eust autant bien
faict en toutes ses entre-

mato, che non siamo noi
in tempo di guerra? ne-
mico, i cui tesori non
hanno fondo, ne gli es-
serciti numero, ne le
vettouaglie fine? nemi-
co, che nelle giornate
campali cuopre i piani
con la caualleria, e nell'
oppugnationi delle Cit-
tà si caccia le monta-
gne di terreno innanzi
con la zappa; e si fà scala su le mura delle for-
tezze con la strage del-
le proprie genti? nemico
finalmēte, che nō hà sin
hora perduto cosa d'im-
portanza, ch'egli hab-
bia vna volta acqui-
stato? Ferdinando di
Toledo, Duca d'Alba,
con tutto, che si fosse
trouato in tante guerre
e vinto tante imprese,
quanto nissun'altro de'
suoi tempi, vsaua non-
dimeno di dire, che nō
haueua fatto nulla, poi
che non li era stato con-
cesso di veder si inanzi
vn essercico de' Turchi.

Veramente, che io non sò cō che giuditio la ragione di Stato (se però merita nome di ragione cosa affatto irrationale, per non dire bestiale) si mostri più nimica de' Christiani, che de' Turchi, ò d'altri infedeli. Il Machiauello, ch'esclama impiamente contra la Chiesa, contra gli infedeli, non apre pur la bocca. E le forze de' Prencipi Christiani sono tanto intente à rouinarsi l'vno l'altro, come se non hauessero altri nemici al mondo. Gl' Imperatori Comneni, Alessio, Calloiane, Emmanuel, seguendo simili regole, per nō lasciar crescere nell' Asia, tolta loro da Turchi, i Prencipi Christiani di occidente, impedirono à tutto loro potere l'imprese di Gotifredo, di Corrado Imperatore, e de gli altri contra quei Barbari.

prinses, qu'aucun autre de son temps, auoit ce neātmoins coustume de dire qu'il n'auoit riē faict, puis qu'il ne luy auoit esté octroyé de se voir deuant vne armée de Turcs. Veritablement, ie ne sçay de quel iugēmēt la raison d'Estat (si toutesfois vne chose du tout irraisonnable, pour ne dire brutale merite le nō de raison) se mōstre plus ennemie des Chrestiens, que des Turcs, ou d'autres infideles. Machiauel qui s'escrie auec impieté, contre l'Eglise, ne dit pas seulement vn mot contre les infideles. Et les forces des Princes Chrestiens sont aussi ententifues à se ruiner l'vne l'autre, que si elles n'auoyēt autres ennemis au monde. Les Empereurs Comnenes, Alexius, Colloianes, Emanuel, suiuans telles reigles, pour ne laisser croistre & prendre pied à l'Asic (qui leur a esté

Xx iiij

GOVVERN. D'ESTAT, LIVRE X.

oſtée par les Turcs) les Princes Chreſtiens de l'Occident, empeſcherent, de tout leur pouuoir, les entreprinſes de Godefroy, de Conrad Empereur, & des autres cõtre les Barbares. Qu'en eſt il aduenu? que les Barbares, premierement ont chaſſé les noſtres d'Aſie; & puis ſe ſont aſſubietty les Grecs. Voila le fruict de la moderne police. Les Seigneurs de Veniſe, cõbatus de tous coſtez, du téps de Iules II. quaſi par tous les Potentats de la Chreſtienté, refuſerent conſtamment, le ſecours qui leur fuſt offert par Baiazeth II. Roy des Turcs; à raiſon dequoy, Dieu ne les abandonna point: ains leur fit quaſi miraculeuſement recouurer l'Empire perdu de la Lombardie.

Che auuenne di ciò? che i Barbari cacciarono prima i noſtri di Aſia, e poi miſero ſotto i piedi loro i Greci. Ecco il frutto della moderna politica. I Signori Venetiani, combattuti da ogni parte à i tempi di Giulio II. da quanti Potentati erano quaſi nella Chriſtianità, riſiutarono conſtantemente il ſoccorſo offerto loro da Baiazette II. Rè de' Turchi. onde il Dio non li abbandonò; anzi li fece quaſi miracoloſamente ricuperare l'Imperio perduto della Lombardia.

FIN.

REPERTOIRE ALPHABETIque des choses plus notables.

A

Ombiē puissante est l'Abodace 119.b
Abdala 174.b
l'Adoptiō, & sa consideration 257.b
Advertissement touchāt les Offices 82.a
Agatocles se sert de la diversion 204.b
Agria, ville d'Hongrie, comment defendue 317.a
Agrippa apaise le peuple 181.a
Alberic de Cunio 275.b.318.a
Alcibiades, son dire notable 84.a
Alexandre le Grand s'allie auec les Perses 256.b. honore les soldats morts 196 b. veut estre loüé des bons et rares esprits 91.b. pourquoy est dit Grand 95.a. fait mourir ses parēs 135. b. s'esmeut aux armes à leur son 257.a

Alexādre Seuere liberal enuers les pauures 249.a
Alexandre Farnese, sa valleur & proüesse 326.a
les Alliances ou parentez 173.b.256.a.b
Alphonse d'Alburquerque 338.b
Alphonse I. Roy de Naples, son eloquence 201.a. sa reputation 87.b
Alphōse II. son auarice 211.a
l'Amour, fondement de la reputatiō 182.b. celuy enuers plusieurs femmes est impuissant 247.a
Amurat Roy des Turcs 165.a
André Doria 329.a
André Gritti, son dire notable 287.a
les Anglois, & leurs coustumes 177.b.217.b
Annibal, sa preuoyāce 197. a.202.a. 275.a. 320.a

TABLE.

277.a.332.b
cōbiē vaut l'Antiquité 83.a
Antiochus, sa vanité 80.b
Antonin le Philosophe 139.b
Antoine 336.a
les Arabes font leurs rues estroittes 202.a
Aratus, sō irresolutiō 311.b
l'Argent, nerf de la guerre 225.b
Aristodeme 164.a
Armée parfaite quelle 308.b
les Armes, leur consideration 278. 280.
l'Art & moyen de fonder & d'agrandir est tout vn & vne mesme chose 4.b
l'Artillerie 309.b
les Arts mechaniques 163.a
les Arsenails 208.b
Asdrubal 316.a
Assaillir, de quelle importāce 197.b
Attilius Regulus 314.a
Auguste, sa preuoyance 83. a.120.b.171.b.299.b.305.a
l'Aumosne 160.b
Aurelian, sa seuerité 292.a
Aurislan 324.b

B

Barons, leur consideration 140.b.141.142.
Bastimens vains 125.a
s'il est bien faict de Bastir és metairies 203.b
Beatrix de Tendio 257.a
Bien public 345. a. l'Ecclesiastique 345.a
Boniface Marquis de Toscane 205.a

C

les Castillās, leurs prouesses 300.b. ils n'ōt point d'escriuains 301.a
Caualerie, sa consideration 344.a
Cesar 145.b. 148. a. 168. b. 286.a.318.b.321.a
Charlemagne, ses actions & deportemēs 113.a. 154.b. 171.a.172.b.174.a.301.b
Charles VI. Roy de France 128.b
Charles Martel 130.a
Charles le Quint Emp. 86.b 95.a.180.a.183.b.330.a
Cheualiers des Iean 302.b
Childeric 130.a
les Chinois 38. a. 150. a. 177. b. 226. a. 228. a. 264.b
pourquoy la Chrestienté est plus habitée & peuplée que la Turquie 246.b
Cimon, sa preuoyance & grand iugement 162.b
Colonies, leur consideration 192.249.b

Conseils, leur consideration 80. a

Constantin le Grand, sa bonté 97.b. 113.a. 249.a

Constantin de Bragans, sa pieté 160.b

Constantinople subiecte à la peste 247.b

Coronnes militaires 299.b. 301.a

Cosme de Medicis 44.a. 77.b. 203.a. 340.b

D

Dace de Milan 242.b

Darius, son thresor 211.a

Datami 334.b

Dauid, sa pieté & religion 113.a. ses thresors 211.b. il luy est defendu d'aller à la guerre 132.a

Decimation 307.a

Denis reprend son fils 1. 7.a

Despenses de Caligula 30.a. de Salomon eod.b

Despouilles magnifiques 300.a

la Diuision affoiblit la force 130.b

Docteurs, & leur subtilité 49.a

Domaines, leur diuision 5.b

E

Education, sa force & vertu 156.a. 164.a

les Electeurs de l'Empire vendent leurs veux 255.a

Elizabet d'Angleterre, ses ruses & cautelles 199.b

Elizabeth de Castille 325.b

l'Eloquence 337.a

Empereurs qui ont soustenu Rome & l'Empire 16.b. 11.b

pourquoy l'Empire d'Orient a esté ruinée 269.b

l'Empire Romain 16.a. 270.a

Entreprinses honorables, leur consideration 124.a. celle de la Terre saincte 129.a. celles ausquelles se doit trouuer le Prince 129.a

Entretenemens populaires, leur consideration 121.b. 123.b

pourquoy l'Espagne est en paix 127.a. 175.b. pourquoy infertile 232.a. pourquoy habitée de peu de gens eod.b. comme ses estats sont vnis 242.b

les Espagnols n'hazardent rien 89.a

l'Estat definy 4.a. diuisé en

TABLE.

ses especes eod.b
Estats grands, petits, mediocres 11. a. comparez entr'eux eod.b
l'Excellence, sa consideratiō 22.a. & suyu.
l'Experience est de deux sortes 61.a

F

Fabius Maximus, sa preuoyance 320.a.328.a
Ferdinand Roy d'Espagne 149.b
Ferrant le Courtois, sa pieté & deuotion 111.a
Festes Latines 157.b
Fiefs en France 142.a
Flandres, sa richesse 242.b
Forces en quoy cōsistent 168. a. les terrestres, & maritimes 336.a
Forteresses, leur consideration 187.a
qui maintient & conserue la France 141. a. comment elle perdit la Sicile 152. b. elle se sert de la Noblesse à la guerre 267.a
François I. Roy de France 311.a
la Fraude de quels maux est la cause 33.b

G

les Geneuois 36.a.67.a
Genseric 198.b
Georges Castriot 331.b
Guerres ciuiles, leur nature 205.a
Guillaume de Normandie 107.a.313.b
le Grand Capitaine, sa ruse & preuoyāce 307.b.334.b

H

la Hardiesse, ses parties 84.b.85.a
Henry II. Roy de France, ses entreprises 218 a.252. b. son dire notable 111.a
Hercules combat auec Achelous 237.a
Heresies, & leur qualité 65.b
Heretiques comment doiuēt estre traittez 176.b
l'Histoire, sa loüange 60.b
Hollande, tresforte prouince 189.b
Hommes excellens, leur autorité 53.a

I

Ialousie des Princes 11.a. 133.a
Jean d'Austriche 298.a
Jeux des soldats Romains 294.b
Impost de Milan 242.b

TABLE

Industrie, sa cõsiderat. 239.b
l'Infanterie, sa consideration 275.b
comme on doit ayder aux Infideles 160.a
l'Interest, & sa force 68.a
l'Italie 122.a 131.a 179.a
Iuges, leur cõsideration 42.b
les Iuifs chassez d'Espagne 233.b
Iules l'ancien 293.a
Iustice, sa cõsideration 26.b
Iustinian 128.b

L

LEs Lacedemoniens, leur rigueur 9.b leurs coustumes à bailler les Offices 40.a vaincus par les Thebains 12.a
comment les Langues s'espandent par tout 153.a
Les Latins ont perdu l'Empere d'Orient, & pourquoy 153.a
Laurens de Medicis, sa valleur 200.b
Legion comparée auec la falange 282.b
Les Lettres inutiles aux soldats 165.a vtiles & profitables aux Capit. 166.b
Liberalité, & sa consideration 50.a & suyu.
Loix & leur cõsiderat. 258.a

pourquoy les Lõbards se sernoyent de carroces 324.a
Louys Sforse 87.b
Louys XI.
Louys XII.
La Loy Chrestienne est fauorable aux Princes 108.b 109.a
Loyers de deux sortes 296.a
Lisander, cault & fin 322.a

M

les Macedoniés 282.b
Machiauel 182.a
les Magistrats 143.b
Mahommet II. 215.b 224.b
la Maison d'Austriche, & sa felicité. 257.a
Maistres d'eschole 159.b
le Maniment des armes ne se doit dõner à la vie 145.a
Marc Aurele. 52.a
M. Marcellus rigoureux aux soldats 306.a
la Marchandise des hommes loüable 254.b elle n'est point mal conuenable aux Princes 262.a
Mariages, & leur consideration 244.b
le Marquis de Pescare 62.b
la Mediocrité est propre à la conseruation 14.b
les Mediocres sont les plus

TABLE

tranquilles 133. b
les Menaces sont les armes du menacé 79. b
Milan, son peuple 248. a
la Milice Italienne 203. a
les Moscouites laissent leurs confins deserts 196. b ne sortent point de leurs frontieres sans congé 177. b
le Moyen d'assaillir le Turc 260. a
Mutations soudaines 71. a
Marius, sa discipline militaire 145. b 313. a 330. a

N

Naples, & son peuple 248. a
Neron, prodigue 221. b il ne sçait parler 58. b s'acquiert le nom de clement 154. b
Norandin maintenoit sa parole 155. b
la Nourriture, sa force & vertu 156. a 164. a
Numantins, & leur dire 327. b

O

Officiers 40. a
Ordonnance des armées, & sa consideration 282. a
les Originaires du pays ne sont propres à la defense d'iceluy 289. a
comment les Ottomans tiennent leurs subiects en paix 127. b

P

la Paix desarmée foible 68. b
Papirius Cursor 310. a
les Parentez 173. b 256. a b
Paul Emille, son dire notable 311. b sa preuoyance 93. a
Pericles 297. a
Pescennius Niger, seuere 291. a
les Perses sont sans forteresses 188. a leur milice & façon d'aller en guerre 141. a 267. a 343. b
Personnages suspects aux Princes de trois sortes 135. a
Peuples, leur qualité selon leur situation 64. 65. 66.
Platon 135. b 287. a
les Polonnois, leur milice 267. a ont prins la Liuonie 255. b
Pompée, sa grandeur 143. b
Pompes des Dames 117. b
les Portugais, leurs colonies 250. b ils se seruent d'esclaues 263. b leur valleur

TABLE

& proüesse 289. b 338. b
les Predicateurs 112. a
la Preeminence du Prince
23. b
en quelles entreprinses se doit
trouuer le Prince 129. a
les Princes d'Austriche
105. b
les Princes sont dicts grands
ou sages 93. a. b. doiuent
sçauoir beaucoup 56. b
estre eloquents 57. b ma-
ximes de leur prudence
71. a. b doiuent auoir
soing de la Religion 110.
a les souuerains quels
267. b
la Promptitude, & son im-
portance 74. b
Prudence, & sa considera-
tion 56. a

Les Rois du Perus & leur
gouuernemēt. 125. b. ceux
d'Egypte, & leur iusti-
ce. 28. b. nommez auec
leurs pleins thresors. 223.
a. ceux de Siam. 271. a.
Comment les Romains ont
appaisé les seditions. 180.
a quelles gēs ils enuoyoiēt
aux colonies. 250. b. cō-
me ils ont aggrandy leur
pays. 251. b. leur iuge-
ment merueilleux aux li-
gues. 258. b. ils nourris-
soient l'emulation. 308. a
Rome. 43. b. 230. a. 248. a
Romulus, en quoy il a con-
senti aux Romains. 272. a
Ruse & cautele. 143. b

S.

Salomon, sa priere. 133. b
la Santé. 85. a
les Sarrazins, & leurs loix.
65. a
Saul fuit la nouueauté. 82. b.
Scipion. 21. a 88. a 89. b 332. a
le Secret. 77. a
Seiam. 171. b
Selim I. 138. a 240. a
Sforse. 294. a
Siam. 296. a.

R

Raison de l'Estat de-
finie 4. a
Rats de Palais 222. b
la Religion, & sa consideration 102. b & suyu.
la Reputation, sa consideration 20. a & suyu.
les Riches & les paunres, ne
sont propres à la vertu
& aux loix 134. a

la Situation des pays consi-
derée 63.b
les Soldats d'Egypte separe-
ment diuisent le Caire de
foßez 173.a leur façon
d'aller en guerre. 263.b
le Soldat Romain, son serment 290.b
comme les Soldats doiuent
estre entretenus 294.a
Souueraineté de deux sor-
tes 267.b
Subiects, & leur qualité
6.a ceux qui sont acquis
169.a les infideles 159.b
les indoptables 176.a.b.
les Suysses, leur ligue 200.a
leur milice. 168.a. 261.b.
283.b. 284.b. Pourquoy
ils sont en paix. 127.b
Sylla met le cœur au ventre
de ses soldats espouuantez.
335.b

T.

Tarquinius Priscus. 157.a
Theodoric Roy des Gots.
113.b. 122.a.
L'Empereur Tibere, sa fermeté & constance. 131.b.
sa dißimulation. 79.a.
son thresor. 212.b. sa coustume à bailler les Estats
ou Offices. 45.b

d'où sont nés les Troubles.
148.b 178.b
Tullus Hostilius 334.a
les Turcs, leur ruse à faire
la guerre 73.a leur dili-
gence 214.a cauallerie
320.a nombre de gës 231.a
forces 267.a ils tiennent
leurs hömes dispersez 193.b

V

l'Empe- **V**Alens donne
reur les vagabõds
pour esclaues. 150.a
la Valleur, sa consideration
84.b
Venise, sa mediocrité 14.a
pourquoy elle est en re-
pos 175.b
lẽ Venitiens sont meilleurs
en conseil que les Florentins 80.a blasmez &
loüez 70.b font ligue par
necessité 159.b rejettent
les secours des Turcs 349
Vertu Romaine defectueu-
se 16.b 115.a.b
Vespasian 42.b
l'Vsure 34.a

X

Xantippus 319.b

Fin de la Table.